北伐名将 抗日功臣

黄琪翔将军传

孙炜 著

中国文史出版社

目　录

序

新版《黄琪翔将军传》书稿送给我，仔细阅读后，感到本书要比旧版的《黄琪翔传》脉络更清晰，史料更详实，内容情节细腻，受知匪浅。同时也深深地感到，寻求历史人物的真相，摸清历史事件的本源，保存历史发展的真迹，对于继承和发扬优良传统，开展爱国主义教育，意义重大。明年是黄琪翔先生诞辰一百二十周年，此书的出版也是我们对他最好的纪念。

读新版《黄琪翔将军传》，使我对黄琪翔先生一生经历有了新的了解，对他为理想信念而奋斗的精神有了新的认识，对他在中国革命和建设中所作出的贡献有了新的评价。黄琪翔先生是中国近代史中一位英杰，是著名的爱国主义者和政治活动家，是大革命时期的北伐名将，是坚决抗日的爱国将领，是中国农工民主党的创始人和领导者之一，是中国共产党长期合作的诤友。无论是在大革命时期，还是在抗日战争时期，无论是在新民主主义时期，还是在社会主义建设时期，他都站在时代的前面，对中国革命和建设的发展做出了重要贡献。通过其一生的经历，诠释了理想、信念、事业、权利、爱情、奉献等在人生坐标中的位置，体现了一位爱国主义者所走过的道路，所展现出优秀品格和高尚风范，激励我们后人热爱祖国、无私奉献、沉着勇敢、发奋进取。

黄琪翔先生，字御行，1898 年 9 月 2 日生于广东省梅县水车圩一个农民家庭。因祖先世代务农，迫于生计，其父远赴南洋做小本生意，借获微利以维持家小生活。黄琪翔自幼聪慧过人，深得族叔的厚爱和器重，一直资助入学读书。他童年时在村塾就读，1910 年在梅县务本中学读书，其后到广州进优级师范附中求学。他勤奋好学，经常抒发定国安邦的宏图大略，族叔每每听到后，都十分高兴，料定日后必成大器。1912 年黄琪翔考入广东陆军小学，开始了他的军人生涯，其先入武昌陆军第二预备役学校，后毕业于保定陆军军官学校第六期。在学习期间，他刻苦专研，成绩优异，为师友所期许。正可谓：天资聪颖，少年立志报国。

黄琪翔先生受孙中山先生革命思想的影响，1922 年辞去保定军校分队长职务，回到广东参加革命。在东征、南征中，他屡建军功，为统一广东革命根据地作出了贡献。在北伐战争中，率部克平江，取汀泗桥，下贺胜桥，直捣武昌，一路势如破竹，战功卓著，为北伐第四军赢得了“铁军”的美誉，得以从团长升为师长，被誉为常胜将军，显示了革命军队的锐气，谱写了国共合作战无不胜的历史篇章。“二次北伐”黄琪翔先生擢升为第四军军长。据他自已回忆说：“在北伐战争中，我和共产党员的关系是好的，和叶挺的独立团也是完全能够合作的。通过同共产党员共事合作，在政治上接受了启蒙教育，开始懂得打仗和政治的关系，看到了共产党员在军队里所起的作用。”初步奠定了同共产党合作的思想基础。正可谓：北伐名将，战功赫志向明。

大革命失败后，中国应当走什么样的革命道路？摆在仁人志士面前。黄琪翔先生在德国与宋庆龄、邓演达、叶挺等相会，回顾大革命历程，有所领悟，对邓演达的革命主张完全赞同。1930 年 8 月，邓演达先生在上海举行中国国民党临时行动委员会（农工民主党的前身）第一次全国干部会议，提出反对帝国主义和封建势力、推翻南京独裁统治，实现社会主义的政治主张。黄琪翔先生力予赞助，并参加会议，担任干事兼军事委员会主席委员，成为我党的创党人和主要领导人之一。邓演达先生被害后，黄琪翔先生身负艰危主持党务，支持淞沪抗战和察哈尔抗战，带领同志组织参与福建事变，主张反蒋、联共、抗日，被选为福建人民政府委员。闽变失败，他流亡德国，积极参加进步组织，开展反蒋抗日活动，曾遭到德国法西斯当局的拘捕。1935 年，他拥护中共的《八一宣言》，力主联共抗日。他认为："共产党是革命的主力，要革命就必须与红军取得联系"。同年，中国国民党临时行动委员会在香港九龙大埔道召开第二次全国干部会议，易党名为中华民族解放行动委员会，选举黄琪翔先生为总书记，宣告以马克思列宁主义为党的思想武器，以反蒋联共抗日为党的总方针。这标志着中国农工民主党在抗日民族统一战线的旗帜下，走上了同中国共产党合作的新历程。正可谓：大浪淘沙，方显英雄本色。

卢沟桥事变爆发后，黄琪翔先生先后任第九和第八集团军副总司令、总司令，参加指挥"八·一三"淞沪会战，率部与日寇浴血奋战。1938 年 1 月，经组织同意，他出任国民政府军事委员会政治部副部长，同周恩来副部长合作共事，扩大团结抗战的影响，被国民党右派所不容，同年 7 月被调任为军训部次长。此后，他历任集团军总司令、战区副司令长官、远征军副司令长官等职，他以司令部为家，延纳共产党员和进步人士，转战各地，屡建功勋，大刹了日本军国主义的侵略气焰，打出了中华民族的威风。在徐州会战中，黄琪翔参与作战方针的拟定工作，为台儿庄大捷起到了谋略上至关重要的作用。在枣宜会战中，他沉着指挥，英勇杀敌；在被迫弃守枣阳时，他满腔悲情，在黑板上挥泪书写下了"还我河山"四个坚挺大字；他在张自忠追悼会上致词时屡次哽咽不能成声，泪流满面，悲痛心情，实出肺腑，与会官兵，尽皆感泣；在调离襄樊之日，群众挥泪告别，依依不舍的情景，在国民党统治区，是罕有的现象。黄琪翔曾说："作为一个军人，在民族革命战争中，绝无保留地贡献出一切，是天经地义的。"正可谓：抗日杀敌，立马驰骋疆场。

黄琪翔先生和郭秀仪女士于 1934 年 7 月在德国结婚。从此夫妻二人虽历经了千辛万苦，但守得住恩爱，至死不渝，留下隽永记忆。1938 年 3 月，"中国战时儿童保育会"在汉口召开成立大会。郭秀仪女士作为发起人之一与宋美龄、李德全、邓颖超等17人被推举为常务理事，并担任经济委员会副主任兼征募部副部长。为了筹集资金，郭秀仪到处奔走，积极组织参与募捐和宣传活动，并主持了汉口的献金台，亲自到街头宣传募捐。她经募了现款20986元，募捐总数仅次于宋美龄，她个人认捐资助难童442人。她和数千名中国妇女在极其艰难的环境下，拯救、收容和培育了战争难童3万余名，为了民族和祖国的未来，为抢救和培养下一代呕心沥血，用实际行动谱写了妇女爱国运动的光辉篇章。也因此成为3万多名保育生的妈妈。抗战期间，黄琪翔先生转战南北，多在前线指挥作战，她亦以战场为家，随同工作，不避危险，组成战地服务队，救死扶伤，鼓舞士气，安定民心，为抗日战争的胜利，做出了贡献。黄琪翔先生和夫人郭秀仪因在抗战中的表现，双双荣获“抗日战争胜利勋章”。黄琪翔并获授青天白日勋章和美国最高奖章总统自由勋章。正可谓：夫妻恩爱，比翼共展齐飞。

抗日战争胜利后，黄琪翔先生日益看清了国民党反动势力的真面目，不忍外患甫除，又同室操戈，为避免同共产党作战，曾公开声明：“从此退伍，绝不参加内战”。后在国内和平无望，内战即将爆发之际，他出任驻德中国军事代表团团长，以此回避内战。1948年10月，黄琪翔回国述职，面对当时的国内形势，他认为国民党发动的内战，民心丧尽，以成败局，即拼死挣扎，也只能延长战祸，使民族陷于万劫不复之中。在中国人民决定前途和命运的关键时刻，他拒绝出任国民党战略顾问，毅然出走，化装潜往香港，公开宣布同国民党政府彻底决裂，与在香港的各方面爱国民主人士一起，积极从事迎接全国解放的爱国民主运动和召开新政协的活动。1949年8月，黄琪翔先生应中共中央的邀请来到北京，出席中国人民政治协商会议第一届全体会议，参加了新中国的建立。正可谓：反对内战，走向光明道路。

回首革命战争年代所走过的道路，黄琪翔感慨万千，正如他在第一届中国人民政治协商会议全体会议上发言中所指出的：“20

多年来，我在政治圈里摸索着。我有时鼓舞，也有时彷徨。革命的发展，是那样的错综和复杂，要看得清楚，把握得定，真不是一件容易的事。到了现在，我深深相信，在毛泽东旗帜之下，中国是确定的走上了光明伟大的前程了。”正可谓：追求进步，不辞千辛万苦。

建国以后，黄琪翔先生历任中央政法委员会委员、中南军政委员会委员兼司法部长、国防委员会委员、国家体委副主任、全国人大代表、全国政协常委、中国农工民主党中央副主席等重要领导职务。他拥护中国共产党，拥护社会主义，积极参加政治协商和国是讨论，以实际行动拥护抗美援朝和民主改革，为社会主义事业，特别是为新中国的司法和体育事业，付出了辛勤劳动。1957 年黄琪翔被错划为右派，文化大革命中，他又遭受了残酷迫害，身心备受摧残。但他从没有动摇对中国共产党的信赖和走社会主义道路的信念，从没有动摇对长期合作共事的周恩来、叶剑英、邓颖超等老一辈无产阶级革命家的崇敬和爱戴。正可谓：肝胆相照，荣辱真情以对。

不要人夸颜色好，只留清气满乾坤。黄琪翔先生的一生，是坚持民族独立、反帝爱国的一生，是追求真理、追求进步的一生。他为人正直豁达，光明磊落，谦虚谨慎，温文尔雅，识大体，顾大局。他的思想品格和革命精神，永远值得我们学习和纪念。我们要继承和发扬黄琪翔先生等老一辈爱国革命的优良传统，高举爱国主义、社会主义旗帜，进入新时代，践行新思想、锚定新目标，开启新征程，为决胜全面建成小康社会，为实现中华民族伟大复兴的中国梦作出新贡献。

刘晓峰

二〇一七年十二月廿八日

注：刘晓峰先生为第十二届全国政协副主席、十五届中国农工民主党中央副主席。

第一章　梅江上游的小山村

黄琪翔于1898年9月2日出生在广东梅县，一个名叫水车镇木莲塘的小山村。此时为清光绪二十四年，即夏历戊戌年七月十七日。

这一年，光绪皇帝刚刚颁布《明定国是诏》，表明改革决心，也就是“百日维新”的开始。可是，这场试图挽救大清王朝命运的变法，自不待言地遭遇到慈禧太后的镇压，连光绪帝本人都被囚禁在中南海瀛台，变法遂告失败。百日维新的骨干分子“戊戌六君子”，即谭嗣同、杨锐、林旭、刘光第、康广仁、杨深秀，均被押赴位于北京宣武门外的菜市口刑场问斩。大清帝国最后一线变革的曙光就此被扑灭，大地依旧一片黑暗。

谭嗣同（1865—1898）临死之前，在监狱的墙壁上挥笔写道：“我自横刀向天笑，去留肝胆两昆仑！”如此豪迈看待死生，他似乎已经感受到那个时代的精神召唤，坚信改朝换代的日子已经不远。

这一年，与黄琪翔同年出生者，有周恩来、刘少奇、彭德怀、陈诚、高树勋、郑振铎、朱自清……他们之所以能够青史留名，就是因其生逢乱世。历史不仅赐予了他们奋斗的特殊空间，也因为他们不同的人生选择而作下了难以篡改的历史注脚。

黄琪翔也是如此。

黄琪翔出生于这个黑暗血腥的年代。他的家乡那时是一处穷乡僻壤，距离帝都北京十分遥远。人们无法保证自己和家人一日三餐能够填饱肚子，为了摆脱穷苦命运，父老乡亲已经习惯了背井离乡去闯荡世界。

广东梅县，现已改名为梅州市，[1]是我国著名的华侨之乡，也是客家人聚居地之一。

客家人的祖先本是中国内地的中原人，在遥远的古代就移居来此，最迟在南宋已形成了相对稳定的客家族群。客家语是当地语言的重要组成部分。客家人有着多子多福的传统观念，普通家庭生育的子女常常超过十位，而这里的地质构造比较复杂，主要是花岗岩、喷出岩、变质岩、砂页岩、红色岩和灰岩等六大岩石，构成了台地、丘陵、山地、阶地和平原五大类地貌，所以人多地少的现实，使得生活在农耕社会里的人们养家糊口极为艰难。于是，人们竞相走出贫瘠山区，漂洋过海，奔向全世界各个角落去谋生。

黄琪翔的家族世代生活在这里，艰难度日。黄琪翔出生的具体地点是在梅县水车墟木莲塘的一间平房老屋。

黄琪翔的父亲黄富霖（1870—1926年之前），很小的时候就学做生意，跟着大人跑南洋，做些小买卖。他主要涉足的地方是马来西亚、印尼、新加坡和香港等地。因为小买卖谋生不易，后来改做“水客”营生，就是替那些远去南洋谋生的同乡带信、捎钱，或捎带物品，然后收取些许报酬。当然，这样的收入仍然不能致富。黄家所有的财产只有“旧屋二间，尝田五担，折合一亩余”。[2]

母亲刘桂五（1881—1965），是梅县畲坑大湖洋村人，却出生在广西。原因是她的父亲刘应华公是诸生（秀才），曾经在桂

---

1 梅县的历史久远。早在南朝齐（479—502）即从海阳县分出部分地方置程乡县，辖境包括今梅县区。北宋开宝四年（971）为避赵匡胤祖父之讳，取梅江之名而称为梅州。2013年10月，国务院同意梅州市梅县撤县设区，从此，梅县结束了县治，改设梅县区，为梅州市辖区。

2 1928年广东民政厅《公报》创刊号。

1898年9月2日，黄琪翔出生于广东省梅县水车木莲塘村的这间老屋。

林任县丞，也就是替知县打杂的底层官员，母亲是随眷。刘桂五出生在桂林，在家排行第五，故取名“桂五”。在刘桂五4岁的时候，父亲客死异乡，刘桂五就随着母亲回到了故乡。[1]

刘桂五小时候缠足。由于父亲去世，她随母亲回故乡后，少了束缚，去掉了缠足布，成了“自由”脚。这对刘桂五无疑是幸运的，因为客家人的习惯是男主外，女人在家操持家务，还要下田种地，缠了小脚如何干农活呢？

光绪二十二年（1896年），15岁的刘桂五嫁入黄家。两年后黄琪翔出生，他成为家中的长子。母亲刘桂五一辈子生育了10个儿女，[2]但是很不幸，黄琪翔的两个弟弟早年夭折，五个妹妹很小就去做了人家的童养媳。到了母亲刘桂五晚年，只有黄琪翔和妹妹黄月英、黄景新3人仍健在。

客家人十分重视养育儿子，无论家境多么贫困也不会把儿子送人。而那些呱呱坠地的女孩就没有这么幸运。据黄琪翔最小的

1 黄琪翔的表弟刘凌云说：“早年先祖父在桂林为官，姑妈（刘桂五）出生于任所，排行第五，故取名‘桂五’。”见中国文史出版社1999年9月版《流金岁月》，p205。刘凌云文章《永远的琪表哥琪表嫂》。”

2 王大鲁、刘青云著《黄琪翔传》，中国文史出版社1994年11月版，p1。

黄琪翔的父亲黄富霖与母亲刘桂五合影。

妹妹黄景新回忆说：家里女孩多男孩少，几个姐姐叫秀兰、玉兰、聚兰。兰字与“拦”谐音，就是希望将女孩拦住，多生育男孩。黄景新小时候也曾被送出去做人家的童养媳，但她的命“硬”，几次送出去都因八字不合而作罢。黄景新最终没去做童养媳，是因为大哥黄琪翔从军校毕业，开始了军旅生涯。黄家的生活水平随之有所提高。黄琪翔对父母表示：这个小妹不要再送人了，要接她出去读书，从此改变了这个最小妹妹的命运。黄景新后来与国民党二级上将张发奎的胞弟张勇斌医生结为连理，生育了6个子女，过着幸福美满的生活。年近百岁的黄景新至今记得小时候的事。她说：三伯父黄兴霖做米粉生意，常常会留些米粉给她吃。因为家里穷，她感觉这些米粉非常美味。

黄琪翔在1937年写下《母亲为国人祝福》，文中说：“在大家庭中，我的母亲辈次最低，年纪最小，吃的是稀饭和白薯，穿的是又破又烂的衣服。她得刻苦的工作着，从来没有懈怠过，也没有任何怨言和不满。她好像下意识地认识了自己的责任和使命似的，笑容永远充满在她的脸上，得到一家大小的爱护和同情。她希望我能够读书成名，将来过个好日子。”[1]

读书成名，不光是母亲对黄琪翔的期望，也是父亲黄富霖对儿子的企盼。黄富霖之所以没让儿子走自己的老路，因为他深知无论闯南洋做生意还是做水客，都是一条太过艰辛的道路，甚至有性命之忧。他希望自己的独子，能够沿袭着千百年来的传统道路，读书致仕，走科举之路。书中自有黄金屋，书中自有颜如玉。因为在黄琪翔开蒙之际，中国的科举考试制度还没有消亡。清政府迫于社会压力于清光绪三十一年（1905 年）宣布取消科举考试，那时黄琪翔已 7 岁。

黄琪翔的童年曾在村塾读书。黄氏宗族在当地人口众多，有祭奠祖先的祠堂。孩子们到了五六岁就可以去祠堂读书识字，只需给村塾先生缴纳微薄的束脩。开蒙教材是《三字经》，然后是《论语》、《孟子》之类的旧学。

13 岁的黄琪翔第一次离家，前往七十余里之外的梅县私立务本学堂上学。这次离家求学，仰赖于族伯父黄锡铨先生的推举。黄锡铨是中国现代史中著名的历史人物，也是梅县私立务本学堂的创办人之一。梅县私立务本学堂就是如今著名的梅州东山中学前身。黄锡铨在当时是家乡最为广闻博识的学者、教育家和思想家，方圆百里的乡亲都非常敬仰他。黄琪翔早年入学读书的费用，就是黄锡铨赞助的。黄锡铨女儿黄甘英说：“我父亲黄锡铨资助他入学读书”，“有一段时期（黄琪翔）一直住在我家就读。”[2]

黄锡铨（1852—1925），字钧选，广东嘉应州（今梅州市）大立乡茶山村人。清同治十年（1871 年），黄锡铨以品学俱优举为贡生，居乡执教。光绪六年（1880 年），黄锡铨 29 岁，应邻

1　香港中国文化馆 2003 年出版、魏中天主编《我的母亲》丛书第九辑，p5，黄琪翔文章《母亲为国人祝福》。

2　《纪念黄琪翔》中国文史出版社 1988 年 6 月第一版，p18，黄甘英文章《怀念兄长黄琪翔》。

乡大埔县何如璋（时为清朝驻日本公使）之聘，前往驻日公署主事文案。在日本两年有余。时驻日大使黄遵宪（1848—1905）编修《日本志》，黄锡铨是其得力助手，协助黄遵宪完成了这部名著。

光绪八年（1882年），清廷派黄锡铨驻美国旧金山任总领事署副领事，随后调往纽约任正领事，黄锡铨时年34岁。光绪十二年（1886年），黄锡铨被调往中美洲秘鲁任二等参赞代办公使事。光绪廿八年（1908年）冬，柯逢时（1845—1912）奉调广西巡抚，因知黄锡铨著有兴山利说，故携与俱往。甫抵广西，即命黄锡铨改办统税局，管理梧州税务。后因柯逢时与两广总督岑春煊不和，相互揭发对方而同时丢官。黄锡铨留任，主办外交、实业、洋务、农工商矿诸事，继任的诸巡抚对他信任有加，视其如左右手。入民国后，黄锡铨当选为广东总督署参事会议绅，在广州就职。民国十四年（1925年）二月初七，黄锡铨卒于北京寓所，享年74岁[1]。黄锡铨的祖屋“资政第”，位于梅县水车镇灯塔村叶子坑6号，是当地有名的建筑，至今保存完好。

黄琪翔来到务本学堂读书时，正是清宣统三年（1911年），孙中山领导的辛亥革命爆发，清皇朝被推翻，广东的新军反正，举国欢腾。当时的人们思想比较混乱，认为满清政府是鞑虏，专门欺压中国人，所以庆幸满清政府垮台，但还有一些人则取笑孙中山是“孙大炮”，说他梦想成立的中华民国是在吹牛。而更多人听说了汪精卫谋刺宣统皇帝的父亲、摄政王载沣的事迹，认为汪精卫是盖世英雄，都非常佩服他。

剪辫子是当时最受人瞩目的时髦之举。你革命不革命，首先看你的脑袋。如果你后脑壳上还拖着一条辫子的话，说明你还是顶着一颗封建的脑瓜子。黄琪翔回忆说：“辛亥革命的时候，我才十三岁，拖着旧社会留下来的短小辫子在梅县县城的中学读书。革命的风潮把我那条清朝政府作为统治中国人民象征的绳索剪掉

1　黄锡铨的女儿黄甘英（1921—），曾任全国政协常委、全国妇联第四、第五届副主席。黄甘英是黄琪翔的堂妹。

了。我心里觉得十分难受。”[1]

当黄琪翔从县城回到乡下去探望父母时，父亲黄富霖更是十分恼怒和失望。黄富霖伸出颤抖的手指，训斥儿子道：“你居然敢剪掉了辫子，以后就没有做官的希望了！”父亲的话不是没有道理。晚清时，大凡剪掉辫子的人都是革命党，为反抗清朝的封建统治而进行革命暴动和暗杀，被逮捕的话，肯定是要被杀头的，更别提去做清朝的官员了。黄琪翔信奉父亲的教导，他说：“我自己也觉得确实是个损失。”[2]这说明黄琪翔在辛亥革命之际，与他父亲的旧观念一样，并没有接受到革命的新思想。不过，剪掉辫子之后，他并没有受到处罚，反而还获得了一种新鲜的体验：脑袋不仅轻松了许多，最大的好处是头发里再不会生虱子。

一年后，黄琪翔考入广州优级师范学校附中。黄琪翔回忆：“次年，我到广州，进了当时的优级师范学校的附中。初以为在这个学校毕业之后，或者升学，或者回到乡下当一名小学教员，也就不错。因为我觉得当个教员，究竟要比劳动人民的生活好些，也免得受耕田种地之苦。”[3]在黄琪翔后脚跟刚离开务本学堂，而叶剑英的前脚就跨进了这所学堂的大门。叶剑英当时的名字叫叶宜伟。这一年是民国元年（1912年）的春天。

进入广州优级师范学校附中后不久，族伯父黄锡铨回到了故乡，见到黄琪翔，跟他畅谈了国际国内的形势，而且，他还热情鼓励黄琪翔去报考广东陆军小学。

黄锡铨阅历丰富，视野开广，又熟谙政治。他对这位晚生说：“天下大乱，必将走向大治。中国老百姓要想安居乐业，需要建立强大的政府，而这需要有忠诚于革命的强大军队作保障！只有掌握权力的人，才能出人头地。”

1　黄琪翔《我的自述》。这份材料是黄琪翔本人于1969年6月8日至6月28日间亲笔撰写的回忆文稿，由其后人珍藏。作者在写作此书时获其后人允许摘抄。特此注明。下同。

2　黄琪翔《我的自述》。

3　黄琪翔《我的自述》。

黄琪翔非常敬仰这位族伯父，于是听从了黄锡铨的建议，决定去报考广东陆军小学。广东陆军小学校址在广州的黄埔。

黄琪翔辞别了父母，然后踏上前往广州的泥泞山路。清清的梅江水波浪翻涌，自上而下奔流不息。而黄琪翔的家乡位于梅江的上游，所以他前往军校的身姿正好背对着他的家乡、他的父母双亲。

在那个旧时代，社会上普遍流行这样一种观念：“好铁不打钉，好男不当兵”，只有走投无路的人才会被迫去当兵，混饭吃。然而黄琪翔投笔从戎，却是满怀着改变自己人生命运的梦想。

第二章　军校岁月

一、少年军人

广东陆军小学，原名广东陆军小学堂，也就是在这一年（1912年），改名叫“小学校”。别看它是一座小学，确实大名鼎鼎。光绪三十一年（1905年）五月开办，地址位于广州黄埔平岗乡武备学堂的旧址。招生的要求比较高，必须要高小毕业生，或初中一年级学生。学生进入学校后，学期为3年。民国年间许多叱咤风云的军事将领均出自这个学校。

辛亥革命成功后的民国元年，学校由广东省政府接办，学生的待遇依旧优越，诸如学费、住宿费、伙食费、制服费等，一概全免费，每个学生每月还有两块钱的零花钱。校长是翁式亮先生（1880—1938）。他是老同盟会会员，后来一度追随陈炯明，脱离了孙中山的指挥。学校的其他教员也全是广东人。

黄琪翔跑到招生点一看，有点吃惊。他没有料到报考陆军小学的人居然会这么多，共有3000人，而录取者仅120人，说明入学考试的竞争压力很大。考试的内容分为三场：第一场是体能测试；第二、三场是笔试。第三场笔试写议论文，题目叫《吴起为将与士卒同甘苦论》。

为了均衡学生的来源，学校还规定了每个县考生的录取名额。据张发奎回忆说：该校“明文规定每个县可录取1人，大县倘若有人录取，名额可增至2人。始兴县有30多人报名，可是南雄县报名人数很少。始兴县的同乡便希望我以南雄县籍报考，使他们减少阻力。可是我拒绝了。”[1] 控制学生来源的做法，似乎是为了防止同乡学生们拉帮结派，搞山头主义。

前去考试的时候，黄琪翔并没有必胜的把握。他说：“如果能考上，就可以免费读书，并一直到军官学校毕业，就可以派到军队里做带兵官。我抱着莫大的希望去应考，结果竟被选上了。这是我作为军人的开始，也是我一生命运的开始。”[2]

学生入校后，学校按照年龄依次分班，16 岁的学生分为一个班；15 岁的被分在另外一个班，他们被统称为第六期学生。[3] 依照学校的规定，学习课程有国文、历史、地理、修身、外文、算术、几何、代数、三角、物理、化学、动物学、植物学、矿物学、气象学、生理卫生学、图画、音乐、国语、野外要务等。每期学生须学一门外语（日、英、德）。术科有徒手教练、持枪教练、单兵教练、班排队教练、野外演习、柔软体操、器械体操、刺杀、剑术、射击等。他们的同学中还有一位是朝鲜人。

据《广东陆军小学第六期生同学录》[4] 载，16 岁的班级有 37 位同学，教职员是翁式亮、陈国伦、陈樾和江庆祥四人，学生有张发奎、黄其祥、薛仰岳、叶挺、吴奇伟、缪培南、陈芝馨、李振球、邓龙光、李汉魂、简作桢、陈公侠、朱晖日、韩汉英、林挺华、罗梓材、炼凤韶、李江、陈克华、罗策群、温克刚、林湘、谭在汉、梁殿枢、叶显、王超、邓挥、刘尚霖、冯秉权、侯文俊、赵成欣、丘兆琛、陈勉吾、曾泽寰等，他们学的外语是德语；15 岁的班级有余汉谋、黄镇球、叶肇、张达、徐景唐和华振中等，他们学的是日语。

学校对学生的年龄以及姓名审查得并不严格，比如黄琪翔，当时才 14 周岁，虚岁也才 15 岁，也被编入 16 岁的德语班。再

1　《张发奎口述自传》当代中国出版社，2012 年 7 月第一版，p006。

2　黄琪翔《我的自述》。

3　据杨资元、冯永宁著《邓演达传》广东人民出版社 2008 年出版，p9。张发奎、叶挺、薛岳为第七期学生，黄琪翔也应是第七期。但民国十八年版《广东陆军小学第六期同学录》刊录他们是第六期学生，从此说。

4　民国十八年版《广东陆军小学第六期生同学录》，清风桥文茂印务局承刊，p23。

比如张发奎，他的本名叫“张发葵”，入学前曾在粤军模范团当副班长，没能及时请假去学校报到注册，就叫亲戚华岳高帮忙代办，结果注册官把他的名字写成了“张发奎”，与原名有一字之差。

黄琪翔入学的名字叫“黄其祥”。张发奎后来说：“黄琪翔的姓名同现在相比，音同字不同。”薛岳的名字当时叫薛仰岳，后来他在广州法租界被捕，警察登记姓名时他故意漏了“仰”字，于是就成为了今天的这个名字。

第六期学生兵中，绝大多数人都是由学校直接来投考军校，其中只有五六位同学当时已是军人，是穿着军装来报到的。虽然年纪一样大，他们感觉自己像老资格，高人一等，神气活现。他们是张发奎、薛岳、高汉宗、方颐与谭在汉等。

黄琪翔说：“我进入陆军小学以后，受的是相当于普通中学课程的教育，加上军事训练，以及（学习）所谓爱国思想的精神、讲话等等。学校的生活待遇，比我过去的生活大大提高，吃的是每顿四菜一汤，穿的有呢料、布料（制服），都是按各人量身、精工定做的。这个学校，实质上是贵族学校。这个制度也是从清朝政府时代原班接受下来的。这是封建统治阶级为着培养它的接班人而设置的。”[1]

军事科目的训练，主要是操练，还有使用来福枪学习射击。军事理论的学习则是读《孙子兵法》。管理还是很严格，学生犯下轻微的错误，就要被记过，三个小过积累成一个大过，三个大过会被开除或者关禁闭。有些不守规矩的学生要在课堂里罚站一个小时，或者背负全部装备在操场上罚站 3 个小时。

黄琪翔去读陆军小学时，年纪太小，父母不放心，于是父亲黄富霖独自跑到广州去探望。当时家里很穷，黄富霖平时舍不得花钱，也很爱惜衣物。黄琪翔夫人郭秀仪后来听婆婆刘桂五回忆说：父亲黄富霖去看望儿子，连鞋都不舍得穿，把一双布鞋夹在胳膊里一路走到广州，直到学校大门口才把鞋子穿上，然后再去见儿子。

1 黄琪翔《我的自述》。

民国三年（1914 年），黄琪翔结束了陆军小学生活，顺利毕业，然后全班被转送至武昌陆军第二预备学校继续学习。这个学校也被称为湖北第三陆军中学。[1] 他们这届学生毕业后，广东陆军小学随即停办。第六期学生与第四、第五期学生一起转到武昌陆军第二预备学校继续读书，邓演达就在其中。

邓演达（1895—1931）是第四期学生，1909 年入广东陆军小学，1911 年毕业。到了武昌后他才与黄琪翔和张发奎等相识，然后成为好朋友。邓演达是一位极富激情的青年，政治素养出色，许多人都仰慕他的人品和学问。黄琪翔比邓演达小 3 岁，后来成为邓演达坚定的追随者和得力副手。他们的友情就肇始于此时。

黄琪翔从小到大一直是在军校里度过的，是公认的优秀学生。他平时举止中规中矩，完全按照军校的规定去学习和生活，而且他“聪颖过人，学习成绩优异，为师友所期许”[2]。但张发奎、薛岳等人与黄琪翔不一样，他们在读军校之前就混过社会，阅历

1912 年至 1914 年间，广东陆军小学部分同学张发奎（前排右一）、许志锐（后排左二）等合影。

1 《民国高级将领列传》第一册“黄琪翔”条，解放军出版社 1988 年 3 月版，p447。

2 《民国高级将领列传》第一册“黄琪翔”条，p447。

多一点，思想也活跃。在国民党人苏璋接替了翁式亮成为陆军小学校长之后，张发奎、薛岳等人就加入了国民党。他们都想着尽早去参加孙中山领导的二次革命，于是抽签决定谁先去参加革命，薛岳中签。薛岳从此再也没有回到学校。

张发奎与黄琪翔在武昌陆军第二预备学校期间，俩人经常在一起交流学习的心得。那时候他们知道了拿破仑，非常敬佩他，于是背诵了拿破仑许多关于军事的箴言。

黄琪翔对拿破仑说的话奉为圭臬。拿破仑说：“战争的第一、第二、第三项需要的都是金钱。”黄琪翔举一反三地说：“如果没有金钱，我们就不会来读军校，不能够掌握军事知识；如果没有金钱，部队就招不到兵；如果没有金钱，部队就没有枪支弹药，就没有战争所必须的这些军用物资和士兵，就没有办法去革命，去消灭军阀。”

张发奎信奉拿破仑的另一句话。拿破仑说：“胜利取决于最后五分钟的坚持。”张发奎说：“敌我双方作战主要是靠人的意志。我们能够读军校，敌人也可以读军校；我们有枪炮，敌人也拥有枪炮。真正战争的输赢，取决于军人的意志。是比谁的意志更坚定，毅力更顽强，最后的胜利就属于他们。”

他们的争论没有胜负，可是他们各自所坚持的军事理念却在以后的岁月里得到了应验，如同一语成籤。黄琪翔在抗日战争中，曾是陈诚的副手，在第六战区主管粮食转运和保障工作，尤其是在 1945 年 3 月，黄琪翔改任中印公路警备司令部司令期间，负责战争物资、输油管道以及边疆事务的管理，均有出色的表现。而张发奎的大部分时间，则作为主将冲杀在战争的前线。

民国五年（1916 年），黄琪翔从武昌陆军第二预备学校毕业，然后保送去保定陆军军官学校第六期炮兵科。保定陆军军官学校，简称保定军校，它是中国近代史上第一所正规陆军军校，校址在河北保定市，前身为清朝北洋速成武备学堂、北洋陆军速成学堂、陆军军官学堂。保定陆军军校的教学条件极优，实弹射击有打靶场，骑马训练有马场，炮兵训练有炮场，工兵则有土木作业场、架桥作业场，连爆破演习都有安全的场所。黄琪翔的专业是炮兵科，使用教学的大炮，主要由日本或德国制造。他对德国的军用枪炮特别有好感，因为德国制造的军械，在当时属于世界上最先进的军火。

1919年黄琪翔的保定军校毕业照。

民国八年(1919年)，黄琪翔从保定军校顺利毕业，完成了他七年一贯制的校园军事教育和训练。

黄琪翔早年并不关心政治。他说"'食其禄，忠其事'，就是我脑子里的'指导思想'"[1]，所以一门心思放在学习军事理论和技能训练上。他渴望自己有"业绩"，将来成为一名优秀军事将领，因为拿破仑说过"不想当将军的人不是一个好士兵。"他钦佩拿破仑。黄琪翔在自己撰写的生平中说："在漫长的七年岁月里，是中国和世界大局激烈变化的时代，其间，国内（发生了）以反（对）袁世凯为首的北洋军阀斗争，'五四运动'；国际发生过第一次世界大战以及俄国的十月革命。但这些大事，我对它（们）都无认识。我专心一致（志）。"[2]他就是想要学好过硬的军事本领。

保定军校由北洋政府主办，学生也归北洋军分配。黄琪翔从保定军校毕业后，被分配到北洋军政府下辖的边防军第一师炮兵

1　1956年10月31日《光明日报》第二版头条文章，黄琪翔《孙中山先生的革命精神启发了我》。

2　黄琪翔《我的自述》。

1919年黄琪翔任北洋边防军第一师炮兵团第三营中尉排长。

团第三营任中尉排长。第二年，保定军校因缺乏优秀的师资力量，就把黄琪翔从部队里调了回来，担任学生分队长，后来成为队长。黄琪翔回忆说：“我认为人活在世上总应该好好地做一点事情，为了自己，也为了家庭，应该干出一点与众不同的‘业绩’。至于究竟做什么事情才有意义以及为谁做事情，我都没有考虑过。就这样，我糊里糊涂地参加了段祺瑞的‘边防军’，不久，又回到保定军官学校任教职。”[1]

就在黄琪翔返回保定军校担任炮兵分队长的那一年，遇见了浙江处州府青田县人陈诚（1898—1965）。

陈诚之所以能够读保定军校，得益于乡贤杜志远先生的举荐。杜志远原名杜特，是陈诚父亲陈希文的同科秀才。杜志远的儿子杜伟回忆说：“我的父亲和他的父亲是老朋友，看到这个朋友的后辈找不到出路，念他年纪还轻，便把他带往北京，报送投考保定军官学校。又因考试成绩差，身材矮小，不能录取。后经我父亲向主试官魏宗翰疏通，总算以备取的名义勉强入学。”魏宗翰是当时的陆军部军学司司长、保定军校主试官。杜伟的回忆存疑，因为陈诚当时已经有了浙江第十一师范、体育专门学校的文凭，而且，陈诚的同乡同学富文也证实，陈诚是保定军校正式录取的

1　1956年10月30日《光明日报》第二版头条文章，黄琪翔《孙中山先生的革命精神启发了我》。

学生。不过，陈诚从杭州来到北方，确实是跟随杜志远而来。陈诚自己回忆说：他从体育专门学校“毕业后徘徊省城，思再入他校，以求深造，因家庭经济困难，进退维谷。适邑中前辈杜志远先生当选国会议员，北上过杭。余往谒。杜先生为请于先父，挚余同行。考入保定陆军军官学校第八期，分隶炮科。”陈诚入校的时间是1919年8月8日。保定陆军军官学校第八期毕业生一共638人，炮兵科97人，人数仅次于步兵科。

1920年黄琪翔回到保定军校当炮兵科分队长的时候，陈诚就成为了黄琪翔的学生队员。第八期学员中，陈诚、罗卓英和邓鸣汉三人的个头最矮，所以列队时按个头排在队伍的最末位。

陈诚与黄琪翔的交情就是在此期间建立的。陈诚后来常对人说：“黄琪翔是我的老师。”黄琪翔也撰文写道：“陈诚就是那时候在我队里的学生，我和他有所谓师生的关系，因此建立了以后政治、生活中的关系。”[1]

黄琪翔说：“‘五四运动’以后，中国的新文化运动高潮到来，跟着是中国共产党成立，中国革命进入了新民主主义时代。这些大事，我在当时也是毫无认识的。直到1922年，北洋军阀政府已面临总崩溃前夜，财政危机严重，到了不能发给保定军校经费的程度，断绝了员工的工资来源，于是我才决心回到广东，参加到当时属于孙中山系统的粤军第一师司令部充当少校参谋”[2]，即粤军第一师司令部后方办事处少校参谋。[3]

黄琪翔脱离北洋政府来到广州参加孙中山领导的粤军，根本原因是为了摆脱经济拮据的状况，能够赡养自己的母亲。他说：“我在保定军官学校毕业以后，初出来在北方做事，那时对于国家和社会的认识，是很模糊的，既没有什么大志，也不懂得应该怎样去做人。我想：不管如何，有了差事，能够寄几个钱给我的母亲，也总算完成了我做儿子的责任。可是，正当北洋军政府没落的前

1　黄琪翔《我的自述》。

2　黄琪翔《我的自述》。

3　《民国高级将领列传》第一册“黄琪翔”条，p447。

夜，大人先生们尽管过着醉生梦死的生活，小职员几十块钱的月薪则连赊带扣，自己生活都维持不了。我不得已回到广东，做了几年事，生活是相当改善了。”[1]

按照粤军当时的规定，新兵每月饷银是 10.50 元，列兵是 12 元，下士 14 元，技术军士 20 元，上士 24 元，而黄琪翔是少校，每月的饷银是 160 元。黄琪翔可以拿出一定的饷银寄给家里，以补贴家中的生活。问题是粤军的财政也很紧张，所以尉官要扣下 10%，而校将级军官要扣下 20%，所以黄琪翔每月的薪水实际收入是 128 元。尽管如此，也不是每月都能按时足额领到工资。孙中山曾经为此大伤脑筋，他总在想方设法筹措军饷。

其实，孙中山在民国六年（1917 年）成立大元帅府时，手中并没有军队。国民党的军队，来源于旧军阀的馈赠。民国七年（1918 年），当时广东省长朱庆澜被陆荣廷等排挤出局，便将自己的部队 20 个营交给孙中山改编，国民党由此组建了粤军。陈炯明为总司令，邓铿为参谋长。孙中山曾说：“只有革命党之奋斗，而无革命军之奋斗，革命不能成功，须成立好革命军，革命事业始能成功。”此言讲明了党指挥枪的道理。

此间，黄琪翔也受到了孙中山革命思想的影响。他说：“我有机会读到孙中山先生的一些革命的演说和著作，也知道了有关孙先生的一些动人的革命事迹。从这些著作和事迹里，我认识到孙先生是一个伟大的革命者，终生怀抱着救国救民的志愿。这种崇高的志愿，作为一个年轻的军人的我，当时在思想上才开始受到了很大的启发。特别使我感动的，是孙先生的革命的一生中，有过许多次的挫折和失败，但在每一次的挫折和失败后，他不仅不灰心，并且更坚强地组织革命力量继续进行革命斗争。”[2]

孙中山的重要助手邓铿（1886—1922），是一位具有远见卓

1　香港中国文化馆 2003 年出版、魏中天主编《我的母亲》丛书（第九辑），p6，黄琪翔文章《母亲为国人祝福》。

2　1956 年 10 月 31 日《光明日报》第二版头条文章，黄琪翔《孙中山先生的革命精神启发了我》。

识的革命家和军事家，他挑选一批思想进步的革命青年组建独立排，不久又扩编为连，并亲自加以训练，这就是粤军第一师的萌芽。

民国九年（1920年），在与桂系旧军阀的作战中，邓铿选拔精壮青年八十余人组建督战队，任命张发奎为队长。同年5月5日，孙中山就任大总统职，邓铿奉命成立大总统府警卫团，陈可钰为团长，李章达为中校团附，邓定远为少校团附。薛岳为第一营营长，叶挺为第二营营长，第三营营长即为张发奎。这三位营长都是黄琪翔的陆小同学。

1922年3月，粤军参谋长兼第1师师长邓铿被暗杀后，梁鸿楷（1887—1954）接受孙中山任命，正式担任粤军第1师师长，嗣兼广州卫戍副司令。第一师的参谋长是李济深。因此，黄琪翔最初来到粤军第一师师部当少校参谋，他的师长是梁鸿楷。

此时，非常大总统孙中山下令北伐，出师广西，以消灭桂系军阀陆荣廷的势力。因政见不合，陈炯明与孙中山决裂。6月中旬，陈炯明授意部属叶举炮轰总统府。孙中山旋即命令前线北伐军班师回粤讨贼。

早在武昌陆军第二预备学校毕业之前，张发奎就已经离开了学校，回到粤军。1917年7月，孙中山来到广州，于同年9月10日正式就任大元帅职。张发奎成为孙中山的便衣队队员，其实就是警卫，后来才成为了营长。1922年9月，张发奎时任第一师二团三营（辎重营）营长，随同孙中山也回到了广州。

黄琪翔回忆说："1922年我回到广州以后不久，在国民党系统中发生了所谓孙（中山）陈（炯明）之争。当时孙中山率兵北伐，军至江西，陈炯明在后方宣布脱离孙中山独立，使孙中山不能不从江西撤退，北伐遂告失败。张发奎原与我在陆军小学时代为同学，他这时在第一师任辎重营长，也随着孙中山回到广州。因张发奎之约，把我从第一师司令部调充他的辎重营（任）副营长。这就是我和张发奎同事的开始，一直到大革命失败以后，我

张发奎

们才告分手。”[1] 据《第四军纪实》载：1922 年 9 月，张发奎由始兴回归广州，该营被编为第一师辎重营，张发奎为营长，黄琪翔为营副，下辖 4 个连，由谢秀、袁良、缪培南和苏德燊分任连长，不久后又改编为第一师第一旅第二团的第三营。[2]

黄琪翔以上的回忆与张发奎所述的内容有所不同。张发奎说：“1922 年 9 月，我带领部众回到了广州。我这个单位并入辎重营，梁鸿楷任命我接替何迺英出长该营。原任副营长黄琪翔留任，此时他改成现在的名字。”又说，“当我们准备发难陈（炯明）时，我担心黄琪翔不可靠，乃请求梁鸿楷打发他走。我担心黄氏不可靠， 直认为他是个机会主义者。他确实是个有才华、有学问、有教养的人，是保定军校毕业生，是一个勇将，但他的私生活却一塌糊涂，耽迷于享乐。我想他可能知道我要他离开，但这不影响我和他的友情。他加入了沈鸿英之子沈荣光（1892—1946）的部队，我委任朱晖日接任三营副营长。”[3]

事实上，黄琪翔与张发奎的合作，确有一个由相互熟悉到相知信任的过程。毕竟，他俩自 1916 年分开之后，已有六年的时间，相互之间没有通过音讯。

民国十二年（1923 年）四月，张发奎因为清剿沈鸿英的战事而得到晋升，担任第一师独立团团长，缪培南为团附，朱晖日、苏德燊分任营长。张发奎回忆说：“1923 年 8 月，我团移驻江门。那时沈荣光吃了败仗，黄琪翔失了业，我让黄（琪翔）回来充任副团长。”“很快我病倒了，由于不注意饮食，我得了胃病。在那些日子里，我不碰白兰地，只喝廉价的广东酒。我请病假回广

1 黄琪翔《我的自述》。

2 1949 年 3 月怀远书局《第四军纪实》，p18。

3 《张发奎口述自传》，p034。

州，把团长权柄交黄琪翔暂代。”[1]到了8月，独立团归第一师第一旅旅长卓仁机(1890—1972)指挥，奉命讨伐贼军。10月2日，第一旅克河源，17日敌发动三路反攻，19日第一旅左翼失利。张发奎的胞弟张贵斌阵亡，连尸首都没有找到。

张贵斌是张发奎的二弟，早年过继给人家，约在1923年初投奔大哥张发奎参军，此时张贵斌已经结婚成家。不曾想，张贵斌参军没多久就战死沙场。受此打击，张发奎从此以后再也不允许他的兄弟们参军了。

曾是黄琪翔下属的李以劻将军[2]，对黄琪翔初到粤军时的经历是这样记载的：“一九二三年，孙中山在广州成立大元帅府，领导国民革命。在整顿粤军中，张发奎是粤军第一师独立团团长，黄老（黄琪翔）应张邀任该团团附。同年夏，参加讨伐沈鸿英的清远战役和围攻肇庆城战役；十一月，参加讨伐陈炯明的柏塘战役。当时粤局极乱，内有盘踞广州的杨希闵、刘震寰部，阳奉阴违，东有陈逆叛军的进犯，南有邓本殷的扰乱。为建立广东革命根据地，急需扫荡叛逆统一粤局。黄老时任粤军第一师第一旅（旅长陈铭枢）第一团（团长张发奎）第三营营长，参加第一次东征，在攻击兴宁神光山战斗中立下大功。待第一次东征胜利后，东征军在前敌总指挥蒋介石指挥下歼灭滇桂军刘、杨两部于广州。一九二五年七月，广州成立国民政府，粤军第一师扩充为第四军，张发奎升独立旅旅长，黄老升任第二团团长。”[3]

以上资料均可证实，民国十二年（1923年）八月，黄琪翔出任粤军第一师独立团的团附，团长是张发奎。黄琪翔和张发奎两位老同学这才终于挽起手来，开始在枪林弹雨中共同浴血奋战。

1 《张发奎口述自传》，p037。

2 李以劻（1912—2004），广东电白人。毕业于黄埔军校高教班第二期，曾参加著名的“一·二八”淞沪抗战，之后在“福建事变”任警卫营长。抗日战争期间历任团长、副旅长、副师长、代师长。在台儿庄大战、武汉会战等战役中表现不俗，立下战功。抗战胜利后升任121军中将军长。1949年率部在福建起义，参加共产党领导的解放战争。解放后曾任全国政协文史资料委员会专员，第六、七届全国政协委员，黄埔军校同学会理事。

3 《传记文学》第74卷第一期，p33。李以劻文章《怀念黄琪翔将军及简述闽变经过》。

二、成名之战

诞生于1921年7月1日的中国共产党，在1923年6月举行的第三次全国代表大会上，确定与国民党建立革命统一战线的方针，全体共产党员以个人名义加入国民党。这是在共产国际的帮助和撮合下，中国共产党和中国国民党两党以“党内合作”的形式，实现了第一次合作。

1924年1月，国民党第一次全国代表大会召开，确立联俄、联共、扶助农工三大政策，标志着国民党改组的完成和国共合作的正式建立。改组后的国民党由一个资产阶级性质的政党，变成为由工人、农民、小资产阶级和民族资产阶级四个阶级组成的革命联盟。在这次大会上，选举出国民党中央执行委员会，共产党人李大钊、谭平山、毛泽东、林祖涵（伯渠）、瞿秋白等10人当选为中央执行委员或候补执行委员，约占委员总数的四分之一。共产党员也出现在国民党的军队之中。

也就是在1924年1月，在国民党改组之后，黄琪翔加入了国民党。[1]

1924年9月18日，第二次北伐战争开始，当时孙中山任命许崇智（1886—1965）为“建国粤军”总司令。10月，改组后的

1 《民国高级将领列传》第一册“黄琪翔”条，p447。

粤军第一旅旅长是陈铭枢（1889—1965），下辖两个团，第一团团长张发奎，第二团团长蒋光鼐。黄琪翔此时已是第一团第三营的营长。

黄琪翔第三营随同张发奎第一团驻扎在台山、四邑一线。张发奎自述："我是行伍出身的，打过许多场仗，但都是些糊涂仗，士兵们头脑笨拙，我自己又粗心大意。有时打胜仗，有时打败仗。当团长时，我不注重练兵；战事沉寂时，我沉湎于声色与美酒。简言之，我是专横的，急性子的，染上了各种嗜好。我性情暴躁，活像个军阀。"还说"我感到我可以依赖营长们，士兵们毋须特别的监督。"[1] 作为张发奎的部下，黄琪翔隐忍的性格使他能够与其顺利相处，并赢得信任。

此时"建国粤军"发动了敉平广州商团的作战。广州商团团长陈廉伯（1884—1944），是英国籍的中国商人。他本身是买办阶级，被时人骂为"帝国主义的走狗"，而且平时与陈炯明相互勾结，这样就成为了孙中山领导护法政府的潜在敌人。广州商团极为富有，他们有自己的武装，甚至还拥有一批重武器。孙中山借机向商团借武器，但是遭到了拒绝。恰在此时粤军得到消息，商团从国外订购了一批武器，于是将其充公没收，并在10月中旬对商团展开战斗。粤军击败了商团，清除了商团对孙中山政府的威胁。

不甘失败的陈炯明已被赶出广州，此时又趁机率兵前来反攻，因为广州历来是兵家必争之地。不能控制广州的话，谁也无法赢得广东的领导权。原因是：首先，广州是珠三角的核心地区，这里是广东最富裕的地方，也是历届军政府开支的金库；再者，它是中外贸易最重要的港口城市，谁控制了广州，就相当于掌握了合法的外贸特权；再次，广州是当时最繁荣的商业城市。此外，从地理位置上看，广州与香港和澳门比邻，进退自如。

---

1 《张发奎口述自传》，p41。

1925 年 1 月 15 日，孙中山的护法政府下令第一次东征，讨伐陈炯明。孙中山任命许崇智为东征军总司令，粤军第一旅的任务是增援东征军，开拔到广东的东江地区。3 月 19 日至 20 日，东征军在兴宁与陈炯明部展开激战。

东征军何应钦率领第一教导团和王伯龄率领的第二教导团包围了兴宁城，由于兵力不够，请求增援，于是张发奎把黄琪翔率领的第三营调拨给他们。张发奎自己则率领两个营的兵力，去攻打 20 里之外的神光山。

在人们与黄琪翔的交往中，怎么看他也不像是一位勇猛顽强的军人。黄琪翔的长相太过俊美，言谈举止又温文尔雅，一般人都认为这样的人，很难适应残酷的军事战斗。他与张发奎的风格完全不同。张发奎的粗鲁、暴躁与豪气，符合人们对传统军事将领观念的认识，所以说他是天生的将军。但是，黄琪翔在军事上的才干，在这次讨伐陈炯明的东征中得以充分展现，确实令人刮目相看。

张发奎回忆说："一件奇怪的事发生了：陈铭枢命令我派一个营去支援第一、第二教导团包围兴宁城。我派第三营营长黄琪翔，我自己则率领两个营进攻 20 里外的神光山。经过几番激烈的夜战，我军在神光山伤亡惨重。拂晓时，我从山顶望出去，但见山脚下聚集了大批俘虏。我询问士兵们，哪一支部队俘获了这么多敌军？他们喊道：'第三营。'我几乎不能相信，因为黄琪翔在兴宁作战。"[1]

原来，黄琪翔率领第三营赶往兴宁后，怎么也找不到教导团的踪影。回头看，神光山方向已是枪声大作，火光冲天，感觉神光山这边形势吃紧，于是黄琪翔赶紧率领第三营又杀了回来。哪知道在半道上与叛军陈炯明下属的王其祥旅狭路相逢。黄琪翔立即指挥全营冲杀进去。而对方的士气很低，又不摸进攻者的底细，以为碰上了粤军的主力部队，结果一开打，见粤军十分凶猛，便

1　《张发奎口述自传》，p42。

一个个举枪投降了。黄琪翔立即把俘虏排成了队，押解过来。敌军旅长王其祥，与黄琪翔的名字在读音上一模一样，所以人们戏称这一仗是"黄琪翔打黄琪翔"，成为当时的笑谈。

粤军部队编制采用的是三三制，即一个营有三个连，一个连有三个排，一个排三个班，一个班是九个人，再加上营部的指挥人员，黄琪翔的第三营总兵力即使在满员的情况下，也不到三百人，可当他们统计缴获的敌军枪支时，光是步枪就有一千枝。这个战果实在是令人瞠目结舌：黄琪翔率领第三营战胜了人数超过自己达三倍之多的敌军。

与此同时，由于陈铭枢部顶不住陈炯明部队的优势火力，而正与陈炯明主力林虎部交战的蒋介石部突出在前，结果被林虎的部队合拢过来，蒋介石的部队被围于惠州五里亭的山顶，形势非常危急，稍有差池便有灭顶之灾。

陈铭枢紧急命令张发奎团前往解救、增援蒋介石。这时何应钦第一团开始向五里亭冲锋，而黄琪翔率领的第三营刚刚归队，于是立即加入了战斗。他们像一把锐利的钢刀，一下子撕开了敌军的战线，搅动了战场的格局。

这样一来，林虎的部队受到上下两个方面的夹击，乱了阵脚。张发奎的第一团趁势攻克林虎的司令部，拔了林虎的军旗，大获全胜，蒋介石因此脱险。教导团也趁机攻占兴宁城。敌军全线溃退，跑到潮州和汕头方向去了。

神光山一战，黄琪翔率领的第三营打出威风，鼓舞了士气，再加上惠州五里亭的战斗，令所有参战部队对他们肃然起敬，也使得第三营营长黄琪翔一战成名。这一年黄琪翔血气方刚，还不到 27 岁。

蒋介石是孙中山的得意门生，深得孙中山的信任，这次东征也是受孙中山的委派，担任东路讨贼军总司令部参谋长。在兴宁城举行的庆功会上，蒋介石给第一师的蒋光鼐团（第二团）送去十头猪，而给张发奎团（第一团）送来十五头猪。全军上下心知肚明，这是蒋先生对张发奎团的格外褒奖。

东征中的神光山战斗，打出了张发奎团威风。尤其是黄琪翔率领的第三营，主动出击，战胜了三倍于已的敌军，像神话一样在粤军中疯传。蒋介石至此对张发奎部队留下深刻的印象，对黄琪翔也很尊敬。而且，蒋介石这个人非常重视人才，等到他全面掌权之后，在张发奎、黄琪翔的任用上，就可以看出蒋介石对他俩的态度。

事实上，当时的军人，对立的双方尽管嘴上都在高呼革命的口号，翻脸比翻书还要快，而对革命的真正意义到底能有多少了解？是个问号。但作为军人，向死而生，勇者为胜，这是战场上军人们的立足之本，也是求生之道。中国向来信奉“胜者为王败为寇”，唯有取得胜利，才是军人的资本。失败者没有尊严，也没有话语权，甚至连性命也不能苟全。正是因为黄琪翔敢打争胜的勇气，才使他在返粤后迅速立足军界，名震一时。

1925 年 3 月 12 日，孙中山逝世。

5 月，蒋介石继续指挥参加东征的部队向广州开拔。广州当时被刘震寰、杨希闵的滇桂军所控制。粤军与滇桂军作战，其目的就是为了把他们驱逐出广州。

粤军沿着广九铁路线向广州挺进。6 月 12 日，张发奎团在龙眼洞附近的瘦狗岭与滇军接仗，取得了胜利。第二天，在各路粤军的压迫之下，滇军和桂军无力顽抗，纷纷缴械投降。粤军占领了广州。

7 月 1 日，以汪精卫为首的国民政府成立。7 月 6 日，国民政府在广州成立国民革命军。8 月 18 日，国民政府军事委员会将辖下各地方军队名目取消，组建统一的“国民革命军”，蒋介石担任总司令。初期的国民革命军依照苏联体制，共产党人加入军队，在军、师两级设政治部及党代表。

11 月 21 日，陈可钰将军（1882—1944）被委任为第四军第十二师师长，张发奎任该师少将副师长。陈可钰是老资格的粤军将领，曾任孙中山总统大本营警卫团团长，是张发奎的老上司。此时的第十二师完全由张发奎掌握，因为陈可钰当时在养病。张发奎亲口告诉陈可钰：他作为师长，不必到师部视事，仅仅挂名而已。[1]这样张发奎就成为第十二师真正的领导人，大权独揽。许志锐任师参谋长。第十二师下辖三个团：叶挺任 34 团团长；朱晖日任第 35 团团长；黄琪翔任第 36 团团长。

这一时期，以张发奎为首的军事集团已现端倪。在张发奎麾下，黄琪翔、朱晖日、叶挺、许志锐、缪培南、李汉魂、吴奇伟等，均是其赫赫干将。虽然黄琪翔归随张发奎部队的时间是在 1923 年 8 月，比其他人要晚，但黄琪翔战功卓著，于一年多后的 1925 年，就已呈现出后来居上的势头。军人就是这样，论功行赏，胜仗越多，战功越大，地位就越高。

国民政府新改编的国民革命军，共有六个军，此时都集中在广东。以前他们的军饷都是划疆而治，就地筹饷，如今全部由国民政府财政部统一办理。国民革命军的收入，与之前的粤军相差不大。李宗仁回忆说："名义上广东六个军七十一个团，实际兵力约有七八万人和飞机数架，其编制是'三三制'。""薪饷发给的标准大致是：士兵每名每月十元，班长十二元，少尉排长三十二元，中尉排长四十元，连长六十元（另公费二十元），营长一百二十元（公费一百元），团长三百元（公费二百元）。按当时的生活标准，士兵每名每月伙食费约二元，作战时食米由公家供给。所以一个士兵的薪饷可以养两口之家。"[2]所谓军官的公费，没有特别的规定，大致是一些军官们的接待费用。相比穷苦人民来说，当兵的薪饷是不低的，尤其是军官，可以用丰裕来形容。黄琪翔此时已经是团长，每月不仅有 300 元薪饷，还可以有 200 元的公费，所以他和他的家人已经可以不再为生活费用而担忧。

1925 年 12 月末，第四军第十二师奉命抵达雷州半岛，开始清剿军阀邓本殷（1879—1966 后）的部队。

邓本殷本是粤军陈炯明麾下普通一兵，在各路军阀混战中脱

1 《张发奎口述自传》，p49。

2 广西师范出版社 2005 年版《李宗仁回忆录》，p247。

颖而出，一路晋升至“八属联军”总指挥。1925 年 4 月，野心膨胀的邓本殷派代表前往北京，希望北京政府改南路八属为广南省，并任自己为督理。北京政府首脑段祺瑞，正瞧准了孙中山去世的时机，想推翻广东革命政府，对于邓本殷的投怀送抱，求之不得，便宣布广东南路八属为特区，任命邓本殷为八属善后督办，授予将军府植威将军、陆军中将，并派军舰南下协助邓本殷防守琼崖。

1925 年 8 月，国民党左派领袖廖仲恺遇刺身亡。蒋介石趁机排挤政治对手，驱赶粤军总司令许崇智，清洗了他的嫡系部队。驻防四邑的部分许崇智旧属愤而投奔邓本殷。邓本殷则趁势进攻广州国民政府，以便夺得战争先机。

就在这种背景下，1925 年 12 月 21 日国民革命军第四军从广州誓师出发，张发奎率领第四军第十二师奉命进攻邓本殷部。张发奎的第十二师是先锋部队，之后是陈济棠第十一师跟进。邓残部慌忙向海南岛逃窜。这是国民革命军的第二次东征。

部队没有海军舰船，如何才能渡海攻打海南岛？黄琪翔建议：利用近海渔船、帆船和小火轮，乘黑夜渡海，拂晓前在文昌县铺前港强行登陆，然后沿文昌至海口公路前进，直捣邓本殷的老巢府城。黄琪翔还自告奋勇说：“我团愿作渡海先锋，万一我不幸牺牲，三十六团由营长欧震接任指挥作战。”他的建议得到了张发奎的赞同。[1]

1926 年 1 月，张发奎的第十二师登陆海南岛，开始进攻邓本殷的部队。

苏军顾问加伦将军

1 《纪念黄琪翔》中国文史出版社 1988 年 6 月第一版，p47，魏鉴贤文章《北伐风云忆英豪》。

苏联军事顾问加伦[1]与第十二师一同前进，去与邓本殷浴血作战。

1月15日，张发奎率部乘坐帆船200余艘，由雷州外罗港渡海，向琼州的新埠港进发。官兵经过一夜漂泊后登陆，随即展开纵深进攻。魏鉴贤回忆说："1926年1月15日凌晨开始渡海攻打海南岛。那时，张发奎、廖乾五、黄琪翔和我同坐一条小火轮拖的驳船。当船离岸边还有段距离时，天将拂晓，黄琪翔即身先士卒带领他的部队涉水登陆，出奇制胜地歼灭了守敌。"[2]随后，黄琪翔第36团的第二营斜出铺前港，佯攻守军，牵制敌军火力，成功掩护了第十一师陈济棠部队登陆，然后向敌展开全面进攻。[3]他们一直打到琼崖，邓本殷部被彻底击溃。1月22日，邓本人见大势已去，化装进入日本兵舰，不久便逃往越南。广东遂告统一。

琼州府城被攻克后，陈玉珏辞职，副师长张发奎升任第十二师师长。此时第十二师的军官编制如下：

师长：张发奎；

副师长：朱晖日；

参谋长：许志锐；

参谋处长：李汉魂；

34团团长：叶挺；

参谋长：周士第；

35团团长：缪培南；

参谋长：苏德燊；

36团团长：黄琪翔；

1　苏军顾问加伦，即苏军华西里 · 康斯坦丁诺维将军（1889—1938）。1916年加入俄国社会民主工党（布）。十月革命时任萨马拉革命军事委员会委员。后历任远东共和国红军总司令、陆军部长、军事委员会主席。1924年10月底，加伦被派到广州，化名布柳赫尔，接替刚刚殉职的巴甫洛夫将军，担任广东革命政府苏联军事总顾问，并任黄埔军校苏联顾问组组长。1927年"四 · 一二"政变后回国。后任乌克兰军区副司令、远东特别集团军司令、远东方面军司令等职。1935年被授予元帅军衔。曾当选第一届苏联最高苏维埃代表、苏联中央执行委员会委员、苏共中央候补委员。1938年10月在肃反运动中被捕，11月被处决。

2　《纪念黄琪翔》中国文史出版社1988年6月第一版，p47，魏鉴贤文章《北伐风云忆英豪》。

3　1949年3月怀远书局《第四军纪实》，p54。

1926 年张发奎率部登海南岛攻克琼州府城后，与国民革命军第十二师的部分军官合影。

参谋长：吴奇伟。[1]

1926 年 6 月，在正式开始北伐之前，张发奎就已经接到了第四军军长李济深的电报命令，让第十二师向湖南挺进，以支持已经归列北伐军的唐生智部队。此时，叶挺的第 34 团已经改编为独立团，于是张发奎命令叶挺独立团作为先头部队向湖南进发。共产党人在国民革命军中已经形成了力量，以第十二师为例，叶挺的新编独立团几乎为共产党所控制，包括团长叶挺本人，也是秘密的共产党员。

黄琪翔回忆说：“这三个团中，叶挺的独立团系新成立的，干部全是共产党员，是革命的队伍。35、36 两团亦有不少（中共）

1　1949 年 3 月怀远书局《第四军纪实》，p51。

党团员作为政治工作人员加入编制，负责担任政治训练工作，我在部队里初次和共产党合作，在这些政治工作人员帮助下，接受革命政治的启蒙教育，思想上才开始懂得军队和政治的关系，因此和共产党的关系是好的。在作战的时候和叶挺的独立团也是完全能够合作的。”[1]他的战友魏鉴贤说，此时黄琪翔的思想受到了第十二师政治部主任廖乾五的影响和指导。廖是老资格的共产党人。[2]

这是黄琪翔初次与共产党人的合作，由此也奠定他在感情和思想上的左翼倾向。

1 黄琪翔《我的自述》。

2 《纪念黄琪翔》p46。

第三章　北伐战争的先锋

一、先头部队

1925年7月1日，孙中山缔造的大元帅府改组为国民政府，汪精卫成为孙中山之后的新一代政坛领袖。国民政府成立常务委员会，汪精卫、胡汉民、谭延闿、林森、许崇智为五大常委，汪精卫为常委会主席。在军事委员会中，除了五大常委之外，廖仲恺、蒋介石、朱培德等也是军事委员会委员，汪精卫兼任军委会主席。这样，汪精卫不仅是国民政府的领袖，也是军事首脑，名义上已经独揽军政大权。

大元帅府所辖的所有武装力量，至此改编为国民革命军，共计五个军：第一军军长蒋介石、第二军军长谭延闿、第三军军长朱培德、第四军军长李济深、第五军军长李福林。

第二年的7月4日，国民党中央在广州召开临时全体会议，通过了《国民革命军北伐宣言》，号召全国要“建设统一政府”，完成孙中山总理遗愿。北伐战争至此拉开序幕。它的真正目的：首先要打倒直系军阀吴佩孚；然后消灭盘踞在江苏、江西、安徽、浙江、福建的皖系军阀孙传芳；最后推翻奉系军阀张作霖，以统一全中国。

北伐战争开始之际，国民革命军再行扩编，动员和汇集十万余人参加北伐战争（战争过程中曾发展到40多个军，近百万人），蒋介石出任北伐军总司令，李济深任总司令部参谋长，白崇禧任参谋次长代理参谋长，邓演达任政治部主任。

此时，新调整的国民革命军：第一军军长何应钦（蒋系）；第二军军长谭延闿（湘军）；第三军军长朱培德（赣军）；第四军军长李济深（粤军）；第五军军长李福林（粤军，又称福军）；第六军军长程潜（湘军）；第七军军长李宗仁（桂军）；第八军军长唐生智。作为总参谋长的李济深，统帅第四军一部、及第五军留守广东，其余各军悉数参加了北伐战争。

黄琪翔归属第四军，当时的编制为：

军长李济深（兼）；副军长陈可钰。

下辖四师：

陈铭枢第十师，副师长蒋光鼐，下辖蔡廷锴、孙绳、戴戟三团；

陈济棠第十一师，副师长邓世增，下辖余汉谋、香翰屏、黄镇球三团；

张发奎第十二师，副师长朱晖日，下辖许志锐、缪培南、黄琪翔、叶挺四团；

徐景唐第十三师，副师长陈章甫，下辖云瀛桥、陆兰培、陈章甫三团；

北伐军总参谋长、第四军军长李济深命令副军长陈可钰率领陈铭枢的第十师和张发奎的第十二师，两师联袂参加北伐，计有六个步兵团，兵员约1万余人。陈济棠第十一师，跟随军长李济深留守广州，拱卫后方根据地。当时，张发奎十二师的叶挺独立团不在此列，因为该团已经先期出发，进入了湖南。

据国民革命军总司令部参谋处《北伐阵中日记》[1]第一册载：7月1日，“今日为总司令部成立之第一日，各部、厅、处人员完全来部办公。”在当天，总司令蒋介石就在训令中明确规定：“第四军于七月十日前，先行集中安仁附近。”

关于此间的历史背景，黄琪翔回忆说：“1926年初，唐生智在湖南驱逐北洋军阀派驻湖南的督军赵恒惕（1880—1971），并

1　中国科学院历史研究所第三所南京史料整理处选辑的《北伐阵中日记》，是据以国民党政府军事委员会军令部档案于1960年编撰的，共六册。

派人和广东的国共合作的国民政府取得连（联）络，请求予以支持。此时国民政府已决定进行北伐，遂于五月派叶挺率独立团首先进入湖南，支援唐生智。唐生智部队驱逐赵恒惕的同时，改编为国民革命军第八军。接着，六月间，广东方面的第四军派出陈铭枢的第十师和张发奎的第十二师，由副军长陈可钰指挥，配合广西李宗仁所指挥的第七军进行北伐，到湖南和唐生智会师。”[1]

北京段祺瑞执政府此时已经倒台，掌权的是北洋军阀直系吴佩孚军，约有30万人，控制着湘（湖南）、鄂（湖北）、豫（河南）等省和直隶（河北）保定一带；从直系分化出来自成一派的孙传芳军约20万人，盘踞赣（江西）、闽（福建）、浙（浙江）、皖（安徽）、苏（江苏）五省；奉系张作霖军约35万人，占据东北三省、热河、察哈尔、京津和山东等地。吴佩孚和张作霖相互勾结，控制着北洋政府，并以北方为后盾，由南口、多伦等地向国民革命军进攻；在南方，吴佩孚又以援助赵恒惕为名，进占湖南，企图联合西南军阀，进攻广东；而孙传芳则在赣、闽、苏等长江中下游最富饶的地区，伺机行动。这三股军阀势力与广东对峙，虎视眈眈，暴露出吞并和消灭广东革命根据地的虎狼之心。

吴佩孚决心与国民政府为敌，而他的总参谋长蒋百里（1882－1938）心有余悸，力劝吴佩孚避其锋芒，不要与蒋介石用兵。蒋百里是民国时期最著名的军事理论家、军事教育家，曾任保定军校校长，对当时战局有着清醒的认识。但是吴佩孚的野心已经膨胀起来，就是不听劝。于是吴佩孚统治下的湖南、湖北首当其冲，成为北伐战争的首要战场。蒋百里无奈之下先是请假，偕夫人逃离了直系，返回上海慕尔鸣路，随即打电报向吴大帅辞职。[2]

国民政府举行誓师大会之后，北伐战争打响了。

北伐军副总参谋长白崇禧说：“北伐前夕，蒋（介石）总司令在广州召开军事会议，决定战斗序列：第一军之第一师第二师

1 黄琪翔《我的自述》。

2 中华书局1985年2月第1版，陶菊隐《蒋百里传》，p63。

出湖南；何敬之（何应钦）将军统领东路军预定由广东之东江、潮梅经福建至浙江，当时福建是周荫人之部队；第二、第三、第六三个军在赣湘边界监视孙传芳；第四、第七、第八三个军担任北伐之正面由湖南攻武昌，第四军在中央，第七、第八两军分担右左两翼。黔军袁祖铭、王天培也由常德指向鄂西。”[1]

第四军参加北伐，是从广州黄沙车站出发的。出发的时候，黄琪翔内心十分矛盾。那时候他的父亲和弟弟均已过世，他成了母亲唯一可以依靠的人。他说：“记得民国十五年（1926年）我出发北伐的时候，母亲送我到广州黄沙车站，脸上出现凄然的表情。我告诉她：‘母亲，整千整万被压迫的同胞渴望着解放，做我们的后盾，有严密的组织和伟大的人物来领导我们，有三千子弟可供我驱策。放心吧，母亲，祝福我们，祝福中国人民成功！’然而，我自期此去死在光荣的战场上，永远不复回来再见我的母亲，可怜的她哪里会知道做儿子的苦心呢！”[2]

北伐战争打响后，陈可钰率领的第四军进攻部队位列中央突前位置，开始向平江方向进攻。与他相策应的右翼军，是李宗仁的第七军进攻汨罗江，而左翼军的唐生智第八军，沿着武长铁路向汨罗江河口方向挺进。

1926年7月10日，作为北伐先锋部队的第四军，在副军长陈可钰的指挥下，首先攻占了醴陵。

张发奎回忆说：“攻占醴陵功劳最大的是第三十五团（朱晖日团），事实上战斗并不太激烈，时间也未拖延。我们拂晓发动攻击，午后就占领了醴陵，伤亡很有限。醴陵的居民放炮仗欢迎我们。接着向北追击敌军，拿下浏阳没有战事可言。”[3]张发奎的第十二师，副师长朱晖日，参谋长许志锐，参谋处长李汉魂。拥兵四个团，部队编号为：第35团长，朱晖日兼任团长；第34团，团长缪培南，下辖三个营；第36团，团长黄琪翔，下辖三个营。

1 中国大百科全书出版社2009年3月版《白崇禧口述自传》（上），p28。

2 香港中国文化馆2003年出版《我的母亲》丛书（第九辑）,p6。

3 《张发奎口述自传》，p59。

还有先行湖南的叶挺独立团。黄琪翔的第36团，士兵并未足额，大致接近于3000人。

吴佩孚（1879—1939）的部队战斗力也很强，接下来将是一块难啃的骨头——平江之战。

8月18日，陈可钰率领的第四军军部、右纵队进驻桑枣桥，张发奎第十二师到达白两湖。[1]

8月19日，天气极为炎热。平江战役于早上六点开始打响。

黄琪翔在其自述中只轻描淡写道："北伐军在湖南境内，首先在平江和吴佩孚部下的混成旅长陆澐打了一仗，得到了全胜。"[2]事实上，战斗过程远非如此简单，战况十分激烈，而且表现最突出者，就是他本人所率领的第十二师36团。他的长官张发奎说："在此战（平江之战）居首功者，是三十六团团长黄琪翔，该团经肉搏冲锋，首先攻入平江。入城后激烈巷战，十二时已全部解决。"[3]

平江守军系吴佩孚部平通防御司令陆澐，是吴佩孚麾下有名的战将。为了迎战北伐军，陆澐在战前指挥十万劳力，沿山构筑了坚固的防御工事，遍设地雷和铁丝网，加之装备也好，该部光是山炮就拥有十几门，陆澐因此自信自己的防线已是固若金汤。

陆澐可能不知道，他的对手正是日益强大的国民革命军第四军。以第四军的主力张发奎第十二师为例，自从打败了邓本殷部，缴获了大量武器弹药装备了自己。第十二师的士兵，每人一支步枪，有两种口径，分别是0.65和0.97公分；每个士兵配备了150发子弹，还有两颗手榴弹。另外，还有机枪炮兵营，使用的是俄制新型重机枪，还有国产的水冷和气冷式机关枪，每一个军官都配备有毛瑟牌手枪。同时，第十二师还组建了相当完善的后勤保障线，通常由25至35岁的壮劳力替部队充当运输兵。部队打到哪，后勤就跟着追上来。这是当时其他部队无法比拟的。

1 中国第二历史档案馆藏《北伐阵中日记》第一册。

2 黄琪翔《我的自述》。

3 《张发奎口述自传》，p62。

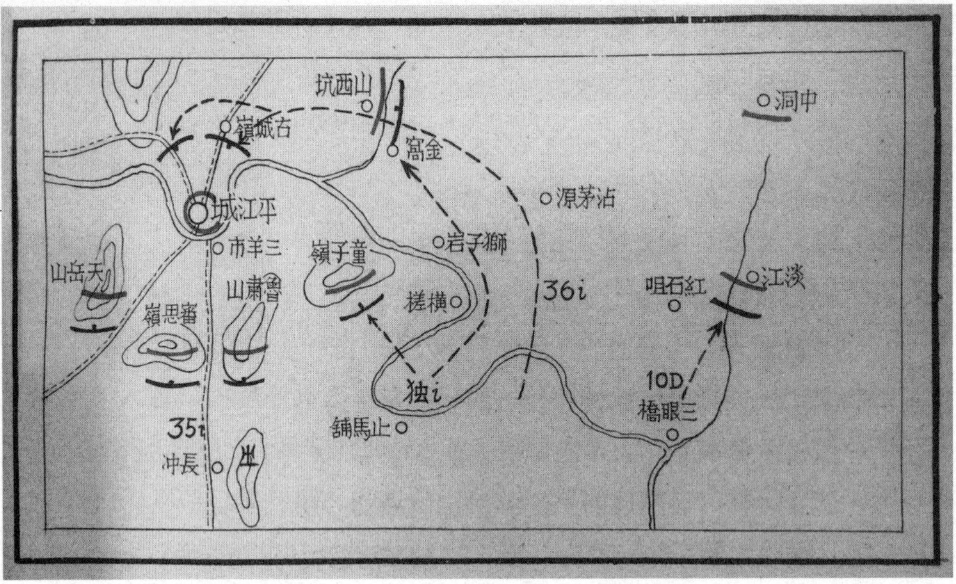

平江附近战斗经过要图。原载 1949 年 3 月怀远书局《第四军纪实》。

更为重要的是，北伐军受到了当地民众的欢迎。平江农民自发组织向导队伍，绕开陆澐在战前设置的地雷区和铁丝网，把黄琪翔 36 团直接引导至敌军核心区域的前沿。缪培基的文章写道："第四军副军长陈可钰颁布命令，以缪培南团任左翼，陈铭枢师在右翼，黄琪翔团及叶挺之独立团任中路，归张发奎师长指挥。十九日凌晨向平江之敌攻击前进，平江农民自动组织队伍为前导，详报敌军阵地、地雷、铁丝网位置及沿途情况。"[1]

平江战斗打响后，第十二师师长张发奎率领部队进攻童子岭，未及两小时就占领了平江城东北的古城岭。

进攻中，第十师 28 团团长蔡廷锴（1892—1968）亲率一个连，偷袭了敌军的炮兵阵地，为此还被张发奎臭骂一顿。原因不是不该袭击敌军的炮兵阵地，而是身为上校团长，蔡廷锴忘了自己的身份和职责。张发奎认为蔡廷锴这种行为是逞匹夫之勇。

"黄琪翔团分路包围平江城四围高地，猛烈冲击，短兵相接，敌阵大乱，纷纷退入城内。黄团急追，蜂拥入城，与敌巷战一小时，

1 《中外杂志》第 40 卷第 2 期至第 4 期（1986 年 8—10 月），载缪培基的文章《张发奎与铁军之兴衰》，p60。

将敌完全解决。守将陆澐自杀。”[1]

守军完全没有料到，黄琪翔率领的36团犹如一柄锋利尖刀，不顾一切地冲进城内，然后与他们展开肉搏战，一下子打乱他们战前的部署。战斗激烈而残酷，但是战斗的时间并不很长。守军的意志终于被36团击垮，防御点被一个个挖掉。

陈可钰

左翼缪培南团以及右翼陈铭枢师，分别在平江城的四郊与敌鏖战，战斗激烈，次第攻破了敌军的防御工事。

第二天拂晓4时，第四军副军长陈可钰在战地向北伐军总司令蒋介石报告说：

19日拂晓“开始进攻后，因地形复杂，以致各部尽失联系。职（陈可钰自谓）尔时极形忧虑，至八时追至张（发奎）师长阵地，而张师所部，亦只得叶挺团及缪培南团之切实在掌中指挥耳，而黄琪翔团则早绕出敌人之后，致与师部失却联络。而真如师（陈铭枢的第十师），因其任务监视罗中洞之敌，一部绕出敌后截敌归路，故与军部离得颇远，亦未得确实情形。延至上午十一时始悉黄琪翔团已进占平江城，而缪团、叶团亦同时接近敌人激战，其状况始见明瞭。下午二时所得战斗之结果如下：A，十二师黄琪翔上午十一时入城后，获敌械及军用品无算。当时在敌司令部击毙敌旅长陆澐。敌旅长正在食饭，闻黄琪翔进城，即出与应战，有短枪五、六十枝，步枪兵一排，选一坚固民房抗我黄团。黄团无法，只得用火去攻敌，始突围而走，于是陆澐遂在此时击毙，现已照相殓好，拟今早用隆重之礼葬之。葬时著俘虏往送。B，十二师叶团自迫敌阵，官兵稍有损失（未得详报），而缴步枪最多，俱双筒七九（式步枪），总在四、五百杆以上。此十九日下

1　《中外杂志》第40卷第2期至第4期（1986年8—10月），载缪培基的文章《张发奎与铁军之兴衰》，p60。

叶挺

午一时事也。昨获小机关（枪）二枝、迫击炮二门、子弹五六万颗。C，十二师缪团，因在正面压迫敌人，待至敌阵动摇，始向敌炮兵阵地出击，夺获迫击炮三尊、机关枪三挺、大炮二门，手榴弹甚多，未详数量，军用品无算。此十九日下午一时半事也。D，十师廿八团闻在红石咀缴得敌枪三、四百枝，但未得其详报；真如（陈铭枢）率部出余家洞，未得其确报。”[1] 陈可钰的这份战报，叙述详细，可以清楚看到平江战役的战斗经过，以及黄琪翔团所起的作用。

针对陈可钰的这份战报，需要有二点补充：

其一，守军司令陆澐旅长之死，并非是其在突围时被击毙，而是死于陆澐的自戕。当黄琪翔36团冲入平江城之后，守军撤退到陆澐的司令部，眼看顶不住了，陆澐的手下就劝说他和大家一起投降。陆澐将军是个有骨气的军人，不肯就缚，也没有难为自己的部下。他说：“好吧，你们走吧。”于是他拔出手枪，朝着自己的脑袋打了一枪，就这样报答了吴佩孚对自己的知遇之恩。司令官一死，全军覆灭。

其二，陈可钰在这份战报中还说：“职军向来规定：夺获敌炮（一门）五百元，小机关（枪一挺）贰百元，步枪（一枝）廿元。”陈可钰还说：“职军所欠各师（军饷）不下二十余万元，即叶挺一团亦欠其三四万元，以七日分接济不上，且临时费发出已逾两日，未得领过。各部只有伙食项下垫支，所有私款亦悉数用尽，此种苦况日强。”[2] 陈可钰上报这份战报的时间是8月20日凌晨4时，此时战场上的硝烟肯定还没有散去，陈可钰就需要为第四

---

1 台湾“国史馆”“蒋中正文物”典藏号002-080200-00004-011。

2 台湾“国史馆”“蒋中正文物”典藏号002-080200-00004-011。

军的军饷和赏金操心了。

平江之战，北伐军俘虏敌军官 79 人，士兵 1500 人，缴获大炮 11 门，机枪 10 余挺，步枪 1000 多枝，马 12 匹，北伐军伤亡 173 人。

敌军司令陆澐杀身成仁的气概赢得军人们一致礼赞。张发奎在其回忆录中说是他本人下令，买了一副好棺材，予陆澐以厚葬。而在战斗中死亡的士兵，当然不会有司令官陆澐这样的优厚待遇。战斗结束之后，第十二师师部副官处的官员与军医处的人一起商量，视每一场战斗中双方阵亡士兵的人数多寡，然后组建临时殡葬队，来处理阵亡士兵的遗体。

临时殡葬队的组成，是从每个连队里抽派出一个或者若干士兵，他们负责把敌军阵亡的官兵和己方战死的官兵埋在一起。这些战死者，常常连一口薄棺也没有，只是建立一个普通的坟墓，插上一块木牌作为墓碑，草草了事。阵亡者的亲人，以后要想来祭奠亡灵是不可行的，因为部队一走，这里很快就成为荒郊野坟，再也找不到这些阵亡官兵的坟墓。

每场战斗结束之后，参加战斗的部队需要得到暂时休整，其中一项重要的工作就是补充兵力。战场上表现勇猛的人很快得到提升，这些班排级领导就会亲自到俘虏队伍里挑选健硕的年轻人，然后填充到自己的部队之中。其余的俘虏，会被派充到运输队，这样，刚才还是你死我活的敌人，转瞬之间就成为同生共死的战友。而这些新入列的战友，在军需得不到及时补充的情况下，依旧穿着敌方的军装，却已经成为北伐军的“革命”同志。其实，对于最底层的士兵而言，革命不革命，并不是他们能搞清楚的问题，他们参军的目的常常是为了得到报酬，或者吃饱饭。剩下的一些兵油子，还有老弱伤残者，能够获得北伐军分发的一点遣散费，让他们自己回家。

除了战斗人员的补充之外，关键还需补充弹药。北伐军的战士，每人至多只有 150 发子弹。如果碰到难啃的骨头，一仗打下来，枪还在手，子弹已经没了。将领们就要向上级请求补给。

北伐军代理总参谋长白崇禧是这样回答将领们的请求："缺乏子弹只有用刺刀赶快冲锋！革命军之补给靠前方，不能靠后方。打败敌人，敌人之装备，便是我们之补给。何况打下武汉，汉阳之兵工厂取之不尽，用之不竭。"[1]白崇禧后来回忆说："这些话虽是极不合理，当时之情形的确如此，我只好壮他们的气。所幸将士努力，第四军由中央进攻，第七军由右翼迂回敌后，第八军由左翼进攻，连破吴佩孚三道防线。"

1 中国大百科全书出版社 2009 年 3 月版《白崇禧口述自传》（上），p28。

二、汀泗桥与贺胜桥之战

占领平江城之后，北伐军第四军几乎没有休整，继续乘胜挺进。

敌军迅速调整部署，开始回缩，把精锐部队撤至后面的汀泗桥镇布防，准备在此决一死战。迎战北伐军的吴佩孚部队，主要由陈嘉谟指挥的第十旅，以及军官团和马济的一部。[1]

事实上，平江之战严重挫败了吴军的士气。战前，吴佩孚亲自来到湖北坐镇指挥，并赶紧调来他的得力干将刘玉春（1878—1932）。刘玉春是北京人，本是吴佩孚的卫队旅旅长，以忠勇闻名，吴大帅的身边人都叫他“赵子龙”，此时临危受命，出任第八军的军长。[2]同时，吴佩孚命令营务执法总司令赵荣华（1873—1937）组织督战队，把守要口，遇有退缩官兵，格杀勿论。吴佩孚准备在汀泗桥与北伐军一决高低，杀个你死我活。

第四军在轻松拿下湘、鄂、赣三省交界处的通城与崇阳城之后，也开始向汀泗桥方向集结。

黄琪翔率领的36团，打了胜仗，士气饱满，战斗欲望高昂，但问题是团里的大部分士兵是广东人，不适应湘鄂地区的气候条

1 中国第二历史档案馆藏《北伐阵中日记》第一册。

2 陶菊隐《吴佩孚将军传》陕西出版集团2007年11月版，p116。

件，而且当时正蔓延着虎烈拉病[1]，加上部队的医疗条件极差，又是在溽暑中急行军，许多士兵倒了下来。

军令如山倒，黄琪翔的部队依旧在急行军。他们走在北伐军的最前面，有些士兵因病掉队了。随军北上的蒋介石重要随员、时任国民党中央执行委员陈公博（1892 – 1946）就跟在他们队伍的后面，见到这样的情形："沿途所见带病的，和在路边倒毙的士兵，实在不少，大概因虎烈拉蔓延，而又在溽暑行军的缘故。"[2]

身为团长的黄琪翔，始终和自己的战士们在一起，鼓励他们战胜困难，去投入新的战斗。官兵们都知道汀泗桥是战略要地，吴佩孚一定会重兵把守，进行殊死抵抗，因此汀泗桥之战必定是一场血战，谁也不敢担保自己能够活着走出战场。

所谓汀泗桥战役，其战斗核心位置在汀泗桥镇，它是湖北省内的一个边缘小镇，也是一座古镇。早在南宋淳佑七年（1247 年）在此处建有一座石拱桥——名"丁四"桥，因此得名。它是湖北的南大门，也是通往武汉的必经要隘。

从军事角度看，这里是打阻击战的好地方，易守难攻，可以凭借天然的地理优势，克敌于阵前。

发源于幕阜山的汀泗河，是咸宁的主要水系，自西南向北斜穿汀泗桥镇，沿山岗西脚流走。此时正逢大水时节，全镇三面均被洪水包围，水深港阔，甚至街道部分路面亦被洪水淹没。人要通过，尚需涉水而行，这样就在敌军阵地西面形成一道天然的屏障。在汀泗桥镇东，还有一片陡峭和起伏连绵的山岗，其中最高的一座山，名叫塔脑山，吴佩孚守军"铁卫队"的阵地就设在这片山岗之上。

而战斗核心位置的汀泗桥，早被吴佩孚部构筑了严密的防御

1　虎烈拉病就是霍乱 (cholera)，早期译作虎烈拉，是由霍乱弧菌所致的烈怀肠道传染病，临床上以剧烈无痛性泻吐，米泔样大便，严重脱水，肌肉痛性痉挛及周围循环衰竭等为特征。

2　民国廿六年《民族杂志》第五卷第一期至第五卷第八期合订本。陈公博《军中琐记》，p212。

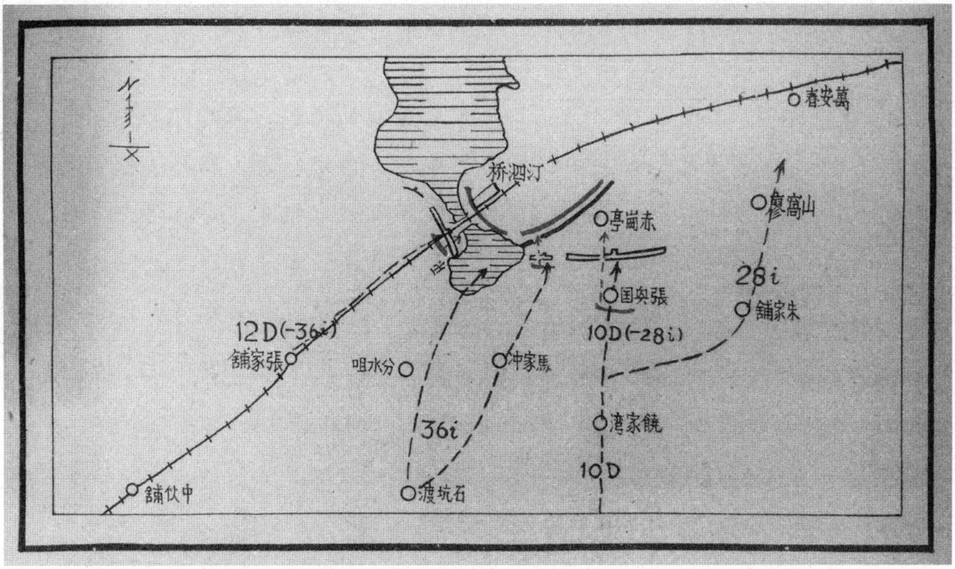

汀泗桥附近第四军攻击经过要图。原载 1949 年 3 月怀远书局《第四军纪实》。

工事。汀泗桥的北端是堤坝，也已布满装有倒钩的铁丝网，根本无法穿越。陈公博说："那道桥（汀泗桥）的险要也足骇人。桥大约有二十来丈长，上面铺着单轨铁路，两岸比桥低下两三丈，桥又不像其他的铁桥有扶栏，如果桥头安置几挺机关枪，任你有几多队伍，都难得飞跃。"[1]

按照北伐军的战斗部署，第十二师缪培南团列阵在桥头，黄琪翔第 36 团在桥的右侧，第十师部队在黄琪翔的更右侧，叶挺独立团作为预备队，跟师部在一起，位置在 35 团和 36 团之间的后方。

黄琪翔回忆说：

> 8 月下旬，左翼第七、第八军和独立团已与右翼的第四军取得联络，向湖北推进。第四军通过了通城、崇阳，于 25 日到达汀泗桥附近。汀泗桥是湖北境内粤汉铁路上的军事要隘，南、西、北三面环水，东面是高山，易守难攻，

1　民国廿六年《民族杂志》第五卷第一期至第八期合订本。陈公博《军中琐记》，p407。

历次军阀内战，均为必争之地。直系军阀吴佩孚部队在此设防的不下两万余人。

8月27日，第四军配合左翼的七、八军对汀泗桥发动猛烈攻势。吴军据守有利地形，拼死抵抗，以机关枪和大刀队组织督战队，在自己的阵地后方把守，防止退却。当天战况十分剧烈，直至黄昏，占据仍未能解决。此时我方得到情报，吴佩孚亲率增援部队已越过武昌南下，将抵贺胜桥；同时，江西的孙传芳亦有派兵袭击我后方之势。局势相当严重。

第四军在右翼高山地带作战，任务较重，苦战一天，进展困难，一时处于胶着状态。晚上约8点以后，我到指挥部找到了师长陈铭枢和俄国顾问尼基金研究战局。我向他们提出了下面的意见：根据具体情况，我军士气旺盛而装备不良，勇于进攻而不长于防御；敌军情形则相反。今夜如不能彻底解决战局，明天吴佩孚援军到后，必将大举反攻，使我陷于被动；加上孙传芳军在后方的威胁，前途十分可虑。我建议不顾任何牺牲，当夜实行全线夜袭，突破当前高山阵地，以挽救危局。这个意见受到大家的重视，并立即采取措施，下令各部队对当前敌军阵地实行夜袭。叶挺表示决心，当夜一定要拿下汀泗桥。10点以后，我军全线同时突击，枪声杀声震撼山谷。到了拂晓，终于突破了汀泗桥阵地。我军登上山头后，发现无数死伤在战壕里的敌军，大部负有白刃战的刺刀伤，足见战斗激烈程度。[1]

在战斗中，正面对敌的黄琪翔36团担任着主攻任务。

北伐军政治部的人找到当地农民，把他们带到黄琪翔的跟前。黄琪翔详细地了解汀泗桥的地理环境以及敌军的布防情况之后，他设计了战斗方案，即绕开敌军的火力控制区域，从上游涉水过河。他把这一战斗方案向师长张发奎汇报，然后张发奎又向副军长陈可钰汇报。第四军陈可钰的军部，在十余里外的小市集内。

1　全国政协文史资料委员会编《文史资料选辑》第九十四辑，文史资料出版社1984年版，p2，黄琪翔文章《大革命洪流中的国民革命军第四军》。

军部与师部之间，当时已经有无线电通讯设备。大家一致同意黄琪翔的意见。

8月26日是个阴雨连绵的日子，黄琪翔亲率36团抵达偷渡点。他首先挑选数十名善水者下河，在当地农民向导的带领下进行偷渡。这是最浅的地方，河水大约有齐腰深，战士们双手平举着枪支在头上，然后涉水过河。敌军当然有防备，于是接火，许多战士死在河里。最先到达彼岸的战士迅速反击，压制敌方的火力，其他人、包括团长黄琪翔本人在内，趁势渡河成功，然后即行展开攻击。

师长张发奎当时就在前线，目睹了36团涉水偷渡的过程。他回忆道："黄琪翔整个团都涉水过河了，他们把步枪顶在头上，走过了水面齐腰的汨罗江（汀泗河），在战斗中，他们一马当先，攻打敌人的堡垒。许多人阵亡。8月26日至27日交接时，在夜色中衔枚疾走，俟接近敌阵时，攀登鼓噪，以白刃杀入敌阵，歼敌甚众，敌不支溃窜，黄（琪翔）团遂占领中央最高阵地数处。27日拂晓急攻占领其炮兵阵地。我亲督三十五团与独立团于七时占领汀泗桥东北一带全部高地。'冲呀！杀呀！'的喊声刺破了夜空，终于在拂晓时攻下了要塞。该二团冲过铁桥，午前十一时占领咸宁城。"[1]

缪培基的文章写道："二十六日凌晨，各部队分向汀泗桥挺进。十时三十分，左翼缪培南团与叶挺之独立团一部向铁桥猛烈攻击，敌扼桥顽抗，经数次冲锋均不奏功。正午，右翼黄琪翔团及第十师陈铭枢占领东北高地后继续前进，因敌炮火猛烈，至夜仍无进展。于是黄琪翔率部两营趁黑夜向敌中央阵地突袭，敌以机关枪扫射，弹如雨下。黄琪翔部衔枚疾进，至接近敌阵时，以白刃杀入，俘虏甚多。"[2]

张发奎说："我们选择攻击敌军的最强点，因为一旦它被击溃，

1 《张发奎口述自传》，p63。

2 《中外杂志》第40卷第2期至第4期（1986年8—10月），载缪培基的文章《张发奎与铁军之兴衰》。

敌军的残余阵地就会陷于混乱。这是战斗时的明显例子。在渡河期间，三十五团从桥头佯攻，向敌军猛烈开火。当三十六团压制住敌军的要塞火力，三十五团与独立团就跨过了桥面追击敌人。”守卫汀泗桥的是吴佩孚精锐部队，这一仗打下来死了 3 个团长，39 个连长死得只剩下 5 个连长，士兵死伤过半，可见战斗之残酷。

从张发奎的回忆录中，我们可以清晰地看到黄琪翔所率领 36 团在汀泗桥战役中所起到的至关重要的作用。他们是最先与敌接火的部队，攻克的是敌最重要的堡垒，即张发奎所说“敌军的最强点”。张发奎说我方：“三十六团伤亡惨重——至少折损三分之一。在战斗中，一名营长，几名连排长阵亡……”36 团的确付出了最大的牺牲，为完胜敌军奠定关键的基础。

27 日，黄琪翔团突破汀泗桥后，叶挺团已于上午 11 点半占领了咸宁城。此时咸宁城已无抵抗力量。陈可钰向总司令部报告称：“叶团于本日上午十一时卅分占领咸宁城时，尚有少数残敌未退，经我完全缴械，并截获火车一（辆），卡（车厢）内系米及子弹。”[1]

黄琪翔说：“28 日我军乘胜追击。在进军中发现铁道两旁的树上悬着无数颗敌军人的头颅；淹死在湖沼地带的敌军尸体亦数以千计，令人不堪逼视。这就是吴佩孚军督战队的‘战绩’。”[2]

随后而来的唐生智属下师长龚浩 (1887—1982) 回忆说：“等我们沿粤汉路赶至，第四军已将汀泗桥夺下。第四军共只六团，黄琪翔、范汉杰、戴戟、缪培南、叶挺等，朝气蓬勃，诚不愧为‘铁军’。这一役伤亡之惨重，只记得我晚上到第四军行营去时，完全在死尸堆里行走。”[3] 第 30 团团长戴戟正是在此役中受伤。

汀泗桥战役的战果是，毙敌 1000 余，俘虏军官 157 人，士兵 2296 人，缴获大炮 4 门，机枪 9 挺，步枪 3000 余，马 14 匹，

1　中国第二历史档案馆藏《北伐阵中日记》第一册。

2　文史资料出版社 1984 年版，《文史资料选辑》第九十四辑，黄琪翔文章《大革命洪流中的国民革命军第四军》。

3　台湾“中央研究院”近代史研究所 1996 年 6 月版《口述历史 · 军系与民国政局》之“龚浩先生访问纪录”，p94。

军用物资无数。另据《黄琪翔传》载，此役，黄琪翔的三十六团，阵亡排长 1 员，伤侦察队长 1 员，伤亡的士兵百余人。

在汀泗桥战役中，北伐军共有将士 400 余人伤亡，其中 134 人牺牲。[1]

汀泗桥战役的胜利，极大鼓舞了北伐军士气，紧随十二师后面的部队，个个都怀着必胜的信念。陈公博说："在路上得到探报，说我们军队已占领汀泗桥，已经向前面追逐敌军，这样，我们更不能不急行。汀泗桥地方并不大、确是很险要，以前湘军两次攻鄂，都在汀泗桥失败，卷甲回湘。我们都有这样观念，以为如果汀泗桥占领，那么占领武昌已不成问题。此后只有贺胜桥和纸坊可守，武昌是守不住的。这个占领汀泗桥的消息在给予我们军队一剂兴奋剂，不啻给予我们军事胜算一个保证。"[2]

军队里有个潜规则，就是部队要轮番上场。张发奎第十二师刚打了平江、汀泗桥战役，虽然获得全胜，但也付出了沉重的代价，下面遇到的战斗，按理说应该派陈铭枢的第十师打头阵。可是副军长陈可钰没有这样做，他还是命令张发奎率领第十二师冲锋在前，继续剑指贺胜桥。

贺胜桥的位置在粤汉铁路线上，距离汀泗桥北约 30 华里。

就在第四军猛打汀泗桥之际，吴佩孚亲自率领他的"赵子龙"刘玉春部队，以及张占鳌、靳云鹗各师南下急行增援。可当他们赶到贺胜桥的时候，闻讯汀泗桥已经失守。随后，吴佩孚看到溃败的直军如同溃堤的潮水奔流而下，涌向贺胜桥车站。吴佩孚连忙收容由汀泗桥败退而来的孙建业、陈嘉谟残部，据守贺胜桥一带，凭险固守，企图抵抗。

吴佩孚的战时总指挥部就设立在贺胜桥车站的火车上。"吴

1　李新总编、杨天石主编《中华民国史》第二编，中华书局 1996 年版。1929 年 10 月，国民政府在汀泗桥西山为牺牲的北伐烈士修建了烈士墓、烈士纪念碑、纪念亭。纪念碑碑文由当时国民政府立法院长胡汉民（1879—1936）题写。碑文为："国民革命军第四军北伐阵亡将士纪念碑"。1988 年 1 月 1 日，国务院将汀泗桥定为"北伐汀泗桥战役遗址"，为国家级重点文物保护单位。叶剑英元帅题字："北伐先锋"。

2　民国廿六年《民族杂志》第五卷第一期至第八期合订本。陈公博写于 1936 年的《军中琐记》，p406。

佩孚在火车上督战，以手持大刀之卫队团往来压阵，后退者杀。敌军以前进、后退均死，故亦拼命搏斗。”[1]

据被俘的直系俘虏说：“吴佩孚亲自在贺胜桥督战，下令官兵不准后退，退却者格杀勿论。唯官兵不听，纷纷溃退。吴佩孚遂命将机枪架在桥头，向退却者扫射，桥上积尸累累。”[2]

8月30日拂晓，叶挺独立团在杨林塘猛攻，突入敌人主阵地，很快突破敌方防线，向桃林铺纵深攻击前进。吴佩孚部则从侧翼友军阵地反击，企图对叶挺独立团实施包围。就在此时，黄琪翔率领的第36团、第十师蔡廷锴的第28团适时增援，协力抗敌，突破吴佩孚部桃林铺防线，向贺胜桥发展进攻。随后，李宗仁的第七军攻占王本立后，也迅即向贺胜桥东侧的南桥攻击。这样，北伐军的整个战线向前推进，犹如一条翻滚的火龙，紧紧地把吴佩孚的部队缠住。

“黄琪翔团沿铁路两侧向北挺进，总预备队第十师赶到加入作战，敌退守第二阵地，利用坚固工事节节抵抗。激战至深夜，敌阵又被攻破，敌军纷乱向贺胜桥逃走。吴佩孚手刃后退之旅团营长数名，斩首高悬桥上，亦不能制止。所乘火车被四军炮兵击中，毁车数节，吴（佩孚）惊骇，知大势已去，急开（火）车北遁。”[3]

至此，吴佩孚部在正面战场失利，再加上侧背受到猛烈攻击，全线动摇。吴佩孚的督战队连杀了数位旅团营级军官，仍不能挽回败局。眼见大势已去的吴佩孚只得乘着破损的专列仓皇逃往武昌，手下军队出现了兵败如山倒的溃退。北伐军的部队乘胜掩杀过来，未及撤退的吴佩孚兵卒于是被包围缴械。

30日上午，北伐军彻底攻占了贺胜桥。

张发奎说：“攻打贺胜桥容易多了，它的地形与汀泗桥大不相同。那儿也有一座铁路桥，但我们不必先拿下它。白泥湖水浅，

1 《中外杂志》第40卷第2期至第4期（1986年8月—10月），载缪培基的文章《张发奎与铁军之兴衰》，p61。

2 《黄琪翔传》，p23。

3 《中外杂志》第40卷第2期至第4期（1986年8月—10月），载缪培基的文章《张发奎与铁军之兴衰》，p61。

我们不费事就过了河。此役毙敌 1000 余，俘敌军官 159 人，兵 2386 人，缴获大炮 20 门，机枪 30 挺，步枪 2000 余支。敌人在车站遗下粮食尤多，殆如山积。我军伤亡 497 人。”[1]

贺胜桥之役之所以打得如此顺利，除了地理原因之外，最主要因素就是吴佩孚部队已经丧失了战斗意志。他们之所以还能进行一些抵抗，是因为吴佩孚的军刀架在官兵们脖子后面，不打就要杀头；等到吴佩孚逃走之后，他们又发觉自己来不及撤退了，不敢再逃跑，因为国民革命军第十师的部队已经切断了他们的退路。他们就这样成了瓮中之鳖，网中之鱼，只有举手投降路一条。

黄琪翔部队通过战场时，看见贺胜桥头大柳树上用铁丝悬挂着三颗血淋淋的头颅，其中一个，还附有旅长军衔标志，毫无疑问，那就是旅长余荫森的头颅。贺胜桥桥上，也是尸体累累，堆积如同小山丘一样。大部分是被敌军自己击毙的，也有不少是被大刀砍伤的。守军赵荣华带着大刀队前来督战，那些被大刀砍杀的，就是临战后退的士兵。还有些将死未死的敌军士兵，倒在地上喘着气，仍在哀嚎着，场面十分凄惨。

8 月 31 日，敌将刘玉春逃到武汉，开始清点人数，结果只剩下总计不满 1.2 万名，皆是从汀泗桥、贺胜桥苦战脱归者，“服装不全，器械不足，一时诸将惟有相对痛哭而已。”[2]

敌军士气萎靡不振，进攻方必须一鼓作气乘胜追击，这是兵家的常识。

8 月 31 日晨，北伐军总司令蒋介石下令，对贺胜桥溃败之敌展开全面追击。第十师沿铁路向前追击。当晚，前锋第十师第十九团已经追至武昌城外洪山，主力进抵李家桥。而此时的第四军张发奎十二师暂留贺胜桥，原因是“张发奎师已血战一昼夜，亟需休息，遂由陈铭枢向北穷追。”[3]

---

1 《张发奎口述自传》，p65。

2 民国十九年本，刘玉春《百战归田录》卷二，p12。

3 《中外杂志》第 40 卷第 2 期至第 4 期（1986 年 8 月—10 月），缪培基的文章《张发奎与铁军之兴衰》。

号称“常胜将军”的北洋直系军阀吴佩孚，雄踞中原，声势显赫，向来不把对手放在眼里，因此骄傲自大。他视北伐军是南蛮子的部队，虽不敢轻视，而且自己还亲自上战场督战，以为凭借自己身经百战的经历可以痛击北伐军。岂料只数天之内，其以30万大军对抗10万之师，一败平江城，再败汀泗桥，三败贺胜桥，居然被北伐军打得落花流水，仓忙逃窜。老帅吴佩孚的狼狈之状就可以想见了。张发奎的第十二师，也因其骁勇善战，为北伐战争历史写下了最为光辉灿烂的一页。而黄琪翔率领的第36团，获得的荣誉自当是大功之中的首功。

三、攻克武昌城

北伐军由广东、湖南进入湖北境内后一路高歌猛进，直捣武昌城下。这里是吴佩孚军在南方最重要也是最后的一座军事堡垒。吴佩孚军决意殊死抵抗。

北伐军总司令部希望尽快拿下武昌城，以便腾出部队前往江西，因为五省联军的孙传芳部队已经蠢蠢欲动——北伐军的目标，是在战胜吴佩孚之后，就去解决军阀孙传芳。孙传芳当时还控制着赣、闽、浙、皖、苏五省大部分地区。孙传芳当然也懂得兔死狐悲的道理，所以他一直暗中与吴佩孚相互策应，相互支援。

根据保存在美国哥伦比亚大学图书馆内的北伐军“初期进攻武昌城配备图”，可见黄琪翔率领的第 36 团，被布防在武昌城宾阳门下。宾阳门是武昌城东面最重要的一座城门，俗称“大东门”。黄琪翔第 36 团所处的位置，正好是北伐军包围武昌城的战场核心。实际上，攻城军分为左右两翼，左翼由李宗仁指挥，右翼归陈可钰指挥。张发奎师的任务是攻击宾阳门至忠孝门一线，以黄琪翔 36 团与叶挺独立团为攻城军，缪培南团为总预备队。

北伐军进入阵地后，敌军刚撤退，他们的通讯兵来不及收回电话线，结果被北伐军的通讯兵加以利用。一摇电话，居然打到了武昌城里。这边问：“是哪里？”对方答：“督办署。”又问：“吴大帅在哪里？”对方答：“上城楼巡城防去了。”这可是一

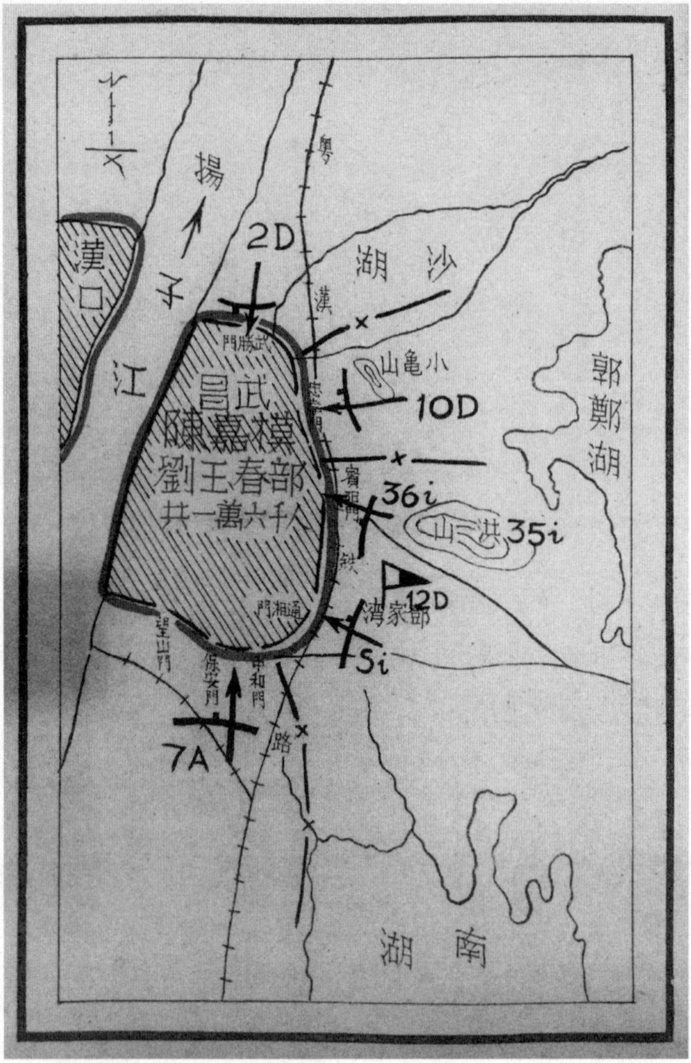

初期进攻武昌城配备略图

条极为重要的情报，说明吴佩孚也在北伐军的包围圈里，于是逐级上报。

武昌城的城墙高大巍峨，坚固无比。城外还有壕沟环绕，其水深没顶。从客观条件上看，它的确易守难攻。但据此前的情报说，直系守卫武昌城的军队士气已经非常低落，看样子像不敢再次作战了，所以李宗仁和陈可钰两位攻城总指挥决定，一鼓作气，立即乘胜攻击武昌城。

北伐军大规模攻击武昌城的战斗前后一共有三次，他们所使用的战术非常老套，就是采用梯子攀爬的方法。因为在此前的东江之役，也是采用架云梯的办法攻城取胜。

8月31日的黄昏，当夜幕降临后，第一次攻城作战开始。李宗仁和陈可钰两位攻城总指挥莅临前线，亲眼看见己方的士兵们扛着从民间征集来的数百个木梯，然后在军官一声号令之下，一哄而上。无奈民间的木梯太过短小，不及城墙的上端。而守军早有准备，居高临下，用火照明，机关枪一阵射击，攻城的战士就像一个个活靶子一样，不被打死，也被摔伤，导致伤亡极其惨重。北伐军这才发现守军主帅刘玉春固守城池的决心坚如磐石，令两位指挥官大出意料，十分焦虑。

随后，叶挺率领第四军独立团开始尝试挖地道，试图绕到守军的后背去攻城。按照预先设计，如果地道挖不成，则可用炸药炸毁武昌城的某段城墙，形成进攻缺口，再从地面攻击。当时，林彪就是叶挺独立团的一位连长。他们先把列车的两节车厢用钢板包裹住，作为护身铁甲，然后用火车头推动到东湘门下，一批战士跳下铁甲挖坑，而铁甲车厢里的火力予以掩护。第一军黄埔军校的工兵们，也参加了这一战斗。可是，城中守军很快发觉北伐军的企图，派出3000人冲出通湘门与北伐军激战。尽管出城的敌军大部被歼灭，但北伐军采用如此进攻战术的几次努力也均告无效。

第一次攻击武昌城的行动遭遇失败后，攻城总指挥李宗仁和副总指挥陈可钰改变战术，邀请农民用毛竹来捆扎云梯，以克服民间木梯过短的缺陷。

李宗仁回忆说："第二次大规模攻城于9月3日晨3时开始，先由炮兵以猛烈炮火轰射城上守军，然后奋勇队携竹梯蚂附而上，不料城内敌人并楚望山、蛇山、龟山上所设的敌军山、野炮和江中敌舰枪炮一时俱发，火力猛烈之至。我军伤亡甚大而奏功甚小。"[1]

---

1 广西师范出版社2005年版《李宗仁回忆录》，p286。

第二次攻城再次失败。

经历过两次失败之后，李宗仁认识到不能硬攻武昌城，必须动动脑筋采取其他的办法，否则战士牺牲太大。他派人去与守卫汉口的敌湖北省长兼汉阳防守司令刘佐龙（1874—1936）暗通款曲，而刘佐龙发现北伐军锐不可当，也表示愿意投诚。李宗仁就准备采取对守卫武昌城的刘玉春实行围而不攻的战法，饿死他。

9月4日，北伐军总司令蒋介石抵达前线，在南湖召开军事会议。南湖位于武昌城外的西南方向，是武汉仅次于东湖的第二大湖。

蒋介石

蒋介石在南湖会议上坚持己见，还在说鉴于情报显示，被围困在城里刘玉春部队虽然是吴佩孚的精锐，但士兵的战斗士气已经十分低落，我们应该一鼓作气迅速打进去，所以蒋介石依旧坚持采用架云梯的传统战术攻城。其他将领们也都求胜心切，支持总司令的建议。蒋介石就下令挑选志愿战士，组建攀爬城墙的敢死队。蒋介石承诺："悬赏登上城垣的，官长二百元，士兵一百元，最先登上的部队三万元。"[1]李宗仁对此表示失望。

国民革命军总司令部政治部主任邓演达，跟随蒋介石来到前线，负责组织农民和士兵扎云梯的工作。邓演达命令，必须在明天早上5点之前把云梯全部扎起来，以助攻城之用。

张发奎回忆说："北伐军总司令部命令第七军、第四军和第一军第二师挑选一批士兵攻城，每个师都负责组建一个攻城营。我下令三个团长各挑选一个连，由各团长指定一名军官率领。敢死队是长官挑选的，但若非自愿，不会编入。他们必须是勇士，我指定了最勇敢善战、最足智多谋的军官欧震指挥这个攻城营，

1 广西师范出版社2005年版《李宗仁回忆录》，p287。

并着手准备竹梯。”[1] 张发奎说的攻城敢死队，与李宗仁说的奋勇队，是一回事。

第三次攻城于 9 月 5 日凌晨 3 时开始。黄琪翔 36 团组建的敢死队开始攻城。守军只要把竹梯用力一推，敢死队员们就像多米诺骨牌一样从高空中跌落下来，或者，一阵机枪扫射，一长串的战士滚落下来。这样连续发起了两轮攻城行动，均告失败，而造成攻城官兵的伤亡率竟然高达三分之一。

缪培基说："五日晨三时，黄（琪翔）团奋勇队偷渡壕沟至城脚，冒着敌炮火，架设竹梯，攀登城垣，被敌以机关枪扫射，官兵前赴后继，牺牲壮烈。剧战一小时，终因敌位置优越，火力炽盛，而不能达目的，乃停止进攻。叶挺团在弹如雨下中，以奋勇队挺进至城脚，竖竹梯登城，伤亡数十人，亦迫得停止。”[2]

蒋介石没有听从李宗仁的劝告而组织了第三次攻城行动，李宗仁对此十分愤懑。他说："蒋先生总喜欢遇事蛮干，一味执拗，不顾现实。武昌第三次攻城之举，把他个人的弱点暴露无遗。蒋先生这种个性可说是他个人成功的因素，也可说是国事糟乱的种子。”[3]

其实，当时着急的不光是蒋介石，其他的北伐军指挥官们也很着急，包括李宗仁的搭档白崇禧也是如此。白崇禧回忆说："我方久攻不下，爬城也不成功，知不可力攻，不然损失太大。请随军之俄国顾问加伦将军，派俄机轰炸城内蛇山之敌人炮兵阵地，及无线电台，但是俄机或借口雨天，或雾天，或有风天，总不肯起飞。我们屡屡催促加仑将军，加仑将军说，（苏联）红军之飞机在国内都是天之骄子，出外更是不听指挥。当时之俄机，全由俄籍技师驾驶，技术很差，既无仪器指挥，全凭眼睛观察。”[4]

俄机不仅不听指挥，其水平也确实不敢恭维，还发生过这样

---

1 《张发奎口述自传》，p65。

2 《中外杂志》第 40 卷第 2 期至第 4 期（1986 年 8 月—10 月），缪培基的文章《张发奎与铁军之兴衰》，p55。

3 《李宗仁回忆录》，p287。

4 中国大百科全书出版社 2009 年 3 月版《白崇禧口述自传》（上），p29。

的笑话：有一次十余驾苏联红军飞机从广州起飞至长沙，结果有的飞机在宝庆就降落了，甚至还有一架飞机到江西吉安敌人的阵地上迫降。中国人更不懂飞机，孙传芳部下的方本仁、邓如琢更是没有看到过飞机，居然用大麻绳系着飞机，像防止牲口逃跑那样防止飞机起飞。甚至，就在北伐军攻城武昌时，白崇禧去江西指挥北伐军第七军横渡赣江，突然俄机飞来上空助战，结果猛烈扫射了自己的部队，令第七军死伤者不少。这些都是白崇禧在自述中讲述的真实故事。

在北伐军进攻武昌城最激烈的时候，终于盼来了两架俄机前来助战。那两驾飞机投下的炸弹，竟然是用铁丝捆绑的，只有25磅重（约合11.34千克）。虽然气势上有点唬人，但收效甚微。白崇禧沮丧地说："从此我知（苏联）红军飞机作战能力差，以后很少依赖他们。"[1]

武昌城还未攻下之际，孙传芳已感觉到唇亡齿寒的忧虑，调动其精锐部队谢鸿勋(1878—1926) 等五个师从江西方向进扰湘鄂边境。北伐军总司令部命令李宗仁的第七军，迅速从武昌城下撤出，迎头疾进。陈可钰至此替代李宗仁，担任武昌攻城军的总指挥，攻城的任务自然又落在第四军的肩头。此后的策略是封锁各城门，围而不攻，等待守军弹尽粮绝之际，再行攻击。

9月6日，位于查家墩的敌军司令部遭受到龟山刘佐龙部的炮击。吴佩孚打电话给刘佐龙问"怎么回事？"刘佐龙答是"打错了。"可是在通话还没有结束时，又遭炮击，吴佩孚就挖苦刘佐龙说："现在又该打错了吧？"刘未答。吴佩孚此时已经知道刘佐龙投诚，感觉大势已去，就对刘玉春说："我决不放弃武昌。我吴佩孚死在战场上比死在床上好。"[2]

刘玉春当即跪下，对吴佩孚说，"我愿代大帅守武昌。我死了不算什么。"吴佩孚很感动，又很无奈，这才悻悻然跳上了京

1 《白崇禧口述自传》(上)，p29。

2 陶菊隐《吴佩孚将军传》陕西出版集团2007年11月版，p117。

汉列车，向北而去，而刘玉春也不食誓言，困守孤城45天，决不投降。

最后克敌武昌城，得益于敌军内部的分裂。由于武昌守城副总司令吴俊卿献城投降，10月10日午夜，他们打开了武昌城南边的保安门，而保安门位于唐生智所部的战线上，所以唐生智的部队最先进入武昌城，武昌城才告被攻克。敌军首脑“玉威将军”刘玉春、湖北督军陈嘉谟被俘。

攻克武昌城后不久，鉴于第十二师36团上校团长黄琪翔、独立团上校团长叶挺两人在北伐战争中的突出贡献，陈可钰报请北伐军总司令部，请求批准破格晋升为少将团长。北伐军总司令部批准了这一请求——在整个北伐战争期间，仅有黄琪翔和叶挺俩人获得了这一殊荣。

武昌城被北伐军攻克后，武昌人民争相传颂国民革命军第四军的英勇事迹，赞誉他们为“铁军”。第四军的“铁军”称号也就是由此而来。后世有许多文章把“铁军”桂冠都戴在叶挺独立团头上，这不准确，事实上叶挺独立团只是“铁军”的一小部分而已。

第四军驻守武昌后，当地民众铸造铁质盾牌，其铭文曰：

烈士之血，主义之光；
四军伟绩，威震遐迩；
能守纪律，能毋怠誇；
能爱百姓，能爱国家；
摧锋陷阵，如铁之坚；
革命担负，为铁之肩；
功用若铁，人民倚焉；
愿寿如铁，垂亿万年。

北伐军总司令部面对孙传芳发动的江西攻势，先是命令李宗仁第七军迎头打击孙传芳的部队，随后命令第四军步其后尘也向

武汉民众赠献第四军的“铁军盾牌”之一。

江西挺进。

第四军进攻江西的部队由张发奎率领，“第十二师除留独立团、第十师留补充团及新兵一营留守武昌外，其余悉数由张（发奎）师长及十师蒋副师长光鼐率来江西武宁候命。”[1] 第十师师长陈铭枢留守武昌，而第十二师叶挺的独立团，在攻占武昌城时伤亡惨重，急需休整，也留在了武昌。

1 中国第二历史档案馆藏《北伐阵中日记》第二册。

黄琪翔说："通过北伐军先后约三个月在湖南、湖北境内胜利作战的结果，大大地长了革命军的威风，打击了北洋军阀的志气。我军于10月间收复了武汉。此时江西方面蒋介石亲率部队和孙传芳部队作战，胜负不决。于是第四军又开往江西，协助蒋介石的部队作战，使江西方面战局也得到了胜利的结束。"[1]

10月20日，张发奎率领黄琪翔团、缪培南团、炮兵营及师直属部队，与第十师所属三团乘轮船进入江西，在石灰窑登陆。

按照战斗计划，11月1日，第四军与第七军联手发起总攻。第四军第十师的任务是切断南昌至九江的铁路。11月2日，白崇禧指挥第七军进攻德安，不料孙传芳的守军一触即溃，留下了一座空城。黄琪翔率部进攻孤山、骆驼山，则是敌军的主力部队。"黄（琪翔）团……全线奋勇推进，战况剧烈，黄团一营长阵亡。血战半日，占领孤山、骆驼山，（敌军）向德安溃退。"[2]

本来，黄琪翔率部占领孤山、骆驼山之后，他的任务是与第七军一起主攻德安，可眼见德安已是一座空城，黄琪翔就立即掉转头来打马迴岭，因为师长张发奎正率部攻打马迴岭，而且交火十分激烈。

其实，孙传芳守军的作战方案是把德安作为诱饵，将自己的主力三个混成旅布防在德安至马迴岭一线，待北伐军进入其包围圈后，再给予侧击。[3]

黄琪翔赶到马迴岭时，没有见到自己的师长张发奎，却碰到北伐军代理总参谋长白崇禧。白崇禧回忆说："四日拂晓各部队攻击前进，战况激烈，优势孙（传芳）军猛扑我军左翼，此时第四军黄琪翔团赶到，我正在督战。初次看见黄琪翔，人漂亮而活泼，我要他的团做预备队。他看左翼动摇即自动请求加入支援。我讲：

---

1 黄琪翔《我的自述》。

2 《中外杂志》第40卷第2期至第4期（1986年8月—10月），载缪培基的文章《张发奎与铁军之兴衰》。

3 《黄琪翔传》中说，黄琪翔第三十六团为左翼，佯装向德安方向进攻，待到达聂桥时转向进攻回马岭。《张发奎口述自传》中说，"1926年11月3日，黄琪翔攻占德安后，我叫他把德安移交给李宗仁的第七军，然后同我一起进攻回马岭。11月4日，在遭受重创后，我们攻下了回马岭。"事实上，德安是一座空城。

'你等一下。'我们看敌人与我左翼部队进退几次，他又要求加入作战。我要他迂回到敌人右翼侧背突击。他得了命令，立即吹号集合。这团人动作很快，他立即带着（部队）迂回（到）敌右翼，我看他指挥活泼灵活，作战勇敢，觉得他是好的团长，很赏识他。不久黄团迂回成功，敌阵动摇败退。此时还有继续乘火车来的敌人，看到前头败了，跟着也败下去了。我军分途追击，四日夜在江横村一带停止。于是左翼军攻德安、马迴岭切断南浔路之任务完成。"[1]黄琪翔团在马迴岭战役中所起的作用，确实给白崇禧带来了意外之喜。

这是白崇禧第一次认识黄琪翔。他对黄琪翔英俊的仪表、开朗的性格、作战的勇猛，以及突出的指挥能力，都留下了深刻的印象。

11月8日，张发奎向北伐军总司令部报告：第四军第十二师"攻击万家隆之敌业接触。右翼（第）七军未能协同，左翼贺（龙）师长前进迟缓，于是敌得协以谋我。幸我黄（琪翔）团将德安城北之敌击溃，占领德安城。缪（培南）团复将九江开来敌援击溃，复增加范团进攻马迴岭。激战至暮，将马迴岭以南一带高地完全占领。激战竟夜，至八（日）晨八时，（我军）占领回马岭，将附近残敌肃清。"[2]战斗结束后，张发奎带领第十二师又向一个叫星子的地方追击。

在第七军军长李宗仁的指挥下，第四军及第七军大部向江西九江方向进发[3]，不久，程潜带领第六军赶来接替，于是张发奎率领的第四军完成了任务。11月19日，张发奎率部重新坐轮船返回武昌。

北伐军攻占武昌城是一个战略性的胜利。至此，北方军阀吴佩孚的实力大损，兵力所剩无几。前内阁总理靳云鹏的弟弟、河南省长靳云鄂（1881—1935）暗中投靠蒋介石，开始与北伐军媾

1 《白崇禧口述自传》（下），p526。
2 中国第二历史档案馆藏《北伐阵中日记》第二册。
3 中国第二历史档案馆藏《北伐阵中日记》第二册。

和以逼迫吴佩孚下野。之后北伐军又占领了江西，五省联军孙传芳的部队也损失过半。北伐军实力大增，开始主导国内战争形势的发展。1927 年 4 月，吴佩孚被彻底打败，只得率残部逃往四川托庇于杨森，而孙传芳也从此一蹶不振。

请注意，黄琪翔因为北伐战争的出色战绩，就是此时，从团长破格晋升为副军长，年仅 28 岁。

面对北伐战争的节节胜利，所有人都为之欢欣鼓舞，开怀畅饮，连信奉伊斯兰教的白崇禧也不例外。攻克南昌后，白崇禧出任北伐军的前敌总指挥。他回忆道："我发表为前敌总指挥之后，朱培德、唐生智、政治部主任邓演达等重要将领在南昌为我饯行。我向来不饮酒，当晚因众人热烈招待，我饮了一瓶白兰地，众人大为惊奇。我生平不饮酒，一则因为信奉回教之故；一则因为我八岁时，在私塾读书，孔子圣诞，同学们饮酒庆祝，我喝得酩酊大醉，一晚毫无知觉。事后，先母严厉告诫，从此我滴酒不沾。南昌饯行是破了戒。"[1] 可见当时北伐军将领们的欢欣情形。北伐战争的胜利，也使将领们品尝到政治工作的厉害。白崇禧说：北伐"革命军以两广为基础，枪不过五万，人亦只十万，而竟击败至少力量大我十倍，训练装备亦较我为精之孙传芳、吴佩孚军队，此无他，政治训练之功也。"[2] 所谓政治，乃是思想"鼓吹"之功，但其核心仍然是实力，即战斗力。战斗力决定战争的胜负，决定权利的归属，也能决定军人职务的高低大小。

战场上获得了胜利，士兵们要得到奖赏，军官们要得到晋升，这是自古以来的规矩。黄琪翔回忆说："由于我军在湖南、湖北境内和吴佩孚军作战胜利的结果，俘获甚多，包括人员和装备。于是第四军迅速壮大，将二个师扩充为两个军，即一个以十二师为基础，编为第四军，张发奎为军长，我为副军长；另一个以第十师为基础，编为第十一军，陈铭枢为军长，蒋光鼐为副军长。"[3]

1 《白崇禧口述自传》（上），p34。
2 《白崇禧口述自传》（上），p309。
3 黄琪翔《我的自述》。

黄琪翔在此隐晦了重要一点，即，1927 年 1 月北伐军占领武汉后，在唐生智第八军疯狂扩军的影响下[1]，战功卓著的第四军十二师师长张发奎心生不平，认为军政当局一碗水没有端平，不甘心自己继续当师长，于是张发奎提出自己也要做军长，而且是“铁军”第四军的军长。因为唐生智率领的“第八军直至汉口，几乎未接一仗。”[2]

谁也不是傻子，大家的眼睛雪亮。李宗仁对于唐生智的做法也看不下去，他当面指责唐生智破坏革命军的制度，说：“我们革命军怎么可以任意扩充部队，这还成什么体统呢？”

唐生智苦笑着回答说：“德邻兄，我没有办法啊！部下都有战功，大家都应该升一升才好啊！”

李宗仁说：“若论战功，我们（第）四、七两军远在八军之上，假若论功行赏，我们都要升起官来，哪有许多官可升呢？”唐氏闻言语塞，支吾其词了事。[3]

李宗仁

张发奎的顶头上司、原第四军军长李济深也不甘心，在他与北伐军总司令部各将领协商后，遂决定第十二师扩编为第四军，军长张发奎；第十师扩编为第十一军，军长陈铭枢，同时兼任武汉卫戍司令。

1927 年初，根据国民革命军总司令部的命令：原第四军第十二师扩编为第四军，军长张发奎，副军长黄琪翔兼任第十二师师长，随后叶挺任二十四师师长；原第四军第十师扩编

1 1927 年初，时任武汉国民政府军事委员会军制审查委员会委员长的唐生智，又任北伐军西路军总指挥，于是利用权力将自己原第八军大肆扩充为四个军（第八军军长唐生智、第十二军军长叶琪、第三十五军军长何键、第三十六军军长刘兴）六万人，控制了两湖的军政大权，其权利欲望和政治野心也不断膨胀。

2 台湾“中央研究院”近代史研究所 1996 年 6 月版《口述历史·军系与民国政局》之“胡宗铎先生访问纪录”，p68。

3 《李宗仁回忆录》，p287。

为第十一军，军长陈铭枢，同时兼任武汉卫戍司令；蒋光鼐任第十一军副军长。原第四军副军长陈可钰返回广东；原留守广东的第四、第五军，则改编为第八路军。

北伐战争时期的“五虎将”。右起：黄琪翔、陈铭枢、郭沫若、张发奎、叶挺。摄于1938年3月底汉口。

此时，新成立的张发奎第四军、陈铭枢的第十一军联手驻防武汉。武汉当时是国民政府的所在地，以国民党左派势力汪精卫为首，其尚在拥护和实行国共合作的政策。张发奎第四军、陈铭枢第十一军也就成为拱卫武汉汪精卫政府最重要的军事支柱。

第四章　从南昌起义到广州起义

一、北伐河南

在北伐战争中，国民革命军连克长沙、武汉、南京、上海等地以后，蒋介石成为大赢家，他的影响力和实力得到了空前的提高和扩展。

此时，在第三国际和中国共产党的高层领导中，关于如何对待北伐战争中的蒋介石？共产党内部产生混乱。1926年7月12日至18日，中共中央在上海召开了第四届三中（扩大）会议。“张国焘在主持会议中，彭述之主张在北伐中削弱蒋介石。张国焘说，（第三）国际的意见是创造有利北伐的形势，如果在北伐战争中削弱蒋介石，就不利北伐形势。彭述之认为支持北伐与削蒋不是一回事。最后，形成了一个在北伐中对蒋（介石）的方针是既反对又不反对的模棱两可的决议。”[1] 中国共产党内高层的对立意见造成了党的目标的混乱。

同年12月1日，苏共中央政治局委员、被誉为苏共“党内头号思想家”的布哈林代表斯大林，在共产国际执委会第七次大会中国委员会的大会发言中指出：“土地改革问题或土地革命问题决定了向下一个中国革命发展阶段的过渡……我们现在正处在从革命第二阶段向第三阶段过渡的前夕，因此土地问题具有紧迫

1 朱洪著《陈独秀》当代中国出版社2011年4月第一版，p139。

的意义。我们不得不在农民和资产阶级之间进行选择。我们无疑选择农民。”同月，陈独秀闻风而动，他在中共中央“政治局特别会议上主张武装农民，没收大地主的土地归给农民。”[1]这就意味着中国共产党要武装农民，用武力夺取政权。

1927年初，革命的浪潮风卷全国。在中国共产党的领导下，城市里的工人团结在工会组织麾下，举行声势浩大的罢工，要求涨工资，“已致资方完全不能负担的程度”。农村的农民则团结在农会周围，提出了土地的要求，“不仅斗争大地主，连小地主、自耕农也不放过，要将他们的土地籍没充公”。极右势力的代表李宗仁对此极为愤怒。李宗仁回忆说：“武汉三镇克复不到数月，竟至市况萧条、百业倒闭，市上甚至连蔬菜都不易买到。而工人、店员等则在各级（共产党）党部指导之下，终日开会游行，无所事事，呈现出一种狂热奔放，但是却十分不合理的现象。”[2]李宗仁曾经对国民党左派人物邓演达说：“你说工人罢工就叫做革命，为什么同志们不到敌人的后方去策动罢工呢？为什么偏要在我们革命后方越轨闹事，闹得我们菜也没得吃呢？”邓演达的解释是：“这是革命时期的幼稚病，终归无法避免的，将来必能逐步改正。”[3]

2月至3月间，由中国共产党领导的三次工人起义相继在上海爆发。蒋介石当然感受到自己的危机，立即换了一副面孔，开始准备武力镇压。在这种情况下，4月1日，汪精卫取道莫斯科返回国内。

4月2日，汪精卫来到上海。当时，汪精卫享有极高的威望。李宗仁说：“汪精卫当时的德望和党员的归心，可说一时无二。”李宗仁和白崇禧跑到汪精卫的寓所，那时众多的要人已经在那里。李宗仁回忆说：“这时中央党、政、军各负责人群集汪寓，大家一致抱怨共产党，诚恳地希望汪先生重负领导的责任。起先，汪总是默默地静听各方的控诉，未作表示。最后他才郑重地说：‘我

1 朱洪著《陈独秀》当代中国出版社2011年4月第一版，p151。

2 广西师范大学出版社2005年12月版《李宗仁回忆录》，p328。

3 广西师范大学出版社2005年12月版《李宗仁回忆录》，p330。

是站在工农方面的呀！谁要残害工农，谁就是我的敌人！’”[1] 随后，在留沪中央执监委的会议上，国民党元老吴稚晖给汪精卫下跪，请求制裁和抑制共产党的“越轨”行动。“会场空气，至为激荡。吴氏下跪，汪则逃避，退上楼梯，口中连说：‘稚老，您是老前辈，这样来我受不了，我受不了！’”[2]

国民政府内部因对中国共产党的不同态度而一分为二，汪精卫和蒋介石所代表的不同力量因此而决裂，北伐战争也陷于停顿。汪精卫在武汉成立继续与共产党合作的左倾国民政府，蒋介石则走反革命路线。于是国民党右派势力决心“清党”，名义上是把共产党清理出国民党队伍，实则是对共产党进行扼杀。

黄琪翔回忆说：“北伐军到武汉以后，以蒋介石为首的国民党右派已开始反共。”“蒋介石开始反共后，武汉方面，国共虽然仍在合作，但影响所及，国民党右派势力逐渐抬头。同时，汪精卫由苏联回到武汉后，与当时共产党的领袖陈独秀合流，破坏革命，将第三国际指导中国革命的计划公开出来，其中包括土地改革、武装工农及争取军队等项内容，大事挑拨国共关系。”但是，对黄琪翔而言，他的部队依旧在和共产党合作，他说：“我当时思想上没有触动。”[3]

李汉魂

需要指出的是，黄琪翔以上所说“第三国际指导中国革命的计划”，是指“共产国际五月指示”信，并不是陈独秀泄露的，而是共产国际代表罗易轻信汪精卫，主动将俄文原稿与中文译文交给汪精卫，直接导致汪精卫与武汉政府的“分共”。此事与陈独秀无关。

1　广西师范大学出版社 2005 年 12 月版《李宗仁回忆录》，p345。

2　广西师范大学出版社 2005 年 12 月版《李宗仁回忆录》，p346。

3　黄琪翔《我的自述》。

而早在1927年1月，北伐军占领武汉后，黄琪翔此时升任第四军副军长，兼任第十二师师长，其36团团长由参谋处长李汉魂接任。

1927年4月9日，蒋介石在位于上海龙华镇的北伐军前敌总指挥部召开了所谓"清党"会议，参加者有李宗仁、白崇禧、黄绍竑、李济深、张静江、吴稚晖、李石曾、蔡元培、陈果夫等人。蒋介石当时对于是否要大肆扑杀共产党人还顾虑重重，白崇禧则挺身说："你们怕共产党，我不怕；你们不干，我白某人一个人也要干。我马上就要从我的防区内杀起！"以李宗仁、白崇禧、黄绍竑为代表的新桂系不仅推动了"清党"，也比上海屠杀共产党人提前了三天。[1]

蒋介石这才下定决心"清党"，任命国民革命军总参谋长白崇禧为上海戒严司令，第26军军长周凤岐（1879—1938）为戒严副司令，磨刀霍霍，做好了镇压共产党人的准备。

4月11日晚，上海三大帮会头子之一、青帮帮主杜月笙（1888—1951），充当国民党"清党"的马前卒。他先是把共产党人、上海工人运动领袖、总工会代理委员长汪寿华骗到自己家中，然后将其打昏，装进麻袋活埋了。

4月12日凌晨，在上海戒严司令白崇禧、副司令周凤岐、国民党上海警备区特务处长杨虎（1889—1966）、东路军政治部主任陈群（1890—1945）的指挥下，国民党第26军和第1军第2师的武装军人，开始在上海发动"四·一二"反共政变，对共产党人大开杀戒，顿时血流成河。

上海反革命的"四·一二"政变立即引发全国的愤怒。国共合作的武汉汪精卫政府，顺应民众的呼声，下令免去蒋介石的北伐军总司令职务，于是国民党内"一党两府"，即蒋介石所代表的南京政府与汪精卫的武汉政府形成了相互对抗的局面。

武汉汪精卫政府随即发现蒋介石以南京为中心，联合川、黔、

1 《张发奎口述自传》，p82。

粤、桂等省的军阀势力，从东、南、西三方面形成对武汉的军事包围之势。在北方，张作霖进兵河南，觊觎武汉。尤其是武汉面临的经济封锁，导致了严重的社会问题。武汉政府顿时感受到自己已陷入重重包围之中，必须要摆脱困境。

如何摆脱困境？武汉政府的高层发生了意见分歧。唐生智、张发奎等军事将领主张东征讨蒋，而汪精卫和苏联顾问鲍罗廷则主张继续北伐。汪、鲍的设想是，立即进军河南，可以把冯玉祥的军队从陕西接应出来，在河南会师，形成合力后再驱逐奉军出京、津，然后挥师南下，解决蒋介石的另立中央、违背党组织纪律、“清党”等问题。

武汉政府之所以敢于继续北伐，实仰仗于身边的第四军和第十一军，这两个军是武汉国民政府的主要军事支柱。可是在武汉政府的军事力量内部，也存在严重的分歧。第十一军军长陈铭枢表示支持国民党“清党”，拥护蒋介石，而第四军军长张发奎则代表左倾力量，拥护汪精卫，反对蒋介石。3 月 6 日，第十一军军长陈铭枢因武汉的反蒋空气浓厚而负气离汉，赴南京，投奔蒋介石，随后第十一军将领蒋光鼐、戴戟、杨其昌等亦相继挂冠而去，追随陈铭枢去了。

武汉政府借机改编国民革命军，任命唐生智为第一集团军总司令，第四军军长张发奎为前敌总指挥，并兼任第十一军军长。蒋光鼐的副军长位置开缺后，朱晖日升任为第十一军副军长，后来升为军长。

1927 年 4 月 19 日，武汉国民政府决定继续北伐，出师讨伐奉系张作霖，这一决策得到了当地民众的热烈拥护。武昌南湖机场举行 50 万人参加的第二期北伐誓师大会，场面宏大，气势甚为壮观。

在誓师典礼大会上，汪精卫登上高台，慷慨激昂地说：“把革命的势力，扩充到北京，统一全中国，将帝国主义在北部的最大锁链打碎、帝国主义在中国的经济的政治的势力完全扫除，这是我们此次北伐的第一个目的。我们要使全国民众能得到解放，必须要打倒奉系军阀，这是我们此次北伐的第二个目的。我们要打倒帝国主义与军阀，尤必须要打倒本党的内奸蒋介石！这是北伐的第三个目的。”

北伐河南的主力军是张发奎和唐生智的部队，计六万多人，由唐生智任总指挥。4 月 21 日，北伐军沿京汉路准备向河南开封进发。孙中山夫人宋庆龄亲自前往京汉铁路车站，将一篮鲜花赠送给第四军，祝愿他们战胜敌人。在宁汉对抗的情况下，宋氏家族当时也分成了两派，宋庆龄、宋子文支持武汉政府，而宋霭龄、宋美龄则拥护南京政府。

5 月 14 日，第四军第二十五师最先与奉军富双英部在上蔡接火。富双英部败下阵去，然后退守上蔡县城。第二天，黄琪翔率第十二师在上蔡城北十里铺与敌激战三昼夜，占领了东、西洪桥，对上蔡县城形成钳式攻势，最后迫使上蔡守军富双英率部投降。[1]

黄琪翔回忆说："为了打破当时的困难局面，1927 年 4 月武汉政府决定第二次北伐，迎击由河南南下的奉军张作霖所部。5 月间，我率第四军十二师作为先遣部队，首先进占河南驻马店。奉军第三、四方面军装备优良，兵力约 5 万余人，沿京汉铁路南下，在许昌漯河附近设防。我军参加这次战役的部队，除了第八军一部外，主力为第四军、第十一军和贺龙、杨其昌两个独立师。总政治部主任邓演达亲临前线指挥。5 月中，我军集结完毕后，开始北进，先声夺人，驻上蔡的奉军富双英师不战而降。我军在东、西洪桥附近与敌接触，敌军且战且退，直至逍遥镇、临颍地区，我军才和敌主力展开会战。这次战役，双方兵力约计 8 万余人。"[2]

在与张作霖部的接火中，不打不知道，一打才知道奉军的厉害。黄琪翔率领的部队在北伐战争中，已经与吴佩孚和孙传芳的部队交过手，相比之下，张作霖的奉军要比吴佩孚、孙传芳的部队厉害得多。这不仅是指奉军的武器装备精良，还有战术修养，

1 《民国高级将领列传》第一册，p450。

2 《文史资料选辑》第九十四辑，黄琪翔文章《大革命洪流中的国民革命军第四军》。

都要优于吴佩孚、孙传芳的部队。这次作战，提醒黄琪翔在以后的战斗中要格外小心。

黄琪翔对战场上敌方的指挥官都不陌生，原因是他们大都毕业于黄琪翔的母校保定军校。很多敌方的将校级军官，不是他的同学就是学生。那时黄埔军校刚成立不久，即使刚毕业的黄埔生已经参加战斗，也还是低级军官，还没有成长为高级将领。

5 月 17 日，张发奎亲自率领第二十六师、第十二师与贺龙的独立第十五师共举进攻河南的古镇逍遥镇。5 月 24 日，北伐军与奉军接火的地点，正是东汉三国时期的古战场。这一仗打下来，黄琪翔率领的部队大获全胜，生俘奉军团长王步锡以下的官兵 500 余人，威震中原。

攻占逍遥镇之后，黄琪翔率部继续向临颍方向挺进。在临颍附近，他们击落了奉军的两架侦察机。

当北伐军的部队兵临临颍城下，奉军早已经完成了军事工事的构筑，与北伐军对垒，摆出决一死战的态势。奉军的装备相当先进，他们不仅有空军，还有坦克和大口径火炮，这些重武器，北伐军都没有。奉军大帅张作霖的儿子、少帅张学良亲自在前线督战。

5 月 27 日拂晓，黄琪翔率部首先进攻。奉军严阵以待，顽强防守，等到北伐军久攻不下已显露出疲惫之色，奉军果断反击。此时已近中午时分，北伐军机关枪炮兵连的士兵体力与意志开始不支，阵地松动，出现士兵后撤的情况。这是第四军北伐战争期间第一次出现后退的现象。

倘若这一缺口不能及时封堵住，后果不堪设想。就在这一关键时刻，黄琪翔最先赶到前线，亲自参战，随后总指挥张发奎也加入进来。

黄琪翔打仗以勇猛著称，但他并不鲁莽。当他预判到部队可能出现垮塌的缺口时，黄琪翔会毫不犹豫地跃出战壕，亲自率领士兵们反冲锋。第十二师出身的将士们都知道一个老规矩，即粤军的连坐法：如果部队临阵败退，首先会枪毙这个队伍的最高首长，然后依次枪毙下去，直到班长——士兵则不会被枪毙，因为在战斗中，班长就有权利枪毙临阵后退的士兵。而粤军的军官如果战死，其家属可以得到一笔丰厚的抚恤金；如果军官因临阵逃跑而被枪毙，军官就等于白白送死，什么也得不到。眼下，官兵们看到连黄琪翔将军都冲锋在前，就明白了战况的危急程度。即使你明知道自己冲在前面必死，你也必须死在冲锋的路上！

受此鼓舞，第十二师的军官也跃然而起，率领士兵们一鼓作气冲上去，堵住了被奉军撕裂的缺口。激战至下午三时，部队伤亡甚大，正在此危急关头，第十师赶到增援，而奉军的意志也已到极限，黄琪翔率部掩杀过去，奉军至此溃败，张学良无奈只得率部向郑州方向逃窜。第十一军二十六师77团团长蒋先云（1902—1927）就是在此役中战死疆场。

蒋先云是共产党员，当时还身兼77团的党代表，战死时年方25岁。[1]第76团的沈参谋长也战死。第34团团长吴奇伟、第76团团长沈久成负伤。黄琪翔手下死伤的北伐军军官多达40余人，这也是黄琪翔带领部队参加北伐战争以来伤亡最为惨重的一次。

临颍战役中，奉军炮兵团长李恒华率部投降。李恒华是保定军校炮科八期的学生，与陈诚是同学，也是黄琪翔的学生。奉军炮兵团的装备显然优于北伐军，他们不仅有山炮，还有野战炮，于是第四军淘汰了自己的机关枪炮兵营，因为他们下属的连队在这次战斗中有后退的劣迹，同时，第四军组建了新的炮兵部队。张发奎认为这是临颍战役的意外收获。

北伐军第一次缴获了奉军的坦克4辆。可是北伐军中没人懂得坦克，更没人会驾驶，这些笨重的铁家伙就成为了4件大摆设。黄琪翔与张发奎商量后，决定把缴获的奉军这4辆坦克上交给武汉政府的军委会。张发奎在奉军坦克前摆出胜利者的姿势，合影

---

1 1927年6月8日，在武昌中央军事政治学校操场，中共中央为蒋先云烈士举行追悼大会。武汉国民政府要员，国民革命军高级将领以及各界人士6万余人参加追悼会。周恩来主持追悼会并发表沉痛讲话，恽代英致悼词，罗章龙宣读悼亡诗。也是在这一年，蒋先云之妻李祇欣（1906—1927）亦病故于武昌红十字医院，年仅22岁。

留念。

张发奎在自传中总结说："临颍之战是我部在第二次北伐中所经历的一次最残酷的战役。奉军出动了第十军王树棠全军，第十七、第八军及飞机坦克共十万余官兵，我军仅黄琪翔指挥不足额的十二、第二十六师；敌方兵力十倍于我，且有良好的工事与优秀的兵器。我与黄琪翔亲临前线指挥，敌方集中火力，弹如雨下，我军始终坚守阵地。自27日拂晓至28日下午，血战两日，冲击敌阵几次，攻克临颍。此役缴获步枪千余支，迫击炮十余门，机枪五挺、坦克车四辆，军品无算。此役击溃了张学良部的主力，使我们得以进军开封。"[1]

部队向开封挺进的途中，半路上遇见一位瞎子。瞎子手里的竹制拐棍中暗藏玄机：用刀劈开竹棍时，可见内藏一封情报：原来是开封商会的信。信中说，张学良的部下、奉军第37旅旅长、开封警备司令何柱国已经撤退，开封已成空城。河南人民欢迎北伐军！

张发奎和黄琪翔看到这位旅长的名字时都笑了，因为何柱国是广东陆军小学第五期学生、是他们武昌陆军第二预备军校乃至保定军校的同学——张发奎没有读完武昌陆军第二预备军校的学业就离校了，而黄琪翔与何柱国继续到保定军校深造，俩人同窗共七年！

6月5日，张发奎和黄琪翔整顿了部队，率先进入开封城，然后与随后进城的冯玉祥会师。

冯玉祥看见张发奎后，对北伐军表示钦佩。他说："你们南方人两条腿比我的马队跑得还快！"

6月7日，黄琪翔奉命离开开封，经郑州南下，就此把将士们用命拼打下来的河南地盘送给了冯玉祥，期望他对蒋介石势力形成钳制，以解武汉国民政府之困。

黄琪翔说："第二次北伐战役，我军付出了1万余人伤亡的

---

1 《张发奎口述自传》，p86。

代价，击退了奉军，把河南地盘无条件地交给了冯玉祥。6月间，奉命开回武汉。此时我们对于所谓国共纠纷已有疑虑。当军队列车开到郑州的时候，汪精卫、孙科、邓演达等乘坐的专车也恰好停在该站。我下车找邓演达谈话。邓说他们此行是专为迎接冯玉祥到武汉去开会的。这说明他们对于冯玉祥仍寄予希望。我回到武汉后知道，冯玉祥拒绝到武汉，就在郑州开了一次会议。对郑州会议的内容，当时我们毫无所知，但冯玉祥已开始反攻，对武汉政府表示不满，则逐渐成为公开的事实。冯玉祥从此不再支持武汉政府了，他不久竟往徐州和蒋介石会见。这样，武汉政府迅速趋于瓦解。很明显，汪精卫和冯玉祥的行动都是出乎人们意料的，连邓演达等国民党左派也完全没有预料到。国共分裂终于成为事实了。”[1]

三天后，1927年6月10日，汪精卫和冯玉祥在郑州举行会议。武汉方面代表赞扬冯玉祥及其他的第二集团军功绩，谴责蒋介石目无国民政府、独裁专横的行径，也指责共产党借国共合作搞阶级斗争，破坏国民革命。冯玉祥则提出，宁汉双方应消除私见，一致北伐，并提议遣送苏联顾问回国，均得到武汉方面同意。会议决定由冯玉祥指挥河南前线的全部军队，而要求已经深入河南的北伐军撤回武汉，前往湖南、湖北镇压工农暴动。这次会议，汪精卫集团部分地实现了联冯反蒋分共的目的。

6月12日，郑州会议结束后，唐生智命令张发奎的第四军和第十一军回师武汉。

对于这样的命令，张发奎、黄琪翔等广东将领非常乐意，因为这两个军已经承受重大伤亡，急需休整与补充，而且他们的部下大多数是广东兵，不习惯干燥的北方气候与水土，许多人整天闹肚子，影响了部队的战斗力，于是张发奎带领着第四军和第十一军回到武汉。

---

1 《文史资料选辑》第九十四辑，黄琪翔文章《大革命洪流中的国民革命军第四军》。

二、八一南昌起义

1927年6月15日，武汉冒雨举行数万人大会，欢迎第二次参加北伐的将士凯旋。共产党人董必武、林祖涵（伯渠）担任欢迎大会主席团成员，国民革命军第一军政治部主任周恩来发表了热情洋溢的演讲。

同日，国民政府通令第四军扩编为第二方面军，军长张发奎晋升为上将，担任总指挥，下辖黄琪翔第四军、朱晖日第十一军、贺龙第二十军等三个军。这是第四军历史上全盛时期。按照当时的编制，取消了旅级设置，师长直接管辖团长。

贺龙

第四军的编制是：

军长黄琪翔。

参谋长叶剑英。叶剑英是在第四军抵达江西九江后才来军部到任。

第四军下辖三个师，即第十二师师长缪培南；第二十五师师长李汉魂；第二十一师师长富双英。[1]

在黄琪翔就职第四军军长的仪式

1 《中外杂志》第40卷第2期至第4期（1986年8—10月），载缪培基的文章《张发奎与铁军之兴衰》。

上，时任国民革命军总政治部主任邓演达代表军事委员会亲临会场，宣布任命。邓演达是有名的演说家，与另一位口才极佳的共产党人恽代英齐名。邓演达高度赞扬了黄琪翔在北伐战争中的英勇表现，赞誉黄琪翔是军人的楷模。

黄琪翔晋升为中将军长的消息受到广泛关注，社会各界纷纷以各种形式予以祝贺。全国农民协会、华侨协会总会、第四方面军总指挥部特别党部和军事委员会航空处党代表赵舒等，均以单位或个人名义发来贺电。这一年，黄琪翔才 29 岁。

著名记者殷作桢[1]后来回忆说："北伐的时候。在某地，举行了一次作战部队的检阅。部队整齐地排列成一字形，无限的长，无论官长或士兵，个个精神抖擞，静待着检阅官的检阅。年青的英俊的检阅官，骑着肥硕的白色战马，威武地检阅着部队，革命的英勇气概，充分地溢扬在他的眉宇之间。他，就是第四军名将黄琪翔。"[2]

就在北伐军回到武汉不久的 6 月 19 日，冯玉祥突然变脸，竟然宣布与蒋介石结盟！这个消息犹如晴天霹雳，令所有参加第二次北伐战争的军人们惊愕不已——为了迎接冯玉祥入豫，武汉方面的北伐军已经付出了 1 万余将士伤亡的代价，而冯玉祥如此出尔反尔，实在令人愤恨。作为一名职业军人，黄琪翔原来一直对政治不感兴趣，在"思想上没有触动"，但经过这一次的突变，他才开始对政治问题保持警觉。

黄琪翔说："1927 年 5 月间，武汉政府为挽救当时危局，决定进行第二次北伐，出兵迎击与蒋介石相勾结、由河南方面向武汉施行威胁的张作霖部队。我当时希望能够击败奉军，把冯玉祥的部队由西北调到河南来，巩（拱）卫武汉后方，再行与蒋介石作战。六月间在河南境内果然击败了奉军，将冯玉祥的部队接了出来。不料冯玉祥此时亦已开始反共，一到河南，便趁机东进，

1 殷作桢 (1908—？) 浙江平阳人，中央军校第四分校（广州分校）中校政治教官，后任台湾《成功日报》总主笔兼总编辑。

2 1938 年《苦斗》杂志第二卷第 7 期，，殷作桢文章《黄琪翔将军访问记》。

与蒋介石在徐州见面，结成反武汉同盟。我们在河南作战的时候，在部队里依然和共产党合作的，就是说，共产党员仍然在工作岗位上。战事结束以后，回到武汉，才发觉形势已经开始大变，国共合作的国民政府在开始动摇，各军奉命在内部进行清（分）共。”[1]

于此同时，汪精卫迫于压力，开始公开背叛孙中山的三大政策，也开始“分共”，武汉中央通过了取缔共党案。汪精卫与蒋介石的不同之处是，汪精卫取缔共党的名称叫“分共”，蒋介石称之为“清共”。

但在黄琪翔的第四军里，却没有落实这一命令。黄琪翔说：由于“第四军在河南作战中损失很大，回到武汉后，首先引起注意的是如何赶紧补充人员，准备下次战役。对于清（分）共问题，并未引起很大的注意，也未执行清（分）共的奉命（令）。因为自从1926年由广东出发直到河南作战为止，（第）四军部队内的共产党员大部分是担任政治工作的，他们和军事指挥官之间并没有发生过什么意见不和的事，也没有在政治方面发生过什么争论。他们中（之）间的关系基本上是正常的。至于当时有些共产党员接到党的通知离开工作岗位的也是极个别的。第四军基本上没有进行清（分）共工作。”[2]

1927年5月17日，武汉国民政府所辖的第十四师师长夏斗寅(1886–1951)通电叛变。21日，何健部第三十五军33团团长许克祥（1890 – 1964）在湖南叛变。两湖及江西的工农运动已遭严重摧残，湖北被杀害的农会会员4700余人，湖南被杀的农会会员达20000人。

在这种形势之下，中共中央被迫于7月13日命令参加国民政府的共产党员退出国民政府，并发表对政局的宣言，斥责国民党的反共罪行，表示要“严厉的揭发一切假借孙中山先生旗号的伪国民党之出卖革命”。

1　黄琪翔《我的自述》。

2　黄琪翔《我的自述》。

共产党方面早在何键部反共叛变之前，就已获悉了情报。1927 年 6 月 28 日的前后一天，中共中央负责人陈独秀召开紧急会议，周恩来出席。在会上，陈独秀报告了第 35 军何键部准备在汉口制造“反共”事变，于是会议决定，准备将武汉总工会纠察队调到武昌参加第四军。同时，为了消除何键制造事端的借口，公开宣布解散武汉工人纠察队。会后，周恩来、张太雷在处理纠察队及童子团等问题时，只交出部分破旧枪支，把绝大部分枪支和纠察队员隐蔽、分散，陆续转移到张发奎第二方面军下辖的贺龙、叶挺的部队里[1]。当时贺龙是二十军军长，叶挺是十一军的代理军长。

7 月 14 日夜，汪精卫在武汉召开秘密会议，确定分共计划。15 日再次召开分共会议，公布《统一本党政策案》，正式与共产党决裂，使中国革命遭受严重损失，第一次国内革命战争终归失败。参加会议的国民党左派有些不知所措，没有发表强烈的反对意见，倒是于右任与彭泽民发表了同情中共的讲话。没有参加会议的邓演达事后认清了汪精卫这位政客的嘴脸，他“宣告汪精卫政治生命已经终结”！[2]

武汉政府的“分共”，随后遇到国民党左派人士的抗议。陈公博说在“重要的中央委员中有三个人不赞成”。他们是孙夫人宋庆龄、陈友仁和廖夫人何香凝，[3] 其实武汉国民政府海外部部长彭泽民也坚决反对，但“分共”既成事实，已无法避免。

汪精卫“分共”时，没有学蒋介石、新桂系“清共”那样屠杀共产党人。张发奎回忆说：“汪精卫召集一个军政领导人的非正式联席会议。他告诉我们，中央已决定实施‘分共’，但有异于南京方面的‘清共’。这意味着要用和平方式撵走国民党内的共产党员，不逮捕也不杀害他们。他告诉在场的高级将领回到各

1　中共中央文献研究室编，中央文献出版社 1998 年 2 月版，《周恩来年谱 1898—1976》。

2　《张发奎口述自传》，p92。

3　哈耶出版社 2009 年版《陈公博回忆录》，p115。

自单位做好准备，我们要求共产党员自动离开，给点钱让他们走。如果他们不想离开，可以留在武汉，但不许在政治、军事机关任职。”[1]

与此同时，根据武汉国民政府的命令，第二方面军总指挥张发奎率领下辖的三个军，于7月间在南昌至九江一线集结，准备东下讨伐蒋介石。

黄琪翔的第四军，其军部就设在九江烟水亭。共产党人在北伐战争中对黄琪翔的工作给予支持，尤其在私下，他们建立了非常融洽的关系，所以当共产党人被驱逐之际，黄琪翔愿意提供帮助，给予那些要离开武汉的共产党领导人以切实的安全保护。“于7月中旬，（黄琪翔）率军部离（武）汉东下，至九江。时武汉共产党要人，即纷纷秘密离汉东下，谭平山、高语罕、恽代英、李立三、张国焘五人，即系因黄琪翔保护，随同赴九江。”“黄琪翔抵九江以后，即设军部于烟水亭，而高语罕、恽代英、张国焘三人，即在黄琪翔掩护之下，寄宿于黄之军部，而谭平山、李立三两人，则由黄琪翔派（第）四军特务营营长罗某，护送至南昌，与贺龙、叶挺会面。时共党九江市委召开活动分子大会于儒利女学，亦由黄琪翔派队保护。”[2]

黄琪翔回忆说：“1927年7月15日，武汉政府宣布国共正式分裂，但并没有发生过任何军事冲突。”“张发奎率领第四军（军长黄琪翔），十一军（代军长叶挺），廿军（军长贺龙）向南昌、九江集结途中，发生了南昌‘八一起义’事件。”[3]第十一军军长是朱晖日，叶挺当时只是代理军长，随后叶挺即改任第十一军二十四师师长。黄琪翔对于共产党组织的“八一南昌起义”，并不知情。他给予共产党要员在行动和住宿上的帮助，主要是出自他对共产党人的友情和尊重。

黄琪翔所说的“南昌八一起义事件”，是指1927年8月1

1　《张发奎口述自传》，p92。

2　1934年《社会新闻》第六卷第4期，薛翻的文章《制造赤匪的祸首黄琪翔》。

3　黄琪翔《我的自述》。

日于江西省南昌，由中国共产党针对国民党的分共政策而发起的武装起义事件，由周恩来、谭平山、叶挺、朱德、刘伯承等中共人士和贺龙领导。贺龙在南昌起义后加入中国共产党，领导人当中还有第20军的苏联军事顾问库马宁。南昌起义是中国共产党独立建设武装力量的开始，也是中国共产党开始以武装斗争形式反对国民政府的标志。8月1日成为中国工农红军和中国人民解放军的建军纪念日。

共产党人领导的南昌起义太匆忙，原因在于情报来源紊乱。7月29日，张国焘曾与张发奎在九江举行长谈，当时共产党希望争取张发奎加入起义。

另有文章认为："七月二十九日，汪精卫、唐生智、张发奎、孙科、谭延闿辈抵九江，召开庐山会议，黄琪翔亦参加焉。庐山会议之重要决议，为第二方面军实行反共并规定办法。逮捕高语罕、恽代英、张国焘、廖乾五及第四军（中共）党团负责人，而其余军事政治工作人员之左倾者，一律撤职。此项决议规定后，黄琪翔颇为着急，乃连夜秘密派人下山，通知廖乾五、高语罕等，命其速即逃往南昌，故高语罕、恽代英、张国焘、廖乾五及四军主要共党，均得为漏网之鱼。"[1] 廖乾五曾任第四军政治部少将主任，他的名字又叫廖乾吾。

7月30日，张国焘急忙从九江赶到南昌，出席中共中央军委会议。张国焘强调南昌起义必须得到张发奎的同意。周恩来迫于形势的危急，急得拍了桌子，说："前委大部分同志主张起义，要不然就只有束手待毙，难道你要大家都跟着你去投降张发奎吗？"周恩来以总前委书记身份，强行通过了发动南昌起义的决议。

有人认为：共产党人匆忙起义，是他们以为张发奎和朱培德的部队正在包围他们，由于害怕被镇压而赶紧起义。张发奎本人

1　1934年《社会新闻》第六卷第4期，薛翻文章《制造赤匪的祸首黄琪翔》。《民国高级将领列传》p451也有记载，黄琪翔派人通知离开的共产党人中还包括于树德。高语罕（1888—1948）、恽代英（1895—1931）、张国焘（1897－1979）、廖乾五（1886—1930）等都是中国共产党创建时期的老资格共产党人。

则在回忆录中否认这种说法。张发奎认为自己有能力轻而易举地逮捕这些共产党人，但是他没有，原因是他的部队还没有完成集结，正为寻找营房而伤脑筋。最重要的是，张发奎根本就没有意识到自己的部队会发动起义。

李宗仁看得比张发奎清楚，他曾经提醒张发奎要注意自己部队里共产党的举动，尤其还提到了叶挺，因为叶挺是著名的共产党人。李宗仁对张发奎说："你如对他们（共产党人）不加约束，将来部队会不听你指挥的。"张发奎向李宗仁解释说，叶挺是他的小同乡，从小就在一起，是难兄难弟，绝不会为难自己的。李宗仁便耻笑他说："共产党还谈什么私人关系，他们只知道第三国际的命令，你别做梦了。"张还在坚持说："不会的，绝不会的。"[1] 这说明，张发奎当时的确没有意识到他的部队会发生共产党起义。

8 月 1 日凌晨 2 时，南昌起义爆发。按照中共前委的作战计划，贺龙第二十军第一、第二师向旧藩台衙门、大士院街、牛行车站等处的守军发起进攻；朱晖日第十一军第二十四师（叶挺师）向松柏巷天主教堂、新营房、百花洲等处守军发起进攻。激战至拂晓，全歼守军 3000 余人，缴获各种枪 5000 余支（挺），子弹 70 余万发，大炮数门。

8 月 1 日上午，起义部队召开国民党中央委员、各省区特别市和海外党部代表参加的联席会议，成立中国国民党革命委员会，推举邓演达、宋庆龄、何香凝、谭平山、吴玉章、贺龙、林祖涵（伯渠）、叶挺、周恩来、张国焘、李立三、恽代英、徐特立、彭湃、郭沫若等 25 人为委员。革命委员会任命吴玉章为秘书长，任命周恩来、贺龙、叶挺、刘伯承等组成参谋团，作为军事指挥机关，刘伯承为参谋团参谋长，郭沫若为总政治部主任，并决定起义军仍沿用国民革命军第二方面军番号，贺龙兼代方面军总指挥，叶挺兼代方面军前敌总指挥。所属第十一军（辖第二十四、

---

1 《李宗仁回忆录》，p331。

第二十五、第十师），叶挺任军长、聂荣臻任党代表；第二十军（辖第一、第二师），贺龙任军长、廖乾吾任党代表；第九军，朱德任军长、朱克靖任党代表。起义军共2万余人。

当日下午，驻马迴岭的第二十五师第73团全部、第75团3个营和第74团的机枪连，在聂荣臻、周士第的率领下起义，并于8月2日到达南昌集中。

由此可见，“南昌八一起义事件”中的起义部队，主要是来自张发奎的第二方面军。由于黄琪翔的部队当时驻守在九江，他的部队中只有极少部分人参加了共产党人的起义，主力犹存，因此也成为张发奎部硕果仅存的主要军事力量。

有趣的是，共产党人发动起义时，蔡廷锴师长带领他的第十师在观望。第二十四师长叶挺告诉蔡廷锴，谓此次暴动系由张发奎领导，而且起义名单中的确有张发奎的名字，于是蔡廷锴乃率部参加。可是起义爆发后，蔡廷锴才发觉自己上了叶挺的当。8月9日，蔡廷锴的部队行进到进贤时，借机脱离了起义部队，而且还枪杀了三十多位共产党人，并打电话给张发奎，用广东粗话咒骂他，诅咒张发奎会下地狱。张发奎为此感到很无辜。

南昌八一起义给张发奎部的将领们造成的感情伤害是显而易见的。黄琪翔说：“南昌‘八一’起义，对于张发奎和第四军的所有将领包括我个人来说，当然（是）一种意外。他们思想上不能理解为什么共产党要这样做？因此他们埋怨共产党，而不认识这是大革命失败后激烈的阶级斗争的必然结果。参加起义的部队是十一军和廿军，占了第二方面军总兵力的三分之二，而我当时所率领的第四军则在九江，除有一部分人参加起义外，基本上保持了四军的原有力量。”[1]

“起义事件发生以后，张发奎就采取措施，实行将政治工作人员遣散。首先将第二方面军总指挥部的政治部主任郭沫若及其

1　黄琪翔《我的自述》。

随从人员送往南昌，然后将第四军部队内的政治工作人员亦分别遣散，从此共产党和共青团员基本上被清除了。”[1]

张发奎气度非凡，即使他的部队被共产党拉走了总兵力的三分之二，他在回忆录中说：自己亲自礼送郭沫若、廖乾五等二十余位共产党人，还发给他们路费。

黄琪翔当时的内心很矛盾。他本不愿意追随汪、蒋，去镇压参加起义的部队，但是又没有勇气跟着共产党去闹革命。他说：“北伐至此，最觉痛心，拟将第四军所有枪炮抛沉大江中，军中所存款项，平分全军作路费还家，做个真的解甲归田。”[2]他只是这么想，并没有这么做。

南昌起义之后，武汉国民政府震怒，下令讨伐，“并严令第二方面军总指挥张发奎率部进剿。”[3]张发奎此间一度去了上海面见汪精卫，商议未来的出路，于是将整个部队交给黄琪翔指挥。张发奎崇拜汪精卫，对汪惟命是从。他公开说：“我确认汪精卫值得崇拜，因为他的学识、品性以及辉煌的革命历史。”[4]在张发奎离开部队后，黄琪翔率领残缺的第二方面军向南进发，尾随贺龙、叶挺而去。

张发奎的第二方面军将士，包括张发奎在内，都不愿意与共产党的起义部队作战，原因极为简单，他们以前同吃一锅饭，是袍泽兄弟。兄弟相残，感情上无法接受。再则，彼此拼光了部队，以后谁也无法立足社会，再继续“革命”。所以到了8月8日，贺龙、叶挺率领的起义部队抵达赣南抚州时，第二方面军就停止追击，而是取道新淦、吉安、泰和、赣州、南安、南雄、始兴、韶关，向着广州方向前进。

在黄琪翔率领第二方面军奔向广州途中，蒋介石在各方势力压迫之下，于1927年8月12日宣布下野。桂系是压迫蒋介石下

1　黄琪翔《我的自述》。

2　《民国高级将领列传》p451。

3　《李宗仁回忆录》，p362。

4　《张发奎口述自传》，p208。

野的主要力量之一，可是李宗仁却假惺惺跑到上海，在蒋介石面前劝其不要下野。此时蒋介石已经精疲力竭，嗓子也哑了，原因是他对部下说话太多。黄埔军校的学生对于国民党镇压共产党之举感到愤怒，纷纷在责问蒋总司令：为什么要出尔反尔？因为他们的蒋校长曾经一再强调过："服从第三国际领导"，"反共就是反革命"，"反农工便是替帝国主义服务"。蒋介石对李宗仁说："我不干了，我不干了。"[1]

蒋介石下野后，汪精卫自然很高兴，于是在 1927 年 8 月 25 日，将武汉国民政府迁往南京，并入南京国民政府，史称"宁汉合流"。

1 《李宗仁回忆录》，p342。

三、主政广州

中国共产党领导的南昌起义失败后，部队被迫入粤，李济深立即调集陈济棠、薛岳、徐景唐、邓世增各师，并第七军广西留守部队，将共军围困于粤东潮汕地区。共产党起义部队像一个坚硬的核桃，吃不掉，又吐不出，令李济深十分难受。

鉴于形势的发展，黄琪翔亦率领第四军从九江出发，一路尾随共军起义部队进入广东。此间，黄琪翔给汪精卫发出秘密请示电报[1]，云：

> 军委会汪主席钧鉴心密：
>
> （一）久未亲谕，仰念之至。职部奉命追剿寇，宥日完全集中吉安，俭日集结赣州开拔；（二）据报，贺、叶在石垚，钱（前）部已开赴会昌、瑞金，迎击深入。该逆或将折入长汀；（三）赣州现驻有黄绍竑两旅、陈〇锐章一团；（四）此后方略如何？恳随时指示。职黄琪翔叩俭。

第四军进入广东，打着的旗号是来围剿共产党的起义部队，实际上不是，他们是在另辟生路。张发奎一直是汪精卫的忠实追随者，部队回师广东，是想同汪精卫联手，创造一个属于自己势

1　台湾"国史馆"《汪兆铭史料》，典藏号 118-010100-00004-016。

力范围地盘，所以第四军的行动，基本听命于汪精卫的幕后指挥。

可是，原粤军的部队妒忌贤能，不希望张发奎、黄琪翔的军队回归广东，许多将领皆摩拳擦掌，意欲狙击他们。李济深在表面上显得颇为大度，表示欢迎张发奎归来，并再度声明国民革命军第四军之番号属于张发奎部，真实意图是想让第四军与共产党起义部队相互捉对残杀。而社会舆论则认为，正是得益于贺龙、叶挺起义部队的帮助，第四军才寻机进入广东的潮梅地区。[1]

黄琪翔说："（共产党）起义军离开南昌以后，张发奎和汪精卫商议决定和广东的李济深取得连（联）系，将第四军开回广东，再行相机行事。于是要我和参谋长叶剑英率领第四军和教导团开进南昌，稍加整顿，然后再向广东进发。我们于8月中旬以后，由南昌起程，经过樟榆、吉安、沿赣江南下，在赣州停留了一个时期，再向广东前进，10月间到达广州。此时起义军正在广东东江境内和李济深部队作战，形势紧张。李济深亲自找我，要我派四军一部前往支援，我没有接受。这并不是说，从政治上出发，我对共产党能有什么同情，而是因为起义军的绝大部分是从（第）四军扩充出去的，我们一年多来，共同为革命作战，现在要调转枪头，互相对抗，思想上搞不通。李济深对我表示很不满意。不久，汪精卫和张发奎经上海回到广州，计划酝酿反对南京政府运动。由于当时的南京政府实际上是桂系军阀李宗仁、白崇禧等所支持的，而李济深又是支持桂系的，因此他不同意反对南京政府的计划。"[2]

李济深要求黄琪翔第四军参与打击共产党的起义部队，为此，他们举行了一次单独会谈。黄琪翔在另外一篇文章中做了详细的介绍。黄琪翔写道："某日，李济深为派遣第四军参加对叶、贺作战问题，亲自找我商量，引起了一场争辩。当时南京方面蒋、桂两系暗斗结果，蒋介石一时宣告下野。南京政府在国民党中央

1 1927年11月26日天津《益世报》第三版。

2 黄琪翔《我的自述》。

特别委员会——西山会议派控制中。李济深要求我出兵东江参加作战，我提出交换条件，要求李领衔通电反对南京政府，并在广州召开一次国民党中央会议，重新组织政府，继续革命。这次会议以我们两人互相不愿接受彼此要求，结果不欢而散。原来南京特别委员会的后台老板是桂系的李宗仁、白崇禧，而李济深是桂系的老大哥，他们的政治态度基本上是一致的。”[1]

由于黄琪翔拒绝李济深的请求，第四军未加入与叶挺、贺龙部队作战的潮汕会战，而李济深部队大都在潮汕围剿共产党起义部队，广州兵力空虚，第四军趁机入据南粤首府广州。张发奎部队在广州拥有很好的群众基础，他们因此顺利地进入广州，而且还受到相当热烈的欢迎。

共产党南昌起义的另一位重要领导人朱德，任起义军第九军军长。起义军南下广东后，他的主力部队在潮汕地区被国民党军队击败，朱德率领余部转至湖南南部，发动农民起义，建立苏维埃政权。1928 年 4 月，朱德率部上井冈山，同毛泽东领导的秋收起义部队会合，随即成立工农革命军（不久改称红军）第四军，任军长，毛泽东任党代表。

此间，还发生过一件事。即八一南昌起义失败后，“朱德率了（第）二十五师的两个残部，由东江辗转进到北江，形同流寇。这两团残兵败将，实际上不足一团。当时黄绍竑本有命令给东江的防军消灭朱德的残部，但黄琪翔却密电驻防韶关的范石生，收编了朱德的部队，编为一团，并委朱德为团长，驻于坪石，造成了后来的坪石暴动，也就是造成了后来赤匪骚扰的根源。”[2] 当时国民党方面都认为：“江西赤祸的起源，谁都知道是起源于朱毛，所谓朱毛，就是朱德和毛泽东。”黄琪翔没有命令部队围剿朱德的残部，被责为“别有用心”。黄琪翔的用心，显然是为了保存自己的实力，避免袍泽相残。但事实上也并非如此，国民党顽固

---

1 《文史资料选辑》第九十四辑，黄琪翔文章《大革命洪流中的国民革命军第四军》。

2 1934 年《社会新闻》第六卷第 4 期，薛翻的文章《制造赤匪的祸首黄琪翔》。

派指责、诋毁、污蔑黄琪翔是实，而范石生收编朱德部队另有原因。目前较可信的解释是，朱德利用同是云南讲武堂学生的关系，对范石生开展统战工作的结果。朱德当时化名王楷，王尔卓任参谋，陈毅任政治指导员，林彪任连长，不久龚楚任团附。

1927年10月5日，张发奎、黄琪翔率领第二方面军回到广州。这时的第二方面军，只剩下了黄琪翔第四军是其主力，还有朱晖日第十一军的一部。李济深说，他们只有8000人，大概是有意贬低，而李宗仁又说是数万人，是夸张，实际上他们应该超过一万人。但是广州社会各界都在欢迎他们，为此举行了盛况空前的欢迎大会，参加欢迎会的人数多达20万之众。

在广州东校场举行的欢迎大会上，广场中央搭建了一座主席台，高悬“欢迎张发奎同志及第四、第十一军武装同志凯旋大会”的会标。主席台上还悬挂着国民党党旗和孙中山画像，四周则遍贴第二方面军的新标语。省市直属机关的所有职员参加了大会。全市男女学生则组成童子军，排着整齐的队伍入场。社会各界团体纷纷扯下白布作旗帜，上书“欢迎张发奎同志”、“欢迎劳苦功高的四军十一军将士”等语。第四军的第34团、第36团共约3000人为代表，也到场入列，英姿飒爽。身在广州的戴季陶、朱家骅、胡春霖、何思源、张难先、梁漱溟、马洪焕等政界名人也悉数出席。

下午一时，张发奎乘坐武装专车莅临会场。“沿途预派军警，拱卫森严”。张发奎来到会场之后，升旗，鸣放礼炮，奏军乐。张发奎踩着军乐队鼓点入场，然后与各界代表握手致礼，谈笑风生。去年张发奎率部离开广州参加北伐战争时，身穿戎装，现而今再返广州，他穿的是一身灰呢西服，则表明张发奎的身份已由一介军人而演变升为军政首脑。

何思源主持欢迎大会，并“宣布开会理由”。广东省政府代表张难先致欢迎词。他说：“铁军自去年出师北伐，劳苦功高，此次奏凯回粤，我们以铁军能为民众解除痛苦、打倒强悍军阀，我们应表示热烈欢迎！”

此后的程序是主席团向铁军礼赠锦旗。主席团全体成员站在台之东面，而张发奎带领他的将领站在西面。第一面锦旗是用蓝色丝绸做得，四周绕以白绸，大书："民众干城"，上款为"国民革命军第四军第十一军全体将士纪念"，下署"广东各界欢迎第四军第十一军武装同志凯旋大会率全省民众赠"。之后，朱家骅再分别给第四军、第十一军赠旗。

礼毕。第二方面军总指挥张发奎上将发表讲话。张发奎历数北伐战争中打倒吴、孙军阀的经过，说"虽战无不胜，然死伤将士十万余"，并表示"本军是国民党的军队，为民众谋利益而奋斗，此次班师回粤，含有三大使命：第一是要肃清中国共产党，铲除叶挺、贺龙。第二是改善广东的政治。第三是要扶助农工。"随后第四军军长黄琪翔、第四军参谋长叶剑英等讲话。

下午2点半，欢迎大会结束，又举行了隆重的游行活动。参加大会的人员列队出行，从东校场出发，巡行市面一周，至西瓜圃散队，此时已经是下午4点半。[1]

国民党广东省政治分会主席李济深很识趣，立即开会决定：张发奎、黄琪翔、朱晖日当选为广东分会委员。黄琪翔担任广州卫戍司令。

在广州，黄琪翔成为了炙手可热的人物，许多亲朋故旧纷纷来托请，希望谋取一点私利。他在自己办公室门上贴出了一张《启事》，云："此次回粤，专心整理本军补充，以继续北伐，对于地方行政用人，概不干预。各亲友如有请托、荐委各机关职务者，请勿进见。"[2]

不过，如有为公事而托请者，则自当别论。此时，恰逢广东省教育厅勒令嘉应大学、学艺中学和东山中学停学封门，原因是这三所学校被人诬告。梅县东山中学校长彭精一先生，是教育界的名人，曾做过梅县县长。东山中学当时办得蒸蒸日上，有学生

1 以上细节见1927年10月15日《申报》第三版文章，题为"粤各界欢迎铁军大会"。

2 1927年10月19日《香港华字日报》。

600余人，不料遭遇飞来横祸。彭精一校长认识第四军参谋长叶剑英，因为东山中学是叶剑英的母校，就来找他求助。叶剑英知道黄琪翔一度也在东山中学读过书，也是校友，于是拉着校长一起来见黄琪翔。黄琪翔二话没说，立即给广东省教育厅长许崇清（1888—1969）批了一个条子，让许崇清厅长网开一面。许厅长不敢怠慢，于是下令东山中学复课。彭精一校长不便声张，因为另外二所学校迟迟没有复课。数十年之后，彭精一校长才讲出这段旧事，写进他的年谱里，以示不忘黄琪翔、叶剑英当年给予母校的帮助。[1]

抓兵权的人，希望有政治靠山。在攻占武汉之后，白崇禧已经“品尝到政治工作的厉害”。这不是他的慧眼独具，其他的将领也皆如此。张发奎、黄琪翔等人追随汪精卫，也是为了寻找政治靠山。自孙中山去世之后，汪精卫曾权倾一时，其资格和威望均高出蒋介石一头。

搞政治的人，则希望抓兵权。在1927年8月7日举行的中共“八七”会议上，毛泽东曾经说过一句警世恒言：“枪杆子里面出政权！”汪精卫当时也如此。宁汉合流之前，汪精卫与蒋介石斗争的结果是两败俱伤。蒋介石被迫下野，汪精卫也成为了孤家寡人，反而是桂系的李宗仁和白崇禧渔翁得利，他们假借国民党中央特委会的名义控制了中央政府。因此，汪精卫先是策动军阀唐生智反对中央特委会，可是他不久就发现唐生智别有怀抱，控制不了，于是又来笼络张发奎军事集团，意欲在广州建立自己的权力中心，另建一个中央政府，来号令天下。

早在1927年10月2日，在汪精卫授意下，张发奎、薛岳面见李济深，要求李济深通电反对新桂系李宗仁、白崇禧柄政的南京国民政府，拥护汪精卫为领袖，响应汪精卫所谓的“护党”运动。薛岳当时是李济深的部下，他激动得泪流满面，苦苦哀求，而李济深则不为所动，坚决不允。这就迫使汪精卫、张发奎他们下定

1　温带鸿等编1994年版《彭精一先生百龄荣庆汇编》，p62。

决心，要采取果断行动，赶走李济深。

张发奎、黄琪翔率部进入广州后，就开始落实汪精卫的政治图谋。广州欢迎大会之后的第二天，10月6日，张发奎召开少校以上的军官会议，讨论迎请汪精卫以及粤军联合诸事宜，并拉着李济深联名给汪精卫去电，邀请汪来广州主政。

另一方面，黄琪翔迅速与黄绍竑见面，讨论粤桂联合事宜。“黄绍竑对张发奎、黄琪翔等建设新广东迎汪回粤，促开第四次全体执监会议之主张，均赞同，连日彼此过从，互商两粤合作问题。政见已趋一致。黄(绍竑)决于日间返桂，约留两星期，便即来粤。”[1]

为了在表面上迷惑和笼络李济深，张发奎主动退居二线，将部队改称为原来的第四军，黄琪翔任军长，还任命黄琪翔为前敌总指挥，并将徐景棠、陈济棠两师归第十一军，军长未确定。[2]但是李济深对汪精卫、张发奎仍然不放心，很快将自己与叶挺、贺龙作战的部队调回广州，以防不测。

10月27日，张发奎的部队李汉魂、许志锐两师长率部从惠州石龙返回广州。[3]

10月28日，张发奎和陈公博、陈树人一起离开广州，前往香港去会晤汪精卫。第二天上午8点，汪精卫等人从香港乘坐泰山号轮船抵达广州。李济深、黄琪翔、胡春霖、李福林、朱晖日等要人均到码头迎接，随后汪精卫偕李济深乘坐铁甲车前往省府参加午宴。[4]汪精卫与李济深如此亲密的举动，其实是在演戏。他私底下已经与张发奎、黄琪翔串通好，就是要借着去上海开会之机，把李济深拉去上海，以便让张、黄在广州行动，发动事变。

10月31日，黄琪翔在“军部纪念周”会议上对第四军全体军官训话，强调第四军“护党”的使命。他们“护党”的目的，就是为了拥戴汪精卫，这是不言自明的。黄琪翔在会议上说：“我

1 1927年10月15日《申报》第四版。
2 1927年10月19日《申报》第四版。
3 1927年10月28日《申报》第四版。
4 1927年10月31日《申报》第四版。

们回广东是有革命的意义的，不是来偷安享福图快乐的。”为什么“在武汉和共产党分裂后，中国变成一天一天混乱的局面”？“根本是我们的党没有办法，所以跟着政治军事也没有办法。”“广东是革命的广东人的广东，不是主张闭关自守的反革命的人的广东，而且我们革命是以中国国民的资格来革命，不是以广东人的资格来革命。”[1]他所指的“主张闭关自守的反革命的人”就是李济深，因为拥兵自重的李济深是广东政治分会主席，他反对汪精卫在广州另立政府，这表明驱逐李济深运动已经利剑在悬。

黄琪翔回忆说：“1927年11月17日，广州发生了反李济深运动。这主要是汪精卫策动的。自从武汉国共分裂，政府垮台以后，南京政府为桂系所控制。支持它的是国民党极右势力西山会议派，他们排斥汪精卫。汪精卫走投无路，便想利用自己的‘左派’头衔，在广州另行成立政府，但这受到李济深的反对。于是汪精卫便策动张发奎利用第四军起来反李，提出既反对国民党右派又反对共产党的‘夹攻中的奋斗’的反动的骗人口号，实际上是一种毫无原则的政治投机运动。”[2]

11月3日，广州召开10万人大会，地点还是在东校场，名为“欢迎汪精卫何香凝暨庆祝肃清共逆叶贺叛军大会”。召开此次大会的目的有三：一是为迎请汪精卫返粤造声势。二是撇清他们与共产党的关系。三是为了迷惑李济深势力。

11月10日，下野后的蒋介石从日本返国，回到上海后立即给汪精卫去电报，邀请汪精卫去上海，理由是会商党事。明眼人一看，这里面就大有名堂。李宗仁说：“当‘特委会’成立之初，汪氏自（武）汉东下时，曾电蒋求一晤，为蒋所峻拒；今蒋氏自日返国，反而移樽就教。其前倨后恭、曲折奥妙的手腕，实一言难尽。”[3]李宗仁所言是揣着明白装糊涂：“特委会”成立之初，

1　原载1927年11月8日《岭东国民日报》，见台湾“国史馆”馆藏号“一般436/123.36”。

2　黄琪翔《我的自述》。

3　《李宗仁回忆录》，p406。

蒋介石才下台，正是李宗仁本人控制南京政府之际。蒋介石与汪精卫已经翻脸，那种情况之下，蒋介石还有什么必要与汪精卫会晤呢？眼下情形已经大不相同，共产党的南昌起义搅得天下大乱，蒋介石看到自己复出的机会，所以亟不可待要与汪精卫会晤。

汪精卫当然也不甘心自己的大权旁落到桂系手中，他自己还在梦想着执掌新的广州政府，于是又向蒋介石靠拢，企图联合蒋氏制约桂系。其实他们都打着各自的算盘，各怀鬼胎。11月15日，汪精卫和李济深俩人手拉手离粤，高高兴兴地赴沪去参加国民党四中全会预备会。

李济深时任国民党广东政治分会主席，他去上海之前，委任戴天仇代理自己的职务。

张发奎此际又当了一回演员。他一方面辞却了几乎所有职务，让黄琪翔大权独揽，成为主持广东军政事务的首脑。同时，张发奎还故意放出风声，让报纸透露出他将在二天之后出国的消息。《申报》称："张（发奎）十八日赴沪放洋考察军事，两年归国，先赴日，再游英德。李济深送旅费五万。"[1]

当李济深前脚刚刚离开广州，登上轮船，16日夜，身在广州的张发奎便在暗中指挥，由黄琪翔登上前台，联同李济深部之薛岳、黄镇球两师，及李福林第五军，发动了著名的"张黄事变"，并对桂系李宗仁、白崇禧掌控的南京国民政府大加抨击。汪精卫、张发奎和黄琪翔联手合演的这台戏，被李宗仁斥为"权术"！[2]

政变的主要军事人员是张发奎、黄琪翔、薛岳、黄镇球等人，他们都是广东陆军小学至武昌预备军官学校的同届、甚至同班的同学，具有某种天然的感情基础。

"张黄事变"发生之前，黄琪翔特意带领着家人去为父亲黄富霖扫墓，举办了非常隆重的祭奠仪式。他在《黄琪翔将军祭父诗文》中不仅表达了自己对父亲的感恩与怀念，也对即将发动的

1　1927年11月17日《申报》第四版。

2　《李宗仁回忆录》，p406。

事变充满信心。

《黄琪翔将军祭父诗文》

昔有王裒，三複蓼莪。儿读是书，涕泪滂沱。
推牛而祭，墓门峨峨。儿思曾子，感慨若何？
忆父在时，热望无佗。遣儿军校，致力学科。
儿自服务，几历风波。春晖莫报，岁月蹉跎。
儿今归省，母体幸和。一家长幼，纷纷列罗。
独不见父，儿恨难磨。国事靡盐，待旦枕戈。
说甚显扬，儿愧滋多。钱纸飞舞，举目山河。
肴芳酒芬，父颜感念。表阡敢绥，但候凯歌。
儿书当誓，对父吟哦！

四、张黄事变

1927年11月17日凌晨3点，第四军军长、广州卫戍司令黄琪翔将军一声令下，一支支荷枪实弹的武装军队迅速行动起来，奔赴各自事先预定的占领目标：

一支部队包围了位于吉祥路的黄绍竑公馆，几声枪响之后，这里驻扎的黄绍竑卫队一个连全部被缴械；

一支部队包围了位于东山的陈济棠公馆，解除了陈公馆卫队的武装；

一支部队包围了位于高第街桂系黄旭初部的留守处，解除这里桂军的武装；

一支部队在石井西村，迫使桂系一个团缴械；

一支部队包围了黄埔军校，略有反抗，即弹压成功。缴械军校最近购自日俄步枪3000支，驳壳枪3000支，机关枪数十挺、炮12门……驻扎在东山寺贝底的桂军第六师一部，以及驻扎在东北门外第七旅一部也统统被缴械。

与此同时，李福林的第五军补充团也开始行动。他们在珠江南岸，将士敏土厂（水泥厂）包围，解除了桂系卫队的所有武装。

至此，广州城里四处响起枪炮声，有几处出现火光，至早上六点许，枪炮声归于宁静。

第二天一早，第四军在广州街头贴出了新标语：“肃清军阀，铲除封建思想的武人！”显然，前者“军阀”是指桂系首领黄绍竑，而后者“封建思想的武人”则是指李济深。同时，街头还到处张贴出广州市公安局长朱晖日署名的布告：奉黄琪翔、李福林两军长的命令，维持本市之治安。

上午七点，何香凝、李福林、顾孟余、陈公博、陈树人、王法勤、王乐平、潘云超、甘乃光等在葵园召开紧急会议，黄琪翔亲临会场，宣布这场由第四军、第十一军和第五军联合发动的“护党”行动开始，并且已经清除了李济深、黄绍竑等军阀在广州的武装。[1]“张黄事变”至此爆发。

事变的核心内容之一，是抓捕广西新桂系首领黄绍竑。早在汪精卫偕同李济深离开广州之际，张发奎、黄琪翔二人已发报给黄绍竑，邀请他前来广州暂代李济深之职务。这当然是一个阴谋。张发奎、黄琪翔已经作了设计，一旦黄绍竑抵达广州，即行扣押，以此来迫使驻扎在西、北江的桂军缴器投降。

11 月 15 日中午，黄绍竑风尘仆仆自南宁赶到广州，当即来到李济深的葵园谒见汪精卫。这时汪精卫和李济深已经整装待发，只得匆匆谈了几句话就握手告别。黄绍竑随后去了他的位于广州东山的家里，准备第二天早上与张发奎、黄琪翔见面，商讨履新的事宜。[2]

然而，人算不如天算，当日夜 11 点，黄绍竑的老朋友、广东原财政厅长冯祝万（1879—1954）获悉事变的消息，立即跑到黄绍竑的寓所通风报信，让他赶紧脱身。在第四军包围黄绍竑公馆之前，他就连忙化装逃匿。抓捕黄绍竑的计划因此落空。

黄琪翔很快就发现黄绍竑已经漏网，立即向海员工会、铁路工会发出通知，要求协查，“凡发现或逮捕黄绍竑者，即予大奖”，赏金为 1 万大洋。李宗仁在回忆录里说，他们意欲“将黄绍竑骗来广州，加以逮捕、枪杀。”但枪杀黄绍竑不是他们的计划，因为杀戮只会带来更大的报复，他们真正的意图是驱逐桂系在广州的驻军，

---

1 以上资料见 1927 年 11 月 19 日《申报》第四版，文章“粤局发生重大变化”。

2 《李宗仁回忆录》（上），p407。

而逮捕黄绍竑的目的就是要逼迫黄绍竑下令桂系缴械。

此时，黄绍竑以及李济深的代理人戴天仇已经各自逃离了广州。黄绍竑逃到香港后没有停留，旋即奔梧州。戴天仇则躲进香港一家日本人开的旅馆，闭门不出。[1]

事变发生第二天，张发奎、黄琪翔立即高举“护党”旗帜，设立“党务整理委员会”，拥戴汪精卫，企图另立国民党中央。他们改组了国民党广东省党部和广东省政府。张发奎自任广州军事委员会主席，汪精卫派人物顾孟余（1888—1972）、陈公博分别出任广州政治分会主席和代理广东省政府主席，这就基本完成了铲除李济深的政治势力。同时，将广东新编第二师薛岳部改为第四军教导第一师。新编第三师黄镇球部及省防军韩汉英部合编为第四军教导第二师，以上部队由黄镇球任师长。原属第十一军之第二十六师许志锐部改隶属第四军。于是，第四军长黄琪翔统辖五个师。这就是捍卫“张黄事变”的主要军事力量。

黄琪翔还给远在上海的汪精卫发去电报，内容云：“主张李宗仁、白崇禧各军归党节制，并即在粤恢复中央党部，请汪回粤。”[2]

在此之前，被桂系逼迫下野的蒋介石为自己与宋美龄婚事而前往日本，拜会在日本疗养的未来岳母。11 月 10 日，蒋介石从日本回到了上海。蒋介石“闻广东黄琪翔已缴广西黄绍竑军械，曰‘从此广东多事矣！’”[3]老谋深算的蒋介石，面对“张黄事件”，他敏锐地察觉出政局的变化，已经看到了自己重出江湖的希望。

李济深则完全被蒙在鼓里，因为 11 月 17 日凌晨“张黄事变”起事时，他和汪精卫正在一艘名叫亚洲皇后号的轮船上，由广州前往上海的睡梦中，直到 18 日上午 8 时才在上海招商局码头靠岸。宋子文、陈立夫、褚民谊、郑毓秀、吴铁城等人纷纷来码头迎接汪精卫。蒋介石还专门派代表曾养甫，前往码头迎接汪精卫。

1 以上资料均来源于 1927 年 11 月 21 日天津《益世报》第三版。

2 以上资料均来源于 1927 年 11 月 21 日天津《益世报》第三版。

3 蒋介石《困勉记初稿》。台湾“国史馆”典藏号 002-060200-00002-001。

上海各路记者于当天采访李济深，问："黄琪翔、薛岳等军队，在广州与黄绍竑发生战事甚烈，且黄绍竑亦已逃逸，不知李主席事前得悉否？"

李济深答："我不知道，大致不致如此。"

记者问："张发奎抱何种态度？"

李答："张发奎兵权已卸，所部已交黄琪翔率领，张氏本人先（我）一日赴港，本拟与余等同行来沪、转道赴日。嗣后在港一时筹备未能就绪，乃延缓数日始行。"

记者又问："黄琪翔、薛岳在省城兵力几何？"

李答："不多，大部均已开往北江及韶关方面。"

记者问："假定此事属实，与第四次中央执监联席会有无影响？"

李答："如有此事，余料不过是部队之小冲突，与四次中央执监会绝无影响。"[1]

事后不久，李济深接到黄绍竑的来电，才如梦方醒，知道对手用了调虎离山之计，自己成了傻瓜。李济深随即再次向全社会表示："此次粤变而言之纯系共产党之阴谋，直接间接支配一般骄将悍卒，与失意政客，趁机作乱。"又说："张发奎、黄琪翔原为余所统第四军之一部将。张发奎为师长，黄原为团长。东江南路杨、刘诸役，以至去岁北伐，皆有战功。共党阴谋破坏吾党，极力挑拨，离间吾党军人，而收为己用。"并表示自己"除促中央各同志开会外，不日即当首途返粤，统率所部，为党国整纲纪，扫除叛逆也。"[2]李济深所说的"失意政客"，显然指的是汪精卫、陈公博之流。

上海正在举行国民党四中全会预备会。李宗仁、白崇禧立即与李济深联合起来，在会议上与汪精卫展开激烈的争斗。李济深、李宗仁、白崇禧、黄绍竑等要求国民政府立即实行武力讨伐，追究"张黄事件"之责任，然后再召开四中全会；汪精卫则表示应

1　1927年11月19日《申报》第四版。

2　1927年《生路》杂志第35期，31—34页。《李济深关于黄琪翔叛变之谈话》。

谈判和平解决。而蒋介石则以“中立调停”的姿态，声称“张黄事件”应压后处理。

上海的舆论则出现往一边倒的情形，纷纷指责“张黄事变”。预备会上，陈德征的政治报告把“张黄事变”列为最要紧处理的五件事之首。他在会议上说：“广东自从李济深、汪精卫两同志离开之后，黄琪翔、张发奎等几个武人立即叛变，结果驱逐了黄绍竑、戴季陶、朱家骅等。我们要认定这次叛变，可以说是新军阀霸占地盘、把持政权的野心所致。这次反动分子，便是第二个唐生智！”[1]

广西当时是新桂系的天下，他们立即发表《为讨伐反革命派黄琪翔告民众书》，说：“忽然得到了一种很不好的消息，你知道是什么？就是共产党余孽黄琪翔，眼见得同气兄弟唐生智、叶挺、贺龙等被本党衷实同志指挥革命军把他次第扑灭干净了。他觉得兔死狐悲，心怀愤恨是一层；他又觉得自己所作的反革命行为，是逃不过本党衷实同志的眼里，迟早总免不掉为唐生智、叶挺、贺龙的第二。所以就不得不揭出共产党的真实面目起来，就不得不阴谋杀害党国的领袖，竟于十一月十七日在粤公然变叛起来了。”并指出“张黄事变”的罪过是：“叛党祸国，谋杀革命的领袖，擅捕衷实同志，扰乱革命的策源地两广，勾结共产党，勾结唐生智、叶挺、贺龙，背叛总理，反对三民主义，捣乱北伐的后方，残害两广民众，实行赤化，破坏革命军……等等。”[2]

在各派围攻之下，身在上海的汪精卫焦头烂额，再次显露出他的懦弱性格。一方面他抛出要求蒋介石复职的提案，意图转移视线，以减轻自己的压力；一方面称病，自己躲进了医院。同时，他又不甘心自己政治图谋的失败，致电黄琪翔云：“黄代总指挥琪翔同志勋鉴：弟辞却职务，归庐山旧室，闭户读书，此儿时游

1　1927 年 11 月 22 日《申报》第四版。

2　1928 年《中国国民党广西省党部党务月报》第八期，9—13 页。

学之地。”又说“弟电解除职务，而党员责任犹在，重荷督责，讵敢出逸。”[1] 由于国民党内各派势力之政治利益难以调和，蒋介石复职为各派唯一可接受之共同点。自此，在宁汉分裂时被迫下野的蒋介石，得以借广州“张黄事变”而复出。

黄琪翔说：“1927 年 11 月 17 日，由汪精卫主持发动的反李济深运动，我在张发奎领导下是参与其事的。因为当时我们还以为汪精卫是国民党的左派，幻想在他的领导下在广州重新召集国民党的四中全会，可以整顿队伍，再行革命。实际上汪精卫早在武汉的时候，已经成为反革命，但我不认识，我还寄予他很大的希望，错误地以为在他的领导下，失败的国民党还可以新生。”“李济深是在事变发生以前，被骗偕同汪精卫前往上海的。他在上海闻知广州发生事变，大为震怒，认为我们是在犯上作乱，不能容忍。他调集广东、广西、福建各省部队，向广州进军，企图恢复他失去的地盘。此时张发奎以总指挥的地位，直接指挥第四军薛岳、缪培南、李汉魂、许志锐等师分别派往东、西江布防，而任我为广州卫戍司令，指挥第四军教导团和警察局部队，担任维持广州市治安。”[2]

上海还在争论不休，甚至有人直接指责第四军是共产党的部队，在为匪作乱，其性质是“倒戈”。

黄琪翔奋起反驳，公开声明说：“近来‘倒戈’两字，在北洋军阀中接二连三的发生不少，对于这种事实的批评，在落后的大人先生们自然是离不了拿‘乱臣贼子’和‘大逆不道’等等的罪名来加诸倒戈者之身；尤其是军阀的巨头，对于倒戈的痛恨，比痛恨“赤化”还要利害，他说：‘忘恩’，是‘负义’，是‘没人格’，是‘最可耻’！提防得也最利害，差不多谁倒戈的诛谁九族。”他旗帜鲜明地表示自己是在“为多数人谋利益”，并指出：“‘道德’到底是个什么东西？是天经地义亘万古不变的吗？这

1 1927 年 11 月 20 日天津《益世报》第三版。

2 黄琪翔《我的自述》。

要让哲学家讲去。我们不必深究他；我们站在革命的观点上说起来，只知道：一种事实的行动，是为多数人谋利益的——革命的，就是道德；反之——为着个人或少数人的利益而打算的——反革命的，就是不道德；不甘沉迷屈服于环境和良心所不许可的现状之下，毅然起来反抗的，是道德；不问时代的潮流怎样，徒然对于前人的言行作骷髅的迷恋的，是不道德。”[1]

张发奎索性一不做二不休，命令第四军的主力溯江而上，准备进攻广西，一举统一两广地区，扩大地盘，企图建立可与南京政府对抗之根据地。

10月初，共产党南昌起义部队在潮汕地区被击败后，周恩来、恽代英、叶挺潜入香港，朱德、陈毅率领残部800余人进往湘南地区。黄琪翔说：“此时（共产党）南昌起义部队，已在广东东江境内失败，有不少共产党员经过香港逃来广州。”身为广州卫戍司令的黄琪翔，保护并收容了中共广东省委常委恽代英（1895—1931）。恽代英是武汉地区“五四运动”主要领导人之一，中共中央委员，也是南昌起义的负责人之一。

第四军军部当时设在广州肇庆会馆。而身任第四军军长、广州卫戍司令黄琪翔的公馆则位于广州东郊的东山上，是一座三层楼的大洋房。“张黄事变”发生后，总指挥张发奎与夫人刘景容就住在黄琪翔公馆的三楼上，黄琪翔住在一楼。令人惊诧的是，黄琪翔把共产党领导人恽代英就藏匿在自己家中的一楼。

张发奎回忆说：“这一段时期，共产党有没有接触过我？黄琪翔左倾，他同情共产党，支持邓演达继续同共产党合作的政策。他跟共产党接触过，还经常告诉我：共产党的重要人物已经抵达广州，他们对我印象良好，想见我。那是些什么人？我问他，但他不肯告诉我，也不告诉我这些人住在哪里。”“有一天，他（黄琪翔）说共产党派人来拜访我，问我肯不肯会晤此人。我问：‘是谁？’他答‘恽代英。’我确实认识他，他是很重要的共产党员。

1 黄琪翔《倒戈：新时代的新道德——军阀脚下的军人目前唯一的生路》，原载《四军周报》1927年第7期。

黄琪翔说，南昌暴动被击溃后，恽和许多同志逃到香港，他这次是秘密来穗。我回答说可以见他，问他在哪里，黄喊‘上来’。这表示恽代英住在黄琪翔住宅的一楼，毫无疑问，没有黄琪翔的同意，恽住不进来。”[1] 其实，黄琪翔与张发奎这两位军事首领之间已经产生了矛盾，黄药眠看得真切，他说：“张发奎、黄琪翔回到广州以后，张、黄之间表面上一致，但实际上也有矛盾。张发奎比较接近汪精卫，而黄琪翔则比较接近邓演达。邓演达有脱离国民党另创新党的主张。”[2]

11 月 29 日，在李济深和新桂系李宗仁、白崇禧的力主下，国民党召开了第二十次常委会会议，决议将“张黄事变”交军事委员会“核议具复”。南京军委会的委员共七人，他们是程潜、李宗仁、何应钦、白崇禧、谭延闿、杨树庄、朱培德。这七人一致同意对张黄进行军事讨伐。[3]

12 月 1 日，拥护汪精卫的势力组织了广州十万人参加的“护党”大会，冀望以声势浩大的民众集会来对抗南京国民党特委会。张发奎、黄琪翔以及时任广东省政府主席的陈公博轮番登台演讲，提出六项主张：一，请汪精卫及中央执监回粤召开国民党第四次大会。二，请政府实行护党的训政。三，肃清共党及腐化分子。四，拥护护党的海陆军。五，打倒新桂系军阀李济深、黄绍竑。六，反对特委会屠杀南京民众。陈公博已是内定的广东省主席，之前他是代理主席。

就在这次大会上，当张发奎演讲时，现场出现了数十位共产党人，他们手持红旗，高呼“反动口号”。主办方为了展示他们与共产党划清界限，企图赢得南京的“谅解”，命令军警当场拿获 3 人。[4]

12 月 2 日，在国民党第二十一次常委会上，表决通过了讨伐

---

1 《张发奎口述自传》，p92。

2 人民出版社《人物》杂志1981年第三期，黄药眠文章《我知道黄琪翔同志的二三事》。

3 见 1927 年 12 月 4 日《申报》第二张，文《国府决定讨伐张黄之经过》。

4 1927 年 12 月 3 日《申报》，文《广州各界护党运动》。

张、黄的命令书。当天下午9时，即向社会公布讨伐令，即“中华民国国民政府令”（第八八号），曰：

据军事委员会呈称，张发奎、黄琪翔勾结共产党，径在粤叛变，并由李总指挥济深电陈，该逆蓄意谋乱，破坏大局，种种罪状，呈请惩办。前来张发奎黄琪翔奉命北伐，抗命南窜，祸赣扰粤，负罪已深。政府念属党军，曲予优容，冀其悔悟，乃复包藏祸心，竟敢回粤之后，勾结共党，扰乱后方，阻挠北伐，背叛党国，使粤省完善之区，为该逆等逋逃之薮，若不严加治罪，何以申法纪而儆效尤！张发奎黄琪翔着即褫职拿办，即由军事委员会迅速派军队分道进剿，肃清残寇，用拯人民，以副本政府除暴安良之意。[1]

在此前的混战中，唐生智得到了共产党的支持，但在与桂系作战中，唐生智腹背受敌，已经丢失安徽、湖北，元气大伤，全军龟缩于湘南，败局已定。于是新桂系立即调动军事力量，抽出下辖部队，来联手李济深之粤军，围攻张、黄的部队。桂军从广西大举东进，粤军则自潮汕地区西进，新桂系另有一部自上海海运汕头前来助攻。

“南京中央特别委员会下令讨伐张、黄，命驻东江之钱大钧、黄绍竑部及第八路军之陈济棠、徐景唐两部向广州移动。张发奎为先发制人，乃迅将广州及虎门之驻军包围缴械，调缪培南、许志锐两师驻西江；李汉魂师驻惠州，防守东江；薛岳之教导第一师驻江门，防御南路，拱卫广州之势遂形成。”[2]接火后，张、黄部队下属之第四军缪培南师、薛岳师、黄镇球师率先攻击东江地区的陈铭枢、陈济棠粤军，将二陈的部队击退。

由于战事的原因，广州的物价不稳，开始通胀。

在此前的战争中，只要军队一开打，占领方的军队必定要向

1　1927年《国民政府公报》（第十二期）。

2　《中外杂志》第40卷第2期至第4期（1986年8—10月），载缪培基的文章《张发奎与铁军之兴衰》。

当地的银行、商会借钱，筹措军饷。这种借款往往如同肉包子打狗，有去无回，结果是金融界再把借款转嫁到人民的头上，让当地人民承担战争的费用。

黄琪翔执掌广州时没有这样做，他明确告知总商会，第四军不向商家筹款。11 月 21 日，朱晖日召开各家银行的商董开会，会议决定维持纸币，由商会通令各店，一元以上的交易，概用中央纸币。[1]11 月 22 日，再次召开商业联合会，张发奎、黄琪翔亲自参加。张发奎在会上说："第二方面军不是共产军"，"兄弟返粤，切实为粤人谋幸福，建设新广东。"随后广东财政厅长邹敏初（1881—1940）向商家们报告：中行现存款 800 万，各征收机关存数百万，共千五百万。中行纸币总额 2200 万。会议决定，为了让老百姓放心，政府的税收概用纸币。还决定于 23 日由商人派代表赴中行视察，以证明政府财政充足。[2]广州中行带头照常兑换纸币。这些重要的经济举措，稳定了广州的市场和社会秩序。

"张黄事变"发生之前，中国共产党已经决定再次策划武装起义，地点就在广州。

沈沛霖

尽管张发奎在 10 月 5 日的广州欢迎大会上讲明，此次班师回粤的三大使命，第一条就是要肃清中国共产党，但黄琪翔对"分共"的态度仍然并不坚决，也未在第四军内部认真甄别谁是真正的共产党员。军长黄琪翔的主任秘书郭慕亮就是共产党员，仍然"深得黄琪翔的信任，许多工作由郭代拆代行"。[3]

周恩来在法国勤工留学时期的同学沈沛霖（1903—1992），是 1922 年

1　1927 年 11 月 23 日《申报》第四版。

2　1927 年 11 月 24 日《申报》第四版。

3　独立作家 2015 年 4 月版《沈沛霖回忆录》，p75。

在法国经周恩来、赵世炎介绍加入少共组织的老共产党党员，于1927年11月初受共产党组织的委派来到第四军，与郭慕亮接上了关系。

沈沛霖回忆说：当时“郭向我（沈沛霖）简略介绍了广州方面的情况：黄琪翔部是九月开抵广州的，所部分驻广州近郊及北江韶关、东江石龙等地。郭并说张发奎、黄琪翔等粤军将领是拥护汪精卫反对南京西山派特委会政府的，对驻广州之桂系李济深亦表不满。”[1]

正是由于郭慕亮的安排，沈沛霖当上第四军二十六师政治部中校宣传科长。沈沛霖来到广州并参加第四军，其真正目的是来搞兵运，以配合第四军教导团举事广州起义。沈沛霖说：“在以后不太长的时间里，我们先后发展了七八人加入（中共）组织，大多乃系团、连二级的政治指导员，及师政治部的工作人员。”“军事人员中，亦有一二名列入为吸收对象，嗣因事变突然，未及进一步联络。此外，我们并建立了中共秘密小组，拟定了工作计划，记得其中一条即配合广州教导团暴动。”[2]

对于共产党将要举行“广州暴动”的计划，黄琪翔等高级将领则完全不察。张发奎、黄琪翔正忙于自己的事，而他们的后院已是岌岌可危，真可谓螳螂捕蝉，黄雀在后。

汪精卫显然已察觉出广州的隐患，探知第四军军官教导团都是共产党人，还说“该团有几百个共产党员和共青团员，多数军官拥护共产党。”他多次提醒和要求黄琪翔防范共产党“闹事”。

第四军军官教导团，是叶剑英向张发奎、黄琪翔建议组建的，时在南昌起义之后。教导团的主要成员是武汉中央军校的学生，被第四军收编。时任团长叫梁秉枢（1889—1977），也是共产党人。教导团归第四军参谋长叶剑英管辖。叶剑英是在1927年初经周恩来同意、中共中央批准，加入了中国共产党。此时他的身份并

1 《沈沛霖回忆录》，p75。
2 《沈沛霖回忆录》，p75。

未暴露。

12月初，汪精卫不放心，特意派妻子陈璧君（1891—1959）亲自跑来广州，传达汪精卫关于解散军官教导团的指示。张发奎为此召开会议，决定贯彻汪精卫的指示。

在会议上，朱晖日支持汪精卫，而叶剑英则担保军官教导团没有什么问题，不必解散。黄琪翔也站在叶剑英一边，不赞成解散军官教导团。黄琪翔强调的理由是："当时唯一重要工作，就是准备(与)李济深的部队前来决一死战。"[1]黄琪翔此时位高权重，他不仅是第四军军长，广州卫戍司令，还是第二方面军的前敌总指挥，会议最终令汪精卫的指示落空。但是，汪精卫的判断没错，第四军军官教导团的确有不少共产党人，在随后爆发的广州起义，他们成为了骨干力量，而且共产党广州起义的副总指挥就是黄琪翔的参谋长叶剑英，但黄琪翔毫无察觉。

12月6日上午10时，黄琪翔带领秘书、参谋副官等人及警卫团一营，乘广三车出发，前往三水，然后转赴肇庆。肇庆是西路军指挥部的行营。黄琪翔临行前，已将第四军军部及广州事务交参谋长叶剑英"代拆代行"，全权负责。黄琪翔对其参谋长叶剑英的信任，无以复加。

可是，在此关键时刻，"张黄事变"发动者的内部发生分裂。李福林在南京政府的军事压力之下率领第五军反水，表示不再支持张发奎、黄琪翔发动的"张黄事变"。

1927年12月9日、10日，汪精卫见大事不妙，连忙给张发奎发来了四封电报。要求张发奎对第四军政治部主任廖尚果（1893—1959）等共产党人采取行动，查抄广州苏俄领事馆、驱逐苏俄领事。其中，汪精卫9日来电称："黄琪翔兄之容共，已为不可讳之事实……恳请向华兄英断，请琪翔兄暂时退休，认真肃清共党……"，以平息中央对广州政变的不满情绪。也就是说，汪精卫想让黄琪翔一个人去当替罪羊。

1　黄琪翔《我的自述》。

张发奎说："我总是听汪精卫的，我为黄琪翔撤职做了准备。他知道此事，但不能不服从我。朱晖日唾骂他，谴责他为匪作伥，说我们首先应该枪毙他。他俩好像俩兄弟吵架，我叫他们冷静下来。"[1]朱晖日原是第十一军军长，时任广州市公安局长。朱晖日早就不满意黄琪翔对共产党人的纵容态度。

朱晖日

第四军内部，不光朱晖日怨恨黄琪翔，另一猛将许志锐对黄琪翔的容共态度也十分不满。许志锐曾经当着张发奎和陈公博的面，埋怨张发奎偏向黄琪翔。陈公博说："许(志锐)先生的说话，自然是要发他久积的牢骚。他的意思我们也深知，就是在平共之后，对于军队的统帅还要设法另找一个稳健的人物。"[2]陈公博所指要更换的"军队的统帅"，就是指黄琪翔。

按照汪精卫的指示，张发奎逐走了第四军政治部主任、共产党人廖尚果以后，朱晖日已经开始行动，命令警察部队查抄广州人力车夫工会和印刷工会，并在广州小北直街的大安米店，搜出一批武器，逮捕了一些人。大安米店实际上是中共的一处武器转运站，而米店老板被捕后交代了实情，再加上军官教导团内有人告密，共产党起义的风声外泄，使得广州的社会形势变得十分紧张起来。

据谢苗诺夫的"秘密报告"称："张发奎寻找中共代表要进行谈判，但省委拒绝与他对话。"张发奎于是电令黄琪翔紧急返回广州，商量对策。

另一方面，张太雷等共产党领导人发现广州起义的秘密已经外泄，而且朱晖日等人的查抄行动也打乱了他们的步骤，于是决定提前举行起义。

---

1 《张发奎口述自传》，p107。

2 民国廿六年《民族杂志》第五卷第一期至第八期合订本。陈公博《军中琐记》，p1146。

五、广州起义

“张黄事变”，震惊全省。驻守东江陈济棠部和蒋光鼐、蔡廷锴部，准备回师广州讨伐；广西黄绍竑的部队也沿着西江东下反扑，形成了夹击广州的态势。[1]黄琪翔于是将自己的第四军主力绝大部布防在广州以外的东江和西江地区，准备迎击，广州城内的力量就显得相当薄弱，只剩下第四军军官教导团及军部警卫团，黄琪翔授权参谋长叶剑英指挥。

12 月 10 日，身在前线肇庆的黄琪翔，接到张发奎的电报，立即风尘仆仆从前线赶回广州，还未及商讨所谓时局大事时，就在当天晚上，即 12 月 11 日凌晨，共产党领导的“广州起义”就已经爆发。

黄琪翔回忆说：“12 月 11 日深夜（凌晨），我在广州市东郊东山区住宅内，忽然听见远处有枪声传来，初不注意。接着，军部的值班参谋叶简修 (1896—1936) 打电话给我，说军部附近发现枪声，似有攻击军部的模样，问我如何处置？我告诉叶简修，要他就近报告叶剑英参谋长，请示办理。我绝对没有想到会有共产党暴动的问题，也不知道自己的参谋长（叶剑英）是个共产党员。枪声越来越密（集）了，我觉得情况严重。于是我便走向楼下，

1 《民国高级将领列传》，p451。

找着同住的张发奎，告以上述情况。”[1]

于此同时，张发奎也觉察出大事不好。张发奎说：“12月11日拂晓，谢膺白打电话到黄琪翔公馆，他报告我，已经听到炮声，据他下属电告，共产党发动了暴乱。他叫我赶快跑，电话突然中断，我猜想电话局一定被占领了。”谢膺白（1890—1957）时任国民党西南政务委员会军事委员会参谋长，兼广州市党部改组委员。

据《第四军军史》说：“说来有趣，叛军（起义军）在黄琪翔公馆周围走来走去，却无人进入宅内抓人。多年以后，叶挺、叶剑英表示，当时都误以为对方已经下令捕张（发奎）；而叶剑英在去世之前的回忆录中坦言，当时最希望张发奎被流弹击中，一了百了，如果真的五花大绑押至面前，还真不知道是杀是放。”后来，张发奎于1936年12月在上海再见叶挺时，他问起了此事。“见面头一件事就是我问他（叶挺），1927年12月11日至13日广州暴动期间他为什么不抓捕我？他答：‘我的良知不允许我这么去做，如果我扣押你，我将是对你太不公平了，因为你绝不会屈服的，你会慷慨赴死。故我必须让你走开。’倘若他想扣押我和黄琪翔，这是轻而易举的。在黄琪翔家没有哨兵，我也只有一个侍从。我们有随身武器，总共就这些。当然，还有几个公安局特警守卫我的住所。”[2]

这说明，这些出身于第四军的将领们，他们不仅是老同学，而且是挚友。虽然因各自的政治立场而互相对立，开展殊死斗争，但个人之间的感情仍然极为深厚，都不情愿把对方置于死地而后快。

当有些陌生人出现在黄琪翔公馆的门外游动时，情况已经危急到不能再耽搁每一分钟的时间。张发奎此时刚收养了女儿琼花，还是个女婴——张琼花是张发奎的妹妹与华文治的女儿。张发奎赶紧让夫人刘景容抱着琼花躲到自己妹妹家里去。然后，他和黄

1 黄琪翔《我的自述》。

2 《张发奎口述自传》，p165。

琪翔俩人一起去找住在附近的陈公博。

陈公博当时也住在广州东郊的东山，于是把他从床上拖了起来。三人再一起去大沙头看望广州财政局长、市商会会长邹殿邦(1895—1993）。邹殿邦[1]是富商，也是张发奎的好朋友。他有一条电动的游艇，于是他们乘坐这艘小艇渡过珠江，到达南岸第五军军长李福林家，再和李福林一起同赴他的第五军军部。以上是张发奎的回忆内容。

但是，陈公博的回忆录，与张发奎的说法不尽相同。陈公博说：暴动发生后，“我打普通电话到黄琪翔家里，电话已不通，那时黄先生是四军的总指挥，张向华先生[2]早已把总指挥的职务交给了他，自己仅当一个军事分会的常务委员，也同时住在他家的楼上。普通电话既不通，我便打军用电话到四军军部。四军军部正驻在长堤的广西会馆（肇庆会馆），在电话回报也说消息不明……到了四点，枪声更密了，北方的枪声渐渐响到了长堤，四军军部始终没有电话来。”于是陈公博想雇船到珠江南岸，船家听到枪声不敢开船，于是陈公博掏出枪来威胁。

陈公博说：“我来到五军军部，天色大亮，不过那夜李福林先生不住在他的军部，而住在他的乡里大塘村，军部的人告诉我，他们已报告了李先生，他就起程出来，听说黄琪翔也在大塘和李先生一起……钟刚敲过七点，军部的守卫传呼说李军长到了。我步出办公厅，头一个入来的是张向华……跟着向华后面是黄琪翔，除了他们两位之外，还有财政厅长邹敏初，他们的衣服似乎没有穿好，黄先生穿的是西装，没有打着领带，邹先生穿着夹短衣，把一件长衫夹在左膀中。”[3]

1　邹殿邦是广东香山人，字敏初，家族以盐业起家，16岁接替父亲担任广信银号掌柜，20多岁成为百万富翁，长期担任广州银业公会主席、广州市总商会主席，参与过近代广州不少重大事件。邹殿邦活了99岁。1988年岭南大学建校一百周年时，他的儿子邹至庄担任岭南学院名誉院长，陪同年已94岁的邹殿邦来到岭南大学校园（今中山大学南校区）参加庆典。邹至庄先生为普林斯顿大学著名教授，在计量经济学方面创建著名的“邹氏检验”法，并提出动态经济学的谱分析方法和最优控制方法。

2　向华是张发奎的字。

3　民国廿六年《民族杂志》第五卷第一期至第八期合订本，陈公博《军中琐记》，p1293。

总之，张发奎和黄琪翔是一起离开东山黄公馆的，然后去见邹殿邦，到大塘村找到李福林，他们再一起来到了李福林第五军的军部。

张发奎判断共产党人的起义部队是“乌合之众”，不会有多少军事战斗实力，于是向李福林借调一个营的兵力归黄琪翔指挥，让他去收复广州。李福林不允，借口自己的部队只负责珠江南岸地区，其实李福林也害怕因为镇压共产党人而引火上身，同时，李福林还在大骂黄琪翔，指称黄琪翔就是共产党员。张发奎替黄琪翔辩白，说黄琪翔不是共产党员。

在这种情况下，张发奎和黄琪翔让谭礼庭帮忙发电报，把第四军驻扎在东、西江地区以及粤西南的部队调回来收复广州。谭礼庭（1876—1966）是个商人，[1] 是李福林的亲戚，主要做煤炭与船务生意。

12 日，张发奎亲自指挥第四军所部开始从东、西、南三面向起义军反扑。共产党领导的广州起义主要负责人是张太雷（1898—1927），起义军设立总指挥部和参谋部，叶挺任总指挥，叶剑英任副总指挥。叶剑英乘坐着张发奎的装甲汽车，想率众占领第四军军部，他的副官宣布第四军军长黄琪翔来了，叫哨兵不许开枪，但是被第四军参谋处长薛炼识破，下令开枪。当时第四军军部只有一个连的守卫，顽强防守，起义军最终没能占领它。

叶剑英说：“从江门赶来的薛岳部，从韶关赶来的许志锐部以及从石龙赶来的李汉魂部，很快又抢占了市内主要据点。”[2] 起义军和工农群众遭到严重损失，起义主要领导人张太雷驱车返回指挥部的途中，在黄泥巷口遭遇敌机器工会体育队的袭击，中弹身亡。12 日夜，面对陆续而来的张发奎后续部队，起义军总指挥部不得不下令撤出广州。

---

1 谭礼庭是广东新会人。青少年时协助其父辈经营航运、商业。1906 年承建广州市自来水厂和经营供水业务，获厚利。1913 年自筹资金创建广南船坞，1929 年转营煤矿。1949 年迁居香港。建国后，广东省人民政府清理富国煤矿公司财产，邀请谭礼庭回穗办理，从此在广州定居。1966 年逝世，终年 90 岁。

2 见叶剑英回忆广州起义的文章，刊登在 1958 年 7 月 30 日《人民日报》。

13 日凌晨，起义军余部一千余人撤出广州，在花县（今花都）改编为工农革命军第四师，领导人有董朗、叶庸、徐向前、袁国平等，后经从化、紫金等地进至海丰、陆丰县境，加入东江地区的革命斗争；另有部分起义人员，转移到广西右江地区，后来参加了百色起义；还有少数人员撤往粤北韶关地区，加入朱德、陈毅率领的南昌起义军余部，后来上了井冈山。

黄琪翔回忆说："张发奎和我回到了驻肇庆会馆的第四军司令部，此时薛岳同一些将领也先后来到军部。当时众议纷纷，莫衷一是，暴动部队已经退出市区，市内秩序相当混乱。我提议派人找叶剑英参谋长回来共同商议善后。忽然有人大声向着我说：'军长，你受骗了。有人看见叶参谋长在公安局指挥参加暴动的教导团作战。'我这才知道叶剑英是个共产党员，参加了暴动。跟着，薛岳的部队四出搜查共产党，并派兵往沙面苏联领事馆搜查抓人。还有些外省人，因为不懂广东话，亦无辜被认为是共产党人被捕杀害，造成了流血大惨案。"[1]

按照张发奎的说法是"灵魂交付炼狱之后，便不需要和尚超度了。"第四军重占广州后，对未及撤离的起义军、工人赤卫队和拥护革命的群众，大开杀戒，进行血腥镇压，惨遭杀害者达五千余人。在镇压起义过程中，张发奎发现起义军佩戴红巾，于是叫自己的部队佩戴白巾，并下令：凡佩戴红巾者一律格杀；而在此前，中共广东省委书记张太雷、农运领袖澎湃、工人赤卫队总指挥周文雍等，则下令：凡不戴红巾者视为白匪，同样格杀。

本来思想倾向国民党左派的薛岳，曾经还保护过共产党人，暴动爆发时，他在广州的家里躲了三天，可是等到他的部队一到，薛岳的思想来了个一百八十度的大转弯，对共产党人毫不留情，杀人不眨眼，表现得极为残酷无情。

薛岳率兵冲进东山的苏联领事馆，逮捕了驻广州的副领事哈西斯（中文名字叫何锡思）等人，并把他们游行示众，然后枪

1 黄琪翔《我的自述》。

薛 岳

毙。在燕塘龙眼洞附近，还有另外的六位俄国人被枪杀，他们每人都佩戴红巾。据苏联领事波赫瓦林斯基事后回忆，领事馆外交官乌科洛夫、伊万诺夫、马卡罗夫、波波夫等人在被杀害之前，还曾受到侮辱，“每个人的身上都被绑了一个牌子，上面写着：‘俄国共产党分子，任何人都可以随意处治他’……一路上尽向他们投掷东西，打他们，用小刀刺他们，往他们身上吐唾沫。他们就这样走了一俄里半，来到了公安局大楼前。在那里的广场上，他们的痛苦终于结束了——他们被枪杀了。”薛岳还想枪杀苏联领事馆领事夫妇和他们的两个孩子，但是被张发奎阻止了。张发奎认为如果这样做，后果会极为严重。

黄琪翔在第四军内实施“分共”，始自广州暴动之后。他没有枪杀自己部队中的任何共产党员，而是让他们自由离开部队。当共产党起义部队撤出广州之后的第二天，即12月14日上午，黄琪翔来到许志锐的第二十六师，正式宣布“分共”。第二十六师当时的驻地在高要。“接许志锐师长通知：全师部队长及政工人员于大操场集合，听候黄（琪翔）总指挥训话。陈卓凡率政治部同仁皆参加。从广州赶来的黄琪翔讲话，严斥是次教导团的行动为‘叛变，并宣布：广州共产党暴动，本师官兵应团结一致，严守纪律，不为所动；师政治部即行解散，所有军械交军械处封存，全体政工人员一律遣散；全师整装待发，开赴广州平‘叛’。”[1]当天下午，第二十六师政治部主任陈卓凡带领十几名政工干部离开了部队，他们中的绝大多数人是共产党员。

14日，广州贴出安民布告，谓“此次护党军出防各属，致令共党暴徒趁虚而入，窃据省垣，焚杀抢掠，扰害民众，疮痍满目，

1 《沈沛霖回忆录》，p078。

良用疚心，现回师靖乱，妖魅肃清，从此保卫省垣，务期周密。”下署名：张发奎、李福林、黄琪翔、陈公博4人。

广州起义后，南京国民政府宣布与苏俄断交，将其各地使领馆全部关闭，驱逐所有苏俄侨民。而斯大林则表示只承认北京北洋军政府。至此，1923年中国国民党与苏俄达成的《孙文越飞宣言》，宣告寿终正寝。

同日，南京国民政府作出决定，公开宣布解除张发奎、黄琪翔、朱晖日等一切职务，但是这道命令只是一纸空文，广州并未执行。浙江省党部、上海特别市党部、南京党部等纷纷发表通电，要求“驱汪讨共”。李济深的势力在南京组织了一个“救粤后援会”，更是气势汹汹，于15日发表强硬通电，呼吁“请缉捕事变主谋之汪精卫及其他粤委，就地正法！”[1]

17日，广州军政府的后台老板汪精卫发现大势已去，考虑到自身的利益，不想为广州暴动承担任何责任，于是宣布辞职，并且通电谴责第四军张发奎、黄琪翔等人，然后他去了法国躲避。张发奎当然很失望，斥之为“这就是政客们的权术！”[2]李济深通过陈可钰趁机与张发奎谈判，条件是张发奎、黄琪翔辞职，把广东的地盘交还给他，这样就可以既往不咎，不再与第四军作战。

无计可施的张发奎，与他下属的将领们商量后，只能满足了李济深的条件，公开承认“本人现深悔逐李济深黄绍竑事之孟浪，愿恢复粤垣后，即下野以谢国人。”[3]

京城南京的人们都在指责汪精卫、张发奎、黄琪翔、陈公博等人，把他们视为共党同伙。陈公博感觉到很委屈，说：“京中不少的同乡、京官不只以为我们是召乱，而且是肇乱，差不多以为我就是共产党，带领共党暴动的也是我。那罪声致讨的声势，真是咄咄逼人。他们已忘记共产党，而专心致志的要向我惩罚。”[4]

1 1927年12月23日天津《益世报》第三版。

2 《张发奎口述自传》，p111。

3 1927年12月14日天津《益世报》第三版。

4 民国廿六年《民族杂志》第五卷第一期至第八期合订本，陈公博《军中琐记》，p1147。

陈公博言过其实。京官确实有人在大骂第四军是共党同伙，不过矛头的焦点直指汪精卫、张发奎和黄琪翔。陈公博在“张黄事变”中的作用和影响，比黄琪翔还要差了许多，不过是汪精卫的走卒而已。

汪精卫对外宣布辞职后，名义上去国“考察”，实际上是金蝉脱壳去躲避风头，让张、黄两人承担责任。黄琪翔闻讯后，给汪精卫发去一封电报[1]：

> 汪主席钧鉴：
>
> 琪翔奉命回粤，席次韶关。阅知钧座于政府移宁之后，忽引咎高蹈，远道传来资惑。党国艰难，于今为甚。钧座秉总理遗训，为党国柱石，历年奋斗，功德无庸赘述。至容共经过，凡属党员均应同负其责。钧座必断独自引咎，安得谓平？目今国内军阀尚未肃清，而帝国主义者仍不断施其压迫，钧座为革命领袖，实未至遮高时也！琪翔候命岭南，谨率全军将士竭诚拥护。谨电奉闻，诸维亮察。职黄琪翔呈哿。

黄琪翔的这封电报，看似在捧汪精卫，实则在挖苦嘲笑他。其实黄琪翔自己也明白，事已至此，下野流亡，已是他们唯一的选择。

根据当时的报纸报道，黄琪翔早在12月17日就通电下野，同时宣布引咎辞去总指挥、第四军军长、卫戍司令等各职。第四军军长之职由缪培南担任，薛岳为副军长。18日，黄琪翔来到香港，候船出洋。他是第一个为“张黄事变”和“广州起义”承担责任的高级将领。

可是，就在黄琪翔由广州前往香港的渡轮上，发生了惊险的一幕。

此时，李济深与香港殖民政府关系密切，双方达成约定，一

1　台湾“国史馆”《汪兆铭史料》，典藏号118-010100-00004-016。本文无标点，系作者所加。

丘哲

旦发现黄琪翔进入香港就予逮捕，然后寻机移交广州市政府。这一消息被黄琪翔的同乡挚友丘哲[1]获悉，于是丘哲借用了富商的一艘快艇，登上已在海面上的渡轮，将黄琪翔接了下来。

黄琪翔当时只穿了一件衬衣，匆匆登上快艇，没有来得及告知同在船上的家人。[2]抵达香港后，黄琪翔被直接送往一家日本人开设的旅馆躲藏起来。香港政府派人搜查了渡轮，结果自然是一无所获。

五天之后，即12月22日，张发奎也通电宣布辞去广州政治分会临时军委会主席的职务。陈公博也于同日辞去广东省政府主席职务。

可是，李济深没有履行他对张发奎许下的诺言。他调集陈铭枢第十一军陈济棠、徐景唐两师，及第七军黄旭初、伍廷飏、吕焕炎三个师，1928年1月14日至19日，在粤东北的五华地区与第四军展开决战，第四军的勇将、二十六师师长许志锐（1894—1928）阵亡，黄镇球（1898—1979）身负重伤，官兵战死逾半数。手足相残，莫过于此。双方激战数日，第四军军心不稳，又无后援。李福林又见风使舵，率部和广东海军一起倒戈，第四军无力再战，缪培南只得率部退往粤北，后至赣南，终被蒋介石收编。

白崇禧说："因舆论攻击，以事变之过归张（发奎）、黄（琪翔），（第四军在广州）站不住复退出广州，其实以退为进，到了东江先消灭陈济棠在东江的队伍，并即回师追击。此时徐景唐及黄绍竑援军赶到接战，遂发生'潭下之役'，钢铁两军相遇，

1 丘哲（1885—1959），原名竞荣，字映芙；1906年加入中国同盟会，曾参加黄岗起义、黄花岗之役和辛亥革命；1949年出席中国人民政治协商会议第一届全体会议；建国后，历任广东省农林厅厅长、民盟中央常委兼南方总支部副主任委员、农工党中央委员、中南军政委员会委员、广州市副市长、广东省副省长。

2 事见《黄琪翔传》p45。

打得十分激烈。此役张的师长许志锐战死，黄镇球足部受伤，而十五军团死者不少。”“经过这一仗，他们（第四军）才退往赣南，旋受中央收编。”[1] 可见，即使张发奎和黄琪翔离开了他们的部队，第四军依旧在与李济深、黄绍竑的粤桂联军作困兽之斗。由此说明驱李（济深）捉黄（绍竑）的本身，是关系第四军自身的集团利益，而非个人恩怨，只是在穷途末路之际，第四军不得已投奔了蒋介石，为中央军所收编。

许志锐

中国共产党领导的“南昌暴动”和“广州暴动”，分化的对象就是张发奎统率的第二方面军，反过来说，镇压共产党人的“广州暴动”，也主要是来自张发奎的部队，而在国民党举行的“清党”以及“分党”运动的大背景下，国民党右派有意混淆了阵线，甚至把他们指责为共产党人，原因就是他们曾经是著名的国民党左派人物。

白崇禧对蒋介石总司令说：“张、黄甘心背叛，曾经国府申令讨伐在前，粤桂将领主张通缉在后，整饬纪纲，实不可忽略。至其部属共党甚多，吾辈在宁清党时期，张部曾经顺流东下，因七军调回芜湖，故尔中止。当时反动情形，想公必能忆及。”随后，白崇禧又骂汪精卫等，说：“至于附逆委员，丧心病狂，甘做共党工具，认张、黄之叛变为护党，颠倒是非，湮没正义。沪宁方面，无人敢指其非诚，可为世道人心痛哭！”[2]

1927年的年底，李济深重新把持广东省的军政大权。当李济深赶走了张发奎和黄琪翔之后，他回到广州，在泰康路勒刻石碑：“在汪精卫与共产党员陈公博、张发奎、黄琪翔领导下发生了广

1 中国大百科全书出版社2009年3月版《白崇禧口述自传》（下），p398。
2 台湾“国史馆”《蒋中正总统文物》，典藏号002-080200-00620-027。

州暴动。”，以此来羞辱他们。

李济深等还以国民党政治会议广州分会的名义，向蒋介石告发：“张、黄据粤时，曾以本会的名义向中央银行提取毫洋二十四万元,声称作总部军费。究竟该款有无收到？请查明赐复。”[1]

1928 年 2 月 6 日下午，李济深和黄绍竑主持的广东政治分会作出决议：查抄张发奎、黄琪翔私产充公，以作中行基金。

黄琪翔说：“我逃到香港以后，同乡丘哲把我送到一家日本旅馆藏了起来。那时香港政府与李济深有友好关系，立意把我抓起来，送交广州政府。由于香港政府没有发觉我的行踪，因此得免于难。我觉得香港终究不是久居之地，急着另找安全的避难所，于是通过丘哲的介绍，和在日本神户做生意的同乡潘植我取得连（联）系，他对我表示欢迎。1928 年春天，我离开香港到日本神户，住潘植我家。”[2]

随后，张发奎也来到了日本神户，住进潘植我家。潘植我与张发奎也是老朋友。张发奎此次来日本之前，曾经去上海与蒋介石会晤。为防不测，蒋介石还派了戴笠和杜月笙去保护他。蒋介石建议张发奎出国走走，但不要走得太远，如果国内出了事，蒋介石要他回来工作。蒋介石知道张发奎是新桂系李宗仁和白崇禧的老对手，而李济深又是新桂系的盟友，所以想借用张发奎的名望来制约新桂系。

黄琪翔与张发奎在日本大约住了半年，受到了潘植我热情接待。在日本，张发奎的化名叫“邹醒春”。

有一天下午，潘植我带着黄琪翔、张发奎以及一位台湾的朋友前往艺妓馆游玩。那位台湾朋友能说一口流利的英语，却叮咛

1 台湾“国史馆”《蒋中正总统文物》，典藏号 002-080200-00033-097。

2 潘植我（1885-1953），广东梅县人。清光绪卅三年，应宗亲侨贤潘祥初之招，赴日本学习纺织漂染工艺，后转入东京机织学校学习。因得其宗亲潘君勉等人支持，集资在神户开设得人和商号，一度与三井、三菱财团齐名，号称旅日华商第一家、梅县首府，享誉三、四十年。潘植我是一位爱国侨领，他切盼祖国强大昌盛，竭诚支持孙中山先生领导的反满革命，曾将三年薪金之积蓄全部捐献充作革命经费。1940 年逃亡印尼。太平洋战争爆发后险遭日军杀害。1945 年日本投降，幸亏张发奎通知盟军将潘植我从海南岛集中营救出，即回香港疗养。1953 年在香港病逝，张发奎等亲往吊唁。那时黄琪翔已经在北京。

不要让日本人知道他是台湾人。为什么？因为台湾当时与朝鲜一样，是日本的奴隶国，日本人不允许他们进入这些场所。黄琪翔和张发奎都很吃惊，一方面觉得日本人的狂妄自大，一方面感受到亡国奴的悲哀。

这时，中日之间的关系越发紧张，时常发生摩擦。黄琪翔说："此时，在国内，蒋介石又重新上了台，国民党军继续北伐，在济南和日本人发生了冲突，即当年所谓'蔡公时事件'。蔡公时是国民党派在济南的交涉员，给日本人杀害了。这就造成了中日两国关系的紧张局势。住在日本的中国人，随时有被侮辱和杀害的可能。日本再不能呆下去了，于是我决心转往欧洲。"[1]

1928年6月间，黄琪翔、张发奎回到上海。至此分手，从此各奔前程。

回国不久的张发奎，又带着妻子刘景容再度出国，前往的目的地依旧是日本，与他们同行的还有冯次淇和谢膺白夫妇。那时，冯次淇和谢膺白都已经失业。冯次淇(1889—1954)曾是许崇智的旧部，此前任广东政治分会的中将参谋长。谢膺白(1890—1957)是在叶剑英之后，成为第四军的参谋长，再后来成为第二十五师师长。谢膺白是日本留学生，娶了个日本妻子，所以谢膺白在此行中担任他们的日语翻译。

自从张发奎与黄琪翔离开他们的部队以后，身为军长的缪培南带领第四军参加了国民党的第三次北伐战争。1928年2月2日，中国国民党在南京召开二届四中全会，会议决定继续北伐。蒋介石任命李济深为国民革命军总参谋长，蒋兼任第一集团军总司令，冯玉祥为第二集团军总司令，阎锡山为第三集团军总司令，李宗仁为第四集团军总司令，总兵力约70万人。此次北伐的对手是占据北京、以张作霖为总司令的北洋军阀"安国军"。8月北伐取得了胜利，北京遂改名为北平。

1928年12月，奉系首领张学良少帅在东北宣布易帜，接受

1 黄琪翔《我的自述》。

缪培南

国民政府的领导。此时，新疆等地也已接受国民政府的领导，国民党在形式上取得了全国统一。同年9月，张发奎、黄琪翔用鲜血和汗水浇灌的“铁军”第四军，已经被缩编成第四师，由原来下辖五个师，一下子缩减为一个师，缪培南继续当师长，下辖三个旅和三个团。副师长薛岳怒而辞职，这个空缺的职位就由朱晖日继任。

1929年1月19日，第四师团以上军官集体写信给国民政府主席蒋介石，主动请求解散自己的部队——外人还以为这是第四师内部出现了状况，在自我糟蹋。其实不是，而是第四师军官们使用的激将法。因为蒋介石嫡系第一军在第二次北伐战争中并没有做出突出的贡献，却不断得到扩编和充实，而为北伐战争做出巨大贡献的第四军却被严重削弱，由1927年统辖三个军的方面军，一下子缩减成一个师的编制，前后才只有一年多的时间。他们认为蒋主席一碗水没有端平，实在不公平。

遗憾的是，蒋介石根本不想倾听军官们的抗议，而是变本加厉，继续把第四师削减为三个旅、一个教导团以及一个师直属营。师长缪培南愤而辞职，朱晖日继任师长。这件事使军官们进一步认识到蒋介石的自私自利之心，因此不服他的领导，这也是蒋介石执政时期一次又一次遭遇反抗的原因。而那个在北伐战争中功勋卓著、风光无限的“铁军”第四军，自此不断被削弱，以致萎靡不振。

不过，黄琪翔此时已经离开了他的祖国。1928年6月，黄琪翔从日本回国后，先是在上海住了一个月左右的时间，然后于7月坐轮船前往德国柏林，进入柏林大学进修德语。

为了报复黄琪翔，李济深以反腐败为理由，令广东政治分会查抄了黄琪翔的广州公馆，还下令严查黄琪翔老家的“在籍产业”，准备予以收缴。

时任梅县县长伍子车奉命去调查，将调查结果于1928年7月12日呈报广东省民政厅厅长刘栽甫。县长伍子车调查的结果是黄家“所遗旧屋二间，尝田五担，折合一亩余”，还不能确定“是否系黄琪翔个人所有”。厅长刘栽甫见黄琪翔家的确没有什么油水，只能在这份呈批件上批复“应即再行切实查明，具复”。[1]这件事以后也就不了了之了。

1 1928年广东民政厅《公报》创刊号。

第五章　追随邓演达和福建事变

一、孙中山的奉安大典

黄琪翔决定去欧洲德国，而不是去法国或者英国，这是有原因的。因为他在国内接受7年军校教育，一直学的是德语，他相信自己的德语水平能够适应德国的生活和学习。

黄琪翔是职业军人，处处以军人标准要求自己，观察社会，思考问题。在经历了这些年的血腥战争，尤其是北伐战争，以及随后发生的“南昌起义”、“广州起义”和所谓的“张黄事变”之后，他开始对政治这一关乎世界观的课题，抱以浓厚兴趣。

黄琪翔不能不注意到：人际关系常常受到政治影响。比如叶挺，他们从小一起在军校长大，本是手足兄弟，可是一旦分化为不同的政治阵营，立即刀枪相见，水火不容。而所谓人民的权利、社会的幸福和国家的未来，在政客们的手中，犹如一个万花筒，颠来倒去，迷惑人心。他意识到，军人本是政治的附庸，既是政客玩偶，又是杀人机器。而面对如此错综复杂的环境，自己应该怎样保持清醒的头脑？怎样走未来的道路？必须要冷静地思考，必须要重新学习，去寻找打开新世界的钥匙。

宋庆龄

来到德国以后，黄琪翔在柏林大学进修学习。他邂逅了邓演达和宋庆龄，折服于他们的政治见解和主张，随之而来的是，黄琪翔的人生发生了很大变轨。

在1927年6月底7月初的北伐战争期间，邓演达就已经秘密离开武汉，过潼关与回国的苏联顾问结伴同行，于8月15日抵达莫斯科。过了一段日子后，他动身前往德国柏林。这时，除了宋庆龄、邓演达之外，朱德、叶挺、陈友仁(1875—1944)等也相继来到了德国。他们在德国的交往很频繁。宋庆龄在给杨杏佛的信中说：共产党人“叶挺和他全家(还包括一个保姆)也在这里”。“在此越冬”[1]。不久，宋庆龄、叶挺等又分别回到了莫斯科。

黄琪翔回忆说：“在柏林，我遇见了宋庆龄、邓演达和叶挺等人，他们都是大革命失败后，先后经莫斯科转往德国的。宋庆龄和邓演达在大革命失败前都是国民党左派，是国共分裂前离开武汉，前往莫斯科的。我发觉她们这时政治上各有不同态度，但都对莫斯科表示冷淡。邓演达此时埋头读书，钻研理论，但由于当时的德国是社会民主党的统治，邓的思想多少受到影响。邓演达不忘国内政治，但他离不开国民党的局限。邓计划成立新党，我思想上是赞成的，因为直到那个时候，我对共产党和国民党究竟是谁是谁非，始终分不清楚，邓演达是大革命时期国民党和共产党合作的象征，因此他的所言所行，我都寄予希望和支持。我实际上成了他的追随者。”[2]

黄琪翔在柏林邂逅宋庆龄的时候，正是宋庆龄的思想和感情受到共产国际伤害的时刻。1928年12月，“国际反帝大同盟”在柏林召开会议。宋庆龄本是这个同盟的发起人之一，也是名誉主席之一，而且她还身在柏林，可是这次会议却没有通知她参加。中共驻共产国际的代表黄平在这个会议上，当着邓演达的面，指责说：“国民党左派是比右派更危险的敌人，因为他们还能欺骗

1 宋庆龄陵园管理处编《啼痕——杨杏佛遗迹录》，p223。宋庆龄1931年5月1日致杨杏佛的信。

2 黄琪翔《我的自述》。

群众”。[1]这令国民党左派的代表人物宋庆龄、邓演达愤怒无比。这次会议之后，宋庆龄到柏林康特大街中国饭店吃饭时，遇见了黄平等人。双方形同陌路人，互相不打招呼。

也就是在这一时期，黄琪翔受到邓演达思想的影响，成为邓演达缔造中国国民党临时行动委员会的主要助手之一。

黄琪翔和邓演达本是校友，彼此非常熟悉。邓演达比黄琪翔大三岁。黄琪翔在陆军小学时就耳闻邓演达是一位优秀的青年，学习非常刻苦。广东陆军小学停办后，黄琪翔和邓演达一起被转送到武昌陆军第二预备学校继续学习，然后在 1919 年同时毕业于保定军校。之后，黄琪翔去了北洋边防军第一师炮兵团任中尉排长，而邓演达则回到广东参加粤军。1920 年后，邓演达历任粤军第一师参谋兼独立营营长、第三团团长。曾两次率兵讨伐叛军陈炯明，深得孙中山的信任和嘉许。在大元帅府建立后，孙中山调邓演达任拱卫之职，赠对联曰：“养成乐死之志气；革去贪生之性根”，并说“干革命，有两达，革命有希望。”[2]孙中山所说的“两达”，一是指民主革命的骁将张民达（1885—1925），二则是指邓演达。

黄琪翔于 1922 年才回到广东参加粤军，虽然与邓演达时常见面，但在戎马倥偬的岁月里，他们无法静下心来倾听彼此心声。直到 1928 年 8 月至 1929 年 5 月这近一年时间里，他们重逢在德国柏林，终于可以坐下来促膝谈心。黄琪翔认真倾听邓演达的政治主张之后，十分钦佩他的爱国忧民思想，于是成为了邓演达的追随者。

邓演达

邓演达有着远大的政治抱负。早

1　人民出版社 1981 年版，黄平《回忆往事》，p67。

2　丘挺《邓演达年谱》海南人民出版社 1988 年版，p8。

在北伐战争时期，他阅读了布哈林的唯物辩证法的德文译本；在莫斯科阅读了恩格斯的《德国农民革命问题》；在柏林，又研读了马克思的大量著作。[1]1928 年 6 月，邓演达致丘哲的信中说：唯物论应该区分成历史唯物论和机械唯物论两种，在政治上（也就是在社会问题上）如果坚持机械唯物论，就会陷入反动的唯心论，并提出推进历史前进的只有一元，生产技术的发展！但是在历史的行程中，生产力发展可以推动进步的意识，即觉悟的意识——这表明，邓演达此时已经掌握了生产力是推动社会发展的决定力量、社会存在决定社会意识等历史唯物主义的基本观点。在这种思想的影响下，邓演达与宋庆龄、陈友仁等开始酝酿成立新党。

邓演达在柏林还成立了一个读书学会。这个学会的名称叫“断金学会”。“断金学会”最早在 1918 年就已成立，邓演达时为保定军校学生。最早参加者是邓演达、严重（1892–1944）和陈式恒（1891–1923）三人，都是保定军校的在校生，寓意为“三人同心可以断金”。在德国时期，黄琪翔、叶挺、万灿、詹显哲等人，都在这个学会里共同学习与研究，讨论世界大势和中国革命诸问题。邓演达是主讲人，也是这个学会的负责人。

为了考察不同国家的社会制度，邓演达在此间到访过法国、英国等老牌资本主义国家，也去过瑞士、意大利、南斯拉夫、保加利亚等国的多个城市和乡村，而且几乎走遍了德国。黄琪翔在柏林大学学习期间，曾利用假期陪同邓演达到过某些地方去旅行，[2]进行社会考察，然后俩人同中国社会作比较，常常畅谈到深夜。

邓演达是位激情澎湃的革命家，主张社会的激进改造。他对中国问题的认识，可谓高屋建瓴，鞭辟入里。他说：“中国现时的社会，在形式上因为有异于古代的封建制度，但就其内容的性质而论，的确还离不了封建势力的支配。因此整个的中国社会，

1 参见华文出版社 2001 年 5 月版《邓演达研究新论》，p236。周蕴蓉《邓演达社会主义思想的形成》。

2 王大鲁、刘青云著《黄琪翔传》，p59。

还滞留在封建势力支配的阶段，还是前资本主义的时代。同时又因为帝国主义势力支配着中国的原故，使中国社会益呈复杂的状况。”因此，他认为中国革命是以农工为中心的平民革命。应在历史的体系上继承孙中山先生革命未竟事业，打倒一切孙中山先生主义的叛徒们，恢复中断的中国革命，具体地说“是要平民群众运用自己的力量取得政权，彻底的肃清帝国主义的在华势力，取消一切不平等条约，根本的推翻封建的军阀官僚政治，使中国民族完全解放，以国家资本主义的建设，过度到社会主义的实现。”所以，对中国革命的核心问题，他在经济上主张肃清中古时代的残余，对小农经济生产加以改造，同时对帝国主义侵入后的买办高利贷经济，应加以清除，而以集体的力量，构成“计划经济”或“国家经济”，向着社会主义的道路推进。在政治上，他主张铲除官僚政治及军事独裁，彻底清除士大夫地主豪绅专政的传统政治形态，而由人民直接掌握政权。

邓演达的社会理想大略是：在社会上主张扫除“名分”、“偶像崇拜”，特别是在文化上，要扫除士大夫阶级的“寄生文化”，而代之以人人所应有的“生产文化”，创造“劳动文化”。为达到上述的目的，要认定一切争斗的总和是政治斗争，标榜以建立“农工为中心的平民政权”为斗争目标。对于农民问题的解决，“则在原则上主张土地国有，而用‘耕者有其田’过度的办法。”[1]

邓演达的新思想令黄琪翔茅塞顿开，感到新鲜而刺激，为之折服。他犹如黑夜里寻找到一盏明灯，于是完全接受了邓演达的思想，积极投身到反帝反封建的革命行动之中。不光黄琪翔如此，连孙中山夫人宋庆龄也为之感染。宋庆龄说：“看他（邓演达）的信，像看小说一样，常希望这个小说是永远看不完的。”[2]

黄琪翔踊跃参加了这个组织，而且成为邓演达最重要的助手，并且自觉地投身于国内的政治运动。张发奎也说过，黄琪翔是在

1 中华论坛社1945年11月版《邓演达先生行述》，p10。

2 中华论坛社1945年11月版《邓演达先生行述》，p15。

邓演达（右二）与宋庆龄等在苏联高加索地区。

柏林时期，加入了邓演达的“第三党”。那时，黄琪翔才31岁，邓演达也只有34岁。他们都很年轻，对未来报以强烈的渴望，大有天下大任舍我其谁的豪迈感慨。

1929年5月，宋庆龄时在莫斯科，她给黄琪翔发来电报，说自己即将要来柏林，届时请黄琪翔去柏林火车站迎接。

黄琪翔回忆说：“大约是1929年9月间，宋庆龄忽然由莫斯科给我来了一封电报，说要到柏林来有事商量，要我到车站去接她。我接到她之后，她对我说，国民党蒋介石在南京建成了中山陵，决定把孙中山的灵柩由北京的西山移葬南京，要她回去主持，并征求我的意见，是否可以陪她回国。我说，在武汉政府的时期，我在第四军，反对过蒋介石，回去恐怕对我不利。她说，她愿以全力担保，不致有任何意外或危险。于是我答应下来，陪她回国。我们是由柏林搭火车经过莫斯科回到北京的。在莫斯科的时候，受到了苏联政府的招待。在沈阳的时候，也受到了张学良的招待。同时宋庆龄的兄弟宋子良（1899—1983）和宋子安（1906 – 1969）也到沈阳来迎接。我们到了北京（北平），护送孙中山灵柩回到南京。”[1]

需要指出的是，黄琪翔在上述回忆文章中把时间记错了。

1 黄琪翔《我的自述》。

1929年他陪同宋庆龄由柏林回国的时间应该是5月，而非9月。而且，黄琪翔是作为宋庆龄的随员返国，这个主意就是邓演达提出的。

有文章说："邓（演达）考虑到须对中国现状多加了解，与宋庆龄商议后，派黄琪翔以秘书的身份随宋回国。"[1] 所言"秘书的身份"也非确切。黄琪翔当时不是宋庆龄的秘书，而是随员，因为宋庆龄的秘书另有其人。

宋庆龄来到德国后，住在柏林里城堡大街7号，邓演达经常来看望她，并派在莫斯科中山大学东方研究所担任译员的章克，照料宋庆龄的日常生活和对外联系。

此时中山陵已经建成，国民政府将举办孙中山先生的奉安典礼，于是邀请孙中山夫人宋庆龄回国。

孙中山的墓地，是他本人亲自选定的。1912年3月31日，孙中山辞退了临时大总统职务，4月1日一早，便约了胡汉民等人骑马去南京紫金山打猎。他在攀登到紫金山南坡时，向远处眺望，顿觉心旷神怡，于是就看中了这块风水宝地。孙中山高兴地对同行者说："候他日逝世，当向国民乞求一块土，以安置躯壳耳！"传说孙中山任临时大总统时，灵谷寺主持长老也曾向孙中山推荐过这块葬地。

黄琪翔便以随员的身份陪同宋庆龄回国。他们于1929年5月6日离开柏林，取道苏联莫斯科、西伯利亚回国。

5月16日，宋庆龄和黄琪翔等人抵达东北重镇哈尔滨。这是一个很轰动的事件。大批要人均赶到站台迎接，其中包括苏联和日本的总领事。宋庆龄一下车，就派黄琪翔发表声明："所有中央委员一职，拟即辞去，夫人此次回国，纯为总理奉安典礼，不谈政治。"

5月17日下午2时30分，宋庆龄抵达天津车站。孙中山之子孙科和儿媳陈淑英夫妇、林森、郑洪年、吴铁城、傅作义等往

1 樊振《邓演达年谱合集》中国言实出版社2010年6月版，p215。

车站迎接。据当地的报纸报道：孙夫人抵达天津车站时，众多记者包围了她的车厢。黄琪翔出面劝慰记者，不要打扰孙夫人。报道说："宋谓未亡人出亡国外，不便（接受记者）招待，托黄琪翔一一告乏，遂赴香山。"

5月18日下午6时抵达北平。7时20分，他们一行来到香山碧云寺。宋庆龄"因长途旅程疲惫和心情悲痛，到碧云寺时，已不能移步，下车后由陈淑英（孙科夫人）等搀扶而行登上金刚宝座塔。到灵前敬献花圈行三鞠躬礼，然后手指灵梓，要看孙先生的遗容。卫士揭开覆盖在棺梓上的国旗，扶她登石台入塔内，她呼喊着：'总理，我在此地，你往那里去了！'"宋庆龄难掩内心悲伤，扶棺大号，泪如雨下。

5月19日，时任北平行营主任的何成浚(1882—1961)致蒋介石电："此次由欧偕孙夫人到平者，尚有黄同志琪翔及秘书二人。

1929年5月26日，黄琪翔陪同宋庆龄等亲属护送孙中山先生灵柩前往江边威胜舰，孙科(前左一)、陈淑英(前左二)、黄琪翔(前左三)、宋庆龄(前左四)。

谒灵时，职已同往行馆，一切由行营照料，诸凡顺遂。”[1]

5 月 22 日上午 7 时，举行孙中山遗体改殓仪式。宋庆龄偕随员黄琪翔等步入灵堂。孙中山之子孙科、陈淑英夫妇、女婿戴恩赛，以及林森、吴铁城等替孙中山更换殓衣。孙中山的遗体本是殓在楠木棺梓内，这次奉移到从美国定购的铜棺中。据参加改殓仪式的人说：先生“面目如生前静睡一般。”

5 月 23 日上午 6 时至 5 月 25 日下午 5 时，供社会各界 3 天公祭。

5 月 26 日，孙中山先生的灵柩自北平碧云寺起灵时，举行了起灵仪式。胡汉民站在第一位，接着是孙中山夫人宋庆龄，而黄琪翔就站在宋庆龄的右侧，位列第三。

5 月 28 日上午，孙中山先生的灵柩由专列启运南下，抵达南京后，停灵于国民党中央党部礼堂。从 5 月 28 日起由国民党中央委员、各特任官轮流在中央党部守灵，3 人为一班，每班 4 小时，共 22 班。第一班由蒋介石、谭延闿、胡汉民守灵。

5 月 29 日至 31 日为公祭日。三天公祭结束后，5 月 31 日下午 6 时，举行封棺典礼，由蒋介石主持，席楚霖任宣赞。

6 月 1 日是奉安日，孙中山的灵柩下葬。奉安委员会通令：首都南京下半旗 7 天，各地下半旗 3 天。市民停止宴会 7 天。

孙中山奉安大典结束后不久，在宋庆龄的安排下，黄琪翔在南京见到了蒋介石。这是黄琪翔在北伐战争之后第一次再见蒋介石。蒋介石对于黄琪翔将军的印象当然是深刻的。

黄琪翔回忆说：“由于宋庆龄的介绍，我第一次和蒋介石见了面，没谈什么，寒暄而已。”[2]

孙中山奉安大典结束以后的第二天，黄琪翔陪同宋庆龄回到上海。时在 1929 年 6 月 2 日。由此可见，正是得到宋庆龄的襄助，黄琪翔得以陪同宋庆龄参加总理奉安大典的名义顺利返国，摆脱了因“张黄事变”而导致国民党及其粤军对他本人的围剿。

1　台湾“国史馆”《蒋中正总统文物》，典藏号 002-090106-00007-268。

2　黄琪翔《我的自述》。

早在1927年的夏天，大革命失败后，宋庆龄和鲍罗廷等来到苏联。行前，她发表了《赴莫斯科声明》，痛斥蒋介石等是“孙中山遗训的叛徒”，是“投降帝国主义的逃兵”，宣布自己辞去国民党中央执委的职务。宋庆龄回国后，大权在握的蒋介石仍然希望她站在自己的一方，派妻子宋美龄来游说，对宋庆龄展开了威逼和利诱。

在这种形势下，宋庆龄曾向黄琪翔表示，她自己不希望会见任何人，不管是蒋介石派来的人，还是邓演达的同志。黄琪翔随即将宋庆龄的态度转告身在国外的邓演达。为此，1929年6月23日，邓演达致函季方，替宋庆龄解释说：“接奇兄（黄琪翔）的来信，知道最近他及她的经过，你还未曾和他见过面？她的立场目前是很困难的，我想你目前不必和她见面，因为一方面她不愿意谈话，他方面她也不愿意和外人见面。”[1]

1 梅日新、邓演超主编：《邓演达文集新编》，p476。

二、中国国民党临时行动委员会诞生

黄琪翔说："1929年（6月）我回到上海以后，没有什么活动，闲居度日而已。"[1]

1929年10月11日，邓演达离开巴黎，去了他心目中的"资本主义领袖的祖国"——英国考察。他本打算再回巴黎，与宋庆龄见面。邓演达在1929年10月24日给季方的信中说："庆姊（宋庆龄）等重来，谅日间可以在巴黎相见。我们只希望她能原则上的积极，并不强求她怎样具体地去出力工作。她是中国革命的表征，我们应当尊重她。"[2]

在英国，邓演达起草了一份十分重要的文件《我们对现在中国时局的宣言》。他在《宣言》中明确指出："我们目前的口号，不是反蒋讨蒋，而是整个的推翻军阀官僚地主号声的统治，不但是要反对南京而且要反对一切其他挂名反对南京的军阀政客。我们的目的是要建设一个民族的平民的统治，去实现孙总理的未完的工作。"宋庆龄非常赞同他所表示的对南京政府及国民党改组派的态度，并告诉邓演达，时在巴黎的汪精卫屡次派人来找自己，被她坚决地拒绝了。值得注意的是，宋庆龄的表态也仅限于此。

---

1 黄琪翔《我的自述》。

2 梅日新、邓演超主编：《邓演达文集新编》，p490。

邓演达在这份《宣言》中还有重要的内容，就是针对苏联和中国共产党的评价，说：大革命失败的原因是“领导中国革命的政党先后走入反革命或破产。”又说“共产党要在中国建立苏维埃，叫中国做成苏联的属邦，蔑视中国独立的要求，已经由客观的事实证明了他的空想，失坠了他领导中国革命——民族的革命——的资格和使命。”邓演达如此激烈的态度，恐怕宋庆龄是难以接受的。

邓演达没有再回巴黎去见宋庆龄，他改变了主意，于1930年5月间，由德国回到上海，找到了黄琪翔，并开始从事中国国民党临时行动委员会的组建工作。

黄琪翔说：“我支持了他（邓演达）的活动。”[1] 邓演达还与时任国民党第十八军第十一师师长陈诚进行秘密通信，宣传自己的政治理念。陈诚复信表示钦佩，并完全赞成他的主张。

1930年8月9日，“中国国民党临时行动委员会”在上海法租界成立。至此，邓演达一手缔造的新的政党诞生了，它的简称叫“临委会”。来自十个省区的代表三十多人参加了成立仪式。作为主要领导人，黄琪翔也参加了这一重要会议。会议召开的地点在法租界萨坡赛路290号，是音乐家黎锦辉(1891—1967)的住宅。黎锦辉是中国流行歌曲的开拓者，其代表作有《麻雀与小孩》、《蔷薇处处开》、《桃花江是美人窝》等，曾风靡一时。

在成立大会上，邓演达致开幕词。他说：“中国革命已到了绝续关头，继往开来的责任，落在我们肩上。”我们要“挺身而出，重上战场。”在《政治主张》中他指出，“我们的使命首先打倒帝国主义，肃清封建势力，推翻国民党官僚独裁统治。”这些政治主张，其实与中国共产党的最低政治纲领基本相同。在会议上，他还明确提出“军事第一”的行动纲领，认为“必须搞军事运动，一定要搞垮蒋介石的军队，不然不行。”

“临委会”成立军事委员会，负责人是邓演达、黄琪翔、季方、

1 黄琪翔《我的自述》。

严重和邓宝珊。这一时期委员会的主要工作是发展组织，争取蒋介石军队里的黄埔学生，为军事起义做准备。黄琪翔被派往广东和北平等地开展工作。

邓演达在上海曾主动找到中国共产党，希望就联合反蒋的事宜进行合作。周恩来回忆说：他“曾找到我们谈判合作反对蒋介石，可是我们没有理睬他。”[1] 中国共产党中央之所以不理睬邓演达，主要原因是当时党中央贯彻了共产国际的指示，采取了排斥一切中间势力的立场。邓演达也说：“我回国后到上海，曾约共产党负责人谈判合作反蒋。但他们不理我。这个问题，只好待推翻蒋政权以后再谈了。”[2]

在这种形势下，邓演达没有气馁，还是把党组织建立了起来。当时和他共同活动的骨干人员有谭平山、黄琪翔、章伯钧、季方、朱蕴山、李世璋等人。他们中间的许多人是国民党的左派人士，还有一些是大革命失败后共产党的退党人员。他们既反对国民党，又不愿跟共产党走，因此自然拥护走“第三条路线”的政治主张。黄琪翔说：“邓演达和谭平山都是大革命时期的知名人士，但他们中间在政治上、思想上有不同的意见，而邓演达在社会上的声望比较谭平山要高一些，因此邓演达有较好优越的条件，以一个党派的首领身分（份）出来组党。”[3]

9月，中国国民党临时行动委员会的《政治主张》公开发表，日文报纸《上海每日新闻》、《上海新闻》做了摘要刊登，并给它取了个绰号叫“第三党”。邓演达对此很不满意，即派施方白前往报馆交涉。无奈这个称谓受到广泛的传播，成为既定事实。

邓演达回国后连续发表文章，阐述“临委会”和他自己的思想。他的观点非常先进，这让许多人误以为邓演达是共产党人。他认为中国革命的对象“是要把千余年来官僚政治推翻，把帝国主义与买办豪绅的联合统治推翻”；革命的任务是“解放中国民族，

1 人民出版社 1997 年 7 月版《周恩来选集》（上）p167。

2 樊振《邓演达年谱合集》中国言实出版社 2010 年 6 月版，p233。

3 黄琪翔《我的自述》。

建立以农工为中心的平民政权，实现社会主义。”[1] 毛泽东评介“临委会”和邓演达时说：“第三党是代表小资产阶级的革命党派，始终反蒋不反共。”[2]

“临委会”的活动获得了相当大的成绩。1931 年 1 月，陈诚已升任为第十八军军长。在第十八军内部，官佐也已发展了 60 余位“临委会”的成员。冯玉祥、杨虎城也与“临委会”建立了联系，提供帮助。

1931 年 6 月、7 月，邓演达致黄琪翔两封信札，内容极为重要，保留至今。从信中可以窥见“临委会”在当时的工作进展情况。[3]

6 月 22 日，《邓演达致御行（黄琪翔）信》：

御兄：14、19 二函均奉悉。甚慰。兹简复如下：

一、情况

1，北方石（友三）孙（殿英）在二周以前已决心动作，并确已将小张（张学良）方面的代表某活埋，因小张突调兵三旅入关镇压，又吓缩了，现时还在酝酿中。

2，××× 来了两次亲笔信，派了两次亲信人来找 ×× 回去商量办法，×× 现已决心回去，只待十日左右即可决定细目。

3,11D 又 14D 的工作现在大规模的进展，已派特派员去指导。

4，陇海线的回乡军人已具体形成，已派专人前去设立指挥机关。

5，其他亦正规的加速度的发展。

二、判断及处置

1，在最近期间，还不能发生直接行动，你应加紧准备。

2，在政治方面应加紧与 × 联系，并设法叫他知道我们的军事力量和确定“无”包揽的“野心”，并示意于他，

1　广东人民出版社 2000 年 3 月版《邓演达文集新编》，p342。

2　广东高等教育出版社 1996 年版《邓演达诞辰 100 周年国际学术研讨会论文集》，p38。

3　这两封信札内容见文史资料出版社 1985 年版《邓演达》。

请他负政治全责，我们在军事上帮忙他。在 ×× 部下，我们也有办法，对 × 应表示好感，而且对其它各派也应表示好感，如有可能，以不失团体的威严为度的可插入政府军事机关或军队中去。

3，军队工作应加紧，× 军（指陈诚的 18 军）中已找出极好的工作能手，日间即派回见你，你应指导他工作，我相信有很大的效果。一方面又应赶紧联络幄奇及旋空等，最好能插入行伍出身的同志或旧部到他们队伍中去。

4，陈修爵及翁辉腾等均可为党用的人，陈已决来此，翁宜设法与元发生关系（可由陈卓凡介绍）。

5，广州工作应加紧，极有望。维卿话是庸人的看法，不可信。现时要紧的是要利用种种机会插入人去，掩护工作人员及组织的进行。

6，× 处已有直接的联系，俟 ××× 回时即可介绍引夫与他见面办理，以后的事务我会有信给他带去。

7，韩继文应叫他注意，现时蒋派出大宗黄埔生回粤（工作），吴乃宪亦其中之一，不可靠，望勿见他。

8，以后来信望用密写法，防泄漏。

JD 六、二十二

7月3日，《邓演达致御行信》：

御兄：前致密信及屡次托同志们带上之函想已先后收到，未得复为念。

望的狂吠，我曾接 × 电后发过脾气。昨接 × 复电，兹奉上。我已再复电给 ×，说明以后大家更加团结努力的做法。× 处的接济多口惠，我们必须更另想办法。引夫不知已否赴粤，希告知。北方近日消息甚多，都说‘快’动，但是我恐怕‘草头’（指蒋介石）还是会败在红军手上，使我们动手更容易些。你以为如何？这边的小报们已拿我们做造谣中心，免费广告之多，可笑！北京寄来的谣言关于你的，兹剪寄来，你居然是“观音兵”，倒也有趣！继文在港如无事，可叫他到“广筹”做工去，必要时再掉他回来，你如果非十分不得已时同他们鬼混些时也好，请你自决！

JD 七、十三。

需要说明的是，邓演达领导的“临委会”，在1931年6月至7月间面临的大背景是：身处江西的第十九路军，他们还没有做出战略决策，是入粤驱逐陈济棠，还是服从蒋介石的命令留在江西剿共，或者举兵起义？而远在北方的石友三、孙殿英，虽已决心反蒋，活埋了张学良的代表，但仍然在观望。冯玉祥正力谋纠合旧部，恢复军事实力，先后两次派亲信张允荣、凌勉之与邓演达商谈有关政治、军事行动的问题。陕甘方面的部队，也纷纷表示，请邓演达派人去指导工作。

1931年的上半年，黄琪翔又接受邓演达的委派，前往广东开展军事策动工作。广东粤军以及黄琪翔的旧部第四军，与邓、黄均有深厚的旧谊。但是，这些军官虽然对他们反蒋行动表示同情，却并不能接受邓、黄的政治主张，因此得不到响应。仅有余汉谋表示出一定程度的默契和联系。余汉谋表示，如果邓、黄发动武装起义，他可做遥望和声援。而真正能为“临委会”所掌握的部队，就是6月22日《邓演达致御行信》中所说的时在江西第十八军下辖的第11师，此外还有第14师。这是陈诚的部队。

8月，按照“临委会”的计划，总指挥邓演达将前往江西的陈诚十八军，策动起义，因为陈诚本人就是“临委会”会员。邓演达早年在粤军第一师任团长时，陈诚做过邓演达的下属连长，所以邓演达信心满满地表示，他将会让陈诚选择“如果你反对起义反蒋，就可以将我捆绑送蒋。否则，或者是同我一道起义，或者你离开部队！”[1]邓演达估计，陈诚不致于逮捕自己，而最大的可能性是他自己离开部队，让邓演达亲自指挥部队起义。于此同时，黄琪翔去广州，季方去北平，章伯钧去武汉，展开军事联络

1　樊振编著《中国国民党临时行动委员会史（1930—1935）》，未刊本。

前第4军军长黄琪翔加入临时行动委员会时的英姿。

工作，以响应江西邓演达率领的军事起义。

在讨论如何起义的秘密会议上，黄琪翔与邓演达的观点是一致的。当时，邓演达说：“起义是可能成功的。如果失败，就将队伍拉上山去进行武装斗争。到那时可能与共产党重新合作。”但有人反对与共产党合作，邓反驳说：“共产党要反帝反封建到底，我们也是要反帝反封建到底；共产党要推翻南京统治，我们也要推翻南京统治；共产党要实行社会主义，我们也要实行社会主义。大的方向都相同，为什么不能合作呢？”

黄琪翔不但赞同与共产党合作，而且认为“必须联共”。[1]

邓演达还策动正在江西与红军作战、时任“剿赤”右翼军总司令的陈铭枢，又与国民党中的军政要员如蔡元培、冯玉祥、杨虎城等建立联系，制定了反蒋的军事计划，商定由陈铭枢牵头发动江西起义，成功后进入广东地区，在东江、闽南一带发表声明，建立第三种势力的政权。[2]届时华北方面杨虎城、冯玉祥等一齐响应，迫使蒋介石下台，推翻蒋介石的统治。

1 《纪念黄琪翔》中国文史出版社1988年6月第一版，p43，田光涛文章《远见卓识 令人敬仰》。

2 樊振《邓演达年谱合集》中国言实出版社2010年6月版，p271。

"临委会"的行动，很快被蒋介石察觉。蒋介石一方面派心腹王柏龄、陈群、杨虎在上海侦查，一方面令上海淞沪警备司令部与上海租界当局加强联系，并悬赏30万元通缉邓演达，还通缉"临委会"的其他要员。

三、营救邓演达

为准备江西起义，新生的“临委会”紧锣密鼓地做着各项准备工作。从全国各地抽调来思想坚定、办事精干的党员已汇聚上海，并连续举办二批干部训练班，计划在训练班结束后，将这批革命骨干力量派往江西陈诚第十八军驻地，参与和指挥起义。可以设想，如果这次江西起义成功，会像共产党在 1927 年举行的南昌起义和广州起义一样，震惊国内，给蒋介石的统治以沉重一击。

谁都未曾料到，“临委会”内部隐藏着一个叛徒。这个叛徒的名字叫陈敬斋，化名钟春岑，偷偷地给蒋介石写了告密信。蒋介石特务机构接到告密信后，随即以钟日昌的名义在上海《时事新报》上刊登启事，与之进行秘密联络。

1931 年 8 月 17 日下午三点，激情满怀的邓演达，正在英国租界上海愚园路愚园坊 20 号给第二批学员作结业演讲。这个叛徒陈敬斋[1]假装肚子疼而溜出了会场，然后与预先埋伏的警备司令

1 全国解放后，1949 年 11 月，农工党第五次全国干部会议上提出了“逮捕叛徒陈敬斋归案法办”的提案。1950 年 3 月，陈敬斋在景德镇被捕，随即被押赴南昌，后解到北京，由最高人民检察署令北京人民检察署于 1951 年 3 月 22 日向北京市军管会军法处提起公诉。经过三次审讯，到 4 月 23 日下午，军事法庭再次开庭，农工党中央负责人季方、严信民、王一帆等应邀旁听。陈敬斋和原淞沪警备司令部侦缉队长邓警铭被押上法庭。陈敬斋对其叛党投敌、谋害邓演达等罪行供认不讳，并当面指出邓警铭敲诈过他 2000 元。4 月 25 日，军事法庭最后开庭，宣读了《军字第 245 号判决书》，判决：“陈敬斋，江西南昌人，53 岁。该犯变节投敌，勾结蒋匪杀害中国国民党临时行动委员会领袖邓演达，应处以死刑，剥夺政治权利终身，财产没收。”然后押出法庭，执行枪决。

部侦察队和租界巡捕取得联系，使之包围会场。完全蒙在鼓里的邓演达等人被租界巡警逮捕。第三天即被租界法院批准引渡到上海淞沪警备司令部囚禁。

邓演达被逮捕之后，警备司令部侦察队的特务们迅速展开抓捕“临委会”其他领导人活动，而时在上海的黄琪翔自然是另一个重要目标。

黄琪翔的住宅位于上海公共租界北四川路永安里13号。特务们来到黄琪翔家，问：黄先生回来了没有？他的家人答道：“没有。”又问：黄先生什么时候回来？答：“不晓得。”再问：黄先生到哪里去了？还是答：“不知道。”

特务们声称要找黄先生谈事，便坐在楼下客厅里赖着不走。黄琪翔的家人机敏，知道来者不善，索性把家里一楼、二楼、三楼、亭子间和厨房的电灯泡全部点亮，向外报警。

黄琪翔的工作十分繁忙，每天都要很晚才回家，此时家里人早已入睡，电灯自然会全部关闭。即使家里人还没睡，也不会把整个楼里的电灯全部点亮，所以这天他察觉出了问题，没有直接回家，而是迅速背转身绕道去同在永安里居住的古国屏先生家打探情况，这才知道党内出了大事，邓演达等同志已被捕。

黄琪翔赶紧来到不远处的丘哲家。丘哲夫人是日本人，于是让丘夫人用日语打电话叫来祥生车行的出租车。黄琪翔坐上出租车离去，机警地逃脱了抓捕。丘夫人等黄琪翔成功出逃后，再打电话告知黄琪翔的家人，其家人这才关了楼上的电灯。此时已是夜里十一点多钟，而把守在弄堂口的特务这才如梦方醒。

上海北四川路住着许多日本人，平时横行霸道惯了，几乎没人敢惹，所以特务们也没去盘查过往的出租车，黄琪翔因此安然脱险。

邓演达被捕后，“临委会”的同志们焦急万分，立即展开营救活动。他们动用了一切可以利用的社会关系。

在那个金钱万能的社会里，营救人是需要花钱的，而且是大把的钱。黄琪翔义不容辞，很快就筹集到五万元，交给了组织，作为营救邓演达的费用。

国民党当局考虑到邓演达的崇高威望及其众多的社会关系，为防止意外，也采取了防范措施，不停地转换关押场地。邓演达他们是8月17日下午被逮捕，8月19日即被转送到白云观淞沪警备司令部侦察队的囚室，8月21日被押往南京羊皮巷的军政部军法司监狱的所谓“优待室”，10月3日再次转押到南京富贵山炮台废址内。

邓演达曾是蒋介石的战友，在创建黄埔军校时，孙中山任命蒋介石为筹备委员长，邓演达为筹备委员。军校成立后，蒋任校长，邓曾任教育长。邓演达被捕期间，蒋介石派国民党元老戴季陶(1891—1949)、吴稚晖(1865—1953)、张继（1882—1947）分别来探监，企图说服他放弃反蒋立场，但邓演达不为所动，仍然坚持自己的革命理想。甚至，蒋介石亲自出场与邓演达见面，许以高官厚爵（国民党中央党部秘书长或军委会要职），条件还是要邓演达放弃反蒋立场，解散“临委会”与蒋合作。可是，邓演达仍然不为所动，两人在谈话间还发生了冲突：蒋介石问邓演达对“九·一八”有何感想？邓演达冲撞说：“那还不是你连年内战造成的！”[1]令蒋别扭不堪。最后，陈立夫派李熙元见邓演达，开出获释的最低条件是要他不再写反蒋文章，邓演达说：“我写反蒋文章，不是我邓演达要写，是中国人民要我写。”

与此同时，“临委会”营救邓演达的行动也在积极进行。

8月间，陈诚从报纸上得知国民党中央常务委员会已决定将邓演达交付军事法庭会审，他深感不安，在信中对未婚妻谭祥说：“如报纸所载果确，我实无以慰故人”。[2]他拟学严重那样采取辞职的办法，来挽救邓演达，并托未婚妻设法打听邓的消息。陈诚还亲自给蒋介石致电，请为国惜才。蒋介石回复“准从宽大办理各在案。”陈诚至此心稍宽。

1　中国言实出版社2010年6月版《邓演达年谱合集》，p268。

2　台湾“国史馆”、中央研究院近代史研究所2015年7月版《陈诚先生书信集——家书》，P67。

8月19日夜，淞沪警备司令部侦察队有个班长悄悄冒着生命危险提出，自己与邓演达一起逃跑，被邓演达拒绝。这是邓演达被捕后最便捷的逃生计划。但邓演达担心如果自己脱逃，蒋介石必定迁怒其他十一位同志而遭杀害。

10月初，黄埔毕业生徐源圃提出，可利用他手下的亲信班长在军法司监狱执勤的机会，营救邓演达出狱。这个计划正在开始实施，不料邓演达被意外移送到富贵山炮台废址内，营救计划再次破产。

此间，宋庆龄公开呼吁蒋介石释放邓演达；陈诚也专门给蒋介石致电，请求开释他。但何应钦、何键、何成浚等人则联名致电蒋介石，坚决要求杀邓，并说“此人不除，不足以安天下，慰党国。”。蒋介石的高参戴季陶也忧心忡忡地对蒋介石说：“今天最可怕的敌人，不是汪精卫、陈济棠，真正能动摇政府根基、分散黄埔力量的，只有邓演达一人。”[1] 邓演达在黄埔军校学生中享有崇高威望，而此时黄埔军校毕业生遍布各地，许多人已经成为重要军事骨干。黄埔革命同学会在全国有北平、山西等6个分会，四川、南京、香港等12个支部，联系黄埔毕业生近6000人，占全部黄埔毕业生一半还多，多数在蒋介石的嫡系部队中担任中下级军官。邓演达的影响力大大削弱了蒋介石对黄埔系学生的控制。

其实，蒋介石的特务机构也很厉害，早就摸清了“临委会”的底细。1931年9月9日，蒋介石致陈诚密信[2]中，披露了邓演达致黄琪翔信中的内容，云：

> 陈军长辞修勋鉴：黄琪翔与邓演达介绍到十八军工作人员，并与邓、黄有关系者，望切实查获。邓致黄函等证据中有“已找出极好能手，在十四师大规模的进行”一语。望详查，速复，中正。廿年九月九日。

1 《邓演达年谱合集》，p269。

2 台湾“国史馆”《蒋中正总统文物》，典藏号002-090200-00061-337。本札无标点，为作者所加。

蒋介石在信中所引“已找出极好能手，在十四师大规模的进行”一语，系出自1931年6月22日邓演达致黄琪翔的信函。这说明，“临委会”内部出现了叛徒，或者这个人本来就是蒋介石的一个线人，而且是“临委会”的高层骨干。不然的话，不可能看到原信。

蒋介石感到了严重的威胁，这才痛下决心，杀邓！

1931年11月29日夜间，蒋介石的少将卫队长王世和（1899—1960），也是蒋介石之侄，奉命亲自行刑。王世和带领一个排的兵力，谎称要把邓演达移居汤山，当汽车行驶到南京麒麟门外沙子岗时，诡称汽车抛锚，请邓演达移步下车。当邓演达刚走出车门，向前走了数步，身后枪手即扣动了扳机。这位叱咤风云于一时的政治家、思想家、军事家即应声倒地，年仅三十六岁。

处决邓演达是秘密进行的，外人概不知情。半个月后，12月19日军事法庭判处邓演达死刑的消息才见诸报端，人们以为邓演达还活着，正在等待执行。

以前有一种说法：邓演达之死，是出自第十八军军长陈诚的出卖。这种说法找不到历史依据。

事实上，当陈诚于12月19日获悉邓演达被判死刑后，立即致电蒋介石，以自己“赴京戴罪”来谋求最后的挽救。陈诚的电报原文[1]如下：

> 限即刻到南京总司令蒋：亲译。八月间泽生（邓演达）被逮，曾奉梗亥电请为国惜才，贷其一死，当即蒙复回廿五参电，准从宽大办理各在案。顷据确讯，择生兄经军法司判死刑。人亡国瘁，痛彻肺腑，猥以微贱，久承嘘植；而今公不能报国，私未能拯友，泪眼山河，茕茕在疚。江西匪乱犹炽，自宁都陷后，益形猖獗，请饬朱（培德）主任速莅江右主持。职决即日离职赴京待罪。急不择言，弗乞睿察，并候示尊！职陈诚呈效巳。

1 台湾“国史馆”《陈诚副总统文物》，典藏号008-010101-00001-026。

第二天，即12月20日，陈诚再次致电蒋介石[1]，为邓演达求命：

限即刻到南京总司令蒋：亲译。泽生事，蒙以不可为私情而忘公义切责，敢不凛遵。惟职之出此，全为革命前途著想，非尽为友谊。职久承嘘植，论私情，生我者父母，知我者钧座。而职追随钧座革命数年，无时不勉为一士之谔谔，殊未敢丝毫上干以私，久隶帡幪，当承睿察，而于泽生处死，独千千以为不可，妄附古诤臣之末者，盖一为国家惜才；二为革命者知所自勉；三以成钧座继先总理之宽大也。万祈俯赐采纳，贷泽生一死，则职有生之日，即报答钧座之年，不胜迫切待命之至。职陈诚呈。

陈诚这两封电报可鉴，为救邓演达免于一死，他甘于用自己“有生之日，即报答钧座之年”，其言、其意、其情，可鉴日月矣。然而邓演达已死，一切皆枉然。蒋介石复电陈诚称：“今既证实泽生有叛党乱国之罪，而不能伏诛，则纪律不张，何以革命？望勿以私害公，为友忘党”。[2]蒋介石不准陈诚辞职。

除了“临委会”、陈诚等在全力营救邓演达之外，社会各界也在纷纷呼吁蒋介石释放邓演达。

1931年8月13日，宋庆龄回国，抵达上海。8月24日，上海《字林西报》刊登了宋庆龄与史沫特莱的谈话，宋庆龄公开表示她自己不是“临委会”的人。她的政治见解仍然与1927年7月14日的声明相同。[3]宋庆龄的谈话，想与邓演达保持距离，因为在此之前，一直有谣言紧追着这位革命领袖的遗孀，一会儿谣传她将与陈友仁结婚，一会儿又有造谣她与邓演达恋爱，[4]这种花边新闻令宋庆龄感到快要窒息。而释放出宋庆龄与陈友仁恋爱谣言的人，

1 台湾“国史馆”《陈诚副总统文物》，典藏号008-010101-00001-027。

2 台湾“国史馆”《事略稿本》第12册，P475。

3 人民出版社1992年10月版《宋庆龄选集》上卷，p82。

4 朱玖琳文章《大革命失败后的宋庆龄与邓演达》，p82。

居然就是宋庆龄的一奶同胞大姐宋霭龄。[1]

但是，宋庆龄始终没有放弃营救邓演达，一直在进行秘密工作。

宋庆龄通过自己的渠道知道邓演达被关押在南京中央军人监狱，11 月 25 日，她从上海乘火车来到南京。一下车，在孙中山侍卫副官马湘和范良的陪同下，来到南京郊区的中央军人监狱。监狱长叫胡逸民，是北伐战争期间邓演达的部下，他私自为宋庆龄探监开了绿灯。在监狱长胡逸民的办公室，宋庆龄与邓演达见了面。邓演达垂泪说："夫人来看，我死而无怨了！"蒋介石闻讯勃然大怒，下令撤了监狱长胡逸民的职务。[2]

1931 年 12 月 14 日，宋庆龄又跑到南京，当面对蒋介石说："现在国难当头，你与邓演达的矛盾，我来给你们调解。你把邓叫来，我们三人当面谈谈。"

蒋介石沉默不语。

宋庆龄追问："如果你觉得在这里谈不方便，就派人陪我去见邓演达，我先同他谈谈，然后再三人一起谈。"

蒋介石这才不得不说："你已经见不到他了。"

宋庆龄闻讯后怒不可遏，一手把茶几掀翻，蒋介石赶紧逃上楼去了。[3]

邓演达去世后，"临委会"受到沉重的打击，党员们纷纷离开上海，分散到各处躲藏起来。社会上许多人也都认为，邓演达的死，相当于拔掉"第三党"的大旗，"第三党"到此休矣。这一时期，"临委会"跌落低谷，其主要任务已由积极准备武装起义，转向了稳定党的组织。

那时"九一八"事变刚发生不久，全国人民同仇敌忾，掀起一轮又一轮的反日高潮。东北丧失，少帅张学良也被人唾骂。

就在这危急关头，黄琪翔没有被吓到，而是挺身站立出来。

1 作家出版社 2008 年版《宋庆龄画传》，p82。

2 作家出版社 2008 年版《宋庆龄画传》，p121。

3 樊振编著《中国国民党临时行动委员会史（1930—1935）》，未刊本。

经“临委会”商议后决定，由黄琪翔负责党的全面工作，成为自邓演达之后“临委会”中央的领导人，继续领导同志们坚持不懈的反蒋斗争。国民党中统的调查报告称：“民（国）廿年邓演达被捕，第三党瓦解，谭平山、徐谦等先后宣告脱党后，（黄琪翔）仍作困兽之斗。”

黄琪翔夫人郭秀仪说：“那时因邓演达被蒋介石杀害，第三党的事主要由他负责。当时蒋介石也想加害于他，全凭他为人机警，逃出了特务的围捕，才得以幸免。”[1]

黄琪翔最先着手的工作，除了稳定党的组织之外，就是为邓演达编印《邓演达遗著》。他们将柳亚子、彭泽民等人所写悼念邓演达的诗文，汇编成《邓演达纪念集》，还创办了《演化》周刊……

为了出版、宣传邓演达这些闪烁着理想光芒的文字作品，黄琪翔不知度过了多少个不眠之夜。他坚信，邓演达的生命可以被蒋介石剥夺，但他忧国忧民的伟大思想，一定会传遍大江南北，永垂青史。

邓演达所缔造的中国国民党临时行动委员会，就是如今中国农工民主党的前身。1935年该组织改党名为中华民族解放行动委员会，1947年再度改名为中国农工民主党。在大多数的时间里，人们仍习惯称呼它为“第三党”。中国共产党领导的新中国成立后，中国农工民主党成为中国民主生活中的八个党派之一。

1 郭秀仪文章《往事拾遗》，载《流金岁月——郭秀仪传》，p63。

四、一见钟情郭秀仪

1931年秋天，黄琪翔的广东同乡、时任上海苏浙皖区统税局江苏省烟酒分局长曹鎏先生在上海请客吃饭。黄琪翔就是在这次聚会上，认识了终生革命伴侣郭秀仪女士。秀丽端庄的郭秀仪那时年方20岁，正是含苞待放的人生花季。她是曹鎏先生的干女儿。

我们先来介绍一下郭秀仪的情况：

郭秀仪，广东香山（今中山）人，1911年5月2日生于上海，系名门之后。郭秀仪自述："我出生在一个封建大家庭。祖母是中国最早、最大的买办、上海招商局第一任督办徐雨之的胞妹。"[1]

上海《良友》画报第六十期封面人物：郭秀仪。

徐润（1838–1911），又名以璋，字润立，号雨之，别号愚斋，广东香山人。他是中

1 中国文史出版社1999年版《流金岁月》，p63。

国近代史上非常重要的历史人物，控制着中国茶叶的出口，因此被称为“近代中国茶王”。他是中国早期69位有影响的民族资本家之一。[1]

郭秀仪祖母徐莲的侄女中，出了两个近代名人：一个叫徐宗汉，就是辛亥革命风云人物黄兴的夫人。按家谱的辈分算，黄兴还应该是郭秀仪的姑父；还有一个叫徐婉珊（徐润之女），是我国早期的女教育家、上海著名的启秀女中创办人，也是郭秀仪的姑姑。

郭秀仪的父亲郭侣庭，早年丧父，在舅父徐润的关照下做起了茶叶生意。但郭侣庭是位本分的生意人，其经营规模不大，算是一般的富裕家庭，过着小康的生活。

郭秀仪的母亲刘芍妍（？—1933），生育八个子女，三男五女。郭秀仪排行第七，最小的是个弟弟。1911年郭秀仪出生时，正巧是她舅公徐润去世的那一年。更为不幸的是，郭秀仪的三个兄弟和大姐、三姐先后去世，令母亲刘芍妍痛不欲生，整天以泪洗面，身体一下子垮了。

性格刚强的郭秀仪忍住悲伤，一直劝慰母亲，甚至在母亲面前发誓，说：“您不要过于悲伤，哥哥弟弟去世了，您就当我是男孩子吧，我会孝敬您的。”从此她就要求自己要像男孩子一样，创建事业，支撑家庭。[2]郭秀仪的小女儿黄平也说，“我的外婆有三男五女。不幸三男二女先后夭折，因膝下无子而悲哀。妈妈安慰她说：‘您当我是男孩子好了。’她说到做到，从文艺女校毕业后，放弃了继续学习和深造的机会，到上海苏浙皖统税局工作，

1　徐润不仅是中国的茶叶大王，他还是上海的“地产大王”。1884年，徐润在房地产上投入的资本已达200多万两银子，从而拥有地产3000多亩，其中300多亩已建房子，共建有洋房50多所、其他类型房屋2000多间，每年可收租银12万余两。他先后和华商、外商合创了上海地丰公司、宝源祥房产公司、业广房产公司、广益房产公司、先农房产公司等。除此之外，徐润还投资矿业，首创中国保险业等。中法战争的爆发，使徐润的房地产蒙受了巨大损失，但他并未丧失信心，仍然关注房地产业的动向，千方百计筹集资金，又在上海、天津、塘沽、滦州、北戴河等地购地建房，炒卖地产获利甚丰，新建成的房产每年收取大量租银，其财富十分可观。

2　中国文史出版社1999年12月第一版《流金岁月》。

承担起瞻养母亲和两个姐姐的责任。”[1]

1926年，郭秀仪就读上海文艺女学，那时她15岁。在校期间，郭秀仪出演著名话剧《少奶奶的扇子》，女扮男装剧中的男主角，在社会上颇有影响。当时的报纸也有很多报道，如上海流行的一些妇女刊物《妇女生活》、《图画时报》等，均刊登过她的雅照。上海《中国摄影学会画报》第286期上，刊登了一幅郭秀仪双手向后拢秀发的半身近照，照片说明中说：“文艺女学高材生郭秀仪女士”，可见其学习成绩颇有声名。

上海文艺女学的学制是两年，郭秀仪从1926年入学，于1928年夏天毕业。

有趣的是，在这些老照片中，还发现郭秀仪早年身穿男装的几张照片，尤其是1929年12月22日《图画时报》头版，刊登了8位上海淑女的雅照，唯独郭秀仪一人身穿男式西装，独自伫立在草坪上。

时任上海苏浙皖区统税局江苏省烟酒分局的局长曹鎏先生[2]，与郭秀仪的舅舅是好友，与其父亲郭侣庭也熟悉，平时对郭秀仪颇照拂，于是郭秀仪就认了曹鎏先生为干爹。曹鎏女儿曹玉航回忆说：“记得有一天，我家来了一位秀丽大方、亭亭玉立的姐姐。全家自祖母以下，都高兴万分，热烈欢迎这位明眸皓齿的丽人。她就是和蔼可亲的秀仪姐姐。”“过了不多时，在双方家长的赞许下，秀仪姐成为先父母的谊女。当双亲设宴介绍仪姐和亲友见面时，四周充满祝贺及赞美声。此后，这位聪明伶俐、善解人意的仪姐，常来我家，为我们带来更多欢乐。”[3]

郭秀仪就是在曹鎏先生引荐下进入统税局工作，任务是收取苏浙皖地区的印花税费。统税局工作是个体面的职业，工作环境

---

1 中国文史出版社，2010年1月第一版《清风见兰·序》。

2 曹鎏（1890—1967）广东人，无党派。1917年北京大学法科毕业，曾在天津铁路部门任职，后就任广东新会中学校长。上世纪二十年代来到上海，任江苏省烟酒统税局科长，分局长。抗战胜利后，回广州做律师、广州图强助产学校总务主任。1949年后任广州文史研究馆馆员。1967年病逝。

3 中国文史出版社1999年12月版《流金岁月》，p246。曹玉航文章《我所认识的秀仪姐姐》。

优越，劳动强度不大，薪酬也不错，与他们打交道者，非富即贵，所以在社会上很吃香。

天生丽质的郭秀仪还上过响当当的《良友》画报封面。[1]虽然出生在一个较为死板的传统家庭，但她毕竟生活在开中国风气之先的大上海，又是文艺女生，所以，在郭秀仪身上展现出传统与时尚的特质。她不像别的同龄女子那样，只会沉湎于个人的小天地里，小资小调，而她却常常能够超越自己的闺阁视线，联想到自己身处的社会和国家。郭秀仪早年发表过一篇文章《从健美到俭美》，就能够明显地展示这一点。从她笔下的细微处，可以窥见她忧国忧民的思想倾向。

这篇文章短小有趣，不妨收录于此。其文曰：

一个女人的天性生来便是爱美的，从大裤脚，短旗袍，一变而为长袍子，短袖子。每一个转变无非是为了要趋时，其他的意义是没有的。但是健而美的体部的发育，却素来没有注意到一只半缠了的脚，带有病态的步武，从头上一直“直”到脚下的线条，没有标准，也没有健态，在美的条件上变成了极大的缺陷，但，一部分享着都市生活的妹妹们，受着“洋化”的侵袭，渐在大奶、天足上下功夫“健美”虽称渐备，但有时因为“太”注意于衬映她的“健美”，不惜父兄或丈夫的金钱，大买其西洋的衣料、手袋、皮鞋等，美虽美矣，可是太不经济而忘了“俭”字，把国产品倒弄得一点不能进展，于是列强各国都趁了这个机会，把大宗的货品整千整万的运到中国来销售，最近据海关报告进口货的额数较去年又增加了四分之一强，我国每年输出的现金，可想以见。

这种不景气的现象倘再延续下去，那便非常危险，也须到我们的子女手里，可怜的中国已不是我们的领土了。

从上面说的可知“美”是天性，而“健”又不能不讲，因为有了健康的体格，才能生育出健康的小国民，但是一

1 《良友》画报第 60 期封面。

方面也不能因为求“健美”之外表而太事浪费，须知虽是一件布衣、一双布鞋，只要式样合乎时代，就是朴实无华，也不能稍减我们的“健美”，因为美的条件，绝不仅是无谓的装饰品所能补充的，所以现在社会的姊妹们除注意“健美”外，应格外的注意“俭”的“美”。

虽说女子爱美好打扮是天性，可是郭秀仪从女性的衣着打扮上，却能够联想到国家“海关报告进口货的额数”，发出“国产品倒弄得一点不能进展”的哀叹，甚至还联想到如何制造“健康的小国民”的问题，的确襟怀宽广。这说明她在关注女性爱美的天性之外，有着强烈的社会意识，确实有别于当时一般女性的视野。这篇文章至少发表过两次，后来也见《良友》画报再次刊登。

郭秀仪通过曹鎏认识了赫赫有名的北伐名将黄琪翔将军。此时黄琪翔年纪33岁，正可谓风华正茂。

北伐战争结束，即1927年6月，黄琪翔荣升为第四军“铁军”军长，年龄还不到29周岁。年纪轻轻，将星闪耀，成为举国瞩目的军界骁将，还多次出现在《画报》的军事报道里。这位年轻的中将军长，并非凶神恶煞般的武夫形象，还被媒体称为当时的“四大美男”之一。[1]民国著名记者陆铿在其《铿锵集》中说：“黄（琪翔）长相挺拔，气宇轩昂，在（20世纪）三十年代曾与汪精卫、顾维钧、梅兰芳并称为‘中国四大美男子’。”

让郭秀仪不可思议的事终于发生了。在曹鎏组织的这场饭局上，表面冷静的黄琪翔和郭秀仪并没有怎么说话，而在之后的几天里，黄琪翔却向曹鎏表白自己对郭秀仪已是一见钟情，而且从曹鎏那里索得郭秀仪的电话和地址，随后以军人的果敢，发起了对爱情的“猛攻”。这的确让情窦初开的郭秀仪未曾料想，又措

1　中国人好事，喜欢评选什么几大美女美男，成为人们茶余饭后的谈资，而且乐此不彼。中国古代的四大美女，西施、赵飞燕、貂蝉和杨玉环，已成定论；古代的四大美男，是否是潘安、宋玉、兰陵王、卫玠也没有公论。而关于民国的四大美男，更是没有确切的说法。有人说，民国的四大美男是汪精卫、周恩来、梅兰芳、张学良。凤凰卫视中文台曾经做过一档节目说，北伐期间的黄琪翔与周恩来、叶剑英、汪精卫被人并称为“中国四大美男子”。

手不及。

郭秀仪最初未敢轻言答应黄琪翔的追求。她曾当面告诉黄琪翔说，“我是终身不嫁，以陪伴母亲的。”[1]但是，她又答应了与黄琪翔交往的请求。当时男女约会，在今天看来并没有什么新鲜花样，无非是看电影、喝咖啡、去舞厅、吃西餐等，可在那个时代里，确已是十分新潮的社交活动。郭秀仪与黄琪翔交往，她总是拉着自己最亲近的小姐妹作伴，不给黄琪翔与自己独处的机会。郭秀仪的小姐妹、同事陈素心女士后来回忆说：黄琪翔追求郭秀仪时，自己就是当时的“电灯泡”，很多次都是由她陪同着郭秀仪去与黄琪翔会晤，一起去喝茶、跳舞。在黄琪翔如同旋风一般的进攻中，郭秀仪最终还是坠入爱河。

黄琪翔与郭秀仪的爱情历程，并非一帆风顺，最强大的障碍来自于郭秀仪的家人，以及她本人对母亲的许诺。反对这桩婚姻的理由主要有三：

第一，郭秀仪自己的心里障碍。

郭秀仪家本有兄妹八人，在 1931 年相识黄琪翔的时候，只剩下姐妹三人，即二姐郭秀华、四姐郭秀容和郭秀仪本人，此时姐姐已经出嫁，而母亲刘芍妍的身体极差，眼睛几近失明。郭秀仪一直表示，自己将终身不嫁，目的就是为了侍奉母亲。所以，郭秀仪出于对母亲的孝敬，她的确没有嫁人的思想准备。直到 1933 年母亲去世，郭秀仪才最终答应与黄琪翔的正式恋爱。郭秀仪说：“我母亲病逝以后，我们搬去了舅父家居住。黄琪翔和我舅父是朋友。他有时会来看望我们。相处日久，情愫渐生。”[2]

第二，黄琪翔已是两个儿子的父亲。

广东客家人有养童养媳的习俗。这种包办婚姻，通常是穷人害怕娶不起媳妇，而为孩子提前做好了预备。童养媳的作用，不仅可以为家庭繁衍子嗣，还是农家的重要劳力。黄琪翔的长子黄

1　中国文史出版社 1999 年版《流金岁月》，p64。郭秀仪自述《往事拾零》。

2　《流金岁月》，p64。郭秀仪自述《往事拾零》。

浩明生于1921年，就是黄琪翔与其老家的童养媳所生。此外，黄琪翔还曾与一位上海女性同居，生育了他的次子黄正明。

以郭秀仪的性格、家庭背景和她的思想观念，不可能让自己甘当小妾的地位，所以黄琪翔在没能妥善解决好这一家庭问题之前，郭秀仪决不会答应走进他的生活。

第三，黄琪翔是一位危险人物。

黄琪翔的秘书王大鲁[1]说："在接触中，她（郭秀仪）感到黄琪翔为人光明磊落，朝气蓬勃，事业心很强，对他进行的革命工作充满信心，渐渐地对黄琪翔产生了爱慕之情。但他们的交往受到她二姐的反对，二姐认为郭秀仪与倾向共产党、反对蒋介石的人交朋友，全家都要受连累。"这段文字来源于王大鲁先生所写的《流金岁月》，郭秀仪生前审读过此文，应该真实无误。

郭秀仪二姐郭秀华的意见没错，当时的黄琪翔将军的确是个危险人物，已经被国民党通缉，极可能因此连累到郭秀仪的家人。

最终，20岁的郭秀仪冲破了这些障碍，不畏艰险，与黄琪翔悄悄牵手，正式开始恋爱。

曹玉航回忆说："1931年秋，仪姐由先父介绍，与北伐名将黄琪翔认识。琪翔兄不但是位身材魁梧、器宇轩昂的武将，又是位满腹经纶、风度翩翩的君子，真不愧有儒将的美名。同样的，秀仪姊秀外慧中、仪容端庄，名如其人。当时追求者众多，各界高层人士都有，但仪姊对他们未加重视。只有对这位曾在德国柏林大学攻读的儒将特别垂青。经过一段时日，二人过从渐密，双方爱慕加深。关心他俩的亲友，都希望他俩早日传出喜讯。"[2]

黄琪翔和郭秀仪走到一起，相亲相爱，让许多人感到惊羡。郭秀仪的好友、李汉魂夫人吴菊芳回忆说："我记得郭秀仪年轻时，花容月貌，非常漂亮；黄琪翔则高大魁梧，十分英俊，丝毫不像一般广东人那样瘦小枯干。他们俩站在一起，郎才女貌，犹

1　王大鲁1951年毕业于华北人民革命大学政治研究院，此后即为黄琪翔的秘书。

2　《流金岁月》，p247。曹玉航文章《我所认识的秀仪姐姐》。

青年时期的郭秀仪。1937年摄于南京。

如鹤立鸡群，真是天造地设的一对。”[1]

郭秀仪的性格热情开朗，乐于助人。她是曹鎏的干女儿，而对待曹鎏的儿女们，她像亲姊妹那样予以关心和照顾。

“一·二八”事变[2]在上海发生后，著名的上海商务印书馆被日军轰炸，夷为平地。上海人民义愤填膺，掀起了抗日热潮。曹鎏的女儿曹玉航当时是上海“广东公学”的在校女生。她们的学校紧邻上海商务印书馆，也被日军的炮弹炸成了废墟。战事平息，校方为筹款建校，发给每名学生募捐册，拜托学生们向社会募捐。曹玉航灵机一动，就跑去找干姐郭秀仪帮忙募捐。

郭秀仪义不容辞，便领着这位小妹妹，坐公交车去找熟人募捐。这时已经到了夏天，酷暑难耐。曹玉航说：“第一位友人陈先生，慷慨解囊，写下捐款300元。当时这是一个相当大的数目，我真的以为眼花看错了！接着又有几项捐款，各有一二百元或数十元不等。一天之内，有此成绩，真是喜出望外！”[3]

1　《流金岁月》，p194。李吴菊芳文章《关于郭秀仪的两三事》。

2　“一·二八”事变，1932年于中国上海发生，是日本于1931年“九·一八”事变后，为了支援配合其对中国东北的侵略而自导自演引发的冲突，时间长达一个多月。日本海军陆战队在1932年1月28日夜对上海当地中国驻军第十九路军发起攻击，十九路军随即起而应战。

3　《流金岁月》，p247。曹玉航文章《我所认识的秀仪姐姐》。

五、“临委会”总负责人

1931年年底，邓演达牺牲导致“临委会”的革命事业遭遇重大挫折，与国民党蒋介石的殊死斗争也已发展到白热化关头。黄琪翔成为“临委会”新的领导人，责任也随之加大。为了重新树立党组织的威望和形象，他必须全力以赴，所以每天的工作非常繁巨。

是年的上海《社会新闻》报道说：“昨日有人在（上海）霞飞路见黄（琪翔）拥坐包车，向西疾驰，不及招呼，想见其忙。”其猜测的原因是：“邓泽生（邓演达）死后的第三党，本已四分五裂，各寻生路矣。但有一部分人拥黄琪翔欲重振旗鼓。”“于是黄（琪翔）乃为之大忙。先至港谒某先生，然后回沪与代理人计议，在经济上已大有办法。”[1]

黄琪翔主持“临委会”中央工作后，加强了组织纪律性和机密规范，如果“临委会”地方组织要发展新党员，必须要有两位老党员的介绍，同时还要通过组织的认真审查。新党员大部分是从老党员的可靠同学、战友、朋友、亲戚中挑选而来。在进行党员之间的沟通中，时刻提醒大家要保持警惕，以防止特务和叛徒对组织造成伤害。在上海“临委会”地方组织中，党员之间通知

1 1932年《社会新闻》第一卷第20期。

“第三党领袖黄琪翔”。原载：1933 年，第 83 期《良友》。

开会，或者交换情报时，都要用药水写在白纸上，只要用火稍微一烤，字迹就能够显示出来。如果遇见突发情况，可以随即随地把这些信件烧掉。

此时，国民党负责侦缉、分化、抓捕“临委会”人员的特务组织是军统。蒋介石和戴笠把这一任务交给了军统上海站站长吴乃宪，企图用他来对付“第三党”[1]。吴乃宪（1899—1979）是黄埔一期的学生，与陈赓为同班同学。1930 年在上海参加“临委会”，同年 12 月被国民党逮捕后叛变。1931 年 2 月入中央军校政治特训班受训。7 月派往上海参与逮捕邓演达。11 月加入国民党陆海空军总司令部秘查组（组长戴笠）。

黄琪翔以身作则，对安全工作十分上心。此时负责黄琪翔交通联络工作的老交通员主要有两位，一是骆众亲同志，他是自邓演达以来一直担任此职，另一位是杨心如同志。有一次，杨心如来到黄琪翔家，让刘清云上楼去打个招呼。刘清云是黄琪翔表弟，当时也住在黄琪翔家里。刘清云就上楼去敲黄琪翔的门，“他（黄琪翔）问刘清云什么事？刘说，有人找。黄琪翔非常机警，一手握着白朗宁手枪，一手将门敞开，远远望见是杨心如同志，才要刘清云、杨心如上楼。”[2]从刘清云描述的这些细节上，我们不难感受到在邓演达牺牲之后，“临委会”成员在工作中所承受的巨大危险。

1931 年 12 月 16 日，“临委会”发出《中央通告》，号召全党“要在怨愤、惨痛中接受邓同志的遗教，坚实我们的团结，整

1　魏斐德著《间谍王》，新星出版社 2017 年 2 月第二版，p181。

2　《黄琪翔传》p64。

齐我们的步伐，一致携手踏着烈士光荣血迹前进，消灭我们的敌人，完成我们神圣的事业。”[1]

“临委会”地方组织主要集中在上海、北平和广州三个地区。在《中央通告》的号召下，各地地方组织立即行动起来。

在上海，“临委会”地方组织发起了“行动周”活动，党员三人一组，深夜到福煦路、霞飞路、静安寺等大街小巷张贴标语，内容有“打倒蒋介石”、“坚决为邓先生报仇”等。或者，在南京路三大公司的天台上、各个电影院里，抛撒传单。传单的内容是揭露蒋介石镇压革命运动等罪行。1931 年冬，上海市的地方党组织改选漆其生（1904—1986）为负责人，这时章伯钧从汾阳带回了冯玉祥资助的两万元经费。党组织就利用这笔钱资助和创办了《学术月刊》、《国际文化》、《民众三日刊》等进步刊物，宣传反帝反蒋，同时，还编印了《邓演达遗著》和邓演达纪念集的书籍。黄琪翔亲笔为这些书籍题写了书名。

在北平，“临委会”地方组织也组织了张贴、邮寄反蒋传单的革命活动。“临委会”派周惠生到北平召开北方区负责人会议，商讨邓演达牺牲后的行动计划。1931 年 12 月，黄琪翔亲自前往北平视察工作。当时北平的党组织未受到破坏，每个小组大约五六个同志，每周坚持两次组织生活。黄琪翔到达北平后，勉励大家继承邓演达先烈的遗志，继续奋斗，还就北方区未来的发展给予了指导。北平的组织后来吸收了苏体元入党。苏体元曾经是冯玉祥的旧部，任过军长，当时有旧部 4000 多人，因此凝聚了一部分武装力量。1932 年 11 月 29 日，北平党组织还举办了“邓演达殉难周年纪念”活动。北方区的党员同仇敌忾，热情高涨。

在广州，黄琪翔于 1931 年底派万灿（1901—1973）、郭冠杰（1882—1951）、杜冰坡（1893—1958）、郭一岑（1894—1977）、詹显哲等成立了南方委员会，以万灿为负责人，重建“临委会”地方组织。南方委员会陆续在中山大学成立三个小组；在

1　《黄琪翔传》p60。

岭南大学成立一个小组；执信女校成立一个小组；另外还成立了青年小组，主办《学生报》。他们把工作的中心集中在开展学生运动上，并在珠江上弄了一条船，每周进行一次组织生活，对新党员进行轮训。1932年"一·二八"事件后，还发展了彭泽湘（1899—1970）、李伯球（1904—1986）、郭翘然、曾伟、李义荣、黄桐华、陈柏霖等一大批骨干分子，使得南方地方组织的工作得以恢复和发展。

我们从中可以看到，在社会普遍认为"临委会"即将终结之际，黄琪翔挺身而出，作出了贡献。当时的《青年评论》还发表文章《黄琪翔唱独角戏》，说自邓演达去世后，失了靠山，在"第三党"内"黄琪翔唱独角戏"云云。[1]可是一年之后，在黄琪翔与其他领导人的共同奋斗之下，"临委会"不仅没有解散，而且日趋活跃，成为当时中国民主政治舞台上一支发挥着独特影响力的党派。"临委会"所取得的这些成绩，黄琪翔起到了首要的作用。

有一阵子黄琪翔在上海消失了，实际上他去了香港，然后转道去福建，参加另一场声势浩大的反蒋运动。这就是历史上有名的"福建事变"，简称"闽变"。

"福建事变"的起因，要从"一·二八"事件说起：

1931年"九·一八"事变后，蔡廷锴率国民党第十九路军进驻上海，警备京沪。"此时，（黄琪翔与蔡廷锴）在上海又比邻而居，时相过从，对当前形势经常进行研讨。在蔡廷锴找黄琪翔商谈对策时，黄琪翔力主抗战。两人都认为，不抗战不足以图存；不反蒋不足以言抗战。""何应钦则电告蔡廷锴'退出上海市区，以免与日军冲突'。"[2]

1932年1月28日，日本派海军陆战队登陆上海。第十九路军即奋起迎战抵抗，因而成为在全中国声名大噪的抗日军队。日本多番增援上海，形势越来越严重。黄琪翔说："由于它（第

1　1933年第32期《青年评论》。

2　《黄琪翔传》，p65。

十九路军）是一种单纯的军事抗日运动，没有动员群众参加，也没有坚强正确的政治领导，在蒋介石的政策之下，很快地就失败了。十九路军虽然获得了全国人民的同情，却受到了蒋介石的谴责，认为它‘不服从命令’。”[1] 蒋介石为应付全国人民纷纷要求抗日的局面，派出中央军编成第五军，由张治中指挥，到上海增援，共同抗日。但蒋介石的方针是“攘外必先安内”，所以假意应付事态，避免中日大规模开战。蒋介石还派出国民政府代表郭泰祺（1889—1952）和日本谈判，于5月5日签订停战协定，划上海为非武装区。

郭泰祺时任外交部政务次长，3月18日，他以国民政府首席代表身份赴上海英领署参加中日停战会议，议定《上海停战协定》，也叫“淞沪停战协定”。由于协定承认上海为非武装区、中国不能驻军，严重侵犯了中国的主权。“临委会”的党员因此发动学生、工人进行抗议。5月3日，数十人涌入郭泰祺住宅进行质问，情绪激动间，有人将准备好的银元以及桌上茶杯等物品朝郭泰祺砸去，他躲闪不及，额眉为银元所伤，鲜血直流，被送往医院救治。这一活动的领导者就是“第三党”人严正。[2]

在“淞沪停战协定”签订的第二天，蒋介石马上对“违令”的十九路军进行“整肃”，下令该军3个师分别遣往皖、鄂、赣三省“剿共”前线，参加内战。这项命令可谓一箭双雕，企图让共产党的军队来消灭他们。这就引起了十九路军的极大愤慨，于是准备发动起义，宣布独立。蒋介石的如意算盘这次打错了。

前往“剿共”的第十九路军，最初在福建与红军作战中取得一些胜果，但在1933年6月间，彭德怀的红军第三军团主力东进，猛烈打击了十九路军区寿年的78师，使其损失过半。黄琪翔十分关注此事，他在上海寓所约集章伯钧、彭泽湘、麦朝枢（1896—1973）等会面磋商，大家一致认为：“十九路军只有和中共取得

1 黄琪翔《我的自述》。

2 《黄琪翔传》，p65。

联系，商谈合作，反蒋抗日，才有立足生存之可能。”黄琪翔回忆说：“此时蔡廷锴和我的关系开始密切起来，他经常到我家里来谈论政治有关问题，希望在政治上找一条出路。我建议他要重新和共产党搞好关系，才能谈到抗日，但这就必然会受到蒋介石的注意，要冒一些危险。蔡廷锴深知‘剿共’必无结果，他和陈铭枢、蒋光鼐商量，都认为剿共则不能抗日，要抗日则必然联共。于是他们就派了一个老共产党员陈公培前往江西苏区取得联络，相约共同行动。”[1]

这位和谈特使陈公培[2]就是“临委会”的元老。在中国共产党还没有诞生之前的1920年夏，陈公培就参加了上海共产主义小组，是最早的共产党员之一，还参加了南昌起义，后来与共产党失去了联系，开始追随邓演达。

1933年10月初，在香港李济深的家中，陈铭枢、李济深、蒋光鼐、蔡廷锴以及冯玉祥的代表余心清（1898—1966）等人秘密开会，正式决定到福州组织反蒋抗日政府。[3]黄琪翔与“临委会”另一负责人章伯钧也参加了这一会议。会议讨论了军事、外交、政治、财政等有关问题。随后决定在香港参加事变的人员，分批次乘船至福州。各方紧锣密鼓地为“事变”工作展开前期活动。

1933年10月10日上午，黄琪翔和陈铭枢在福州去拜访国民政府主席林森（1868—1943）和陈诚。表面上，他们是在叙旧，实际上是探风。下午，黄琪翔和陈铭枢俩人又一起来到厦门。[4]于此同时，陈公培携带蒋光鼐的亲笔信，悄悄潜入福建前线与红军

1　黄琪翔《我的自述》。

2　陈公培（1901—1968），湖南长沙人。1919年在北京参加工读互助团。1920年夏参加上海共产主义小组，是中国共产党最早的党员之一。同年赴法国勤工俭学。1921年春加入巴黎共产主义小组。因参加占领里昂中法大学的斗争被押送回国。1921年底赴海南省，建立海南党组织，创建琼海师范学校并任校长。1924年入黄埔军校第二期学习，发起组织火星社。曾参加两次东征。北伐战争时期，曾任国民革命军第四军政治部副主任、武汉工人运动讲习所教员。1927年参加南昌起义。后与中国共产党失去联系。1933年参加福建事变，代表十九路军与红军联络。抗日战争时期，参加抗日任李默庵部参谋长。后寓居天津、上海等地。建国后，任政务院、国务院参事。是第二至四届全国政协委员。

3　团结出版社2001年2月第一版，刘红著《蒋介石大传》，p831。

4　1933年10月12日《申报》。

联络。遵照周恩来的电示，彭德怀于王台与陈公培举行会谈，并给蒋光鼐、蔡廷锴写了回信，“告以反蒋抗日大计，请他们派代表到瑞金”进行谈判。10月下旬，第十九路军的全权代表、“临委会”的徐名鸿（1897—1934）等代表第十九路军抵达瑞金，受到毛泽东、朱德、周恩来的热情接待。通过双方努力，取得比较一致的共识，从而划分好“国界”。10月26日，徐名鸿与中华苏维埃共和国临时中央政府及工农红军代表潘汉年（化名潘健行）正式签署了“外交文件”（初步协定十一条），即《反日反蒋的初步协定》，为发动事变创造了有利条件。

李济深

蔡廷锴渴望得到“临委会”的支持，热切欢迎他们加入反蒋大联盟。为了向“临委会”领导人黄琪翔表示诚意，请他安排政治上可靠人士来担任十九路军军部特务团团长，恰巧此时“临委会”党员周士第[1]来找他，黄琪翔就推荐周士第（化名周力行）担任这一职务。1931年周士第因参加“临委会”的反蒋革命活动而在西安被捕，后经宋庆龄等人营救，于1932年春获释。周士第出狱后为寻找组织，于是来投奔黄琪翔。

黄琪翔回忆说：“蔡廷锴那时为对我表示信任起见，还要我给他介绍一个政治上可靠的人充任他军部的特务团长，周士第就是我那时介绍到十九路军去的。周士第原是参加‘八一’（南昌）起义的人，失败后到了上海，在邓演达领导下参加了中国国民党临时行动委员会组织，邓演达被捕后，他（获释后）便找到了我，要我给他指示出路。恰好蔡廷锴向我要人，我就

1　周士第（1900—1979），1924年毕业于黄埔军校，同年加入中国共产党。曾任陆海军大元帅府铁甲车队副队长、队长等职，中国工农红军第15军团参谋长，红2方面军参谋长。参加了长征。抗日战争时期，任太原前线指挥部副司令员。1953年2月至3月任军委防空军司令员。1955年5月至1957年5月兼军外训练部部长。1955年被授予上将军衔。

把他介绍过去了。”[1]

黄琪翔还派吴建东、戴剑青秘密赴北平，任命不久前被吸收入党的原冯玉祥部军长苏体元为第四方面军总指挥。苏有旧部4000多人，黄琪翔令苏体元尽快率部渡过黄河，到鄂皖边区待命。

1　黄琪翔《我的自述》。

六、福建事变

1933年11月中旬，福建事变前夕。当蒋介石得知福建省主席蒋光鼐和十九路军军长蔡廷锴，与各界人士秘密接触的情报后，已经觉察到十九路军有兵变的迹象，于是派专人持亲笔信飞抵福州，邀请蒋光鼐、蔡廷锴同去南京“面商国事”。蒋、蔡两人均未去。一计未成，再生一计。蒋介石单独塞给蔡廷锴50万元巨款支票，企图拉拢蔡廷锴，以期达到分化蒋、蔡关系的目的，也未得逞。最后蒋介石派出了自己的座机，由美籍驾驶员史密斯驾驶专机到福州，想强行接蒋、蔡去南昌一叙。[1]

蒋光鼐和蔡廷锴当机立断，果断扣留专机。同时电邀在香港和各地的民主人士李济深、陈铭枢、黄琪翔、陈友仁、徐谦、余心清等共赴福建的省会福州，共举义事。

11月18日，蒋光鼐、蔡廷锴在鼓山召集各军长开会，李济深、陈铭枢、黄琪翔、叶挺、李达（1890—1966）、徐唐等均参加了会议，讨论起义具体事项。

会议上，大家议论纷纷。各军军长忧心忡忡，认为十九路军的兵力过于分散，一旦蒋介石兴兵讨伐，他们难以御敌。

李济深认为，不能坐以待毙，就用广东话大声说：“丢那妈！

---

1 团结出版社2001年2月第一版，刘红著《蒋介石大传》，p831。

几大就几大，尽地一煲。”意思是拼了算了。

十九路军第一军军长沈光汉（1887—1972）则说：“关系七八万将士的生命呀！爱惜光荣的十九路军，不到最后不能发通电。”

黄琪翔沉着地表态说：“今日之事只有备战一途，过去阎（锡山）、冯（玉祥）反他，讨伐打到底；如今我们联共反他，蒋必全力来犯。与其不战而屈，不如战而败！干革命成败利钝在所不惜，为千秋后世计，应立下决心，速即发出讨蒋电，以争取外援。”黄琪翔的讲话，起到了推动作用。

陈铭枢随后发言，声泪俱下地说：“我愿就缚，请缚我送南京请奖去！”

蔡廷锴这才下定决心，说：“我蔡某随诸公起家才有了这个十九路军，好吧，生死与共！”随即下令通电反蒋。[1]

11 月 19 日，福州宣布实行戒严。

20 日，第十九路军总指挥蒋光鼐、军长蔡廷锴等将领，联合国民党内李济深、陈铭枢、“临委会”黄琪翔等部分势力，在福建福州南公园体育场召开大会，决定成立中华共和国人民革命政府。大会主席团推选了黄琪翔为大会主席团的总主席。“福建事变”正式爆发。谢维汉是当事人，他当时就站在主席台的边上，对主席台上的人物和动态观察得十分清楚，所以他撰写的回忆文章真实而生动。

谢维汉回忆说：

> 是日，初冬的福州，碧空无云，阳光普照。清早，党政机关、团体和部队，一队队走向体育场，把体育场挤得满满的。8 时半左右，主席台上陆续出现来自各地的各界领袖人物。大会于 9 时开始，主席团执行主席黄琪翔首先致开会词。他以洪亮的声音，坚定的语气，向到会的代表、群众和部队，庄严宣布召开全国各界人民临时代表大会的

1　以上资料见《传记文学》第七十四卷第一期，李以劻文章《黄琪翔将军在“闽变”中》。

理由和使命，历数蒋介石反动政府的腐败无能、丧权辱国的罪恶，发出了反蒋抗日的信号。他指出外辱日亟，非抗日无以救国，非推翻蒋介石独裁政权，无以实现全民抗战。当他振臂高呼“打倒蒋介石”的口号时，全场一致同声呼喊，声震长空，群情奋激，出现一次又一次的高潮。

福建省政府主席蒋光鼐将军，用他惯熟的粤语（适合于广东人占绝大多数的十九路军官兵），愤怒控诉了蒋介石的倒行逆施和压制十九路军抗日救国的罪行。他用尖锐的词锋，激动的态度，充分表达了十九路军的抗日救国的意志和讨伐蒋介石的决心。

冯玉祥将军的代表余心清在讲话中历述冯将军抗日救国的主张，赞成各界人民代表会议的召开，主张建立人民革命政府，以挽救国家民族的危亡。

大革命时代，以收回汉口英租界而闻名，有革命外交家之称的陈友仁，因不习惯用普通话演讲，他请黄琪翔转述了他的意见说，大革命功败垂成，是蒋介石背叛革命；日本敢于侵略中国，是蒋介石畏缩媚外和压制抗日所致。希望全国人民一致起来，打倒蒋介石独裁政府，抗日救国，拯救国家民族。

福建省党部负责人陈耀焜（肇英）在讲话中以亲身的经历，揭露了陈果夫、陈立夫一伙官僚党棍把持国民党的腐败情况和借党营私的罪恶行径，指出他们的所作所为，都是压制人民、损害国家民族利益，是孙中山先生的叛徒，是国家民族的罪人。这时黄琪翔举手高呼：“打倒中国国民党”，台上、台下又是一阵愤怒的口号声，使整个会场，沸腾起来……[1]

身为主席团的主席，黄琪翔在政府成立大会上发表了慷慨激昂的演讲。他讲道：“在蒋中正厉行黑暗的统治，蹂躏人民权利的政治环境之中，我们革命的同志受他的压迫摧残简直没有一些

1 《纪念黄琪翔》中国文史出版社 1988 年 6 月第一版，谢维汉文章《回忆黄琪翔同志二三事》，p68。

集合（会）、言论自由的。今天在这里与会的份子，都是各地的民众代表。我们是站在革命的立场来共谋如何拯救中国危亡的，所以今天大会意义是非常的重大。中国今日受帝国主义的压迫，已达极点。在以蒋介石为中心的国民党南京政府以及蒋介石走狗操纵政权的局面下，丧权失地的事不知多少，使中国的危亡日益加迫。今天各省的代表临时集於此地，为民族打开出路而奋斗，这是我们大众最快慰的一天啊！”[1]

黄琪翔还指出：“我们代表大会是本着中国人民的生存要求、谋中国之自由独立、与国民经济的发展……为要达到此目的，必须抵抗帝国主义的侵略，尤其先打倒卖国媚外的蒋中正和他的御用的南京国民党系统南京政府。从今天起，我们是走上新的革命的路线。这此算是我们的革命的策源地。我们应以加倍奋勇的精神，努力迈进，完成革命的要求，这个便是今天大会最重要的意义。”

由李济深、陈铭枢、陈友仁、冯玉祥（余心清代）、黄琪翔、戴戟、蒋光鼐、蔡廷锴、徐谦、何公敢、李章达等 11 人组成人民革命政府委员，李济深担任主席。

人民革命政府委员会通电宣布：废除南京政府年号，改民国二十二年（1933 年）为“中华共和国元年”，福州为中华共和国的首都。

黄琪翔带领“临委会”在“福建事变”中所发挥的作用是显而易见的。在“福建事变”爆发之前，从 1932 年冬到 1933 年春，“临委会”即从上海派遣 60 多位成员陆续到达福建，与原本在福建工作的“临委会”党员会合，开展活动。

据统计：“临委会”中央干事会的 25 名干事，除已经牺牲的邓演达外，黄琪翔、彭泽民、章伯钧、季方、罗任一、朱蕴山、李世璋、丘哲、郭冠杰、谢树英、丘学训、江董琴、杨逸棠、万灿、

1　黄琪翔的演讲辞，原载《革命之声》第一集，中华共和国元年（1933 年）十一月二十六日印。

中國全國人民臨時代表大會十一月二十日開會於福州

圖中：①李濟深 ②蔡廷楷 ③黃琪翔 ④何公敢 ⑤翁照垣 ⑥蔣光鼐 ⑦陳友仁 ⑧薩鎮冰 ⑨徐謙 ⑩李章達 ⑪邱國珍 ⑫陳耀煜 ⑬林植夫 ⑭戴戟 ⑮余心清 ⑯丘哲

1933年11月20日，黄琪翔在福州召开的“中国全国人民临时代表大会”上担任主席团主席。图为主席台全貌。

詹显哲等15名干事，先后参与了“福建事变”。[1]

福建人民革命政府成立后，黄琪翔本人出任福建人民革命政府委员、军事委员会委员、军委会参谋团代主任、军事政治学校副校长等职。参谋团代主任的职权，相当于代理总参谋长。“临委会”成员丘哲任经济委员会委员兼劳动委员会副主任。福建人民政府将福建省划分为四个省区，即闽海、延建、漳厦和龙汀，“临委会”成员郭冠杰任延建省的副省长。

上海《大公报》刊发社论说：“观前日大会通过之政纲，显以第三党之主张占十之八九。是目下闽局，实在第三党支配之下。”[2]

“福建事变”事起，举国震惊。

在事变的第二天，即11月21日，蒋介石立即在南京宣布“严令戡平闽乱”，随后蒋介石发布“告十九路军全体将士书”，指出，

1　2013年第2期《前进论坛》，樊振文章《农工党领导人提议、策动‘福建事变’》。

2　1933年11月22日上海《大公报》。

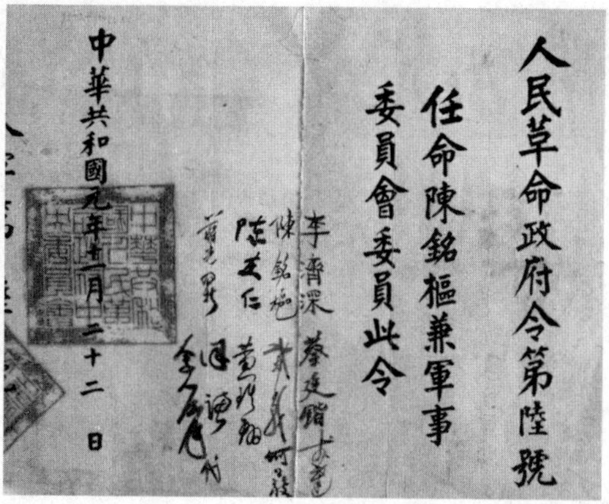
人民革命政府令第陸號

任命陳銘樞兼軍事委員會委員此令

李濟深 蔡廷鍇 陳銘樞 陳友仁 黃琪翔

中華共和國元年十一月二十二日

中华共和国人民革命政府颁发给陈铭枢的任命状。

“陈铭枢李济深之徒，窃据福州，假借我十九路军名义，凑合第三党、社会民主党之反动分子，倡言联共，背叛中国国民党，反抗国民政府，组织其共产党化身之所谓生产党，与其所谓人民革命政府……”并警告说，“不速来归，玉石俱焚！”[1]

陈诚非常关注黄琪翔在“福建事变”中所起的作用。陈诚当时担任剿“匪”总部第三路军总指挥，坐镇南昌指挥与红军作战。11 月 24 日，陈诚在对第 98 师班长以上的干部讲话中说：陈铭枢“同时接纳第三党重要分子黄琪翔，由黄分向‘土匪’领袖接洽；‘土匪’只要闽方接济他的子弹、食盐、药品，欲望不奢，所以也很快的妥协成功，订立所谓‘互不侵犯条约’。”[2] 陈诚所说的“土匪”就是共产党领导的红军部队。

11 月 26 日，国民政府兼任外交部长的汪精卫在南京照会日本驻华大使，宣称：“今次福建省发生叛乱，本国政府已决定酌情作必要处置。相烦贵公使谅解并设法使贵国人民及船舶勿对叛徒提供一切军器，及其他可能助长祸乱行为之物。”[3]

“中华共和国”宣布成立后，“临委会”是否还有必要存在？成为人们关注的又一个问题。因为在 11 月 21 日李济深等人已通

1 1933 年 11 月 23 日《申报》。

2 陈诚《革命家的真精神——在赣粤闽湘鄂北路军‘剿匪’总部第三路军总指挥任内对九十八师班长以上的干部讲话》，见台湾“国史馆”“陈诚副总统文物”，典藏号 008-010301-00039-048。

3 上海三联书店 2015 年 6 月版《上海档案史料研究》，p135，“驻南京日高总领事致广田外务大臣电”。

电脱离国民党，宣布联合“临委会”和神州国光社成员发起成立生产人民党，以陈铭枢为总书记。“临委会”虽然是国内政治舞台上一支重要反蒋力量，但它已经加入了生产人民党，所以参加起义的一些领导人认为“临委会”已无存在必要。

12月2日，“福州人民政府”主办的《人民日报》发表胡秋原的文章《何谓第三党》；3日该《人民日报》又发表《非解散第三党不可》的文章，对“临委会”提出严厉要挟。

12月11日，迫于形势需要，团结同志，中国国民党临时行动委员会经过讨论之后，即在该《人民日报》上宣布解散“临委会”组织。这个决定实际上是由黄琪翔和章伯钧共同做出的。黄琪翔说：“在运动期间，陈铭枢主张组织一个规模比较大的走第三条路线的党，要求参加运动的人都自动脱离原属党派关系和解散原有的党。因此我和章伯钧就以‘中国国民党临时行动委员会’负责人地位，宣布解散了这个组织。”[1]

媒体高度关注陈铭枢、蔡廷锴和黄琪翔的动向，无论他们出现在各种场合，都会予以报道。

1934年1月11日，作为新组成的人民革命政府军事委员会参谋团代主任的黄琪翔，和蔡廷锴将军亲临前线指挥。午夜，红军总司令朱德和彭德怀给十九路军总部发来电报，告知敌军蒋鼎文部已经渡过闽江；卫立煌部已过闽江口，向仙游袭来，告诫十九路军要及时防范。可是，由于参加事变的特务科长已经逃跑，红军的来电居然翻译不出来，再加上不少部队投蒋，于是第十九路内部开始混乱起来。

蒋介石率领的部队大举进攻，第十九路军不敌。“中央军一月十日克复厦门，十三日克复福州，所谓人民革命政府已随福州之克复而消灭。”[2]第十九路军总部分别迁往漳州和泉州。1934年1月21日，泉州、漳州失守，“福建事变”宣布失败。

---

1 黄琪翔《我的自述》。

2 1934年1月19日《申报》。

“闽人民大会阅兵时之黄琪翔氏”，原载《东方杂志》，第31卷第3号。

在“福建事变”中，许多“临委会”的骨干遭逮捕杀害。如中央委员江董琴（1888 － 1933）于1933年11月赴广州联络陈济棠参加“福建事变”时，被陈济棠部杀害，时年45岁。时任人民革命政府军事委员会政治部主任、农民自卫师领导人徐名鸿，曾被任命为龙汀省副省长、代省长。1934年2月19日在广东大埔被抓，旋即遭枪杀，时年37岁。徐名鸿也是“临委会”骨干。

早在1924年就已加入中国共产党的周士第，在“福建事变”失败后率部进入苏区，正式回归红军部队，参加了长征。

“福建事变”进入尾声时，黄琪翔和蔡廷锴仍然在坚守阵地，不避危险，是福建人民政府中最后撤离福州的领导人。1934年1月上旬，蒋介石亲自前往建瓯督战，十九路军被击败，黄琪翔立即命令下属李以劻带领警卫部队去保护蔡廷锴。

李以劻回忆说：“蔡（廷锴）率总部人员抵白沙时，接红军方面朱德来电，告知卫立煌敌军已向闽东南急进，要蔡部火速南撤。驻白沙之夜，敌军武装特务彻夜骚扰，黄老（琪翔）命我带队搜剿彻夜行动才保障安全。一月十三日，蔡、黄、蒋等下令全线撤退，随即乘电船回福州。十五日，得悉厦门已失守，十九路军昼夜行军，向闽西退却，抵达泉州时全军被包围，原在福州的中央政府要员则乘机飞龙岩。蔡步行至涂岭，遇卫立煌尖兵截击，被我带警卫部队击溃，我队伤亡三十多人，蔡幸而脱险，否则就当俘虏了（蔡的小车被中五弹）。”[1]

“福建事变”失败后，媒体始终在追逐黄琪翔的行踪，可是没人知道他的下落。

《社会新闻》报道说：“闽变失败后，十九路军被改编，高级将领下野，社民党人因在港阴谋活动，为港政府所逐，最倒霉之徐名鸿且以枪毙闻，惟前第三党之参加闽变者，则全无下文。或云徐谦已病死香港，或云章伯钧已投向赤匪，独无人能知黄琪翔之行踪者。”[2]

其实，蔡廷锴、徐名鸿冲出闽西时，黄琪翔依然留守在漳州，藏匿在一位女同志家中。本想从厦门突围，不意国民党军很快占领厦门，黄琪翔只能留在漳州潜伏了一阵子。待戒严稍松，黄琪翔化装成苦力，昼伏夜行逃出漳州，经韶安云霄，雇一民船来到了九龙。

“福建事变”的失败，原因是多方面的，但它在中国民主革命运动历史上，不畏强权，敢于抗争独裁的斗争精神，的确为后世写下了难以磨灭的一页。

黄琪翔到达香港之后，与陈铭枢、陈其尤等继续保持接触，关注着国内的形势变化。

其一，李宗仁此间秘密访问香港，与陈铭枢、黄琪翔等联系，希望他们加入桂系的反蒋行动，并设法阻止共产党部队进入广西。

1 《传记文学》第74卷第一期，p33。李以劻文章《怀念黄琪翔将军及简述闽变经过》。

2 1934年《社会新闻》第六卷第14期。

其实，早在1930年4月，李宗仁、白崇禧就参加了冯玉祥、阎锡山等部的反蒋活动，李宗仁被推为中华民国陆军副总司令（总司令阎锡山）兼第一方面军总司令，由广西进军湖南，支援阎锡山、冯玉祥在中原同蒋介石作战。1930年7月，李宗仁被蒋军击败，退回广西。

在黄琪翔与李宗仁的这次会晤中，黄琪翔询问他们是否又在放空炮？李宗仁回答：当然不是。李宗仁说：蒋介石在云、闽拥兵20万，“对共匪尚无办法，如桂（军）取固守，以重兵入闽，先挫其锋，除非中央与共（红军）妥协，否则事大可为。”李宗仁最担心的是，国共再次合作，那么共产党部队进入广西，桂军必然完蛋。他希望国共继续血战，然后桂军加入打击蒋介石的队伍中，那么蒋介石一定吃不消，便“事大可为”。

李宗仁邀请黄琪翔加入桂系反蒋，但黄琪翔表示不加入。黄琪翔与李宗仁的会谈内容，已被人密报给了蒋介石。电报原文最后说：“此为极确实之谈话，至黄则不加入也。”[1]

其二，电报里说：正在与李宗仁合作的粤军陈济棠，已“派安徽人李宗盛潜入江西，与共产党订约大概：一红军不窜粤，二粤军不向红军压迫，三红军另辟一路入浙江。尚有多条未详云。”还说：“查黄（琪翔）自经闽变，尚有觉悟，职因与拉拢故，（黄）对钧座自有相当同情。”[2]

“福建事变”失败后的某一天晚上，有个人来敲郭秀仪舅父的家门，大家为此都很紧张。母亲去世后，郭秀仪全家已搬来舅父家居住。

来者是位日本人，自称是记者，名字叫中村农夫，是专门替黄琪翔来送信。郭秀仪回忆说：“有天晚上，一位日本记者中村农夫，带着他（黄琪翔）的信来看我。信中说，他已到了福建，叫我立即离开原住处，到法租界亲友家暂住，同时要我辞去统税

1　台湾“国史馆”《蒋中正总统文物》，典藏号002-080200-00184-040。

2　台湾“国史馆”《蒋中正总统文物》，典藏号002-080200-00186-108。

1934 年 3 月 21 日，中国国民党临时行动委员会负责人在香港合影，前排右起：杨逸棠、郭冠杰、余心清、章伯钧、李健生、彭泽湘夫人。后排右起：杜冰坡、张文、黄琪翔、彭泽民、丘学训、丘哲、彭泽湘。

局的工作。”[1]

这个日本记者中村农夫，由第三党成员罗任一[2]介绍去福建的，在“福建事变”中充当秘密交通员。“福建事变”总部的文件信札等机要件要送往上海，均交中村农夫传递。因为中国人在上海登岸，蒋介石的特务们查得非常严，很容易出事，而特务们不敢去检查日本人，因此能保证信件的安全。

中村农夫这个日本人值得关注。在二战后揭秘的日本外务省许多秘密文件中出现了他的名字。中村农夫的身份是日本《每日新闻社》驻沪记者。1933 年 11 月 14 日，他主动跑到日本驻上海

1　中国文史出版社 1999 年版《流金岁月》，p64。郭秀仪自述《往事拾零》。

2　罗任一（1897—1965）四川资中人，曾任国民革命军总政治部特派员，第三集团军政治部主任。黄埔军校政治教官，后任国防部少将参议。1931 年 8 月 17 日下午，由于陈敬斋叛变告密，罗任一与邓演达等 12 人一道被捕。此后经宋庆龄、冯玉祥作保营救，郑太朴和罗任一等 12 位人于 1932 年春获释。

总领事馆向日本政府报告“临委会”负责人和“福建事变”的相关情报。当天下午，日本驻华有吉公使向其外务大臣广田弘毅拍发了第661号密电，其中有中村农夫的情报。中村农夫称，他担任的角色是负责黄琪翔、章伯钧及当地第三党机关之间的联络工作，还旁听了“他们在上海法租界召开的秘密会议。”我们可以确信，中村农夫是伪装成记者的日本政府间谍。

中村农夫的这份情报，经日本驻上海总领事馆发往日本外务省，由日本外务省保存档案至今。内容为：

1，在福州的章伯钧来电称：我看好福建独立，望速派更多斗士前来。本来，这次福建独立运动是以陈铭枢及十九路军实力派为核心的派别与李济深及第三党共同上演的联手剧，主要内容也系章（伯钧）、黄（琪翔）等第三党中坚分子策划。章、黄首先南下（黄比章早一班船先到香港，现已偕陈铭枢到福州）。我旁听了他们在上海法租界召开的秘密会议。黄（琪翔）当时背对着邓演达灵牌，反蒋意气强烈，向与会者展示了对蒋之深深怨恨（陈铭枢尤其表现出要突袭蒋介石之意气），可见他们预期该运动很有成功希望，但也不少对客观情势悲观的材料，如十九路军在福无人缘，当地军队与共军之关系，以及财政困难等。

2，已内定独立成功时分别由李济深任政府主席，陈铭枢任国务总理，蒋光鼐任省主席，蔡廷锴为省司令（黄琪翔任讨蒋军前敌总指挥）。进福建时也许会以胡（汉民）接替李任主席。另外，第三党中坚分子也有人主张，为博取民心应避开胡、李等旧式人物，拥立宋庆龄任主席。然宋或许不会轻易答应。

3，已内定由陈友仁任外交部长，但上述独立运动者都因福建实情而担心日本对独立之态度。故鉴于对民众之立场及对蒋之关系，独立时可能会标榜攻击帝国主义，然其内心也许很想获得日方的理解吧。

4，本人未闻有关美国援助该运动的传言。另外，尽管与广东方面尚无很深谅解，然因粤军内有几名黄（琪）翔旧部，故广等方面可能会采取中立态度。作为本运动的同情者，孙科事实上在从旁援手，但不清楚宋子文与该运动关系究竟如何，或许他会因宋庆龄之关系多少给些资金吧。[1]

黄琪翔对于中村农夫的日本间谍身份，可能不察，或者是察而不露。黄琪翔可以利用中村农夫的身份，向日本政府传递福建人民革命政府的要求。

黄琪翔在通过中村农夫转交给郭秀仪的信中说：因为“福建事变”的失败，自己将逃亡到香港，只在香港暂住数日后还将流亡去德国。黄琪翔在信中叮嘱郭秀仪：让她马上搬家，离开原住处进入法租界，到他的一个朋友家暂住。还让郭秀仪立即辞掉统税局的工作，以免留下后患。在成为黄琪翔恋人之后，郭秀仪已经大体了解了他所从事的危险工作，于是按照黄琪翔的要求，一一照办。

在信中，黄琪翔还希望郭秀仪能够在自己前往德国之前到香港一聚。

郭秀仪没有犹豫，马上在上海订了去香港的船票。在其姐夫的大嫂陪同下，俩人匆匆赶到香港。黄琪翔当时住在香港的朋友家，便安排郭秀仪和大嫂住进了旅馆。这对恋人在香港相聚的时间非常短暂，因为黄琪翔所坐的海轮已经抵达了香港。在香港维多利亚码头，郭秀仪把黄琪翔送上了轮船，然后悻悻然返回了上海。[2]

黄琪翔说：“我是 1934 年夏天到达柏林的。那时德国正是希特拉（勒）统治时代。”[3]到了德国，把生活进行了一番安顿后，黄琪翔慎重其事地从柏林给郭秀仪发来一封信，正式求婚！并在信中邀请郭秀仪前往德国，与他在一起共同生活。

有一个重要的情况：黄琪翔在福建事变之前，曾向蒋介石提

1 《上海档案史料研究》上海三联书店 2015 年 6 月版，p119，“驻华有吉公使致广田（弘毅）外务大臣电”，第 661 号，发自上海。

2 郭秀仪文章《往事拾遗》，见《流金岁月》p64。

3 黄琪翔《我的自述》。

出过出国的请求。

最近出版的《陈诚书信集》中，披露了其中的秘密：在福建事变之前，黄琪翔曾经向蒋介石表示要出洋德国，而且得到了蒋介石的允许，但因为黄琪翔参加了福建事变，蒋介石变卦了。

1934 年 5 月 24 日，陈诚由江西"剿匪"前线来到了省城南昌，在熊式辉家吃过晚饭后，即谒蒋先生，商谈军官训练团诸事宜。其间，蒋介石与陈诚的谈话中也讲到了黄琪翔。

陈诚在当晚致妻子谭祥的信中写道："（黄）琪翔出国问题，委座意须待琪翔有表示，方能送其出洋。因为在闽变前，琪翔曾有此要求，委座亦已允许，结果至闽叛变，委座以其无信也。"[1]

这件事还说明，在福州事变之后，陈诚与黄琪翔还有联系，也知道黄琪翔此时尚未出洋。可见，此时的陈诚已是蒋介石与黄琪翔之间的一座联系桥梁。

1　台湾"国史馆"、"中央研究院"近代史研究所 2015 年 7 月版，《陈诚书信集》，p277。

七、将军的新婚

1934年7月，年轻美丽的郭秀仪独自来到远洋邮轮的甲板上。她开始眺望太平洋。浩瀚的太平洋，天幕低垂，碧波荡漾，一望无际。

郭秀仪此次去德国，目的是与黄琪翔结婚。此时她母亲过世已有段时间，郭秀仪的思亲之痛逐渐平复，再也没了牵挂。而对于黄琪翔、郭秀仪的婚事，父亲郭侣庭和舅父都表示同意。二姐郭秀华见小妹早已表明非他莫嫁的态度，也就不再反对。

这艘名叫“康德罗素”的意大利邮轮非常有名，翻译为中文叫“红伯爵号”，在上世纪三十代是世界上最先进的航海大船之一。它从香港启程前往欧洲，需要十余天的航程。为了排解旅途的劳顿和寂寞，“康德罗素”邮轮为客人们提供了丰富多彩的娱乐活动。

在“康德罗素”邮轮举办的选美活动中，郭秀仪被评选为“康德罗素小姐”。一夜之间，她的房间内外已经堆满了热情乘客送来的鲜花，着实让她吃惊不小。

郭秀仪回忆说：“年仅22岁的我便乘上‘康德罗素’号邮轮，只身赴德。我在船上被选为‘康德罗素’小姐。为此在头等舱举行了舞会。我收到了许多花篮。当时我不肯出席，后来在中国驻汉堡张领事的陪同下，才参加了。舞会非常热闹。大家都想请我跳舞，我说不会跳；他们又向我敬酒，我说不会喝。敬酒的人只好对着我喝了，以示敬意。”[1]

恰巧在同一艘船上的中国军官，名字叫程思远(1908—2005)，是李宗仁的秘书，后来成为了新中国人大常委会的副委员长。当初程思远见这位“康德罗素小姐”，惊为天仙。半个世纪之后，在致郭秀仪的信中，程思远先生满怀温情地回忆起初见她时的美丽。程思远说，“我们从香港乘 CONTE ROSSO 去欧洲，船上留学生看到您风度，无不倾倒，及到威尼斯，我经过同乡韦永成介绍，才知道您是黄琪翔夫人（韦也是从德国来）。老友永铭肺腑。”[2] 我们可以想像，那时的郭秀仪有多么光彩照人。

到了意大利威尼斯港，专程从柏林赶来的黄琪翔，已经在码头上翘首等待。相别半年，对于有情人而言，这一百多个日日夜夜，胜似三秋那么漫长。

程思远在威尼斯码头上第一次相识黄琪翔。他们聊得很开心。郭秀仪后来回忆说，“他们大有相见恨晚之感。”程思远此次去意大利，是为了到罗马大学攻读研究生学业。

威尼斯位于意大利东北部的港口城市，是世界著名的水上城市和历史文化名城，聚集了文艺复兴时期的纷繁精华。据说，上帝将眼泪流在这里，让它变得更加晶莹和柔情，就好像一个漂浮在碧波上浪漫的梦。在这座花园城市里，其建筑、绘画、雕塑、歌剧等，美轮美奂，名闻遐迩。

郭秀仪自小对艺术有着特殊的爱好，在上海就读文艺女学时，对表演和绘画情有独钟。如今到了梦幻一般的威尼斯，开心得就像只飞出了樊笼的快乐小鸟，到处是她看不够的旖旎景致。她依偎在心上人的怀里，坐在类似小舢板的贡多拉船上，在水城的柔波里，听着意大利人唱情歌。黄琪翔就陪着她，在威尼斯住了大约一周时间。

1　郭秀仪文章《往事拾遗》，见中国文史出版 1999 年 12 月第一版《流金岁月》p65。

2　摘自 1998 年 11 月 15 日程思远致郭秀仪信函，见《流金岁月》，p193。

1934年7月，郭秀仪自香港登船，独自乘坐意大利“红伯爵号”邮轮前往威尼斯。在威尼斯码头刚下邮轮时，与黄琪翔将军的合影。

回到柏林，他们所做的第一件要紧事，举办结婚仪式。郭秀仪说：“回到德国后，我们举行了简单然而隆重的婚礼。黄琪翔对我说：‘我的爱情和事业都寄托在你身上了。’”[1]

婚礼之简单，那是因为黄琪翔租赁的房屋地方不大，设施简单，条件有限；说隆重，是前来贺喜的人很多。黄琪翔许多“临

1 郭秀仪文章《往事拾遗》，见《流金岁月》p65。

委会”战友如连瑞琦等因“福建事变”流亡国外，当时也在柏林。还有很多中国留学生，特别是留学生领袖、共产党人朱江户、许德瑗，正忙于领导“留德学生抗日联合会”，需要黄琪翔的支持，所以与黄琪翔的关系非常亲近。这些人都前来祝贺将军的新婚之喜。

婚礼上吃的是西餐，比起中餐要简单很多，再摆上几瓶酒，也就差不多了。客人们各尽所需，各得其乐。

郭秀仪此次在德国柏林生活了两年多时间。按照郭秀仪自己的话说：“我是第一次去德国，生活了快三年，就学会了三件事，一是德语，二是开车，三是打枪。”

那时她还很年轻，十分好学，于是她开始旁听为留学预科生举办的德语培训班。德语的发音与中国话有很大的不同，很难学，后来她还为此请了德语的家教老师。好在黄琪翔也会德语，而且身边许多留学生的德语说得都不错，也都成为她的老师。两年之后，他们回国参加抗战时，郭秀仪的德语口语已经相当流利。

德国汽车制造业在全世界首屈一指，此时郭秀仪也迷恋上汽车，开始学习驾驶车。

在当时的中国国内，汽车算顶尖级的奢侈品，非大富大贵人家根本买不起汽车，而且坐车的人基本不会开车。因为限于手动挡汽车的制造技术，无论你驾驶汽车还是维修汽车，程序十分复杂，所以汽车司机是一种专门的职业。相比之下，在德国学习汽车驾驶技术就方便了许多。那里汽车很多，会开车的人也很多，只是学费不便宜。

郭秀仪在柏林不仅学会汽车驾驶，而且考取了国际驾照。这对于当时中国女性来说，非常罕见，全中国能够拿到国际驾照的女性，真是凤毛麟角，而她的夫君黄琪翔也不会开车。黄琪翔拿到汽车驾驶执照时间，是1944年，那时他已是中国远征军副司令长官，是美国人给他发的驾照。

也是在德国期间，郭秀仪还学习了一门特殊的本领，那就是射击。当时柏林郊区有家射击俱乐部，她是这个俱乐部里第一位中国女会员。教授她射击的老师，也是德国人。

关于郭秀仪在德国学习射击这件事，她晚年在自己的回忆文章中从未提及，而是在1992年间，本书作者去看望她的时候，郭秀仪本人亲自告之的。我当时做了记录。[1]

黄琪翔说："我是于1934年夏天到达柏林的。那时德国正是希特拉（勒）统治时代。我从资产阶级的民主自由主义的观点出发，对希特拉（勒）的独裁统治是极端厌恶的。眼看到当时蒋介石派了许多留学生到德国学习，更觉得不满，但也没有什么办法。大约在1935年初，中国红军开始远征（长征）后，国内抗日高潮开始到来，留德学生中一部分进步分子，在当时成立了一个'中国留德华侨抗日联合会'。这个会的负责人朱江户和许德瑗来找我，要我参加该会组织。"[2] 黄琪翔与德国留学生们的关系密切，其目的是在团结他们，发现人才，以便为今后的中国革命输送骨干力量。

身在德国的黄琪翔，一直在从事着反蒋活动，可是这不影响他与蒋介石亲信陈诚的联系。此间，黄琪翔致陈诚信札多封，其中一札，至今保存在台湾"国史馆"。[3] 这是研究黄琪翔历史的重要文献。

《黄琪翔来函》：

辞修：三月中曾托剑灵代寄你一函。谅必早已收到。

1　1992年间，本书作者去灵通观郭秀仪家看望她老人家，闲聊时，她说起自己在德国的往事。我感觉很重要，随手找了个白纸信封，简单记下了几个关键词。据此记录，我回忆起当时她跟我谈话的内容。她说，1934年7月到1936年10月，自己第一次去德国，两年多时间，主要做了三件事：1，学习德语。她参加的是德语学习班。回国时，郭秀仪的德语口语已经相当不错了；2，学习射击。当时柏林郊区有家射击俱乐部，她是这个俱乐部第一位中国女会员。德国老师教的；她在欧洲买过一支勃朗宁女士袖珍手枪，极漂亮，枪柄上是珐琅彩的花卉。抗战时，她去前线时一定会把这支手枪随身带着。如果出现意外，就是她一旦要落入日寇手中时，便准备用这把手枪自杀。1949年，郭秀仪在香港，把自己位于香港的楼房等所有家产都变卖了，还是舍不得这支她心爱的勃朗宁女士手枪。随后，她追随丈夫来到了北京的路上，丢掉了；3，1934年，她在柏林时，就已经学会了驾驶汽车，并考取了国际驾照。

2　黄琪翔《我的自述》。

3　台湾"国史馆"《陈诚副总统文物》，典藏号008-010108-00016-075。

此后虽屡次写信给你。每苦于头绪纷繁，无从说起。时间过得飞一样快，到了现在，又是半年。世界和中国，不知在这时间当中发生了多少变化，而我自己还躲在外国过偷闲的日子。想到读书毫无心得，真不知何以告慰故人！

所谓现代文明中心的欧洲社会，是时刻都在奋斗中过生活。在绝对个人利已主义信条之下，有些人以做强盗为最高无上的道德行为，有些人为保障自己生存而亦丝毫不肯让步。在你枪我刀的对抗之下，展开了他们日常生活的阵容，同时也就展开了历史演化的前路。欧洲社会无疑的是在期待着重大的转变。

世界经济恐慌一直延长到现在无法解决，欧洲任何国家不能例外。现在他们急不择食逢人便噬的时候了，重新分割世界的二次大战，必将无法幸免，唯一难以解决的，是如何形成战线的问题。明白点说，是帝国主义者中间自相残杀呢？还是他们共同连合形成反苏联的战线，一举扑灭苏联以便自由分割殖民地？一切欧洲现时的政治活动，都是以上列问题为中心，而帝国主义者主观上的期望，当然又是以后一条路为上著。但是，最近因为意大利和亚比西尼问题的发展，使英国感觉到世界帝国地位的动摇，不能不著著调兵遣将。帝国主义中间的矛盾突然尖锐，苏联反而置身度外，则又有走第一条路的趋势。到底前途变化如何，我们只有等待事实去证明。

对于中国问题，我现在正虚心研究，不敢说有心得，但我觉得中国在过去虽然曾有伟大的历史和文化，而现在则不容否认它已为世界文化所支配。如果我们的工作，是如何把中国从殖民地转变为独立自主的国家的工作，那末，一切旧文化的保存与新文化的介绍，都要利用到反抗帝国主义侵略的一方面去。就是说，不管旧文化也好，新文化也好，能够利用它来反抗帝国主义便是好的，要得的，反之则当排除。因为横在我们面前的危机，是帝国主义势力不推翻，则中国永远不能逃出其殖民地的命运，更谈不到中国的历史与文化的保存。

对于日本问题，我以为不是和日本开仗以后，中国有没有胜算的可能的问题；是不和日本开仗中国还有没有存在的余地的问题。自从帝国主义势力侵入中国以来，我相信曾经有不少的在朝与在野志士想尽种种办法，企图为国雪耻，结果练兵落空，买舰落空，振兴实业也是落空。这些责任问题，一直到现在都闹不清。一言以蔽之，还是整个中国人不中用！为什么中国人都不中用呢？因为多少千年传统的经济生活和思想，使他们不管事，乐天、安命、知足等等，所以打仗是军队的事，是做官的人的事。老百姓是不管他人瓦上霜的！这种思想，现在还支配着大多数群众的心理。你想和一群有组织有训练的强盗相遇如何来抵抗呢？中国现在是站在一个生死存亡的关头，它要不顾一切，起来反抗强盗的侵略。它的失败，是短期的失败，是军队方面某种程度的损失，(当然不是不可以设法减少的)而其成功是长期的成功。就是说，无论如何，日本人绝无能力可在短少时期当中把中国整个地区占领，而在流血斗争、你死我活的战斗当中，大家已经醒觉起来，期以十年苦斗，相信最后胜利必归我们。

听说你近来对于抗日问题，颇热心研究。我希望你不要单从军队方面着想，也不要从上海会失、南京会丢这些问题着想，然后才能想得通！否则你们终不能逃出当年奉军的故事！

我的生活如常，无善足告。对于将来接济问题以及对于我个人行动问题，你倘有意见，愿加接受。

此致秋祺。

琪翔八月二十四日柏林。

黄琪翔的这封信，写于 1935 年 8 月 24 日。

此时，距离第二次世界大战的爆发（1939 年 9 月 1 日）约 4 年时间，距离点燃中国全面抗战的卢沟桥事件（1937 年 7 月 7 日）约两年，黄琪翔却能够如此精准地判断出战争的走势，即使到了今天，距离他写下这封信的时间已经八十余年，我们仍然为此拍案称奇。

之前，我们所知道的是，黄琪翔是一位骁勇善战的军事将领；读过他在抗战期间所著的军事著作，也认为他是一位少见的军事理论家；然而在今天，当我们阅读了这封短短的信札，却有理由确信，他也是那个时代里罕见的战略家。

他用自己锐利的眼光，洞穿了时代的迷幕，梳理出世界大战的发展路径，特别是他提出“中国现在是站在一个生死存亡的关头，它要不顾一切，起来反抗强盗的侵略。它的失败，是短期的失败，是军队方面某种程度的损失，（当然不是不可以设法减少的）而其成功是长期的成功。就是说，无论如何，日本人绝无能力可在短少时期当中把中国整个地区占领，而在流血斗争、你死我活的战斗当中，大家已经醒觉起来，期以十年苦斗，相信最后胜利必归我们。”他劝告陈诚，“我希望你不要单从军队方面着想，也不要从上海会失、南京会丢这些问题着想，然后才能想得通！”这充分证明了他睿智的判断能力。

不过，黄琪翔信中有一个观点是值得商榷的。黄琪翔说：“自从帝国主义势力侵入中国以来，我相信曾经有不少的在朝与在野志士想尽种种办法，企图为国雪耻，结果练兵落空，买舰落

1936年，中华民族解放行动委员会总书记黄琪翔将军、夫人郭秀仪，与连瑞琦（左一）、谢树英（右一）在德国柏林的合影。

空，振兴实业也是落空。这些责任问题，一直到现在都闹不清。一言以蔽之，还是整个中国人不中用！为什么中国人都不中用呢？因为多少千年传统的经济生活和思想，使他们不管事，乐天、安命、知足等等，所以打仗是军队的事，是做官的人的事。老百姓是不管他人瓦上霜的！这种思想，现在还支配着大多数群众的心理。你想和一群有组织有训练的强盗相遇如何来抵抗呢？”应该承认，黄琪翔所说的以上的话，大致是事实。但是，这只是一种表面现象。他设问：“为什么中国人都不中用呢？”却没有找到正确的答案。

中国人都不中用，问题出在所谓的“革命”目的和政治制度上。根本的原因，是“自从帝国主义势力侵入中国以来”，几乎所有的掌权者，都是在为其自身的利益而战斗，人民始终遭遇奴役，并没有政治权利可以分享。这些统治者嘴上所说的“人民的利益”，以及他们振臂高呼的革命口号，实际是欺世的幌子。所以，人民采用“乐天、安命、知足等等”，其实是抵抗强权的手段而已。国民党的国民政府也如是，最终不得不逃跑到台湾岛上去了。

在德国的中国留学生非常爱国，热衷于政治。他们分成了两派，其中一派是反蒋的，主张民国政府要团结国内各种势力，联合抗日。为首的就是共产党人朱江户[1]、许德瑗[2]等人，他们领导着“留德华侨抗日救国会”；一派是拥蒋派，主张“攘外必先安内”，有驻德国使馆的武官替他们撑腰。这两派水火不容，斗得很厉害，而黄琪翔当然是支持反蒋派的，像大哥哥那样呵护着他们，引领着他们斗争。

1936年9月27日，蒋介石收到驻德国大使馆自柏林的来电，

1 朱江户（1908—1994）江西萍乡莲花人，是光绪和溥仪两代皇帝帝师的朱益藩之后 。早年留学日本和德国，和乔冠华是好朋友，回国后投身抗战，任七十军云干班上校教官，解放后随陈铭枢，任中南军政委员会农林部部长，后任北京林业大学教授。

2 许德瑗（1900 － 1972）江西九江人。1931年获法国帝雄大学法学院法学硕士学位。后入德国柏林政治大学财经研究院学习。1936年回国后，曾任北平大学副教授、英士大学教授。1946年参加中国民主同盟。建国后，历任江西省教育厅厅长，民盟第一、二届中央委员和江西省委主任委员，江西省第一届政协副主席。

称："陈铭枢、黄少谷、黄琪翔等最近在法京召集全欧华侨抗日救国大会，反动分子群集，揭国共合作，一致抗日口号，用意仍在推翻中央，夺取政权。"[1] 黄少谷（1901—1996）是国民党中央宣传委员会委员，1934年赴伦敦政治经济学院研究国际经济关系，此时在柏林。[2]

10月15日，"留德华侨抗日救国会"在柏林举办反对蒋介石政府的大会，参加的人很多，黄琪翔是这个救国会的领导人之一。与之对立的拥蒋派，实际上是大使馆的武官署，他们十分嫉妒与恐慌。武官署的人事先报告了德国法西斯政府的警察当局，举报的理由是共产党开会，于是德国警察前来捣乱。当时黄琪翔正在台上讲话，所以德国警察就以非法集会、扰乱治安的名义，把演讲者黄琪翔和组织者朱江户等人一起抓了起来。

进步的学生们群情激动，便涌向中国驻德国大使馆，非要讨个说法。一些在柏林生活的华侨也看不惯了，纷纷加入抗议者的队伍。

郭秀仪听说丈夫黄琪翔也被抓进了警察局，就立即跑到驻德国大使馆表示抗议。声称，如果大使馆不去让警察局放人，我们就将一直斗争下去，吃住在大使馆。

在与大使馆斗争的间歇，郭秀仪悄悄给自己的德国房东打了一个电话，说，万一黄琪翔回到了家，就请告诉他一声，他的妻子还在中国大使馆呢。

其实，郭秀仪打电话回家的时候，黄琪翔已经被警察局释放并回到家里。他听说他们还在大使馆里斗争，就亲自跑来大使馆。

1　台湾"国史馆"《蒋中正总统文物》，典藏号002-090103-00016-043。

2　黄少谷，湖南南县人。1924年加入中国国民党，任《世界日报》编辑、总编辑。1927年在李大钊的引荐下，赴西安在冯玉祥西北军任职，曾任国民革命军第二集团军总司令部处长、中将秘书长。1949年随国民党退居台湾。历任"总裁"办公室秘书主任、"行政院秘书长"、"副院长"、"外交部长"、"驻西班牙大使"、"总统府国策顾问"、"资政"、"国家安全会议秘书长"、"司法院长"等职务。1996年10月16日，在台北医院病逝，终年95岁。临终之前，他给儿孙留下遗嘱："树高千尺，叶落归根，希望百年之后，能够归葬于父母坟旁，眠于故土。"

黄琪翔与大使馆的人进行交涉，指出学生们的爱国热情可嘉，集会也很正当，希望他们以后不要干涉、在背后打黑枪。大使馆的人早就知道黄琪翔将军的大名，对他也很尊敬，所以这件事也就不了了之。但是，大使馆在对待德国留学生的态度上，此后未见收敛，依旧针尖对麦芒。

曾任戴笠军统情报处主任秘书，后任蒋介石侍从的唐纵（1905—1981），1936年担任中国驻德使馆的副武官，上校军衔。他的《唐纵日记》对这一事件是这样记录的，可见黄琪翔领导的抗日救国会与大使馆武官署的斗争是相当的激烈：

> 1936年10月14日
>
> 黄琪翔所领导之抗日救国会，明日开会，邱清泉[1]要我派人参加并制止之。同时，罗荣森电话，工商联合会派若干人出，分社干部也都参加。因此我电话邱清泉要他指定人来负责全权指挥，以免事权不一，步伐凌乱。
>
> 10月15日
>
> 下午八时到了，即赴Sirgartenhauf（德文，希尔加藤霍夫酒吧名）酒吧间坐着喝啤酒，看着一个个的走进内面的会场中去。大约三十分钟，人到了四、五十人，已经宣布开会。我走进会场，主席是黄琪翔，记录是朱江户，被德国警察厅传去问话。会场中议论纷纷，有的发表激烈言论，有的提议援救，后来推举代表向警厅救援，同时赴大使馆请愿。我是很少参加这种会场，初来不免有些心里不自然。原来黄琪翔的被捕，是由武官署向警察厅交涉的结果，使馆也不知道。
>
> 10月16日

1　邱清泉（1902—1949），字雨庵。邱清泉于1933年11月升任中央陆军军官学校政治训练处少将处长。1934年7月前往德国柏林陆军大学攻读。1935年10月完成工兵学校专业训练后进入德国陆军大学。1949年1月10日，在淮海战役中于陈官庄突围时被解放军击毙，时年47岁。1月19日，国民政府追赠其为陆军上将。

因为昨晚黄琪翔被捕，抗日救国会派人向使馆请愿而致公开，决定今日在学生会重开会议。在二、三小时前，我们决定派人参加，争取抗日会的领导权，否则以武力制裁。忙了一天，总算以短时间之召集，能够集合四、五十人去参加他们的会议。因为有了雄厚的势力，在会场中占了一个优势。

10 月 17 日

力余决事，不能事前考虑周到，所以没有一个坚定的意志和主张。抗日救国会开会的事，昨天他主张争取领导权，今天他又主张用武力制裁他们，甚至认为昨天达成的目的，完全属于失败的。我因为要维持主官的权威，心虽不赞成，也不发表言论。这里表示邱清泉的军人气概，他主张尊重力余的意见，如是又觉得强硬的压迫到底。如果黄琪翔他们不接受，便主张用武力解决。

10 月 18 日

今天由我们在学生会召集抗日救国会扩大筹备会，黄琪翔他们没有到，由我们大会决定呈请大使馆解散黄琪翔他们的抗日救国会，并提出统一抗日战线来对抗他们的联合抗日战线。

10 月 19 日

我对力余说，抗日救国会，如果用武力对抗，将来也许可以引起对使馆的误会，并且会引起武官署许多麻烦，晚上会议，他没有那样强硬的态度来对付抗日救国会了。

……

12 月 1 日

陈铭枢由法来德活动，大家决定要给他一个压迫，使他离开柏林，于是一方面发宣言，一方面准备势力驱逐。学生会的宣言简直不行，我重新写了一篇。荣森约我七时半就到那里去主持，准备势力去驱散他们欢迎陈铭枢的会议，但我到九时才去。结果陈铭枢知道我们准备了对付他，没有来到会，而平安无事的过去了。

1935年11月10日，中国国民党临时行动委员会在香港九龙大埔召开全国第二次干部会议，决定将“临委会”改名为中华民族解放行动委员会，通过了《临时行动纲领》和《告同志书》等重要文件。中华民族解放行动委员会，简称“解委会”。黄琪翔当时身在德国，未能参加这一重要会议，但他的同志们未曾忘记

1937年，黄琪翔夫妇回到上海后，拍摄了这张合影。

他，仍然推举他为“解委会”总书记。之后，黄琪翔回国参加抗战，因在军中任职，战事繁忙，“解委会”的领导工作实际上由章伯钧主持。

黄琪翔也从未忘却他的同志们。当“临委会”改名为中华民族解放行动委员会时，黄琪翔已成家立业，在德国的开销不小，生活已是到了拮据的程度，可是他还是从自己的生活经费中挤出三千元，让郭秀仪汇给香港同仁，以表达对同志们的关心、信任和支持。

到了第二年的1936年10月，中国驻德国大使馆找到了身在柏林的黄琪翔，交给他一封来自国内的电报。这是陈诚将军发来的。陈诚电报的内容，是邀请黄琪翔回国效力抗战。言辞切切，态度诚恳。

黄琪翔回忆说：“我忽然接到陈诚给我一封电报，内容说：现在国共正在商谈合作，团结抗战，要我回国，参加抗战。我和陈诚多年不相往来，电报是突然的。但他以国共合作、团结抗战为理由，要我回国，我觉得不好拒绝，于是我决心回国。”[1]

黄琪翔此处所说的情况，恐怕并非是实情，而是有所避讳。

事实上，在1935年至1936年间，黄琪翔与陈诚有过多次通信，怎么能说“我和陈诚多年不相往来”呢？而且，黄琪翔此次返国的路费，也是陈诚从蒋介石那里要来的。陈诚邀请他返国参加抗战，给他往德国汇款在先，黄琪翔偕夫人返国在后，他怎么会感到“忽然”呢？这里似乎只有一种情况可以作合理解释，那就是黄琪翔在写《我的自述》之际，身在文革的被迫害之中。避而不谈，显然是明智的。

1936年8月28日，蒋介石约陈诚来到峨眉山，住新开寺。陈诚将“剿匪”第一步计划，以及部队调动的部署电文呈送蒋介石，并请委座裁决成都分校事，此间还谈到了黄琪翔返国的旅费事。当天，陈诚给妻子谭祥的信中说：“委座答应先发（黄琪翔）

1 黄琪翔《我的自述》。

壹万元，分两期汇德。”[1]

陈诚拍发给黄琪翔这封电报的时候，他已经是国民党的新晋上将，成为蒋介石掌管军政大权的重要心腹助手。

1 台湾“国史馆”、“中央研究院”近代史研究所 2015 年 7 月版《陈诚书信集》，p341。

第六章　抗日战争中的黄琪翔

一、南京的邀请

黄琪翔与陈诚的关系，正如黄琪翔所言："我和陈诚旧雨重逢，颇为相得。""我和陈诚早在20年代便建立了师生关系，当时我担任保定军校任第八期的炮兵队长，陈诚是我的学生。大革命时代，陈和我都是由第四军起家的，后来陈调往黄埔军校任教官，受到了蒋介石的重视。"[1]第四军的前身是粤军第一师，黄琪翔和陈诚都是第一师的军官。黄琪翔任第一师第二团第三营（营长张发奎）副营长时，陈诚是第一师第三团团长邓演达属下的连长，所以黄琪翔说他俩都是"第四军起家的"。

陈诚

陈诚的确很欣赏黄琪翔。除了黄琪翔自己所说以上这两种关系之外，还应该看到陈诚的为人性格。陈诚这个人身材不高，气量很大，用人唯才，较不论籍贯、派系，只要善战，有才能，大都争取。随着陈诚在军中地位攀升，势力越来越大，被称为国民党军事主力"土木系"的首领——他起家的部队是第十八军第十一师，因"土"拆

1　全国政协文史资料委员会编、中国文史出版社2000年10月版《文史资料选辑》第一百四十三辑，黄琪翔文章《中国驻德军事代表团记事》，p3。

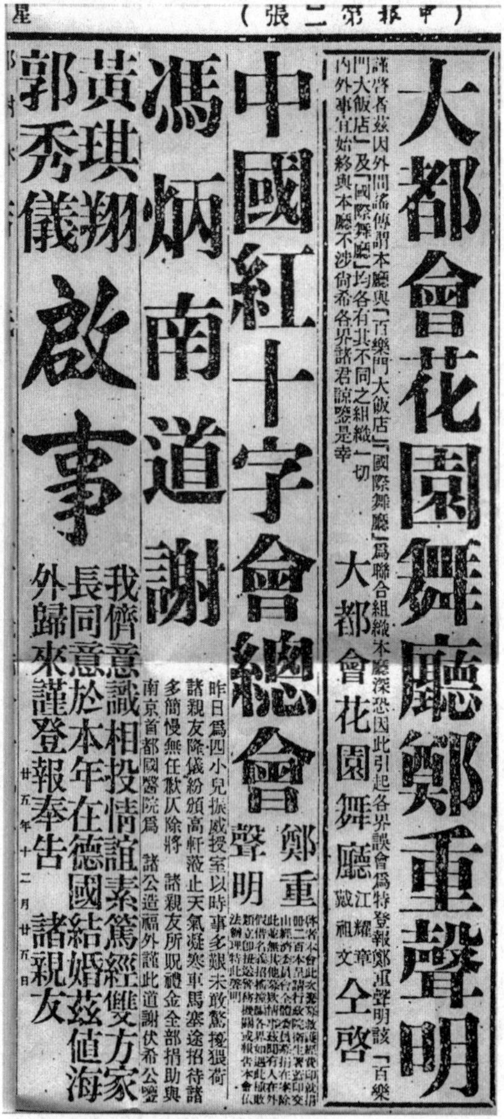
申報第二張

大都會花園舞廳鄭重聲明

謹啓者茲因外間謠傳謂本廳與「百樂門大飯店」「國際舞廳」爲聯合組織本廳深恐因此引起各界誤會爲特登報鄭重聲明該「百樂門大飯店」及「國際舞廳」均各有其不同之組織一切內外事宜始終與本廳不涉尚希各界諸君諒察是幸

大都會花園舞廳 全啓

中國紅十字會總會 鄭重聲明

馮炳南道謝

昨日爲四小兒振威授室以時事多艱未敢驚擾猥荷諸親友陸儀紛頒高軒蒞止天氣凝寒車馬塞途招待諸多簡慢無任歉仄除將諸親友所貺禮金全部捐助與南京首都國醫院爲諸公造福外謹此道謝伏希公鑒

黃琪翔 郭秀儀 啟事

我儕意識相投情誼素篤經雙方家長同意於本年在德國結婚茲値海外歸來謹登報奉告諸親友

廿五年十二月廿五日

1936 年，黄琪翔夫妇返国后，在上海《申报》刊登的结婚启事。启事中说他们结婚的时间是“本年”，事实上在 1934 年 7 月间，已经在德国柏林结婚。

开为“十一”、“木”拆开为“十八”，其麾下的将领也主要来自于此，故而被戏称。但还应看到，陈诚对有资望的指挥官是很尊重的，他曾说，可让张发奎指挥他的第十八军，以示信任。他对黄琪翔亦如此，因为黄琪翔是他心目中的好军官。

到了 1936 年，陈诚已在国民党军中崛起，成为蒋介石在军事集团中主要心腹干将，是所谓蒋介石“五虎上将”之一。这或许是得益于蒋介石的栽培——早在 1931 年 12 月，陈诚与国民党元老谭延闿之女谭祥在上海结婚时，就是由蒋介石和宋美龄主婚，而且宋美龄还是这门婚事的红娘。黄琪翔说："当时陈已是蒋介石的一员宠将，对于安排和笼络保定军校出身的将领方面，具有相当大的权力。正是因为这个缘故，在蒋介石的'统一战线'中，我先后做了陈诚的助手。"[1]

当时，中日关系已相当紧张，黑云压城城欲摧，中日必有一战的趋势已经无法改变，举国人民都在高呼抗战。国民政府也已悄悄在制定抗战计划，即《国民1937年度国防作战计划》（甲、乙两案）。该计划由参谋总长程潜上将主持制定，于1936年底送蒋介石审定，蒋又叫陈诚去认真研究。这说明，此时正是国家急需用人的时刻，特别需要那些曾经创造过辉煌战绩的军事将领。

为回应祖国召唤，身为军人的黄琪翔没有犹豫。他收到陈诚的电报后，立即收拾行李，带着妻子郭秀仪回国报到。

黄琪翔郭秀仪夫妻赶到上海，第一件事就是去上海的《申报》，刊登"黄琪翔郭秀仪结婚启事"：

> 我侪意诚相投，情谊素笃，经双方家长同意，于本年在德国结婚，兹值海外归来，谨登报奉告诸亲友。

黄琪翔旋赴南京，已是1936年12月，震惊中外的"西安事变"爆发，蒋介石与一批高级军官同时被扣西安，其中就包括陈诚。所幸在中国共产党的斡旋下，达成了联合统一战线，一致抗日，"西安事变"得以和平解决。而"西安事变"的最大成果是中日两国矛盾成为中国社会主要矛盾，中国至此进入战争的预备状态。

"西安事变"爆发后，黄琪翔内心焦急。他担心在外敌入侵之际，国内将发生重大内乱。黄琪翔回忆说："我回到上海，正值发生西安事变。我当时怀疑蒋介石将被杀，国内将兴起大规模内战，抗战将无法进行。后来，中共说服了张学良、杨虎城，将蒋介石释放回到南京。这大出我意外。蒋介石回到南京，陈诚亦

1 中国文史出版社2000年10月版《文史资料选辑》第四十三辑，黄琪翔文章《中国驻德军事代表团记事》，p3。

同时回来。”[1]

黄琪翔在等待与陈诚会晤的这段时间，他重新与各党派的民主人士走动起来，并且引起了国民党军统特务的关注。据“国民政府军事委员会调查统计局”（军统）提交给蒋介石的报告称：“近社会民主党、生产党、第三党、新国民党、民权联治党、国社党等各派分子，自黄琪翔返国后，均在进行拉拢合作，如胡秋原、余慕陶、王独清、彭芳草、严灵丰、徐谦、张君劢、王捷侠、李世章等。均由黄（琪翔）拉拢，联合一致，向中央接洽投诚，籍获优越条件。”[2] 军统特务报告所言“向中央接洽投诚，籍获优越条件”，无非是指各党派给蒋介石施加压力，要求蒋介石联合全社会的力量，共同抗战。

1937年的年初，黄琪翔终于在南京见到了陈诚。

谈到黄琪翔的工作，陈诚最初考虑，想让国民政府军事委员会任命黄琪翔为中将高级参谋，作为军事将领储备起来，理由是黄琪翔夫妇刚刚返国，可以先了解一下国内的情况。这与满怀报国之情的黄琪翔的意向大相径庭，因此黄琪翔非常不满。

黄琪翔对陈诚说：“辞修（陈诚字辞修），我不远万里回国，就是为吃一碗闲饭吗？”

陈诚最后说：“工作的事，容我们再想一想，还是先安排你和委座见个面吧。”

很快，在陈诚陪同下，黄琪翔去南京总统府觐见了蒋介石。

蒋介石很忙，但对黄琪翔很客气，简单问了一下他现在的情况。

他们之间毕竟结下了太深的恩怨。黄琪翔一生有多次参加过反对蒋介石独裁的运动，不惜以武力对抗：比如1931年参加了流产的邓演达领导的武装起义；再比如1933年的“福建事变”。在这些事件中，黄琪翔都担负着重要角色，这是很难回避的严肃

1 黄琪翔《我的自述》。

2 台湾“国史馆”《蒋中正总统文物》，典藏号002-080200-00546-095。

问题。

蒋介石表现得极为豁达，对待历史问题，他态度很爽朗地说："原是一家，旧账不算！"[1]然后又说，"御行啊，以后有事的话，可以和辞修多商量。"便结束了会见。御行，是黄琪翔的字。

黄琪翔惴惴不安的心安宁了下来。因为蒋介石没有记恨他的过去，至少是在表面上如此。蒋介石也没有说到怎样与共产党组建抗日统一战线。其实蒋介石心知肚明，黄琪翔与共产党的关系一直很密切。

蒋介石随后电令军委会徐永昌："本会高级参谋如有缺额，请委黄琪翔、叶挺二员。补充等事，请与辞修便商之。中正。"[2]

关于黄琪翔与陈诚别后重逢的具体时间，各种资料只大略记载为"1937 年初"，现据台湾新近出版的陈诚日记[3]可知，他会晤黄琪翔的时间当在 3 月，其日记中涉及黄琪翔的工作安排等问题，有四次记载。

当时，陈诚按照蒋介石的指令，正在全力处理"西安事变"的后续问题，在南京和西安间不停地来回奔波，还正在撰写"国防军战斗序列草案"、"国防部组织系统表及配搭表"等，工作十分紧张繁忙。陈诚在 3 月 3 日这天，上午"谒委座"蒋介石，下午三点又"谒汪先生精卫"，其在晚上撰写的日记中写道："对琪翔、武夷（叶挺）准以名义"，说明陈诚就黄琪翔的"出山"问题请示了蒋介石。蒋介石批准"准以名义"，而非委以实职。

3 月 5 日，陈诚又在日记中写道："对黄（琪翔）、叶（挺）拟分任炮交兵签。""晤向华（张发奎），商叶、黄名义。"这就说明了针对黄琪翔、叶挺的职务安排问题，陈诚与张发奎进行过磋商，因为黄琪翔和叶挺都曾是张发奎的旧属。

3 月 11 日，陈诚因为老家被"匪"所抢，母亲去丽水，陈诚

---

1 完颜绍元文章《暮境坎坷的黄琪翔》。此资料为剪报，缺失版权页，由黄琪翔后人保存。下同。

2 台湾"国史馆"《蒋中正总统文物》，典藏号 002-010200-00174-014。

3 台湾"国史馆"、"中央研究院"近代史研究所 2015 年 7 月印行《陈诚先生日记》（一）。

向蒋介石请假后去看望母亲。黄琪翔与陈诚结伴由南京赴上海。陈诚写道："今早，偕黄琪翔、刘为章等来沪。寓华安。"

1937 年 4 月，陈诚邀请张发奎、黄琪翔等同往温州、台州等沿海地区视察地形。这是为进行淞沪会战做前期的准备。

4 月 19 日，徐永昌向蒋介石报告："经与陈诚兄协商后，拟委派黄琪翔、叶挺为中将高级参谋，各月支薪五百元"。蒋介石批复"如拟"，即表示同意。可见，在抗日战争爆发前夕，国民党中将的月薪是法币 500 元。

黄琪翔闻知自己的任命后极不情愿，又跑去找陈诚。此时，陈诚将往徐州转开封，在其动身之前，黄琪翔找到了陈诚，表达了自己的不悦心情。陈诚在当天的日记里写道："黄琪翔来谈，不愿就高参。"

黄琪翔对自己被任命中将高参并不满意，是因为他希望回国能为抗战出一份力，而不是虚职。其实他不知，陈诚此时为了他的事而承受着很大的压力。就在黄琪翔返国后，蒋介石侍从室就通知情治部门调查黄琪翔近况。1937 年 5 月 28 日，宪兵司令部提交了相关情报。6 月 2 日，蒋介石侍从室主任钱大钧把这份报告批复："移交陈次长辞修察核"。

这份情治调查报告系毛笔手抄件，内容是：

> 黄琪翔派员至（北）平活动。平讯：第三党首要黄琪翔近仍暗中活动，图谋不轨。现派一亲信彭某至平活动，联结各党各派，以反国（民党）反共（产党）为号召，大肆活跃，并进行拉拢冀察当局。但前数日，该彭某仅得会见秦德纯一次。
>
> 据邓悌称，黄琪翔确为第三党首要，与陈铭枢在欧活动甚力。黄主持在德之活动，彼被召返国前，尚在德公开反对中央与我领袖，现虽委以职务，但其言行仍宜注意。钱大钧谨注。[1]

1 台湾"国史馆"《蒋中正总统文物》，典藏号 002-080200-00493-001。

陈诚看过钱大钧这份批注的报告之后，不动声色，依然在为黄琪翔的改任而努力，遂黄琪翔被任命为训练总监部炮兵监，具体时间是该年的6月18日。何应钦在提交的人事任命报告中，炮兵监一栏写“拟以黄琪翔、刘翰东、邹作华三人中择一充任。”蒋介石批示：“黄琪翔可也。”[1]

黄琪翔在自述中也说：1937年“我和陈诚商议结果，搬家到南京住下。最初，军委会任命我为中将高级参谋，我拒绝接受。1937年夏，改任我为训练总监部的炮兵监，主管炮兵训练事宜。”[2]

陈诚家眷与黄琪翔家的走动，也就是从这时开始的。

谭祥与郭秀仪交往密切。郭秀仪的美貌和爽快个性，给谭祥留下很深的印象。而谭祥与宋美龄是留美同学，俩人接触更多，闲谈中，或将黄琪翔新婚妻子郭秀仪的情况告诉了宋美龄。

宋美龄认识黄琪翔。1929年国民政府举行孙中山奉安大典时，姐姐宋庆龄自德国返国，她的随员就是黄琪翔将军，所以她对黄琪翔新婚妻子郭秀仪，似乎也格外留意。这可能为宋美龄在随后的一系列社会活动中，主动提携郭秀仪参与社会活动，埋下了伏笔。

由军委会中将高级参谋改任为训练总监部炮兵监的任命下来后，黄琪翔虽然还是不怎么高兴，但他也知道，这些都是过渡性的工作岗位。

黄琪翔回忆说：“是年六月，蒋介石调集中央和各军高级军官到庐山训练团训练，我亦被调参加。训练的内容，除一般军事课外，还有三民主义和蒋介石言论等等。这对于我来说，简直是一种折磨。”期间，黄琪翔还给训练团的成员讲过课。黄琪翔继续回忆说：“在庐山受训期间，爆发了‘七七事变’。蒋介石当时在庐山邀集全国各方代表开会，发表了抗日讲话，表示决心抗

1　台湾“国史馆”《蒋中正总统文物》，典藏号002-080200-00484-007。

2　黄琪翔《我的自述》。

战。同时，参加庐山受训的军官也分别回到自己的工作岗位上去。我回到了南京。”[1] 回到训练总监部炮兵监，黄琪翔根据自己的经验，为炮兵训练撰写了《战时炮兵》，供炮兵训练使用。

8月1日，蒋介石邀请毛泽东、朱德、周恩来赴南京出席国防会议。叶剑英急电中央中央书记处，建议：“毛不必去，朱必须去。”8月9日，朱德、周恩来和叶剑英等中共代表团成员飞抵南京。

在南京，黄琪翔与周恩来、叶剑英、叶挺等见面了，朱德也是老相识，所以他们相见甚是高兴。黄琪翔说：“当时南京正和中共方面进行接触，商谈团结抗战问题，我和周恩来、叶剑英等也曾经为此有过来往，受到他们的鼓励。”[2]

中共代表团与国民党关于抗日合作的谈判，在细节上时有不顺，所以周恩来特意找到黄琪翔说，希望由他出面邀请张群出来个别谈一谈，摸摸底。张群当时是国民党中央政治会议的秘书长。于是，黄琪翔出面约好了张群，然后再通知周恩来。他们见面的地点就在南京的黄琪翔公馆。这次国共双方要员的会谈，是中间人黄琪翔以私人的名义发出邀请，形式是大家坐在一起吃饭。

黄琪翔的公馆，位于南京市中心的五台山，一个绿草青青的花园洋房。“黄公馆”的具体地址在何处？今已不详。黄琪翔夫妇当年在南京住过多处地方，如南京上海路永庆里十三号[3]，还有如今的门牌号为南京上海路11号–6的建筑，[4] 可是，有证据显示，此处房子是郭秀仪于1948年购买的。这都不是黄琪翔夫妇当年居住的公馆，也有人说他们当时是借住在黄镇球家。但可以肯定的是，黄琪翔夫妇于1937年的住所，必定在南京五台山附近。

1　黄琪翔《我的自述》。

2　黄琪翔《我的自述》。

3　1947年外交部致信黄琪翔的地址为：上海路永庆里十三号黄公馆总司令剑灵转黄琪翔。见台湾“国史馆”“外交部”驻欧洲国家使领卷，典藏号020–100300–0141。

4　根据南京市政府网站显示的一份关于《2015年市政府提案第0581号：关于抢救黄琪翔故居的建议》的答复，南京市上海路11号–6的建筑，就是黄琪翔、郭秀仪夫妇的故居。

1937年8月，中共代表团代表朱德（右一）、周恩来（右二）、叶剑英（左二）和国民党要员张群（左一），中间为中华民族解放行动委员会总书记黄琪翔和夫人郭秀仪的合影。地点在黄琪翔家草坪。

而在第二次国共合作前期（1937年至1938年），黄琪翔将军应中共周恩来的请求，先后两次安排国共两党的高级领导人举行私下会谈，这是其一。

客人到了，共产党方面来的代表是周恩来、朱德、叶剑英和叶挺，而国民党方面只有张群一人参加。他们先举行会谈，然后大家在一起吃饭，相聚甚欢。

吃完饭后，他们到黄家花园的草坪上合影留念，看上去大家都很开心。

这次国共要员会谈的时间，即这张照片拍摄的具体时间，的确是个问题。

郭秀仪生前的回忆是“1937年春末”[1]，应该有误，因为当时朱德等人还在苏区，直到8月9日方才应蒋介石之邀到南京参

1 《流金岁月》，p96。郭秀仪文章“往事拾遗”。

加国防会议。再查周恩来、叶剑英年表可知，他们会晤的时间最有可能是在8月10、11、12日这三天中的某一天，而且极有可能是10日这一天。因为11、12日这两天，周恩来、朱德和叶剑英都参加了重要的会议，工作十分繁忙。

但是，这张照片确实非常重要，它的难得之处是体现了国共第二次合作时期最直接的影像史料，也是体现国共第二次合作的影响力最大的历史照片，几乎所有介绍这一历史时期的展览、书籍均采用了这一图片。照片上，除了国共双方的代表之外，黄琪翔当时的身份是中华民族解放行动委员会总书记，即“解委会”的负责人。

照片上唯独没有叶挺将军。郭秀仪回忆说，那是因为这张照片的拍摄者就是叶挺本人。

1937年8月23日，蒋介石公开发表谈话，承认中国共产党的合法地位，同意将陕北的中央红军改编为国民革命军第八路军，简称“八路军”，于是朱德成为“八路军”的总司令，叶剑英为参谋长。10月间，又把在南方十三个地区的红军游击队改编为国民革命军新编第四军，简称“新四军”，叶挺为军长。

至此，抗日民族统一战线正式形成，第二次国共合作开始。

二、淞沪会战

1937年9月，黄琪翔在南京接受军事委员会任命，出任第九集团军副总司令。他匆匆告别妻子郭秀仪，自己奔赴上海前线，参加了著名的淞沪会战。

淞沪会战，又称“八·一三”战役，中日双方共投入约80万军队参加战斗。战役持续三个月，起止时间为1937年8月13日至1937年11月12日。这是中日双方在中国抗日战争中的第一场大型会战，也是整个抗日战争中进行的规模最大、战斗最惨烈的一场战役。这场战役对于中国而言，标志两国不宣而战，但又是全面战争的真正开始，由卢沟桥事变后的地区性冲突，至此升级为全面的战争行为。

战争起因是一支驻沪的日军武装部队，于1937年8月9日侵入上海虹桥机场，冲入警戒线滋生事端。中方本是遵照蒋介石“和平未至绝望，决不放弃和平；牺牲未至最后关头，绝不轻言牺牲”的指示行事，但日军如此嚣张，中方驻军不得不加以干涉。于是日方以此为籍口，集中军舰开进，并派陆战队登陆上海，要求中方驻沪保安队撤退，被我方严词拒绝。8月13日，日方集合驻沪之陆军、海军陆战队约一万余人进袭上海中国保安队，遂发生震惊中外的淞沪战事。[1]

1 中国大百科全书出版社2009年3月版《白崇禧口述自传》（上），p70。

战时的上海属于第三战区，司令长官是冯玉祥，副司令长官是顾祝同。在日军进袭上海的 8 月 13 日，中方派遣张治中部三个师向上海增援，张治中被任命为第九集团军总司令。

黄琪翔回忆说：“八 · 一三”事变发生后，“蒋介石派张治中为第八（九）集团军总司令，指挥蒋的嫡系宋希濂、孙元良、王敬久等部队到上海作战。由于陈诚和唐生智、白崇禧等的建议，派我为该集团军的副总司令。此外还派了德国的法根豪森将军为该军顾问。”[1]

法根豪森将军，即亚力山大 · 冯 · 法肯豪森（1878—1966），德国将军。1935 年，蒋介石政府的军事总顾问塞克特（1866—1936）回国后推荐法肯豪森继任蒋介石的德国总顾问，

1 黄琪翔《我的自述》。

淞沪会战爆发前的上海

蒋介石当即表示接受。从此，法肯豪森积极参与中国的最高机密筹划与各项战争准备工作，时间长达四年之久。[1]

第九集团军战斗序列

（8 月 3 日至 9 月 23 日）

总司令　　张治中

副总司令　　黄琪翔

1　法肯豪森，德文名 Alexander von Falkenhausen 。“八 · 一三”抗战中，德式样板师第 87、88、36 师，全部投入战斗，这些德籍顾问所指导的国军部队训练有素，火力之强为国军之冠，重创日军。在“庙行大捷”中日军的精锐受挫，遗尸三四千具。日本断定他们遇到了德国顾问训练的样板师，称上海保卫战为“德国战争” 。1938 年他接到德国的命令，不久后即返回德国，并许诺绝不会向日本方面透露任何有关中国的军事机密。回国后，他起初拒绝接受任何工作，免费当起了中国的抗战宣传员，直到希特勒命令德国预备役军人复役为止。1940 年法肯豪森被任命为比利时总督，1944 年 7 月 20 日刺杀希特勒事件失败后，法肯豪森受到牵连被逮捕入狱。二战结束后法肯豪森被盟军逮捕移交比利时政府被叛 12 年徒刑，因其非纳粹分子，不久释放归德，曾出任中（中华民国）德文化经济协会名誉会长。1966 年去世，享年 88 岁。

第 87 师师长 王敬久

刘安祺 第 259 团

沈发藻 第 261 团

第 88 师师长 孙元良

彭巩英 第 262 团

第 264 团

第 36 师师长 宋希濂

陈瑞河 第 106 团

彭戢光 第 108 团

第 61 师师长 钟松

淞沪警备司令部司令 杨虎

上海保安总团（吉章简）

中央军校教导总队 2 团（胡启儒）

炮兵第 10 团（彭孟缉）

炮兵第 3 团（邵存诚）

战防炮营[1]

作为蒋介石侍从室主任和侍卫长的钱大钧在日记[2]中说，白崇禧于 9 月 2 日凌晨返回南京后，当即与程潜、何应钦、唐生智、黄绍竑等一起晋见蒋介石，决定缩短战线、更换身体虚弱的总司令张治中，并“赞成黄琪翔之前往”上海赴任第九集团军副总司令。

在淞沪前线，黄琪翔于 9 月 2 日出任第九集团军的副总司令，张治中同时被调离，由朱绍良（1891—1963）接任总司令，黄琪翔作为朱绍良的助手。

此前 8 月 22 日晚，日军第三师团、第十一师团、第八师团的第四旅团以及第一师团的第一旅团于川沙、狮子林、宝山等地同时登陆，向宝山、罗店、浏河一线进犯。陈诚率部增援，并于 8 月 24 日开始反攻。由于上海地狭海薄，日军又以陆、海、空联合作战，发挥了极大的火力威力，我军反攻未能奏效。而日军的

1 中国文史出版社《八一三淞沪抗战亲历记》，p351。

2 台湾中华出版公司 2015 年 7 月第一版《千钧重负——钱大钧将军民国日记摘要》，p51。

增援部队也已上岸，其主力进攻罗店，至9月19日，罗店失陷。我军退守闸北、江湾、庙行、王庙、双草墩一线。

9月21日，为应对作战需要，中方前线部队又做调整：第十五、第十九集团军编为左翼兵团，陈诚为总司令；第八、第十集团军为右翼兵团，张发奎为总司令并兼任第八集团军总司令，这时黄琪翔改任右翼兵团副总司令，成为张发奎的副职。

此时，在黄琪翔的引荐下，一批“解委会”的党员干部如杨逸棠，李卓贤，裘朝慎，周德成，何自坚，杨清源等人也参加了战斗。[1]

战事已经拉开了大幕，敌我双方浴血战斗之际，我军内部还发生一些匪夷所思的事，让所有人愤怒不已。

其一，身为副总参谋长的白崇禧奉命去前线视察，照例要拜会第三战区司令长官冯玉祥，可是冯玉祥不在他的长官部。第二次又去，冯玉祥还是不在长官部。白崇禧忍不住向副总司令顾祝同发问：“委员长要我前来慰劳他，并听取他的意见，何故两次不见？”顾祝同告诉白崇禧说：冯玉祥因为害怕空袭，白天不在战区长官部，住在离上海约一百五十公里路之宜兴张公洞，除偶尔夜间到战区长官部，白天从未来过，私章交给顾副长官，公事由顾祝同处理。白崇禧在顾祝同的指点下，终于在宜兴张公洞里找到了冯玉祥。张公洞是石岩洞，的确很安全，里面可容纳一二千人。[2]这样胆小怕事的人怎么能担当战区的统帅呢？白崇禧回到南京，立即与何应钦商量，并经蒋介石同意后将冯玉祥调离了第三战区。[3]全国人民都在如此关注淞沪会战，将士们在前线用

1　2005年第8期《前进论坛》，方荣欣文章《怀念我的革命引路人裘朝慎》。

2　中国大百科全书出版社2009年3月版《白崇禧口述自传》（上），p70。

3　因为冯玉祥是西北军的头面人物，堪称德高望重，所以要体面地调离他。在白崇禧的策划下，让冯玉祥去做了第六战区的司令长官，下辖宋哲元、石友三、石敬亭、孙连仲、刘汝明、冯治安等部，以及韩复渠的部队，均是他的旧属。这一建议得到了蒋介石、何应钦的支持，于是白崇禧去与冯玉祥商量，冯玉祥很高兴。岂知，任命一发表，宋哲元、石友三和韩复渠等人均用密电向中央表示反对。最后，蒋介石表示“解铃还须系铃人”，并授意白崇禧转达其部下不信任之意，冯玉祥才辞去第六战区司令长官职务，专任军事委员会副委员长一职。事见《白崇禧口述自传》（上），p85。

黄琪翔氏在战区之影。原载 1937 年第 12 期《抗敌画报》。

命，而作为战区总司令长官却因为害怕空袭，不能坚守长官部，躲在百里之外的山洞里，成何体统！之后，第三战区的总司令由蒋介石亲自兼任。

其二，某次，蒋介石打电话到前线，希望右翼兵团总司令张发奎去检查一下孙元良[1]的部队。孙元良是蒋介石钟爱的学生，其率领的第八十八师也是蒋介石的嫡系部队。张发奎因战事太忙，让他的副总司令黄琪翔去执行命令。黄琪翔找了半天，才发现孙元良居然在公共租界百乐门舞厅里跳舞，当然十分恼火，就如实报告了张发奎。

张发奎一听也火了，直接报告蒋介石。

蒋介石在电话里授权张发奎，说，“混账，毙了他！”[2]

张发奎没有那么做，因为他知道孙元良是蒋介石的得意门生，号称“十三太保”之一。而且，幸亏没有“毙了他！”孙元良的部队后来的确打得很不错，他还因战功晋升为第七十二军中将军长，仍兼八十八师师长，后又得到了国民政府的云麾勋章。

针对淞沪会战，黄琪翔认为：蒋介石在最初的设想也只是想吓唬一下日军，以便在与日本人谈判时增加我方的资本，再达成某种协议，所以，中方并没有想真正打下去。黄琪翔说：“当时日军在上海的兵力不过一个师团左右，张治中毫无办法应付，后战局越来越处于被动。虽蒋介石直接通过电话指挥，亦不能挽回败局。战事逐渐扩大了，蒋介石的和平计谋亦无从实现，于是便调集内地各军，包括蒋的嫡系和所谓杂牌军队前来上海参战，借此避免后方事变。指挥系统十分混乱。在上海作战两个多月中，日本的军力最多不过两三个师团，而蒋介石调赴上海的部队不下十多个军，三十多个师。最后还是被迫撤退。”[3]

随着战事不断扩大，中国军人不断地去慷慨殉国，可是，在各种因素的作用下，指挥官们越来越感到力不从心。中方的军事优势也没有像预料中那么理想，而且显现出中国军队装备、军人素养及战术水平，明显处于劣势。虽然中国军人的人数确实数倍

1 孙元良（1904—2007），四川成都人，祖籍浙江绍兴，生于四川成都华阳，毕业于黄埔军校一期，曾任国民革命军88师师长、第22集团军司令官、国民军第5绥靖区司令官等职；1949年后去台湾，2007年在台北去世。其子孙祥钟，是台湾电影明星、艺名秦汉。

2 《张发奎口述自传》，p182。

3 黄琪翔《我的自述》。

于日军，但战争的天平开始向日军倾斜。实际担任前敌总指挥的陈诚在其日记中发出这样的悲叹：顾祝同在电话里跟陈诚说："影响（我军）前方之重重困难及政治、（国民党）党务之腐败，而汉奸之多，及地方负责者之逃走，有无异在敌国作战，国家焉能得不亡之感。并对予曰：凡国家存亡总有倒霉者，即我辈之谓也！我以为政府平时毫无准备，战时脚忙手乱。此次临时令我与顾（祝同）来负此重责，事前毫无所闻，一切均无从著手，自难有妥当办法，一切困难危险，均意中事，与顾（祝同）实有同感。"[1]

从四川调来的第四十三军，10月18日乘火车抵达上海后，随即投入上海西北的大场战斗。打了七天，到10月24日午夜后，阵地被第十八师接防，将士阵亡已近百分之九十，中低级干部几乎全部牺牲，只剩下不足六百人的残部，由萧毅肃将军带领撤往杭州整编休补。[2]

中国军人奋勇杀敌，慷慨赴死，也给予进攻的日军以重创。日军上海派遣军第一师团预备役上等兵荻岛静夫，时年27岁，参加了强渡"吴淞河"等前线战斗。与他们对岸作战的，正是张发奎、黄琪翔率领的中国右翼兵团。荻岛静夫所写的战地日记，记录了当时激烈的战况。

荻岛静夫所说的"吴淞河"，就是我们所说的吴淞江。它发源于太湖瓜泾口，在上海市区外白渡桥附近汇入黄浦江，全长125公里。古名"松江"，又因流域在古代吴国境内，故称之为"吴淞江"。苏州河是吴淞江进入上海市区段的俗称。

日军在此处强渡"吴淞河"，分别于10月3日晚上、10月4日午后和晚上9时，前后三次进攻，失败了二次，第三次才强渡成功。中国军队展开反攻，企图夺回阵地。

荻岛静夫写道：

---

1 台湾"国史馆"、"中央研究院"近代史研究所2015年7月印行《陈诚先生日记》（一），p155。

2 萧慧麟著《萧毅肃上将轶事》，p22。

我第一回和队长一起渡河，队长战死，无可奈何，只得把他的遗体放在敌人的面前两天两夜，自己暂且退到后方……每个人背负上千发子弹，满怀殊死的决心沿着黑暗的交通壕向右边移动……早上五点半钟左右，恐怖的一夜就要亮开的时候，我们遭到了来自后方的射击。我认为这是河边的友军弄错了攻击的方向，于是一边打出了太阳旗，一边在战壕里大声呼喊友军。但是，弹丸还是照样飞射过来，太阳旗也遭到猛烈的袭击。

我认为这是不可思议的，于是从战壕里探出一点点头往后放看去，只见河边战壕里不停地向我们射击的那些人，头上的钢盔似乎是绿色的。虽然在渐渐明亮起来的曙色中还看不大清楚，但我突然意识到："啊，是敌人！"这时，左边的军官也察觉到此情，于是大声呼喊"敌人！敌人！敌人在后边，转过身去射击！"随着这一声喊，就向敌人开火，重机枪也急速地向后方射击。在友军猛烈射击之下，敌军的射击势头有所减弱，这时能够清楚地看到敌方大约有五十来人。现在，天完全大亮，从双方战壕中发出拼命一般的射击仍在继续。

友军认为第二大队和第三大队兵力不足，可是敌军敢于突破不足一百米的警戒线从我们的后方迂回过来，这纯属荒谬的行动，还是因为他们是拼命的队伍？可是，日本军队竟然也显出被吓破胆子的样子！

……敌军把友军作为攻击的目标猛烈地射击，第三大队的一位小队长和几名士兵几下子就被他们弄死了……这时，冲锋的命令下达了。我们飞身出战壕，当即就是一阵猛射。

……我们的敌人成了一支完全的送死队，一个逃回去的人也没有，他们在吴淞河畔成了战败国的牺牲品。[1]

侵华日军一个大队的标准编制是1100人，两个大队是2000

1　人民文学出版社2005年版《一个侵华日军的战地实录——荻岛静夫日记》，p29至31。

余人，即使战时缺编严重，日军两个大队与“五十来人”的中国军人相比，当然是绝对优势，所以荻岛静夫认为中国军人的反攻是“纯属荒谬的行动”和“拼命的队伍”。但，这正是体现了参加淞沪会战中国军人舍生忘死的爱国精神！这些中国烈士们死得是何其壮烈！

到了淞沪会战的后期，陈诚出任前敌总司令，右翼军团的总指挥仍然是张发奎，左翼军团的总指挥已经换上了薛岳，但右翼军团所承受的压力显然大于左翼军团。

11 月 4 日凌晨四点，陈诚赶到右翼军团指挥部所在地上海青浦东横乡，随即召开由朱绍良、张发奎、黄琪翔等右翼军高级将领参加的战前会议，决定由黄琪翔任第八集团军代总司令，香翰屏 (1890—1978) 任第九集团军代总司令。以苏州河为界，黄琪翔率部指挥沪南和苏州河以东的部队，香翰屏负责指挥苏州河以西的部队。由于我守军第六十二师此前已奉命调至苏州河南岸参战，防线已经无兵把守。11 月 5 日拂晓，日本新组建的第十军在柳川平助指挥下，由二三十艘兵舰所组成的日军舰队，护送大量日军在杭州湾金山卫附近集结，并在漕泾泾、金山咀、金山卫、金丝娘桥、全公亭等处登陆。[1]

11 月 5 日，临危受命的黄琪翔迅速进行军事布置，想趁敌人刚刚登陆尚未完成防御工事之机，展开反攻登陆之敌：令第二十六师由青浦开松江，沿黄浦江设立警戒；第六十一师往闵行设立警戒。以上二个师经过数次激战，每个师只剩下一百余兵力，无力进攻，故只能担负警戒任务。命令第一 0 七师、第一 0 八师由白鹤港经青浦向金山县、松隐前进；第七十九师由嘉兴枫泾下车，即行占领国防工事，并派有力一部先行占领金山县；第六十二师折回，向漕泾、金山咀登陆之敌进攻；第六十三师除留下一部进入国防工事外，主力部队沿海边侧击登陆之敌。

但是，所有的进攻都没有达到预期目的，反攻失败。陈诚当

---

1 《陈诚先生日记》（一），p175。

时也在前线指挥，对战局的情况了然于胸。他在当天的日记中写道：黄琪翔率领的第八集团军“此次未能歼灭登陆之（敌）并牵动全局，（其原因）：一、部队太差。二、敌机活动使我各部均失联络。三、刘建绪未能令七十九师照规定占领金山县。”[1]

淞沪会战中，中国军队的失利，并非中国将士们不具备牺牲精神，也不仅仅是陈诚所说的以上这三条。造成如此被动挨打的原因是多方面的。

比如，我们可用更为开阔的视野来观察历史：日本从明代万历年间就有了征服中国的野心。日本大将丰臣秀吉（1537—1598）出征朝鲜，就是为了侵华。这是日本的传统野心，一直延续到近代的“九一八事变”。也就是说，日本忘我中华之心蓄谋已久，准备充足。

日本一直在为战争做准备，实行的是征兵制，与我国有很大的不同。日本现役兵 38 万，预备役兵 73.8 万人，第一补充兵役 159.9 万人，第二补充兵役 90.5 万人，各种兵役共计 448.1 万人。战斗兵属于现役、预备役、后备役者共计 199.7 万人，此外皆是后勤兵役与补充兵役。这些人员都长期得到严格的训练。日本陆军有 17 个师团，海军各种舰艇 190 万吨，属于陆军的飞机 1480 架，属于海军的 1220 架。

中国仅有 182 个师，既无预备役，又无补充役，若中国战时部队有所伤亡，补充困难，如淞沪之役，士兵伤亡之数字达参与会战之兵力之四分之一，甚至二分之一，因备战仓促，故部队皆不足言补充，这是抗战中我不如敌人之处。[2] 白崇禧说：“我在前线常看见未经训练而开赴战场之士兵，无论就作战技术或作战精神皆不能称之为战斗员，仅是备员而已。”[3] 我军训练水平低下，远不如敌人，我军“步兵对轻重武器因训练不精，不能使用自如，未发挥较大之威力”，即使使用同一种武器，其命中率亦远逊于

1 《陈诚先生日记》（一），p176。

2 《白崇禧口述自传》（上），p77。

3 《白崇禧口述自传》（上），p78。

敌人。[1]

再比如，中国军人装备之差，也是一个不应忽视的主要因素。所谓中国当时最精锐的“样板师”，是指蒋介石的精锐部队（宋希濂）第三十六师、（王敬久）第八十七师、（孙元良）第八十八师，他们是蒋介石嫡系中的嫡系，是中国装备最先进、训练最有素质的部队。其他的中国军队，有时名义上是一个军，其实只有一个师，人数加上军部直属的人也只有五千人，如川军（代军长萧毅肃）第四十三军，装备极差。因此，负责设计、策划及指挥者之一的白崇禧将军说：“国军装备不一，枪支配备或多或少，武器种类繁多；战术思想、战斗动作极不一致，或学德、日，或效英、美，而纷杂不一；编制有一军有二师编成者，有三师编成者，或一师有二旅者，或三团者不等；再加以地方色彩，个人主义弥漫于军队之中。”[2]

而日军一个陆军师的兵力、兵器之配备，即使与中国最精锐的“样板师”比较，差别仍然十分巨大：

日本一个师，人数是 21945 人；

中方一个师，人数是 10923 人。

日军马匹，5843 匹；	中方为 0。
日军步骑马枪，9476 支；	中方为 3831 支。
日军掷弹筒，576 具；	中方为 243 具。
日军轻机枪，541 挺；	中方为 274 挺。
日军重机枪，104 挺；	中方为 54 挺。
日军野山榴弹炮，64 门；	中方为 16 门。
日军迫击炮，44 门；	中方为 30 门。
日军坦克，24 辆；	中方为 0。
日军汽车，262 辆；	中方为 0。
日军载重货车，266 辆；	中方为 0。

1 《白崇禧口述自传》（上），p82。

2 《白崇禧口述自传》（上），p77。

日军马车（一匹马），555 辆；　　　中方为 0。[1]

同时，日军还掌握着制空、制海权，陆、海、空联合与我军作战，配合强大的火力。

还有一点，那就是一部分中国人的抗战意志，令人齿寒。我们从淞沪会战前敌总司令陈诚的日记中可以看到，“汉奸之多，及地方负责者之逃走，有无异在敌国作战，国家焉能得不亡之感。”地方官员们望风而逃，使得参加战斗的我军，本是在自己的土地上卫国作战，犹如进入陌生之境，得不到有效的支援和鼓励。更有一些中国败类，居然成为了日寇的汉奸特务，为日本人当耳目、为日机轰炸作地面指引……

1937 年 9 月 13 日，充当日军特务的汉奸在上海被枪毙。来自美国战地记者海岚·里昂拍摄的汉奸们受刑后照片。据海岚·里昂的日记，另有 4 个中国汉奸在浦东中国炮台附近为日军飞机和战舰发信号，也被当场斩杀。

1　刘庭华著《中国抗日战争与第二次世界大战》，转载自萧慧麟著《萧毅肃上将轶事》p22。

就是在如此复杂而残酷的条件下，我们数十万军人只能用自己血肉之躯作盾牌，与训练有素的日军及其猛烈炮火相抗衡，导致了死伤惨重，尸骨遍野。这些可爱、可敬、可叹的英魂，成为守卫祖国的不屈英灵。而中国军民这种顽强抗敌之精神，也完全出乎日本事先的预料，打碎了日军本部预想要用三个月时间征服中国的狂妄叫嚣。

日军登陆成功后，日本上海派遣军与第十军合编成立华中方面军，由派遣军司令官松井石根统一指挥，日军大本营规定其作战地域为联结苏州——嘉兴一线以东，任务以挫伤中国之战斗意志，获得以结束战局为目地，与日本海军协同消灭上海附近的中国军人。日军第六、第十八师团按照预先部署，分别向松江、沪杭铁路扑去。

我军反攻未见成效，反而被敌军反扑过来。面对溃散的部队，黄琪翔只能就地重组部队，号召将士们“纵使战到一兵一枪，亦绝不终止抗战。”

当蒋介石得知日军登陆金山卫的消息后，立即命令淞沪战场前敌指挥官陈诚根据现实情况作出应变处置。陈诚急令右翼军的原东北军主力吴克仁第六十七军前往增援松江。而这个军刚从豫北调来，在松江附近未及集结完毕，即遭遇日军凶猛攻击，苦战3天3夜，未能退敌。

11月6日，“第八集团军副（代）总司令黄琪翔，奉前敌总司令陈（诚）之命，亦于本夜嗤赴松江指挥第四三及六七两军，拒止敌之北进。”[1] 黄琪翔心急如焚，只率领作战参谋若干人赶往松江城，去指挥前线作战。方荣欣说：“日军利用其海、空军优势，在杭州湾金山卫登陆，绕攻上海。黄琪翔闻知，星夜赶往松江，急忙抽调部分上海作战部队，驱逐登陆日军。由于势单力薄，未能成功，乃决定扼守黄浦江以阻止日军前进，以期保障松江，巩固上海侧后安全。黄琪翔仅率数名参谋人员在淞江城下指挥，

1　顾祝同《国民政府国防部史政局及战时会档案》，现藏第二历史档案馆。

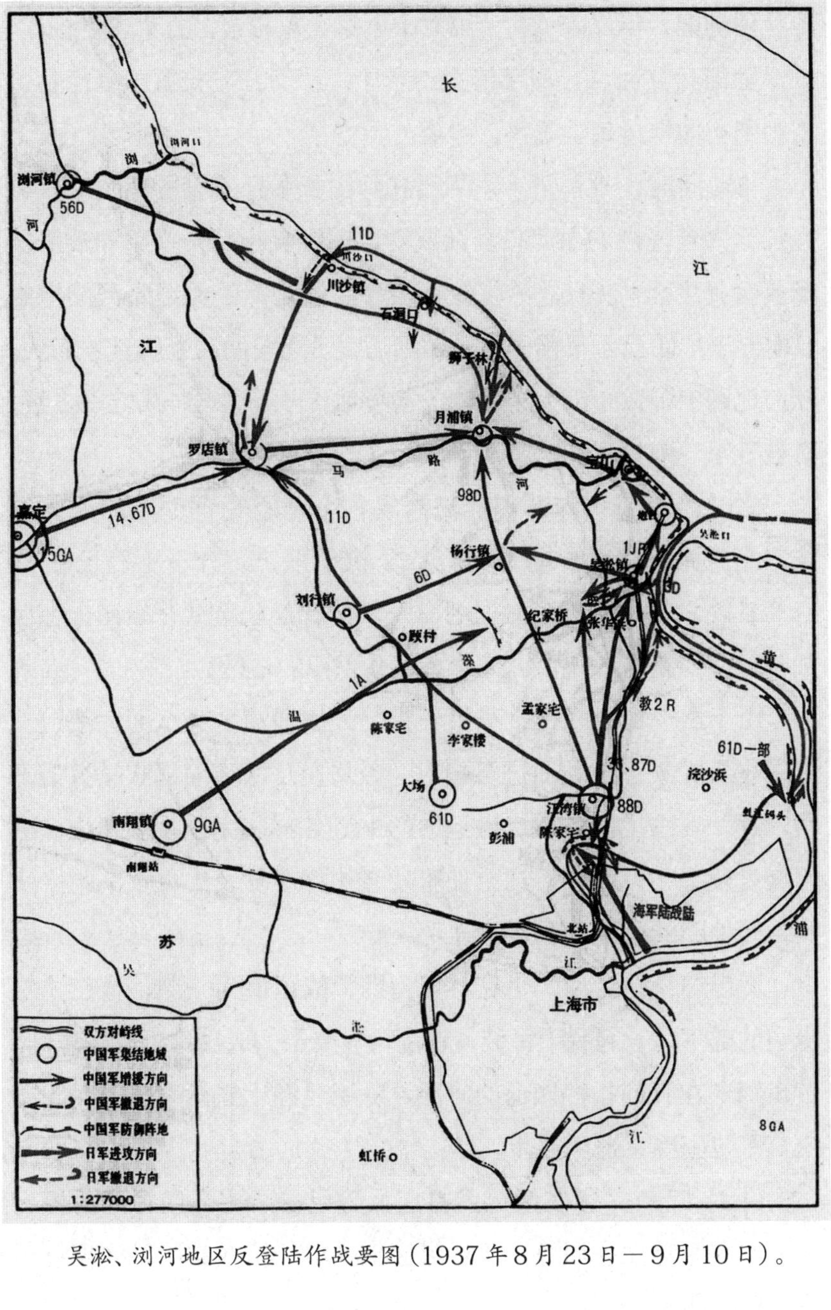

吴淞、浏河地区反登陆作战要图（1937年8月23日—9月10日）。

坚持两昼夜，终于失败。黄琪翔只得由小道撤出松江。”[1]

11月8日夜，日军凭借强大火力从东、南、西三面突入松江城，守军死亡殆尽，军长吴克仁将军率残兵据守西门，最后在撤退途

1　2005年第8期《前进论坛》。方荣欣文章《怀念我的革命引路人裘朝慎》。

中壮烈殉国，年仅43岁。[1]第六十七军全军覆没，日军遂占松江。日军随即兵分两路，一部沿太湖东岸，经浙江、安徽直趋南京，主力则指向枫泾镇、嘉兴、平望。

与此同时，日军第十六师团在师团长藤江惠辅的指挥下，又在江苏太仓境内的白茆口登陆成功，前锋直指京沪铁路和公路，形成合拢之势。9日，沪杭铁路及公路被切断。而苏州河北岸的日军6个师团已于早前强渡苏州河后，迅速向两路登陆日军靠近，淞沪地区中国数十万大军顿陷危险境地，再不撤退将成瓮中之鳖，有被日军一网打尽的危险。

此时的南京统帅部和淞沪战场各个高级指挥部已经顾此失彼，指挥系统紊乱，是撤是守，争执不下。蒋介石不得已在11月8日晚，下达了全面撤退的命令，所有部队至此开始撤出上海战斗，分两路退向南京、苏州至嘉兴以西的地区。

由于撤退命令仓促，指挥失控，大撤退演变成全面大溃退。日军飞机在天上对地面进行扫射、轰炸，日军地面部队又穷追不舍，逐一攻占上海各镇。撤退中的中方各部队完全没有章法，陷入极度慌乱中。蒋介石遂改任张发奎指挥左翼及中央军来收拾残局，而他们的处境已经是腹背受敌。

黄琪翔身在青浦，仍在从容指挥，战至最后一刻，自己才与身边的部下，一起脱下军装，趁乱化装突围，成功逃出日军魔掌。黄琪翔还在青浦指挥撤退的时候，陈诚已经于当日凌晨二时，冲出日军包围圈，退至苏州。

11月17日，张发奎已经料定大势已去，于是向蒋介石提出辞去右翼军总司令职务，让黄琪翔正式出任第八集团军代理总司令。电文如下：

（南京）委员长蒋（密铣电）：呈请准予辞去右翼军总司令一职，谅邀垂察。窃职尚领有第八、第九两集团军

1 吴克仁将军殉国后，国人不知详情，加之日本情报部门释放虚假消息，以致许多人误以为吴克仁将军叛国投敌，使吴将军亡灵蒙受不白之冤多年。

总司令虚衔、查第八集团军总司令已奉派副总司令黄琪翔代理、第九集团军总司令亦已奉派副总司令香翰屏代理总司令。(他俩)均资深望重，堪以真除。敬请准予辞去，如何？[1]

关于黄琪翔撤退时的情况，郭禹九回忆说：“那天下午。黄总(即黄琪翔代总司令)写条子叫我去特务营调四条盒子枪。我取回后，他叫我交给副官，嗣后我见到（裘）朝慎同志。他在离黄总不远的河边(苏沪一带农村通船的小河沟)，总部每人带着轻便行李都上了这两条小船。朝慎同志说：你们在这里待命。我们就押运这两条(小船)行李走。我看见离河边约二百米的大路上。大部队都如潮水一样涌下来了，我赶快跑回向黄总报告。黄总在地图上看了又看，又和部队电话联系。梁科长拿了一条子枪，就跑向大路，我也跟着跑去。梁科长举起枪拦着部队，高声叫着说：‘部队不许退！就在路上停止待命。我是黄总司令派来的。部队里有长官没有？’所谓部队长是指营、团长以上的带兵官。当时也没有人答应。部队就在大路上站着停了半点钟（半个小时），就又向下涌走了。天黑了，黄总和各方面联系不上，就决定总部撤退。预料走不到一起了。黄总说：‘你们到苏州找我。’事实上，各路大军到苏州以后都没有停下来。数日以后，我和周承德在南京下关车站乘上开往城内国民党政府站的火车。快要开车的时候，总部的人带着行李到站了。他们高兴地叫我。我取了行李，大家都上了车。我问他们：裘朝慎同志呢？大家都说不知道！以后听说，梁科长脸上被敌人刺了一刀。裘朝慎同志始终下落不明。”[2]

裘朝慎是黄琪翔的副官。[3]他是在淞沪会战撤退时牺牲的。当

1 中国第二历史档案馆全宗号七八七案卷号7439。

2 2005年第8期《前进论坛》。方荣欣文章《怀念我的革命引路人裘朝慎》。

3 裘朝慎（1907—1937）福建省光泽县人，曾任光泽县国民党党部宣传主任，系农工党党员早期党员。裘朝慎在黄琪翔的领导下于1933年参加了“福建事变”，也参加了1937年的上海“淞沪会战”。黄琪翔在福建人民革命委员会参谋团主任时，裘朝慎就开始担任黄琪翔的秘书。“福建事变”失败后，在广州负责第三党的工作。淞沪会战时担任黄琪翔的副官。裘朝慎是方荣欣的表舅，也是方荣欣参加第三党的入党介绍人。解放后，方荣欣先生担任过农工党中央常务副主席、名誉副主席。

时，总部的人是分开撤退的，裘朝慎从上海乘民船向江苏退却，途中遇到了当地的保乡长。“当时由于日本人占领，那些保乡长也都是些汉奸。他们看裘朝慎等人不象一般的平民。于是不问青红皂白就把裘朝慎一行抓了去。当时随同裘朝慎一起的还有章伯钧的一位管家，是广东人。他向保乡长解释说自己是商人，是做小买卖的，身上还带有一些钱。那些汉奸看他也像是个小商人，没有怀疑之处，就将他身上的钱全部搜去后，把他给放了。那些汉奸看裘朝慎很文气，不像是买卖人。在收查他们的时候又从裘朝慎身上搜出一些文件，所以不由分说就把裘朝慎拉走给杀害了。”[1]

在中国第二历史档案馆馆藏的档案中，有一份第九集团军总司令松沪战役报告书，档案号七八七 –7460 第 41 页至 45 页，记述了黄琪翔撤退的经过：“11 月 10 日至 20 日。自 10 日后因苏州河南岸部队向西撤退，一时各方面联络断绝。杭州湾方面登陆之敌情况不甚明了，是日晨，松江附近我军部队因伤亡过重无兵增援已成溃退之势，秩序紊乱无法指挥，敌更向四面包围，黄副总司令琪翔于重围中竟率少数卫弁冒险而出，11 日夜抵嘉兴，至此各部队均失去联络。”

黄琪翔是整个淞沪会战中最后撤出的中国军队高级指挥官之一，就在日军扎紧口袋的最后一刻，他成功地逃出了日军的包围圈。他在淞沪会战中沉勇的表现，获得了舆论的赞扬。[2]

黄琪翔脱险后，撤退到浙江嘉兴，终于追上了他的长官张发奎。

张发奎见到黄琪翔，始知他是化装逃上一艘小舢板，才得以侥幸逃脱，固然很高兴。尤其是看到黄琪翔很帅气的胡髭，在突

1　2005 年第 8 期《前进论坛》。方荣欣文章《怀念我的革命引路人裘朝慎》。

2　民国三十六年（1947 年）五月十六日，上海《快活林》刊登了一篇通讯“漂亮将军黄琪翔！”文中写到：“八一三事件发生时，黄（琪翔）在上海统率大军抗日，张发奎率兵死守浦东，黄氏即为其副。浦东数役，悲壮之至，其时黄已为前敌副总指挥，身先士卒。是以日寇在金山卫偷袭登陆，包围我军，黄氏所在司令部亦被包围，步步进迫，千钧一发，黄氏几陷敌手，后化妆农夫逃出重围。由此黄氏作战精神，与其漂亮仪表不同，完全铁军化矣。”

围时已经剃掉了，还脱了军装，就笑着“说他好像割须弃袍的曹操。”[1]

张发奎为什么要笑话黄琪翔剃胡髭呢？因为黄琪翔曾经建议张发奎也像自己一样留胡髭，这样看上去会比较威武，现而今，却连黄琪翔自己也剃掉了胡髭！

黄琪翔与张发奎会合后，继续指挥部队在浙江长兴附近与敌激战。11月24日凌晨2点半，张发奎、黄琪翔用无线电向蒋介石汇报：

> （急，南京）委员长蒋、副司令长官顾、前敌总司令陈（密）：本日未刻，第七军周军长[2]电话报称：本日拂晓，敌以炮、空协同步兵向我右翼金盖山阵地猛攻，我刘团伤亡过重，被敌击溃；十一时许，敌复以步、炮、空协同攻城，我李团伤重不支，向后溃退。现已令李团在仁王山占领第一线，收容阵地；郭团在王母老龙山占领第二线，收容阵地、掩护（友军）。请川军速占长兴附近阵地，拜请转各长官为祷。[3]

11月25日，张发奎、黄琪翔继续向南京报告战况：

> 我七军现在白龙山、王母山一带与敌激战中。本日敌机轰炸吴兴城甚烈。午刻，敌便衣队袭击我七军军部；又，刘司令长官本日子刻命令唐军团长以146师到安吉后，即经小溪镇、和平镇向妙西市前进，支援我七军；144师大部协同146师攻击吴兴之敌，一部于长兴附近构筑工事；148师占领荆湾市虹溪镇之线；145师、147师在泗安附近

1 《张发奎口述自传》，p185。

2 第七军时任军长为周祖晃。周祖晃（1891—1959），字敬生，中将。广西临桂县渡头宿棠村人。早年考入桂林陆军小学，后升入武昌陆军中学和保定陆军军官学校，毕业后在湘军何键、唐生智部任连、营长等职。1926年参加北伐。1936年后任第七军副军长、军长。1949年被任命为桂林绥靖公署副主任、国民党广西省政府委员、军政督导团团长。12月，周祖晃率所属部队近5000名官兵接受解放军改编。1959年在南宁病逝。

3 中国第二历史档案馆，全宗号七八七、案卷号7439。

为总预备队。[1]

战斗到11月27日午后，“夏旅长阵亡，李团全部损失，张团损失大半，陈团只剩数十人”[2]，第七军军部的电话已经无法接通。张发奎、黄琪翔赶紧派军官去了解情况，在大云寺附近才知道第七军被击溃的确切消息。到了晚上11点，终于与军长周祖晃本人通了话。周祖晃报告说，第七军被击溃后，已无法挽回败局。张发奎、黄琪翔这才在28日经蒋介石批准后，率领残部向安徽广德撤退，又经过徽州，然后奉命奔武汉方向去了。这一时期的电文，均以张发奎、黄琪翔联名签署发出。

关于淞沪会战之惨烈，何应钦将军在回忆录中写道：“我军消耗竟达八十五个师之众，伤亡官兵三十三万三千五百余人。”所以，学者们普遍认为，国民党军伤亡30余万人比较准确。阵亡的中将军长1人、少将十余人、团长28人。由于中方海军的“沉船战术”泄密，中央海军全军覆灭。

而据日本方面的资料显示：考虑到日军在追击战和攻占南京作战中伤亡不大，由此估算在淞沪会战中日军约战死2万人，受伤约4万人，合计约6万人。此役中国军人伤亡33万多人，为日军损失的5.5倍。

淞沪会战的积极意义，是打破了日本人的梦想。早在1937年7月17日，日本参谋本部制定《在华北使用兵力时对华战争指导纲领》，确定侵华战争的两步战略，第一步是解决华北问题；第二步则是攻打国民政府的中央军，摧毁南京国民党政权，发动全面的侵华战争，从根本上解决中日间的问题。在取得初步军事优势后，狂妄的日军叫嚣道：“争取10天占上海，3周陷南京，1个月逼近武汉，3个月内亡中国。”事实上，日本的侵华计划从一开始就遭遇到中国军民的迎头痛击。

1 中国第二历史档案馆，全宗号七八七、案卷号7439。

2 中国第二历史档案馆，全宗号七八七、案卷号7439。

三、军委会政治部

1938年1月10日，陈诚奉命组建军委会政治部的时候，最初在人选上没有考虑到中共的周恩来。“陈诚送呈（蒋介石）机秘（乙）第1342号，请先委定政治部人员如左：”

> 黄琪翔为副部长
> 张厉生为秘书长
> 范汉杰为第一厅厅长
> 贺衷寒为第二厅厅长康泽为副厅长
> 郭沫若为第三厅厅长
> 杜时霞为总务厅厅长
> 柳克述为秘书处处长。

蒋介石审查这份报告时，将康泽改为第二厅厅长。[1] 而最后宣布的名单则又有改动，加入了周恩来为副部长，贺衷寒出任第一厅厅长，范汉杰未调入。

2月6日，黄琪翔走马上任，出任政治部副部长。

政治部部长陈诚身兼多职，很少能有时间来政治部上班，甚至连一些重要会议需要陈诚讲话，也委托黄琪翔作为他的代表去

1 台湾“国史馆”《蒋中正总统文物》，典藏号002-080102-00017-005。

1938 年初，周恩来与黄琪翔在武汉合影。

演讲。而周恩来的工作重心在共产党内，也很少来政治部上班，所以黄琪翔成为政治部的实际主持人。

政治部的主要工作是动员全社会力量参加抗日斗争，作为政治部主要负责人黄琪翔，因此整天在武汉参加各种会议、各种活动，在媒体上出现的频率很高。

1938 年 3 月，武汉各界举办轰轰烈烈的抗敌运动大会，就是由政治部主办、黄琪翔主持。3 月 10 日，政治部在卫戍部礼堂召开武汉各界人士参加的“运动大会”筹备会，黄琪翔为会议主席，确定在 3 月 13 日举办“新运日”活动，其内容为整肃市容、开展大扫除，宣传新文化运动的意义；3 月 14 日举办“抗敌日”，进行兵役、节约、防空、生产、工役等项宣传；3 月 15 日举办“建国日”，内容为“拥护主席，抚慰难民，慰劳伤兵，国民经济建

1938年4月1日，黄琪翔（右一）、周恩来（右二）与政治部第三厅厅长郭沫若及杜国痒（左二）、唐棣华（左三）合影。

设运动。”[1]

黄琪翔把满腔热情投入到政治部工作之中，总以为自己不论到哪个岗位，都可以为国家做一些有益的事。他说：“我参加政治部工作，原来抱着一种愿望，以为国民党和共产党可以重新合作，共同抗战。因此在政治部成立的时候，蒋介石要求我重新加入国民党，重新登记，我也答应照办了。自从在福建人民运动中宣布‘中国国民党临时行动委员会’解散以后，我自以为已不属于任何党派，现在国民党既然实行抗日，又和共产党合作，我觉得重新参加也没什么不可，因此就参加了。”[2]

事实上，黄琪翔重新加入国民党是中华民族解放行动委员会的组织决定。据《章伯钧生平》文：“蒋介石企图在中华民族行动委员会的领导层中进行分化，乃亲自下条子指名要黄琪翔恢复国民党党籍。黄琪翔立即将此事告诉章伯钧等，共商对策，章伯钧等主张接受蒋介石的这一要求，以利于促进团结抗战，并开展组织工作。”而黄琪翔写作《我的自述》时在“文革”，是为隐情的说法。

1938年4月6日，蒋介石亲自批准黄琪翔重新加入中国国民党。蒋介石手令：“准黄琪翔、卢作孚、戴笠三人入党，发给党证，

1　1938年3月11日《申报》。

2　黄琪翔《我的自述》。

1938 年黄琪翔在欢迎世界学联大会上讲话。

并即发表该三员训练委员会委员可也。中、六日。”[1] 这是黄琪翔第二次加入国民党。

可是，重新加入国民党之后的黄琪翔，发现自己工作起来仍然十分吃力，简直到了精疲力竭的程度，主要原因是部长陈诚的任职过多——当时陈诚担任武汉卫戍总司令，兼任政治部部长，另外还兼任湖北省主席、航空委员会委员、中训团主任委员、三青团书记长和中训团教育长等职，因此陈诚根本无暇顾及政治部的工作。政治部的日常工作完全由黄琪翔负责，表面上看，黄琪翔大权在握，其实很难办事。不做事，心不甘；想做事，又做不成。他变得烦闷不堪。究其原因，就是政治部内的情况太复杂，派别林立。彼此心存芥蒂，必然影响到工作。

陈诚对政治部的状况也很不满意。他曾说：“余离部月余，部务仍无甚改进，人事、经理尤未完全整顿妥洽，此实由于部内人员埋首案牍，而于各地实地困难问题，茫然无知，上下如此隔阂，

1　台湾“国史馆”《蒋中正总统文物》，典藏号 002-080200-00557-003。

工作安得进展。条例规章无论如何周备，充其极亦不过闭门造车而已。”[1]

时任军委会政治部一厅上校科长的沈沛霖回忆说：“一九三八年二月，军事委员会政治部成立于武昌，以陈诚为部长，第三党人黄琪翔及中共党人周恩来分任副部长，下设四厅，其职司范围：第一厅（厅长贺衷寒）主管军队及军校政训，第二厅（厅长康泽）主管战地民众组训，第三厅（厅长郭沫若）主管文化宣传，第四厅主管总务（朱代杰为负责人），另有一秘书处（处长柳克述），负责电讯文书及部与各厅之上下行文工作。”[2]

黄琪翔说：“政治部以陈诚为部长，周恩来为副部长，郭沫若为第三厅长，我亦为副部长之一，此外还网罗各方知名人士组成设计委员会。但其中负实际责任的是国民党cc派首脑之一张励生（1900—1971）任秘书长；‘蓝衣社’头目贺衷寒(1900—1972)任一厅厅长，主管军队政治部工作人员的训练、任命等项工作；特务头子康泽(1904—1967)任二厅厅长，主管情报人员的训练、任命等项工作，实际上都是反共工作。郭沫若的第三厅主要网罗些当时的文化人，组织些文艺部队在军队中和大城市中活动。”[3]而贺衷寒和康泽等人，都是蒋介石的心腹，属于“十三太保”之列，自觉后台很硬，也对副部长黄琪翔很漠视。黄琪翔处境很孤独。他说：“当时虽然大敌在前，蒋介石并没有放弃他的反共政策，这在政治部的各项具体工作中，都体现出来。我对此表示不能接受。”[4]

另一位副部长周恩来，也很少来政治部上班，因为他的主要工作在第十八集团军（即八路军）办事处。

武汉八路军办事处在哪里？

沈沛霖曾去拜访过他法国留学时期的同学周恩来，所以在他

---

1 《陈诚先生日记》（一）p252。

2 《沈沛霖回忆录》p168。

3 黄琪翔《我的自述》。

4 黄琪翔《我的自述》。

的回忆录里有清晰的描写。沈沛霖说："我约了留法同学，也是南京中央军校教官同仁的叶法无（叶剑英堂叔），相偕同行。过江到了汉口，在旧日租界中街，找到了八路军武汉办事处。该处为一幢四层建筑，原为日本人所办的大石洋行，但其斜对过即有一座属于军统系统的机关，其设于此地之目的可说是不言而喻。"[1]周恩来大部分时间在这里办公。可见他往来武昌政治部与汉口的八路军办事处之间，路途的确不近。

为声援中国人民的抗战，世界学联代表团于 1938 年 5 月前来武汉。武汉各界群众共组织了三次欢迎大会，其中的一次集会地点位于汉口中山路，由汉口商会主持，军委会政治部长陈诚、副部长周恩来、黄琪翔和第二厅厅长康泽、第三厅厅长郭沫若等人悉数参加。就是在这次大会上，有人企图捣乱，破坏现场秩序。

据郭秀仪回忆：那天，当周恩来走上讲台后，他讲到中国共产党领导的八路军在抗战中的英勇表现，特别是平型关大捷的时候，一些捣乱分子在台下开始吹口哨或发出唏嘘声。周恩来从容不迫，表现得十分冷静。

陈诚颇有大局意识，示意黄琪翔出面制止。黄琪翔于是大步流星走到周恩来身边，高声呵斥捣乱分子道："台下捣乱的是什么人？现在是全国人民团结抗战的时刻，你们怎么敢在这里捣乱？不愿意听的，请马上都给我出去！"

由于黄琪翔及时出面制止，起到了威慑作用，使得周恩来的讲话能够顺利地进行下去。[2]

黄琪翔虽然重新加入了国民党，但在政治上仍更接近于共产党人，自然与周恩来感情深厚，在工作中一直尊重周恩来的意见，所以每当政治部处理国共两党的摩擦事件时，黄琪翔的"罪名"就是偏向共产党人；而他主持公道的一些言论，常被别人打了小报告，于是成了他向国民党"发牢骚"的证据。事实上，他也的

1 《沈沛霖回忆录》p170。

2 郭秀仪生前曾分别对其外孙于峰和本书作者，讲述过这则故事。

确如此。久而久之，黄琪翔与这些人的矛盾日益加深，甚至到了格格不入的地步。在这种情况下，陈诚每次见他，反而提醒黄琪翔要注意团结问题。这叫黄琪翔感到十分为难——还包含着另外一种意思，那就是处处与黄琪翔作对的政治部秘书长张励生，也是陈诚的密友，在外人眼里，张励生和黄琪翔都是陈诚的人。

有一次，湖北咸宁县政府抓捕一位中共党员，罪名是他在咸宁境内从事民运工作。政治部秘书长张励生批示要“严办”。秘书处将公文依例呈送黄琪翔。黄琪翔一看，觉得有问题，立即把文件内容转告了周恩来，于是周恩来和他一起去找张励生，批驳张励生“这是违反国共合作原则的。”这件事，当然会有人向陈诚和蒋介石报告。

黄琪翔除在工作上配合共产党之外，在生活上也予周恩来等共产党人以照顾。郭秀仪回忆说：“当时琪翔每天都去政治部上班，他对恩来同志非常尊重，私人感情也很好。他对政治部设计委员的共产党人和爱国民主人士也都团结无间，工作上给予方便。琪翔指示当时任总务厅出纳科员的黄心维同志，每月一定要把周副部长和邓颖超委员等共产党领导人的工资登门送去。”[1]

许多国民党人在国共合作时期仍然敌视共产党。当时在国民党内部流行这样一种看法，说：国共合作是“共党口号，利用领袖（指蒋介石）争取民众，利用我们（指国民党）的招牌，做他们（指共产党）的工作。”顾祝同就是持如此观点。针对周恩来提出共产党军队出西路的计划，顾祝同打电话给陈诚，对共产党提出要求：“一、不能有欺诈行为。二、不能在（国民党）党政军内活动。三、不能到处设办事处。四、训练干部须先请备案。”陈诚则从大局出发，对共产党保持了克制态度。他提出对付共产党的办法：“一、不利用。二、不怯懦。三、要团结。四、要实干。”陈诚在其日记中谈到了一种矛盾的现象，说“现在扣留共产党员有罪而不敢办者，无罪而不敢放者”，他想“派大公无私并铁面

1　中国文史出版社《流金岁月》，p97。郭秀仪文章《真挚友情，永世难忘》。

陈诚（左三）、白崇禧（左二）、黄琪翔（左一）在一起。

无私者，前往依法处理。”[1]陈诚对待共产党的态度，黄琪翔是能够接受的。

这期间，黄琪翔应周恩来之托，建议白崇禧秘密与中共领导人周恩来、叶剑英等会谈。这次会谈不寻常，因为白崇禧从未提及这次会面，而这次会谈的意义又很重要。

我们先来介绍一下这次会谈的背景：早在1937年12月，日军占领南京以后，日军第十三师团北渡长江，进至安徽池河东岸的藕塘、明光一线；日军第十师团从山东青城、济阳间南渡黄河，占领济南后，进至济宁、蒙阴、青岛一线。中国军队开始筹备徐州会战。徐州会战的作战方案是白崇禧等制定的，得到了蒋介石的批准。

以前有关黄琪翔的资料中说：就在白崇禧准备徐州会战作战方案时，他来到武汉，悄悄找到黄琪翔将军，提出欲见中共领导人的设想。于是黄琪翔找到了中共领导人周恩来，安排他们双方在自己私宅里相见。这样，白崇禧就与周恩来和叶剑英举行会谈。周恩来明确提出，徐州会战应采取阵地战、运动战和游击战紧密结合的方针。白崇禧颇以为然。第五战区司令李宗仁在指挥徐州会战，白崇禧被派去协助，在血战台儿庄的战役中使用了这些战术。[2]

但是，根据参加会谈的当事人谢和赓证实，这些资料有误。

1 《陈诚先生日记》（一），p189、p222、p228。

2 《黄琪翔传》p98。

周恩来、叶剑英与白崇禧的这次秘密会谈，是由中共方面首先提出请求，然后邀请黄琪翔出面帮忙安排落实。会谈具体时间是1938年3月10日晚上。地点是位于武汉熊廷弼公园附近的黄琪翔私宅。程思远也证实，这次会面的地点在“蛇山下熊廷弼路私邸”。[1]程思远此时的职务是副参谋总长白崇禧办公室秘书。

当事人谢和赓为何人？谢和赓(1912—2006)本是白崇禧夫人的亲戚，抗战爆发后白崇禧任副总参谋长时，谢和赓就是他的中校机要秘书。其实，谢和赓早在1933年北平读大学时经宣侠父介绍秘密加入中国共产党，是中共地下党的“特密”，代号“八一”。谢和赓也是当时大红大紫的名演员王莹的丈夫。

1938年间，中共对白崇禧极为关注，这是因为白崇禧提出了著名的军事指导思想已被蒋介石采用，这就是所谓“积小胜为大胜，以空间换时间”的抗战战略方针。所以，中共要求自己安插在白崇禧身边的特工人员谢和赓、刘仲容要“及时将李宗仁与白崇禧之间的情报传递给党”。

谢和赓回忆说：“自从南京失陷，李宗仁到达徐州就任第五战区司令长官后，几乎每天晚上都拨长途电话与白崇禧谈前方和各方面的情况和问题。他们通话时，有一个人所鲜知的特点：就是一谈到秘密的事情时便用广东话，甚至用桂林家乡的土话来交谈，而且凡是有重大关系的人名和组织名，都是用他俩约定好的代名词交谈。（这是由机要参谋刘维周和我奉白的命令共同拟好呈阅使用的。）举例说，李、白曾用赵小姐作蒋介石的代名，钱先生作中共的代名，孙先生作黄埔系太保们的代名，李娘作汪精卫的代名……他们交谈时，多用刘维周在白的身边记录；有时，由我在白的身边记录。刘维周总是把他的记录推给我一并整理，然后由他保存，以便备查或办理李、白商谈决定的事情。”[2]这些

---

1 《纪念黄琪翔》中国文史出版社1988年6月第一版，p16，程思远文章《深切怀念黄琪翔同志》。

2 谢和赓《台儿庄战争纪实史诗》1991年7月自印单行本，p7。原载《桂林文史资料》第17辑。

情报当然会迅速传递给中共的情报机关。

中共也通过“特密”将自己的纲领性文件和主张及时让白崇禧阅读，试图影响他。谢和赓说：“我谈谈白崇禧，我深知他对我党（中共）公开发表的任何文件、书刊等，都是力求先睹为快的。我和刘仲容在他身边，根据他的要求，也根据周（恩来）、董（必武）、叶（剑英）的指示，都尽快把我党公开的出版读物呈白阅读。举例说：《论持久战》一书，在报刊一发表，还未印单行本时，我便将它呈阅，及至一出单行本，我便得了两本放在他的大办公桌上，第二天，我便发现，白将该书内的一些段落、词句用红蓝铅笔认真地划开了！他用红蓝笔点点圈圈的地方，我马上在我的一本《论持久战》中依样画葫芦地照抄照划进去。我又马上将这本依照白崇禧‘点划圈批’的《论持久战》交给（刘）仲容迅速呈给周、叶两位了。因此，有人说：周、叶两人曾把《论持久战》赠给白崇禧，还向白解释书的内容！这真是太不了解真情了。读者想想有我和（刘）仲容在白身边‘紧跟’工作，还须我党的领袖亲自送《论持久战》的单行本给白吗？”[1]

中共非常清楚白崇禧的情况，所以希望直接与白崇禧对话，可是，白崇禧对中共的结怨很深，也一直对共产党的主张有很深的成见，不肯与中共作深入交往。同时，他也很担心自己与中共的交往，会引起蒋介石的不满和猜疑。这时，中共就希望找到一个合适的中间人，替他们之间搭起一个会谈的桥梁。这个人就是黄琪翔将军。

谢和赓说：“1938年3月10日晚，周恩来、叶剑英与白崇禧会谈，是军委会政治部副部长黄琪翔向白（崇禧）建议举行的。”[2]跟随白崇禧参加会谈的有国民党军令部次长刘斐、副军长刘士毅、高参刘仁，以及机要秘书谢和赓。由于谢和赓的母亲也姓刘，于

1 谢和赓《台儿庄战争纪实史诗》1991年7月自印单行本，p14。原载《桂林文史资料》第17辑。

2 谢和赓《台儿庄战争纪实史诗》1991年7月自印单行本，p17。原载《桂林文史资料》第17辑。

是谢和赓戏作诗云："四刘随白会周叶，内幕知情有半刘。"

会谈的背景是在台儿庄大战前夕，白崇禧即将奉命赴徐州协助李宗仁指挥作战。谢和赓说："白崇禧在会谈中，与周恩来侃侃而谈到长期抗战的展望时，一再提到他在南京失陷前，便向委座提出'积小胜为大胜，以空间换时间'的战略思想，周、叶、黄（琪翔）对此表示欣赏。因此，使我在此联想到近几年有人说，白崇禧这两句话是阅读了毛主席《论持久战》（1938 年五六月在延安向干部作的讲演）后才提出的。这里，我想告诉读者，白崇禧这两句话是核阅了我 12000 多字的《全民性全国军事总动员纲领》的建议书后，命我拟稿打报告介绍这建议书给蒋介石时，在批文上要我写在报告里的。在我到汉口首次会见周（恩来）汇报我的'万言书'时，他对白这两句战略的句子也很欣赏。当然蒋介石对白的这两句话，也很欣赏。还有，据我知道，李、白从未下过通令，要桂系的军队研读《论持久战》，李、白两位对国共合作的看法，对我党的政治影响，阶级观念还是很清醒的，他们绝不会这样'放心'这样'天真'。""会谈中，更谈到新四军需要何应钦兼部长的军政部拨给一定数量的炸药、手榴弹、轻机枪和其他军用品如军用水壶、棉被、军鞋等。会后，黄琪翔开列了一个补给新四军军物的详细单子送白（崇禧）转交军政部；但据我后来与周、白两人谈到此事，都说何应钦并没有照办。"[1]

在会谈中，"白（崇禧）告诉周、叶、黄三位，他已在汉口提出要成立国民党军队的游击训练班，可能将要把南岳作为训练基地，而以西南各省的国民党军队军官为主要受训的对象。白向周说，如果将来国民党军队训练游击战术，就要向委座建议邀请八路军教官前往执教。周表示：我党一定会协助。"[2]

关于这次会谈的内容，《周恩来年谱》载：周恩来"和叶剑

---

1 谢和赓《台儿庄战争纪实史诗》1991 年 7 月自印单行本，p12。原载《桂林文史资料》第 17 辑。

2 谢和赓《台儿庄战争纪实史诗》1991 年 7 月自印单行本，p13。原载《桂林文史资料》第 17 辑。

英会见奉命到徐州协助第五战区司令长官李宗仁指挥作战的白崇禧，就第五战区的对日作战方针提出建议：在津浦线南段，由李品仙、廖磊两个集团军在张云逸率部配合下，采取以运动战为主、游击战为辅的联合行动，运动于淮河流域，威胁日军，使之不敢贸然北上支援由华北南下日军。同时，在徐州以北必须采取阵地战与运动战相结合的方针，守点打援，以达到各个击破的目的。白基本上接受了这个建议。张云逸，时任新四军参谋长，兼第三支队司令员。”[1]

谢和赓非常中肯地评价了黄琪翔在这次国共秘密会谈中所起的作用。他说：“周、白的会谈，完全是黄琪翔将军爱护（中共）党执行党的统战任务的活动，其主要目的是周恩来和叶剑英恳切地要向白表示我党真诚地支持桂系打好这一关系重大的战役，这正是我党主动向各党各派各界人士、各地方军政势力进行民族统一战线工作的一件大事。”[2]

在第二次国共合作的前期，黄琪翔将军应中共的请求，先后两次安排国共两党的高级领导人举行私下的秘密会谈。第一次是在1937年3月，他在南京自己的家里，安排张群与周恩来等人的私下会谈。一年之后，黄琪翔又安排了周恩来等人与白崇禧的私下会谈。

白崇禧与周恩来的这次会谈，是背着蒋介石秘密举行的，一直没有公开。白崇禧在回忆录中亲自回答记录者的提问时说：“武汉撤退时与周恩来不期而遇，我说，‘谢谢你们不派人到广西来。’他说：‘都像你们那样就用不着去了！’我说：‘谢谢！’共产党员与我没有什么来往。”[3]白崇禧在《口述自传》中说得更为详细。从武汉撤退时，白崇禧乘坐的德国吉普车出了故障，他下车等待排除故障。“不久，周恩来乘汽车随后赶至，他一见是我，随即

1　中央文献出版社1998年2月版《周恩来年谱》p202。

2　谢和赓《台儿庄战争纪实史诗》，p8。

3　台湾“中央研究院”近代史研究所口述历史丛书（4）1989年6月第三版，《白崇禧先生访问纪录》下册，p913。

下车当面相告说：‘敌人骑兵先头部队已离我等所在地不远！’并坚邀我同车至长沙。当时我考虑再三，机件何时修好，并无把握，乃上车与他同行。沿途时间漫长，周恩来与我相谈颇多，谈话内容从他早年在南开念书及法国留学，以至国共合作、抗战诸问题。”[1]

白崇禧《口述自传》时已经身在台湾，处境尴尬，因此顾虑颇多。在回忆录里，白崇禧是故意在回避 1938 年 3 月 10 日晚与中共中央领导周恩来等人的秘密会谈。

黄琪翔一贯不掩饰自己与中国共产党的友善关系。1938 年 5 月 4 日青年节，黄琪翔在共产党主办的《新华日报》上发表署名文章：《发扬“五四”精神，巩固青年团结》[2]。他真诚号召全国青年，团结起来，要把“民族的生存高于一切！”

到了 1938 年的夏天，武汉大学的教授们都已经迁往西南，军委会后勤主管部门就把珞珈山山麓三座相邻楼房，即每栋房子均为一楼一底二层，分配给了黄琪翔夫妇、周恩来夫妇和郭沫若夫妇居住。

国立武汉大学是近代中国最早的国立大学之一，其办学源头可追溯到清末 1893 年湖广总督张之洞奏请清政府创办的自强学堂。1932 年 3 月，学校由东厂口迁入珞珈山新校舍，成为全国首屈一指的美丽校园。学校坐拥珞珈山，环绕东湖水，中西合璧式的宫殿式建筑群古朴典雅，巍峨壮观，宛如人间仙境一般令人赏心悦目。

周恩来夫妇、黄琪翔夫妇和郭沫若夫妇等，当时居住的是武汉大学珞珈山前的所谓“十八栋”别墅式楼房。战前，这些楼房是大名鼎鼎的教授李四光、王世杰、皮宗石、周鲠生、袁昌英等人的家。教授们都随学校转移去了大后方，他们的家就腾了出来。

黄琪翔夫妇与周恩来、郭沫若成了邻居，几乎是朝夕相处。

他们在交往中，曾将家人照片相互赠予对方，互作留念。其

1 中国大百科全书出版社 2009 年 3 月版《白崇禧口述自传》（上），p124。

2 1938 年 5 月 4 日《新华日报》第四版。

中有一张是周恩来邓颖超夫妇的合影照，送给了郭秀仪。周恩来亲笔在照片上题字："琪翔兄、秀仪妹惠存！"落款是"弟恩来、颖超敬赠。"[1]

黄琪翔说："我在政治部虽然没有负什么实际责任，但我也接触到当时张厉生等在部内搞反共活动的事实，思想上接受不了，因此和他们总是格格不入，陈诚看出了这种情形，便在武汉临近撤退之前，和我商量，说他不久也将离开政治部的岗位，建议把我调任白崇禧任部长的军训部当次长。我当然只好接受下来。1938 年武汉撤退前，我改任军训部次长，调往桂林。"[2]

很显然，黄琪翔知道这不仅仅是陈诚个人的意见，肯定还贯彻蒋介石的意图，只好答应。于是在 1938 年 7 月间，黄琪翔被调离政治部，离开武汉前往桂林就职，也就不得不暂时同周恩来、郭沫若等共产党人作别。[3]

郭秀仪向邓颖超告别。邓颖超处事厚道，心胸宽广，为人至诚。她们姐妹间的友谊保持到终生。郭秀仪后来感慨说，"邓大姐不仅是我敬爱的大姐，而且是我的老师，我从她那里学习应该怎样做人做事。"

1938 年 7 月 27 日，黄琪翔奉蒋介石的委派前往广州。8 月 1 日，广州军事分校举办韩汉英出任分校主任的就职仪式，黄琪翔监誓。该校副主任本是黄镇球兼任，因黄镇球工作繁忙而无暇顾及，于是令谢膺白代理，因此谢膺白就职仪式也由黄琪翔一并监誓。[4]

黄琪翔的行踪受到了日本特务的关注。隐藏在香港的日本特务早崎给东京拍发密报，结果被国民党情报部门截获。

早崎情报的内容是：

黄琪翔为视察军事训练及监誓德庆军官学校副主任韩

1　这张照片，一直是郭秀仪的心爱之物。解放后，黄琪翔郭秀仪定居在北京，在他们家的墙上，就悬挂着这张照片。1966 年"文革"小将抄家时失踪，从此没了影踪。

2　黄琪翔《我的自述》。

3　《黄琪翔传》，p100。

4　1938 年 7 月 31 日《申报》第三版。

汉英就职，于七月廿七日来粤，八月一日离粤，命其亲信者政治部设计委员丘哲接见谈者如次：（一）蒋介石坚持亲英联俄及防共政策，与周恩来，因感其恩义，私交甚好，未加抑制，但与共产党部之合作，仅止于军事，允在陕甘等边境省内推行共产主义而已，并未准共产军扩张入位，亦未供给新式武器，而积极于三民主义青年团之组织，防止全国青年之赤化。（二）将此次之命与陈诚亲密之黄琪翔就（任）军事训练副部长，盖为监视白崇禧。蒋对李、白之猜疑颇深，现将广西军配置于信阳、郑州等地，而不使其度长江，参加武汉方面之防卫，乃防止其返广西，至于未起用李济琛为华南军事主帅者，因为有李、白所利用之虞，或有使何应钦坐镇广东之可能。（另一说：李济琛计划与蒋光鼐等由汉口逃往香港。）”[1]

早崎密报说，黄琪翔出任军训部次长，是蒋介石派去监视白崇禧之类的话，完全是他自己的猜测，并非事实。

黄琪翔于8月1日奉蒋介石之命前往广州监誓，这是他在政治部时期所做的最后一项工作。

1　台湾“国史馆”存“蒋中正总统文物”之“敌方情报”，典藏号020-080200-052。

四、军训部次长

1938年7月16日，军委会宣布了黄琪翔为军训部次长的任命书[1]。恰在此时，黄琪翔闻知日军两次卑鄙偷袭中国中航和欧亚民航的民用飞机，导致机毁人亡的惨剧，极为愤怒。9月9日，黄琪翔提笔给蒋介石写建议书，建议我方应以牙还牙，给日本还以颜色。黄琪翔的建议书名为《报复日寇破坏我航运之建议》。[2]

黄琪翔在建议书中写道："吾人为回答敌人残暴计，为打击敌人航运计，为威胁敌人交通计，应断然予敌人定期商轮以无情的轰击。"黄琪翔指出，前时日寇袭击我民航飞机，违反国际法，是"蓄意破坏我国航运，其目的必至完全封锁我领空及陆地交通而后止。美国方面，曾一度向日寇抗议，竟遭日寇拒绝，德国与日寇同盟关系，自亦不至严重之表示，故日寇此种疯狂行动，在国际上当不至产生严重之后果。"

为了报复日寇，黄琪翔提出实施轰击敌人定期商轮的建议，并指出将会得到以下有利的结果：

"一，可使外人视沿海航行为畏途，不敢搭载日本邮船。外人当明了肇生此种事端，实日机演出之暴行有以促成之，其责任

1 中国第二历史档案馆，全宗号七六一案卷号30。

2 台湾"国史馆"《蒋中正总统文物》，典藏号002-080200-00502-069。

当由日寇担负；

二，敌人之商轮因遭受我空军袭击，不得不抽调一部分敌机沿海飞行及调遣海军随商轮航行，以资保护，是则事实上减弱了敌人海空军对我进攻之实力。”

黄琪翔提示说：“查上海（至）香港间之航线、日（本）之定期来往欧美各大邮船，其地点与时间不难确知，若我华南空军择定良好机会，出敌不意，突予袭击而炸沉之，诚属轻而易举之事。”

黄琪翔还提示，在袭击之前，我方应由航委会发言人出面，促请第三国人士注意敌人残害我航运的暴行，同时，我国联代表也要在国际上声明：如果国际不予制裁日寇的话，我国空军被迫用事实回答。

蒋介石在这份建议书上批示：“拟办。拟交钱（大钧）主任核议。”

1938 年 7 月，黄琪翔夫妇带着警卫等随从自武汉赶来广西，向部长白崇禧报到。军训部驻地在广西省会城市桂林，而广西是白崇禧的老家。

黄琪翔说：“1938 年到 1940 年间，我在桂林军训部次长任内约有两年之久。当时日本军已转移它的进攻重点。因为日军自 1938 年占领武汉以后，对国民党开始采取诱降政策，一时不再深入，故桂林得告安全。”[1]

军训部部长白崇禧，素有“小诸葛”之称，是杰出的军事家，还兼任副总参谋长、桂林行营主任等职。在国民党军队中，李宗仁、白崇禧为首的桂系是最大的地方势力，人称“李白”。在淞沪会战结束后，日军有些惧怕白崇禧，称之为“战神”。毛泽东也曾说过他是“中国境内第一个阴险狡诈的军阀”。这些称谓，不论褒贬，都显示出白崇禧具有非凡的军事才能。

黄琪翔到任桂林时，白崇禧刚刚协助指挥了两大战役，取得

1 黄琪翔《我的自述》。

相当不错的战果。一是台儿庄战役，二是武汉会战。

台儿庄战役，又称台儿庄大捷。战役的起止时间，一般认为是从1938年3月16日开始至4月15日结束。战役由滕县战斗、临沂附近战斗、台儿庄战斗和中国军队的追击作战等部分组成。在历时1个月的激战中，中国军队约29万人参战，日军参战人数约5万人。中方伤亡约5万余人，毙伤日军约2万余人。[1]

台儿庄大捷沉重打击了日本侵略者的嚣张气焰，坚定了全国军民坚持抗战的信心，鼓舞了全民族的士气，改变了国际视听，是抗日战争以来取得的最大胜利。

武汉会战，起止时间为1938年6月至10月，是中国军队在武汉地区同日本侵略军展开的大规模会战。战场在武汉外围沿长江南北两岸展开，遍及安徽、河南、江西、湖北4省广大地区。大小战斗数百次，历时4个半月，是抗战以来战线最长、规模最大、持续时间最长并具有重要意义的一次会战。其中在万家岭一带，日军4个团被全歼，史称“万家岭大捷”。中国空军与敌激战，取得重大战果，共击落日机62架，炸毁日机16架，有力支援了地面部队作战。中国海军在长江上也进行了激烈战斗，在沿江要塞布置水雷，设置海岸炮，并与空军合作，炸沉日军舰艇23艘，有力迟滞了日舰沿江进攻。在战略上，武汉会战取得成功，消耗了日军的有生力量。

黄琪翔出身于粤军，与白崇禧的桂系是中国南方的两大军事派系，既是老对手，也是老交情。彼此都摸透了对方的底细，各自心照不宣。

桂系的“李白”，再加上黄绍竑，仨人并称为桂系三巨头。在历史上，粤军和桂系打打杀杀了几十年，关系时好时坏，完全取决于各自的利益。相比之下，黄琪翔与黄绍竑结下的怨恨最深，原因就是1927年的“张黄事件”，他差一点把黄绍竑抓为阶下囚。可是，外人难以理解的是，这桂系三巨头之间，白崇禧与黄绍竑

1　日军自报伤亡人员11984人。

的矛盾也很深，系因白对黄绍竑投靠蒋介石甚为不满。关于这一点，黄琪翔是心知肚明的。

在桂系内部的争斗中，白崇禧最恨黄绍竑，总骂他是心狠手辣、阴险成性。当三巨头分伙投蒋以后，黄绍竑总在蒋介石面前捣鬼，讲“李白”的坏话。白崇禧的机要秘书谢和赓说：“‘六一运动’[1]时，黄绍竑竟一再向蒋献策，提出用中央空军轰炸南宁，白崇禧获悉后，对李宗仁、黄旭初、夏威、维义和我说：‘季宽（黄绍竑的字）狼心狗肺，只要有大官做，即使杀掉他的父兄，他也会干！’同时，黄也向蒋建议，把白（崇禧）调虎离山，孤立李宗仁。李、白曾在上海有个情报组织，设有秘密电台，是陈劭先负责的……获知黄绍竑向蒋说过这样的话：‘如果中央要统一全国，非先统一广西不可；要统一广西，非把李、白分开不可；要把李、白分开，非把白调到中央不可。’就因为李、白知道了这个秘密，白对蒋和黄绍竑也是始终不放心的。白对黄的仇恨和具有的警惕性，与白对中共的仇恨和警惕性，虽然性质不同，但就白本人对政敌的心理来说，几乎可以说是相等的。”[2]

这次黄琪翔调入军训部，白崇禧表示欢迎。

1938 年 11 月 4 日，我国著名军事理论家蒋百里病逝于广西宜山。

蒋百里的威望很高，是当时军政界极为仰慕的人物。他于光绪二十七年（1901 年）东渡日本学习军事，与同在日本的蔡锷将军友情很深。光绪三十一年（1905 年）蒋百里在军校步兵科的考试中获第一名，连日本人也甚为佩服。[3]1938 年蒋百里出任陆军

1 1936 年 5 月胡汉民病逝。蒋介石以“全国统一”、加强“精诚团结”为名，要求两广取消设于广州的国民党中央西南执行部和国民政府西南政务委员会，结束半独立状态。粤系首脑陈济棠经与李宗仁、白崇禧反复商讨，于 6 月 1 日联合发动了以抗日为名的反蒋“六一事变”（又称六一运动、两广事变、西南事变），通电全国。5 日，两广组成抗日救国军西南联军。6 日，南京饬令西南（指两广）不得自由行动、破坏抗日政令军令的统一。9 日，粤桂军下动员令，出兵湖南。蒋介石急调两个军控制衡阳，阻粤、桂军北上，随即又调动几十万大军从广东、湖南、贵州 3 面进逼广西。经几番讨价还价，最后双方终于达成妥协，罢兵息战。蒋介石同意广西维持现状，李、白则发表通电称：“今后一切救国工作自当在中央整个策略领导之下。”

2 谢和赓《台儿庄战争纪实史诗》p9。

3 中华书局 1985 年 2 月第 1 版，陶菊隐《蒋百里传》，p10。

大学代理校长，不幸在任内去世。

早在1937年初，蒋百里最重要的军事论著集《国防论》出版，轰动一时。针对中国的抗日战争，蒋百里在此书扉页上题词："万语千言，只是告诉大家一句话，中国是有办法的！"他的主要论点是：第一，要用空间换时间，"胜也罢，负也罢，就是不要和它（日本）讲和"；第二，不畏鲸吞，只怕蚕食，全面抗战；第三，开战上海，利用地理条件减弱日军攻势，阻日军到第二棱线（湖南）形成对峙，形成长期战场。蒋百里并且犀利地指出，中国不是工业国，是农业国。对工业国，占领其关键地区它就只好投降，比如纽约就是半个美国，大阪就是半个日本。但对农业国来说，即使占领它最重要的沿海地区也不要紧，农业国是松散的，没有要害可抓。所以，蒋百里的结论是：抗日必须以国民为本，打持久战。

蒋介石一直很尊重蒋百里。当年北伐军刚占领南京，恰巧蒋百里也在那儿，蒋介石在百忙中亲自去看望他，而就在此前北伐军进攻湖南时，蒋百里其实是吴佩孚的总参谋长。

1938年11月9日，蒋介石致电广西省政府主席黄旭初（1892—1975）："蒋百里先生逝世，至堪悼惜。本会当特予优礼其丧事，可依照公葬仪式行之，即由省政府主办。本会派黄次长琪翔前来协理。特电希查。中正办。"[1]

蒋百里是保定军校的首任校长，而黄琪翔是保定军校的毕业生，当然算是蒋百里的学生。黄琪翔此时任职军训部的驻地在广西，所以蒋介石派黄琪翔去协理蒋百里先生的丧事，是十分恰当的安排。

1939年元旦，白崇禧在桂林举办新年阅兵活动，并向桂林群众团拜，他主动邀请黄琪翔出席。团拜活动在桂林大体育场举行，其中最隆重的一项仪式是阅兵，参加阅兵的部队和群众共一万五千多人。白崇禧、黄旭初、黄琪翔、夏威、林蔚文、曹浩森等均登上主席台。主检阅人当然是白崇禧。"白（崇禧）等骑

---

1 台湾"国史馆"《蒋中正总统文物》，典藏号002-090106-00013-113。

马绕场检阅一过。受阅部队计有三民主义青年团、学生军团与正规军，皆英武可敬。白氏于阅兵后对群众训话，历时一小时半始毕。”[1]

军训部是一个类似军事学术研究的单位，一般被人视为清水衙门。白崇禧回忆说：“军训部的前身是训练总监部。（在日本）陆军部长、训练部长、参谋总长是日本制度的三长官，势力很大，我们仿照皮毛，把日本的操典和典范令都搬来，可是精神没有搬来。我们的训练总监，先后是何应钦、李济深、唐生智，后来是我。唐生智很少去训练总监部办公，不用说开会，他把这个机关当作是应酬他的一个职位，自己不重视，别人自然也看不起，所以训练总监部被认为是一个冷衙门，俗语说吃豆腐的机关，意指吃不起肉，穷的意思。”[2]

自从白崇禧上任军训部部长以后，他开始重视军事理论和战术思想的研究，许多学有专长的军事将领聚集于此，也算是人才济济。如次长刘士毅（1886—1982），是日本炮工学校及帝国大学造兵科的毕业生，学具专长。当时军训部的主要人员构成如下：

部长：白崇禧；

次长：黄琪翔（先）、刘士毅（后）；

步兵监：阮肇昌；

骑兵监：门炳岳；

炮兵监：刘翰东（留日学炮兵）；

士兵监：林柏森（士官学校毕业）；

辎重兵监：李国良（士官学校毕业）；

通讯兵监：华振麟；

机械兵监：徐庭瑶；

国民兵监：杜心如；

军学编译处：杨言昌（士官学校毕业）；

主任参事：徐国镇（保定、陆大）、徐文明（保定）。[3]

---

1 1939年1月2日《申报》第二版。

2 《白崇禧口述自传》（下），p365。

3 《白崇禧口述自传》（下），p538。

蒋介石在长沙、南岳的军事会议上多次表示，为增强部队的作战能力和指挥水平，等待各部队到达指定位置后，进行整编的同时，要开展军事训练和教育事项，并且指定这项工作由白崇禧的军训部主持。白崇禧认为“此事关系甚为重大”，于是开始制定《战时整编部队教育纲要》，由黄琪翔等组织编撰。

1939 年 4 月间，黄琪翔奉命前往湖南等地，视察部队整训以及军事学校的教育情况。据白崇禧提交给蒋介石的报告，可知黄琪翔此次沿线视察了驻零陵之工校、军二分校、军官总队、战车防御炮教导总队，以及驻衡阳、衡山、长沙之第六军所属各师团。黄琪翔“对于整训时应行改进与注意事项，经分别予以口头、书面指示”。[1]

黄琪翔在军训部当次长，时间长达近两年，这是他在八年抗战中任职时间最长的一个部门。他的主要任务是组织军事专家召开学术研讨会，其余时间去部队指导和检查军事训练情况，做出评估。白崇禧在六十年代回忆军训部的工作时说：“得各次长以下各同仁的努力，我又提倡人事权衡以训练成绩为依据，再加上我到处校阅及演讲，（军训部）渐渐受到重视。”[2]那时身在台湾的白崇禧，在回忆录里几乎没有提及已经“投共”的黄琪翔。但在这里，他隐晦地说到军训部各次长的努力，说明他对黄琪翔在军训部的工作成效是满意的。

可是，前线的战士已经在用命血战，后方的部队又在不停地调遣，很少有时间专门搞训练。黄琪翔只能常常去给打败仗的部队作训话。最著名的一次是给余汉谋的第十二集团军讲话。

1938 年冬，日军偷袭广东，在惠阳县的澳头、淡水登陆。余汉谋的守卫部队缺乏戒备，仓促应战，结果兵败如山倒，日军只用了十天的时间，就占领了广州。广东战区负责人、第十二集团军总司令余汉谋，广东省政府主席吴铁城和广州市长曾养甫，受

1　台湾“国史馆”《蒋中正总统文物》，典藏号 002-080200-00515-119。

2　《白崇禧口述自传》（下），p365。

到了人民群众的指责和唾骂。当时流行这样的话："汉谋无谋，吴铁无城，曾养无甫（谱）"

为了扭转败局，余汉谋部于1939年春，在翁源南浦主办了一个"第十二集团军军官补训团"，请军训部次长黄琪翔去训话。

在讲话前，黄琪翔通过时任第十二集团军政治特派员室主任秘书陈卓凡，以及一些第三党的同志如陈柏麟、张育康、谢维汉、黄若天等收集情况，掌握了第十二集团军军官的真实思想，然后在1939年6月初的某天，黄琪翔来为这些军官开讲。[1]

黄琪翔的军事演讲，极具吸引力，所有军官都在屏声息气认真倾听。他首先讲了抗战形势，讲了日军的真实状况，讲了中国军队为什么与日军遭遇时一触即溃的客观原因。他认为，中国军队与日军单兵比较，差距是明显的。总体上讲，中国军人在军事素养、训练以及装备三个方面，远比日军要差。他提出，孙子兵法讲"知己知彼，百战不殆"，要了解敌军的长处不是为了惧怕他，而是要研究如何集中优势兵力歼灭他。军人为国捐躯是本分，但，战士的死，一定要有价值，决不能白白去送死，只有在研究了敌人的特点并与敌拼死中才能战胜敌人，赢得我军的不死。黄琪翔也痛骂了中国军队中一些军官畏难苟安和贪图享乐的思想，说，这样的军人上战场，如何能打败优势的敌人！

黄琪翔的讲话，不用讲稿，深入浅出，条理清晰，态度又恳切动人，所以他足足讲了两个多小时，现场鸦雀无声。余汉谋将军也始终站立在讲台上，目光平视，态度诚恳地听黄琪翔训话，这让其他的军官们痛感自己的军队作战没有作为是多么可耻，也足见余汉谋对黄琪翔讲话的重视。[2]

余汉谋将军，本是黄琪翔在广东陆军小学的同学，黄琪翔在北伐任师长时，余汉谋是其属下的团长，此时他俩已经平级。余汉谋中将时任第四战区副司令长官、第十二集团军总司令，还兼

1 《纪念黄琪翔》中国文史出版社1988年6月第一版，谢维汉文章《回忆黄琪翔同志二三事》，p71。

2 《黄琪翔传》p102。

任“第十二集团军军官补训团”的团长。

“黄琪翔在视察期间，还深入军官补训团的课堂，了解教官讲课的情况，并根据观察所得作了一些指示，给人留下深刻的印象。除了视察部队训练外，他对广东前线的军事、行政工作，也极为关心。他在南浦期间，曾了解潮汕方面的情况，与陈卓凡等商量，研究谁是出任前线迪曲军政领导的适当人选，准备向当局举荐，以利于发动群众，扭转败局。这些事例，也说明他是随时随地都在为国操心。”[1]

在桂林期间，李宗仁提议，希望黄琪翔也在桂林买块地用来盖房子，将来解甲归田时可以与李宗仁、白崇禧一起回桂林养老。李宗仁的提议，得到了黄琪翔郭秀仪夫妇的响应。原因很简单，因为桂林山水甲天下，美丽的桂林景致堪比人间天堂。

李宗仁告诉黄琪翔，自家附近还有一块好地，应该把它买下来。于是在李宗仁夫人郭德洁的穿针引线之下，黄琪翔郭秀仪夫妇果真把那块地买了下来，还连同周围的20多亩土地。虽然不是市中心，这里确是桂林风景最好的地段之一。

郭秀仪开始忙碌起来。她派人挖鱼塘，池塘中种植了法国睡莲。她还邀请美国留学回来的著名建筑师林乐义（1916—1988）设计建造小洋房，并在楼房周围遍种果树和花木，加上围墙，成为一处典型的花园洋房。

建成后的黄琪翔公馆，位于桂林市桃花江边的甲山脚下，毗邻李宗仁的公馆。这里依山傍水，风景如画。小洋房的主楼为石、砖、木结构，占地约200多平方米，分上下两层。外墙以青砖和大理石料相间，窗式亦中亦西，红洋瓦盖顶。楼内铺设木地板，设有西式取暖壁炉，整栋建筑呈现出中西结合的建筑风格。

紧贴洋房楼外，还建有一座石灰岩砌就的警卫室。警卫室坚固又紧凑，三面墙上均有枪孔，可以向外射击，凸显出防御功能，

1 《纪念黄琪翔》中国文史出版社1988年6月第一版，谢维汉文章《回忆黄琪翔同志二三事》，p72。

也能透露出洋房主人的军旅身份。离开主楼不远的东北角，还有一排“7”字形的平房，那是厨房和下人用房。[1]

黄琪翔的表弟刘凌云曾在桂林黄宅住了三个月，他是这样描写桂林黄公馆的：“琪表哥和琪表嫂的公馆坐落于桂林城东北方的甲山村，是一栋精致的小洋房，深藏在一座青翠冈峦中，小桥流水，巨石嶙峋，别有洞天。”[2]我们不难想象，这是一栋充满诗情画意的别墅建筑。

丈夫们在外忙着战事，将军妻子有了更多的悠闲时间。李宗仁太太郭德洁（1906—1966）、白崇禧妻子马佩璋（1903—1962），平时也大都生活在桂林，与郭秀仪往来频繁。

马佩璋是桂林本地人，1903 年生于书香门第，肄业于桂林女子师范。他们夫妻的感情很好，妻子在家里说话也有份量，白崇禧对她很尊重。

马佩璋与郭秀仪的关系友善。郭秀仪知道白崇禧夫妇都是回民，而且白崇禧还笃信伊斯兰教，可是，郭秀仪见马佩璋平时的穿戴跟汉族一样，妇女们一起聊天也很随意。

白崇禧、马佩璋夫妇共育有 10 个子女（7 子 3 女）。分别为：长子白先道、次子白先德、三子白先诚、四子白先忠、五子白先勇、六子白先刚、七子白先敬、长女白先智、次女白先慧、三女白先明。[3]白崇禧生活很拮据。杨受琼证实，白崇禧当时只领取副总参谋长的薪水，从不用军训部的钱。[4]可是，抗战时，从老家跑出来的家属和亲人一百多人都需要白崇禧的照顾，这一点连蒋介石也知道。白崇禧在军训部任职，时间长达八年。

1 改革开放后，为建桂林丽景度假酒店，开发商已经拆除了黄琪翔公馆警卫室以及“7”字形的一排平房，主楼也被改装为房产商办公用房。

2 《流金岁月》，p212。刘凌云文章《永远的琪表哥琪表嫂》。

3 1986 年白崇禧的六子白先刚自台北来北京拜会郭秀仪。一听他是白崇禧的小六儿，郭秀仪拍着双手开心大笑，说，“你小的时候，我还抱过你呢！”

4 《白崇禧口述自传》（下），p364。

1938年11月，刚处理完长沙大火事件[1]的蒋介石，在湖南南岳召开军事会议。会议的地点在古镇西侧白龙潭上的圣经学校。这个会议史称“衡山会议”，会议时间是11月25日至28日。蒋介石在南岳前后召开过四次“衡山会议”，这是第一次南岳军事会议。

会议的主要议题是总结第一期作战的经验教训，确定第二期抗战的战略方针。第三和第九战区的司令长官、军团长、军长、师长等200余人出席。中共代表周恩来、叶剑英也应邀出席。

黄琪翔作为军训部次长也参加了这次会议。在会上，蒋介石给将领们打气，说，“抗日战争划分为两个时期，从芦沟桥事变到武汉失守为第一期，此后到中日战争结束为第二期。在第一时期，我们虽然失掉了许多土地，就一时的进退而言，表面上我们败了，但从整个长期的战局上讲，我们不但没有败，而且是完全成功的。因为，我们在祖国辽阔的疆土上与敌周旋，使敌人多次欲与我决战，消灭我军主力，以求速战速决，彻底打败中国的企图，彻底落空和失败。”

会议上，蒋介石还列数了部队中的许多问题。他说，某些将领指挥无能，出现士兵逃亡的现象；统帅部的命令在一些部队得不到贯彻执行；有的高级将领要小聪明，躲避命令，规避责任，用那一套把戏来对付战区司令长官，使之无法指挥作战；有的部队军纪涣散，土匪习气严重；还有的谎报军情，不负责任，报喜不报忧……他警告大家，千万不要学韩复榘那样不听招呼，像长沙大火那样乱捅漏子！不要步韩复榘之后尘，当韩复榘第二！一

1　1938年11月11日上午9时，蒋介石密令湖南省政府主席张治中：“长沙如失陷，务将全城焚毁，望事前妥密准备，勿误！”旋即张治中又接到蒋侍从室副主任林蔚的电话，内容是“对长沙要用焦土政策”。张治中立即召来警备司令酆悌和省保安处长徐权，两人下午4时就拿出了一份“焚城计划”。但在正式实施之前，一系列偶然因素却让这场火灾变得完全不受控制，最终导致长沙30000多人丧生，全城90%以上的房屋被烧毁，经济损失约10亿元。也让长沙与斯大林格勒、广岛和长崎一起成为第二次世界大战中毁坏最严重的城市。是中国抗战史上与花园口决堤、重庆防空洞惨案并称的三大惨案之一。1938年11月20日，长沙警备司令酆悌、警备二团团长徐昆，以辱职殃民，玩忽职守罪被执行枪决；湖南省会警察局长文重孚，以未奉命令，放弃职守罪，三人在南门口外侯家塘刑场枪决。湖南省政府主席张治中，用人失察、防范疏忽，革职留任，责成善后，以观后效。

1939年6月14日，黄琪翔的妹妹黄景新与张发奎将军的弟弟张勇斌（前排中间）举行婚礼。后排左起：张月英、黄琪翔夫人郭秀仪、张发奎夫人刘景容、黄琪翔母亲刘桂五、张发奎、黄琪翔。

席话说得大家汗毛直竖。

大家明白：打了败仗也许不会要命，但不听委座的指挥可真的会要命。韩复榘被执法的事，谁人不知？“七七事变”后，全面抗战爆发，韩复榘亲自在第一线指挥抗战，打了夜袭桑园车站、血战德州、坚守临邑、济阳遭遇战、徒骇河之战、济南战役、夜袭大汶口等战役。却因为他不听委员长的命令，还与蒋介石多次发生矛盾，指责中央不支援、不发军饷、炮兵旅被调走……结果在1938年1月24日，韩复榘以“失地误国罪”被判处死刑，时年48岁。

五、中国战时儿童保育会

1937年11月12日，上海沦陷；12月23日，民国首都南京沦陷。国民党军队节节败退，不到半年时间，日本侵略军攻占我国华北、华东大片国土。

黄琪翔说："上海战役完全失败，我随陈诚的总司令部由上海西撤，经过安徽、湖北，直至是年冬到达武汉后，撤消了这个总司令部。"还说："南京政府撤至武汉后，改组军事委员会，成立政治部，邀请共产党和其他各方面人士参加。政治部以陈诚为部长，我为副部长。"[1]黄琪翔是在1937年的年底到武汉，他的妻子郭秀仪同时撤退到了武汉。

由于上海、南京相继被日军占领，武汉一度成为中国的战时首都。国共两党大量政治军事要员云集于此，指挥对日抗战，武汉就成为全国抗战临时指挥中枢。黄琪翔郭秀仪夫妇来到武汉后，住进了有名的汉口德明饭店。

德明饭店的门牌号当时是"四民路185号"，它的主体建筑至今还在。现在的地址叫汉口胜利街245号，饭店已改名为"江汉饭店"。它是砖混结构的三层楼房，典型的文艺复兴式建筑风格，建于1919年，由法国商人圣保罗投资兴建。圣保罗也译沈保禄。

1　黄琪翔《我的自述》。

1938 年，宋美龄（左）与郭秀仪合影于武汉。

设计师是法籍犹太人史德生夫妇。

英国作家詹姆斯 · 迈克马努斯的小说《黄石的孩子》原著中，有一个篇章写的是中国汉口，还专门写了德明饭店：“那些经历过战争的城市……总会因为战地记者的驻扎而涌现一批著名酒店，那是记者们在一起交流、喝酒、相爱或者背叛对方的场所。在西贡有著名的洲际酒店的酒吧，在索尔兹伯里有奎尔俱乐部，在贝鲁特有考曼德酒店，在中国的汉口则有美国海军的俱乐部和其附近的德明饭店……史沫特莱就是海军俱乐部和德明饭店媒体喝酒、聚会的核心人物……”[1]

黄琪翔郭秀仪夫妇入住德明饭店期间，民国政府的许多要员也都住在这里，如军事委员会参谋总长何应钦、浙江省政府主席朱家骅等。但黄琪翔与这些人没有多少来往，只是他们的夫人们之间有些接触而已。

经过1937年大半年的深入接触，陈诚发现黄琪翔的工作作风踏实细致，尤其在淞沪会战中，黄琪翔临危不惧，协调部队能力出众，诚为可信，于是把他纳入自己的权利班子，总以正副职配对，成为自己的主要副职。在八年抗战中，黄琪翔的几次重要工作调动，都与陈诚任职有关，做陈诚的副手，这就是主要原因。蒋介石也清楚这一点，认为黄琪翔是陈诚的人，似乎也不再计较黄琪翔的反蒋历史背景。

1938年2月6日，国民政府军委会成立政治部，设部长1人，副部长2人。陈诚兼任部长，任命黄琪翔为副部长。除黄琪翔之外，另一位副部长就是中国共产党在抗日联合政府内的最高领导人周恩来。

蒋介石选定陈诚、黄琪翔和周恩来三人担任这个新组建的政治部领导，蕴含着他的政治智慧。陈诚是蒋介石的心腹干将，自然要主导政治部工作，而周恩来是共产党的代表，黄琪翔是“解委会”的代表，这样至少在形式上体现了联合抗战的形象。

此时，蒋介石已采用白崇禧的抗战理念，即“积小胜为大胜，以空间换取时间”的对日作战策略，抗日战争转入持久战已经成为现实。大家都明白，山地战斗将必不可少。当时的国民党高级

1　小说后来改变成同名电影《黄石的孩子》，由中国、澳大利亚、德国联合拍摄。罗杰·斯波蒂伍德执导，乔纳森·莱斯·梅耶斯、周润发、拉达·米契尔和杨紫琼等联袂出演。影片于2008年4月在中国内地上映。

将领太太们，大都是随军的，而黄琪翔将军的妻子郭秀仪，虽然在德国已经学会了驾驶汽车的本领，显然不够，于是在黄琪翔的热情支持下，郭秀仪在汉口开始学习骑马。黄琪翔本人很清楚，一旦战事需要，他必定还要奔赴战场，而依照妻子的个性，她也会去前线。

郭秀仪回忆说："我们在汉口的德明饭店住了一段时间。琪翔为我请来了苏联教练，学习骑马，使我尔后在抗日前线能够以马代步。"[1] 郭秀仪的骑马教练是一位苏联人，准确地说，是白俄罗斯人。

日军的侵略战争已经给中华民族造成空前灾难，千万难民流离失所。而在战争中失去父母的儿童处境尤为悲惨，他们或是死于敌人的炮火下，或是倒毙在饥饿贫病的逃难途中。还有传闻说，有一批中国儿童被日军掠走，送往台湾、朝鲜以及日本，施以奴化教育，甚至有的被抽取鲜血，输给日军伤兵。

1938 年 1 月 20 日，《妇女生活》发表了救国会领袖沈钧儒先生所写的"战时儿童保育会缘起"文章，呼吁"爱国爱民族的同志，'有钱的出钱，有力的出力'，共同完成这个保育中国幼年主人的任务，为我们阵亡将士，死难的父老兄弟姊妹和儿女报这血海似的冤仇！使他们虽未得享受自由解放于生前，但能安慰于壮烈牺牲之死后！"一石激起千层浪。正义而善良的呼声，打动了每一位中国人的心。身在武汉的各界妇女率先行动起来，"中国战时儿童保育会"便应运而生。

1 月 24 日，中国战时儿童保育会的筹备会如期召开，冯玉祥夫人李德全被推举为筹备会的主任委员，另外又推举 8 位筹备会委员，郭秀仪是其中之一。[2] 郭秀仪因此成为中国战时儿童保育会的创始人之一。

郭秀仪参加这个战时慈善组织，是因为邓颖超的推荐。郭秀

1　中国文史出版社《流金岁月》，p147。郭秀仪文章《追求光明，不断进步》。

2　中国文史出版社《流金岁月》，p129。郭秀仪文章《我与抗战时期的儿童保育会》。

1938年，中国战时儿童保育会常务理事合影。左起：李德全、冯弗伐、邓颖超、张蔼真、陈纪彝、安娥、刘清扬、郭秀仪、谢兰郁。

仪回忆说："邓（颖超）大姐告诉我，准备联系妇女界人士商量并发起成立一个团体来办这件事。我向大姐表示，我很愿意参加和做一些具体工作。"她还回忆说：淞沪会战后，她随丈夫黄琪翔将军"在从上海绕道嘉兴、徽州到武汉的途中，一路都看见往后方逃亡的难民，尤其是一些失去了家和父母、衣衫褴褛、面黄肌瘦的孩子，以及因伤病倒毙在路旁的孩子的尸体，使我们看了心里十分难过。"[1] 郭秀仪决心投身到这项工作中去。

保育会筹备会议于1月24日召开的时候，宋美龄并没有参加。会后，考虑到这个组织的重要性，邓颖超找李德全商议，建议李德全让出会长的位置，邀请宋美龄出面主持保育会的正式成立大会，并向宋美龄说明，保育会可作为"中国妇女慰劳自卫抗战将士委员会"总会的直属单位，并在这一组织下开展活动。"中国

1　中国文史出版社《流金岁月》，p129。郭秀仪文章《我与抗战时期的儿童保育会》。

妇女慰劳自卫抗战将士委员会”总会的会长，就是第一夫人宋美龄。李德全完全赞同邓颖超的主张。随后，邓颖超委托史良、沈兹九、刘清扬三人面见宋美龄，邀请宋美龄出任会长。[1]

宋美龄当时在全国人民心中享有崇高的威望。为了抗战，她无私无畏，亲临前线，慰劳战士。1937 年 10 月 8 日，是淞沪前线战斗最激烈之际，也是国民党双十节的前夕，前线的战士们突然发现自己的后方来了一辆运输卡车，而且他们惊愕地发现从卡车上走下来一位“穿着卡其布紧身衣和马裤，上身外罩一件纹皮外褂，一头梳理得很整齐的秀发在脑后挽成一个发髻。她就是‘中国妇女慰劳总会’会长宋美龄。”大家都在为夫人的安全而担心。这时，一阵阵巨大的爆炸声把这间农舍震得摇摇欲坠。宋美龄镇静地说：“我们不能像你们这样在前线作战，所以，只好做点慰劳的工作。”宋美龄这次来前沿阵地，随车带来妇女慰劳总会捐赠的 1000 件棉衣，500 条军毯和 2000 卷纱布，还带来了一些可口的糖和苹果。

宋美龄不仅具有舍身忘我的工作精神，而且极具亲和力和号召力。她能讲一口流利的英语，还能讲流利的上海话、广东话，也能讲普通话，并经常发表动人心弦的演讲和文章，这使她的影响力超过了当时中国的任何一位女性。邓颖超的主张完全是正确和明智的，中国战时儿童保育会不能缺少像宋美龄这样一位妇女运动的领袖。当然，宋美龄也乐意接受这一邀请，因为保育会不仅是中国慈善事业的重点工程，更是中国妇女运动的一面旗帜。中国战时儿童保育会至此归属“中国妇女慰劳自卫抗战将士委员会”，它的全称是“中国妇女慰劳自卫抗战将士总会战时儿童保育会”，简称“保育会”。

3 月 10 日，“保育会”成立大会在汉口界限路圣罗以女子中学隆重举行，妇女界、中外来宾等 700 余人参加了成立大会。这一天，宋美龄身穿黑色丝绒旗袍，仪态大方。她见到邓颖超，执

1 团结出版社 2002 年版佟静著《宋美龄大传》，p350。

1938年3月10日，中国战时儿童保育会在汉口成立。前排左起：黄卓群、吕晓道、陈纪彝、沈兹九、徐镜平、钱用和、陈逸云。中排左起：张蔼真、安娥、庄静、宋美龄、李德全、谢兰郁、赵清阁、吴贻芳。后排左起：孟庆树、刘清扬、唐国桢、沈慧莲、曹孟君、郭秀仪、史良、邓颖超。

礼甚恭，始终称邓颖超为“邓先生”，并表示国民党与共产党“真诚合作，全力抢救难童。”一向谦逊的邓颖超，则称宋美龄为“蒋夫人”，并很得体地建议说：“不仅要以抗战精神抢救难童，还要将他们培养成为建设祖国的人才。”

宋美龄在大会上致词，她说道：“今天大家所要讨论的儿童保育问题，就是我们妇女界战时最重要的任务之一。换一句话说，也是我们义不容辞的责任。”她表达了抗战到底的决心和拯救难童义不容辞的责任。会议选出了包括国共两党和无党派在内56名妇女界人士为理事。在保育会成立的当天，就收到陈济棠捐款5000元，张发奎、谷良民、陈立夫以夫妇的名义各捐款1000元。蒋介石夫妇、冯玉祥夫妇、宋子文等各捐款100元，全部捐款总计超过了18000元。[1]

3月13日，战时儿童保育会在武昌召开第一次理事会，选出17名常务理事：宋美龄、李德全、黄卓群、邓颖超、史良、曹孟君、沈兹九、安娥、孟庆树、张蔼真、陈纪彝、郭秀仪、唐国桢、舒颜昭、任培道、徐瑞、陈逸云；5名候补常务理事：徐镜平、刘清扬、庄静、吕晓道、朱纶。

在讨论理事会设立的各组织机构人选时，原先拟定组织委员会主任候选人是邓颖超，副主任是国民党社会部妇女科副主任陈逸云。陈逸云（1908—1969）不买账，在会上力争要国民党员独占组织、宣传、保育三个委员会要职，宣称自己"有几十年组织工作经验"，其真实意图是要让国民党执掌实权，排挤代表中共的邓颖超和其他一些进步人士。陈逸云是国民党派往美国的留学生，参加过军统特务工作的训练。[2]邓颖超则显得非常大度，当即表示自己不要任何名位。她说："我不要任何名义。只要工作需要，我一定努力去做。"

宋美龄看到陈逸云在会上公然"抢位子"和自我标榜的表演，不觉皱眉。她是一个被西方民主思想浸润过的人，其修养出众。宋美龄歉疚地笑着说："邓先生不计名位、一心为抢救难童服务的精神，令人钦佩。大家还是畅所欲言，充分讨论吧。"[3]宋美龄的话，不仅把代表国民党利益的陈逸云的气焰控制住了，也让会议得以顺利进行。

最后，理事会形成了以下各组织机构领导名单。

战时儿童保育会下设一个秘书处，6个专门委员会：

秘书处，主任张蔼真、副主任陈纪彝；

设计委员会，主任史良、副主任任培道；

组织委员会，主任陈逸云、副主任庄静；

宣传委员会，主任沈兹九、副主任徐闿瑞；

1 1938年3月11日《申报》。

2 团结出版社2002年版《宋美龄大传》，p371。

3 《宋美龄大传》，p351。

战时儿童保育会三周年在开会。宋美龄（左二）、李德全（左一）、郭秀仪（右一）。

保育委员会，主任曹孟君、副主任唐国桢；

输送委员会，主任黄卓群、副主任刘清扬；

经济委员会，主任李德全、副主任郭秀仪。

我们从这份名单上可以看出，时年27岁的郭秀仪，是最年轻的战时儿童保育会领导人，作为冯玉祥夫人李德全的副职，十分瞩目。

为了争取社会各界的支持和赞助，扩大国内外影响，保育会还聘请286位名誉理事，其中包括国共双方领导人、各界知名人士、国际友人，如蒋介石、林森、冯玉祥、孔祥熙、宋子文、李宗仁、毛泽东、周恩来、朱德、彭德怀、沈钧儒、邹韬奋、马相伯、黄琪翔、郭沫若、陶行知、茅盾、老舍、蔡元培、晏阳初、胡适、陈嘉庚、胡文虎、斯诺、史沫特莱、司徒雷登、鹿地亘等，体现了国共两党真诚合作的重要成果之一。

宋美龄领导了中国战时儿童保育会的工作。著名女记者子冈在《蒋夫人印象记》中写道：宋美龄“在抗战中接近许多姐妹，她们的工作使她兴奋，她恨不得使这许多姐妹个个成为一部发动机，去推动广大的落后妇女群众来参加抗战工作。”史良在《自述》中也说：“如果抛开政治见解，我对宋美龄个人的印象是好的，她能干、大方，说话、做事得体。”这说明宋美龄在许多亲近她的女同胞眼里，享有崇高的威望。

郭秀仪就是在这年认识宋美龄的，在宋美龄和邓颖超的鼓舞下，把自已满腔热忱都投入到这一伟大的事业之中。

事实上，在战时儿童保育会成立之初，郭秀仪已经如同公益明星一样，十分耀眼。在当时大多数媒体的相关报道中，郭秀仪的名字紧随委员长蒋夫人、副委员长冯（玉祥）夫人之后，位列第三，其他理事的名字或者一笔带过，或者索性不提。这大概是因为郭秀仪的美丽、年轻以及充满朝气的活力感染了整个社会，而深受日寇蹂躏的中国，正需要这样一个崭新而夺目的形象来鼓舞和慰藉人心。如当时的主流媒体《申报》报道说：“关于难童的保育与教育，现在有三个机关，一个是难童教育委员会，一个是难民儿童教养团，另一个规模最大的，便是蒋夫人、冯夫人、黄琪翔夫人郭秀仪等主持的难民儿童保育会。”[1]

此间，邓颖超亲自安排罗叔章到湖北、河南交界的均县抢救难童，给她一封宋美龄亲笔写的委任状和介绍信。罗叔章（1898—1992）赶到均县，带着男女老幼600多人，从均县溯流而上到陕南汉中，再沿着嘉陵江到达重庆，辗转行程两千多里，终于抵达目的地。这其中大部分难童，就是战时儿童保育会所收容的第一批难童。

1938年5月1日，临时保育院正式成立，其位置在汉口同仁医院旧址。第一批从炮火中被抢救出来的五百名难童，参加了开幕典礼。“上午九时，第一临时保育院举行开幕典礼，冯夫人李德全、黄夫人郭秀仪、邓颖超、史良、曹孟君、张蔼真、唐国桢，和全体理事都联翩出席，来宾也到了很多。推冯夫人主席。”“从前方接来的五百多名难童，这是保育院第一次预收的数目，难童

1　1938年3月22日《申报》第二版。

多半是从河南来的，其次是河北、江苏、浙江、安徽、江南等地，难童最小的两岁，最大的十五六岁，父母职业除少数营商外，俱因战事影响而致失业者。”[1] 随后，蒋介石、冯玉祥、周恩来、黄琪翔分别赶往临时保育院看望难童，并发表了讲话。

1938 年 4 月 11 日，宋美龄发表了慷慨激昂的《谨为难童请命》文章，说：“我们大家倘回想到做孩子时候的情景，父母怎样爱护我们，家庭团聚在一起是怎样的安全欢乐，在学校读书又是得到怎样的智慧和乐趣，现在再看看这群难童，谁不应该抢着去救济他们，救他们跳出水深火热的苦难，帮助他们变成有作为的国民，将来也担负起捍卫国家、复兴国家的一部分责任呢？现在，战时儿童保育会正在进行募款运动……现在，我们请求同胞们，每一个人量力认定几个儿童的保育费，我们最初的目标想保育两万个儿童，将来经费扩大，保育儿童的数目当然也就跟着扩大了。”

按照当时物价测算，每个难童每年生活费约需 60 元。保育会成立后，在武汉掀起了颇有声势的为拯救难童募捐活动。这是募捐活动最著名的一次。

1938 年 7 月 7 日，是抗日战争爆发一周年的日子，武汉三镇为抗战举办了声势浩大的公益捐款活动。据当日中央社报道：“七日为武汉三镇民众献金之第一日，汉口方面，献金台有四处：（一）中山路水塔由黄琪翔夫人郭秀仪女士主持开幕礼，黄副部长琪翔代表政治部全体同仁献上一万元支票一张。（二）世界戏院前之献金台亦同时揭幕，附近市民均纷纷上台贡献，影星黎莉莉女士将彼与罗静予结婚之纪念戒指亦捐入柜内。（三）江汉关方面由李宗仁夫人郭德洁女士主持揭幕，首由陈芷町献上一千元，献金者五千多人，共一万八千余元。（四）总理像前之献金台，由黄仁森代表蒋委员长与蒋夫人前来奉献，用红色包袱包着，用铅笔写明数目，共一万九千四百五十一元一角四分。”[2]

---

1 1938 年 5 月 2 日《申报》第二版。

2 1938 年 7 月 9 日《申报》第二版。

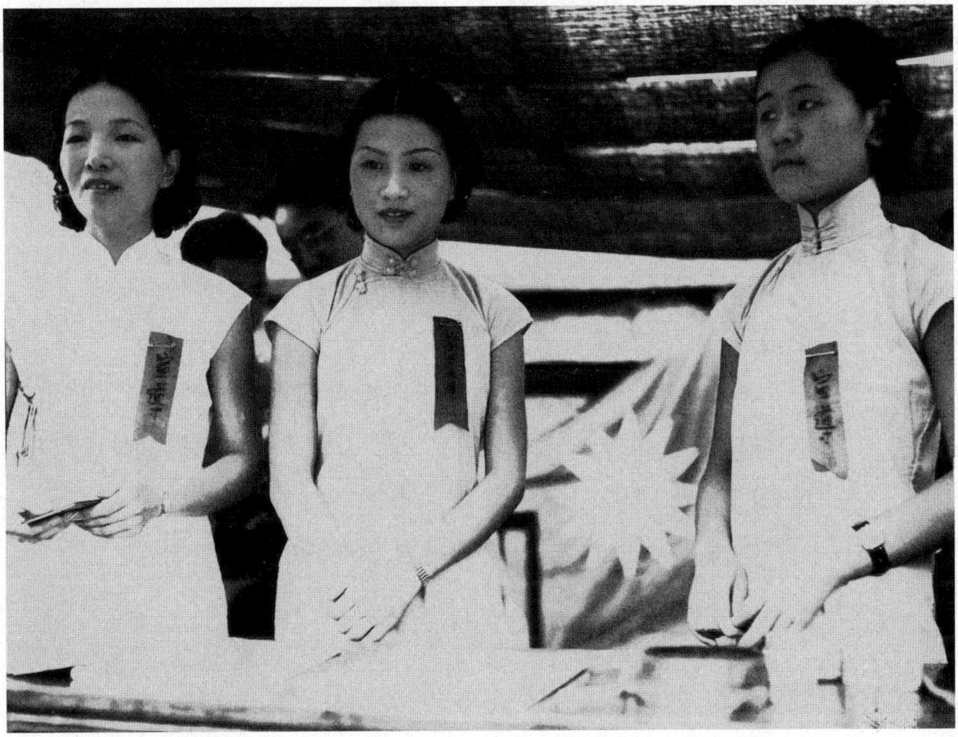

在武汉中山路水塔献金台上，由黄琪翔夫人郭秀仪（中）主持及宣导。中央社提供。

关于献金台的报道，各家报纸大多组织专题报道，均把郭秀仪主持之设在汉口中山路水塔的献金台作为第一视点。《申报》发表《武汉献金第一日》的长篇通讯，文内第一节“中山路水塔”即写道：“脚下有一个献金台，当黄琪翔夫人郭秀仪女士拉直了嗓子，说完了开幕词，并亲自递进了五十元后，全场的群众，都拥着上台输将了。接着是黄副部长琪翔代表政治部全体同仁，又献上了一万元的一张支票，这样又陆续的由民众自动的上台来捐助了。这里有工人，有老太太，小孩与妇女，而最使人兴奋得几至泣下的是一位六十岁的北平流亡来的老者。他叫傅部周，是靠着贩卖长生堂的无极丹来度日的，接连来了三次，捐助了一角九分，说这是他今天卖了无极丹所得的纯益，他尚且还希望再卖了几包再来捐助。还有一条大汉，送卅八把大刀，他说：给弟兄们去杀鬼子。十四师的龚天武团长，也伴着太太献了他俩的结婚戒指。下午有一位交了一英镑与十元的港纸两张，他是办国民参政论坛的李农君。总计到下午六时止，有四千多人，两万余元，情况是真的空前热烈。”[1]

郭秀仪听说孔祥熙和宋霭龄的长子孔令侃先生(1916—1992)要去美国，就急中生智请他帮忙到国外去捐款。郭秀仪回忆说，“后来我将捐册交给财政部长孔祥熙的儿子孔令侃，请他到国外募捐，也捐了不少钱回来。”[2]

郭秀仪除了向社会募捐外，还把自己积蓄捐献出来，并负担了442名难童的长年生活费用。当时，郭秀仪的募款额位居第三，认养的难童人数仅次于宋美龄和李德全。

中国战时儿童保育会个人经募及资助难童数目表：

宋美龄女士：英金10英镑，美金15元，现款26389.63，资助难童2459人。

李德全女士：现款2503元，资助难童511人。

郭秀仪女士：现款20986元，资助难童442人。

张郁真女士：现款280元，资助难童93人。

安　娥女士：现款231元，资助难童10人。

朱宗韫女士：现款1513元，资助难童44人。

黄卓群女士：现款9000元，资助难童60人。

梁陪树女士：现款1050元，资助难童31人。

刘清扬女士：现款466元，资助难童15人。

沈兹九女士：资助难童10人。

曹孟君女士：资助难童2人……[3]

在这次大规模的营救难童活动中，郭秀仪竭尽所能，忘我工作，赢得了“难童妈妈”的美名。

关于保育院的珍闻，还有一则，就是宋美龄还曾养育了以后

1　1938年7月8日《申报》第二版。

2　中国文史出版社《流金岁月》，p68。郭秀仪写文章《忘事拾遗》。

3　以上资料来源《流金岁月》，p120。郭秀仪文章《中国战时儿童保育会忆旧》。

成为新中国总理的李鹏先生。

这是海基会董事长辜振甫夫人辜严倬云于 1998 年 5 月透露的，她说："蒋夫人在抗战时期曾经养育过现任中共人大委员长李鹏。"当时的报道说："过去曾被视为是禁忌的史实也因为两岸的开放交流被解开，辜严倬云说是李鹏向蒋夫人致意的信件揭露了这段因缘。"宋美龄负担了多位难童，"迁台时蒋夫人带着其中 100 多位子弟到台湾安置，其余还有约 300 多孤儿仍跟着宋庆龄及邓颖超留在大陆，多年来两岸隔离即失去联系，但两岸恢复交流后就开始陆续有人自大陆写信要求妇联会转交给主任委员蒋夫人，他们都是当年受蒋夫人照顾的孤儿，其中就包括李鹏在内。辜严倬云说，他们在信中表露的孺慕及感恩之情让人读来更是感动。"[1]

保育会所面临的首要任务，就是抢救战区难童，并把抢救出来的难童送到武汉。到 1938 年 9 月中旬的半年中，武汉已经收容难童 9070 人。经保育会帮助转移至后方的难童，则人数更多。

1938 年秋，武汉战事吃紧，保育会迁往重庆。以后一些省份相继建立了 10 多个保育分会。其中，宋庆龄、何香凝负责香港分会；李宗仁夫人郭德洁负责广西分会；龙云夫人负责云南分会；张治中夫人负责湖南分会；邓颖超、蔡畅、丁玲负责陕甘宁边区分会……中国战时儿童保育会先后设立 44 个儿童保育院，收容难童 3 万余名。[2]

难童进入保育院后，就被称为保育生，他们的命运便开始改变。保育院首要的工作，就是要使保育生健康成长，不单是养活他们，更要施以教育，使每一个孩子成为国家有用之才，成为建造新中国的劳动者。保育生们除了要上正规的文化课程，各保育院都很重视对他们进行生产劳动的教育。

保育院开展劳作教育的根本原因：第一是由于一部分儿童已

1　《民生报》1998 年 5 月 21 日综合新闻版。

2　中国文史出版社《流金岁月》，p122。郭秀仪文章《中国战时儿童保育会忆旧》。

经到了可以劳动的年龄，而他们大半是劳动大众的子女，懂得而且习惯劳作。第二，保育院的现实环境与经济困难需要开辟出一条新路来改善自己的生活。第三，是试行了实用教育原则。于是，十岁以上的儿童，大都参加了一种或几种的劳作，贡献出自己所能贡献的力量。同时，在劳作中，他们也获得了更丰富更切实的技能。

到 1940 年 4 月 15 日宜昌失陷前夕，宜昌接运站共抢救出的各地难童达 1.5 万余人。此外，该会组织步行内迁的难童人数也不少。整个抗战期间，战时儿童保育会成为抗战时期各难童救济团体中成效最突出者，它总共救助的难童在 3 万人以上。

郭秀仪回忆说："在那段日子里，我工作非常紧张，常常顾不上吃饭和休息，但我内心感到很充实，很欣慰。在民族危急、国家存亡之际，我做了一个中国人应该做的事情。一些老大姐看到我这样不知疲倦地工作，很心疼我，给予我赞许和鼓励，平时亲昵地叫我'小妹妹'。"[1]

宋美龄内心非常喜爱郭秀仪，因为这个小妹妹不仅活泼可爱，聪明能干，更可贵的是她真心诚意地从事这项伟大的运动，没有一星半点私心杂念，并不是所有人都能像她这么简单透明，所以宋美龄在工作上也很倚重郭秀仪。

此后，宋美龄还常带她出席各种社会活动，单独邀请她到总统行辕，和他们夫妇一起吃饭。这是一种特殊的礼遇。

郭秀仪为保育院难童奔波的同时，她的夫君黄琪翔正在为军委会政治部的工作而操劳，夫妻俩因此常常不能在一起吃饭。

1　中国文史出版社《流金岁月》，p121。郭秀仪文章《中国战时儿童保育会忆旧》。

六、宋美龄与郭秀仪

1938年11月的南岳会议间歇，蒋介石特意找到黄琪翔，突然询问："你的妻子现在哪里？"黄琪翔感到莫名的茫然。蒋介石解释说，因为夫人宋美龄要去慰问伤兵，想请郭秀仪一同参加。

蒋介石亲自出面给下属打招呼，邀其夫人郭秀仪参加劳军活动，这一举动实在罕见。显然，这是宋美龄的主意。按照惯例，邀请郭秀仪参加慈善活动，只需委员长行营的副官处电话通知即可，无须蒋介石亲自过问。

黄琪翔立即给远在桂林的郭秀仪打电话，让她赶紧来南岳，陪同宋美龄去慰问伤兵。

黄琪翔对于蒋介石的态度非常矛盾。他并不反感蒋介石个人，甚至，还很尊重他。蒋介石成为党国领袖后，的确对自己的要求十分严格。蒋介石"平时，他不抽烟，不喝酒，不跳舞，甚至连茶也不喝，只喝白开水。这是很了不起的，哪个统治者能做到这一步？"[1]

他和蒋介石的矛盾集中在政治观点上。他坚决反对蒋介石的独裁统治，而且，他多次组织、参与了反对蒋介石的军事行动，是这些军事活动中的核心成员，因此他与蒋介石的矛盾，曾经达

1 中国文史出版社《文史资料选辑》第一五八辑，p181。

到了殊死斗争的地步。

蒋介石对于反对过自己的人，有心狠手辣的一面，比如枪杀“临委会”领导人邓演达就引起了社会公愤。也有他大肚能容的一面，比如，历史上与蒋介石作对的很多著名人物，真正被其处死者，并非是大多数。特别是，现在的环境不同了，已经进入全面抗战阶段，最大的敌人就是日本帝国主义的侵略军，而蒋介石又是全民抗战的统帅，是自己的直接领导人，所以，作为军人的黄琪翔，必须服从蒋介石的领导。

在黄琪翔内心，还是真心佩服中国共产党。因为在这个黑暗的中国，它是唯一能真正看到国家未来希望的政党。他与共产党人的关系友善。可是，在抗日战争的大环境中，国民党与共产党的矛盾显而易见。所以黄琪翔面对各种复杂的社会关系、政治力量时，就需要拿出政治谋略和手段，来平衡这种关系。

黄琪翔夫人郭秀仪是他的事业伴侣。由夫人郭秀仪出面周旋于各种势力之间，便显得十分自然，不容易引起别人的反感和警觉，有利于自己开展工作，这就是常人所谓的“夫人外交”。

郭秀仪赶到衡阳后，军委会会议已结束，黄琪翔返回桂林军训部工作。妻子郭秀仪就住进蒋介石临时行营，与宋美龄朝夕相处，形影不离。宋美龄除了邀请黄琪翔夫人郭秀仪外，还邀请了因“长沙纵火案”而被“革职留任”的湖南省政府主席张治中的女儿张素我（1915—2011）。

此前，宋美龄领导的“中国妇女慰劳自卫抗战将士委员会”总会，有个下属单位叫乡村工作队，在11月初抵达衡山。11月8日，队员们集中在衡山钟鼓楼开会，结果遭遇敌机轰炸，队长吕纯、队员胡鸣福等女士当场殉难，副队长余海心女士失掉了一只手。宋美龄不胜哀痛，亲往衡山慰问。

郭秀仪赶到衡阳时，乡村工作队的活动已结束。按照宋美龄的要求，郭秀仪和张素我住进行营。吃饭时，她俩与蒋介石、宋美龄夫妇一起同桌用餐。一个桌子，只他们四个人吃饭，很安静。蒋介石说浙江话，宋美龄和郭秀仪说上海话。浙江与上海地理相近，彼此方言大都能够听懂。

郭秀仪回忆说："蒋介石总是很客气，不仅时常问黄琪翔的生活情况，还亲自为我布菜。"[1]

宋美龄出门去慰劳伤兵，都是请郭秀仪同坐一辆车，由宋美龄副官替她们拿大衣、开车门。

有一次，她们在路上看到一队队新兵在行进，垂头丧气的样子看上去像是一队队俘虏兵。这些新兵，其实就是壮丁，他们的双手被捆绑着。宋美龄十分气愤，命令停车，叫她的副官去质问带队的军官，为什么要捆绑这些将要去为国打仗的新兵？军官报告说，是害怕壮丁们逃跑。

宋美龄很是感慨，对车内的郭秀仪说："让这些不是志愿的人去当兵打仗，怎么能打胜仗！"

郭秀仪当然不便、不能、也不敢吱声，去接她的话茬。

其实，在抗日战争中，正面抵抗日军进攻的国民党军队处境十分艰难。亲身参加过抗日战争的著名历史学家黄仁宇先生（1918—2000）写道："原来中国是一个中世纪的国家，全靠上下蒙哄、对外掩饰才胆敢以苦肉计和空城计的姿态对日全面作战。战前蒋委员长所掌握的三十个德式装备师不及一年即损害殆尽。据日本大本营一个大佐的估计，国军总数一度低至九十万人。以后全赖吸收各地保安队及征调农民，素质也每况愈下。"[2]抗战爆发后，中国士兵伤亡惨重，又不能得到及时有效的补充，兵源缺口很大，于是出现了强迫农民子弟当兵参军的现象。这是现实。

不仅士兵素质差，装备更差。黄仁宇还指出："我们一个师通常只有六千人左右，并且行军时埋锅造饭煮水挑柴全系农村习惯。日军的一个师团经常有一万二千人至一万四千人，配备特种兵后可能多至二万人。双方火力尤其无可比拟。最近我才看到湖口、马当要塞失陷的纪录。当时过早失陷，据说咎由支援的步兵。

1　《清风见兰》p148。

2　中华书局2015年版黄仁宇著《我相信中国的前途》，p200。

可是事前检阅该部队的德籍顾问即有报告，‘机轮迫炮全系废铁，步轮堪用着不及半数’”。[1] 国民党军队从兵员素质、装备乃至指挥系统，都存在严重的问题。

宋美龄是位理想主义者，对国民党军队的真实情况，了解得毕竟有限。

当天晚上吃饭时，蒋介石关切地问宋美龄，伤兵们的情况怎么样？他们有没有棉衣穿？

宋美龄很不客气地说了路上所见壮丁们被捆绑的事，还说，“今天我们去慰问的伤兵是有棉衣穿的，不知道明天这些棉衣又要给谁穿！”宋美龄对国民党部队中欺上瞒下、漠不关心士兵的做法感到气愤。[2]

蒋介石对宋美龄的回答很不满意，但因为郭秀仪、张素我在场，他的高位和威严不便将自己夫妻间的不睦，让外人窥见，就不再多说什么，板着脸，不说话。

敏感的郭秀仪如坐针毡，左右为难，只能屏声息气。她感觉自己夹在领袖夫妻之间实在尴尬，连吃饭也拘谨，事后就悄悄请宋美龄副官转告，说自己以后去与其他人一起吃饭，不再打扰蒋夫人。宋美龄听后，笑说，“这个小囡妮还羞答答呢”，就随她去了。“小囡妮”是上海方言，是指小姑娘的意思。

宋美龄为此发起了为抗日战士筹募棉衣运动。“妇慰会”总会拨用捐款购买衣料，派妇女服务队队员集体赶制棉背心1万件。宋美龄考虑到湖南是中国的产棉大省，于是动员湖南妇女就地取材，为士兵们缝制40万件棉大衣和40万双鞋子，以供应湖南、江西等地的军队之需。其他省份士兵们的棉衣和棉鞋，均由“妇慰会”总会提供原料，由各省妇女协会负责去组织缝制，这些努力，使得前线部队缺衣少穿的问题，得到了某些缓解。宋美龄鼓励和鞭策她的同事说：“如果不把我们二万万多妇女动员起来，是我

1　中华书局2015年版黄仁宇著《我相信中国的前途》，p200。

2　《流金岁月》，p148。

1939年10月28日，宋美龄（前排右）带领郭秀仪（左）、张素我（中）在劳军的途中。中央社摄于衡阳码头。

们少数知识妇女的耻辱，我们应该做的事太多了！”[1]

宋美龄去战地医院慰劳伤兵，其情其景，感人至深。

宋美龄来到战地医院的时候，总是身穿天兰色的医护服，挽起发髻，紧束衣袖口，显得十分干练。她来到病房，不需要人们介绍她是谁？所有人都会起立向她致敬，即使躺着不能起

1 团结出版社2002年版《宋美龄大传》，p375。

身的伤兵，也会远远地在枕头上向她敬礼。她总是微笑着，向伤兵们点头、挥手，以此作为答礼。她轻轻走过每一张病床，在战士的枕边放下类似一块毛巾、一个罐头和一包糖果。有时，她也会坐在床边，与伤兵攀谈，询问伤情，聊聊家常。她还会亲自动手，替伤兵换药，用碘酒擦拭伤口，重新包扎。根据资料记载，宋美龄慰问伤兵时，亲自去替伤兵换药包扎伤口的人数，一般总在六七人之间。

“妇慰会”总会决定，赠给湖南各医院的抗战伤兵，每人法币2元，肥皂一块，牙刷一把，红烧肉一碗。宋美龄来到医院，亲自跑去食堂，要亲口尝一尝红烧肉的滋味，可谓对伤兵的关怀体贴入微。

跟随宋美龄前往慰问的其他名媛们，大体上亦如此。她们也都身穿天兰色的医护服，肩上背着救护袋，脸上带着春风一般的微笑，去为伤兵们换药、唱歌、谈心，有时还要为伤兵们代写家书。因为许多战士没有读过书，不会写字。

郭秀仪来到伤兵床前，总是微笑着为战士们分发慰问品。她拉着战士们的手，和他们聊起家常。他们在一起讲述各自兄弟姐妹们的往事，鼓励伤兵们战胜伤痛。

这一次在衡阳，郭秀仪陪同蒋夫人宋美龄去劳军的时间总共一周。这些天里，她们朝夕同行，相处得十分默契而愉快。

1938年11月30日，蒋介石在桂林设置行营，统筹南方抗日事宜。此后，宋美龄经常带领郭秀仪等人去慰劳伤兵。

郭秀仪在接受《星岛日报》专访时说：“前些天，在深夜三点，蒋夫人在重庆作了一次向美国民众的广播演讲，完了之后，等到天才发亮，即便踏上了万里的征途，到了桂林，随即偕我和几个女友携同大批慰问品，亲赴湘桂各伤兵医院慰劳。”[1]“在整整五天的时间，沿途冒着征途的颠簸，日机的空袭，历了不少辛劳与危险，乘火车、汽车、轿子，每天从早上七时至晚八时，全

1 1940年1月14日《星岛日报》。

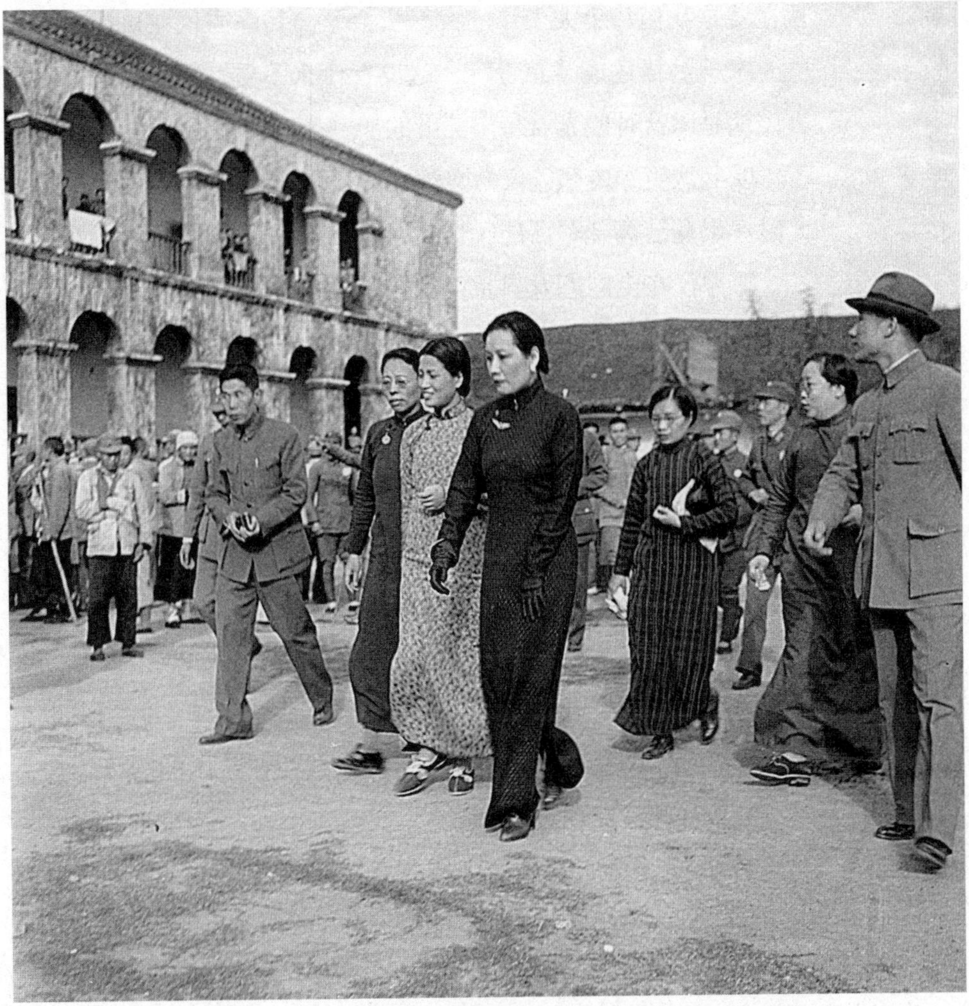

1939年10月28日，宋美龄带领郭秀仪等前往慰劳抗战军人的途中。

没有休息的时间，面包和干粮，多在路途中进食，蒋夫人和各位女友都甘之如饴，蒋夫人并且还像慈母般时来照顾我们。”“我随蒋夫人工作很多次，这次使我益发兴奋，现在我们总司令部奉令组织战地工作队，我很希望而欢迎那热心救亡工作的女同胞和我一路（同）参加工作，使我们妇女们都得尽了救国的天职。”“我觉得蒋委员长领导着我们全国的同胞作抗战建国的工作，我们的女同胞却占了全民的半数，也应该感动，随蒋夫人的领导，各尽自己的天职、能力，以参加这艰巨的任务才是。只要我们有机会，不，全要我们自己去找寻机会，随时随地都要去参加这种工作，现在就是我们每个人工作的大好机会了。”郭秀仪在口述中把蒋夫人宋美龄描述成“慈母”，这没有什么不妥，因为当时国统区人民就是以这种眼光看待宋美龄的。

以上这篇专访郭秀仪的文章，发表时间为1940年1月14日，此时黄琪翔已离开军训部次长的岗位、前往第五战区工作了。

郭秀仪在全国妇女界抗战救国的运动之中，声名鹊起。这篇文章是这样评价郭秀仪的：“黄夫人自当抗战以来，在沪、汉、桂各地，均曾领导各地妇女努力救亡工作，如在汉口时曾亲自主持某号献金台，得款最多，又如募集征衣，救护伤兵，抢救及保育难儿等等运动，莫不卓著成绩。蒋夫人对之，极为重视，此次蒋委员长令各个集团军分别组织战地工作队，即以黄夫人为某集团军之工作队队长，黄夫人行将随同黄总司令赴前线组织工作队开始工作。为国事而现身战地矣。”[1]

郭秀仪与李汉魂将军（1894—1987）的妻子吴菊芳相识也是在1938年的桂林。按照吴菊芳老家广东曲江地区的习俗，郭秀仪与吴菊芳俩人互称大嫂。

早在1938年的冬天，吴菊芳要从广东曲江去重庆，需要到桂林转飞机，于是在中途等待转机时，她就住在丈夫李汉魂的老战友黄琪翔家里。

吴菊芳曾任广东省“新文化运动妇女工作委员会”主任，是战时儿童保育会广东分会的主要负责人，深受宋美龄的器重。宋美龄多次致信吴菊芳，称赞她“为国尽筹，抢救被难妇孺，慰劳抗战将士……艰苦英勇之牺牲精神”。[2]

郭秀仪与吴菊芳一见如故，总有说不完的话。吴菊芳回忆说：“到了桂林，我就住在她家。有一次我们围炉长谈。黄琪翔去办公，我们还继续说话。等黄琪翔晚上回来，我们还坐在那里没有说完。谈得高兴，索性把机票退了。就这样，一聊就聊了十几个钟头。

---

1 1940年1月14日《星岛日报》。

2 团结出版社2002年版《宋美龄大传》，p398。

广东人煲粥聊天，可以煲出好几锅（比喻聊天的时间很长）。以后我们就很少见面了。她和宋美龄、李德全等一起做战时儿童保育会的工作，我则搞广东教养院。大家都忙于救济抗日难童的事业。有时蒋夫人在重庆召开会议，我们才有机会见面。”[1]

在风景如画的桂林，黄琪翔是屈指可数的军界高官，可是他从来不摆什么官架子，待人接物，平易近人，著名文艺理论家黄药眠就在此际开始与他建立了深厚友谊。

黄药眠回忆说：“1938年，黄琪翔被调到白崇禧下面做军训部次长，而我则在桂林同范长江等同志搞国际新闻社。为了多发展一些社会关系，托异母兄黄枯桐介绍我同黄琪翔认识了。黄在桂林期间，我平均每一两个月总要到他家去闲聊一次，这时我对他的印象是：他为人平易，没有什么官僚架子，也没有一般武人的粗鲁表现。他由住地到桂林城买东西，要走几里路，都是自己步行前去。他的生活方式是西化的，但他的为人则带有我们梅县人的耿介的性格，说话直率，不像在国民党上层官场中混了许久的人物。大概过了一年左右，他没有通知我就离开桂林，到第五战区去任第十一集团军总司令了。后来知道他在宜枣战役中还算是打得比较出色。”[2]

1943年春天，母亲刘桂五十分思念儿子黄琪翔，想来探望。但是，广东梅县到广西桂林千里之遥，远隔重山峻岭，需要经过粤北的韶关、湖南的衡阳等地，即使在和平时期，坐汽车也需要一周时间。黄琪翔夫妇自然放心不下。恰好此时，黄琪翔的表弟刘凌云高中毕业，考进了重庆大学，去学校报到也要路经桂林，于是在黄琪翔的表弟刘凌云陪同下，母亲刘桂五乘坐的汽车，白天躲着日军飞机的轰炸，晚上行驶，花费了两周时间，吃尽苦头，终于抵达桂林。

郭秀仪生性善良，喜爱动物，在桂林时期，她养了两条名犬。

---

1 《流金岁月》，p195。李吴菊芳文章《关于郭秀仪的两三事》。

2 人民出版社《人物》杂志1981年第三期，黄药眠文章《我知道黄琪翔同志的二三事》。

黄琪翔的母亲刘桂五与郭秀仪在桂林合影。照片前面的大犬就是金毛猎犬。

表弟刘凌云说："翔表嫂和家人都喜爱宠物，那时家中养有两只名犬，一大一小。小的是灰白色贵宾犬，名叫多莉，活泼讨喜；大的是金黄色毛儿猎犬，却傻的可爱，家人都叫它傻大姐，有时候会耍性子不听话，做错事时家人略施惩罚，但不得鞭打。有次抱它上厨房屋顶，因狗有惧高症，它怕得直哆嗦，瞪着大眼左右环顾，最后盯上我，希望我去搭救解围。"

母亲刘桂五后来又到桂林，黄琪翔此时已经在云南出任中国远征军副司令长官。他利用战前休假，曾专程坐飞机赶来桂林，与母亲作了短暂的相聚，随后便携妻子去了云南前线。此后，他们再没回过桂林，那两只名犬便滞留在桂林，再也没能见到它们的主人，最后也不知所终。

七、枣宜会战前夕

1939年秋，陈诚出任第九战区司令长官，驻军在湖南邵阳，准备参加长沙保卫战。国民政府军委会新组建第二十六集团军，下辖李默庵第一军和第四军，调任黄琪翔为第二十六集团军总司令，驻地也在湖南邵阳。

1939年12月1日，黄琪翔在桂林给蒋介石发报，报告自己已将“桂林（工作）交接完毕”。[1] 黄琪翔兴冲冲赶到邵阳，为迎击敌人进攻长沙作战前准备。然而，就在黄琪翔到任后不久，他又接到了新任命，将他从第九战区调到李宗仁的第五战区，任第五战区第十一集团军总司令。

接到新调令后，黄琪翔立即率领自己的班底，离开了邵阳。他们“由湖南邵阳启程，乘汽车经贵阳到重庆，改乘船只沿长江东下，到湖北沙市登岸，又乘汽车北上襄樊。这就是总部的驻在地。（第十一集团军）总部驻扎在襄樊的西郊一个村庄。”[2]

黄琪翔的第十一集团军，下辖两个军，即广西的莫树杰第八十四军和刘和鼎的三十九军。他的部队并没有满额。莫树杰（1898—1985）的第八十四军，下辖三个师，即钟毅的173师，

1　台湾“国史馆”《蒋中正总统文物》，典藏号002-090106-00106-288。

2　《纪念黄琪翔》中国文史出版社1988年6月第一版，廖沫沙《同黄琪翔先生在前线的时候》，p13。

张光玮的174师，凌压西的第189师。刘和鼎（1894—1969）的第三十九军，是个公认的杂牌军，而且只有一个师，即厉鼎璋的第56师。黄琪翔的第十一集团军整个加起来，就是这四个战斗师。

第二十二集团军总司令孙震（1892—1985）此时请假，于是李宗仁令黄琪翔代管第二十二集团军，而第二十二集团军下辖的是川军，即孙震兼军长的第四十一军和陈鼎勋第四十五军。

黄琪翔到任第十一集团军总司令部，时在1939年的冬天。[1]第十一集团军副司令是刘和鼎，参谋长是唐星（1892—1964），陈卓凡是特派员，周范文为秘书主任，黄琪翔的秘书是朱洁夫。那时，我军参加反扫荡的冬季攻势已经到了尾声，部队随后进入整休阶段。

黄琪翔第十一集团军总司令部驻地，就在湖北襄樊。此前，第五战区长官部就驻扎在这里。在黄琪翔到来之前，第五战区长官部已迁至老河口。

襄樊城，位于湖北省的西北部，汉江中游的平原腹地。汉水穿城而过，分出南北两岸的襄阳、樊城，隔江相望。历史上最有名的地方就是隆中，距襄阳城西约20里，相传就是诸葛亮在公元197至207年躬耕隐居十年的地方。罗贯中在《三国演义》中对隆中的描述是，“山不高而秀雅；水不深而澄清；地不广而平坦；林不大而茂盛；鹤相亲，松篁交翠。”刘备在此曾经“三顾茅庐”，邀请诸葛亮出山，诞生了历史名篇《隆中对》。因此，这儿也被世人称为智者的摇篮，三分天下的策源地。

此处的随县、枣阳一带，是华中的腹地，地理位置十分重要，被称为“随枣走廊”。随县的东面是大别山、桐柏山，西靠大洪山，直抵汉水。枣阳南邻随县，东联南阳盆地，西接汉水，北邻襄阳。所以它前接武汉，后通襄宜，特别是两山夹川的地形，注定是军家必争之地。更要命的是，1938年6月至10月间，武汉会战结束，

1　据《黄琪翔军事讲话 · 第一辑》此书未见版权页，由其后人收藏。据廖沫沙回忆，此书稿由他带往桂林交第十一集团军司令部驻桂林办事处出版的，p2。黄琪翔对八十四军直属部队的训话中，说他自己是在1939年的冬天到任。

结果武汉沦陷。至此随县、枣阳一带已经成为御敌的最后防线。如果日军突破随县、枣阳一线，将直逼陪都重庆，后果不堪设想。而我军第五战区的部队，大多参加了武汉会战，从前线撤退到此，再行布防。

1939 年至 1940 年间，这里爆发过两次重要的中日会战，即随枣会战和第二次随枣会战，其中，第二次随枣会战又称枣宜会战。在黄琪翔到任第十一集团军总司令部之前，1939 年 5 月展开的随枣会战已经结束，而枣宜会战还没有开始。

随枣会战的爆发，源于日军企图消除鄂北、豫南方面中国军队对武汉的威胁，因此组织力量向湖北随县、枣阳地区发动名为“扫荡”的进攻。1939 年 5 月 1 日，日军第十一军司令官冈村宁次以第三、第十三、第十六师团和骑兵第二、第四旅团等，向随县、枣阳地区进攻。为牵制和阻击日军进攻，中国第五战区司令长官李宗仁将所属部队编为左、右两个集团军和江防守军进行防御，并实行反击。战至 5 月 23 日，第五战区部队先后收复枣阳、随县。日军退回钟祥、应山，恢复战前态势，会战宣告结束。我军击毙敌军 1.3 万人，第五战区也付出了较大牺牲，日军未能达到预定的战略目标。但是，在随枣会战中，第八十四军发生了一件十分丢人的事件，即原第 189 师 566 旅旅长李宝琏和副官刘勉叛国投敌，让全军为此蒙羞。

黄琪翔到任不久，迎来了 1940 年的元旦。美国著名记者史沫特莱[1]（1892—1950）在田汉夫人安娥(1905—1976）的陪同下，来到第十一集团军采访，于是黄琪翔在樊城设宴招待她们，当时作陪的还有廖沫沙先生。廖沫沙（1907—1990）是第十一集团军总司令部的少校秘书。

廖沫沙担任第十一集团军总司令部的少校秘书，属于借调，这里面有一段掌故。

廖沫沙在其《同黄琪翔先生在前线的时候》一文中回忆说：“我

1　中共党史出版社出版的《联共(布)、共产国际与中国苏维埃运动(1931-1937)》第十五卷公布了尘封 70 年的密函，证明史沫特莱应是苏联派到中国的间谍。

当时在广西桂林《救亡日报》社编发新闻稿兼写社论、时评。”1939年9月，德国法西斯发动了欧洲战争。此时毛泽东的《抗日游击战争的战略问题》、《论持久战》、《论新阶段》等名篇发表不久，廖沫沙便将自己平时研读德国军事学家克劳塞维茨《战争论》和鲁登道夫《总体战》书中所学到的军事知识，再加上毛泽东的军事思想，将它们结合起来，开始撰写时评。廖沫沙说：“我就运用这点知识来分析两大战场，估计其发展前途。”廖沫沙所说的两大战场，即欧洲战场和中国战场。

廖沫沙说：“这样几篇评论文章，竟然被黄琪翔将军看上了，他以为我是一个懂军事的记者。凑巧的是他当时正在筹组一个新的抗日集团军总司令部，收罗文武两方面的人才。他向他帐下的秘书朱洁夫打听到写这些军事评论的人是《救亡日报》的编辑，而且是个左派分子，他就委托周（范文）、朱（洁夫）两人，特意到八路军驻桂林办事处拜访李克农同志，请他向《救亡日报》借调我跟他上前线去工作。这样，我就在一九三九年十一月由（中共）党组织调我到黄琪翔将军的新总部，任少校秘书。”实际上，廖沫沙在1930年就已经参加了中国共产党。

廖沫沙就这样被借调到第十一集团军总司令部工作。廖沫沙说：“就在1940年3、4月，黄（琪翔）总司令出巡他所统帅的前线部队，我是跟随他出巡的唯一文职秘书，这大概是他有意安排我上前线去观察一番。黄总司令的巡视，即到了军、师驻地，要视察前线阵地。他所到之处，都仔细观察。我记得他视察前线阵地时，每到一地，都用望远镜观察敌军动静。我因此也常得到身旁军官的照顾，把望远镜递给我，让我观察敌军阵地，看到敌军的往来活动。这是我生平第一次身临前线，第一次用望远镜观察敌军。这期间正是两军停火对峙，所以我们能从容视察阵地。”[1]

在中国第二历史档案馆收藏的第五战区档案中，我们找到了

---

1 《黄琪翔传》，p107。

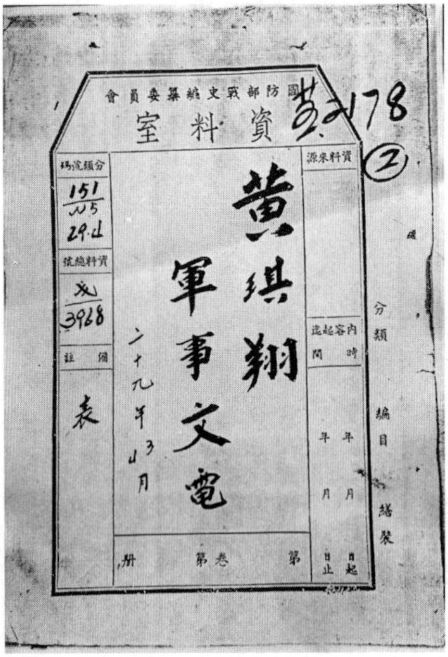

中国第二历史档案馆藏第五战区档案之“黄琪翔军事文电”。

民国二十九年（1940年）《黄琪翔军事文电》档案一卷，共计23件。[1]这些电文全部是第十一集团军总司令黄琪翔电呈重庆军委会的军事文件，时间在1940年的2、3、4月间，即枣宜会战的前夕，其内容包括敌军情报、战斗部署和战况报告，可以让我们了解枣宜会战前夕真实的战地情况。

这些档案清楚地证明，黄琪翔非常重视对敌情的侦察和研判。卷宗中有1940年2月7日之“情报”、2月14日之“综合情报”、2月15日之“敌情与判断”、2月16日之“鄂中情报”、3月6日“情报”、3月7日“情报”……4月29日之“情报”。

黄琪翔在2月7日的敌情报告中云：“据报，（一）随县附近各据点敌似已于冬日换防完毕，其指挥官换全佳大队长；（二）孙家岩、徐家店一带之敌，近互有调动；（三）东西坪附近，冬日有敌步骑兵七百余、炮四门，敌酋加藤；（四）近日敌赶筑浙河至龙王庙公路。随县正面之敌，似为（日军）第三师团第五旅团部。”

2月16日，黄琪翔在其“鄂中情报”中称：“（一）兴隆店（余家店西南十余里）到步（兵）约八九百，骑（兵）二百余。传（说）系由应城开来，状极狼狈，现在该处赶筑工事，似为战后整理；（二）应山敌，自微日陆续增加，现有步兵三千余，骑

1 中国第二历史档案馆藏第五战区档案，全宗号七八七，案卷号4504、4505。密电的发件人为黄琪翔，收件人为军令部长徐貌，或蒋委员长。

兵五六百，野山、重炮十余门，战车（坦克）十八辆，飞机十八架，有向我二次进犯说。”

4月16日，黄琪翔在“综合情报”中说：“（一）半月来，正面敌军运输频繁，其行动似较前积极；（二）计，随县敌约一千一百余，炮四门。伪一官马神田淅河原驻川吴田丰部，六百余。真日敌步（兵）约二千，骑（兵）三百余，炮五六门，由马坪开至分驻老官庙、天王堂一带，野战仓库在王氏庙及其附近。马坪现敌千余，元日有战车（坦克）数十辆，自应山向马坪移动。安陆原驻宇岛大津部未动支微等日、由汉经花园陆续开来敌步（兵）五六千，系市吉联队及原田指挥官所兼联队等部，分驻各地后，安陆仍有敌三四，闻属山协师团长指挥应山。连日由花园经广水增来敌二千余。应山现有敌四五千。郝家店四百余，拉夫筑路甚忙。各敌对我方道路情形查询甚详。应（山）北杨家冲娘娘庙附近，敌曾向我阵地扰乱射击。花园现有敌约二千，陈家店敌六百余，广水市仍有千四百余，佳日抽调附近各处敌约三千。（三）分增各处敌多由湘开来……”

由上述的情报分析，早在2月16日前后，也就是随枣会战结束不久，日军就开始为枣宜会战做准备。且在第十一集团军与日军对阵期间，零星的战斗从来没有停止。

2月11日，黄琪翔第十一集团军下属刘和鼎的第三十九军，与敌发生了小规模的战斗。黄琪翔向重庆转呈了是役的战况，云：“(1)由跛子、夏家河方面来犯之敌各二百余，我两处守兵各一连，与敌激战。至晚，反复争夺三四次。我受伤官长七员，士兵卅三，阵亡士兵八十。敌亦伤亡百五十余。卒因我伤亡过重，遂转移自由山斗家坡一带与敌保持接触；(2)三四师（附五八师三三五团）方面。微夜，（敌）鱼炮攻，先后由马坪渡河，联合兵种之敌千余。其一部进犯同心寨，经我守兵击退，毙敌廿余。我伤亡士兵八名，其主力在马坪袁家、孔家、油山等处之敌，以集中火力掩护之下，向我三三团在岗上及兹粑一带负责监视任务之第一营猛烈进犯。该营与敌血战一昼夜，肉搏十余次，计伤亡营长以下官长十员，兵百三十八人。敌亦伤亡二百余。复用优越炮火继续猛犯，复由三四师一九团二营增援反攻，击毁给养车十余辆，毙敌四十余。我伤亡士兵廿一名。敌一部窜独山，其大部及给养被我阻击。刻在桃家湾与我对战中。”[1]

1940 年 3 月，枣宜会战的形势趋于明朗。黄琪翔用了差不多一个月的时间来检阅、视察他的部队，并与部队驻地的当地政府建立联系，进行战前的动员和准备。

3 月 1 日，黄琪翔或应严重先生（1892—1944）之邀，来到枣阳县县城，发表《对枣阳县政人员及保甲长训话》。严重先生，字立三，是黄琪翔北伐时期的老战友，时任湖北民政厅厅长，因湖北省主席陈诚离鄂，由严重代理省主席。黄琪翔在讲话中，引述蒋介石的原话，讲明了抗日战争的意义。他说：“蒋委员长告诫我们，他说这次抗战‘是上为祖宗保光荣，下为后代创造幸福。现在我们这一代的同胞，如果畏难苟安，妄想侥幸求免，那么我们偷安一日，就会招致民族万年的羞辱，陷我们世代子孙于奴隶牛马无穷的痛苦。’他并且说明‘我全国的军民，要自救，要救我们的子孙，要保全我们的民族，就得把握住这重要的时机，再不能有一刻的因循，贻百世无穷的悔恨。’”[2]他在讲话中还特意提请当地民众要讲卫生，先从洗脸开始。他说：“我看见城（枣阳县城）里的人虽然有把面孔洗干净的，但乡下人就简直没有几个是洗脸的，这样的不清洁、这样的不知道卫生，人的力量再也生长不起来，中国人再多也不见得会有什么了不得。所以我要求各位回去后，要实行一种清洁运动。因为这不只是关系个人的卫生，并且影响整个民族的健康教育。外国人说中国人都有眼病，或多或少都患有沙眼，我一向是不相信的，但是我今天从乡下直到城里，看见路边的小孩，每一个都害着眼病，看见这种情形，真使人要落泪。其次乡下无论是住的地方，（还是）厨房、厕所，

1 中国第二历史档案馆藏第五战区档案，全宗号七八七，案卷号 4504。

2 《黄琪翔军事讲话 · 第一辑》p90。

没有一处是讲究清洁的，没有一处不混乱肮脏。”[1] 他对当地民众的关切和疼爱，可以从这点点滴滴中见得。

3 月 14 日，黄琪翔前往莫树杰任军长的第八十四军，检阅军直属部队，向官佐发表了《负责重于服从，训练重于作战》讲话；

3 月 15 日，黄琪翔视察第八十四军的第 173 师，师长是钟毅将军。他向官佐发表《认识敌情，发扬旺盛的企图心》的讲话；

3 月 17 日，黄琪翔视察第 174 师，师长是张光玮将军。他向官佐发表《正确地知己知彼》的训话；

3 月 20 日，黄琪翔视察四十五军的“长期破坏队”，发表《长期破坏队的任务》的训话；

3 月 21 日，黄琪翔检阅陈鼎勋任军长的四十五军第 125 师；

3 月 22 日，黄琪翔检阅四十五军第 123 师，对官兵发表了《不要自满，不要疏忽》的训话；

3 月 25 日，黄琪翔检阅刘和鼎为军长的第三十九军，对官佐发表《整训期中的重点教育》训话。

黄琪翔亲自下部队讲话，不厌其烦地宣讲爱国主义精神和军人责任的同时，几乎每次都要从实战的角度，冷静而客观地谈到敌军的优缺点，并与我军作对等的军事比较。因为他是高级军事指挥人员，大都谈的是纯军事问题，是军事技术。有时，他对中国军队的批评，相等尖锐，让人脸红，却说的又是事实。

黄琪翔说：“虽然敌人在政治上战略上犯了种种错误，是它的最大弱点，但我们还须估计到它的长处。从纯军事的见地上，敌人迄今仍保有它的某些优越的条件，简言之，敌人的战术相当的成功；敌人的训练比我们精良；敌人的战斗技能比我们优胜，这些都是无可讳言的事实。”[2]“我们和敌人打仗已经三年了，但是我们考察起来，不如敌人的地方，断不止装备一项。我们瞄准射击不如敌人；攻击不如敌人；构筑工事不如敌人……一切战斗

---

1 《黄琪翔军事讲话 · 第一辑》p98。

2 《黄琪翔军事讲话 · 第一辑》p2。

技术不如敌人，甚至连体力都不如敌人。我们常听人说，远距离的战斗，因为敌人有强烈的火炮，我们赶不上敌人，但是近战的时候，敌人都不如我们……实际上并不是这回事：无论是投掷手榴弹也好，刺枪（拼刺刀）也好，我们同样抵不过敌人。我们往往三个人杀不死一个敌人，六个人也杀不了一个敌人。在某些战役中两方面的部队人数和伤亡数目可以证明这个事实。为什么我们的部队会这样不如人呢？一句话：是我们的训练不如人。”[1]

谈到射击的问题，黄琪翔说：“射击……的第一个目的，是消灭敌人的战斗实力，射击就是达到这个目的的主要手段。但是事实上我们并没有……收到这种手段应有的效果。我们稍一计算，从抗战到现在，假使一支枪只发射三百颗子弹，事实上并不止这个数目——那么我们全国两百多万军队发射了六万万颗子弹；一颗子弹打中一个敌人，我们就应当打死或打伤六万万个敌人了……现在敌人伤亡的实数不过才一百四五十万人，就是说，我们的射击连四百分之一的效果都没有！”

针对我军在战场上出现的问题，黄琪翔对症下药，对他的士兵提出了三点要求：“一、无目标不射击，就是看不见敌人的时候决不发射。二、不在有效射程以内、（不）经过精确地瞄准后不射击。就是眼睛虽然看得见的人，但是估计枪弹射击不能达到、或达到而没有命中可能的时候，不射击。大家都知道，步枪的射程是两千米突，但是……有限射程只有六百到一千米突的距离，就是说，只有敌人到了距我们六百或一千米突的地方。我们瞄准开枪才能打到他。三、夜间射击，更要特别注意。我们为了避免敌人的重火器和飞机轰炸，所以时常采取夜袭，就是所谓摸营……我们在夜间射击，不论是袭击敌人也好，防御敌人也好，不到最近的距离，不到有把握的命中点，我们绝对不要射击。”[2]

特别有创建的是，黄琪翔还谈到了他的“磁铁战术”。这一

1 《黄琪翔军事讲话 · 第一辑》p9。

2 《黄琪翔军事讲话 · 第一辑》p12。

战术，是建立在与敌人展开持久战和消耗战为前提的，我军就像是磁铁一样紧紧贴着敌军，让敌人打不着、甩不掉，一旦出现机会，就狠狠给他致命一刀。他说：“因为敌人与我们相持愈久，就愈暴露出它的弱点……伴随它（敌人）的内在外在诸矛盾的发展，而愈深化。我们能善于利用它的弱点，寻找它的短处，来发挥我们一些优越的条件。”“以磁铁战术吸引它的‘泥脚’，把握住转败为胜的契机。”[1]

黄琪翔视察部队的时候，少校秘书廖沫沙随侍左右，将他的讲话全文记录下来，然后由黄琪翔本人亲自整理，收入行囊。

黄琪翔夫人郭秀仪也随军到了湖北襄樊，担任第十一集团军妇女工作队队长。在各集团军中建立妇女工作队，是蒋介石下的命令，因此妇女工作队队长的职务也由上一级机关任命。妇女工作队的工作，主要是组织随军家属和当地社会上的妇女，成立文工团和救护队，进行犒军活动。军队要开拔去前线，郭秀仪就带领工作队的妇女们站在道路的两边，欢送并鼓励战士们精忠报国，奋勇杀敌。

襄樊医院也是妇女工作队重点服务的单位，郭秀仪带领她们经常去医院与伤兵唠家常，实际上是一种心理抚慰。许多军官的家属是知识女性，义务帮助那些没有文化的伤兵们代写家书，因此她们很受伤兵们的欢迎。

妇女工作队还在襄樊开设了一个医务所，专门救助那些烈士遗孤和社会难民，给他们治病送药，还给他们送吃的。这些费用，也都由郭秀仪自己去募集而来。[2]

黄琪翔外出视察，有时他的司机不是别人，正是他的妻子郭秀仪。那时日军还没有发动全线进攻。郭秀仪后来回忆说，“我只要有时间，就陪着黄琪翔出去，我当司机。黄琪翔坐在副驾驶

1 《黄琪翔军事讲话 · 第一辑》p1。

2 中国文史出版社《流金岁月》，p180。郭秀仪文章《爱国团结，振兴中华》。郭秀仪说：“我们妇女工作队还在第十一集团军驻地襄樊设立了一个医务所，为伤员和当地群众赠医施药，所需费用均由我募捐筹集。”

座上，参谋长唐星和警卫们坐在后座上。”所以大家都很敬佩她，特别是当地的妇女们，都用异样的眼光欣赏她，在背后神秘地说：“这个总司令的太太可不得了。一个女人家不仅会开车，会打枪，还会说外国话！”

有一次，黄琪翔看到郭秀仪藏在随身小包里的那支勃朗宁手枪，就是在意大利购买的那支灵巧手枪，问：“你带着它干吗？”

那时，枣宜会战还没有打响，作为战区副总司令和集团军总司令，黄琪翔身边不缺警卫和勤务人员，所以他认为妻子没必要随身携带武器。

郭秀仪说：“如果遇到意外，我可以用它来帮助自己解脱。”郭秀仪所说的解脱，意思就是拒绝被俘，就是自戕，以身殉国。在民国，丈夫给妻子赠手枪是一种时尚之举。当年孙中山与宋庆龄结婚的时候，孙中山赠送妻子手枪时还附带 20 发子弹，并说：“19 发给敌人，一发留给自己。”

黄琪翔一脸沉默，没有答话。

枣宜会战爆发前的一个月，即 1940 年 3 月 30 日，汪精卫在南京举行所谓“国民政府”还都仪式，正式成立汪伪傀儡政权，发表了臭名昭著的《和平建国十大政纲》。4 月 2 日，第五战区在老河口长官部召开军以上高级将领会议，李宗仁率黄琪翔等高级将领发表通电声明，痛斥：“汪精卫媚敌祸国，罪恶贯盈，”“不承认汪伪组织对外一切活动”，并决心“外锄狂寇，内剪巨奸”！[1] 黄琪翔自 1927 年发生所谓“张黄事变”之后，就已经与汪精卫集团彻底决裂，如今在汪精卫叛国投敌之后，更是旗帜鲜明地反对汪精卫的汉奸路线，宣誓与之不共戴天。

事实上，在日军入侵之后，一些身在沦陷区里所谓的名人，就已经堕落为汉奸，甚至在日本华中派遣军的直接操纵下，于 1938 年 3 月 28 日，在南京还成立了伪中华民国维新政府，定北洋政府时期的《卿云歌》为伪国歌。

1　台湾“国史馆”存“外交部”档案，编号 020-010114-0008，卷名《不承认汪伪组织对于外一切活动案》。

随着日军的猛烈进攻，一些拥兵自重的国民党军政大员为保存自己的实力，虽不敢明目张胆地叛国投敌，却开始私下与日本人勾勾搭搭，甚至连“山西王”阎锡山亦如此，曾在克难坡与日军中将谈和，还合影为证。白崇禧说：“阎锡山就差一点投降日本人了！”日军为了迫使阎锡山尽快投降，将他与日军中将合影的照片空投西安，这件事才为世人所知。“阎对中央说：‘我和日本人谈和，先打共产党，后打日本人。’蒋（介石）先生派人去对他说：‘你不能投降，如果你投降了，我先打你，后打日本人，再打共产党。’阎受了威胁，不得不迟疑一下，还好不久珍珠港事变爆发，抗战前途有了转机，阎便不与日本人谈和平了。”[1]

黄琪翔则爱憎分明地公开发表文章，说：“敌人目前对我运用政治战的唯一策略，是利用汪派汉奸的活动，企图使南北傀儡合班，建立一个统一的伪组织，以淆惑国际的观听。一面更以汪逆伪造三民主义，伪造国民党的鬼魅伎俩，便於招降纳叛，制造摩擦，分裂团结，达其‘不战而屈’政略。我们抗战当中，不但要对敌人诱骗分化的阴谋，应加以特别的警惕。同时还要集中火力打击汪派汉奸，拥护领袖的国策，彻底肃清汪派腐蚀所奸谴的一切毒素，以保证民族解放战争顺利和发展。”[2]

在整个抗日战争时期，全国军民拥戴蒋介石的国民政府，就是因为蒋介石不投降，真心抗战，与日军展开殊死斗争，赢得了全国人民的支持。

1940年4月13日，国民政府宣布命令：黄琪翔叙阶陆军中将。[3]

远在1927年，黄琪翔就已经升任第四军军长，还代理过张发奎第二方面军前敌总指挥，早就是陆军中将军衔，怎么过了13年后的1940年，他还要叙阶陆军中将呢？

这是因为国民革命军在1935年开始实行新的军衔制度。按照新规定，正式军衔与职务军衔有严格的区分。职务军衔是临时

1 《白崇禧口述自传》（下），p530。

2 黄琪翔文章《集中火力打击汪派汉奸》。

3 1940年4月24日《申报》第二版。

性的，而正式军衔必须由中央军事委员会铨叙厅根据其职务、资历、学历、战功等情况进行综合考虑、评判后，再行铨叙厅正式叙任，并由国民政府颁发任官状，程序严肃。

黄琪翔在1927年因“张黄事变”、1933年又参加反蒋的福建事变，两次失败后均远走德国，实际上他已离开了国民党军队，直到1936年底他才返国参加抗战，算是真正归队。他虽然曾在淞沪会战中任第八集团军代总司令，还出任政治部副部长、军训部次长，军衔都是中将，但一直没有正式铨叙中将军衔，所以到1940年4月13日，黄琪翔才被正式铨叙为陆军中将军衔。

八、枣宜会战

1940年5月1日，枣宜会战爆发。

前文已简介了第一次随枣会战，时间是1939年5月间。那时黄琪翔还在军训部次长任上，他没有参战。这里所说的是第二次随枣会战，史称枣宜会战，是武汉会战以来，日军在正面战场所发动规模最大的一次战斗。战斗区域与第一次随枣会战是同一地区，时隔正好一年。随县在第一次随枣会战中的1939年5月7日被日军占领，一直是沦陷区，直至1945年抗战胜利才被光复。

在枣宜会战中，日军进攻部队由1939年9月成立的所谓“对华派遣军总司令部”统帅，日本派遣军总司令官兼第十三军司令官西尾寿造（1881—1960）上将为总指挥，原日本陆军大臣板垣征四郎（1885—1948）为总参谋长，先后集合六、七个师团的精锐兵力，其战略目的是企图赢得枣宜会战后，威逼国民党中枢所在地重庆，进迫国民政府和谈。负责枣宜会战的日军已更换指挥官，由日本陆军中将园部和一郎接替了冈村宁次，日军参战兵力48个大队，近11万人。[1]

中国第五战区司令长官李宗仁说：“我方的部署，大致是：

1　另据刘永国著《随枣会战》长江出版传媒、湖北人民出版社2013年7月版，p145。载：“这时的日军第11军辖7个师团、3个旅团，还有炮兵、工兵、装甲兵、航空队，如狼似虎20万众。”

（一）以精锐的黄琪翔第十一集团军第八十四军守襄花公路正面；（二）以川军第二十九集团军王瓒绪（许绍宗代总司令）部守襄河以东地区；（三）以张自忠的第三十三集团军守襄河西岸；（四）以孙连仲的第二集团军守北线桐柏山以北地区。”[1]

李宗仁的介绍较为简略，实际上枣宜会战的中方军队部署分为左、中、右三个主要战线，其迎敌的部队主要是：

中央集团军总司令黄琪翔（第十一集团军），率领的第八十四军、第三十九军等部队；

左翼集团军总司令孙连仲（第二集团军），统帅的第三十军、第六十八军等部队；

右翼集团军总司令张自忠（第三十三集团军），统帅第三十七军、第五十五军、第七十七军。他们被布置在随枣、当阳、荆门一带。右翼集团军至中央集团军的战线全长约120公里，背靠桐柏、大洪两大山脉。长江南岸及宜昌，归属第六战区指挥，由郭忏将军率领江防军防守。[2]此外，机动兵团总司令为汤恩伯（第三十一集团军），下辖张轸第十三军、王仲廉第八十五军。预备兵团总司令孙震（第二十二集团军，孙震请假），下辖第四十一军（孙震兼军长）、陈鼎勋第四十五军。大别山游击军总司令李品仙（第二十一集团军），下辖李仙洲第九十二军（李仙洲兼军长）。

以上就是枣宜会战中我方参战的所有部队。黄琪翔不仅担任第十一集团军的总司令，而且还身兼第二十二集团军的代总司令。

《黄琪翔军事文电》档案中保存一份原始电文，是黄琪翔报告蒋介石之我军部署情况：“委座（江申令一亨）电，奉悉。遵即部署（1）右翼军仍旧；（2）中央军着改为左翼军（附第一游击纵队曹文彬部）除原守备地外，并接替由万家店经玉皇顶、九里山线新防地。右（翼军）与左（翼军）集团切取连（联）系；（3）预备军暂在现地候命；（4）两翼军作战地境仍旧；（5）莫、

1 人民出版社2015年8月版《亲历者说：中国抗战编年纪事》（1940年），p145。李宗仁文章《欧战爆发后之枣宜战役》。

2 《黄琪翔传》p108。

1940 年 4 月 15 日，第五战区主要将领在老河口长官部合影。将领们在此参加枣宜会战的军事会议。左起：吴仲直、高永年、刘汝明、王鸿韶、郭忏、汤恩伯、孙连仲、李宗仁、张自忠、黄琪翔、韦永成。

李两军交移防地务确按换防守则行之。”[1]

黄琪翔率领的第十一集团军，其核心任务是在高城至随县以西，阻击日军的正面进攻。李宗仁只提到“精锐的黄琪翔第十一集团军第八十四军”，事实上黄琪翔第十一集团军下辖的还有另一个军，即刘和鼎的第三十九军。李宗仁称赞桂系部队是“精锐”，值得品味，疑是李宗仁自美之词。因为莫树杰将军（1898—1985）的第八十四军是桂系部队，也是李宗仁的老部队。莫树杰将军此时也是刚到任，率领第八十四军参加第一次随枣会战的老军长是覃连芳将军。覃连芳被撤职，主要原因是属下第 189 师 566 旅旅长李宝琏和副官刘勉叛国投敌，他作为长官被追责。

实在不敢恭维桂系军队，因为它口碑历来很差。这些部队大都由杂牌军拼凑而来，平时在地方上耀武扬威，实际上他们的部队不仅装备很差，且纪律涣散，惯于营私舞弊，盗卖军粮走私鸦片，

1 中国第二历史档案馆藏第五战区档案，全宗号七八七，案卷号 4504。系黄琪翔于 1940 年 3 月 8 日呈报蒋介石的原始电文，证明蒋介石直接参与指挥枣宜会战。

大饱私囊。连他们自己的老首长、桂系第二号人物白崇禧都斥之为“两枝变为四枝枪”。[1] 桂系军人喜欢说大话，战斗前信誓旦旦，一接火就跑，声誉可谓狼狈。陈诚曾在总结第五战区大别山失败的原因时说：桂系“干部个个（班长以上）有钱，班长以上均有临时家庭，该部军长张义纯并有‘只要敌人来五战区，无不败之理’之语，今已验矣——桂系万恶、万恶。”[2] 白崇禧所说的“两枝变为四枝枪”，即指他们装备一支枪，裤裆里带着一支枪（生殖器），抽大烟的烟枪，还要为他们的妓女再准备一支烟枪。

但在枣宜会战中，这些战斗能力较差的桂系军队，确实尽到了自己的所能，打得顽强，甚至不惜以自己的身体为盾牌，奋勇冲锋。黄琪翔部下辖的桂军，在整个战役结束时伤亡惨重，殉国者无数。

此前，在欧洲战场上，希特勒采用机械化部队的“闪电战”，迅速占领了波兰。日军受到启示，也采取地空一体化的作战新模式，即步兵、骑兵、炮兵、空军和坦克的联合进攻。日军进攻有一套程序，先是侦察兵升起高空气球，进行空中侦察，然后骑兵开始地面侦察，来确定我方的火力位置。他们地面进攻开始时，先行强大炮火及空中飞机摧毁我方战壕和炮兵阵地，炮火延伸后，日军步兵在坦克的掩护下才冲入我军阵地。

我方没有坦克，也没有反坦克武器，只能在阵地上构建陡坡，当敌军坦克冲上人工陡坡时，战士们便冒着枪林弹雨跃出掩体，用手榴弹予以摧毁，所以牺牲极大。

黄琪翔部第八十四军军长莫树杰将军回忆说：“（5月1日）战斗一开始，在敌机械化部队不断冲击和敌机轮番滥炸的恶战中，伤亡惨重，几次发生了动摇。我严令全军，非有命令，即使到最后一人，也不能擅自撤离阵地，违者军法从事。他们坚持在阵地上与敌搏斗了两昼夜，曾一度击溃敌人的进攻。有的

1 台湾“国史馆”、“中央研究院”近代史研究所2015年7月印行，《陈诚先生日记》（一），p399。

2 《陈诚先生日记》（一），p411。

1940年以来，日军数次进攻我鄂北鄂西，与中国军队展开对攻，枣阳成为战事的中心。这是中国军队正在反攻枣阳城。此图选自1948年上海联合画报社出版的《二次大战照片精华》。

士兵见到敌军坦克横冲直撞，如入无人之境，气愤不过，便跳出战壕，爬上敌坦克，往车里投掷手榴弹。当敌步兵在坦克掩护下，冲到我战壕边，我们无法用火力制止，或因弹药用尽时，便在阵地上同敌人进行白刃战，虽伤亡很大，仍不退后一步。战斗进行到第三天（5月4日），敌人由于经过两天的猛烈攻击，未能突破我阵地，便改变了攻击路线与攻击目标，专从山地向我大竹山、滚山两重要据点进行地空联合猛袭，战壕全被夷平，防守大竹山的一个营伤亡过半，守滚山的一个营伤亡殆尽，终以劣势装备无法阻挡，被迫于当晚撤入第二线阵地（净明铺至历山一带）。”[1]

5月4日，日军第三十九师团向正面战线发起攻势，利用炮火摧毁了前线守军的战壕，日军借助坦克的威猛，随即突破了黄琪翔第十一集团军正面防御阵地。黄琪翔命令奋起反击，堵住了

1　人民出版社2015年8月版《亲历者说：中国抗战编年纪事》（1940年）p151。莫树杰文章《枣宜会战纪实》。

缺口。

5月5日，第五战区李仙洲的第九十二军开始游击作战，侧击京钟、襄花两路日军；左集团军孙连仲指挥第1游击纵队，向西南侧击襄花路日军；右集团军张自忠部仍以一部固守襄河西岸，主力在襄河以东地区，与中央集团军协同围歼由钟祥北上的日军；黄琪翔的中央集团军在原阵地上阻击、迟滞日军的西进。随后，黄琪翔第十一集团军的刘和鼎第三十九军被迫向西南方转移，莫树杰的第八十四军往西北转移，去全力防守枣阳。

5月6日，黄琪翔中央集团军第八十四军军长莫树杰，在枣阳城郊召开营以上干部会议，宣布防守枣阳的作战命令，末了还宣布：仗打好了，每个士兵"嘉奖一枚袁大头！"[1]

5月7日，日军变阵，留下一部对黄琪翔的正面部队作为佯攻，吸引我军主力，而日军主力开始两翼包抄，猛攻由许绍宗代总司令的川军第二十九集团军。川军不支，败下阵来，退入大洪山核心。日军第三师团趁机占领唐河，日军第十三师团北进至王集、第三十九师团进抵随阳店，对枣阳的莫树杰第八十四军构成合围之势。李宗仁急忙下令黄琪翔部撤退。李宗仁说："敌遂长驱直入，直捣双沟，拟与北部会师。我即令黄琪翔迅速北撤，以免被围。"[2] 黄琪翔观察到各路日军之间空隙较大，便率领守军逐次抵抗后，在日军包围圈尚未合拢时，成功向外线突围。

黄琪翔奉命撤出枣阳时，独自走到自己办公室的黑板前，写下"还我河山"四个大字。此语出自岳飞，表达他收复国土的一片赤诚之心，悲愤之情。

5月8日，日军占领枣阳，宣称汉水左（东）岸作战之目的已经完成。其实，他们并未实现捕捉第五战区主力加以消灭的企图。而李宗仁指挥的第五战区，已经在四周集中了23个师兵力，于是他动员将士们振作精神，克服疲劳，准备趁敌疲惫之机，与

---

1 长江出版传媒、湖北人民出版社2013年7月版刘永国著《随枣会战》，p110。

2 《亲历者说：中国抗战编年纪事》（1940年），p146。。李宗仁文章《欧战爆发后之枣宜战役》。

日军强行决战。

黄琪翔率部后撤时，曾命令莫树杰第八十四军钟毅将军的第173师负责殿后，其任务是掩护主力部队。由于战斗激烈，撤退不及，第173师遭到日军的猛烈围攻。5月8日，该师师长钟毅将军右胸饮弹后身负重伤，坚持战斗，最后举枪自尽，全师将士也大部战死殉国。这些忠烈殉国的将士，全系桂系部队。第十一集团军也因此受到重创。

白崇禧说："173师奉命掩护全军退却，于唐河苍台镇遭敌几万（人）包围，因众寡悬殊，所部伤亡殆尽，钟师长见无法突出重围，遂于29年（1940年）5月9日下午3时举枪自戕，壮烈殉国，享年41岁。"[1]

八十四军军长莫树杰对此役失利愤恨不已。他说："此役由于汤恩伯的第三十一集团军没有派部队出击占领随县，在桐柏山南截断敌后，牵制敌人的强大攻势，敌人无后顾之忧，横冲直撞，致使我第八十四军被敌人反复包围歼击。当我军危急之际，汤恩伯的部队见死不救，岂不是想借日本人之刀而消灭他们之所谓非嫡系的杂牌军部队？"[2]

部队一旦退却时，极易发生紊乱，此役也未能幸免。同样是在8日傍晚，莫树杰的桂军到达邓县县城，正在造饭之际，突然听到城外有日制三八步枪的枪声，莫树杰连忙派战士上城楼组织还击，可是其他的桂系军人慌了手脚，拔腿就跑，根本就没有接到撤退的命令，秩序因此混乱，还把不少枪弹以及辎重装备全部丢弃。事后才知，这不过是一场误会。[3]其实来者是友军，系河南内乡别廷芳的抗日地方民团。可见陈诚曾骂桂系的部队"万恶！

1 钟毅（1899—1940）是广西扶南县人，早年因家贫而辍学于广西第三师范学校。1918年毕业于广西韶关讲武堂，曾在陆军大学特训班受训。1926年参加北伐后晋升为团长，1938年任第173师师长。1938年5月8日下午，钟毅将军举枪自戕。5月19日重新殓装钟毅烈士后，其灵柩于1940年运至重庆时，白崇禧将军及各级要员都到北碚吊祭，尔后将灵柩运回广西，安葬在烈士的故乡。钟毅将军获民国政府明令褒奖，发放抚恤金5万元。烈士子女由广西省政府供给，至子女大学毕业。

2 南丹县政协文史工作委员会编《莫树杰回忆录：风光漫忆》，1997年11月，p208。

3 《亲历者说：中国抗战编年纪事》（1940年）。莫树杰文章《枣宜会战纪实》。

万恶！”是有一定道理的。

在战斗刚开始的时候，敌机在空中盘旋，战场上已硝烟弥漫，而郭秀仪率领第十一集团军妇女工作队，与士兵们一起去前线抢救伤员。有一次，郭秀仪去前线慰问时，隔着一条河，她清楚地看见日军骑兵在往来奔跑，甚至能听见敌军的喊叫声。这是在整个枣宜会战中，郭秀仪与敌军距离最近的一次遭遇，但大家都毫无惧色。[1]

是时，日军派出骑兵大队2000人，组成精悍的突击部队。他们由排子河附近偷渡，向老河口东40余里方向突进，而老河口是第五战区李宗仁的长官部。日军的战术目的就是要偷袭第五战区李宗仁的长官部，捣毁我指挥机关。幸亏这一企图被我军及时发现，长官部的警卫团迅速展开阻击，并命令黄琪翔部队驰援。黄琪翔命令第189师增援，结果打死一批敌军战马和士兵后，敌骑兵大队见奇袭失败便夹起尾巴转向樊城，前去增援攻打樊城的日军。

日军在围攻樊城时，黄琪翔坐镇前线，直接指挥。时任第八十四军副军长兼第189师长的凌压西将军(1891–1969)回忆说：我“第一八九师星夜开到樊城时，天已大亮，黄琪翔即令直开唐白河前线协助友军拒止敌人渡唐白河，巩固襄、樊。当我继续率队到达战地时，已闻炮声隆隆，敌人与我友军正在隔河对战中，战况已相当激烈。”[2]

日军双钳战法，至此除了重创我第十一集团军莫树杰第八十四军外，并无其它重大战果可言。5月8日晚8时，日本第十一军命前线各师团在抵达唐河——白河一线后反转回原驻地，准备执行汉水西岸的包围战。日军就此撤离战斗，开始转移休整。

敌军想借机喘息，我军偏不让。5月8日晚11时，重庆统帅部向第五战区下达总攻令，欲乘敌未喘息之机，给予重创。此

1 中国文史出版社《流金岁月》，p180。郭秀仪文章《爱国团结，振兴中华》。

2 《亲历者说：中国抗战编年纪事》（1940年），p164。凌压西文章《记随北、枣阳、樊城战斗》。

时，汤恩伯第三十一集团军的六个师在北，池峰城第三十军与周嵒七十五军共六个师在西，张自忠第三十三集团军的五个师在南，陈鼎勋第四十五军及郭忏第九十四军正尾追日军的五个师在东南，我军的态势已包围了日军。

当天夜里11点，黄琪翔让参谋长传达口授命令给凌压西将军，说第189师当前的任务是确保樊城，拱卫总司令部。无论如何都不能撤退，因为总司令（黄琪翔）就坐镇在樊城，在战斗紧张时，他会亲自到阵地巡视。

5月10日，正准备撤退的日军与自南方迫进的张自忠第三十三集团军主力发生接火，日军认定这是击破中国军队的好机会，当即命第十三、三十九师团与池田支队南下，对我三十三集团军进行猛击，而以第三师团掩护其北翼。

5月12日，日军以两个师团猛击我三十三集团军的五个师，中国军队立陷苦战；在北边，中国六个军17个师则对孤立的日本第三师团自北、西、南三面进行包围攻击，日军第三师团也陷入苦战的泥潭。

5月13日，黄琪翔仍然坐镇在樊城指挥作战。他向统帅部蒋介石报告战况："甲，我三十九军五六师重新攻克双沟后，敌步骑五六百（人）、战车六（辆）、装甲车五（辆）、炮六七（门），向双沟周围反攻，经奋勇击退。黄昏后，相持于黄家冈、赵家冈、周家冈一线。晨，敌增至二千余，战车廿七八辆，在猛烈炮火下向双沟防守部猛扑。敌我伤亡甚重。我方田团长、李团附受伤，刻仍于双沟南北之激战。乙，七五军第六师于张家咀后，（在）刘家集、马家、吕堰镇、大甲家之线，与敌二千余激战……丙，四五军于占领快活岭、净明铺后，一二七师主力于以申家、高家、敖家之线激战中……丁，我李破坏队连日于应山南方陈家巷附近袭击颇有斩获，覃破坏队及第一游击纵队正由唐王店、吴山店各附近向枣阳挺进。戊，我襄樊守备部队指挥官谢庶常派出东扫荡营，于大布街及峪山等处，联络七四师与敌一度激战……我七五军左翼已与汤（恩伯）集团由朱家集南下部队于程家河附近取得

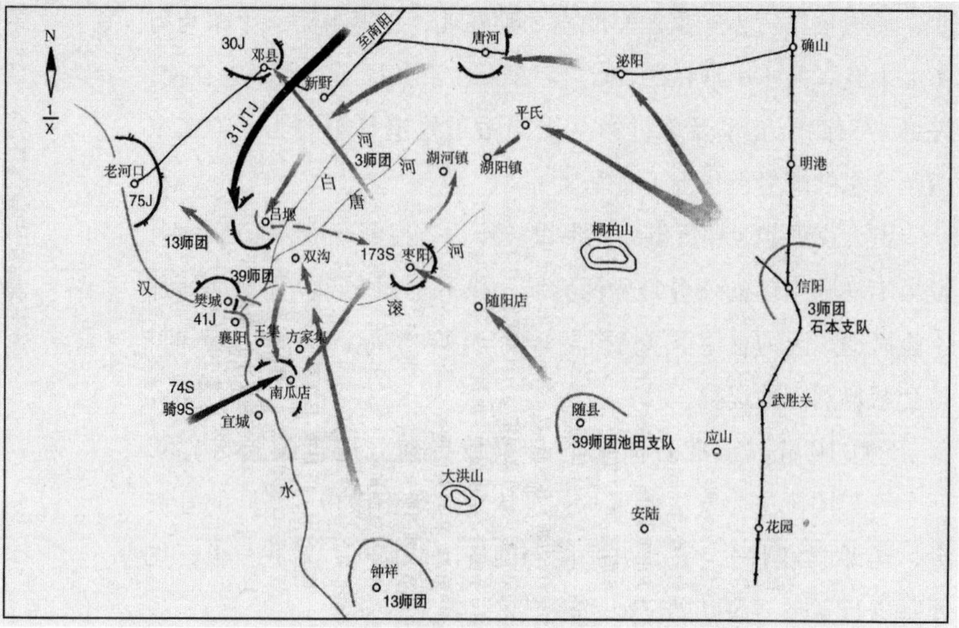

枣宜会战·枣阳地区战斗经过要图。

联络，合围态势已逐渐形成。”[1] 黄琪翔所指挥的部队，始终与敌军处于胶着状态。敌进我退，敌退我进，攻防互换。而我军的破坏队则在敌方侧背骚扰之。

日军第三师团在我军包围、攻击之下，情况出现紊乱，有招架不住的迹象。而日军指挥官园部和一郎依旧命令该师团往东南方的枣阳方向转移，企图以此作为诱饵引诱我军穷追。而我军自然没有上当，于是自行脱离交火。事实上，我军也伤亡惨重，疲惫不堪，已无力继续战斗下去了。

敌我双方都打得精疲力竭之际，李宗仁说：“此时我方防守襄河西岸的第三十三集团军尚有一部未参战，我乃令张总司令自忠‘派有力部队，迅速渡河，向敌后出击。’”[2] 5月15日，右集团军总司令张自忠中将亲率1500名将士，在南瓜店将日军截为两断。双方激战后，近6000名日军围拢过来，将张自忠将军包

1 台湾“国史馆”《蒋中正总统文物》，典藏号 002-090200-00061-337。

2 《亲历者说：中国抗战编年纪事》（1940 年），p146。李宗仁文章《欧战爆发后之枣宜战役》。

围在南瓜店以北的沟沿里村。激战到16日佛晓，张自忠部被迫退入南瓜店十里长山。

日军在飞机大炮的掩护下，一昼夜发动9次冲锋。张自忠所部伤亡人员急剧上升。5月16日，张自忠自晨至午，一直疾呼督战。中午时分，他的左臂中弹，仍在坚持指挥作战。到了下午2时，张自忠只剩下数百名官兵，他将自己的卫队悉数调去前方增援，身边只剩下高级参谋张敬和副官马孝堂等8人。5月16日下午4时，张自忠部全军覆没。这位民族英雄身中多弹战死沙场。去世前，他对身旁的卫士说：我“对国家、对民族、对长官，良心平安。”

关于张自忠将军牺牲的细节，日军三十师团步兵231联队长尾浦银次郎写过一本记录侵华战争的书，书名叫《辽远的战场》，1974年在日本出版。书中写到：

> 第4分队的藤冈一等兵……端着刺刀，向敌最高指挥官模样的大身材军官冲去。此人猛然从血泊中站起，眼睛死死盯住藤冈。当冲到这个大身材军官不到3米的距离时，藤冈一等兵从他射来的眼光中，感到有一种说不出的威严，竟不自主地愣在原地。
>
> 这时，背后响起了枪声，第3中队长堂野射出了一颗子弹，命中了这个军官的头部。他的脸上出现微微难受的表情。
>
> 与此同时，藤冈一等兵像是被枪声惊醒，也狠起心来，倾全身之力，举起刺刀，向高大的身躯深深扎去。在这一刺之下，这个高大的身躯再也支持不住，像山体倒塌似的，轰然倒地。[1]

张自忠将军的殉国，是枣宜会战中最悲壮的时刻，举国为之哀痛。

黄琪翔下令所部将士及当地群众集会，沉痛悼念张自忠将军。

---

1 转录自刘永国著《随枣会战》，p144。

他登高讲话，难以抑制内心的悲痛，已是泣不成声。[1]

深夜，负责驻守襄阳西北泥嘴一带的第二十二集团军参谋长李宗进，认为战事非常紧张，催促黄琪翔赶快撤出指挥部。他在电话中说："黄总司令，五战区已损失了一位张总司令，我们再也不能失去您呀！"[2]黄琪翔的司令部此时已移至樊城，接到李宗进参谋长的电话之后，黄琪翔撤出了樊城。樊城随即失陷。

枣宜会战中，中日双方始终处于拉锯战，将士们如同在绞肉机上搏杀。以枣阳的攻守战为例，5月8日，黄琪翔被迫放弃枣阳，5月11日又再度收复枣阳，5月17日在日军的猛攻之下，枣阳再度失守。可见战斗之激烈，中方牺牲巨大。

枣宜会战进入第二阶段时，由于第五战区强行与日军决战失效后，部队伤亡甚重，已无力阻止日军攻势，而日军虽然也已十分疲惫，但战力仍相对完整，尚有再战之力。5月31日夜，日军第三、三十九师团强渡汉水发起攻势。当晚突破孙震第四十一军防线，次日进入襄阳，两个师团随即并列向南攻击前进，进入我三十三集团军背后，压迫中国军队调转作战方向，即由向东改为向北抵抗，中国军队仓促间陷入混乱，日军趁机猛击，将原属张自忠的三十三集团军各部予以各各击破。6月8日，日军攻占江陵。6月12日攻占宜昌。

6月16日，日本陆军本部高层认为：占领了宜昌，有助于对中国政府施加压力，应该促使中日和谈，所以日军在天皇的授意下停止了军事进攻。

重庆最高统帅部着眼于大局，为保存实力，也给中国军队下达命令："兹为应付国际变化，保持国军战力，俾利整训之目的，第五战区应即停止对宜昌攻击……"枣宜会战于6月18日宣告结束。

枣宜会战中，枣阳、襄阳、樊城相继失守后，桂系军队的军

1　《黄琪翔传》，p109。

2　台北灵活文化事业有限公司2010年8月初版，张军《陈诚1940—1943》，p45。

“克复枣阳”后，我军举行了升旗仪式。原载 1940 年新加坡《星光》。

我军克复襄阳后的城头一景。原载 1940 年新加坡《星光》。

纪败坏，表现得极为恶劣，出现了强拉民夫，掳掠人民财产的事件。莫树杰军长回忆说：“在桐柏、泌阳、唐河、新野一带，就流传有个民谣：‘发、扬、光、大；奸、掳、烧、杀’。当时八十四军军部和各师臂章代号，军部为‘发’，一七三师是‘扬’字，一七四师是‘光’字，一八九师是‘大’字。据我所知，奸掳是有的，烧杀则未发现。”[1]军长莫树杰曾枪毙了一个欺压百姓的士兵，还把聚众赌博的官兵关了禁闭，但积重难返的桂军，仍然不能洗心革面。身为集团军总司令的黄琪翔悲愤不已，曾愤慨地说：“若有当日（北伐战争时期）第四军在手，我对抗战不至于毫无办法。”

当初日军攻占枣阳后，我各路大军奉命向襄花公路反击，于是日军又主动放弃枣阳城。汤恩伯率领的第三十一集团军赶忙开进，至枣阳城尚有数十里的太平镇之前，汤恩伯就宣布第三十一集团军“克复枣阳”的捷报。其实，日军此时并没有撤出枣阳城，正在为撤退前作准备，将辎重物资以及占为仓库的民房进行焚烧。前头的侦察兵发现敌情后，立即报告汤恩伯，于是汤恩伯又连忙命令部队停止前进，继而灰溜溜地回师，[2]成为了一则笑话。最后，枣阳城是被黄琪翔的第八十四军收复的，那时已是一座空城。

枣宜会战，标志着抗日战争进入相持阶段。日军驻武汉的第十一军团对中国第五战区部队发动的这场作战，以日军占领宜昌而结束。表面上看，日军占领湖北宜昌，是我军的失败，但日军未能击溃中国第五战区的主力，所以没有达到他们的战略目标，而且，日军本身也遭到重创。据日军统计，此役日军伤亡人数多达 1.1 万余人。

自此，中日双方军队在宜昌、当阳、江陵、荆门、钟祥、随县、信阳外围一线形成对峙，基本上回到枣宜会战开战以前的双方位置，日军未能占到多大的便宜。

但宜昌的失守，还是极大地震动了社会各界。日军为逼迫国民政府和谈，派出大量轰炸机轰炸陪都重庆，导致平民重大伤亡，引发了一时社会恐慌情绪。

为此，军委会政治部主任、新任第六战区司令长官陈诚上将奉重庆统帅部的命令，在宜昌北部的三斗坪召开师以上高级将领

1　《亲历者说：中国抗战编年纪事》（1940 年）莫树杰“枣宜会战纪实”，p155。

2　见莫树杰“枣宜会战纪实”，p154。

会议，检讨枣宜战役的第六战区得失，并宣布奖惩命令：

第七十五军军长周嵒作战有功，升任第二十六集团军总司令；

第二十六军41师师长丁治磐作战有功，升任第二十六军军长。

受处罚的有：为追究宜昌失守的责任，第三十三集团军副总司令、长江上游江防司令、江北兵团司令郭忏中将撤职，交重庆军法处审判。[1]

第十八军军长彭善，是失守宜昌的直接责任人，撤销军长职务；

第二十六军军长萧之楚，作战不利，擅自撤离战场，撤销军长职务。

7月，在第五战区长官部驻地老河口，同样举行了枣宜战役检讨会，第五战区司令长官李宗仁主持，军委会副总参谋长白崇禧参加。奖惩命令为：

第十一集团军作战不利，撤销番号，第十一集团军总司令黄琪翔调任预备集团军总司令，调回重庆；

第四十一军122师师长王志远、第二军新33师师长张世希作战不利，撤职并交重庆军法处审判。

受奖励的则有，第三十九军军长刘和鼎等多名将领记功，第二军无名师因作战勇敢，恢复番号。[2]

显然，对第十一集团军总司令黄琪翔的惩罚命令只是象征性的。在枣宜战役初始阶段，第十一集团军负责正面防御，最先受到日军的猛烈攻击，而第八十四军伤亡严重，在突围过程中师长钟毅将军牺牲。集团军总司令黄琪翔为此承揽了领导责任。同时，1940年7月军队正好进行重新调整编制，列入战斗序列的部队共计268个步兵师、44个步兵旅、12个骑兵师、8个骑兵旅。黄琪翔同时又被宣布为预备集团军总司令。必须指出：黄琪翔所指挥

---

1 郭忏中将（1893—1950）被逮捕，并押往重庆接受军法审判。结果郭忏被处以五年有期徒刑，在北碚军人监狱服刑。其实，许多人都知道，宜昌失守的责任主要在于第五战区长官部的判断失误，临调部队时郭忏还曾经提出过反对意见，所以大家当时都认为郭忏是代人受过。战时郭忏的江防司令部属于第六战区序列。

2 刘永国著《随枣会战》，p215。

的部队都是杂牌军，虽然第二十二集团军名义上也归他指挥，但实际上是临时隶属，难以调遣。[1]

黄琪翔回忆说："日军进攻湖北，即所谓（第二次）随枣战役。我指挥第十一集团军虽努力奋战，击退了日军的进攻，但损失巨大，使广西军的实力大为减少。后来，蒋介石调整编制，便撤消了第十一集团军总司令部，并任我为预备集团军总司令，调回重庆。不久，又调任我为第六战区副司令长官（司令长官为陈诚）驻恩施。"[2]

枣宜会战结束后，参战部队开始整编、补充。1940 年 7 月，黄琪翔将自己在第十一集团军的讲话材料汇编成集，这就形成了《黄琪翔军事讲话 · 第一辑》。这本共计九十九页的小册子，极为珍贵，是我们后人所能了解黄琪翔将军军事思想的重要著作，也是仅见的作品。他在同年 7 月 7 日撰写的自序中，阐明了自己整理、出版这部书稿的意义是："抗战进行了三年，我们在战场上获得了无限的经验和教训，这些宝贵的经验教训，拿来教训自己，警惕自己，作为我们军事改进的张（账）本，自然是极端需要的。"[3]

廖沫沙回忆说："那次（枣宜）战役结束以后，大约已是七、八月。一天周范文通知我：桂林《救亡日报》夏衍来电给黄总，催调我回桂林报社工作。黄总司令已经批准我走了。就这样，我向黄琪翔先生当面致谢，并告别、辞行。"廖沫沙走的时候，黄琪翔已把他自己在第十一集团军的讲话"亲自整理，编成了小册子，托我（廖沫沙）带回桂林，转交司令部驻桂林办事处出版。"[4]

廖沫沙走后，黄琪翔旋即被调往重庆，任预备集团军总司令。然而，黄琪翔所不知道的是，此时蒋介石根据特务的情报，再次

1 《民国高级将领列传》，p455。

2 黄琪翔《我的自述》。

3 时至今日，我们仅见《黄琪翔军事讲话 · 第一辑》，未见有"第二辑"，或许黄琪翔只出过这本"第一辑"。

4 《纪念黄琪翔》中国文史出版社 1988 年 6 月第一版，廖沫沙《同黄琪翔先生在前线的时候》，p15。

对黄琪翔产生警觉，开始提防着黄琪翔及其第三党。

1940年9月9日，蒋介石秘密给陈诚手谕[1]：

> 辞修吾弟勋鉴：第三党组织自上年复活以来，现在正在积极进行发展，而以第六战区长官部与第四战区、第七战区为基本对象。此决非任意无根之谈，望严密考察与取缔，如其部中有不先呈明而活动党外组织者，应以破坏纪律与图谋不轨论坐也。
>
> 顺颂戎祉。
>
> 中正手启

蒋介石的这份手谕显然是针对黄琪翔的，因为“解委会”内的最高军事将领就是黄琪翔。此时的陈诚，虽然依旧十分信任黄琪翔，但他也必须小心谨慎，于是把黄琪翔调到自己的身边，一方面自己可以“严加看管”，一方面也是向蒋介石做出回应的姿态。这就是黄琪翔自述“任我为预备集团军总司令，调回重庆。不久，又调任我为第六战区副司令长官”的原因，只是他本人生前尚不清楚其中内幕。

枣宜会战结束后，黄琪翔调回陪都重庆。因为努力作战而没能得到嘉奖，心情郁郁，所以他已经做好了回乡探亲的准备。这一年，是黄琪翔母亲60大寿，而他的外祖母黄氏正好是90晋一大寿。客家人具有浓厚的故乡情结，黄琪翔感觉自己必须回乡去走一趟。

1940年冬天，黄琪翔、郭秀仪夫妇利用战争的间隙，回到广东梅县去探亲。这是新媳妇郭秀仪第一次来到了她的婆家。

黄琪翔的外婆黄氏，当时还健在，已经九十一高龄。

黄琪翔的表弟刘凌云在一篇文章中是这样描写的：“他们回到家乡的第一天先住在自己的家里，和母亲及家人团聚。第二天一早赶到外婆家。当他们踏入我家门请安问好后，外婆就牵着琪

1　台湾“国史馆”《陈诚副总统文物》，典藏号008-010108-00003-022。

表嫂（郭秀仪）的手，仔细端详好一会儿，以慈祥而又认真的表情对着琪表哥说，‘阿琪呀！你真有福气，从哪里娶到这位美丽端庄又有教养的姑娘？我很喜欢。她定会伴你走过幸福的一生，恭喜你！’我相信祖母的话。他们听在耳中必喜在心里。至于舅舅（我爸）的表情又怎样？他叫我赶快把老花镜拿来戴上，也端详好一会儿，只见他老人家交织着喜悦而又懔然地睁大眼睛，连说三声‘好，好，好！’到底好在哪里？我们晚辈就不敢去问了。想来琪表哥早年失怙，对外婆的亲情特别深厚，爱屋及乌，琪表嫂当然是外婆心目中最宝贝的孙媳妇。”[1]

刘凌云又说，“我第一次见到琪表嫂（郭秀仪）的感想，是既仰慕又嫉妒；仰慕的是她那雍容华贵的风度，嫉妒的是我们兄弟姐妹从小到大都是乖孩子，可是从来没有得到俩位老人家一句嘉奖的话。”

为了庆祝外婆黄氏九十一岁寿诞，黄琪翔请国民政府主席林森题写匾额“萱阁延年”四字，挂在舅舅家里，因为外婆黄氏是跟着她的长子刘任昭、即黄琪翔舅舅一起生活的。表弟刘凌云说：林森主席题写的巨匾“悬挂在我们刘家三堂屋大厅上，好不风光。这是我们刘家至高无上的荣耀。”

为了祝贺黄琪翔外婆黄氏大寿，由第四战区总司令长官张发奎将军发起征文启事，共同庆祝她的生日，以表彰她的抚孤贞德。

《张发奎征文启事》[2]曰：

> 刘寿母黄太夫人系黄琪翔将军之外王母，系出名门，蚤适应华先生随官粤西，勤修妇职，戚党称颂。先生捐馆桂林，太夫人率其遗孤，间关跋涉，度岭而东。抚养任昭及玉誉、桂五等，饮水恕蘖，艰苦备尝。及子孙长成，太夫人顾而乐之，心滋慰之。晚年性耽幽静，善葆天和，虽年届期颐，而精神匠固，见之者仍谓如五六十岁时。每遇

1 《流金岁月》，p207。刘凌云文章《永远的琪表哥琪表嫂》。

2 《张发奎征文启事》原迹现存台湾刘凌云处。

1940年冬天，黄琪翔夫妇回到梅县故乡，与母亲刘桂五及妹妹黄景新、妹夫张勇斌合影。

春秋佳日，召集儿孙子妇，瓘居堂内，教以安贫习俭，勤操工作，族内子姓，继继绳绳，已俱望见颜色，乐闻绪论，争自濯磨，以为善士，尤以见太夫人德量感人之深，有康乐和亲之盛焉。今夏历七月，太夫人百龄开庆，衢歌巷祝，奔走相告，实为邦家之人瑞，匪一姓之休徵。（张）发奎等或谊托葭莩，或情联桑梓，欣逢盛事，同切瓘欣，愿籍寿人寿世之文，以作如岗如岭之颂，伏望大雅贤达，椽笔揄扬，俯赐宏词，俾光乡乘，不胜企祷。谨启。

除此之外，母亲刘桂五秉持老旧传统观念，希望黄琪翔晚年能叶落归根，命其在家置业，以显示黄家之荣华富贵的烟续。黄琪翔是大孝子，母命难违，于是他开始筹划，欲在故乡梅县水车墟建造一栋新楼“仪园”，以完成母亲的夙愿。

九、在第六战区的日子

1940 年，黄琪翔调任预备集团军总司令，夫妻俩于年初离开第五战区前线，回到陪都重庆。不久，国民政府为拱卫重庆、屏障四川，重设第六战区——而此前，即 1939 年 10 月第一次长沙会战后曾设第六战区，1940 年 4 月撤销。

第二次设立的第六战区，陈诚兼任司令长官。1941 年 6 月 13 日，黄琪翔被任命为战区副司令长官。该战区所辖部队有第三十三集团军、第二十九集团军、江防军、第十八军等，防区为鄂西、湖北、湘西、川东等地，主要任务是防范日军的进攻。黄琪翔说："当时第六战区的作战任务是防守长江，因日军不再深入，在两年中根本没有作过战。"[1]

第六战区司令部驻地在湖北的恩施。恩施当时是湖北的省会。黄琪翔郭秀仪夫妇来到了恩施。第六战区的司令部驻地，不光只湖北恩施一处，还有一处在四川黔江。作为战区副总司令长官的黄琪翔，要在两处来回跑。

这一时期，陈诚和黄琪翔经常在一起促膝谈心。据陈诚日记可见，他们的交谈，看似陈诚在畅舒胸怀，谈人生、谈历史、谈现实、谈理想，几乎无所不谈，可仔细揣摩，又像是在"帮助和

1　黄琪翔《我的自述》。

1937年，陈诚、张发奎、黄琪翔等将领合影。

教育”黄琪翔。例如，陈诚在1942年1月2日的日记中写道：“与琪翔先生谈话：‘有个人之聪明才干，不能敌任何组织，只有实行三民主义，才（能）使天下无敌，因一般个人主义者，其目的完全在个人之地位，结果未有不失败也。’”7月8日，陈诚在四川黔江与黄琪翔谈话，说：“帝国主义之文化侵略，实在可怕，使一般知识阶级自认为中国人，实则在不知不觉中为其效劳而不自觉，等于本党一部分党员为共产党工作而不自知，又如清康熙之所谓圣谕之成功无疑也。于斌说的不错，外国文绝不会教中国人爱中国，因此中国之教育政策实须检讨也。”[1]在陈诚看来，这个帝国指的就是苏联，而他所谓的“帝国主义”就是指的共产主义思想。

在四川黔江，第六战区还设立了一个很重要的部门，叫“湘谷转运管理处”，负责军粮的征集与转运工作。初期是陈诚本人兼任处长，不久后就由黄琪翔兼任处长之职，副处长是重庆派来

1 《陈诚先生日记》，p377。

的倪振亚。湘谷转运管理处下设五个分处，任务是负责征集军粮，因其他地区大都沦陷，所以他们征粮地点主要集中在四川平原以及湘西地区。第六战区的征粮，力度很大，有点儿像抢购军粮，严重影响了市场，引起相邻地区的强烈不满，导致他们不停地向中央告状。重庆中央政府的粮食主管部门再不能装聋作哑，所以多次派员前来调查。

陈诚当然明白军粮是战争中极为重要的物资，须臾不可缺少，不能破坏市场平衡。但是，第六战区也有自己的难处。1940 年至 1942 年间，湖北因发生了天灾，农业歉收，农作物产量低于一般水平，导致粮食紧缺。如陈诚在日记中说：1942 年的“秭归今日收成，好者三成，次者仅一成”[1]；相邻的河南也闹灾荒，大量难民涌进湖北，赈济灾民也成了湖北当局治安的大问题；再加上产粮最好的襄河地区，此时已经被日军占领，粮食运不出来。受此影响，部队官兵对此意见最大，因为“工人每月（收入）六百元，士兵仅十余元。”[2] 士兵连饭都吃不上，部队还怎么打仗？这种情况导致部队军心不稳，抱怨声此起彼伏。

此时因宜昌失守而被判罪的郭忏将军已经出狱，由陈诚担保将功赎罪到第六战区工作。他本是中将，现在拿少校薪给，不能佩带军衔，一时间被第六战区长官部的人戏称为“当代年羹尧”。第六战区参谋长施北衡 (1892—1963) 正好被调任第七十五军当军长，陈诚便借机任命郭忏为代理参谋长之职。可是因为降职，郭忏家陷入困顿。

按照 1941 年元旦起实施的国民党军队暂订薪饷表，上将月薪 320 元，中将 240 元，少将 180 元；上校 154 元，中校 124 元，少校 100 元；上尉 66 元，中尉 50 元，少尉 42 元；准尉 32 元，上士 14 元，中士 11 元，下士 9 元，一等兵 5.5 元，二等兵 4.5 元，新兵 4 元。郭忏本是中将，月薪 240 元，因为被判刑，他现在拿

---

1 《陈诚先生日记》，p393。

2 《陈诚先生日记》，p397。

的是少校100元的工资，生活水平急遽下降。

1942年7月16日，郭忏将军夫人携子来投奔丈夫。她去拜见陈诚时，谈到老家广东东江地区的生活窘况。陈诚在日记中写道："双慧（郭忏夫人）来谈生活问题，全家每日吃两次细（稀）饭、一次干饭，（广东）东江民众吃树叶、谷糠，因此大便闭塞而死者不知其数，华侨尤苦。双慧此次由家乡来沅陵，母子共六人，仅住两间小房子，小孩均睡地上（无床），亦可知今日军人一般之情形矣。"[1]陈诚下定决心，一定要把第六战区的军粮问题解决好。

7月17日，陈诚跑到四川黔江找到黄琪翔，商谈征购军粮的问题。这一晚，他就住在黄琪翔的寓所，两人聊到深夜。陈诚身体不好，而且有个习惯，就是长期住在会议室里。黄琪翔大概劝慰他要多注意身体。是日，陈诚在日记中写道："一般均（认为）我之生活太差，尤其所住之会议室，冬冷夏热，有害健康，并影响做事。余岂不知余之生活太低，然较士兵及民众，实有天壤之别。在此时代，只求其心安理得，而食、衣、住实无所为（谓）也，而且一个人之地位与责任，应以国家民众之有办法为前提，而个人之享乐更谈不上。"[2]在国民党军政官员中，陈诚的思想境界的确高人一头。戴笠对陈诚是这样的评价：他"是少数不要钱肯苦干的将领，应多亲近。"周恩来也曾高度赞誉陈诚，说："陈辞修是爱国的人。"

陈诚自1938年6月出任武汉卫戍司令，同时担任湖北省主席，一直至1944年7月卸任，其间只有1939年中不到一年时间是由严重代理湖北省主席，所以陈诚先后两次出任湖北省主席，主政湖北时间长达五年。陈诚坚持认为，战争期间必须"军事第一"，并说"我之欲解决军粮，虽为军，实为民。"他还说："征购与救济为两事，因被征购者为大户，待救济者为窃民，故征购仍须贯彻，而救济则须早为准备。"[3]

1 《陈诚先生日记》，p380。

2 《陈诚先生日记》，p381。

3 《陈诚先生日记》，p398。

陈诚是抢购军粮的决策者，黄琪翔是落实者。第六战区决定“计划征购军粮谷九十万石，尽量配额各县；麦四十万石，以二十万留待明春，购二十万用抢购价抢购方式购足之（但能否购足，实无把握）。”此外，“代豫省购赈米三万石，并再拨款十万元，作为收容豫省灾民来鄂收容费用。”[1]

陈诚兼任湖北省主席，省财政厅归他管，黄琪翔要多少钱，他就想方设法给他凑多少。黄琪翔于是坐镇在四川黔江，命令他的部属四处去抢购粮食。他们怎么抢购？无非是高价购买。当时的物价水平是粮食一元一斤，他们出的价格高出市场的一倍，是两元一斤！他们不光抢国统区的粮，更要抢敌占区的粮。而敌占区的农民也极愿把粮食卖给自己的政府。黄琪翔立即派人深入敌后去抢购粮食。至1942年10月，已经从敌占区购买到12万斤，而且据派员反映，还能够继续在沦陷区购买粮食，问题是中日军队之间的警戒线不易通过。

许多人看到第六战区的做法眼红了，就以破坏市场管制为名，向中央提抗议。时任中央行政院粮食部部长的徐堪(1888–1969)，是老资格的同盟会员，也是孔祥熙的助手，他在中央参政院开幕式上作报告，不讲情面，公开点名指责湖北省和第六战区，“谓第五战区军粮（筹集）无办法，完全是鄂省不负责，此种不顾人民死活，只知发国难财（以粮款七万、七万存川康银行）之官僚，负如此之重责，革命乎？反革命乎？”[2]措辞极为严厉，震动全国。蒋介石也坐不住了，出面痛责湖北省。

陈诚性格坚毅，不为所动，继续命令黄琪翔贯彻预定的抢粮方案。陈诚坚持认为：“如果粮食不能抢到，必致影响抗战前途。”为此，蒋介石曾于1942年10月7日专门召见陈诚，听取他对第六战区的情况汇报。蒋介石谈了“鄂东与粮食”问题，并嘱咐陈诚亲往鄂北一行，去与李宗仁沟通，以展示大局观念。经过蒋介

---

1 《陈诚先生日记》，p398。

2 《陈诚先生日记》，p393。

石一番苦心开导，陈诚也表示，回湖北后将裁剪机关后勤人员。

1942 年 11 月 3 日，陈诚带领黄琪翔等第六战区的将领，来到第五战区总司令部驻地老河口，参加鄂北行政会。李宗仁亲自到码头迎接。陈诚在日记中写道："李宗仁长官训示，对于鄂北军粮不太谅解，似认为非有无问题，是方法问题，并举例谓（民国）二十八年以前军队比现在多，并未发生粮荒，今日军队减少，何以军队反无隔宿之粮？"[1]

陈诚解释说：1937 年至 1939 年三年，湖北全省农业丰收，且襄河产粮尚未落敌手。自 1940 年起，由于气候和战乱的原因，湖北连年欠收，且沿襄河产粮之区已沦陷，现在的驻军虽然比过去要减少了一些，但需粮的状况非但未减反而在增加，原因是驻湖北的中央军政机关也增加了，的确也存在浪费现象。

陈诚在日记中写道："深感高级人员以耳代目之可怕，尤其说如无粮可收钱，如无钱可收地，此种行为恐非革命军人所应为也。"[2]表达了他对李宗仁等高级官僚的不满。看来陈诚这次老河口之行，并不愉快。

在四川黔江，除了第六战区"湘谷转运管理处"之外，军委会"政治部军乐队"和《前卫日报》社也驻扎于此。这些隶属于中央部门的文职官员子弟也随父母来到这里。为了不让下一代因为战争而失去了学习的机会，黄琪翔在黔江创办了"中山小学"，文职官员子弟与附近农家子女都可以入学就读。

解放后担任黔江区教师进修学校的退休教师万思扬，本是附近的农家孩子，10 岁时也曾在此就读。万思扬回忆说："中山小学"分设两处，学生可以就近上学。这两个校区的位置就是"现在的冯家镇桂花村万涛故居前的小江坝和照耀村的桃子坪。我们桂花村读高小的同学都在桃子坪上学。学校的校长由黄（琪翔）副司令亲自任命的具有上校军衔的黄振球和《前卫日报》的王总

---

1 《陈诚先生日记》，p397。

2 《陈诚先生日记》，p397。

编担任。学校的教师由从政工队中挑选并面试合格的女士们担任。教师们对同学十分关心，教学认真负责，纪律训练极其严格。她们在同学和家长中均留下很好的印象。担任五年级导师的阮杏初女士，她的音容相貌至今仍留在我的记忆中。”

万思扬还说：“黄副司令长官对我们也很关心。我记得他多次在公路上碰到我们，总要停下车来，抚摸着我们的头，问我们叫什么名字，教师对我们好不好，并且还检查我们的学习情况。他虽然是一个身穿黄呢制服的高级军官，出现在我们面前却是一位十分慈祥的老伯伯。”万思扬说：“这是我儿时生活中的一段十分美好的记忆。”[1]

1942年底，一个意外的消息让黄琪翔十分震惊，那就是因“皖南事变”被俘的共产党人、新四军军长叶挺，在被关押长达二年之久后，此时刚被转移到恩施。

所谓“皖南事变”，是指1940年10月19日，蒋介石指使国民党政府军事委员会的正、副参谋总长何应钦、白崇禧，致电八路军和新四军，强令在黄河以南的八路军、新四军于1个月内开赴黄河以北。11月9日，朱德等复电驳斥了这一无理要求，但为顾全大局，仍答应将皖南新四军部队开赴长江以北。蒋介石对此不予理睬，仍密令第三战区顾祝同、上官云相等按原定计划把江南新四军立即“解决”。

1941年1月4日，皖南新四军军部直属部队等9千余人，在叶挺、项英率领下开始北移。1月6日，当部队到达皖南泾县茂林地区时，遭到国民党7个师约8万人的突然袭击。激战7昼夜，新四军终因众寡悬殊，弹尽粮绝，除傅秋涛率2000余人分散突围外，大部被俘或阵亡。军长叶挺被俘，副军长项英、参谋长周子昆突围后遇难，政治部主任袁国平牺牲。这就是震惊中外的“皖南事变”。

1月17日起，叶挺被俘羁押在江西上饶集中营李村监狱7个

1　重庆市黔江区政协学习文史委2004年编印《黔江文史·民族教育专辑》（第二辑），p171。万思扬文章《黄琪翔与中山小学》。

月。在监狱期间，叶挺与黄琪翔建立了联系。1941 年 3 月 27 日，周恩来电告中共中央书记处：叶挺经黄琪翔转来的信谈“皖南事变”情况。信中说，事变中被俘人员不到四千，伤亡约二千，其余均突围。[1]但是，黄琪翔担任信使的角色，似乎只有这一次，此后未见他们之间联系的任何线索。

1941 年 8 月间，叶挺被秘密转囚到第三战区军法执行监狱的盘石渡看守所，几天后又被秘密转押到广西桂林、四川重庆囚禁，然后于 1942 年底转移去了湖北恩施。

叶挺为什么会被关押到第六战区的恩施？其实是叶挺自己写信请求的。陈诚说：“昨晚（1942 年 12 月 3 日）十时许，在委座官邸会报，散后，委座问余尚有什么要谈否？余将叶挺十一月二十七日呈委座报告转呈，当即奉批：‘准派至第六战区察看可也。’”[2]可见，叶挺被关押重庆后，陈诚曾于 1942 年 11 月见过他。叶挺提出自己要去湖北，陈诚借机将信当面转交给蒋介石。陈诚与叶挺早就相识，私交甚好。严重、叶挺和陈诚三人是曾经换过金兰贴的结拜三兄弟。

1942 年 12 月 4 日，陈诚乘坐“同德”号兵舰准备回恩施，随后特务们把叶挺夫妇也送上了兵舰。当天晚上，周恩来、郭沫若也登上了“同德”号兵舰，与陈诚会晤。第二天，陈诚在日记中写道：“今日偕叶挺夫妇乘同德兵舰，由渝动身回鄂，晚停万县。”[3]从陈诚的日记上可以确定，叶挺夫妇来到恩施的时间是 1943 年的元旦之前。

最初，叶挺被拘押在恩施是保密的，但陈诚去重庆面见蒋介石时由第六战区代理参谋长郭忏陪同，而郭忏回到恩施后，又把此事告诉了黄琪翔。黄琪翔获悉这个消息，立即带着夫人郭秀仪前去探望。

叶挺来到恩施，先被囚禁在城东门的“民享社招待所”，后

1 中央文献出版社 1998 年 2 月版《周恩来年谱 1898—1979》p251。

2 《陈诚先生日记》，p402。

3 《陈诚先生日记》，p402。

来又搬到背靠梁子山、面临西门河的一栋民房里，就是现在的“叶挺将军囚居纪念馆”旧址。叶挺在此处一共住了两年的时间。叶挺夫人李秀文，子女叶正明、叶华明、叶扬眉先后到此同住，经陈诚特许，其子女都得以在恩施上学读书。

叶挺比黄琪翔大两岁，黄琪翔平时用客家话叫叶挺是“亚哥”，叫李秀文是“亚嫂”。郭秀仪也跟着这么称呼。“亚”是客家话里的前缀语，相当于“阿”的意思。而叶挺叫黄琪翔的字，叫御行。老朋友相见，自然其乐融融。叶挺表面上身陷囚室，实际上他可以自由待客，囚室也形同虚设，这是陈诚的特别关照。不久后，叶挺被拘押在恩施也就成为了公开的秘密。

黄琪翔公务繁忙，去看望叶挺的次数毕竟有限。这样，经常去照料叶挺家生活的任务，就落在郭秀仪的肩上。郭秀仪回忆说：“看守叶挺的那些特务们都认识我，知道我是第六战区副司令长官黄琪翔的太太，没有人敢阻拦我。所以我出入非常方便。叶挺最喜欢吃客家菜，比如红曲肉、鱼丸子和酿豆腐，我就自己做好了给他们送去。他的年纪比琪翔大两岁，我就叫他亚哥。他非常高兴。和他一起被关押的叶挺夫人李秀文，还有他们的女儿叶扬眉，我都认识。”[1]

叶挺被俘后，最初被单独关押。他的夫人李秀文时在广东。李秀文闻讯丈夫叶挺被囚禁后，经过多方奔走说情，特别是在李济深的帮助下，才获准带着4、5岁大的女儿扬眉，从广东赶去重庆和叶挺一起生活。他们其他的孩子，都是后来跟着岳母一起去恩施与叶挺夫妇团聚的。

叶挺在恩施被拘押时期，得到了陈诚十分优厚的照顾。他的行动并没有受到严格的制约，不像后来一些文章所说的叶挺被囚禁期间，如同监狱坐牢一般，事实上他与共产党方面一直保持着联系。

1943年6月，周恩来派《新华日报》记者、中共党员陆诒作为“全

1　中国文史出版社2010年9月版，孙炜著《清风见兰——郭秀仪的艺术生涯》，p67。

国慰劳总会鄂西将士慰问团”随行记者前往恩施，并给陈诚捎带了亲笔信。6 月 25 日，陈诚在招待所专门接见了陆诒半小时。陆诒回忆说：“陈诚将军单独接见时，亲切握手寒暄后，我即面交周恩来同志的亲笔信。他认真看信时，频频点头，不等我开口提出要求，就爽快地说：‘周公信上所谈的完全确实，希夷兄（叶挺）一家就住在恩施西郊，你要去访问他，这不成问题，我就派副官陪着你去。你将来回重庆时，望代为转达周公，希夷兄有我就近照顾，安全和生活绝无问题，请他宽心。’”[1] 随后，陈诚副官送他去见了叶挺。陆诒与叶挺单独在一起四个小时，无人干扰。陆诒送给叶挺 5 月份的《新华日报》合订本、和最近几期《群众》杂志。

1943 年 8 月 7 日，叶挺曾经拿着陈诚的信函去桂林看望张发奎将军。张发奎给了叶挺 5000 元钱和 400 斤米。可见，陈诚和张发奎都没有把叶挺当“囚犯”对待，不仅以礼相待，还给予他行动的自由。不料在 10 月，叶挺重新被第五宪兵团逮捕，又送回了恩施。1944 年 2 月 1 日，张发奎在日记上记载：第四战区长官部要求蒋先生（蒋介石）发一笔钱救济叶挺的家眷。另外，长官部给了叶家一万元钱，并要求第五宪兵团团长刘炜好生照顾叶挺全家。在叶挺被重新押回恩施的时候，陈诚和黄琪翔夫妇已经离开恩施，前往云南了。

在恩施的时候，黄琪翔经常要去重庆出差办事，有时郭秀仪就陪同前往。

黄琪翔郭秀仪夫妇在重庆落脚的地方有两处，其一是“湘谷转运管理处”驻重庆的办事处；其二就是川军首领之一范绍增（1894—1977）的私人别墅，即有名的重庆范庄。范绍增在四川很出名，当地人都叫他“范哈儿”。

抗战期间，重庆成为陪都，军政要员们汇聚于此。山城重庆的接待任务繁重，住房不够用，范绍增将军就腾出自己的范庄，

1 上海市浦东新区政协文史丛书之二十四（2015 年）《浦东抗日战争史料选编》，p402。陆诒文章《抗战期间几次会见陈诚将军的经过》。

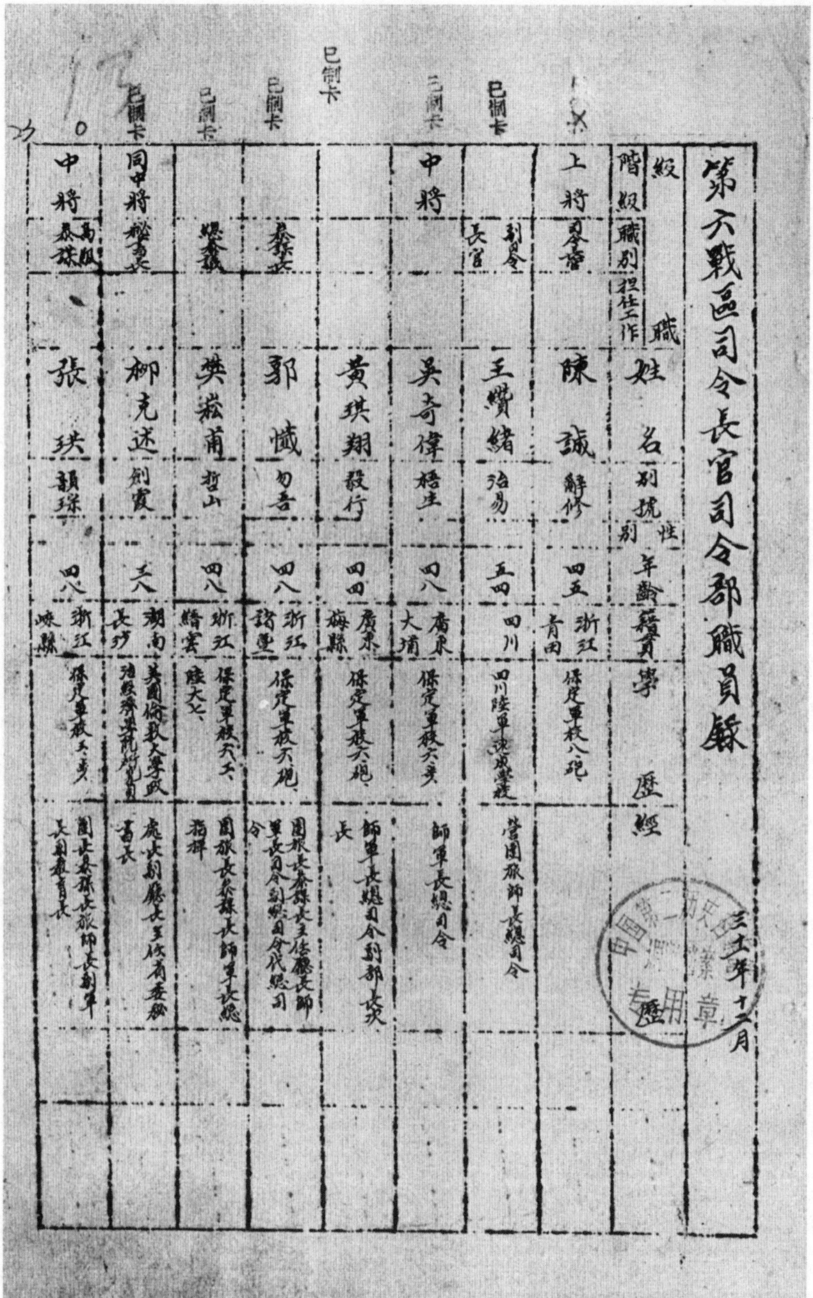

第六戰區司令長官司令部職員錄

階級	職別担任工作	姓名	別號	性別	年齡	籍貫	學歷	經歷
上將	司令長官	陳誠	辭修		四五	浙江青田	保定軍校八期	
	副司令長官	王纘緒	治易		五四	四川	四川陸軍速成學校	營團旅師長總司令
中將		吳奇偉	梧生		四八	廣東大埔	保定軍校六期	師軍長總司令
		黃琪翔	御行		四四	廣東梅縣	保定軍校六期砲	師軍長總司令副部長次長
	參謀長	郭懺	悔吾		四八	浙江諸暨	保定軍校六期砲	團旅長參謀長主任廳長師軍長司令副總司令代總司令
	總參議	樊崧甫	哲山		四八	浙江縉雲	保定軍校六期、陸大七	團旅長參謀長師軍長總指揮
同中將	秘書長	柳克述	劍霞		三八	湖南長沙	英國倫敦大學政治經濟學院研究員	處長副廳長主任委員秘書長
中將	高級參謀	張珙	韻珠		四八	浙江嵊縣	保定軍校六期	團長參謀長旅師長副軍長副教育長

三十一年十二月

第六战区司令长官司令部职员录。

供这些要员们使用。许多人喜欢住南岸的范庄。因为重庆是中国的“四大火炉”之一，每到夏天，气候炎热，而南岸的范庄，绿树环绕，江风阵阵，又很安静，确实是消夏的好去处。据现有的资料显示，在整个抗战期间，范庄接待过的要员很多，包括蒋介石夫妇、财政部长孔祥熙、参谋总长何应钦和第三战区司令长官顾祝同等，大多是举家进驻。

黄琪翔郭秀仪夫妇住重庆的时候，白天黄琪翔要外出办公，夫人郭秀仪就去找孔令俊（1919 － 1994）结伴游玩。孔令俊，又名孔令伟，即著名的“孔二小姐”，是原民国政府行政院长、财政部长孔祥熙、宋霭龄夫妇的次女，因其长期在宋美龄身边生活，其地位特殊，又因为她长期以男性化的装束而著称一时。

那时已经到了 1942 年。宋美龄赴美国去募款，成为第一个在美国国会发表演说的中国人。宋美龄成功地赢得美国的同情，并劝说美国将注意力从欧洲战场转移到中国抗战。1943 年，宋美龄被美国《时代杂志》选为封面人物和年度风云人物。

在重庆，郭秀仪与电影明星胡蝶（1908—1989）等人相遇。胡蝶的美丽、快乐、聪慧，以及妇孺皆知的名气，使得大家都很乐意与她相处。

郭秀仪说：“谭祥和我很熟悉，1949 年她随陈诚去了台湾。最初两年，我们过年的时候还互致贺年卡，不久后断了联系。我在（上世纪）八十年代去美国探亲，那时胡蝶在加拿大。我还给她打过电话，劝她回国来走走，玩玩。她很高兴。”

十、中国远征军

一个电话打进了远在恩施的第六战区司令长官部。陈诚拿起了电话。这是 1943 年 1 月 8 日。

电话是林蔚打来的。林蔚（1889—1955）是蒋委员长待从室第一处主任。林蔚告诉陈诚，委座有意让陈诚出任中国远征军的司令长官——这个消息当时是高度的机密！

我们先来介绍一下中国远征军的历史背景：

1941 年 1 月，军委会成立“中国缅印马军事考察团”，团长为商震，副团长即是林蔚。他们率团于同年 2 月出发，到缅甸、印度、马来西亚考察约三个月之久，搜集有关经济、政治、军事资料，编成“中国缅印马军事考察团报告书”。这次考察，为日后中国远征军出征缅、印打下了基础。

中国考察团出国之行，由英国政府邀请。英国是世界上屈指可数的老牌帝国，向来瞧不起中国人。可是他们一旦与希特勒德国开战，结果一败涂地，发生了 1940 年丢盔弃甲的敦克尔克大撤退，丢尽颜面。而中国与日本开战，已经坚持了四年，日军已深陷泥潭，再也没有开战之初那种嚣张气焰，所以英国想拉中国入伙，建立英、中、缅的共同防御计划。因为日军已于 1940 年侵入越南，并与泰国签订友好条约，直接威胁到马来西亚、新加坡、缅甸等英国殖民地。

1941 年 12 月 8 日（美国时间 7 日凌晨 7 时），日本偷袭珍珠港，太平洋战争爆发。此照片系日本偷袭珍珠港的最初阶段，最前方的日机已经开始对美国舰队实施攻击。

英国人历来太自私。陈诚担忧地说：“我国如果单独去打击缅甸，打了败仗，英国自不会帮忙；但如打了胜仗，则成为祸根，即英国或许因忌中国而联合日本。”[1]

1941 年 12 月 1 日，德军一路进攻到莫斯科城下，能够清晰看到克里姆林宫顶上的红星之际，它的法西斯盟友日本终于按耐不住，认为苏联的惨败已在眼前，该是他们自己动手收拾美国的时候了，于是日本做出战略决策：对美国不宣而战。可是，如果日本当局再稍微沉着一些，它就会看到苏联并没有让德军攻进莫斯科城，而是展开了英勇的反攻，使得德军节节败退。日本当局对欧洲局势的误判，产生致命的恶果，加速了整个日本帝国的毁灭。

1941 年 12 月 7 日，日本偷袭珍珠港，美国正式对日宣战，第二次世界大战进入了新高潮。中国这才于 1941 年 12 月 23 日

1　《陈诚先生日记》，p409。

与英国签署《中英共同防御滇缅路协定》，中英军事同盟至此形成。1942 年 1 月 20 日，日军进攻缅甸，1 月 31 日占领毛淡棉。应英国政府请求，中国组建远征军第一路，辖第五、第六、第六十六军，共 10 万余人入缅作战。3 月 6 日，中国远征军第五军先遣第 200 师抵达东吁接防。

3 月 8 日，日军集结两个师团兵力占领仰光。“那时英国在缅甸只有两个训练不足、装备老旧的英印军第十七师和英缅第一师。例如英缅军第一师用来吓唬缅甸人的 77– 公里反坦克炮，竟是 1918 年奥地利造、每门只有炮弹一百二十发，没有补充，打完了炮弹就变成废品的博物馆型物品。”[1]

中国人弄到一点美国军援很不容易。美国当时支持反法西斯阵营共 470 多亿美元，其中五分之三给英国，五分之一给苏联，五分之一给中国和法国。支持苏联的五分之一中就有 1.2 万余架飞机、1 万辆坦克、14 万辆汽车以其其他战争武器。[2] 中国人只能望洋兴叹。

中国人缅作战的是最精锐部队：杜聿明的第五军和甘丽初的第六军，一色全新的美式装备，其中第 200 师是全国唯一的机械化部队。可是，中国人到了缅甸一看，完全没料到英、印、缅军的装备如此之差，更没有料到英国只想保印度而欲放弃缅甸，再加上，由于英国对印度、缅甸长期实行高压政策，当地民众居然把日军当成了救星，开始联合日军与英军作战。最可恨的是，英国人不仅看着中国军队与日军作战，还企图把中国人当作他们的挡箭牌。在当地人的支持下，日军从地图上完全看不到的小道向中国部队突然进攻，驻守曼德勒的中国军队在英军悄悄撤退后，恐怕自己的后路被切断，也匆忙撤退，遭遇惨败，结果导致中国唯一机械化师的师长戴安澜（1904 – 1942）阵亡。

1942 年 3 月，美国史迪威中将第 5 次来华，担任盟军中国战

1　见《太平洋战争》，转载自《萧毅肃上将轶事》，p43。

2　团结出版社 2001 年 2 月第一版《蒋介石大传》，p1152。

区参谋长兼中缅印战区美军司令，并强烈要求中国派遣更多的军队入缅参战。美国政府表示："为了帮助中国，美国宣布了五十架驱逐机和一万万美元的对华援助。"[1]而更重要的原因是："1942年5月，日军自缅甸入侵我国滇西，占领腾冲、龙陵及怒江以西国土，致使我国唯一的对外交通线滇缅公路被切断……故就当时全般(盘)情况而言，配合盟军作战收复滇西国土，打通滇缅公路，重开国际路线，是为我国最优先的任务。"[2]

1943年1月14日，林蔚再次来电，催促陈诚赶紧赴重庆，蒋委员长要正式宣布他出任中国远征军司令长官的命令。于是，陈诚在15日午饭后从恩施动身，晚上住宿黔江。[3]陈诚在当天日记中写道：与黄琪翔"商远征军事"。可见，此时陈诚已决定要带着黄琪翔一起去参加中国远征军的工作。

陈诚在黔江告别黄琪翔之后，坐汽车赶路，16日晚住南川，17日下午一时抵达重庆。晚上八点，蒋介石约他吃晚饭，谈他出任中国远征军司令长官的想法，同时做了相关的工作指示。回到住处，陈诚给妻子谭祥去电话。"曼意电话问我，有无吃面？才想到今日是余生日。"陈诚在日记里这样写道。

此后，陈诚在重庆几乎每天都要与蒋委员长、史迪威将军见面、开会、谈话，他们讨论的中心议题自然是有关中国远征军的组建问题。陈诚考虑中国远征军长官的人选是：黄琪翔出任副司令长官；郭忏任参谋长。陈诚在1943年1月26日的日记中写道："参谋长仍以郭忏充任，但郭未离战区前，可调黄琪翔为远征军副长官暂兼参谋长。"[4]另外，远征军设参谋团，团长为林蔚。这是内定的。因为一旦远征军入缅，联合盟军对日作战，事关中国军队的指挥、调动，都要由林蔚通过电台，向远在三千英里之外的蒋介石报告，待蒋同意后方能执行。这是规矩。

1 《萧毅肃上将轶事》，p41。

2 黄杰《滇西抗战纪实》。原载台湾《传记文学》第三十八卷第三期，1981年3月。

3 《陈诚先生日记》p410。

4 《陈诚先生日记》，p415。

至于谁来接替陈诚出任第六战区司令长官？陈诚的考虑是“如孙（连仲）代六战区，则以周岩调五战区。”蒋介石嘱，等到孙连仲来到重庆后再定。

何应钦一直反对陈诚出任中国远征军司令长官。他的主张是：如果中国远征军不主动进攻日军的话，则陈诚不必去缅甸，可从卫立煌、商震或张发奎之间挑选一人前往。因为陈诚是国内少见的军事大才，国内战场急需这样的高级将领；美国人则反对何应钦的主张，坚持要陈诚去上任。因为在美国人看来，陈诚做事干练，好合作，而且身居高位，能表示出中国政府对美合作的积极态度。史迪威更是称陈诚是中国高级将领中“最强有力和最令人感兴趣”的人物；而将介石夹在中间，左右为难，开始有些摇摆不定。所以陈诚在重庆住了18天，还是定不下来，就有些烦闷了，急得他牙疼不止。

2月3日晚6点，林蔚来见陈诚。陈诚说：如果委座与何先生的意见还不能统一，我就先回恩施去，等到他们确定好了以后我再回来。林蔚个人也偏向让陈诚去远征军，所以在征求陈诚意见后“当即写下四项：一、司令长官先发表。二、罗（卓英）或仍保留原第一路司令或另调他职（粤主席）。三、六战区或吴代或以孙（连仲）调充。四、黄琪翔调远征军。”[1]

2月5日是1943年的农历大年初一。两天之后，即在年初三（2月7日）的下午，蒋介石终于下定了决心，写下手令，确定陈诚为中国远征军司令长官。下午3点，这份命令即正式转达给了参谋总长何应钦、英国狄尔元帅和美国安乐德空军总司令。

2月9日晚8点，蒋介石约见陈诚，宣布如下任命：

一、（陈诚）仍兼任六战区司令长官及鄂省府主席。
二、调孙连仲为六战区副长官，代理长官职务。
三、调黄琪翔为远征军副长官。
四、调施北衡为远征军参谋长。

1 《陈诚先生日记》p426。

五、调区寿年为二十集团军副总司令。

六、调孔令恂为第二集团军副总司令。

七、决定（陈诚）先回（恩）施一行。

八、委座嘱于二十五号以前到达昆明，当即以孙（连仲）调六战区代理长官职务转告孙。[1]

遗憾的是，陈诚原打算让郭忏出任中国远征军长官部的参谋长，但蒋介石不同意，于是让施北衡出任。这说明蒋介石因郭忏失守宜昌之事，一直对他耿耿于怀。可施伯衡也没能去成，最后确定萧毅肃将军担任此职。

2月10日下午3点，陈诚坐专机回到了恩施，“晚，约黄副长官琪翔及郭参谋长悔吾（郭忏）谈话，并告以任远征军经过及即准备赴滇人员。”[2] 郭忏当然为此很失望，但又无可奈何。

2月14日晚，陈诚念念不忘尚在恩施被拘押的叶挺，特意约请黄琪翔、吴奇伟、郭忏、周喦(1895—1953)等一起和叶挺吃了一顿晚饭，算是暂别。[3]

吴奇伟时任第六战区副司令长官兼长江上游江防军总司令，相当于接替了郭忏在枣宜会战时的职务。

叶挺提出，自己是否可以携家眷离开恩施，前往柳州暂住？陈诚不敢表态，答应去向委座求情。2月22日，蒋介石明确答复：不准叶挺离开恩施。陈诚亲自转达了委座的谕令，表示自己不能违抗委员长的命令，并加以劝慰。

此前，川军王瓒绪部第六十七军军长佘念慈(1889—1949)与粮食供应处主任陈楚良等人上下其手，盗卖军粮，中饱私囊，影响恶劣。案发后，王瓒绪替佘念慈求情，说佘念慈是何应钦介绍来的人，须不看僧面看佛面，而且，何应钦也曾亲自给陈诚来电话，名义上是了解佘念慈的案情，实则醉翁之意不在酒。陈诚不好办，

---

1 《陈诚先生日记》，p423。

2 《陈诚先生日记》，p424。

3 《陈诚先生日记》，p426。

结果就让余念慈逃过这一劫。

2月21日，第六战区粮食供应处主任陈楚良在恩施被执行枪决。陈诚在当日日记中写道："今日宣布粮食供应处主任陈楚良操纵粮食，执行枪决——具报大快人心。"[1]

陈诚率领黄琪翔等人离开第六战区前，杀的贪官不止陈楚良一位。当时官场的风气太坏，将士们对此怨愤极大。他们说，我们在前线为国拼杀，他们在后方大搞贪污，太不公平。陈诚本质上是一位理想主义者，也气愤不过，于是下令把监利县县长黄向荣、宜昌县县长武长青也"即予枪决"！

监利县县长黄向荣的罪名是用公款做棉花生意，省议员傅鹤琴向陈诚告发，于是被陈诚下令逮捕。省保安部的人与黄向荣关系不错，又念其初犯，且黄向荣用公款倒卖棉花也不是完全为了个人。当时地方财政实在紧张，黄向荣确有为县府谋福利的动机，所以不忍杀之。直到1943年初，陈诚要离开恩施时，省保安部才将拟判黄向荣十二年徒刑的报告送到陈诚办公桌上，以为陈诚大笔一挥"同意"，黄向荣的命就算是保住了。不料陈诚看到报告后大拍桌子，连声骂"混蛋"，在签呈上赫然批复："即予枪决！"黄向荣触了霉头。就刑前，黄向荣掏出钢笔给妻子写下四句遗言："杀我吓人，死不甘心。教我子孙，再莫做官。"随后，他也连声骂了"混蛋"。[2]

宜昌县县长武长青在换发鸦片牌照时，让商人先向县政府捐款，然后允许其先行无照经营。这种捐款，既有利于缓解县财政，官员们也确实从中捞到了好处。为此他请示过上级，即行政督察专员吴良琛（1892—1979），获其同意。而且，武长青还是陈诚的同学。当时陈诚正在参加湖北省的县长会议，武长青在押恩施，法官请示如何处理？陈诚大怒："什么审讯不审讯，马上枪决，不得迟疑。"据说武长青就刑前，也在大呼冤枉。吓得专员吴良

1 《陈诚先生日记》，p428。

2 湖北人民出版社2008年12月版《43位战犯的后半生》。p46。

琛魂不附体，跑到测字摊上去求签问卦，以求自安。[1]

乱世用重典，这不是新鲜事。尤其在中国，各个时期被执政者冤杀、错杀者难记其数，况且，黄向荣、武长青们喊冤，对他们的处罚是否量刑过重？后人很难替他们再说些什么。他们的血和命，是被时代夺取的。最关键的问题是，陈诚如此为廉政祭血，却没能为政府的建设起到多少作用。国民党的腐败已深入骨髓，无药可救了。

3月初，根据蒋介石的口谕，陈诚将第六战区长官部交孙连仲代拆代行；湖北省政府交朱怀冰[2]代拆代行。这样，陈诚就与黄琪翔等人离开恩施，旋即抵达重庆。这时抗日战争已从战略相持开始转向战略进攻阶段。

黄琪翔回忆说："1943年，因美军顾问史蒂威尔（史迪威）的建议，蒋介石组织远征军，准备进攻缅甸，并在印度的兰姆加（伽）地方设置训练机关，调训蒋介石嫡系军官，以便给予美式装备。蒋介石委陈诚为远征军司令长官，并决定在昆明成立远征军司令长官部。"[3]于是陈诚派副司令长官黄琪翔先行，自重庆飞赴昆明，先去昆明设营。

中国远征军分为两个建制，其一是1942年3月至8月，以卫立煌（未到任）、罗卓英（继任）为指挥官的中国驻印远征军，主要由美国远征军司令史迪威中将负责训练和指挥，正式的名称叫"中国驻印远征军第一路"；其二是1943年3月至1945年，以陈诚、黄琪翔指挥的中国滇西远征军，也叫作"中国远征军"。

来到昆明后，黄琪翔的首要任务是去寻找中国远征军长官部的办公地址。他说："由于云南是龙云占据多年的地盘，蒋介石

1　湖北人民出版社2008年12月版《43位战犯的后半生》，p47。

2　朱怀冰（1892--1968），湖北黄冈人，保定军校毕业。作者曾经与朱怀冰之子朱邦复先生有过交往。听朱邦复先生介绍，乃父朱怀冰性格刚烈，在外做事任劳任怨，对待子女管束甚严，因此他们父子关系很紧张。朱怀冰于1949年赴台湾，任台湾"总统府"" 国策顾问，"光复大陆设计委员会"副秘书长、秘书长等。1968年11月在台北病逝。朱邦复先生是电脑专家，为中文终端机、仓颉输入法、汉卡的发明人。由于其对中文电脑发展的诸多贡献，台湾及香港地区的华人誉其为"中文电脑之父"、"中文电脑疯子"。

3　黄琪翔《我的自述》。

生怕龙云不同意在他那里设立司令部，于是他就先派我到昆明去，和龙云商量，得到了他的同意，成立了长官部。我亦由第六战区的副长官，调充远征军的副长官。同时，美军将昆明作为空军基地，大量物资由印度运来，美军顾问也跟着前来，参加当时派驻云南的远征军部队杜聿明、宋希濂、钟彬等部工作。”[1]

随同黄琪翔先行抵达昆明的随员，还有原第六战区长官部特务团（即警卫团）团长邱行湘。邱行湘回忆说：“陈诚急调副长官黄琪翔，并要我兼任远征军长官部副官处处长，赴重庆与黄琪翔同赴昆明设营。我们入滇设营，任务艰巨，首先是龙云不欢迎陈诚入滇，在滇蒋军对陈亦多顾虑。黄琪翔和我先去昆明，主要向龙云交涉长官部的驻地。做龙云的工作，首先必须与龙云的参谋长刘耀扬取得联系，争取龙的谅解。”

邱行湘还说：“为长官部驻地问题，我们提出三个方案，但都得不到龙的同意，最后，指定到滇缅边境的弥渡设营。弥渡虽远，倒有一个有利条件，这里原是曾养甫新建的滇缅铁路的督办公署。国内外电讯联系灵活。”

随后，陈诚和陈纳德一起飞抵昆明。机场上虽然欢迎者不乏其人，但真正从内心欢迎陈诚来云南的人，的确寥寥无几。因为谁都明白，云南是龙云的地盘。

昆明是个四季如春的好地方，一年到头鲜花盛开。这里的民风非常淳朴，人们对生活的要求不高，过着自得其乐的日子。陈诚在昆明观察了两天，于3月5日利用早餐后的散步机会，和黄琪翔、柳克述等人谈了他自己的感受。陈诚在当天日记中写道：“感此间环境之腐败与生活之舒适，最易使人堕落，嘱诸同仁速至前方准备作战，不可有汉高（祖）欲留关中之意。”[2] 陈诚借此来训诫身边的高级将领，不可忘记自己的历史使命。

从陈诚本人内心来讲，他自己并不乐意出任中国远征军司令

1　黄琪翔《我的自述》。

2　《陈诚先生日记》，p434。

长官，但蒋介石让他去，他不得不去。陈诚在国民党十二中全会报告中说："当本年（1943年）一月间，本席（陈诚自称，下同）受命兼任远征军司令长官之时，曾一再向委员长陈述不能兼任之原因。如，第一，远征军行动之关系国际信誉极大，其责任远非其他战区可比；第二，各方对此多有怀疑，而一般意见亦难期一致；第三，本席能力有限，不能胜任。虽经一再坚辞，迄未邀允。乃于三月十二日奉命自重庆飞抵昆明。为欲明了前方实际情况，即赴滇西、滇南第一线实地视察，得知各部队均含有莫大的危机，什九如委员长手令之所指示。第一，就精神言，因滇境物价极高，官兵所受物质压迫较其他驻地之部队为大，而各部队间之联系也较松弛。第二，就纪律言，若干部队对于走私、运烟、聚赌、盗卖军械等败坏纪律行为，亦较其他驻地部队为多。第三，就战力言，一因各军之师管区远隔，兵源补充不易，而天候特殊，死亡特多；二因工价高涨，环境引诱，士兵潜逃颇众，遂使各部队战斗兵每连仅卅余名者，战力之可想而知。以上三点，固因事实上之困难，不能做过分之要求，但精神纪律关系军队命脉，本席认为必须遵照委员长手令，彻底负责纠正。旋于四月一日创办军事委员会驻滇干部训练团，调集各级干部，施与训练，以期振作精神，团结一致，恢复革命精神，达成远征使命。"[1]

陈诚和黄琪翔抵达昆明后，他俩面对的第一个对手不是日军，而是有着"云南王"之称的云南军政大佬龙云。

龙云（1884—1962）是土生土长的国民党滇军高级将领，先后主政云南十七年，担任云南省国民政府主席和云南陆军讲武堂校长，还有自己的武装力量，自以为云南是自己的地盘。长期以来，他与蒋介石相互戒备，属于面和心不合，因此蒋介石派了许多特务包围着他，生怕他与日本人勾勾搭搭。

陈诚对于龙云的情况自然明察秋毫，到了昆明之后，陈诚在多个公开的场合里，大谈特谈龙云主席对党国所做出的巨大贡献，

1　录自中国第二历史档案馆《陈诚私人回忆资料（1935—1944）》之《陈长官在十二中全会报告词》。

称赞他在社会上享有很高的威望，这下终于把龙云哄开心了。

3 月 20 日下午三点，龙云与陈诚举行会谈。陈诚在日记中洋洋得意地写道：“今日下午三时，与龙云主任（时任昆明行营主任）晤谈约二小时。此次谈话，可使其对余来滇之疑惧完全消失，今后一切处置当较易也。然仍不能不小心谨慎。免误国家大事。盖余来滇，只能成功而不能有失也。”[1] 从他的心情中可知，他们的确是有备而来的。

在陈诚和黄琪翔的努力下，最终与龙云商量后确定的中国远征军长官部地址，就是今天位于昆明西山区碧鸡街道办事处高峣村冷水塘 1 号今紫园内。龙云命令云南省财政厅长李培天，在西山脚下建造远征军指挥部。当时建有多栋别墅及 1 栋礼堂。[2]

期间，史迪威急于要让中国军队进入缅甸作战，而中方的行动未称其心愿，所以他向美国军部报告，说中国远征军迟迟未见集中，担心这样会贻误与日军作战的战机。美国当局在催促蒋介石的同时，并追问时任外交部长的宋子文：为何中国远征军迟迟不能成军？

3 月 30 日，陈诚召集黄琪翔等人商议，决定给宋子文回复：（一）中国远征军已经组建，只是对外尚需保守秘密；（二）的确遇到了粮食缺乏的问题。

在中国远征军的长官部，根据分工，负责中国军队的训练、后勤保障以及与美军协调的最高长官就是副司令长官黄琪翔中将，与他对口的是美军“参谋联络组”组长窦恩准将。史迪威当时在印度指挥中国驻印远征军，而窦恩准将是史迪威的副官，所以史迪威派窦恩长期驻在远征军长官司令部旁边，负责联络工作。[3]

组建中国远征军就是为了战略反攻日军做准备的，因此，建

1　《陈诚先生日记》p436。

2　中国远征军司令部旧址现存历史遗留建筑 4 幢，2009 年 8 月，被昆明市西山区人民政府公布为第三批区级文物保护单位。

3　赵荣声《回忆卫立煌先生》，中国文史出版社 1985 年第一版，p288。窦恩曾写过一本回忆录，中文书名叫《当旗帜降下的时候》。窦恩回忆录中记载，以窦恩将军为司令的美国陆军 Y 部队四千余人，曾在整个滇西反攻中与中国远征军混合编成，同中国官兵一起亲临前线，浴血作战。美国国家档案馆专门设立了《窦恩文献》专项。

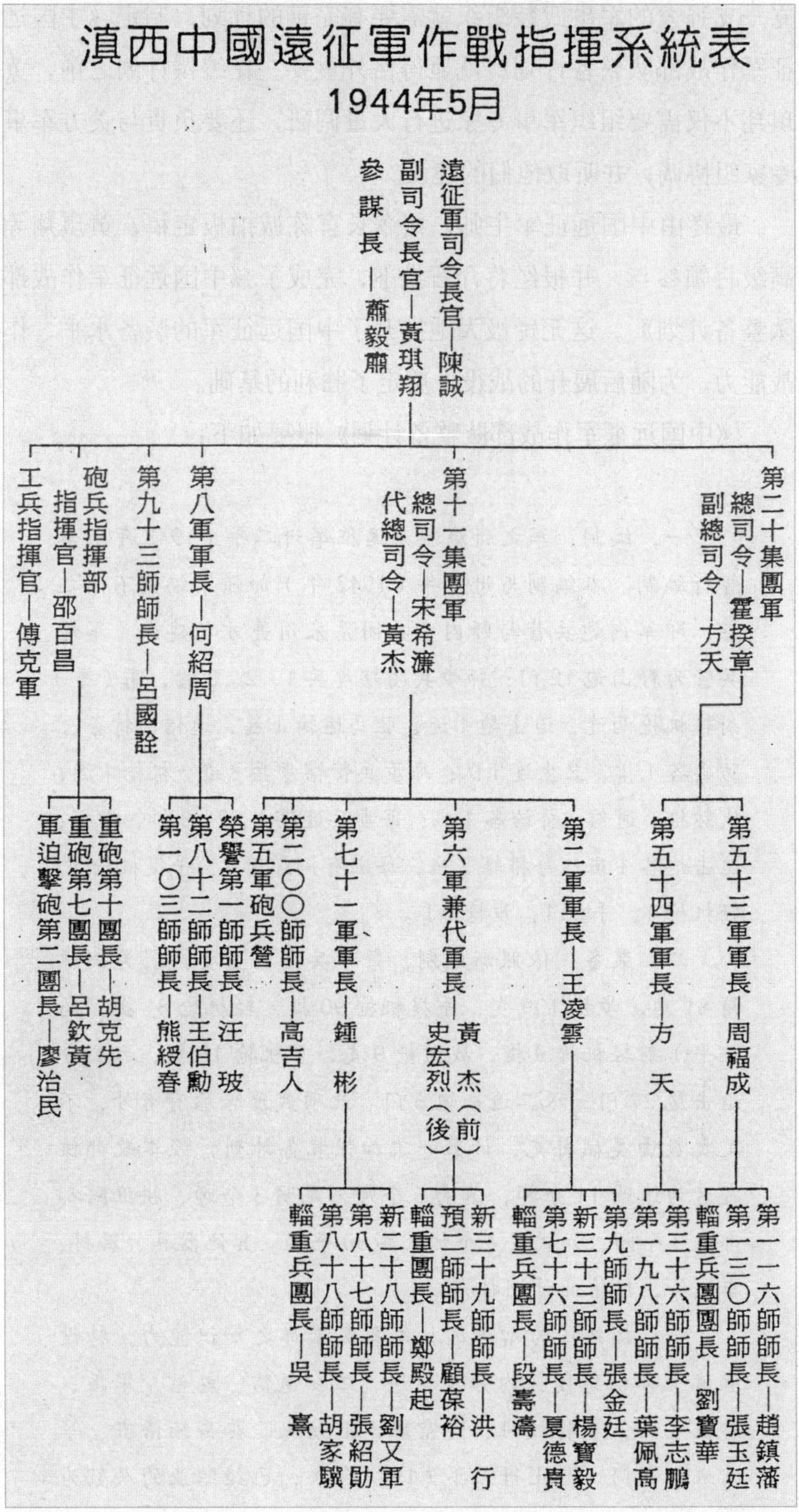

滇西中国远征军作战指挥系统表。

立一支强大的军事武装组织就需要有完善的计划，制定《中国远征军作战部队整备计划》就显得格外重要。在编撰计划之前，黄琪翔不仅需要组织军事专家进行大量调研，还要负责与美方军事专家组协调，并听取他们的建议。

最终由中国远征军主帅、司令长官陈诚拍板定稿，黄琪翔等高级将领参与，并报经蒋介石批准，完成了《中国远征军作战部队整备计划》。这无疑极大地提升了中国远征军的装备水平，作战能力，为随后展开的战役，奠定了胜利的基础。

《中国远征军作战部队整备计划》概要如下：

一，编制：军之新编制为远征军卅二年（1943 年）军暂行编制。本编制与卅一年（1942 年）加强军编制不同之点，即军内炮兵营与师内步兵团系采用美方之建议（军炮兵营为野山炮 12 门；师步兵团辖步兵 1、2、3 营，高（平）射轻机枪两连，迫击炮 1 连，驮马运输 1 连，通信、特务、防毒各 1 排，卫生连 1 队；每步兵营辖步兵 3 连，机枪 1 连，战防枪、通信、补给各 1 班；每步兵连辖 1、2、3 排，指挥、迫击炮各 1 班；每排辖 3 班，每班有掷弹筒 1，手提机枪 1，轻机枪 1，手枪 1，步枪 8）。

二，装备：依照新编制，每步兵团之主要武器为掷弹筒 81 具，步枪 109 支，手提机枪 90 挺，轻机枪 81 挺，高（平）射轻机枪 9 挺，战防枪 9 支，重机枪 18 挺，六公分迫击炮 27 门，八二迫击炮 6 门。此项武器除原有者外，不足之数由美械补充，计第一次加强装备计划，经军政部核定者为滇西 11 个师，滇南 6 个师，昆明 3 个师，拱卫陪都部队 3 个师，六战区 4 个师，共 30 个师。其他器具、器材、车辆等，均依此计划补充。

三，训练：为增进远征军各级干部之知识能力，特设驻滇干部训练团，内分步、炮、工、通信、电信、军医、兽医九科，及将校班、防空班、后勤队、泰岳缅语班、军需班各部门。截止卅三年（1944 年），已经结业的人数为步兵科 1184 员，工兵科 195 员，通信科 76 员，电信科 149 员，军医科242员，兽医科175员，将校班181员，陆空54员，后勤76员。其他泰岳缅语班120员，军需班141员，正在训练中。至于部队训练，则由本部巡回组担任，自卅二年（1943年）九月一日开始，至卅三年（1944年）二月，已陆续训练完毕。

四，人马补充：截至卅二年（1943年）四月底，预定使用远征军之第二军（辖9D、76D、新33D）、第七十一军（辖87D、28D）、第五十三军（辖116D、130D）、第九十三军（辖10D、新8D、暂2D）、第六军（辖93D、39D、预2D）、第八军（辖82D、103D、荣1D）及卅六师等。依照新编制，共应补充官佐1284员，士兵59031员，乘马1113匹，驮马3489匹。此庞大数字，补充自多困难，但为迅速完成反攻准备起见，不得不令排除万难，限八月底以前补充完毕。并计划各征兵管区另行编足一个补充兵团（每军一个团），于本（卅三）年十月底以前开到战区，追随各该军之后，随时递补。

五，除上述外，对其他应行准备事项亦均详细计划，分别进行，并曾开检讨会议两次。困难之点，固属甚多，然皆设法补救，陆续进行中。又关于远征军准备事项，共需经费1340734438元，经委座核列为10亿元，已准先拨7亿元，奉委座电令，应视以后实际准备程度、需要情形，再行核定。[1]

按照中美协议，美国军事顾问在昆明负责分两期训练国民党60个师。这已经超出了陈诚、黄琪翔他们当初设想的装备、训练30个师的一倍。

中国远征军从江西、湖北、四川等地抽调部队来云南昆明集中训练。第一期参加训练的有12个军总共31个师。史迪威通过美国国防部，调来一批美军教官。这些美军教官在“参谋联络组”的领导下，以五、六十人为一个组，分配到中国军队的军级单位

1　以上资料录自中国第二历史档案馆《陈诚私人回忆资料（1935—1944）》。

中去。在中国军队中，先是成立“干部训练团”，由下级军官，即尉级军官和军士组成。美军“参谋联络组”教授他们了解各种美式装备的名称、性能和分解、组合的方法等，并进行射击训练和小部队演习，再由经过训练的中国下级军官，手帮手地教授每一位中国的普通士兵。在中国远征军系统里，从长官部到集团军、军、师、团，甚至有些营级单位，都派驻了美军“参谋联络组”成员。

这些经过美国人训练的中国部队，后来全部换成了美式装备，迅速提高了作战能力。按照规定，远征军每个军配备了一个榴弹炮营，每个营有10.5公分的榴弹炮12门。每个师配备1个山炮营，每个营有7.5公分的山炮12门。每个步兵团有一个战车防御炮连，配备防御炮4门。每个步兵营有一个火箭排，配备“伯楚克”式火箭两枚，还有一个迫击炮排，配备“八一”式迫击炮2门。步兵营的重机枪连配备重机枪6挺，步兵连配备轻机枪9挺、“汤姆”式手提机枪18支，以及“六零”式迫击炮6门，火焰喷射器1具。有史以来，中国部队从来没有配备过如此强大的火力！

战地后勤工作也极为出色。各军各师都配备设施完善的野战医院一所。从军级前线指挥部到连级战斗单位，都配备了较完善的通讯、工兵和运输装备。中国军队不仅大开眼界，简直是欣喜若狂。因为大家都明白，那些残暴的日寇，即将要尝到他们自己酿制的苦酒。

可是，远征军中的许多士兵，文化程度较低，学习使用美军装备有些困难，便产生了消极的情绪。远征军便号召官兵学习文化和科技知识，提高技能。身为副司令长官的黄琪翔，率先示范，主动报名考驾照。那时他已经45岁。现存美国国家档案馆的历史照片中，有一张照片拍摄的正是他参加驾驶考试的情景。时间是1944年3月4日。原档的照片说明是“联军指挥部为远征军提供了驾车训练”。

经过半年多时间的培训，中国远征军即将开始反攻日军之际，陈诚因过度劳累犯了严重的肠胃病，蒋介石当即命令他回后方疗

1944年3月4日，远征军副司令长官黄琪翔通过了驾驶考试。

养，至此他离开了昆明，中国远征军司令长官一职由卫立煌将军接任。

陈诚的肠胃病是旧疾，据陈诚日记判断，此次发作的时间约在1943年10月间。那时他的长官部在楚雄。10月，他尚在为准备反攻日军而奔波，时常从楚雄、昆明、大理间穿梭。10月27日，林蔚奉委座令，“由渝来昆（明）探疾。”

从10月27日至11月16日，陈诚没写日记。推测是林蔚于27日见到陈诚后，发现他的病情十分严重，于是强迫他住进了战地医院。林蔚是代表蒋介石来看望他的，而且与蒋介石保持着紧密的联系。

陈诚住院期间，恰好英国蒙巴顿将军（1900—1979）来到昆明，于是陈诚在医院里接见了他。[1]

陈诚很想了解东南亚盟军司令部的情况，于是致电蒋介石侍从室主任林蔚，说："蒙巴顿将军号末抵昆，访弟于病榻，情极诚挚，随即飞印。此次彼在渝会谈经过，请择其可告者示知一二。至关于此间准备进度情形，拟派琪翔兄飞渝报告并闻。昆弟陈诚。"[2]

蒋介石十分关心陈诚的病情，除了派林蔚前往昆明探视之外，又要求副司令长官黄琪翔随时报告他的病况。11 月 2 日，黄琪翔从昆明电告蒋介石："陈长官自号日（10 月 20 日）至世日（31 日）症状尚佳，惟睡眠仍感不适，每晚服少量安眠药，大便不畅，日施灌肠，便内镜检尚有极微积血液，检查血素 80 度，红血球 4810.000，白血球 4300。荣独山医师已抵。经各医师会商：精神未复尚不能离床起立，须五日后或可施行 X 光检查。详情另呈。"[3]

11 月 3 日，蒋介石复电："昆明黄副长官（琪翔）世电悉获：陈长官病状必须静养，勿烦劳等脑力最为重要。军前、后方军事，由兄负责处理。如有重要不能解决之事，可直接来电请示。总勿使辞修劳神，以期望早日复原也。中正手启。"[4]蒋介石的电令说明，从即刻起，黄琪翔奉命全权指挥中国远征军前、后方的所有事务。

11 月 16 日，卫立煌奉命抵达昆明。11 月 29 日陈诚坐飞机回到了重庆。由此可以推断，陈诚与卫立煌、黄琪翔进行工作交接的时间应该是在 1943 年 11 月的下旬。陈诚已经在中国远征军司令长官岗位工作了整整 8 个月的时间——这不像人们想象的那么短暂，而且，他已经完成了远征军从组建、训练等各项前期准备工作，开始进入反攻日军的实施阶段。陈诚对远征军的贡献不可小视。

1　美英首脑于 1943 年 8 月在加拿大魁北克举行会议，决定组建东南亚盟军司令部，由蒙巴顿出任最高司令。蒙巴顿上任前先来到了重庆会晤蒋介石，然后在飞往印度的途中，降落昆明，看望了陈诚。10 月末，蒙巴顿在印度德里上任。

2　台湾"国史馆"《蒋中正总统文物》，典藏号 002-090103-00013-122。

3　台湾"国史馆"《蒋中正总统文物》，典藏号 002-080103-00047-015。

4　台湾"国史馆"《蒋中正总统文物》，典藏号 002-010300-00052-051。

1944年10月卫立煌、黄琪翔与魏德迈将军在保山。

陈诚在离开昆明前，还多次找黄琪翔等高级将领谈话，鼓励他们奋发工作，还亲拟了远征军的中心口号：

远征是
反攻的先锋，
胜利的开始，
正义的保障
和平的曙光。[1]

黄琪翔说："陈诚在远征军司令长官任内不久，便患了肠胃病，不能工作，蒋介石把他调回重庆，另派卫立煌来接任远征军司令长官，我仍任副司令长官。"[2]

1 《陈诚先生日记》p478。

2 黄琪翔《我的自述》。

至此，远征军最高指挥官是卫立煌、黄琪翔和郑洞国三位将军。卫立煌、黄琪翔负责指挥滇西中国远征军，郑洞国指挥中国驻印军。卫立煌来到远征军后不久，就将远征军长官部推进到保山县马王屯，距离怒江前线仅七十公里，便于指挥。[1]卫立煌的秘书赵荣声回忆说：卫立煌来到远征军后对待黄琪翔一直很客气，也很尊敬。

1943 年的国际战争形势已经发生深刻变化。法西斯轴心国的军队在苏联、北非战场以及中国战场屡遭失败，特别是美英军队在南太平洋上又恢复活力，有力地打击了日军。美国每月空运一万吨军用物资由印度飞越驼峰，运来装备中国军队，因此中国远征军的作战能力大为加强。而相比之下，日军犹如困兽，南侵日军的补给线发生了困难，于是日本统帅部决心西进独山，企图动摇中国大本营重庆，然后从滇、桂线经过越南和缅甸，从陆路增援日军南侵的海军和陆战部队。同时，控制中印公路，切断盟军对中国大陆唯一的补给运输动脉。中国则反其道而攻之，命令中国远征军和中国驻印军从东、西方向上夹击日军，齐头并进，尽快打通中印公路，以实现中国的战略目标。

中国远征军的主力部队有宋希濂为总司令的第十一集团军，霍揆章为总司令的第二十集团军，何绍周、李弥为正副军长的独立第八军，周福成的直属第 53 军等，总兵力有数十万人，师级以上的将军就有百余人。

当时，刚从西南联大工学院毕业不久的高材生丁善懿，风华正茂，应征入伍后来到中国远征军，担任长官部译员，因此有机会整天跟随卫立煌、黄琪翔这两位司令长官，自然对他俩的工作和生活十分了解。丁善懿的父亲曾是黄琪翔的下属，两家有旧谊，因此丁善懿私下时称黄琪翔为“黄伯伯”。

丁善懿回忆说：“黄（琪翔）将军谦虚谨慎，以大局为重，团结部下，深受各方尊重，特别是与卫立煌及参谋长萧毅肃的团

---

1 赵荣声《回忆卫立煌先生》，中国文史出版社 1985 年第一版，p288。

结协作，更加强了领导班子的统一意志。举一个例子，远征军的各军长、正副集团军司令，都佩戴中将军衔。他以（老资格的）副帅之尊，本来可以佩戴三星上将军阶的，为了突出主帅（卫立煌）的三星，宁愿自已也戴二星（中将）。诚不失为儒将风度也。”[1]

黄琪翔能否晋升上将，自有其考核的标准，暂且不论，但他在军中受到普遍的尊敬，此言不虚。

丁善懿还说：“我在工作中得到充分信任和关照，委任为远征军译员队队长，因而能随侍左右，担任两位将军的翻译，经常参加盟军的高级军事会议。在一年多的相处中，黄伯伯给我的印象非常深刻。他不仅具有高瞻远瞩、指挥若定的军事才能，而且谈笑风生，平易近人。军旅之暇常把我喊去，纵谈古今，或赋诗，或对弈，有时也用英语对话。如果说（中共）陈（毅）老总、叶（剑英）帅是红军的儒将，那么国军中的儒将当推黄将军。”

1 北京市海淀区政协1992年6月版，《海淀文史资料选编》第6辑，丁善懿文章《北伐名将 抗日英雄——纪念黄琪翔伯伯诞辰九十五周年》，p67。

十一、滇西大反攻

1944年4月，卫立煌、黄琪翔率领高级将领亲赴前线视察，准备横渡怒江，挥师出击日军之际，突然传来令人吃惊的消息："日军由广西渡过金城江，侵占了贵州省独山。贵阳吃紧，重庆震动"；同时又传出："汪伪政府派出代表，潜入昆明，怂恿龙云及其部属叛国投敌。"

蒋介石惊恐之余，立即给卫立煌拍电报，命远征军回师禄丰、楚雄一带，监视龙云，严防龙云部的"异动"。

蒋介石本来不打算令中国军队横渡怒江去进攻。早在1943年底，日军向印缅集结，向英军发动了猛烈进攻，印度重镇英柏尔陷入危机。英柏尔若失守，不但中国将失去驼峰空运生命线，日军更可长驱直入向中东进兵，与德军会师，损害同盟国的战略，因此美国声称，如中国再不出动远征军，美方将停止对华的军事援助。而蒋介石在1944年3月27日致电罗斯福总统，曰："中国对盟国之义务及应负责任，其一为目前应尽全力，保持中国战区现在之阵地，勿为敌寇突破。""中国主力部队自云南发动攻势，殊不可能。"[1]

在此之际，前线将领心急如焚，向蒋介石陈述不出兵对整个

1　台湾"国民党中央党史委员会"1984年版《总统蒋公思想言论总集》卷三十七"别录"。

抗战局势的危害。黄琪翔奉命亲赴重庆，向蒋介石当面汇报前线战局。蒋介石在黄琪翔等多位将领的劝谏下，并考虑了国际因素，最终改变观点，下达了强渡怒江的命令。

以下是黄琪翔将军到重庆汇报战局后，蒋介石 1944 年 4 月 25 日签发的电文，下令强渡怒江及指示渡江之战斗部署：

黄副长官来渝面报，已悉种切。此次渡江出击之胜负，不仅关乎我国军之荣辱，且为我国抗战全局成败之所系，务希各级将领，竭智尽忠，达成使命。除陆上各种准备与战术技能，切实研讨，勿使稍有贻误之外。关于陆空联络之方法技能，除在主攻方面准备周到之外，而于左翼助攻方面，亦须有相当空军之配备掩护，第二、第七十一军各加强团之渡河前进，以及协助其各种动作，使之容易达成任务，故该方面各加强团之与空军联络及通讯，尤应特别注重与事先筹划。至空军如何配属，如何联络，望与友邦空军切商决定后详报为要。凡防守左岸部队之输送队及无线电台与工兵队等，除其少数必要留河前进，以及协助其各种动作，使之容易达成任务，故该方面各加强团之与空军联络及通讯，尤应特别注重与事先筹划。至空军如何配属，如何联络，望与友邦空军切商决定后详报为要。凡防守左岸部队之输送队及无线电台与工兵队等，除其少数必要留存者外，皆应配拨于渡江出击各部，尤其对于各加强团之兵额，必须由其他各师留守部队中拨补充实之外，应再各增加一个充实营，为其预备队，即渡江之各加强团，至少要有四个充实营，务使其能达成任务。至于各加强团之指挥官，必须挑选最有能力之高级将领负责指挥，派定何人指挥，亦希详报。并以此电转告霍、宋、方、梁、黄、施各正副总司令，及周、王、锺各军长，务希同心一德，各竭智力，克复腾龙完成使命，是为至要。[1]

1　台湾“国民党中央党史委员会”1984 年版《总统蒋公思想言论总集》卷三十七“别录”。《蒋中正指示强渡怒江之战部署致卫立煌长官、萧毅肃参谋长电》1944 年 4 月 25 日电文。

中国远征军的高级将领们。前排为卫立煌将军。第二排左起：孙立人、邵百昌、黄琪翔将军、美军索尔登将军。

1944年5月中国远征军横渡怒江出击日军。强渡怒江后，卫立煌与黄琪翔一起亲临前线，指挥五个军与日军浴血战斗，至此拉开反攻日军序幕。

长官部翻译丁善懿回忆说："那时的统帅部常常是彻夜灯火通明，多少个不眠之夜啊。经过周密计划和部署，终于在1944年5月的某天拂晓，下达了强渡怒江命令。怒江对岸有五万多日军，盘踞在高黎贡山脉的崇山峻岭中，有号称东方马奇诺防线的坚固工事，驻守的日军又擅长丛林作战的王牌军羊佑中将领导的第56师团全部，第二师团和第33师团大部，还有驻扎在密支那随时可增援的第18师团。战斗打响了，在美军第14航空队陈纳德将军的空军配合下，强渡怒江成功，攻击部队越过惠通桥，直捣腾冲。与此同时，史迪威统率的盟军——英美联军和中国驻印军，也向密支那方向加强进攻，东西合击，使盘踞在缅北的日军本田第 33 军（下辖两个师团）和缅东牟田口第 15 军（下辖两个师团）受到牵制，不敢轻举妄动。日军驻缅最高指挥官边正三，在我军强大夹击攻势下，采取原地固守方针，使滇西远征军得以按原方案作战。”[1]

1944 年 6 月 4 日，远征军发起进攻，攻占腊勐街。6 月 6 日，克阴登山。6 月 24 日，第八军接替伤亡惨重的新 28 师，攻击龙陵。随后松山战役打响。第八军围攻松山，费时二个月又 4 天，我方战死者 3800 余人，共歼灭日军 3000 余人。[2] 夺取日军重要据点松山，共歼日军达两个师团，远征军声威大振，士气更加高昂。

“经过长达六个月的顽强战斗，终于在十一月上旬结束了战役。根据 9 月 9 日重庆军委会发表的公报，截至 8 月 5 日止，敌我双方在滇西与缅北战役中的伤亡人数为：我军阵亡 4980 人，连同英美盟军共 6147 人；伤员 11171 人，连同盟军共 14046 人，失踪连同盟军共 479 人。而日军被击毙的就有 21140 人。”[3]

关于滇西战事的敌我双方伤亡情况，中国军事科学院研究员余戈先生有专门研究。余戈所著《1944：龙陵会战》中引述 1945 年 3 月 1 日第 11 集团军参谋长成刚统计，我军伤亡 39757 员名，失踪 3540 员名。而陆军大学教员吴致皋经滇西战场调研后的统计为，我方伤亡 37549 员名，失踪 3069 员名。余戈先生依据日方资料统计，日军官兵伤亡为 16484 人。[4]

黄琪翔直接策划、组织、指挥了龙陵、畹町等战役。

---

1 《海淀文史资料选编》第 6 辑，丁善懿文章《北伐名将 抗日英雄——纪念黄琪翔伯伯诞辰九十五周年》，p68。

2 全国政协文史和学习委员会编、人民出版社 2015 年 8 月第一版《亲历者说：中国抗战编年纪事》，p309。陈一匡文章《松山攻击战》。

3 丁善懿文章《北伐名将·抗日英雄——纪念黄琪翔伯伯诞辰九十五周年》，p68。

4 三联书店 2017 年 8 月第一版余戈著《1944：龙陵会战》，p822。

1944年10月，中国远征军副司令长官黄琪翔（右二）、中国远征军第11集团军代总司令黄杰将军（右一）在滇西前线与盟军指挥官研究作战方案。

据《黄杰日记》所载：1944年10月14日，黄琪翔率领黄杰、张振国以及美军西路士上校等赴前线视察87师、荣1师的前沿阵地，为进攻龙陵城作准备。这是远征军长官部高级将领的罕见之举，因为远征军2号人物出现在敌军步枪射程之内是很危险的举动。11点，他们来到指挥所。12点到达老东坡、风吹坡阵地，在战壕里瞭望文华坡、佛龙寺、双坡、三官坡等龙陵城郊的敌我阵地。下午，他们又赶赴南厂，视察正在开辟连接腾龙公路之叉道。这段公路很重要，一旦公路修建完毕，机械化师就可以径直推进到此处。

《黄杰日记》记载了当天晚上召开研判会的详细情况：

晚召成（刚）参谋长、齐处长、张主任等，陪同副长官黄中将，在（地）图上研判敌情：

一、据连日各方情报报告，敌军确实南移，陆续退至遮放，其三台山敌山炮十七门，亦已撤至畹町。

二、芒市之敌约1000人。

三、放马桥以北之敌约1000人。

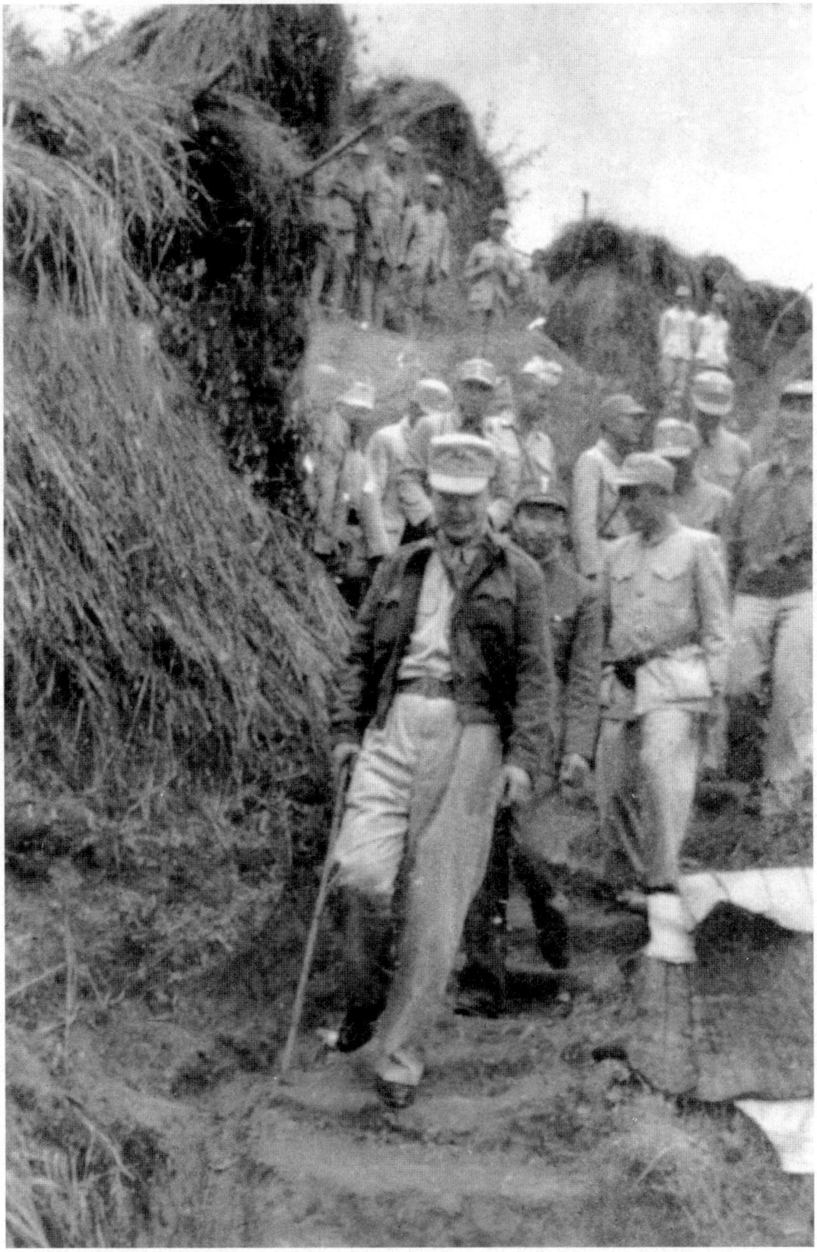

黄琪翔将军（前）在前线。

四、双坡敌炮兵甚少。

五、长官部过去无高级官员前来视察，对敌我之情况当不完全明了。（黄琪翔）副长官本日亲临前方视察，当深知我军态势处于绝对优势。我之兵力火力，已强于敌十倍，且龙陵老城已为我军占领，如进而攻之，龙陵一举可下啊，否则，仍将对峙胶着，坐视敌人后撤而不予围歼，实属坐失好机……

黄副长官于听取敌情研判后，提示下列各点：

一、以目前态势，我应对龙陵攻击。龙陵攻克，则推进放马桥之线，态势更好，国际听闻亦好。如万一不克，我亦可予敌以反消耗。

二、判断敌人无积极企图，故攻击时，我之兵力不可分散，应集中使用，对敌之整个企图，亦须确实侦察研究。

三、本日视察前方阵地，深同情我下级官兵苦战生活。我高级将领，应负责加以改善。

四、返（长官）部后，当向长官报告此间敌我情况，建议早日开始攻击。[1]

1944年12月13日，黄杰将军从芒市乘飞机赴保山远征军长官部，于当日和次日两次“晋见黄副长官琪翔，请示攻略畹町作战计划。”[2]

12月15日下午十八时，黄琪翔打电话给黄杰，命令说：“八莫已攻克，准备进攻畹町。”

12月20日，黄琪翔命令黄杰部队要“迅速行动”。黄杰报告：“粮弹准备及通讯网架设须至25日前始能完毕。”

12月27日，畹町战役正式打响。战斗期间，黄琪翔坐镇保山长官部，直接参与指挥作战。

1945年1月6日，黄琪翔再次亲赴前线。当时气候恶劣，大雨磅礴，部队行进困难。黄琪翔当晚就住在黄杰部队于芒市的总部，指挥部队。黄杰在日记中写道：“十五时四十分，陪同副长官登扫线山顶，现地指挥我军各部队位置，及畹町周围地形，与当面敌情。”[3] 第二天，黄琪翔当面给黄杰下达命令：“一、巩固

1　台湾“国防部”史政编译局印，民国七十一年七月十五日（1982年）版《黄杰滇西作战日记》p372—375。

2　《黄杰滇西作战日记》p543。

3　《黄杰滇西作战日记》p643。

畹町与策应五十三军江南部队。第二军进入畹町后，应沿公路向西芒友方向追击。二、如芒友敌兵力强大，则第二军追击部队，暂时在芒友东北停止，守备阵地；如芒友敌兵力薄弱，则相机进占之。”[1]

1月11日上午8时半，黄琪翔返回芒市。9时20分，远征军200师开始向敌大吉山攻击。12日，我军攻占大吉山敌据点，发现此处系日军的补给站，缴获大量物资，黄杰立即通过电话向黄琪翔报告战果。

畹町战役一直打到1945年1月20日，中国远征军占领了畹町老街、新街等地，并清除了畹町附近之敌，迫使日军向西南总溃败。畹町战役宣告胜利。

丁善懿还特别指出：“抗日战争以来，打如此硬仗，消灭这么多日寇的精锐部队，还是空前的。这一仗的组织者和指挥者是卫、黄两位将军。他们的功绩在抗日战争史上应占有辉煌的一页。”[2]这说明，黄琪翔不仅是滇西与缅北战役的参与者，也是主要的组织和指挥者，是卫立煌最重要的助手。

1944年，郭秀仪与她喂养的两只小老虎合影于云南保山。

滇西远征军的节节胜利，极大鼓舞了东线中国驻印远征军和盟军。

1944年底，第二次世界大战的局势发生了根本性的转变，日军节节败退。10月25日，由魏德迈将军

1 《黄杰滇西作战日记》p651。

2 《海淀文史资料选编》第6辑，丁善懿文章《北伐名将·抗日英雄——纪念黄琪翔伯伯诞辰九十五周年》p68。

（1897－1989）接替史迪威，继任中国战区参谋长兼驻华美军总司令，由此美国也确定了扶蒋反共政策的方向。

魏德迈从印度飞过来，与卫立煌、黄琪翔举行高级别的军事会议，共商如何给予日军最后一击，实现东、西线的胜利会师。卫立煌和黄琪翔两人配合默契，给魏德迈唱起了一台双簧戏。

担任这次会谈的翻译丁善懿回忆说：卫立煌在会议上谈及往事哈哈大笑，说："我们与史迪威将军合作，取得了消灭日军几个师团的伟大胜利！"

黄琪翔则微笑着说："我们更希望，与您魏德迈将军的合作，能够迅速而顺利地打通史迪威公路，完成历史赋予我们的使命。"[1]

中国远征军这两位正副司令的话，听起来是在谈中美合作的成绩和目标，可让魏德迈感觉是绵里藏针，备受压力。中方希望美军再接再厉，全力以赴，迅速打通史迪威公路，以便援华物资尽快能够通过陆路源源不断地进入中国，因为"驼峰航线"与陆路运输的能力相比，毕竟是有限的，而且牺牲巨大。

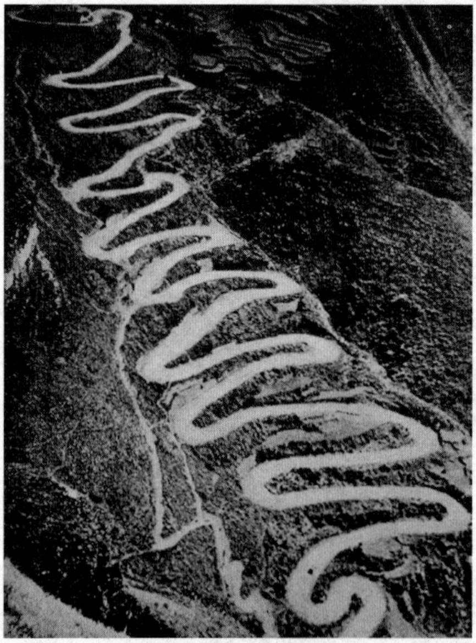

1945 年 1 月开通的中印公路。

随后，参谋长萧毅肃走到大地图前，开始讲解和分析敌我两军的态势。

魏德迈最后接受了中方将领的意见，表示"愿我们尽快地会师，喝胜利酒！"

丁善懿回忆说："自此以后，又经过许多曲折，东线盟军一面围攻八莫，一面沿南坎公路向西疾进。这时统帅部下达了卫、黄两将军追歼残寇

1 《海淀文史资料选编》第 6 辑，丁善懿文章《北伐名将・抗日英雄——纪念黄琪翔伯伯诞辰九十五周年》p68。

在中印公路通车典礼上。右起：孙立人、宋子文、黄琪翔、索尔登、卫立煌、陈纳德。

的命令，几十万大军以泰山压顶之势，势如破竹，穷追不舍。12月11日攻克遮放，全歼守军。实现了大会师。”[1]

1945年1月，中国远征军第116师第346团沿着中缅公路西进，与驻印远征军新一军第38师在木姐胜利会师。

滇西战役至此胜利结束。中国远征军、中国驻印军在盟军的配合下，全歼日军精锐部队五万余人，收复国土两万四千平方公里，打通了中印公路，取得了伟大胜利。

在战争时期，随军的黄琪翔将军夫人郭秀仪大部分时间随着长官部的迁移而迁移，她在1943年至1945年间，主要在楚雄、保山等地生活，为战地服务。

1　丁善懿文章《北伐名将·抗日英雄——纪念黄琪翔伯伯诞辰九十五周年》p68。

1944 年间，中国远征军长官部驻扎在保山马王屯，黄琪翔夫妇也住在那里。郭秀仪有个惊人之举，就是在自家院子里养了两只小老虎。小老虎的母亲，在轰炸中毙命，留下这两只嗷嗷待哺的小老虎煞是可怜，好心的战士就把它俩从战地捡回，送给了郭秀仪养育。

郭秀仪把这两只小老虎视若掌上明珠，细心喂养，时间一久，养出了感情。而虎头虎脑的小老虎，聪明伶俐，也十分惹人喜爱。

有一天，美军窦恩将军来访，看到已经被郭秀仪养得胖乎乎的小老虎，很喜欢，还专门跑回自己的住所取来照相机，为郭秀仪和小老虎拍摄了很多照片寄回美国。

窦恩将军奉命回国前，再次来到黄琪翔家，围着那两只小老虎转圈儿。谁都看明白了，他是想索要这两只小老虎，只是不好意思开口。

窦恩与黄琪翔相处甚洽。黄琪翔为表示对友军的友好，劝说妻子郭秀仪把小老虎赠送给窦恩先生。郭秀仪虽然心有不舍，但还是依了丈夫的心意，把这两只小老虎赠送给了窦恩。

窦恩将军无以回报，就把一辆镶嵌有二颗星的中将专用吉普车，回赠给了黄琪翔郭秀仪夫妇。因为窦恩知道，黄琪翔、郭秀仪夫妇都喜欢开车。[1]

1945 年 1 月 28 日，中印公路通车典礼在云南畹町城举行。中印公路原名为“史迪威公路”，就在通车这一天，它正式更名为“中印公路”。

中印公路是第二次世界大战期间中美两国合作修建的、自印度利多至中国昆明的国际军用战略公路，是举世闻名的军事运输线。日军为加紧入侵东南亚，于 1942 年 4 月末占领缅甸大部分

1　作者于 2010 年出版的《清风见兰——郭秀仪的艺术生涯》一书中，说窦恩将军赠送给黄琪翔夫妇的是美军三星上将专用军车。当时，窦恩先生的军衔是准将，按理说他不可能使用美军三星上将专用的军车。可是，时在 2000 年间，郭秀仪曾亲口告诉本书作者，窦恩先生当年赠送给她的这辆车，就是美军三星上将专用的军用吉普车。郭秀仪讲述这个故事的时候，她老人家已经是九十岁了，恐怕对此事的记忆有误。近读丁善懿先生的回忆文章《北伐名将·抗日英雄》，丁先生说：“窦恩为表示对黄将军的敬意和友好合作，回赠一辆新型吉普指挥车，车前还特意镶了两颗表示中将的金星。”

黄琪翔在中印公路东段警备司令部成立大会上讲话。

地区和云南西部，切断了中国与同盟国之间最后的陆上交通线“滇缅公路”。同盟国运往中国的作战物资，只能经喜马拉雅山空运，而这条航空线路，风险极高，人员的牺牲和飞机的损失甚巨，盟军因此受到极大限制。中美双方决定尽快修建中印公路，粉碎日军对中国陆路的战略封锁。美国总统罗斯福认为，中印公路工程的重要性仅次于北非战局。中国人称之为“抗日生命线”。

这条公路全长1730公里，其中利多至畹町段路长770公里，路线经过印度东北部和缅甸北部的亚热带山岳丛林地区，由美军工程兵部队配属中国两个独立工兵团，并在当地民工协助下构筑。昆明至畹町段长960公里，路线基本上循沿原来的滇缅公路，由中国战时运输管理局滇缅公路工务局组织改建和抢修，美军派出工程兵筑路机械部队配合。整个中印公路工程分别从两端开始动工，然后合龙。从1942年11月利多动工算起，至1945年1月全线通车，历时2年零3个月。美方投入费用1.5亿美元；中方亦投入工程款2亿元（民国法币）。

白崇禧回忆说：“（民国）三十四年（1945年）一月，雷多

1945年2月19日，在陆军后勤司令、副司令就职典礼上，陆军总司令何应钦（中）致辞。黄琪翔（右一）、卫立煌（右三）、切维斯将军（左四）。

公路（即史迪威公路）既已通至中国境内，因此陆路之运输大增，由油管输入之油量每月为五万四千吨，而驼峰（航线）之空运量每月亦增至四万六千吨。由于此项物资之供应，使我国得能装备二十九个美械师及若干特种部队，国军战力亦因之增强。凡装备美械之部队，由美军派遣干部，分别于昆明、桂林两地协助训练，成绩卓著。据马歇尔报告，贷于中国之物资，其价值已超过五亿美元以上，运输费用尚未计算在内，但以美国贷于其它同盟国之全部约值二百亿美元计算，则我国所得者实微乎其微。”[1]

尽管国民政府只能得到美国“微乎其微”的贷款，装备美械之中国部队，却已焕发出前所未有的战斗力量，给予日军沉重的打击。驻印远征军和中国远征军会师后，中国远征军回国，新一军与新第50师南下，战争形势迅速得以改观。新一军先后拿下了新维、腊戍；新50师先后攻克了南渡、西保、南燕、皎麦等

1　中国大百科全书出版社2009年3月版《白崇禧口述自传》（上），p293。

市镇。新50师自从1944年渡过伊洛瓦底江以来，在三个多月的时间里，长驱直入600公里，毙伤日军3500余人。日军再无反攻之气焰，只可作自杀式抵抗。

中印公路建成以后，同盟国与中国之间恢复了陆上交通联系，作战物资得以通过公路运往中国内地。后因太平洋战争的发展，日军被逐出缅甸，中印公路逐渐失去了战略价值。

1945年3月，中美盟军准备向日军发起总反攻，成立中国陆军总司令部，卫立煌调任陆军副总司令，随即蒋介石下令撤销远征军长官部，相应成立滇西警备司令部，以接替其职责。黄琪翔改任滇西警备司令部司令。

1945年4月1日，中印公路东段警备司令部成立[1]，黄琪翔

由印度加尔各答经过阿萨密至缅北、再至中国昆明的中印油管，于1944年底建成。该油管口径6寸，绵延千里。从此飞机用油可不靠“驼峰航线”飞机运送。图为缅甸至中国的运输队第一次使用该油管。战后此油管即被废弃。

1　据台湾“国史馆”藏档案：目录统一编号125，《滇康边区设置主任公署及黄琪翔、周开动对滇边未定界意见书》，写明中印公路东段警备部司令成立于1945年4月1日。

兼任中印公路东段警备司令部司令，黄杰（1903—1996）任副司令。黄杰等部队归属黄琪翔指挥，同时，将新组建的中央军嫡系部队荣誉第2师也由第五集团军改隶该部。

也就是说，1943年3月黄琪翔跟随陈诚前往中国远征军赴任副司令长官，八个月后，陈诚因病离职，卫立煌接任司令长官，黄琪翔继续留任，至1945年初，黄琪翔任滇西警备司令部司令，至此已长达两年时间。

中印公路东段警备司令部的任务，不仅是守卫中印公路，与此同时，中印间正在建设一条大型输油管道，而汽油是现代战争的“血液”，因此守卫这条“输血管”的责任重大。军委会授予该部职权范围上明确规定“本部之权责：针对当前情势，以维持地方自安，保护油管、交通为任务。”[1]可是到了1945年的5月，当这条输油管道刚刚竣工，汽油滚滚而来的时候，抗日战争的重心已经发生转移，这条“输血管”的意义已不再那么重要。

黄琪翔的主要任务，开始向社会治安和外交上倾斜。

他上任滇西警备司令部司令后不久，昆明及云南各地发生多起袭击美军事件。原因是一些未经美军训练的中国部队，没有分配到美式装备，他们看得眼红，企图盗抢这些军械和美军财产，引发了枪击事件。美国人直接向蒋介石提出抗议，蒋介石则给黄琪翔、关麟征发来电报：“黄总司令琪翔、关总司令麟征：据美军报告称，在昆明及云南各地，常有警卫及其他士兵向美军射击并掠夺美军财产。若此种情事继续发生，（美军称）则拟将滇境所有美军撤退，并于撤退前焚毁一切供应中国之物资及财产等语。查所称各节，实属痛心，极仰该员彻查肇事经过，严加制止，重惩各违法官兵，并于电达后两日内，将处置情形经过详报为荷。若再有同样事情发生，则由该员负担全责。”[2]黄琪翔当然很无奈，只得派宪兵把美国军人和装备保卫起来，作被动防范处理。关麟

1 据台湾“国史馆”藏档案：目录统一编号125，《滇康边区设置主任公署及黄琪翔、周开动对滇边未定界意见书》。

2 台湾“国史馆”《蒋中正总统文物》，典藏号002-090103-00005-122。

1945年8月，左起黄琪翔、张发奎、吴奇伟三位陆军部队的总司令于日本投降地芷江的合影。中央社提供。

征（1905—1980）时任云南省警备司令。

1945年夏天，日本败局已定，但残余日军在冲绳等地的疯狂抵抗，导致了大量盟军官兵伤亡。当时美军已制订在日本九州和关东地区登陆的“冠冕”行动和“奥林匹克”行动计划，出于对盟军官兵生命的保护，欲尽快迫使日本投降，并以此抑制苏联，美国总统杜鲁门决定在日本投掷原子弹以加速战争进程。

8月6日和9日，美军对日本本土广岛和长崎投掷原子弹，造成重大人员伤亡。

1945年8月15日，日本天皇裕仁不得不发布诏书，宣布日本无条件投降。

8月21日下午4时，位于湖南省芷江县城东的七里桥村磨溪口，正式举行中国政府接受日军投降的仪式。何应钦代表中国政府，接受了日军代表今井武夫的投降，史称“芷江受降”，标志着日本侵华战争的彻底失败。中国受降仪式之所以选在芷江这个无名之地，主要原因是芷江建有远东第二大军用机场——芷江机

1945年9月9日，中国战区受降典礼在南京举行。驻华日军最高指挥官冈村宁次偕高级指挥官代表签定投降书。中国由总司令何应钦，偕陈绍宽、张廷孟、萧毅肃在受降书上签字。109万日军放下武器，无条件向中国人民投降。

场，是保卫陪都重庆的军事重镇，同时也是抗日战争取得转折性胜利的雪峰山会战（即芷江保卫战）的战略总部。

日军投降代表今井武夫就在此地，与中国陆军领导人商定日军向中国军民投降的所有事宜，并在投降备忘录上签字。张发奎回忆说，1945年“8月23日中国战区中国陆军总司令何应钦上将接见了今井，在场的有美军麦克缪少将、中国战区陆军总司令部参谋长萧毅肃等人。我和其他三位司令在邻室目睹了全过程。今井一进门就向何应钦鞠躬。何应钦彬彬有礼，起立走过去同今井握手。”[1] 今井武夫（1898—1982）时任侵华日军副总参谋长，是日军向中国投降的使节。在邻室目睹全过程的其他三位司令中，除了张发奎，还有黄琪翔、吴奇伟。黄琪翔时任滇西警备司令部司令兼中印公路东段警备司令；吴奇伟时任湖南省政府主席兼湖

1　《张发奎口述自传》p303。

南省军区司令。

根据日本陆军乞降代表提供的资料，日军当时派驻中国的全部兵力总数为109万人。

当时，中央通讯社的记者还为张发奎、黄琪翔和吴奇伟这三位陆军部队的总司令拍摄了一张合影照片。这三位将军都身穿军队的便装，相拥而立，笑逐颜开。这张照片的说明为："1945年9月17日，左起黄琪翔、张发奎、吴奇伟摄于日本投降地芷江。中央社。"[1]

1945年9月10日，张发奎奉蒋介石的命令，已经兼任军委会委员长广州行营主任，并于9月15日与美军后勤司令奥朗特少将乘专机抵达广州。广州日军受降仪式是在9月16日进行的，张发奎代表国民政府接受了驻广州等地日军田中久一中将的投降。9月17日这天，他在广州接见日军田中久一中将，商谈日军部队缴械的细节，并命令田中久一中将约束好他的部下。[2]

日本将军田中久一（1888—1947）曾任日本华南派遣军第二十三军司令兼任香港占领地总督。1945年9月16日在广州代表日本华南派遣军向国民政府代表张发奎将军乞降。张发奎并没有逮捕他，因为张发奎相信他是虔诚的佛教徒，不会自杀。随后，田中久一以战争罪行被盟国起诉，罪名成立，1947年3月27日，在广州流水桥刑场被当众枪决。

黄琪翔回忆说："1945年远征军在滇西边境和日军作过一次战，便结束了战事。此后日军宣布投降，滇缅路的军事作用基本上消失，改成了一个中印公路东段警备司令部，任我为司令。"[3]虽然"史迪威公路"失去了军事价值，但中缅印之间沿此路进行的民间贸易从未间断，为推动两地间社会发展，尤其是改善战后

1　香港文艺出版社2011年4月第一版之黄琪翔、郭秀仪的影集《流金岁月》，p128。

2　见《张发奎口述自传》p310。这里有个问题，1945年9月17日这天，中央社的照片确认张发奎在日本投降地芷江，有照片为证，可是张发奎自述当时身在广州，其中必有一说是错误的。待考。

3　黄琪翔《我的自述》。

1945年4月15日，中美军官参加了在云南昆明举办的罗斯福总统追悼仪式。前排由左至右：何应钦、陈纳德 Chennualt、龙云、麦克鲁 McLure、黄琪翔、溆维斯 Cheves、杜聿明、Sam Yuen。

人民的生活，起到了积极作用。

早在1945年1月27日，中国驻印远征军和滇西远征军在芒友胜利会师后，国民政府就已经开始在云南裁军。黄琪翔在1945年9月30日致军令部的报告中说："当时因前远征军在反攻时大军云集滇西，迨畹町攻克后，所有游击部队及一部（分）国军复本命裁编，于是编余官兵大多滞留滇西地区兼之兵站。"[1]

在全国，国民党的政府军几乎裁掉了三分之一。"民国三十三年（1944年）时，全国陆军为一二〇个军、三五四个师、三十一旅、一五〇个团、十五个营，至（民国）三十四年底，整编为八九个军、二骑兵军、二五三个步兵师，共裁减三十四个军、一一〇个师、二十一个旅、八十三个团、十个营，旅团营等小单

1 据台湾"国史馆"藏档案《滇康边区设置主任公署及黄琪翔、周开动对滇边未定界意见书》：目录统一编号125。

位均编入工兵师，以符合‘减少小单位，充实大单位’之原则。”[1]最先被解散的部队是收复区的伪军和抗日游击队，“解散的方式，由中央指定各部队集中地点，然后向前来接受的中央军接洽，听候处置。”[2]随后开始裁减国民党的正规军。

如此大量的官兵被迫转业或复员，他们一旦回归社会，军纪废除，人心浮动，再加上这些人吃惯了官粮，又没有谋生的手段，成天游手好闲，就成为了社会不安定的因素。远征军中的许多人改行当“油老鼠”，专门盗窃“输血管”中的国家汽油，破坏中印输油管线。

龙云还曾向何应钦反映：“昔董附近有新一军逃出之散兵游勇约数百人，在昔马、昔董、甘稗地等，作大规模清班组织，专收闲散军人及土司地之人，以英军为背景，使用该国之武器，阻我军事行动，妨害我之交通，破坏我之油管，打破我行政之机构，专挑拨离间，作大规模之劫取，最后威胁腾冲，恃将来事变发展，即在上述各地等。”何应钦将龙云反映的情况，报告蒋介石，并请“饬黄司令与英方有关方面洽商，防范处理。”[3]

黄琪翔整天为应付这种事情大伤脑筋。

1 《白崇禧口述自传》（上），p296。

2 《李宗仁回忆录》（下），p638。

3 台湾“国史馆”《蒋中正总统文物》，典藏号002-090103-00013-204。

第七章　坚决不打内战

一、参与解决边疆问题

黄琪翔身为警备司令，此时又要扮演“警察局长”的角色，开始了猫捉老鼠游戏。他首先要求各兵站加紧遣散这些抗战老兵，同时又主动派员与当地政府联系，想办法安置那些家在云南的抗日游击队员，使他们安居乐业。对待自己手下的警备部队，黄琪翔则“标示：对军主严、对民从宽”的原则，建立了一整套规章制度，杜绝内外勾结的盗油现象发生，并要求士兵们日夜加强巡逻，保卫国家财产。

1945年3月24日，蒋介石在昆明与中国远征军、第一方面军将领合影。

1945年3月24日，蒋介石在昆明与黄琪翔合影。

黄琪翔所做的这些努力，很快见到了效果。在黄琪翔致军令部的一份报告中显示，到了半年以后的当年9月，“油管破坏而损失之油量日渐减少，截止现在，除油管本身间有工程上之自然损失外，所有奸徒盗油殆已绝迹。故本部任务已甚单纯，军事时间已过，今后问题重心似在边区政治。”[1]

黄琪翔所说的“边区政治”问题，在他提交给蒋介石的报告中，做了几个方面的说明：

其一，当务之急，是要解决缅甸侨胞的返乡问题。

其二，云南边区，属于少数民族聚集地，幅员辽阔，民族复杂，社会混乱，历史上中央从未建立过一个强有力的管理机构，导致土司横行其道，无法无天，形成了封建割据势力。

其三，各民族之间的边界划分模糊，纠纷不断，而且随着和平时期的到来，这种矛盾日趋严重，边民疾苦之声纷至沓来，而且这种边界的纠纷，常常会引发流血冲突，或可导致局部战乱。

其四，云南省政府距此地遥远，似鞭长莫及，而且其中的“关

1　据台湾“国史馆”藏档案：目录统一编号125，《滇康边区设置主任公署及黄琪翔、周开动对滇边未定界意见书》。

系特殊”，情况错综复杂。面对如此现实，黄琪翔说：限于军队的权责，本部“凡牵涉地方事件，未便过问”，因此他建议成立一个“政令军令之机构，秉承中央政策积极治理之。”[1]

黄琪翔的报告，向中央反映情况，不仅体现了他忠于职守，也体现了他忧国忧民的思想，实在难能可贵。蒋介石接到这份报告后，也给予高度重视，当即批示行政院、外交部、军令部、海外部、侨委会等相关单位办理，进行相关操作。

缅甸系英国的殖民地，而身在缅甸的英军，与日军作战时败绩累累，而到了和平时期，他们又开始为非作歹，使用种种手段排挤和压迫缅甸华侨。前面龙云所反映的是，英军勾结新一军的散兵游勇，提供武器，使之成为“山大王”，做起了强盗的勾当。

1945 年 9 月，黄琪翔前往云南边境小镇畹町视察，发现世居缅甸的华侨难民都拥挤于此，生活悲惨，于是他对此进行调查，然后给蒋介石发去了第 3752 号密电，曰：“职最近赴畹町等地视察，目击多数侨胞于抗战胜利后，从各地来畹（町），入缅后被英人指使山头人，以驱逐散兵为名，刑拷打并将衣物搜去，始逐回国境。侨胞进退两难，备尝痛苦，国族荣誉扫地。询究原因，或系护照无效。我政府事先未与英政府商妥办法，特电请饬。”[2]

9 月 27 日，黄琪翔据宪兵 20 团第 3 营营长艾申报告：英驻九谷警察局来电，要求领回“贵国逃兵二十二名”。艾申营长前往九谷警察局带回了 23 名所谓的逃兵，回国后经询问，全系缅甸的华侨。“英方籍口逃兵名义，拒绝其回缅，并擅自拘捕，对我侨胞生命财产毫无保障。”黄琪翔再次给蒋介石发去了第 28014 号电报，“电请钧座设法解决而维（护）人权。”[3]

就黄琪翔第 28014 号电所反映的问题，引起了各方的重视。海外部、外交部、军令部、侨委会等机关与缅甸侨领许文顶先生

1　台湾“国史馆”外交部，卷名《南洋华侨复员及缅甸侨务案》，典藏号 002-011107-0008。

2　台湾“国史馆”《蒋中正总统文物》，典藏号 002-090103-00013-204。

3　台湾“国史馆”《蒋中正总统文物》，典藏号 002-090103-00013-204。

一起，于1945年10月23日在海外部达成决议：

（一）请侨委会速设服务站于畹町；

（二）请外交部继续向英方交涉；

（三）请外交部派员赴畹町协助侨民回缅及调查本案情形；

（四）请外交部令新任驻仰光总领事速赴缅甸；

（五）请军令部速与英方解决处置在缅散兵游勇问题，以免英人籍口；

（六）请善后救济总署对于一时未能复原之侨胞，加以临时救济；

（七）请海外部设法利用新闻宣传，以促英方反省，而为政府后盾。[1]

此外，黄琪翔报告云南边疆有关问题，也引起了民国政府的高度重视。当时行政院代理院长是蒋介石（1945年5月31日至1947年3月1日），他在此份文件上批谕："交内政部会商军令部研议具报。"行政院秘书处随即发出会议通知："兹订于本年二月六日（星期二）上午九时在重庆神仙洞街九十八号本部驻渝办事处开会商讨""拟其具体意见，届时派员出席"等语。

1945年10月，黄琪翔在云南保山为此召开边疆会议，滇西各军师长以上的将领均出席，研讨与云南边疆有关的诸多问题，并将研讨的建议报告中央。

在行政院、外交部等中央机关的直接指挥下，成立云南滇缅北段未定界地区行政官署，借调尹明德先生出任行政长官。尹明

1 台湾"国史馆""外交部"，卷名《南洋华侨复员及缅甸侨务案》，典藏号002-011107-0008。

德[1]当时是外交部的专员，长期从事中缅界务工作，深得众望。

抗日战争胜利后，民国政府举行一系列的庆祝活动，其中重要的一项是表彰为抗战做出特殊贡献的各界人士。

1945年10月10日，黄琪翔和郭秀仪夫妇各自荣获国民政府颁发的"抗日战争胜利勋章"。据《颁给胜利勋奖章条例》规定授予的对象是："凡中华民国官民对于抗战胜利著有勋劳者，得由中华民国国民政府主席特授之，对于友邦人员之有贡献于抗战工作者，也得颁授之。"该勋章第一批总共授予的人数是98人，后续又有颁发，共计万余人荣获该勋章。

郭秀仪荣获"抗日战争胜利勋章"，是为表彰其在抗日战争中所从事的妇女救亡运动、保育战时孤儿、慰劳前线战士、救治伤兵等工作中，所表现出大无畏的奉献精神。

同年，黄琪翔将军在荣获"抗日战争胜利勋章"之后，又"因滇西抗日战役卓著功绩"，被国民政府授予"青天白日勋章"。"青天白日勋章"是军职勋章，也是极高的荣誉，仅次于"国光勋章"，而"青天白日勋章"首次授予的时间是1930年，至1946年授予"飞虎队"美国将军陈纳德和魏德迈为止，共授予173位。

1945年，美国政府授予黄琪翔"总统自由勋章"。这一勋章，以前翻译为美国"自由勋章"，代表美国最高荣誉的勋章，由美国总统一年一度颁发，与美国国会金质奖章并列为美国最高的平民荣誉。受奖者不一定是美国公民。[2]勋章分金叶、银叶、铜叶，

1　尹明德（1894—1971年），云南腾冲县人。1917年东渡日本留学，正好碰上段祺瑞政府与日本订立卖国密约，悲愤之下，尹明德弃学回国。1936年5月起至1947年，尹明德均在外交部专员任上，一直办理中缅界务工作。1941年6月，参与中缅南界换文的全过程及奉命拟定中方所提方案。这次谈判，中国争回了班洪、西盟、猛梭及猛角、猛董西面的猛卡、拱弄、拱勇、芒回等地共2000多平方公里的土地。1951年4月，尹明德特邀出席了保山专区各族各界人民代表会议，被推举为保山专区政治协商委员会驻会委员，并担任保腾（保山——腾冲）公路修建委员会办公室主任。1952年12月尹明德被选为保山专区人民政府委员会委员。1953年2月担任云南省参事室参事。尹明德先生一生都在为中缅界务研究呕心沥血，在我国对中缅界务问题的处理上，他做出了卓越的贡献。1971年11月25日，尹明德先生病逝于昆明，享年77岁。

2　美国"总统自由勋章"，最早于1945年由哈里·S·杜鲁门总统创立，以表彰在第二次世界大战中有杰出贡献的平民。1963年约翰·肯尼迪总统重新恢复该勋章，并扩充得奖对象，修改为授予在和平时期有杰出贡献的平民。

1946年6月，黄琪翔晋升陆军上将军衔。

中国人获金、银叶勋章殊荣者共79人，其中包括阎锡山、顾祝同、陈诚、薛岳、张发奎、卫立煌、孙立人等人。

因抗战有功而获全部三种勋章（青天白日勋章、美国自由勋章及第一批抗战胜利勋章）者，仅有23位，黄琪翔是获此殊荣者之一。

1946年6月13日，黄琪翔晋升为上将军衔。这批晋升者共有三位，即余汉谋、黄琪翔和罗卓英。余汉谋这次晋升为二级上将，超越了黄琪翔的军衔。罗卓英与黄琪翔一样，被授予“中将加上将”军衔。

按照规定，“中将加上将衔”仅限于陆军中将。“陆军中将符合晋升上将条件者，因受员额所限，可先加上将衔，待二级上将空出缺额，再从中将加上将衔者择优正式晋升上将。”因为在抗日战争中，国民党的空军和海军数量极少，陆军功勋卓著的中将人数也最多，于是，陆军中将们只能排着队等着晋升上将。但规定中还指出，“中将加上将衔”的陆军将军，其服制与二级上将相同，俸薪仍照最高额支给，等同于上将。

实际上，在1946年3月，黄琪翔升任上将军衔之事已经开始运作。3月27日，陈诚拟就了相关报告，送何应钦。其内容为：

一、查陆军二级上将李烈钧病故，所遗官位拟请以李济琛升补，或由上将衔余汉谋、陈仪二员中，圈定一员升补。

二、上将衔上有一缺（张发奎缺，如由余汉谋或陈仪升补二级上将，则上将衔有两缺）查本会中将高参黄琪翔、广东主席罗卓英、本部次长林蔚，或久军符，战绩卓著，备著勋劳，均堪升任。

何应钦核议后，亲笔签书："陆军二级上将一缺，拟请以余汉谋升补；上将衔两缺，拟请以黄琪翔、罗卓英升补。"这样，在何应钦处，就把陈仪和林蔚排挤出升补的序位。

1946 年 4 月 3 日，蒋介石批准了他们三人的升补报告。[1]

由于入缅甸作战的中国部队已经陆续回国，加上美国的军援已大幅减少，而且有了更为便捷和低廉的海运进口途径，中印公路的作用已经不再像战时那么重要，1946 年春，国民政府军事委员会撤销了中印公路东段警备司令部建制，黄琪翔卸任。1946 年 3 月，黄琪翔依旧像战前那样挂名在军事委员会，当高参。黄琪翔夫妇一起返回了重庆。

此时，国共内战的烽火刚刚点燃，国民党和共产党正处于边打边谈的状态，而且内战的趋势已经日渐明朗。

抗日战争胜利不久，1945 年 9 月，中国共产党就确定了"向北发展，向南防御"的战略方针，决心控制东北。从全国各解放区调往东北的共产党部队达 10.7 万人，干部约 2 万人，其中有中共中央委员、候补中央委员 20 人（含 4 名政治局委员），大大加强了共产党在东北地区的力量。随后成立以彭真为书记的东北局。10 月 30 日，中共中央决定成立以林彪为司令员、彭真为政治委员的东北人民自治军。毛泽东起草的《建立巩固的东北根据地》，明确提出："我党现时在东北的任务，是建立根据地，是在东满、北满、西满建立巩固的军事政治的根据地。""建立巩固根据地的地区，是距离国民党占领中心较远的城市和广大乡村。"这一指示成为东北工作的根本指导方针。

在国民党方面，1946 年 9 月下旬，北平行辕集中第十一战区孙连仲部、第十二战区傅作义部，共 11 个整编师 7 万人，从东

1 台湾"国史馆"《蒋中正总统文物》，典藏号 002-080200-00533-075。

西两面沿平绥路向张家口进攻，并由东北保安长官部的一部兵力配合进出赤峰附近，企图将活动于该地区的解放军围歼。10月11日，傅作义占取张家口。12月2日，国民党政府明令撤销北平行辕，及张垣、保定两个绥靖公署，成立华北"剿匪"总司令部，任傅作义为总司令。

黄琪翔说："1946年夏天，我由云南回到重庆。此时国共关系表现微妙，一方面双方甲乙签订了《双十协定》，并根据协定进行和谈；另一方面蒋介石在准备全面内战，并且实际上在边打边谈中。我当时以为战后的和平是必然的趋势，并且相信以美国为首的国际力量，将帮助中国人民取得和平。我公开反对内战。我认为以共产党和国民党为核心的联合政府将要成立。"[1]

1946年11月15日，在一片喧闹声中，还都南京后的国民政府，召开了首届国民代表大会。这届大会的任务是制定《中华民国宪法》，又称"制宪国大"。黄琪翔以国民党代表的身份参加了这一会议。

黄琪翔说：此前，"我在重庆会见了章伯钧，重新恢复了和'第三党'的关系。当时各党派在酝酿参加国民大会的代表名额，我希望能在'第三党'方面提出我担任一名代表候选人。但章伯钧告诉我，'第三党'代表候选人名额已满，希望我由国民党方面选出，将来政治上仍可以合作等语。于是我就和陈诚商量，要他在国民党方面设法提我为国民大会代表候选人，得到了他的同意，由国民党方面提名我为代表。时年冬，我出席了国民党单方召集的国民大会。"[2]

---

1 黄琪翔《我的自述》。

2 黄琪翔《我的自述》。

二、中国人不打中国人

大多数中国人都厌恶内战，真诚期望国共两党能够政治协商，携手共建联合政府。因为人民经历这八年的惨烈抗战，目睹过太多的流血牺牲和悲伤，真诚渴望建设和平的新中国，让人民过上真正安宁和自由的新生活。呼声最高的是民主党派人士，他们强烈要求召开国民大会，行使宪法，不应再搞一党专政。海外舆论也给蒋介石很大的压力。黄琪翔当然厌恶内战，他的主张很朴素，就是中国人不要打中国人！

而在 1945 年 8 月，蒋介石和毛泽东在重庆举行和谈，国共两党签订了《双十协定》[1]，似乎是和平在望了。黄琪翔闻讯很高兴。

对于国共两党签订的《双十协定》，黄琪翔真心欢迎，而且备受振奋。一次，在位于重庆较场口广东酒家举行的粤系高级将领酒会上，黄琪翔掷地有声地公开表示说：本人将“从此退役，绝不参加内战！”陈铭枢等将军均在场。[2] 但是在国民党阵营内，

1 1945 年 8 月 29 日至 10 月 10 日，以毛泽东为首的中国共产党代表团与国民党政府代表在重庆举行谈判，经过 43 天的谈判，于 10 月 10 日签署《政府与中共代表会谈纪要》，即《双十协定》。该会谈纪要列入关于和平建国的基本方针、政治民主化、国民大会、人民自由、党派合法化、特务机关、释放政治犯、地方自治、军队国家化、解放区地方政府、奸伪、受降等 12 个问题。这 12 个问题中仅少数几条达成协议，在军队、解放区政权两个根本问题上没有达成协议。

2 《黄琪翔传》p121。

反对行宪的势力也不小。白崇禧就是一个坚定的顽固派。他坦率地告诉蒋介石，不能停止剿共！他回忆说："抗战胜利后，余曾向重庆军事委员会蒋公建议，应先将共产党剿平，而后行宪。"[1]

1946年3月17日，李济深、李宗仁、田汉等刚刚抵达重庆，而被捕的共产党人叶挺、廖承志等也刚刚被释放出狱，重庆各界为表示欢迎他们，举办了一场大型宴会。与会者有周恩来、博古、冯玉祥、张澜、沈钧儒、董必武、王若飞、章伯钧等人。黄琪翔夫妇也应邀出席了这次宴会。

这是叶挺出狱后首次见到黄琪翔夫妇，赶紧过来打招呼。这对老战友劫后重逢显得格外高兴。[2]郭秀仪回忆说："我们和恩来同志又见面了，十分兴奋，又颇多感慨，大家频频举杯，为这些为民主而奋斗的战士祝福。"[3]

黄琪翔在宴会上致辞说："我从军队中来，报告一点军中消息。胜利之初，军人很兴奋，但跟着就渐渐烦闷。很多官兵来问我，他们担忧内战爆发。我当时多方说明国内外大势要趋于和平，保证内战不会发生。但后来一天天的事实证明与我见解相反，心里很难过。后来政协开会，给我以恢复自己的希望，天天看报收听广播，知道结果完满，停止冲突已成定案，心里转而高兴。虽然问题不简单，波折仍有，但从大处看，内战已绝对不能了。过去官兵问我，现在是怕内战。今天内战停止，相信个人绝无不欢迎的。我衷心希望政协决议的实现。"[4]可见黄琪翔的内心，是多么渴望和平，坚决反对内战。黄琪翔还在其他场合里表达过同样的意思，

1 《白崇禧口述自传》（上），p302。

2 叶挺将军于1946年3月4日终于获得自由。他出狱后的第二天即致电中共中央，请求重新加入中国共产党，电文说，"我已于昨晚出狱。我决心实行我多年的愿望，加入伟大的中国共产党，在你们的领导之下，为中国人民的解放贡献我的一切。我请求中央审查我的历史是否合格，并请答复"。3月7日，中共中央、毛泽东主席电告叶挺批准其加入中国共产党，以"亲爱的叶挺同志"相称。遗憾的是：4月8日他们自重庆飞返延安，途中于山西省兴县黑茶山因飞机失事，不幸遇难。同机的遇难者还包括叶挺的夫人李秀文和女儿叶扬眉、尚未取名的孩子"阿九"以及王若飞、博古（秦邦宪）、邓发等中共重要领导人。

3 《流金岁月》，p100。郭秀仪文章《真挚友情，永世难忘》。

4 《黄琪翔传》p121。

他说：中国人团结起来是一条龙，日寇当初那么强大，结果也被我们打败了。可关起门来时，会变成一群虫子，都想搞争权夺利，想唯我独尊，利用各种卑鄙的手段打击异己，然后利用手中的权利贪污腐败，还不许别人说真话，动不动就用暗杀、牢狱来镇压民主精神，实在是可恶。

黄琪翔是国内著名的高级将领，在社会上有一定影响力。他的这些言论，很快传到蒋介石的耳朵里。蒋介石要陈诚去找黄琪翔谈谈，要求黄琪翔“以后不要乱讲话。”陈诚知道黄琪翔思想左倾，同情共产党，但他的确不是共产党人。黄琪翔痛恨国民党政府中的腐败，这与陈诚的思想是一致的。陈诚也痛恨国民党政府中的腐败，可是作为蒋介石的心腹干将，陈诚必须维护蒋介石和党国的威望，于是他按照蒋介石的指令，要求黄琪翔约束一下自己的嘴巴。[1]

黄琪翔因此很苦闷，也很无奈，所以他说：“与我的愿望相反，1946年我由云南回到重庆，发觉蒋介石在美国的鼓动下，决心要继续剿共，国共关系紧张，内战危机一触即发。我当时持中间路线政治立场，不可能对于共产党领导的人民革命战争有正确的认识。尽管当时全国人民已经在共产党领导之下起来反对国民党的联美反共政策，但我认为国共关系终将通过协商道路和平解决。我认为内战不是一件好事，以不参加为是，因此采取了逃避现实的态度，决心找机会再行出国。”[2]

1946年11月3日，南京国民政府公布国民代表大会代表的名单，黄琪翔的名字在列。我们今天从台湾“国史馆”检阅到当年的“黄琪翔调查报告”。这就是国民党中央党部所掌握的“国民政府统计调查局”即“中统”对黄琪翔调查之后所形成的报告。调查人为梁汝煌，调查报告签署时间为1946年10月23日。这篇所谓的调查报告，其实是一篇非常洗练的人物散文，极具太史

1 《黄琪翔传》p121。

2 黄琪翔文章《中国驻德军事代表团记事》，载《文史资料选辑》第一百四十三辑，p2。

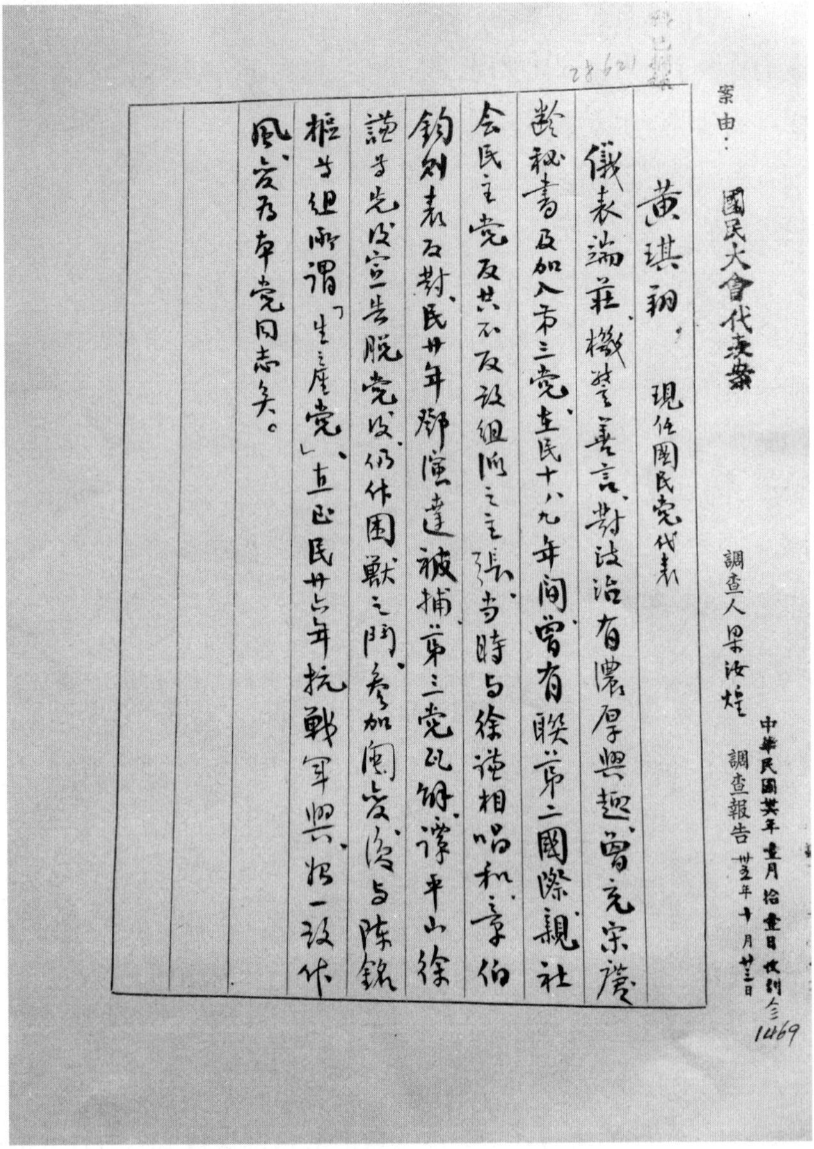

案由：國民大會代表案

黃琪翔，現任國民党代表

儀表端莊，機警善言，對政治有濃厚興趣，曾充宋慶齡秘書及加入第三党。在民十八九年間，曾有聯第二國際親社会民主党，反共不反改組派之主張。當時与徐謙相唱和，章伯鈞則表不對。民廿年鄧演達被捕，第三党瓦解，譚平山、徐謙等先後宣告脫党，彼仍作困獸之鬥，参加閩变，与陳銘樞等組所謂「生產党」，直至民廿六年抗戰軍興，始一改作風，云為本党同志矣。

調查人

調查報告 卅五年十月廿三日

1469

1946 年“中统”关于黄琪翔的调查报告原件。

公司马迁的文风。抄录于此，共赏其趣：

“黄琪翔，现任国民党代表”：

仪表端庄，机警善言，对政治有浓厚兴趣，曾充宋庆龄秘书及加入第三党。在民(国)十八、九年间，曾有联(系)第二国际。亲社会民主党，反共不反改组派之主张。当时与徐谦相唱和，章伯钧则表反对。民（国）廿年邓演达被捕，第三党瓦解，谭平山、徐谦等先后宣告脱党后，仍作困兽之斗。参加闽变，后与陈铭枢等组所谓“生产党”，直至民（国）廿六年抗战军兴，始一改作风，变为本党同志矣。

黄琪翔回忆说：“国民大会闭幕以后，蒋介石政府的军事、政治形势日益恶化。我看到国共合作已经没有希望，内战将继续若干年下去，于是就想法重新远走外国。我本来想通过陈诚的关系到日本去担任占领军工作的，后来因为这个计划取消，没有成为事实。”[1]

1946年底，黄琪翔夫妇回到上海。他此时仅在军委会挂一上将高参闲职，在上海过着比较悠闲的日子。

黄琪翔夫人郭秀仪开始对艺术发生兴趣。上海当时成立了一个中国妇女文化社，由骆剑冰等发起成立。作为上海名媛的郭秀仪，与上海市长吴铁城的夫人，女议员田淑君等，都活跃在其间。

在上海，黄琪翔夫妇还结识了大名鼎鼎的油画家李铁夫先生(1869—1952)，以及他的入室学生陈海鹰。那时，李铁夫受李济深先生的邀请前往上海，住在上海华山路的一栋寓所里，而华山路与黄琪翔郭秀仪位于靖江路35号的府邸很近，在民主党派人士的社交活动中，他们夫妇与李铁夫相识了。陈海鹰此时正随伺他的老师李铁夫，跟着画油画。也就是在这个时期，陈海鹰结识了黄琪翔、郭秀仪夫妇。

黄琪翔郭秀仪夫妇曾向李铁夫求画——在艺术市场里，求画的意思与索画不同。索画就是要画，是凭交情而不用付酬金，而求画就是向艺术家买画。由于李铁夫先生已经76岁，很少画人物像，因此答应给他们画一幅静物画。在黄琪翔出任中国驻德国军事代表团团长履新之前，李铁夫不爽前约，将自己晚期的代表作品《果与鱼》交给黄琪翔郭秀仪夫妇收藏。

国共和谈失败后，内战的烽火已经点燃，而作为国共和谈的

1 黄琪翔《我的自述》。

中共代表周恩来准备返回延安，与夫人邓颖超等一起来到上海，举办了一个酒会，意在与民主人士告别。举办酒会的地址，就在黄琪翔位于上海靖江路（今桃江路）35号的寓所内。这是郭秀仪与邓颖超自重庆分别一年后的重逢。

郭秀仪回忆说："当时在我家周围，已有国民党特务监视，形势很紧张，但当天还是到了几十位客人，其中有张澜、沈钧儒、章伯钧、黄炎培等人。邓大姐委托我做一些简单的饭菜招待客人。开始我在厨房里帮助做'自助餐'，吃饭的时候，我才从厨房里出来。这次聚会，大家的心情很不平静，对于国民党当局决心发动内战，把人民又推向战争的灾难之中，感到愤怒；而对敬爱的周恩来同志和邓大姐的离去，又感到十分难过、惜别。但与会的人坚信：不久的将来，大家一定会再相聚。我把我家仅有的一瓶'三星白兰地'酒拿出来奉献给大家。我斟满了一杯酒，递给恩来同志，说，'周公，我敬你一杯酒，祝你们这次回去，早日回来！'恩来同志接过来就干了一杯。他和大家亲切交谈，仍然是谈笑风生，充满了乐观情绪和坚定信心，邓大姐则和我一起招待客人。我看他们非常从容、镇定。他们临行时，邓大姐一定要给我钱，说是这是代办'自助餐'的费用。我推之再三，终于接受了20元钱。这是我一生中最难忘的一次聚会。"[1]

郭秀仪说的那瓶"三星白兰地"酒，是美国窦恩将军赠送给她的礼物，珍藏了几年一直没舍得喝，从云南带到重庆，又带到上海，这次终于奉献了出来。当时国内海关对洋酒课税极高，所以这种洋酒市面上看不到，即使有，其价格也极贵。而聚会做自助餐的西式菜点厨师，是专门从上海西餐店里请来的厨师，而郭秀仪一直在厨房里现场指挥。

郭秀仪说自己家周围有特务。这些特务在监视黄琪翔？还是跟踪周恩来而来的？或者，是监视黄琪翔家的邻居，也未可知。黄琪翔家的门牌号是上海靖江路35号，对面住的是宋庆龄，李

1 《流金岁月》，p102。郭秀仪文章《真挚友情，永世难忘》。

快活林 ·2·

新任我國駐德軍事代表團長

漂亮將軍黃琪翔！

下月即將首途前往

湯陰城陷孫殿英陣亡

陳誠將飛鄭指揮作戰

荒城女俠

第十六回 進身無階小試神技 立談有地宛吐蘭言（上）

號稱鐵軍之第四軍

蟄居多時 返國前戰

黃氏處陷敵手

吳鐵城蒸雲樓吃蛋糕

陳鶴琴麻皮妙論

榮記共舞台

今夜千萬請早

第七集 七劍十三俠

天天瘋狂客滿

注意 佈景出名 無人不知

這本戲 機關大本營 笑料大集團 花旦大會串 出手大比賽

定座電話八八八九〇 八五四號

本樓肴點 衛生第一 特聘名廚 悉心調製 既葷既素

宏利酒樓

福州路四五〇號 電話九三四三七號

二美具兼 大宴小酌 無不合適 顧客光臨 保證滿意

1947 年 5 月 16 日上海《快活林》。

济深的家也不远。

陈诚对黄琪翔坚决不打内战的态度是了解的，所以当国共内战烽火燎原之际，蒋介石决定把中国驻德国军事代表团团长桂永清调回国内，出任海军总司令。于是，陈诚推荐黄琪翔接替桂永清去德国，继任中国军事代表团团长。蒋介石同意了这一提议。

陈诚推荐黄琪翔去德国，还有一个考虑。在当时，李济深住在上海愚园路 1005 号陈诚的招待所，正拒绝委员长蒋介石请其出任国防部部长的邀请。李济深是黄琪翔的老上级，俩人都是粤军的老班底，他见黄琪翔赋闲在家，便以邀请过生日的名义聚首，于“上海共谋在国民党内部另起炉灶与蒋抗衡的大计。陈诚一看两个‘老广’又搞到一块，忙向蒋介石建议，派黄琪翔出任中国驻德国军事代表团团长，远远调开。”[1]

民国三十六年（1947 年）五月十六日，上海《快活林》刊登了一篇通讯“漂亮将军黄琪翔！”，公开披露黄琪翔将接替桂永清，出任中国驻德国军事代表团团长一职的消息。《快活林》是上海著名的报纸《新闻报》副刊，由著名报人严独鹤先生主编。

这篇署名林黛的文章，写得十分轻松有趣，透露出许多不为人知的趣事，兹录于此：

> 我国原任驻德中国军事代表团桂永清奉调回国代任海军总司令，军界名将黄琪翔将军则由战区副司令出任中国军事代表团团长，下月即将首途前往德国。在黄氏未膺此任之前，去年有一件逸话，当时已有人预言氏将出使外国。缘有后勤总司令黄振（镇）球，与黄琪翔俱为广东梅县人氏。黄振球一日晋谒蒋主席，闲谈之间，蒋主席笑道：汝叔仪表真是不凡，黄振球一时困惑，不知主席所指何人，唯唯答应，后知系言黄琪翔。盖二人同乡，琪翔资格老，主席因此误会。归去军部即遍告同僚。群要黄琪翔请客认为堂堂主席赞其仪表不凡，则必将出使外国矣。如今果然出使军事代表团长。
>
> 黄氏确系仪表不凡，素称漂亮将军，行伍之间鲜有如此美男子者。闻系保定军校毕业，北伐时代号称铁军之第四军，张发奎任军长，黄氏即辅助张氏而任四军副军长，统率军队，颇具将才，为广东军人杰出者，后升任四军军长。一二八以后，以政治关系离国卸去军职，在德国学习并考察。蛰伏多时战前返国。八一三事件发生时，黄在上海统率大军抗日，张发奎率兵死守浦东，黄氏即为其副。浦东数役，悲壮之至，其时黄已为前敌副总指挥，身先士卒。是以日寇在金山卫偷袭登陆，包围我军，黄氏所在司令部亦被包围，步步进迫，千钧一发，黄氏几陷敌手，后化妆农夫逃出重围。

1　完颜绍元文章《暮境坎坷的黄琪翔》。

1947 年黄琪翔夫妇在上海。左起：白崇禧、黄绍竑、黄琪翔、郭秀仪、白崇禧夫人马佩璋、黄绍竑之妹黄晋安、阚中华夫人。

由此黄氏作战精神，与其漂亮仪表不同，完全铁军化矣。

当时的后勤总司令黄镇球将军（1898—1979），也系粤军出身，蒋介石在接见他的时候，误以为黄琪翔是他的叔叔，所以闹了笑话。其实他俩是同乡，是老同学、老战友、老朋友。

蒋介石故意透露黄琪翔出任中国驻德国军事代表团团长一职的消息，意在笼络粤军出身的将领。因为谁都知道，经过八年的浴血奋战，大家都想过太平日子，尤其不愿意打内战，中国人打中国人是耻辱，所以黄琪翔接任桂永清出任中国驻德国军事代表团团长，是个美差。老朋友们都嚷嚷着要黄琪翔请客，就是这个原因。

黄琪翔郭秀仪夫妇性格开朗，热情好客。在他们即将离开祖国前的那段日子里，与各界朋友交往很频繁。1947 年 5 月，白崇禧、黄绍竑以及以前相识的文艺界朋友，如田汉、杨瀚笙、洪深、安娥等都聚集在上海，与黄琪翔夫妇劫后重逢于上海，相聚甚欢。

黄琪翔说："此时蒋介石派驻德国的中国军事代表团团长桂永清（1900—1954）调回国内，陈诚征求了我的同意，就向蒋介石介绍我总（充）任驻德军事代表团长。我于1947年6月出国，前往德国。"[1]

行前，黄琪翔带着郭秀仪拜访了孙中山先生的遗孀宋庆龄，是辞别。他们此时是近邻。

黄琪翔对待宋庆龄的态度，一向非常尊敬，称她为"先生"。

在上海时，宋庆龄若知黄琪翔夫妇回到上海，就会邀请他们去喝下午茶，叙旧聊天。有时，客人们给宋庆龄送鲜花或者食品，她也会转赠郭秀仪。

宋庆龄时常夸赞郭秀仪长得眉清目秀，而且性格好。她用上海话说："黄太太长得老（很）漂亮格呀，脾气交关（特别）好！"

郭秀仪跟着丈夫的口气，人前人后也称宋庆龄是"庆龄先生"。

宋庆龄知道战败后的德国生活物资十分匮乏，就给他们夫妇准备了很多礼物，大多是吃的和用的，装了整整一个大木箱。[2]

宋庆龄叮嘱郭秀仪说："听说柏林已经被盟军炸得连一栋像样的房子都没有了，一塌糊涂呀。你们得多带点东西去，用得着的呀！"

庆龄先生的关怀，温暖了黄琪翔夫妇一辈子。郭秀仪在晚年依旧念念不忘，曾经说："每当想起庆龄先生，我心里就内疚啊，因为我们一辈子都没有机会去报答她！"

1947年6月，黄琪翔夫妇启程前往德国柏林之前，上海依旧很热闹，似乎没有受到国共内战的多少影响，黄琪翔夫妇的社交活动依旧频繁。6月9日下午，杜月笙的三公子杜维屏、四公子杜维新同时在上海丽都花园联合举办婚礼，黄琪翔和颜惠庆、潘公展、李石曾等作为杜月笙的朋友，参加了婚礼。

1 黄琪翔《我的自述》。

2 见《流金岁月》p21。

黄琪翔已经预见到，国共内战必将扩大化，战火的硝烟将弥漫到各地，所以他急切地想早一点离开上海，离开祖国大陆。他急于逃避中国人自相残杀的战争。

正如黄琪翔所判断的那样，同年 6 月 30 日夜，刘伯承、邓小平遵照中共中央军委的命令，率领晋冀鲁豫野战军主力 12 万大军，从山东阳谷以东 150 余公里的 8 个地段上强渡黄河，一举突破国民党军的黄河防线，拉开了战略进攻的序幕。蒋介石及国民党统治全中国的历史，即将结束，自此进入倒计时。

三、中国驻德军事代表团团长

黄琪翔出任中国驻德国军事代表团团长一职，早在 1947 年 3 月就已经确定下来。3 月 11 日，时任驻德代表团临时负责人、外交部参事繆培基在柏林致南京外交部礼宾司的电报称：“黄（琪翔）团长来时，必携带之任命状，不称国书，祗由王（世杰）部长签名已足。”[1]

关于出国后的薪酬和经费，黄琪翔先是给陈诚写报告，曰：“奉派为驻德联军管制委员会中国军事代表团团长，以该团系属外交性质，应酬交际，费用浩繁。我代表团额定经费甚少，况职家属随行，教养需资，拟请酌予发给补助费若干，当否？敬请鉴核示遵。”

陈诚于 5 月 5 日签呈核议意见，并谨核拟办法于后：

一，黄团长于五月一日就职，其薪俸拟自同日起支，按规定在未出国前支国内薪，离国日起支国外薪。

二，现任团长待遇菲薄，拟恢复桂（永清）团长时期待遇，或另定上将给与。

桂团长待遇：薪勤费（美金）860 元；特别费 500 元。

前奉核定中将武官，薪勤费（美金）860 元；情报活

1　台湾“国史馆”“外交部”驻欧洲国家使领卷，典藏号 020-100300-0141。

动费 400 元。

拟办：

一，即按现行给与为薪勤费 860 元，另酌加特别费 400 元。

二，或姑按桂团长待遇支给。

三，该团编制，现仅有副官缺一员，拟由黄团长遴选。眷属拟按规定补助一个人旅费。

四，拟准在 4000（元）美金范围内，电请毛副总司令代购汽车一辆。

五，拟请发一次临时费补助 4000（元）。

蒋介石于 5 月 31 日批示：“拟照准”。[1]

黄琪翔出国的薪酬和经费的确不算多，是按照前任桂永清团长的标准执行的。而桂永清出任中国驻德军事代表团团长的时候，只是中将军衔，而黄琪翔出任该职，已是上将。黄琪翔随即让已经身在德国的副团长缪培基按当时物价，购进一辆美国别克轿车，价钱是 5000 美金。黄琪翔似在窃喜，因为他远走德国的目的不是为了赚钱和享受，而是为了躲避内战。他做好了出国前的一切准备，照例还要谒见委员长蒋介石，请示工作。

黄琪翔回忆说：

某天下午，蒋（介石）在他的南京官邸接见了我，和我做了一次简单的对话。

蒋：“辞修（陈诚）对我说过了，你去德国很好。……德国话还会说吧？……到那边要注意，千万提防不要上共产党的当，……他们恐怕要利用你的。”

这种突如其来的“委员长训话”，使我摸不着头脑。沉默了一会，我答：“委员长请放心，我想那边不会有中国共产党吧。”

蒋：“唔，还是要注意，他们是无孔不入的。……”

1　台湾“国史馆”“外交部”驻欧洲国家使领卷，典藏号 020-100300-0141。

又沉默了一会，我起身问："委员长还有什么指示吗？"
蒋："没有什么，没有什么，你和辞修商量商量好啦。"
我告辞而退。[1]

1947年6月26日，黄琪翔夫妇乘坐法国邮轮"安德烈 · 勒邦"号从上海启程去法国马赛，然后换乘火车去巴黎，再由巴黎前往德国柏林赴任，旅途费时需一个多月。

邮轮"安德烈 · 勒邦"号，法文为ANDRE LEbon，我国曾译为"盎特莱蓬"号，或"晏打尼般"号。之前，外交部人事处专门致函法国驻华大使馆，为黄琪翔一行预定船票，并请求予以通行的照顾。预定的船票中有两张票是特等舱，为黄琪翔郭秀仪夫妇准备的。头等舱位票三张，供黄琪翔公子及副官林允中等使用。

7月1日，这艘邮轮停靠香港码头。应香港崇正会馆之邀，黄琪翔离船登岸参加了该会馆为他举办的欢迎座谈会。崇正会馆会员，大都是广东同乡商人。参加这次座谈会的人有50余位。

黄琪翔当天身穿黄色卡其布戎装，佩戴上将军衔，神采奕奕，款步而行，与每一位与会者亲切握手寒暄。他演讲说："兄弟出身农家，幼年目睹农村生活困状及乡村一切落后情形，印象至深，故立身革命。自北伐至抗战二十年间，无时不在工作中。虽无伟大成就，个人并不失望悲观，盖从整个世界与整个中国而言，已有了显著之变化与进步。"他呼吁每一位同乡的商人，在安定环境下，都要开阔眼界，诚信经商，不要做投机倒把的勾当。[2]

下午1点，崇正会馆在大同酒家举行欢迎宴会，李大超、黄令驹以及崇正会馆的会长廖晖宸等作陪。下午4点宴会结束，黄琪翔返回邮轮。

7月3日，黄琪翔乘坐的邮轮刚刚离开香港，柏林华侨与驻

1　黄琪翔文章《中国驻德军事代表团记事》，载《文史资料选辑》第一百四十三辑，p3。

2　1947年香港《崇正会刊》第五期。

德军事代表团临时负责人繆培基发生冲突，100多位华侨在柏林集会，“互诉彼等之痛苦，对中国驻德军事代表团代理团长繆培基博士之不法行为，痛加指责。”他们“追念前任团长桂永清德政之余，咸盼新任团长黄琪翔将军早日履新。”这一新闻出现在1947年7月5日《申报》头版。黄琪翔此时还在邮轮上，看不到报纸，全然无察。

同船前往欧洲等地的人还有不少，比如民国政府时任驻埃及大使何凤山夫妇，时驻葡萄牙公使王化成（1903—1965）夫妇，时任新闻局驻法国办事处处长汪公纪夫妇，还有叶公超的秘书王之珍夫妇。王之珍后来成为台湾“外交部”的次长。

何凤山（1901—1997）是一位资深外交家，被联合国誉为“中国的辛德勒”。1938年至1940年间，何凤山出任中国驻维也纳总领事期间，共向约4000名被法西斯迫害的犹太人发放前往上海的签证，使他们逃离了死亡。[1]

何凤山写过一本回忆录《外交生涯四十年》，其中有一节“黄琪翔将军”[2]，专门写他在“安德烈 · 勒邦”号上与黄琪翔的交往。他说：

> 船上有一位令人注目的人物，就是我国驻德国的军事代表团团长黄琪翔将军。黄某曾一时为军界中的风云人物，后以思想问题而未蒙重用。这次往德国担任代表，听说是得力于当时陈诚参谋总长的推荐。我在国内并不认识这位将军，在船上才彼此见面。他白白胖胖的相貌，中等的身材，不大像一名军人，颇有几分儒雅气。他的太太面目清秀，打扮的如古典美人一样。她与绶荣（何凤山的夫人）过从颇密。
>
> 我与黄将军闲来无事，多坐在甲板上聊天，古今中外随便乱扯，然而一谈到时局时，他老是翻来复出的一句话：

1　2001年1月23日，何凤山被以色列政府授予“国际正义人士”称号。他的名字被刻入犹太人纪念馆的“国际义人园”里。

2　香港中文大学出版社1990年12月版，何凤山著《外交生涯四十年》，p230。

"我们需要和平，不能再打了！"这与当时共产党宣传的口号恰相符合，但我不相信他是替共产党说话，所以再三的请教，希望他能说出一篇大道理来。哪知他的答案仍是上面的那一句，使我听了如坠五里雾中。其后他到了德国，圣诞节时还寄来他夫妇两人的照相贺片。

从何凤山以上文字看，黄琪翔内心郁闷，正为内战焦虑。何凤山系外交家，长期飘零国外，惯于听候政府号令，而对于战争残酷性以及战争将给人民所带来涂炭的认识，远非军人黄琪翔将军的认识深刻。这是他们的分歧点。加上黄琪翔与何凤山是初识，他自然不便向何凤山倾诉肺腑。

7 月 19 日，黄琪翔在邮轮上致电外交部欧洲司长尹葆宇，告知自己将于 7 月底抵达马赛，并请求"我驻马赛领事馆於该轮抵达时，派员前来照料。"外交部随后致电马赛领事馆要求派员照办，电文中称"黄琪翔将军一行七八人"，[1] 包括了汪公纪夫妇。然后，黄琪翔一行从马赛坐火车去柏林。

黄琪翔回忆说："8 月初，我们到达柏林。在车站迎接我们的有中国代表团的全体成员，另外还有美军总部交际处负责人。美军总部交际处为我在西柏林住宅区安排了一所有现代化设备的住所。过了几天，我前往盟国对德管制委员会拜会了苏、美、英、法四国军队总司令。当时参加会见的有苏军总司令索科洛夫斯基元帅，美军总司令格莱上将和政治部顾问墨菲先生，英军总司令罗伯逊将军和法军总司令某等。这是一种照例的外交仪式，是我到德国后仅有的一次也是最后一次和管制委员会打过的交道。"他还观察到："中国代表团的所谓工作，不过是搜罗各种书报杂志材料，加以综合改写，作为情报，按月寄回外交部和国防部报销了事。代表团成员的待遇优厚，几乎每人都有自己的小洋房和小汽车。他们闲来无事，经常开支公款，到处旅行，优游岁月，

1 台湾"国史馆""外交部"驻欧洲国家使领卷，典藏号 020-100300-0141。

1947年8月初，中国驻德国军事代表团团长黄琪翔乘火车抵达柏林后，走下车厢。

享尽‘洋大人’的洪福。”[1]

黄琪翔于当年9月2日在柏林给外交部长王世杰、国防部长白崇禧、参谋总长陈诚来电称：“职偕参事繆培基、团员屠仁昶、副官林元稜（允中）於八月三十日向管制会四主席（美、英、法、苏）呈递信任状。”[2]

二战后，战败国德国领土遭美、英、法、苏四国占领和瓜分，在柏林则以布兰登堡门为界，把市区分为东西两个区。东柏林由苏军控制，西柏林由美、英、法控制，然后由美、英、法、苏四国组成管制委员会，来协调处理东、西柏林的事务，行使最高权力。这个管制委员会主席由四国军队总司令轮流担任。除了美、英、法、苏四国之外，中国、加拿大、比利时、波兰、巴西、卢森堡、捷克、南斯拉夫、丹麦、挪威、澳洲、印度、希腊、南非、荷兰

1　黄琪翔文章《中国驻德军事代表团记事》，载《文史资料选辑》第一百四十三辑，p4。

2　台湾“国史馆”藏“外交部礼宾司收电宾36字第547号”。

1947 年 8 月初，欢迎团长黄琪翔郭秀仪（右二）的茶话会。

等 15 个盟军国家也派驻了军事代表团。

管制委员会分配给中国驻德国军事代表团的人数是“限定十人”，因此在中国代表团内，除团长黄琪翔之外，外交部派缪培基担任副团长，国防部和总参谋部等单位派出了三位校级军官为团员，其余五六位为工作人员。中国代表团的驻地在西柏林，由美国负责生活供应。

前任团长桂永清离任回国后，中国代表团的业务全由参事、副团长缪培基负责。缪培基原是国立武汉、中山大学的教授，抗战时进入国民党中央海外部工作，随后加入外交部。此外，团员还有参事汪孝熙、叶俊恺（外交部），军事代表有中校武官杨国柱、屠仁昶，少校韦曜琪、杨毅雄（空军），上尉有黄琪翔副官林允中以及钟前功等人。武官杨国柱的夫人叫杨懿熙，是曾任国民党湖北省主席杨永泰（1880—1936）的女儿。

黄琪翔郭秀仪夫妇再见柏林时，已是今非昔比。黄琪翔说：“在这期间，我走遍了东、西柏林各大城市，它们大都经受过不同程度的战争破坏，断井颓垣，给人以满目荒凉之感，其中除柏林被彻底破坏，几乎令人不能认识之外，东德的文化古城德勒斯登和西德莱茵河畔的科伦损害特重。希特勒法西斯给德国人民带来的重灾大难，给我留下了难忘的印象。当时德国经济仍未恢复，城市居民每天仅靠占领国供应的125克面包勉强维持生命，一根香烟成为莫大的追求对象，一磅黄油抵上了一个工人一个月的工资。当年日耳曼民族的优越感不复存在了，在外国人面前，德国人的威风彻底扫地。”[1]

据缪培基回忆：“我与黄琪翔团长过去见过两次面：第一次是抗日战争爆发后，军事委员会在衡山开设游击训练班，以叶剑英、黄琪翔为副主任。我以广东省党部执行委员身份，由韶关赴衡山拜访训练班主任陈辞修（诚）将军，接洽公务时，承陈诚将军介绍与黄琪翔副主任相识，同进午餐。第二次是一九四二年盛夏，我在中央党部组织部充视察室主任，奉部长朱家骅先生派赴湖北临时省会恩施，调查党务。第四（六）战区长官陈辞修上将特设晚宴款待，并请湖北省显要李书城、省党部主任委员苗培成作陪。战区副长官黄琪翔亦在座。次日下午，黄副长官邀我同往励志社洗淋浴。他问我：‘我看国民党没有希望了，你以为如何？’我答：‘党的前途布满荆棘，困难重重。有无希望，全靠我们党员自己。’他即缄默无词。”[2]

黄琪翔下车伊始，“在团务会议上即声言：‘我这次来德是避难。’”所以在缪培基的眼里，黄琪翔是一位悲观主义者，对国民党的前途很不乐观。缪培基说：“黄琪翔身材魁梧，上唇留小胡子，军服笔挺，出入盟军社交场合，被誉为‘美男子’。”[3]

中国军事代表团的办事处，设在西柏林波毕斯基大道62号。这是德国的一座民房，美军占领后，拨付中国使用。美军还提供

1 黄琪翔文章《中国驻德军事代表团记事》，载《文史资料选辑》,p6。

2 缪培基《驻德军事代表团始末记》，刊登在1987年1月《中外杂志》第41卷第1期，p126。

3 缪培基《驻德军事代表团始末记》，刊登在《中外杂志》，p126。

黄琪翔夫妇摄于德国柏林。

了另外三处住宅，其一是中国团长官邸，其一是参事住宅，另外一处是代表团成员的集体宿舍。这些地方设施齐全，应有尽有，都由美军免费提供使用。“代表团所需食物及日用品分别向美军粮食店和杂货店购买，使用美国军用钞票。另需向美军财务处按规定价格兑取德国马克（由管制委员会在俄占区印发）为支付代表团德籍司机、书记、杂役薪资之用。”[1]

黄琪翔最先接触到的德国当地人，均是代表团雇员，他们大多是德国青年人。这些人的经历都非常凄惨，每个人的家庭都有亲人死于战争。他们比任何人都更加憎恶希特勒，憎恶纳粹组织，正是因为这些战争罪魁把德意志民族推进无底的深渊。黄琪翔说："战后德国人民的生活水平比过去是降低了。以食物来说，战前德国人每天从食物里得到三千加路里的热量，可是现在最好的享受只能有两千加路里、一千八百和一千六百加路里三种。”[2]

大多数中国侨民生活在苏联占领区内的东柏林。为示礼貌，黄琪翔刚一上任就让缪培基陪同去拜访苏军驻德司令部，欲与司令官建立友谊。约定的会晤时间是下午三点，黄琪翔准时赶到，却始终见不到苏军司令官的踪影。等了半个小时，其副官出面相告，说苏军司令官的座驾抛锚在路上，谅不久即到；又等了半个小时，还是不露面。黄琪翔只得留下名片，黯然返回。

第二天，黄琪翔坐在自己的办公室里，料想苏军会回电话，表示歉意。中国驻德代表团是国家使节，黄琪翔本人又是上将军衔，大家出门在外都应该讲礼仪吧？可是左等右等电话就是不响。可见弱国无外交，在苏军眼里，中国什么都不是！黄琪翔受到了蔑视，又很无奈，只得从此不再与苏军司令官联系。

10月10日，是国民党的双十节。黄琪翔在驻德代表团官邸举行招待会，招待盟国代表，但来者寥寥。可见不光在苏军眼里，而是在整个盟军的心里，中国轻如鸿毛。

黄琪翔是这样介绍自己在德国柏林的工作：“中国驻德军事代表团，系国民政府派在盟国对德管制委员会的一个机关，而盟国对德管制委员会是由苏、美、英、法四国组成的。中国政府应邀派出军事代表团，原以为第二次大战中，中国曾经对德宣战，

1　缪培基《驻德军事代表团始末记》，刊登在1987年1月《中外杂志》第41卷第1期，p121。

2　黄琪翔接受香港记者采访时所言。见1949年1月7日香港《文汇报》“黄琪翔谈柏林冷战”。

希望在战后处理德国问题的时候，可以从中捞一点油水，以补偿我国所受的损失。因此派出桂永清去当代表团长。后来事实说明，关于战后管制德国问题，完全由苏、美、英、法四国包办，其他派出代表团的国家无权过问，也无事可做，因此蒋介石决定把桂永清调回国内任用。我到了柏林以后，除了按月向国防部汇报当时的国际情况作为例行公事外，没有做什么事情。我经常在德国收买古董书画，或外出旅行来消磨岁月。”[1]

在清末时，中国曾遭外国侵略，德国就是侵略者之一。1900年八国联军进入皇城北京后大肆抢劫，清宫无数文物珍宝被洗掳一空。这些外国强盗把抢盗而来的中国文物，作为战利品带回他们各自的国家；此外，欧洲驻华使节在晚清和民国间，也会购买中国文物带回国，以示纪念；一些中外古玩商人，也曾将中国文物贩卖去了欧洲。[2]黄琪翔说自己闲来无事，在德国收买古董书画，指的大致就是这些中国流失文物。

黄琪翔最关心的事务还是德国华侨问题。当时留在柏林的华侨不到一千人。黄琪翔说：“一般来说，苏军占领区的生活要安定一点，几百个华侨有三分之一住在苏占区，他们的生活比其余住在美、英、法占区的都要好。苏占区人（口）多一点，资本家都在美占区。”“这几百个华侨确实是比德国人的待遇要好一些，但好处也许只有一点可以指出，就是德国人民除了马克以外，不许存有任何金、银、英镑或美钞等外汇钱财。而华侨呢，同其他外国人一样，可以存有自己需要的外汇钱财。比较起来，在苏联管制区内的华侨，又要比美英管制区内的华侨要自由得多。在苏管区的华侨可以来往各地做做水客（生意），赚些钱。但在英美管制区的华侨，这种做水客的机会就少了些。这批华侨多数是‘青田小贩’之流，除了做水客之外，也很少有什么更好的求生技术。”[3]

1 黄琪翔《我的自述》。

2 据中国文物学会统计，时至今日，流失海外的中国文物共有1000万件左右。这一数字相当惊人。实际上，这些数字都属于粗略的估算，并不科学，因为从来就没有找到一种科学而公认的计算方法，对此进行统计和评估。

3 摘自1949年1月15日香港《新生晚报》，黄琪翔接受记者的采访。

黄琪翔（左）郭秀仪（右）与副团长缪培基在一起。

所谓“青田小贩”，指的是以青田为中心的浙江商人。

黄琪翔上任之后，处理过二件比较棘手的事，都跟这些华侨做黑市有关。

其一是德国华侨状告代表团副团长缪培基的案件。

华侨在黑市交易中，把中国江湖恶习也带到了德国。他们内部自成派别，相互斗争。1946 年桂永清团长离任至黄琪翔 1947 年到任，其中有一年多时间，代表团工作全由缪培基负责。缪培基曾在参与调解华侨内部斗争时，不慎得罪了其中一方，于是旅德华侨工商总会负责人在黄琪翔到任之际，即开始揭发缪培基的所谓“罪行”，并向中国外交部提出抗议。他们揭发缪培基的“恶行”，归纳起来主要有几条：1，调戏、强奸华侨某人的女友。2，肆意享受，“借用外势诬陷侨胞”。3，撕毁“主席肖像”等。因此外交部、国防部均来电，要求黄琪翔团长查处。

其实，这些人指控缪培基所谓的“罪行”非常滑稽可笑。比如，说缪培基调戏、强奸华侨某人的女友，却并非该女子本人所控告。而且，他们提供的证据仅仅是该女子曾几次到访过缪培基的住所。甚至，缪培基在社交场合与人行吻礼，脸上留下对方的口红，也被指责是“无耻轻浮行为”。关于撕毁蒋“主席肖像”事件，发生在桂永清任内，当时苏占区的苏军大规模清理黑市，扣押华侨货物，于是发生了撕毁“主席肖像”的事件。桂永清团长闻讯后当即向苏军抗议。苏军派员进行调查，结论是“犯法华侨自毁壁上主席肖像”，也已经结案，与缪培基无关。还有，由于旅德华侨文化水平很低，误译德语，引发误会，如缪培基在信函中说“一些”，他们误读为“匪众”，等等。

黄琪翔经过调查取证后，于当年 11 月向国内提交了专门的报告，逐项予以解释和批驳，还缪培基以清白。同时，黄琪翔还不亢不卑地致信“闹事者”旅德华侨工商总会，言明“以上请查照，并本着亲爱团结精神，遇事合作，勿遗笑外人，为要！”[1]

其二，营救被捕的奥地利华侨。

1947 年 10 月，国府参军郭德权少将请外交部营救在奥地利被捕的华侨马熙程先生。马熙程是他的妹夫。郭德权少将是总参的能人，曾留学美国，回国后历任参谋本部高参、驻俄国武官、驻美国大使馆武官、军委会外事局办公室主任、驻联合国军事参谋团团员等职。1941 年下半年，军统电讯处侦译到日本将对美国进行偷袭的情报，驻美武官郭德权立即将情报转给美方，而美方毫不为意。“珍珠港事件”后，傲慢的美军才想起郭德权提供的情报，但为时已晚。由此事件美方才有了与“军统”合作的愿望。[2]郭德权因此在外交界有了一定声望。外交部指令中国驻德代表团施以援手。

黄琪翔立即派人前往奥地利调查，查明真相后电告外交部，并提出了营救方案：“马熙程经营黑市，四月间被奥警拘捕。缪代团长培基亲往维也纳营救，无结果。现奥高等法院定日内开审。除将必需文件交马夫人携奥外，拟於宣判后，请沈代表士华援释

1　黄琪翔致旅德华侨工商总会常委陈铭奎信。见台湾“国史馆”“外交部”驻欧洲国家使领卷，典藏号 020-100300-0141。

2　郭德权于 1947 年 5 月 21 日任陆军少将，1949 年 7 月 12 日晋升为陆军中将。

遣送回国。”[1]外交部随即同意了黄琪翔的营救措施。外交家沈士华（1900 －？）早年赴德国留学，获博士学位。1947年8月任中国驻奥地利代表（公使衔），同年12月任中国驻奥地利全权公使。

1946年，驻德国军事代表团团长的黄琪翔、郭秀仪夫妇在德国浏览时的合影。

1947年11月，黄琪翔会见了德国老朋友法肯豪森。法肯豪森将军曾经担任蒋介石的军事总顾问，1937年淞沪会战时与黄琪翔并肩战斗过。德国战败后，法肯豪森曾被盟军逮捕，移交比利时政府被判12年徒刑，因其非纳粹分子，不久释放归德。此时他居住在美军占领区的西柏林。法肯豪森十分想念中国，希望能再次前来中国为蒋介石效劳。11月13日，法肯豪森请黄琪翔转给蒋介石一封信，云：“余今随时准备供蒋主席驱使。余来克谢恩修养已一周。余之将来命运，现尚不能预卜，俟有机会，当即奉告。”[2]蒋介石没有邀请法肯豪森再次来华。

在德国期间，黄琪翔最不愿意与德国人提及的话题就是中国人的内战：“他（黄琪翔）说少数知识水准高一点的（德国）人偶然也会和他谈起中国问题，问他中国为什么打了八年仗之后，还要接着自己打自己，（中国人）为什么这样喜欢打？他很难回

1　见台湾“国史馆”“外交部”驻奥国问题卷，典藏号020-041701-0008。

2　台湾“国史馆”《蒋中正总统文物》，典藏号002-080200-00537-112。

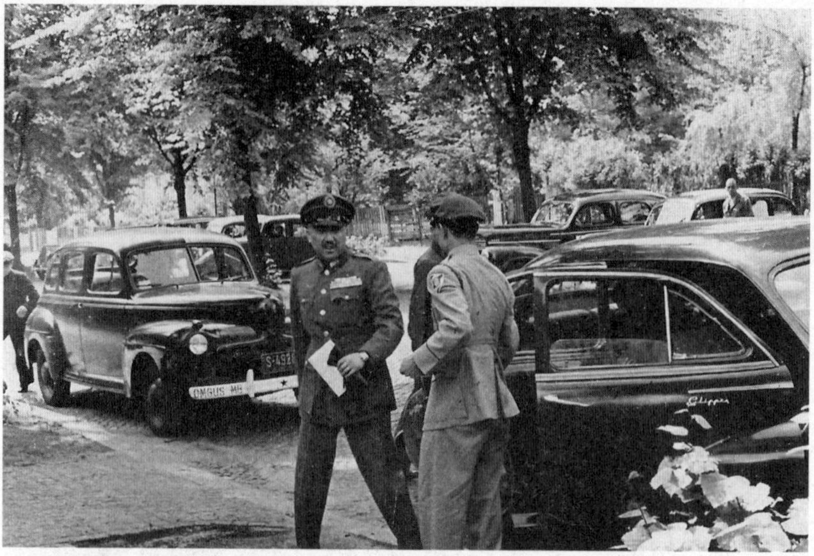

1947 年 7 月，卫立煌将军来到柏林看望黄琪翔。

答这问题，因为那时他的身份还是官员。”[1] 其实，黄琪翔的内心极其厌恶内战，因为他经历过太多的残酷战争，了解中国人民的痛苦。

不过，此间从国内来柏林的两对夫妻，均是代表团的重要客人。他乡遇故知，让黄琪翔夫妇感到非常高兴。

第一对，就是黄琪翔在中国远征军时期的司令长官卫立煌夫妇。

1945 年 6 月，卫立煌就任陆军副总司令后与韩权华女士在昆明的金碧路锡安圣教堂举行结婚典礼。何应钦为主婚人，龙云为证婚人。韩权华女士是卫立煌的第二任太太。卫立煌第一任妻子朱韵珩，是美国基督教会镇江崇实女子学校的校长，1939 年病逝。

韩权华（1903—1985）是位美女，她于 1922 年考入北大文科预科，后来由河北教育厅保送官费留美，回国后嫁给了卫立煌将军。卫立煌结识韩权华是由他的高级参谋邵光明介绍的，邵光明的太太叫王亚全，是韩权华留美同学。[2]

1 黄琪翔接受香港记者采访。见 1949 年 1 月 7 日香港《文汇报》“黄琪翔谈柏林冷战”。
2 赵荣声《回忆卫立煌先生》中国文史出版社 1985 年第一版，p298。

1947年，黄琪翔郭秀仪与李汉魂吴菊芳夫妇在柏林。

1946年11月底，卫立煌夫妇由上海启程出国，先到了日本，然后去了美国。1947年7月，卫立煌夫妇由美国纽约乘飞机赴巴黎，然后去了德国。他知道黄琪翔在柏林，所以赶到驻德代表团官邸来见黄琪翔。

第二对，就是李汉魂夫妇。李汉魂夫人吴菊芳回忆说："1947年我和李汉魂去欧洲旅行，到了柏林。那时黄琪翔是驻德军事代表团团长。他亲自来接我们。柏林有些地方是禁区，不让一般人进入。黄琪翔坐上挂着上将标志的汽车，带我们到东柏林和西柏林到处参观，一路通行无阻。他们热情招待我们，请我们参加了很多宴会，送给我们许多礼物。至今我仍十分感激他们夫妇两人的盛情。"[1]

1948年5月，法根豪森将军闻知蒋介石当选为总统，让其夫人请黄琪翔转发致蒋介石贺电。黄琪翔5月15日致电蒋介石云："顷接前德总顾问福根（法肯）豪森夫人五月九日来函，略以福

1 《流金岁月》p196。李吴菊芳文章《关于郭秀仪的两三事》。

氏现被禁比京，欣闻钧座荣选中华民国第一任大总统，他嘱代为驰贺，略谓：‘鄙人谨以至诚，庆贺钧座荣选为中华民国总统，特重申敬意与忠诚外，敬祝诸事顺利。’等语，谨请鉴察。”蒋介石于6月9日批复：“复来电，感谢并祝（他）健康。”[1]法根豪森后来出任了中华民国与德国的文化经济协会名誉会长。

这样，无所事事的日子如同白驹过隙，过得飞快，一晃一年多时间过去了。

1　台湾“国史馆”《蒋中正总统文物》，典藏号002-020400-00010-104。

四、回国述职

1948年3月20日，美、苏两大阵营的四国管制委员会举行关于德国马克改革的会议，爆发了激烈冲突。苏联总督兼驻德总司令索科洛夫斯基愤然退场，从此管制委员会名存实亡。

6月18日，西方占领区宣布改革德国货币政策出台，23日，苏军占领区也如法炮制，以牙还牙。东、西柏林开始严重对抗。

7月24日，苏军突然截断英美控制的西柏林通往外界的铁路和公路交通，200万柏林人民的生活物资就此断绝——苏军企图以此举将英美联军赶出柏林。而美国为坚守孤城，只得动用飞机，将粮食、煤炭等生活物资空运到西柏林。美军的运输机平均每五分钟降落一架，十五分钟卸货完毕再次起飞。从此西方“各代表团团长座车所用汽油每周配发五加仑，团部及团员住宅早晨六时至八时，下午八时至十时有电力供应。”连代表团的日子都如此艰难，普通柏林人民的日子就可想而知。

全世界都把目光聚焦到了柏林，而柏林就如同一只炸药桶，大有一触即发之势。媒体普遍认为，一旦柏林“爆炸”，西方与苏军接火，就意味着第三次世界大战的爆发！

1948年8月4日，黄琪翔按惯例给民国政府外交部部长王世杰写了一封信，并附有一份数千言的“四强在德外交策略”报告。[1]

外交部长王世杰（1891—1981）是湖北省崇阳人，字雪艇。黄琪翔在信中说：“雪公部长钧鉴：四强对德基本政策纷（分）歧，利害冲突，造成目前最严重局面，德国及柏林最近发展情况，业经随时扼要电呈，袛以文字所限，未能详尽。兹与缪参事及陈育凤兄逐日会谈，对时局问题交换情报，细加研究，将分析所得，加以意见，由育凤兄执笔作成报告，恭呈。”说明这份关于“四强在德外交策略”报告，是黄琪翔组织缪培南参事、陈育凤等三人集体研究的成果，由陈育凤执笔完成。

这份“四强在德外交策略”报告，开宗明义就点明苏联和美、英联盟斗争的焦点是：“苏联封锁柏林，全欧政局为之震荡不安，表面上看来，好像是一个局部纠纷，事实上是整个德奥问题的争执。盖苏俄战后在欧基本政策，一方欲在德奥组织共党极权国家，他方又用尽心机榨取德奥赔偿物品，以补偿战时损害。英美计划却在防止共产主义向西推进，故先主复兴德国经济繁荣，使德国人民先能自足自给，减轻英美财政担负，免德国人民思想急趋左倾。根据上项原则，遂积极实行伦敦决议，准备建立西德临时政府，毅然改革货币，想在马歇尔援欧计划下，复苏德国人民经济，以为这个计划成功，苏联共产主义西进必遭阻止，东占领区组织定受威胁。六月廿四日苏俄籍口货币问题，实行封锁柏林，积极的要逼美英法军队退出柏林，消极的要把柏林并入苏俄经济体内。”

报告从政治上、经济上、外交上，乃至军事对抗的可能性上作了深入分析，结论是：“苏俄如用武力压迫，美英等必用武力对抗。”

黄琪翔的这份报告，立即引起民国政府的高度重视，外交部长王世杰批示外交部的欧洲情报司“参考”，同时呈报蒋介石。

8曰28日，外交部复电：“琪翔团长勋鉴，八月四日台函诵悉，附寄‘四强在德外交策略’报告一件。对于此次‘柏林问题’

1　黄琪翔致王世杰信，以及“四强在德外交策略”报告，作为民国外交部档案，现收藏在台湾“国史馆”与“中研院”近史所，编号为长字第5918号。

之了解，颇有参考价值，殊深佩慰，嗣后仍希随时以研讨所得，寄部参考为荷。”等语。[1]

与此同时，中国国内的形势也发生了急遽变化，国共两党领导的军事力量已呈现出一边倒的趋势。1948 年 7 月初，国共双方兵力的对比，已由战争爆发时的 3.14：1，变为 1.3：1。而且，国民党军队的士气日益衰落，越战越萎靡，反而是共产党的军队显示出战无不胜攻无不克的气概。

1948 年 8 月，林彪统率人民解放军东北野战军 70 万官兵，已控制了东北 97% 的土地和 86% 的人口。国民党军队有 4 个兵团 14 个军 44 个师（旅），加上地方保安团队共约 55 万人，已被解放军分割、压缩，使他们只能龟缩在沈阳、长春、锦州三个互不相连的地区内。由于部分北宁铁路为人民解放军所控制，长春、沈阳通向山海关内的陆上交通被切断，国民党军队的补给全靠空运，导致物资供应严重匮乏。

东北成为全国第一个解放军军力超过国民党的地区，因此中共中央军委把决战的第一个战场选在东北。1948 年 9 月，辽沈战役打响，国民党统帅部对东北战略尚无决策，蒋介石与卫立煌仍然为打不打通沈锦线、是否要将主力撤到锦州？在争执不休。

黄琪翔回忆说：“1948 年以来，解放战争（中共的部队）著著（节节）胜利，形势对蒋介石十分不利。而在柏林，则苏、美两国因为西柏林换用新马克问题，闹得形势也十分紧张。人们在谈论着苏、美是否会发生第三次世界大战的问题。当时美军总部的政治部顾问墨菲曾为此召集接近西方的各国军事代表团负责人征求意见。二次大战刚结束不久，各国人心厌战，大战发生的可能性小。这是我和美国外交方面负责人唯一的一次接触。”[2]

黄琪翔还说：“我对于国内的国共战争情况是关心的，但我始终把希望寄托于国共重开和平谈判。”[3]他依旧相信国民党的军

1 现存台湾“国史馆”与“中研院”近史所，编号长字第 5918 号。

2 黄琪翔《我的自述》。

3 黄琪翔《我的自述》。

力是强大的，因为经历过抗日战争历练的国民党军队，尤其是在抗战后期，它得到了充足的美援，武器装备已是十分先进，兵源甚多，不大可能被共产党的部队在短时间内快速吃掉。

突然，黄琪翔接到蒋介石的电报。黄琪翔说："9月间，正当蒋介石军队在山东战场上连战失利，济南失守、王耀武被俘的时候，我忽然接到国防部发来的一封电报，内容是：'闻柏林形势紧张，冷战有变为热战可能，究竟如何，希速回国报告。中正。'"[1]

黄琪翔后来回忆说："大约在九月，忽然有一天，我接到蒋介石个人署名发来的一封电报，内容是：闻柏林美、苏关系紧张，冷战有变为热战的可能，究竟情况如何？希即回国报告等语。我当时推测蒋介石在'剿共'战事失败情况下，把希望寄托于第三次（世界）大战，但这是完全无望的。我还是希望蒋介石在了解这个国际情况之后，采取恢复国共和谈政策。我于是决心回国。"[2]

1948 年 9 月 28 日，黄琪翔夫妇启程回国述职。黄琪翔离开柏林后，其驻德军事代表团的工作由副团长缪培基负责。他在离开柏林以前，对中央社驻德国记者说：自己携带家属和副官一行，将在法兰克福、巴黎和布鲁塞尔三地作短暂停留，然后直飞上海，而且表示自己"不久即可返任。"[3]

途经法国巴黎，恰巧第三届联合国大会在巴黎召开。当时的联合国秘书长是挪威人特里格夫 · 赖伊，他是 1946 年 2 月 1 日当选为联合国的首任秘书长。[4]国民党代表团首席代表是时任交通部次长的凌鸿勋（1894—1981），当选本届大会副主席，并被推选为第四小组主席。[5]10 月 18 日，国民政府外长王世杰为参加联合国会议而抵达巴黎。黄琪翔与王世杰举行会晤，介绍了驻德军

1　黄琪翔文章《中国驻德军事代表团记事》，载《文史资料选辑》第四十三辑，p8。

2　黄琪翔《我的自述》。

3　1948 年 9 月 13 日天津《益世报》第二版。

4　1951 年特里格夫 · 赖伊再次连任，后因支持联合国对朝鲜战争进行军事干涉，被迫于 1952 年 11 月 10 日辞去联合国秘书长职务。

5　1948 年 7 月 5 日《外交部周报》第二版。

事代表团的情况。

联合国中国代表团的成员之一彭学沛（1896—1949），历任内政部代理政务次长、行政院政务处长、交通部政务次长等职。[1]为迎接黄琪翔夫妇，彭学沛在巴黎中国饭店的“天下乐园”酒楼宴请他们，还邀请了时任中国政府驻巴黎领事凌其翰(1906–1992)、时任驻意大利大使馆公使薛光前(1910—1978)作陪。

中国人身在异乡，内心真正的牵挂自然还是自己的祖国。席间，这些外交官们讨论了中国的前途问题。

彭学沛对于国民党政府的前途，表现出悲观情绪，感觉前途渺茫。彭学沛说：“我准备流亡三年，等到第三次世界大战的到来……”可是彭学沛没能等到三年以后，在当年，即 1948 年 12 月 21 日，他乘飞机赴香港办理公务时，因飞机失事罹难。

薛光前说：“我看大局未必不可为。目前这场（国内）战争可能是一场胶着战，（国民党政府）还有江水滔滔的长江是一条天险，可以凭险而守，划江而治，苦苦地守住江南半壁天下，指望第三次世界大战的到来。”

彭学沛当即摇摇头，接着说：“我看长江也靠不住。”

黄琪翔本来不想说话，因为他与凌其翰是第一次见面，不了解对方的背景，故而不方便有话直说。见他们都对第三次世界大战抱以如此的幻想，实在有些书生气，忍不住，黄琪翔便敞开了心扉。

黄琪翔谈了自己的三点看法：第一，以他自己在德国的观察，第三次世界大战不可能因为美、苏之间的马克之争，而演变成一场战争，特别是世界大战。这种可能性微乎其微；第二，如果国民党政府与共产党和谈不成，一旦开战，长江是守不住的，政府必败无疑；第三，国共内战，最大的牺牲者是中国人民。这是最叫人痛心的。

黄琪翔的谈话，不鸣则已一鸣惊人。多年后，凌其翰先生在

1　彭学沛在历史上属于国民党内的汪精卫派，在 1927 年以前与黄琪翔属于同一政治阵营。

1948年10月15日，黄琪翔将军夫妇回国述职，在上海机场与外甥女刘帼英（右一）合影。

北京与黄琪翔夫妇相聚，回忆起这次聚会，他对黄琪翔的远见卓识极为赞赏。[1]

黄琪翔对政治形势的判断，有着自己独特的见解，素有军人政治家的赞誉。程思远证实："黄琪翔同志性和易，有仪容，待人接物，穆如春风，见者几难令人相信他曾是北伐时叱咤风云的铁军军长。因其雍容尔雅，故有军人政治家之称。"[2]

10月12日，黄琪翔夫妇飞抵曼谷，在此勾留三天。当时泰国名为暹罗，中华民国驻暹罗的大使是谢保樵。黄琪翔的行踪已受人关注。当日中央社驻暹罗站报道说："（暹罗）大使馆顷接驻荷兰张大使来电谓，驻德代表团黄团长琪翔偕夫人，将于十二日下午四时四十五分，乘KIM飞机来暹，在暹拟作三日勾留。"

1948年10月15日，黄琪翔夫妇回到上海。当天的中央社报

1　以上资料见《黄琪翔传》p128。

2　《纪念黄琪翔》中国文史出版社1988年6月第一版，p16，程思远文章《深切怀念黄琪翔同志》。

道说："我驻德代表团团长黄琪翔返国述职，于十五日下午三时乘机抵沪，定日内晋京。"[1]

1948年国民政府法币贬值严重，堆积如山的10亿元法币价值与3400元美金等值。

黄琪翔回到国内，所见所闻令他极为失望。他说：像德国这样的"战败国的人民，虽然远不如从前，但德国人民在盟军管制之下的生活，仍比较我们中国人民目前所遭受的不知要好出多少倍。三年多来，德国人民的粮食一直很缺乏，而且因为是战败国，每一粒口粮都要受到盟军的支配和供给，可是还没有见到有德国人，在这种情形下饿死冻死的事。但作为一个战胜国的中国人民，在今天的情形下，饿死冻死的就太平常了。中国人民在今天所过的简直就不是生活。德国的若干大城市的房屋在战争中毁坏的，几乎是十分之八九，但德国人民还没有到今天中国人民所过的流离失所，栖身无处的地步。"[2]他同情祖国人民的遭遇，坚决反对内战。他渴望和平，赶紧恢复生产，医治战争创伤，以改善人民的生活。

黄琪翔随后只身前往南京，去向委员长蒋介石述职。

他此时仍然一心一意希望蒋介石能够与共产党重开真诚和谈。这无论对哪一方都是功德无量的好事。但是，国内的形势与他一年前去国时已经大为不同

黄琪翔之前参加了1946年举行的"制宪国大"，却因为身在德国而缺席了1948年的国民代表大会，即所谓"行宪国大"。而"行宪国大"开得波谲云诡，已经充分显示出国民党内部离心

1　1948年10月16日天津《益世报》第三版。

2　1949年1月15日香港《新生晚报》刊登的文章《记黄琪翔将军》。

由于法币价值暴跌，通货膨胀严重，这是1948年上海民众挤兑黄金的情形。马克·吕布摄影。

离德的现象。

1948年4月召开的“行宪国大”，有两个热点问题受到各方的关注。其一是关于确定首都的问题。来自华北、东北、西北等省的国大代表提议，希望把国民政府的首都定在北平。但蒋介石认为，南京对国民党更为有利，因为它政治稳定，经济条件好，军事力量强，特别是对于“剿共”更为有优势，而共产党的势力主要在北方。在表决这天，白崇禧是大会的执行主席，他主动联络蒋介石，贯彻蒋介石的意见，结果以鼓掌而非投票的形式，强行撤消定都北平的提案。

其二是关于副总统的竞选问题。鉴于蒋介石在国民党内无人能及的威望，总统一职非他莫属，但是副总统一职，竞争激烈。孙科、李宗仁、程潜、于右任、莫德惠、徐傅霖六人是候选人。选票大多落在孙科、李宗仁、程潜三人头上。蒋介石的原意是让孙科当选，理由是副总统之位不要军人坐，应该让位于文职，而且孙科是孙中山的哲嗣。可是，时任北平行营主任的李宗仁，不顾蒋介石的再三劝退，偏要竞选副总统。结果在4月29日，李宗仁果然当选，这让蒋介石很没面子，于是总统蒋介石与副总统李宗仁之间产生了不可调和的矛盾。李宗仁当选副总统，得益白崇禧鼎力相助。白崇禧自谓："我个人与这次副总统选举的关系极大。"还说"人家说我是帮他（李宗仁）最得力的一个。"[1]

黄琪翔自德国回来的时候，总统依旧是蒋介石，而副总统李宗仁已经上任。

黄琪翔说："我这次由柏林回国，原来就抱着一个目的，想向蒋介石说明第三次大战一时不可能发生，要他恢复和共产党的和谈，组成联合政府，进行合作。我并设想，如果蒋介石不能接受我的意见，我就决心辞职，不再到德国去了。"[2]

黄琪翔在南京等待蒋介石接见的时候，住进了南京励志社招待所。励志社成立于1929年1月的南京，社长就是蒋介石本人。蒋介石和宋美龄的卧室、办公室均在励志社主楼的二层。蒋经国住在三层。[3]

1948年10月，总统蒋介石在南京前后两次接见了黄琪翔。

民国著名记者陆铿，在其《铿锵集》中写了《黄琪翔见蒋介石的故事》一文，说：黄琪翔返国后"到达南京的第二天，蒋老先生就在黄埔路官邸接见了他，第一句话就问：'第三次世界大战，打不打得起来？'黄的答复竟是：'打不起来。'发现蒋的脸色变得非常难看，他也只好照实陈述柏林所见所闻！冷战几乎无日无之，但热战，从两个阵营看，都没有可能发动。蒋老先生听后失望之余，就站起身来送客，告诉他：'你休息休息吧！'黄原来认为休息几天就可以返回柏林，后来得到通知根本不必回任了。反映蒋介石失望到什么程度。"

针对这次与蒋介石的会面，黄琪翔自己是这样记述的：

---

1 《白崇禧口述自传》（下），p548。

2 黄琪翔《我的自述》。

3 南京励志社招待所的建筑，始建于1929年，建成在1931年，其主楼等保存至今完好，现在是全国重点文物保护单位。

我乘坐荷兰航空公司的“空中霸王”号飞机，经过三天航程，10月初到达上海，随即转赴南京，会见了蒋介石。蒋一看见我，装着很客气的样子，开口即问：

“柏林情形怎么样啦？世界大战快爆发了吧？”

我知道他喜欢听的是什么，但我没有理由满足他的愿望。我简单地答复说：

“‘柏林危机’似乎快要过去了。苏联和美国都不想打仗。看样子，冷战还会继续下去。”

蒋对此大失所望，脸色变得很难看。他让我喝茶。

不识时务的我，端起茶杯，以缓和的语调大胆进言，说：“委员长，还是以恢复国共和谈为好吧。”蒋默然不答，他哪里还能考虑这个问题呢！他吩咐我：“辞修有病，现在台湾休养，你去看看他吧！”

我知道话不投机，答应回上海后再赴台湾，旋即告辞。

这就是我最后一次与蒋介石见面和脱离他的政权的经过。[1]

黄琪翔还说：“我到南京见了蒋介石。我根据自己对于第三次大战不可能马上发生的看法，向蒋介石作了汇报。他感到很失望。对于国内问题，我并提出劝告，要他设法恢复和谈，他更加表示不耐烦。蒋介石当面告诉我，不必再回德国去了，这正符合我的愿望。因为我回到国内以后，亲眼看到解放战争（共产党）的胜利情况，认为蒋介石的彻底垮台是不可避免的。我不愿再度流亡海外。蒋介石叮嘱我到台湾看看陈诚，我照办了。”[2]

蒋介石叫黄琪翔不要再回德国去，任命他为军委会的战略顾问，并亲口叮嘱黄琪翔去台湾看望陈诚。那时陈诚在台湾养病。表面上看，这是蒋介石对黄琪翔的关心，因为他知道黄琪翔和陈诚的关系很深。黄琪翔之所以能够避开内战，远走欧洲，也正是

1　黄琪翔文章《中国驻德军事代表团记事》，载《文史资料选辑》第四十三辑，p9。

2　黄琪翔《我的自述》。

得益于陈诚的推荐。他自然不能忘恩。

可是，在这个节骨眼上，蒋介石却一再催促他去台湾，黄琪翔不能不对蒋介石的用心保持警惕。他说：“我不能不考虑蒋的用意，是否借此来考验我听不听话？我之最后终于决定到台湾去一走，就是因为这个缘故。”[1]

恰巧在此时，时任华北“剿匪”总司令傅作义将军（1895—1974）来南京参加军事会议，也住在南京励志社招待所。俩人做过两次私下的谈话。“黄琪翔基于他对当时国内局势的看法，殷切希望停止内战，恢复和谈，以实现国家的和平。他不顾个人安危，冒着极大风险，坦诚对傅作义说：‘此次内战毫无意义，也只能延长战祸。使民族陷于万劫不复之中，在此关键时刻，正是有志者当机立断，对国家民族做出贡献的时候。’希望傅作义能在结束内战，促进和平方面起些作用。”第一次谈话时，傅作义抬头凝视了黄琪翔，沉默不语。第二次再谈，傅作义还是没有表态。[2]

其实，傅作义当时所辖四个兵团，12 个军约 55 万人的兵力，位高权大，连蒋介石都很倚重他。傅作义一定会想：你黄琪翔胆子真够大的，咱俩还不算很熟，你居然敢来策反我华北“剿匪”总司令——即使是熟人的话，在这个大厦将倾的危急关头，正常人都快要变成疯子，你黄琪翔更应该格外小心呀。[3]

傅作义的担忧不是没有道理。1948 年 6 月，时任浙江省政府主席陈仪（1883—1950）是汤恩伯的恩师。1949 年 1 月，陈仪眼见国民党要垮台，欲尝试策反京沪杭警备军总司令汤恩伯投共，不料汤恩伯将此事密报给了蒋介石。陈仪在 1949 年初被免去浙江省主席职务，随后被软禁。1950 年 4 月陈仪被押解到台湾，后来又被囚禁于基隆。1950 年 5 月，蒋介石以匪谍罪的名义，指示台湾军事法庭判处陈仪死刑。6 月 18 日清晨 5 时许，陈仪于台北

1 黄琪翔《我的自述》。

2 《黄琪翔传》p129。

3 解放后黄琪翔与傅作义同时被任命为国防委员会的委员。据《黄琪翔传》载，傅作义曾经与黄琪翔见面，忆及此时，“傅作义至为称赞黄琪翔当时的胆识和坦诚。”

市马场町刑场被枪决。

离开南京后，黄琪翔回到上海，对妻子郭秀仪说："蒋介石的意见不能公然对抗，因为周围已有特务在监视。如果去台湾，（我）可能就回不来了。"他感到很为难。

郭秀仪也很着急，为丈夫出谋划策说："你去台湾先到香港，然后从香港机场直接溜走掉算了。"

黄琪翔考虑的比较周全，他说："这样做不行，你们都在上海，我一溜走，国民党就会把你们都抓起来。"黄琪翔是军人，他深知连坐法的厉害。

黄琪翔这才怀着忐忑不安的心情去了台湾。[1]1948 年 12 月 14 日，黄琪翔见到了主持台湾政务的陈诚。[2] 陈诚当时的职务是台湾省警备司令，还没有上任台湾省政府主席，那是 1949 年 5 月 19 日以后的事。

俩人再度相见，没有了抗战胜利之初的喜悦。说起当前内战形势，陈诚皱起眉头，满脸悲观。

黄琪翔试探着谈到陈诚的未来前途。黄琪翔自述说："我劝他出来从事奔走和谈工作，他表示不能接受，并建议我搬家到台湾去。"[3] 陈诚的态度反映出两个意思：其一，不论蒋介石的下场如何凄惨，陈诚决心一条路走到黑，哪怕为蒋介石殉葬也义不容辞；其二，他劝黄琪翔搬家到台湾去，也是好意，或有机会的话可以再度携手反攻大陆，或是可以因此偏隅一方，颐养天年，相伴老死。

从陈诚在 12 月 16 日拍发给蒋介石的密电可知，黄琪翔是于 12 月 14 日抵台，在台湾住了三个晚上之后于 17 日返回上海。陈诚在电报中向蒋介石汇报自己与黄琪翔的"晤谈结果：一，渠（他）已遵钧谕不出国；二，在代表团团长名义未开缺前，拟先回粤稍住。对于工作，以目前环境，似不急要。"

---

1 以上资料见《黄琪翔传》p129。

2 1948 年 12 月 16 日《申报》第二版。

3 黄琪翔《我的自述》。

蒋介石确实有意要留用黄琪翔，他在陈诚的来电上批示道："拟留黄琪翔在国内服务，希召其赴台，一商其志愿。"[1]蒋介石的意思很明白，就是希望黄琪翔尽快携家去台湾，至于黄琪翔以后的工作安排，可依照黄琪翔本人的志愿再行商量。

但是，黄琪翔有自己的理想和生活，不想为蒋介石政权殉葬。看到陈诚已经无望新生，于是他告诉陈诚说，像定居台湾这样的大事还需要同母亲、夫人商量一下，便乘坐飞机回到了上海。

黄琪翔在上海住了几天之后，就秘密逃往香港。

他通过中国农工民主党党员与海员工会的关系，代买了一家老小前往香港的船票，然后由他们护送上船。黄琪翔此时已化名、化装，还扮着一位病人的样子，一上船就蒙被大睡，避开了人们的视线，这样才安全抵达香港。郭秀仪回忆说："当时系农工党的欧阳平同志代我们买的船票，并送我们上船。一上船，琪翔就装作病人，蒙着头睡下，到香港后就在亲戚家住下。"[2]这时已是1948年年底，距离1949年的新年不远了。黄琪翔这才正式脱离国民党阵营

1948年12月25日，中共新华社发表《陕北权威人士论战犯名单问题》，文章说："此间各界人士谈论战争罪犯的名单问题。某权威人士称：全部战争罪犯名单有待于全国各界根据情形提出，但举国闻名的头等战争罪犯，例如蒋介石、李宗仁、陈诚、白崇禧、何应钦、顾祝同、陈果夫、陈立夫、孔祥熙、宋子文、张群、翁文灏、孙科、吴铁城、王云五、戴传贤、吴鼎昌、熊式辉、张厉生、朱家骅、王世杰、顾维钧、宋美龄、吴国祯、刘峙、程潜、薛岳、卫立煌、余汉谋、吴宗南、傅作义、阎锡山、周至柔、王叔铭、桂永清、汤恩伯、孙立人、马鸿逵、马步芳、陶希圣、曾琦、张君劢等人，则是罪大恶极，国人皆曰可杀者。应当列入头等战犯名单的人，自然不止此数，这应由各地身受战祸的人民酌

1 台湾"国史馆"《蒋中正总统文物》，典藏号002-080200-00545-132。

2 《流金岁月》，p104。郭秀仪文章《真挚友情，永世难忘》。

情提出。人民解放军为首先有权利提出此项名单者。例如国民党第十二兵团司令黄维在作战中施放毒气，即已充分地构成了战犯资格。全国各民主党派，各人民团体皆有权讨论和提出战犯名单。”[1]一共是43位，即所谓的头号战争罪犯。黄琪翔实在高兴不起来。这个名单中的大多数人，他是熟悉的。这些人早年大多追随过孙中山，后来又追随蒋介石。他们是民国时代的弄潮儿，因为坚持反共立场，如今成为人民的罪人。

可是，有极个别的人，因为自己的名字出现在中共战犯名单中而感到宽慰和欣喜。比如卫立煌将军，他与共产党的交情很深。抗战时，据《彭德怀自述》中说，十八集团军“归卫立煌所指挥，但他又从未指挥过我们”，就是说，身为长官的卫立煌对中国共产党领导的军队坚持不干预、不夺权、不搞“磨擦”。1938年春，他一次就拨给八路军子弹100万发，手榴弹25万颗，得到了共产党的好感。甚至，他去访问延安，还亲自向中共提出自己要秘密加入中国共产党的请求。中共考虑利弊后，派林伯渠答复卫立煌说：“做一个真正实行孙中山革命主张的国民党员，这样对于中国革命的贡献比参加共产党更大一些。”[2]

卫立煌与共产党人的来往，引起国民党军统、中统特务系统的察觉。他们四处搜集卫立煌和共产党人往来的所谓“材料”。在香港时，他知道曾任参谋总长、陆军大学校长的好友杨杰将军（1889—1949）要“投共”。卫立煌便去看望杨杰，恰逢杨杰外出，就给杨杰留下便条，表示第二天再来拜访。谁知第二天一早，杨杰就被国民党特务暗杀在寓所。蒋介石败退台湾前，毛人凤手里有一份暗杀黑名单，卫立煌确信自己也在这份黑名单上。所以他闻讯自己的名字也出现在中共的这份战犯名单上，长叹道：“我有救了！”[3]

还有白崇禧，他是蒋介石的老对手，曾经于1927年和1948

1 湖北长江出版集团湖北人民出版社2008年1月《43位战犯的后半生》，p1。

2 《43位战犯的后半生》，p364。

3 《43位战犯的后半生》，p363。

年两度逼迫蒋介石下野，蒋介石当然要怀恨在心。在解放战争的后期，白崇禧的部队被解放军收拾殆尽，毛泽东还骂他是“中国境内第一个阴险狡诈的军阀”，再加上他的铁杆政治搭档“代总统”李宗仁又借病出逃美国，“光杆司令”白崇禧走投无路时，共产党公布了这份战犯名单。白崇禧因此得救。蒋介石向他敞开怀抱，邀请他去台湾。1949年12月30日，白崇禧从海南岛逃到了台湾。针对蒋介石收容白崇禧去台湾之举，张发奎赞誉蒋介石先生的胸怀宽广，人格伟大！而史学家则认为白崇禧此举是“轻率的决定”，因为白崇禧在与蒋介石长达22年的斗争中，让老蒋吃尽了苦头，而白崇禧最后是“蹊跷”地死于台湾。这些都是后话。

黄琪翔此次秘密来到香港，很快被记者发现。当时香港的街头巷尾，人们都在议论纷纷，猜测第三次世界大战可能马上会爆发，因此人心惶恐。针对一些媒体炒作第三次大战就要爆发的传闻，黄琪翔在回答记者采访时说：美苏“虽然都玩手段，但距离战事却遥远得很。”[1]

黄琪翔还在上海时，邂逅了张发奎，可是张发奎不知道黄琪翔随后曾悄悄去台湾拜访陈诚。张发奎在回忆录中说：“我去看望当时任驻德国军事代表团团长的黄琪翔。蒋先生叫他回国写一份报告，然后又叫他回德国去。他已经拿到飞机票，正准备把行李托付海运。蒋先生突然命令他留下来改任战略顾问。他对我一声不吭就失踪了，后来才知他去了香港，加入了李济深的国民党革命委员会。‘民革’那伙人信任他，因为他一向左倾。我相信，如果蒋先生让他回德国，他绝不会出走投共的。”

张发奎认为，如果蒋介石让黄琪翔夫妇回到德国去，黄琪翔是绝不会出走投共的。这个判断，或许有他的依据。然而，这只是一种假设。可人的命运不能假设，历史的进程总是跟神秘魔方一样，让人捉摸不透。

1949年初，黄琪翔在香港露面后，公开了自己对时局的判断，

---

1 1949年1月7日香港《文汇报》。

认为和平已经没有希望。一些反共人士希望他再上战场，与共产党绞杀。《南洋周报》发表署名“安心”的文章，说：“尝在中国军政场合中，负有盛名的龙云、黄琪翔、黄绍竑诸将军，到了香港，住的颇久。国家在动乱中，闻鼙鼓而思将帅，他们都是军政界的良才，及锋而试，亦有静极思动的意向否？”又说“现国家仍在内争继续进行，人民处水深火热之中，亟待拯救。不知曾经政海风浪舍已为人的龙、黄诸将军，对时局作何看法？亦肯一举手以救这芸芸众生否耶！”[1] 黄琪翔则回答说：“和平是决计没有可能的。两年前我曾经主张过和平，但现在已不是时候。新的局面是一定要来的，旧的局面已毫无可取之处，但新的究竟会好到甚么程度？则要由人民自己来决定。”[2]

1949 年 1 月 13 日，黄琪翔正式亮明自己的政治态度。他在接受法国法新社记者访问时说：“蒋（介石）已经完了，失掉了人民支持的南京政府（李宗仁代总统）也拖不了多久。”关于预定在哈尔滨举行中共所领导的新政协会议，他说：“会成功的”，“坚信由于共产党与各反蒋党派合作的结果会建立一个真正民主的政权。”他还说：“目前他自己在政治上是独立的，但他是同情共产党及他们的朋友，也许他会参加反蒋集团。”[3]

在接受法新社记者访问的最后，黄琪翔说自己“将长期住在香港并无前往华北的打算。”这是黄琪翔在使用障眼法，故意放出的一个烟幕弹。实际上，他此时已向中共地下党提出了前往中共解放区的请求。中共方面则希望他暂时留在香港，以便策反其他国民党的高层将领。

1　1949 年香港《南洋周报》第 25 期第 2 页。

2　1949 年 1 月 7 日香港《大公报》。

3　载香港《新生晚报》1949 年 1 月 13 日法新社本港讯。

五、迎接新中国

国共内战的进程，完全超出了黄琪翔的预计。国民党部队人心涣散，一触即溃。从 1948 年 9 月至 1949 年 1 月的 4 个月时间，中国共产党领导的人民解放军越战越勇，在同国民党进行的战略决战中，取得了包括辽沈战役（1948 年 9 月 12 日至同年 11 月 2 日）、淮海战役（1948 年 11 月 6 日至 1949 年 1 月 10 日）、平津战役（1948 年 12 月 5 日至 1949 年 1 月 31 日）三个战略性战役的彻底胜利。

1948 年，解放军攻克拥有 10 万重兵、工事坚固的山东省首府济南。毙伤国民党军 22423 人，俘获国民党王耀武中将（1904—1968）及以下 61873 人。解放军的部队变得无比强大，拥有了无坚不摧、无敌不克的实力。

济南战役的胜利，标志着人民解放军攻克国民党重点设防大城市的开始。这一战役揭开了战略决战的序幕。而辽沈、淮海、平津三大战役，历时 142 天，共争取起义、投诚、接受和平改编与歼灭国民党的正规军 144 个师，非正规军 29 个师，合计共 154 万余人。国民党赖以维持统治的主要军事力量大部被消灭。三大战役的胜利，奠定了共产党在全国胜利的基础。

备受打击的国民党政府只能幻想用和谈来阻挡、延缓人民解放军的强劲攻势。国民党总统蒋介石与代总统李宗仁已经离心离德，相互掣肘，甚至彼此都提防着被对方暗杀。国民党阵营呈现出一盘散沙态势。而共产党抓住时机，再接再厉，痛击着国民党的势力。

1948 年 12 月 28 日，蒋介石批准黄琪翔出任国民政府战略顾问委员会的委员。[1] 黄琪翔已对蒋介石政权彻底绝望，因为他看到了新中国的曙光。

当 90 万人民解放军兵临北平城下，在北平地下党的耐心工作和北平许多开明人士的敦促下，国民党华北“剿总”总司令傅作义接受了共产党提出的和平条件，并于 1949 年 1 月 21 日，签订了《关于和平解决北平问题的协议》。31 日，人民解放军浩浩荡荡进驻北平城，北平宣告和平解放。

1949 年 4 月 20 日，国民党的李宗仁政府在最后一刻还是拒绝了在《国内和平协定》(最后修正案)上签字，他们觉得中共和谈条件太过苛刻。中共方面再无客气可言，于是毛泽东和朱德于 21 日发布了《向全国进军的命令》。

1949 年 4 月 23 日，陈毅、粟裕、谭震林率领的第三野战军一部攻占了南京总统府，南京政府至此彻底垮台。

黄琪翔认为，国民党在大陆的失败，源自于自身的腐败，而张发奎则认为，“共产党摧毁了我们的士气，战争的胜负不是依靠武器而是士气。”[2] 其实，这两位国民党将领的观点并没有太大的区别，一个是眼睛往上看，另一个则往下看。得道多助失道寡助，人民的眼睛是雪亮的，谁愿意会为国民党这样一个腐败的政府去殉葬呢。

黄琪翔此时身在香港，阅读了大量进步书籍和报刊。他对共产党的主张，显示出衷心的拥护和强烈的向往。他认为，共产党执政后，“中国从此可以摆脱帝国主义、封建主义和官僚资本主义三大敌人的统治，成为一个新兴的国家了。我对于这个即将到来的新兴国家的政治面貌，当然不可能有具体的、正确的预见，

1　台湾“国史馆”《蒋中正总统文物》，典藏号 002-080200-00337-126。

2　《张发奎口述自传》，p364。

但在报纸上接触到的关于新民主主义的经济方针是‘发展生产，繁荣经济，公私兼顾，劳资两利’，则十分欣赏，认为十分正确，认为按照这个方针做下去，中国便可以成为现代化的富强繁荣的国家了。假如说，我当时对共产党有信仰、有信心的话，也就是止于这一点。”[1]这就是黄琪翔在那个风雨飘摇年代里最真实的想法，也是他主动投身到共产党怀抱的根本原因。他公开对记者说出了自己的心声：“我个人出处，前天如是，今天亦如是，在国家人民的需要上，个人是从不考虑其他，只求有利于国家人民，随时准备工作。”[2]

许多人都在关注黄琪翔。当黄琪翔自台湾返回上海后，他的“第三党”战友连瑞琦说：“我把这个消息向吴克坚[3]汇报。我们中一位同志劝黄（琪翔）不要做蒋介石的宣传员，希望他到解放区去，并说服了他的家属，他们都同意去。”“我们建议黄（琪翔）乘此经台湾去香港，到港后与温康兰联系，转往解放区。他在香港等了一个时期，借机策反广东军队起义。黄琪翔是在北平解放后才去解放区的。”[4]

在香港，黄琪翔遇到众多亲朋故旧，大家都焦虑不堪，纷纷在寻找出路。所谓出路，当时摆在人们面前的大约有四条：其一，就像陈诚那样跟着蒋介石去台湾，以不忘旧主之恩；其二，去海外，最好是美国。美国在许多人心目中是一个自由开放的国度。当时从香港飞美国的机票是五百美金一张。李宗仁、李汉魂他们去了美国；其三，留在香港，比如张发奎。香港是英国的租借地，

1 黄琪翔《我的自述》。

2 1949 年 1 月 5 日香港《大公报》。

3 吴克坚(1900—1986)，中共隐蔽战线上功勋领导人之一。1924 年加入中国共产党。1928 年吴克坚在上海加入周恩来直接领导下的中央特科。1929 年，由他负责保护共产党在上海建立的第一个秘密电台。1932 年被派往苏联学习，回国后出任中共长江局副秘书长兼周恩来随身副官。1948 年 10 月至 1949 年 5 月任中共中央上海局委员，曾协助国民党将军龙云出逃，计划乘船北上解放区，但未能实现。1949 年在上海负责领导中共中央社会部情报部门进行策反工作。获得敌人大量的军政战略情报，参与组织并成功地争取多起国民党军事人员的起义。中华人民共和国成立后，历任华东局统战部部长、中共上海联络局局长等职。1986 年在北京病逝，终年 86 岁。

4 新编文史笔记丛书《沪滨掠影》，上海书店出版社 1994 年 1 月第一版，p15。连瑞琦文章《动员黄琪翔去解放区》。

属于资本主义社会，一旦国际间发生意外，还可以再度选择进退之路。进，可以回到大陆。退，可以浪迹天涯；其四，就是回到祖国，投身到共产党的怀抱，洗心革面，重新步入人生之路。问题是，这些国民党的将领们，历史上都有着与共产党的恩恩怨怨，许多人与共产党打过仗，甚至在某个特定时期，双手还沾染过共产党人的鲜血，比如杨虎。他们难免不怕后患，担心共产党秋后算账。

黄琪翔没有犹豫，他决定回到祖国，与共产党人一起参加新中国的建设。许多熟悉黄琪翔的人对此不会感到惊诧，因为在黄琪翔的历史中，他一向都同情共产党，与共产党中的许多领导人保持着亲密友谊，比如周恩来、叶剑英、贺龙、周士第等人。

一些香港媒体对于黄琪翔的政治态度，作出了想当然的误判，说："当他从南京初到香港时，确曾一度极为活跃而敏感的人士，亦均认为他这次来港或为南京方面派来与李济深打交道的'和平人士'之一，籍以试探李（济深）、蔡（廷锴）方面的条件。以他过去与李济深、蔡廷锴等的关系，这种推测与揣想也不无道理。惟一经其与李接触之后，方知对方已远非当年'福建人民政府'时代的人物了。故今年入春以来，他便一反常态突然变得非常沉默起来，就是偶尔遇见新老记者时，也顶多'哈啰'一声，或者'你好呀'的招呼一句。此外便什么话也不愿谈了，样子显得很颓废，尤其自从李济深悄然北上以后，这对于他，好像更是一个非常之大的刺激！"[1] 这些记者误以为黄琪翔于 1949 年底来香港，是肩负着南京李宗仁政府的使命，来笼络李济深、蔡廷锴的。

这显然是一种假象。外人不知的是，黄琪翔在香港与中共地下党的秘密接触已非常频繁。他家雇请的厨子阿妈李少轩，是何凤山夫人的熟人。李少轩于 1951 年来到埃及大使馆何凤山家当

1　民国三十八年七月版千秋出版社 1949 年版《反动派在港近况》之《意兴阑珊的黄琪翔》，p39。

保姆。何凤山把阿妈告诉他的情况写进了回忆录里：

> 1951年我们由香港请来一位阿妈，名叫李少轩，是小女曼礼的保姆。绶荣在上海早就认识她，这次未来开罗前，她在香港黄琪翔家中做过厨子。她说黄将军返香港后，拒绝返回台湾，家中车水马龙，非常热闹，每天不断的开流水席，来往的人都是中共的大头儿。黄某终日笑逐颜开，兴高采烈地说："毛主席长，毛主席短。"后来全家决定搬往北京。临行前再三问阿少是否愿意同去，她很率直的笑道："我没有享共产福的命！"[1]

与共产党人秘密交往的同时，黄琪翔也时刻不忘邓演达一手缔造起来的中国农工民主党。早在北平刚刚和平解放之际，身在北平的民主党派都没有经费来源。北平市的农工民主党组织，当时叫中国农工民主党北平市党务整理委员会。后任农工民主党中央副主席的方荣欣（1912—2010）回忆说："就在这困难时刻，季方同志有一天交给我一张四百万元（旧币）的汇票，说是香港的朋友寄来的。不久季方同志又悄悄对我说：'给你的那张汇票，是黄先生（琪翔）从香港寄来的。'我听了随之联想到历历往事。琪翔同志，他对待我们党组织，堪称是苦心孤诣，关怀备至。他是一位深受我党同志们敬爱的领导人。"[2]

黄琪翔雪中送炭汇来的这笔款项，被用于这个组织的经费，驻会委员每人每月4万元（相当于人民币4元），工作人员每人每月2万元（相当于人民币2元），以及其他的一些活动费用。这笔钱支撑了这个组织的运转，直到建国后，民主党派的经费纳入国家财政预算为止。

1949年间，张发奎很不屑于黄琪翔的"投共"行为，斥黄琪翔为"投机"。显然，黄琪翔在做出决定的时候，没有与张发奎

1　香港中文大学出版社1990年12月版，何凤山著《外交生涯四十年》,p230。

2　《黄琪翔传》，p153。

私下交过心。张发奎不理解他。张发奎本人也非常矛盾，一方面他很敬重蒋介石，口口声声称之为“蒋先生”，可是当他到了香港之后，居然举起了“反共反蒋”的旗帜，走上了“第三势力”的旧路。张发奎成立的这个组织叫“中国自由民主战斗同盟”[1]，纠集了被中国共产党开除的张国焘，以及顾孟余、张君劢、童冠贤、李微尘等人，还去争取美国政府的资助。美国政府向来极度自私，心口不一，他们从来不会想去做蚀本的买卖，而他们嘴上标榜的所谓正义，永远只挂在嘴上，因此张发奎等人组织的这个“中国自由民主战斗同盟”很快就寿终正寝。

早在1948年4月30日，中共中央发布《纪念“五一”劳动节口号》，号召：“各民主党派、各人民团体、各社会贤达迅速召开政治协商会议，讨论并实现召集人民代表大会，成立民主联合政府。”[2]这一号召，立即得到了各民主党派、无党派民主人士的热烈响应和支持。

毛泽东还亲自起草了《中央关于邀请各民主党派代表来解放区协商召开新政协问题的指示》，开列出一批有政治声望人士的名单，准备邀请他们参加新政协，共商建国大计。这份名单上有李济深，冯玉祥，何香凝，李达，柳亚子，谭平山，沈钧儒，章伯钧，彭泽民，史良，邓初民，沙千里，郭沫若，茅盾，马叙伦，章乃器，张炯伯，陈嘉庚，简玉阶，施存统，黄炎培，张澜，罗隆基，张东荪，许德珩，吴晗，曾昭伦，符定一，雷洁琼等29人。第二年5月1日，毛泽东又写信给李济深和沈钧儒，说，“拟订民主联合政府的施政纲领，业已成为必要，时机亦已成熟，但欲实现这一步骤，必须先邀集各民主党派，各人民团体的代表开一个会议，在这个会议上，讨论并决定上述问题。”1948年5月2日，中共中央致电中共上海局，告知中央已决定，新政协会议的

1 《张发奎口述自传》，p375。

2 中央党史出版社、中国书籍出版社《中国共产党90年史话》2015年5月第一版，p200。

召开地点在哈尔滨，开会时间拟在“今年秋季”。[1] 随着三大战役的快速进程，尤其是傅作义将军率部起义及北平城的和平解放，中共中央最终决定新政协会议的召开地点改为北平，会议时间延至1949年9月。

应中国共产党之邀，各民主党派、无党派和华侨的代表从全国各地及海外陆续抵达解放区。他们进入解放区的路线主要有：从北平经石家庄到河北省平山县李家庄，这里是中共中央城工部的所在地；从上海或香港经山东到李家庄；从香港经大连到哈尔滨；天津解放后，从香港经过天津到北平。[2] 在中共方面，负责护送、迎接和安排这些民主人士进入解放区的最高领导者，就是周恩来。

正在美国考察的冯玉祥，接受中共中央的邀请后立即回国。他在苏联驻美大使潘友新的帮助下，1948年7月31日自美国乘坐“胜利号”轮船返国，途经黑海向敖德萨港（今属乌克兰）行进途中，9月1日因轮船失火与女儿冯晓达一起遇难，享年66岁。[3]10月下旬，冯玉祥夫人李德全抱着丈夫的骨灰赶到东北解放区，以实现冯将军的遗愿。

1948年8月初，从香港进入解放区的民主人士人数最多。因为这些民主人士一遇到变革时期，最爱往那里跑，这似乎已是历史惯例。周恩来派钱之光前往香港，同中共在香港的负责人方方、潘汉年、章汉夫、连贯等一起工作。潘汉年等负责联络、组织在港的一些抗日名将、民主人士做好进入解放区的准备，然后由钱之光用货船悄悄地把他们护送进入解放区。

钱之光回忆说：在香港，“每次都是由原来与民主人士保持联系的人去联系好，等载货回解放区的船准备好以后，就由他们

1　文史资料出版社1984年9月版《五星红旗从这里升起》，p5。

2　中国文史出版社1987年6月版《迎接曙光的盛会——新政治协商会议亲历记》，p5。童小鹏、于刚、尹华的文章《关于筹备和召开中国人民政治协商会议的回忆》。

3　《白崇禧口述自传》（下），p594。白崇禧说：冯玉祥“是军委会副委员长，位高而无实权，不得志。到美国去考察水利，一到美国就反（国民党）中央，后来要到苏联去，船到黑海看电影，电影忽然失火，给烧死了。”

负责，把民主人士护送上船。在当时复杂的情况下，要保守秘密是一件很不容易的事。每次护送民主人士，特别是一些引人注目的知名人士上船，我们事先都作了比较周密的安排。对于上船要经过的路线，事先要调查熟悉；还事先约好什么人去接，遇上情况如何对付等等。由于民主人士社交活动多，认识他们的人也多，为了避免遇到熟人，每次都安排在黄昏以后上船；每次都有负责同志陪同，我还另派工作同志随船护送。”[1]

在周恩来直接指挥下，钱之光他们在香港负责输送四批民主人士北上。第一批共十几位，其中有沈钧儒、谭平山、蔡廷锴和章伯钧等，由中共负责人章汉夫陪同。他们乘坐的是从苏联租来的货船，名字叫“阿尔丹”。

第二批北上的民主人士有郭沫若、陈其尤、许广平母子、马叙伦、沙千里、宦乡、曹孟君、韩炼成、冯裕芳等30多位，由中共负责人连贯陪同，胡绳随行。郭沫若当时的化名叫“丁汝常”。鲁迅和许广平之子周海婴爱好无线电，自己装了一台收音机，在船上收听到新华社播发沈阳解放的消息，大家很兴奋，还举办了一个庆祝会。

第三批北上的民主人士有李济深、茅盾夫妇、朱蕴山、章乃器、彭泽民、邓初民、洪深、翦伯赞、施复亮、梅龚彬、孙起孟、吴茂荪、李民欣等，由中共负责人李嘉仁陪同。

以上三批均是抵达大连，然后去了哈尔滨。

第四批北上的民主人士于1949年3月14日从香港出发，在天津上岸。那时天津已经解放。他们是黄炎培夫妇、盛丕华和他的儿子盛康年，还有姚维钧、俞寰澄等人，由中共负责人刘恕护送。3月25日抵达北平。

显然，黄琪翔的名字不在以上四批中共邀请的名单之列。事实上黄琪翔北上的时间已是很晚，新政协的筹备会议已经结束。这是因为中共希望黄琪翔留在香港，以帮助他们策反国民党军队

1　中国文史出版社1987年6月版《迎接曙光的盛会——新政治协商会议亲历记》，p48。钱之光的文章《接送民主人士进解放区参加新政协》。

里的一些高级将领。

1949 年 8 月底，在中共地下党的安排下，黄琪翔才从香港出发北上。他化装成一位病人，在中共特勤人员的帮助下登上一艘英国太古公司名叫“岳阳号”的客轮，驶离香港，前往天津的塘沽港。

与黄琪翔同行的还有著名旅美侨领、致公党元老司徒美堂（1868—1955）。毛泽东于 1949 年 1 月 20 日发函司徒美堂，邀请他回国参加新政协会议。司徒美堂于 8 月 9 日乘飞机离开美国，8 月 13 日抵达香港，然后他与黄琪翔以及上海工商界的代表一起坐上了“岳阳号”客轮北上。

黄琪翔、司徒美堂这行人从塘沽港下船后，即刻由中共天津交际处的工作人员护送至北平。9 月初，他们入住北平六国饭店。当时，天津解放才四个月，时任中共天津市市长是黄敬，副市长张友渔。

黄琪翔回忆说：“我到香港后，很快就和那边的中共地下负责人取得了连（联）络。我向他们表示，我愿意立刻到解放区去。后来他们接到指示，答复我，希望我在南方做些策反工作，因此未（成）行。此时农工民主党在香港的组织活动在继续进行，我对它的工作表示支持。我对于当时在报（纸）上接触到的新民主主义的理论和政策也初步有所了解。1949 年 8 月，香港中共负责人通知我，已为我准备好船位，要我到北京来，我抱着十分兴奋的心情接受了通知，来到北京。9 月间，我光荣地参加了第一届中国人民政治协商会议。”[1]

中共方面希望黄琪翔上将“在南方做些策反工作”，是有针对性的，那就是请他对张发奎、薛岳、余汉谋、李汉魂等人施加影响，争取他们参加起义投诚[2]。这四位均是国民党上将，在国民党军队中享有威望。

1 黄琪翔《我的自述》。

2 《民国高级将领列传》p456。

吴奇伟

1948年5月，余汉谋临危受命升任国民党陆军总司令。到了1949年5月，陆军总司令由张发奎接任；薛岳时任广东省府主席；李汉魂此前在欧美考察，1949年李宗仁代总统职后，他应召回国任上将参军长。3月，李汉魂出任内政部长。

黄琪翔与这些军界老同学们保持秘密联系，进行策反。他是怎样劝说这些将领们的呢？黄琪翔在接受香港《大公报》记者访问时说："将领们也很彷徨，他们找不到他们的道路。我告诉一些上层人物说：跑不是办法，你跑得了你的孙子也跑不了。若果你们认为打下去是对人民有利的，你就应出全力在战场上决个胜负；若果战争对人民是没有好处的，就自己吃点亏，请不要再打，让人民少吃一点苦。"[1] 他也不否认自己与共产党的接触，称"偶然碰碰头是有的。"结果，这四位老同学都拒绝向共产党投诚，黄琪翔所作的策反工作宣告失败。

不过，黄琪翔的另一位老同学吴奇伟中将，时任广东绥靖公署副主任，是薛岳的老部下。1949年5月，吴奇伟在广东东江地区率部起义，导致广东省的政局大乱。吴奇伟通电与蒋介石政权决裂并宣布投奔中共时，毛泽东、朱德复电，对吴奇伟等人的投奔，表示"极其欣慰"与"欢迎"。据后来和吴奇伟等同举义旗的魏鉴贤先生回忆说：他们的行动，"就是与黄（琪翔）的教导有密切关系的。"[2]

1　1949年1月7日香港《大公报》。

2　完颜绍元文章《暮境坎坷的黄琪翔》。

1949年7月，国民党第十二兵团总司令胡琏[1]采取“纵深防御、移动防御”的原则，开始进行大规模的战略转移。他们分兵两路南下，成功摆脱了解放军南下围歼的计划，于7月14日从江西进入广东兴宁，然后进入梅县。就在胡琏兵团撤出梅县时，他们已经知道黄琪翔在香港宣布脱离国民党政府，并“叛变”投共，于是一把火把黄琪翔家“仪园”烧了，只留下了残壁断墙。那时候，“仪园”是梅县当地最好的洋房之一，远近闻名，而且刚刚建好才三年。

这栋新楼名曰“仪园”，取郭秀仪名字中的“仪”字，是黄琪翔为实现对母亲的承诺，于抗战胜利后的1945年在家乡水车墟修建的。它是一座西式两层的洋房，黄墙白沿，精雕细琢。洋房前有平台，后有庭院，十分漂亮。据当地人介绍，建造“仪园”的建筑工匠，是黄琪翔夫妇委托专人从汕头等地请来的，墙体由石灰、沙、黄泥加糯米等搅拌夯筑，因此十分坚硬。楼面底层为木桁，上面铺设杉木木板，再在木板上铺一层灰沙，然后再覆盖地板。这种复杂的工艺，起到了防潮隔音又坚固的作用。

1949年9月初，也就是黄琪翔的“仪园”被烧不久，黄琪翔来到北平城，被共产党安排住进了位于东交民巷的六国饭店。黄琪翔所住的房号是133号。

六国饭店是民国年间北平最著名的高级酒店。它最早由比利时人于1900年建成。这位比利时人所在的sleeping-car公司，是晚清年间中国火车之车厢的供应商。1905年，英、法、美、德、日、俄六国合资买下原来的西式宾馆，并推倒重建成地上四层、地下一层的现代建筑，有客房200余套，是当时北京最高的洋楼之一，取名“六国饭店”。1949年4月，国民党代总统李宗仁派出以张

1　胡琏（1907—1977），陕西华州人。黄埔军校四期毕业，属陈诚的土木系，国民政府统治大陆后期的著名将领。1949年去台，为首任“金门防卫司令部”司令官，兼福建省“主席”，后升任“陆军副总司令”。1949年10月25日，胡琏第十二兵团与李良荣第二十二兵团，在台湾金门西北角的古宁头村，击溃一万多登陆金门的解放军，俘虏约五千人，取得金门战役的“胜利”。后受聘为“总统府战略顾问”，晋级陆军一级上将。

治中为首的和谈代表团，就在这里与中共谈判。[1]

黄琪翔刚来到北平，堂妹黄甘英闻讯后领着丈夫张文松来六国饭店看望黄琪翔。这让黄琪翔喜出望外。堂妹黄甘英和丈夫张文松都是中共地下党员，曾潜伏在北平。黄琪翔这是第一次见到堂妹夫张文松。儒雅而又谦恭的张文松，给黄琪翔留下了很好的印象。

黄甘英比堂哥黄琪翔小 23 岁，她的父亲正是黄琪翔小时候最为敬仰的族伯父黄锡铨先生。[2] 黄甘英的丈夫张文松（1919—2011）是黄甘英于 1943 年在北平做秘密工作时的战友，由此相恋成婚。新中国成立后，张文松先后任北京市委政治秘书，市委政研室副主任、主任，市委教育部部长，市委常委。

张文松回忆说："我早就知道琪翔先生其人，后来看了郭沫若同志在《北伐途中》一书中对琪翔先生生动的描写，更是心仰久之，想象中他应是一位风采翩翩的青年将领，所以当 1949 年夏他从香港北上，我和黄甘英同志与他在六国饭店初次见面时，竟仍然保留着郭老所写的琪翔先生的形象。他那时大约五十岁了，虽然略微发福，看起来却像四十岁的人，英俊不减当年，颇有儒将风度，给我留下很深的印象。"[3]

黄琪翔非常开心，对黄甘英张文松夫妇敞开了心扉，坦言"此次响应共产党的号召，毅然从香港回归北平，决心共建新中国，这是他一生中最大的也是最重要的一次转变。"[4]

黄琪翔初到北平，还遇到一位旧属，就是共产党人廖沫沙。1940 年廖沫沙跟随黄琪翔参加了枣宜会战，是黄琪翔的少校秘书。廖沫沙回忆说："从（1940 年在襄樊）那次同黄琪翔先生分别以

1　解放后六国饭店被国家接受，成为外交部招待所，后来更名为"华风宾馆"。

2　黄甘英于 1935 年参加"一二、九"学生运动，1937 年 9 月加入中国共产党。1938 年在冀南抗日根据地的威县任县委宣传部长、县委妇委书记。1943 年调回北平做地下党工作。1949 年 4 月全国妇联的机构成立，黄甘英先后任组织部科长、副部长，城市工作部副部长。

3　《黄琪翔传》，p190。张文松《缅怀先哲 倍增钦敬》。

4　《纪念黄琪翔》中国文史出版社 1988 年 6 月第一版，p18，黄甘英文章《怀念兄长黄琪翔》。

后，直到一九四九年北京解放以后，才在北京重逢。这时他已经是两鬓飞霜了。”[1]

廖沫沙是在1949年5月应中共中央的电召，到北平市委机关工作，任北京市委宣传部副部长。

1 《纪念黄琪翔》中国文史出版社1988年6月第一版，廖沫沙《同黄琪翔先生在前线的时候》，p15。

第八章　参加新中国建设

一、开国大典

中共中央最先设想在东北举行第一届“中国人民政治协商会议”，具体地址在哈尔滨。因为东北最先解放，那里是稳固的共产党解放区。随着战争形势快速发展，傅作义在北平和平起义，长江以北的国民党守军很快被歼灭，所以中共中央重新规划，最终把召开第一届中国人民政治协商会议的地点确定在北平。

1949 年 6 月 22 日，在新政协筹备会党组会上，周恩来代表中共中央作报告时阐明：“新政协为长期组织，也即人民民主统一战线。”“中央政府成立后，政协便成为中共领导的各党派的协议机关，国家的一切大事都可以事前在此协商。人民民主统一战线工作是长期的。我们要善于和党外人士相处，只有这样，才能做到长期合作，保证人民民主统一战线不断前进。”[1] 周恩来的这番讲话，具有划时代的重要意义，说明未来的新中国人民民主统一战线，是由各党派组成，将长期存在。全国政协便成为中共领导各党派的协议机关。这一政治安排，延续至今。

1949 年 9 月 15 日，周恩来在新政协筹备会中共党组会上，进一步说明新政协代表成分和比例是根据党的统一战线路线、方针，采取和各党派各团体充分协商的方式来确定。同时指出：革

1　中央文献出版社 1998 年 2 月版《周恩来年谱》。

命胜利后“需要动员各种力量参加工作，到处都要碰到合作的问题”，因此要加强与党外各界民主人士的合作。怎样搞好合作？关键“在于到他们中间去，领导他们”。我们“不应该有拒绝领导的思想”，但决“不是摆着一副领导的面孔”去领导，领导工作“很复杂，原则要抓得紧，但要善于运用，要有灵活性”。如果“我们领导得好，可以不流血过渡到社会主义”。[1]

毛泽东在新政协筹备会开幕时说：“中国人民将会看到，中国的命运一经操在人民自己的手中，中国就将如太阳升起在东方那样，以自己的辉煌的光焰普照大地，迅速荡涤反动政府留下的污泥浊水，治好战争的创伤，建设起一个崭新的强盛的名副其实的人民共和国。”[2]

黄琪翔相信：共产党是人民支持的政党，它将带领全国人民将中国建设成一个繁荣昌盛的国家。

1949 年 9 月 21 日下午六时，全国政协第一届全体会议开幕式在北平中南海怀仁堂举行。周恩来代表筹备会报告出席会议的各类代表名额和总人数，提出主席团名单和秘书长人选的建议，得到全场一致通过。参加这一会议的代表人数为 662 人，黄琪翔作为特邀代表参会。

毛泽东致开幕词。他走上主席台，庄严宣布：“占人类总数四分之一的中国人从此站立起来了”，并提出了政协会议的任务。

第一届全国政协会议一共召开了八天，即 1949 年 9 月 21 日至 9 月 30 日。

参加第一届全国政协会议的人员，当时被称为代表，而非我们后来习惯称之为委员。黄琪翔所在的政协小组共有 9 人，另外的 8 人是李明灏、张元济、张难先、李书城、胡子昂、宁武、张稣村和周怀孝，他们全都住在六国饭店。

在即将举行开幕式的当天上午 9 时，该小组会议在黄琪翔的

1 《周恩来年谱》。

2 人民出版社 1991 年版《毛泽东选集》第 4 卷，p1467。

133 号房间内举行。他们中的许多人是第一次相识。著名出版家张元济在其当天的日记中写道："怀孝言与余向不参加任何党派，亦不问外事，此次系特别情形，应于发言时为之说明。张（难先）、胡（子昂）、李（明灏）、宁（武）、张（醁村）自称昔年曾入同盟会。黄（琪翔）似未声明。李明灏则言本为老国民党，近决脱离云。"[1] 黄琪翔与张难先有过交往。早在 1927 年 10 月，黄琪翔率领第四军返回广州时，张难先就去欢迎他们。当时张难先是广东省的省委委员兼省土地厅厅长。

黄琪翔所在的政协小组 9 名委员，相处得很融洽。年龄最长者是张元济，此年已经 82 岁，最小的则是黄琪翔，才 51 岁，所以一旦大家有事要商量，均到黄琪翔的 133 号房间来碰头。

黄琪翔在大会进行到第六天，即 9 月 26 日[2]，他在大会上发表了讲话。

黄琪翔说："首先要声明的：我是站在个人立场说话。这次人民政协所提出的三大建国方案，虽然是到现在才完成它的法律手续，可是，它的雏形早就在毛泽东主席的言论以及历年来中国共产党的文告中可以看见了。中国人民百年来的革命斗争没有白费，三大文件，完全反映出中国广大人民的要求。这是毛泽东思想的结晶，也是中国共产党奋斗的成果。他们是值得赞美的，值得感谢的。二十多年来，我在政治圈里摸索着，我有时鼓舞，也有时彷徨；革命的发展，是那样的错综复杂，要看得清楚，把握得定，真不是一件容易的事。到了现在，我深深相信：在毛泽东旗帜之下，中国是确定的走上了光明伟大的前程了。"他接着说："也许有人怀疑：方案虽然是好，谁能保证它不会变成空头支票呢？我的答复是：不要人民支持的政权，是可以随便开空头支票的，但结果必定被人民所推翻，国民党反动政权的崩溃，就是一个很好的例子。共产党是靠人民支持长大起来的党，它所领导的

1 商务印书局 2009 年 7 月版《张元济全集》第七卷日记。p389。

2 参见 1949 年版《中国人民政治协商会议第一届全体会议 · 纪念册》之"每日程序"，p34。

1949 年 9 月 26 日，黄琪翔在第一届中国人民政治协商会议上发言。

人民政权，直接代表着人民的利益，支票是不可能不兑现的。”[1]

黄琪翔在发言中，重点谈到国际形势，谈到了新中国在美、苏之间选边站的问题。他说：“更有人说：‘对外关系为什么要一边倒呢？我们站在苏美中间，利用它们，调解它们，做一座桥梁不很好吗？’各位代表先生，我也曾经这样想过。我前年到欧洲去，就是想实际观察战后苏美两大强国的政策，到底有无协调的可能，欧洲各国的实情又是怎么样？我希望从欧洲问题上去了解世界问题，同时也就帮助了我了解中国革命问题。到柏林后，我看得很清楚，美国帝国主义的扩张政策，向战后的欧洲横冲直撞，但是它给苏联和东欧民主国家挡住了。虽然盛气凌人的美帝内心焦虑，以致老羞成怒，叫嚣战争，但它没有把苏联吓倒。苏联坚定地把握住和平政策，不侵犯，也不退让。西欧各国战后贫

1 1949 年版《中国人民政治协商会议第一届全体会议 · 纪念册》，p311 至 p312。

困不堪，希望美帝的救济，是迫切的。但是美帝的所谓马歇尔救济计划，实际上等于一面输血，一面抽血。除了少数的反动资本家外，大多数西欧国家人民是洞烛美帝的奸谋而力加反对的。对于德国问题，美帝国主义者是丝毫没有解决的诚意的。它的大欲，是想把西德变成经济和军事的堡垒，以便进攻苏联。现在我明白了：只要美帝国主义存在一天，它是不会和苏联及任何其他人民国家合作的。这样，我们还能调解他们吗？再拿它对中国的政策来说吧，为什么它一定要援助国民党反对派呢？是因为中国人民解放运动根本上和帝国主义利益尤其是和美帝国主义利益不相容。我们还能利用它吗？我们要知道：帝国主义者的财富是从内内外外剥削得来的，如果说，它愿意帮助中国人民解放运动，那便是等于它自动放弃侵略和剥削的对象，它们会那样愚蠢吗？今天美帝和苏联，一个是我们的敌人，一个是我们的朋友，我们决不能对它们作等量齐观之想，我们要反对敌人的一边，就应该倒在朋友的一边，这是很合理的，值不得大惊小怪的。”

他还说：“美帝鼓励下的国民党反动派封锁政策，我们也不怕它。一百年前帝国主义者就曾经用大炮打破我们的国门，夺取市场，要求通商，来达成它侵略和剥削的目的。现在，眼看我们中国人站起来了，不能继续剥削下去了，便要求封锁我们，这种无耻而又矛盾的行为，充分表现出帝国主义政策的破产，受害的将不是我们而是美帝国主义自己。让它们封锁吧，我们惯于刻苦的中国人民，正好利用这机会自己创造起来，建设起来。”

他还说：“各位代表，去年此时，我还是国民党反动政府派驻德国的军事代表团团长。当济南解放以后，蒋介石的所谓‘必胜信念’是动摇了，于是他调我回国，希望我提供情报，证实他的幻想——就是说，第三次大战即将爆发。我的报告是使他失望了！以美帝为首的帝国主义者集团说不尽的百孔千疮，你疑我诈；而苏联所领导的和平堡垒，又是那样的坚强稳固，无懈可击；加上世界上任何国家的劳动人民都一致的反对战争，拥护和平；第三次大战是不会到来的。”

“最后，我请求各位代表注意，一九四九年的九月，是世界历史上最伟大的一个月。在这个月内有两件大事是值得大书特书的：中华人民共和国的成立是一件大事，苏联公开宣布有了原子武器又是一件大事，而这两件大事，都是直接和今后世界命运攸关的。现在，我们可以大胆的郑重的宣告世界：中华人民共和国将和苏联永远站在一起。我们要反对战争，我们也有力量反对战争。我们要保卫和平，我们也有力量保卫和平。”

黄琪翔的这个讲话，距今已近70年，世界万事，白驹过隙，可是他表达的思想和对当时形势的判断，依旧值得我们仔细回味。

他于1949年冒着牺牲的风险投奔到中国共产党的怀抱，是因为他“深深相信”：“共产党是靠人民支持长大起来的党，它所领导的人民政权，直接代表着人民的利益，支票是不可能不兑现的。”这是他在政治圈里摸索二十多年来所看到的真正希望，这就是他对新中国的期望！

9月28日是休会日，眼见会议快要结束，黄琪翔小组的代表们相互间产生了感情，于是大家提议去王府井大街的同生照相店摄影留念。团体照一张，个人照一张。黄琪翔又对张元济提出，他们俩是该小组的一老一少，应该另外再单独合影照一张，以资留念。

在同生照相店里，他们又遇到了慈善家赵朴初和巨赞法师，也来拍合影照。赵朴初是一位虔诚的佛教徒。巨赞法师系大和尚，是唯一参加第一届全国政协的僧人。

第一届全国政协全体会议上，通过了《中华人民共和国中央人民政府组织法》、《中国人民政治协商会议组织法》、《中国人民政治协商会议共同纲领》等重要文件。这就是黄琪翔所赞美的“三大建国方案”。

在这个大会上，代表们还一致通过了四个决议：一、中华人民共和国的国都定在北京。自即日起，北平改名为北京；

二、中华人民共和国的纪年采用公元。当年为1949年；

三、在中华人民共和国的国歌正式确定以前，以《义勇军进行曲》为国歌；

四、中华人民共和国的国旗为红底五星旗，象征中国革命人民大团结。

会议选举出63人组成中央人民政府委员会，毛泽东当选为主席。“在人员构成上，副主席、政务院副总理以及政务委员，党外人士都占半数或半数以上；政府委员党外人士约占48.3%；部委级单位正职党外人士则占44.1%。具体情况为：中央人民政府委员会副主席6人中，党外人士3人（宋庆龄、李济深、张澜）；其余委员56人，党外人士有何香凝等27人；政务院4名副总理中，党外人士为郭沫若与黄炎培；15名政务委员中，党外人士有谭平山等9人；在政务院所辖34个部、委、院、署、行中，有15个正职由党外人士担任。这种广纳民主人士参政的做法，得到了社会各界人士和各民主党派的衷心拥护和高度赞誉。”[1]

10月1日下午3点，在北京天安门广场上，中华人民共和国的开国大典将正式举行。

下午2点55分，毛泽东与中共开国元勋以及民主党派领袖们沿着天安门西侧的台阶拾阶而上。这里的台阶共有100阶。董必武、吴玉章、李济深等上了岁数的老人们，则由警卫人员抬了上来。

毛泽东刚刚出现在天安门城楼上，军乐队高奏起《东方红》乐曲。广场刹那间成了一片欢腾的海洋。

中央人民政府秘书长林伯渠宣布典礼开始。毛泽东走到麦克风前，用他那带有浓重的湖南口音向全世界宣告：“中华人民共和国中央人民政府今天成立了！”随后，毛泽东按动了电钮开关，新中国第一面五星红旗伴随着《义勇军进行曲》冉冉升起。

1 中央党史出版社、中国书籍出版社《中国共产党90年史话》2015年5月第一版，p206。

与此同时，54门礼炮齐放28响。[1]

下午4点，阅兵式正式开始……

这一天，黄琪翔登上了天安门。

这一年，黄琪翔51岁，人生半百。孔子云："吾十有五而志于学，三十而立，四十而不惑，五十而知天命。"黄琪翔感同身受。这"天命"是什么？就是他终于迎来了新中国的诞生！新中国诞生就意味着天下人都能过上安居乐业的好日子！

这天晚上，黄琪翔将军给远在香港的妻子郭秀仪发去了一封电报："秀仪，变卖所有财产，不留一根草！速来京。琪翔。"[2]京，当然是指北京。1928年北伐胜利时，国民党政府把北京改名为北平。如今，共产党又还原了北京的旧名。

当时，黄琪翔的次子黄正明、三子黄向明正在英国留学，也被黄琪翔召回国内读书。

10月18日，来京参加第一届全国政协会议的代表们就要返程了。会议招待处发给每位代表零用钱一万六千元。张元济在原单据上注明"不敢领受。"然后，老先生拿着一幅自己已经写好的屏幅书法作品，赠予黄琪翔，与之殷殷道别。[3]

其实，会议招待处发给每位代表的零用钱一万六千元，是旧币，实在微不足道，以张元济从北京返回上海的火车票款计，每人每张是"十二万弱"。由此可见，前辈学者为人做事讲原则，一分一厘都不肯突破自己的处世底线。

1　54门礼炮，代表了参加全国政协第一届全体会议的45个单位和特别邀请人士的9个小组。28响礼炮，则象征着中国共产党28年的革命历史历程。

2　《清风见兰——郭秀仪的艺术生涯》，p4。

3　商务印书局2009年7月版《张元济全集》第七卷日记。P407。

二、北京的初春

郭秀仪在香港接到丈夫电报之后，立即行动起来。搬家，把自己的家搬到北京去！人们对新生活的期望，总是充满了激情。

在香港太子道，黄琪翔家有一座花园洋房。黄琪翔此前已经脱离国民党政府，没有了收入，再加上花园洋房面积很大，善于持家的郭秀仪就把多余的房间出租给因内战而逃去香港的大陆客，再拿租金的收入，补贴家用。

搬家很繁琐，确是一件很头疼的事，但最难的是变卖房产。这些事，均由郭秀仪一人包办。当时，一些中国农工民主党成员仍滞留在香港，没有收入，黄琪翔不仅支持他们的反蒋活动，还觉得自己有义务帮助他们解决生活困难。郭秀仪回忆说："卖掉了位于香港太子道的花园洋房，共得款12万元港币，（其中）资助其他民主党派人士生活费3万元，支付房客搬迁费3万元，律师费5千元。"剩下的钱，全部拿来北京。[1]

郭秀仪赶到北京时，已是1950年初春。冬天的寒意还没有散尽，古老的北京城里，那些成行的柳树儿，已经悄然吐露出鹅黄色的嫩芽儿。

家人来到北京后，黄琪翔搬出了招待所，与家人团聚。他们

1 《流金岁月》P23。

五十年代初，黄琪翔、郭秀仪夫妇合影于北京。

在北京的第一个家，就在北京东城乃兹府胡同。[1] 这条胡同，也叫乃兹府大街，黄琪翔家的门牌号码是 16 号。这是一处租赁来的房子，房主人姓梁。之所以来此安家，是罗隆基先生推荐的。罗隆基（1896—1965）是著名民主人士，新中国第一批政务院委员、首任森林工业部部长。罗隆基之所以推荐乃兹府大街 16 号，是因为罗隆基的家就在它对门。

乃兹府胡同的历史大有来头，在明代名气很大，本叫作“礼仪房”。明代皇室孩子的乳母们一律住在这里，所以被百姓俗称为“奶子府”。这个“奶子府”地名一直叫了几百年，可到了民国就出了问题。当时民国政府为了给路人指路，需在胡同口设立木牌楼，上书地名，而“奶子府”三个字实在太不雅观，于是经贝勒爷载润（1887—1963）的提议，采用谐音字取而代之，“乃兹府”就这样沿袭下来。

黄琪翔家对面是 12 号，那是罗隆基的家。不远处就是名作

1　乃兹府胡同的位置，是今天北京著名商业区王府井大街北面的路西，是一条东西走向的街道，因地处灯市口西侧，现在的名称叫灯市口西街。

1989年7月，老舍夫人胡絜青给郭秀仪去信，信内就附有这张照片。胡絜青在信中说："今遣家人送上为美籍友人画一幅，翻印你们伉俪照片一帧，请收下。"胡絜青还特意在照片背面，亲笔写下："1938年，在武汉，老舍与黄琪翔、郭秀仪夫妇碰杯所照，得自郭老家所存照片。胡絜青题记于己巳年。"胡絜青所说的郭老家，即郭沫若家。

家老舍的家。1938年黄琪翔出任军委会政治部副部长的时候，第三厅厅长郭沫若以政治部的名义，经常邀集文化界知名人士举行抗战文艺活动，老舍当时在武汉，所以他们时常能够见面，因此熟悉。1938年3月27日，中华全国文艺界抗敌协会在武汉成立，黄琪翔夫妇和周恩来、冯玉祥、郭沫若等军政要员均应邀出席酒会。老舍是抗敌协会的常务理事，还兼任总务部主任。在这次酒会上，老舍端着酒杯前来敬酒，这一场景被记者拍了下来，照片为郭沫若收藏。

乃兹府丰盛胡同10号的老舍家，是1949年老舍夫妇花500美金买下的。这里有个问题需要解释一下。北京当时有两个丰盛胡同，其一于西城白塔寺附近，其二则是东城乃兹府的丰盛胡同。为区别这两个丰盛胡同，当地政府把乃兹府的丰盛胡同改名为丰富胡同。老舍故居的门牌号现为丰富胡同19号。

黄琪翔家位于乃兹府大街16号，是一个老式四合院，中间有座雅致的假山，用太湖石营造。正房是黄琪翔夫妇的卧室，左右厢房的一边，住着黄琪翔儿子黄龙（黄向明），另一边则住着黄琪翔的母亲刘桂五和女儿莉莉（黄莺）。儿子黄龙的卧室之外，还有一间书房。

第一届全国政协第一次全体会议结束后，新中国诞生，黄琪翔的政治新生活由此开始。

自1840年鸦片战争以来，中国大地经历了黑暗的百年岁月，国家终于迎来一个安定的环境。新中国的呱呱坠地，使所有人见证到一个崭新的社会主义国家诞生，看到了国家的新希望。人们都在翘首期盼新中国能够立即转入恢复生产、发展经济、建设国家的新征途。黄琪翔为此欢欣鼓舞。他告别了旧时代，觉得自己仿佛获得新生，将以全新的面貌走进这个崭新的新天地。

1949 年11月12日，周恩来总理出席中国农工民主党第五次全国干部会议。他在讲话中指出：抗日战争开始后，农工民主党同中共合作得很好。一个革命的党不必害怕自己（被）消灭，但农工民主党还没有到这个时期，它还有它的历史任务，不能让它无疾而终。[1]黄琪翔当时是中央政府法律委员会委员，还没有回到农工民主党中央工作。黄琪翔回忆说："我参加第一届中国人民政治协商会议，是不代表任何党派而以特邀身分（份）参加的。会议闭幕以后，我没有打算参加政府方面工作。（共产）党把我安排为中央政府法律委员会委员，照例每周出席会议，通过些法令条条，我自己对此没有什么智（知）识和研究，提不出什么意见，觉得很苦闷。"[2]

1949年12月2日，中央政府任命五大行政区、十个省（自治区）和五个重要大城市的政府委员，由他们分别组成各级地方人民政府。其中，五大行政区的主席是：东北政府主席高岗；华东军政

1　《周恩来年谱》。

2　黄琪翔《我的自述》。

委员会主席饶漱石；中南军政委员会主席林彪；西北军政委员会主席彭德怀；西南军政委员会主席刘伯承。聂荣臻、陈毅、叶剑英、贾拓夫、陈锡联分别被任命为北京、上海、广州、西安、重庆市市长。[1]

1949年12月，毛泽东出访苏联。毛泽东一生共两次到访苏联，此是第一次。

毛泽东的这次访苏之行，使中苏两国关系跃上一个新的台阶。《中苏友好同盟互助条约》的缔结，为保障中国的国家安全，推动和加速中国国民经济的恢复发展与社会主义建设事业，都产生了重大的影响。2月14日，苏联政府以优惠条件贷款三亿美元给中国政府（年利百分之一）。周恩来在签字仪式上发表演说，指出：这些条约和协定的签订，对于新兴的中华人民共和国说来，是特别重要的，将有助于中国经济的恢复和发展。中苏两国这种为和平、正义与普遍安全而携手合作的举动。“不仅是代表中苏两国人民的利益，同时也是代表东方和世界上一切爱好和平与正义的人民的利益”。

1950年3月11日，毛泽东和周恩来出访苏联归来，北京举行盛大欢迎宴会。黄琪翔应邀出席，和董必武等同坐一桌。周恩来端着酒杯走过来，与大家打招呼，然后和黄琪翔等人一饮而尽。这一情景，被新华社的摄影记者拍了下来。

在此前一天，周恩来在政务院第二十三次政务会议上作外交报告，指出：这次新签订的中苏条约，“把中苏两国的友好与合作关系固定下来，在军事上、经济上、外交上实行密切的合作”。对照黄琪翔在一届政协的大会发言，可知黄琪翔对于中共制定的这一国策是有预见的，而且表示衷心拥护和欢迎。

不久后，黄琪翔被任命为中南军政委员会委员，兼司法部部长。那时，他夫人郭秀仪和家眷已经来到北京。中南军政委员会

1 所谓大行政区人民政府委员会以及军政委员会，是指比该区所辖的省市高一级的地方政权机关，并为中央人民政府领导地方政府工作的代表机关。1952年11月，中央撤销了五大行政区和军政委员会，统一设立华北、东北、西北、中南、华东、西南六个中央人民政府行政委员会。

1950年3月11日，毛主席、周总理（右一）访苏归来，在欢迎宴会上黄琪翔（左一）与周总理干杯。前者为董必武。

的驻地在湖北武汉。

黄琪翔前往武汉履新之前，周恩来邓颖超夫妇在北京设宴招待黄琪翔郭秀仪夫妇，为他们饯行。[1]这显然是一次私人性质的家宴。权威的《周恩来年谱》中没有记载。1938年周恩来、黄琪翔同时担任军委会政治部副部长期间，两家人曾经是珞珈山的近邻，来往密切，经常相聚。但自此之后，他们虽有多次机会见面，却从来没有能够如此安静地单独坐一会，尤其是两家人、两对夫妻的独自相处。这是一段极为珍贵的时间。黄琪翔本人在努力调整自己的思想，以适应新时代的发展和变化，而周恩来则给予满腔热忱的鼓励。

纵观黄琪翔将军的一生，对他命运影响最大者有四位历史人物。其一是张发奎。从1922年至1927年，黄琪翔在大革命时代

1　中国文史出版社1994年11月版《黄琪翔传》p154。

追随张发奎，从团附一直做到“铁军”第四军的军长，成为名扬四海的北伐战争功勋；其二是邓演达。黄琪翔追随邓演达，参与组织了与蒋介石的殊死斗争；其三是陈诚。1937 年黄琪翔应陈诚之邀返国，几度作为陈诚的副手，在抗日战争中从中将晋升为上将，成为名闻中外的抗日名将；其四是周恩来。1949 年以后，加入新中国阵营后的黄琪翔，多次受到周恩来总理的关怀和保护，即自此开始。

1950 年黄琪翔前往武汉上任中南军政委员会委员兼司法部部长后不久，位于北京的农工民主党中央的领导班子发生调整，嗣后，黄琪翔的组织关系重返中国农工民主党中央，兼任党派的领导工作。

黄琪翔的这次组织关系变动，与贯彻中共中央关于扩大人民民主统一战线的指示有直接联系。1950 年 11 月 25 日，周恩来总理在中央统战部招待会上对各民主党派中央会议代表的讲话，强调要扩大人民民主统一战线，并对各民主党派组织的巩固与发展问题提出建议。周恩来说：“我们需要朋友，而且朋友愈多愈好。根据局势和工作的需要，各民主党派在组织上不但要巩固，而且也要发展，要把巩固与发展结合起来。照现在的情况看，各党派的基础还不够宽广，这是因为过去受了蒋介石统治的压迫。建国后，经过一段时间的调整，现在需要有一个发展。”还说：“我们诚恳希望各民主党派向这个方向努力。各党派都有自己的光荣历史，因此在发展中应经常提高警惕，对于异己分子和坏分子必须严防其混入。”[1] 周总理这次与民主党派领导人谈话的地点在北京饭店。

黄琪翔在自己的回忆中也证实了这一点。他说：“周总理有一次在北京饭店约请各民主人士谈话，讨论民主党派工作有关问题，我亦被邀参加。周总理在讲话中，建议原与各党派有关系的民主人士归队，以便于进行团结、教育、改造工作。从此以后，

1 《周恩来年谱》。

我便回到农工民主党来了。”[1]

黄琪翔还说：“1950年，农工民主党进行整理组织工作，成立了中央工作委员会，以章伯钧为主任，我为付（副）主任，但实际工作，则由季方与郭则沉负责，我因为情势不熟悉，基本上对工作没有过问。同年，中南军政委员会成立，我被派为委员，前往武汉参加成立会议。会议并任我为司法部长。在此以后，我又担任了农工民主党中央的秘书长。这些都是我始料不及的。我从此往来于北京和武汉之间。”[2]

此刻，海外媒体一直在追踪着黄琪翔的身影，关注着他的动向。有关他的消息，海外媒体的报道五花八门，但大都是谣言和污蔑。

1950年4月，叶剑英受中央委派出任广东省省长。由于在大革命时期，黄琪翔任第四军军长时，叶剑英是第四军的参谋长，于是海外媒体从叶剑英的行踪上联想到了黄琪翔。

1950年8月8日，《大华报》别有用心地刊登了《黄琪翔未完成使命》报道，云：“黄琪翔轻佻而盲动，身跨三党（第三党、国民党、共产党），论者称为国民党之左派，共产党之右派，第三党之中坚……今黄（琪翔）居北平，一事无成，其乱臣贼子之使命，真个未有完成也……最近黄琪翔奔走甚力，亟谋有所建树于广东。”

有何建树呢？9月9日，台湾《呼声报》率先刊登《黄琪翔真的返港》文章，说：“年前在香港随民革人物北上靠拢的黄琪翔，稍留意过去军坛事迹的，相信都会想起这样一个人。他生得仪表不凡，谈吐也很温文，有‘靓仔将军’之称。他虚负了天生仪表，空负了肚内才华，竟弃明投暗作了闯王的走狗。”

11月7日，台湾《呼声报》报道：“官方透露：中共于公开参加援助北韩，对联合国军作战行动后并拟计划在某埠举行暴动，

1　黄琪翔《我的自述》。

2　黄琪翔《我的自述》。

策动学生工人罢课罢工，威胁当地政府。是项计划，乃叶剑英主持之‘广东省人民政府’之秘密会议所贡献于毛泽东、周恩来所决定者。由前国民党政府派驻德国军事代表团团长、现任中共之‘中央人民政府法律委员会’委员黄琪翔所领导，将与广州共军向新界进军，同时发生。一旦实行暴动之际，则将试图释监犯，予以武器，从事地下工作，攻占政府各建筑物。此种惊人消息，台湾政府所办之《新生报》，已略有记载，当不致没有根据的。”报道中说的“某埠”，很明显就是指与广东比邻的香港。随后，世界上有名的大通讯社美联社也发布了这条假新闻。

在这条假新闻的推波助澜下，被指为“实行暴动”的领导者黄琪翔，再次成为海外的新闻人物。这件事被证实是台湾策动的所谓“新闻战”。

谣言毕竟是谣言，只要稍待时日，谣言必定不攻自破。12月8日，香港《远东新闻》开始辟谣，说：“最近台湾《新生报》放出一个谣言，说中共在香港举行暴动，这暴动计划由黄琪翔领导。传播这谣言的是美联社。”事实上，黄琪翔在1950年根本没有去过广州，更没有到访香港。

三、重返农工党中央

进入新中国以后，黄琪翔内心的确渴望融入这个时代，不仅从自己的行为上，更重要的是在思想上与中国共产党保持一致，而要解决好这个问题，最重要的手段当然是学习。学习是一把金钥匙，可以打开灵魂深处的窗户。所以，黄琪翔在新形势下，“立意从头学起，读了不少经典马列著作和毛泽东著述，做了许多读书笔记。”[1]

著名文艺理论家黄药眠先生回忆说：“解放初，一直到1957年春以前，我一年中总有几次到他家去闲聊，我看他书桌上放着的《学习》杂志，重要文章中的主要句子都画下红杠，足见他很是用心学习的。我自愧不如。”黄药眠还说：“有一次，为了抚育后一代的事情，他曾写信对我说：他将负责把孩子抚养成一个具有专业知识的忠于社会主义的公民……从这一件小事也可以看出他对社会主义制度的态度。”

从1950年起，黄琪翔身兼多职，经常来往于北京和武汉之间。除了位于北京的中国农工民主党中央、位于武汉的中南司法部的工作之外，农工民主党湖北省委会的工作也须就近指导。后来，经农工民主党中央决定，农工民主党湖北省工作委员会改组成立

1　完颜绍元文章《慕境坎坷的黄琪翔》。

黄琪翔、郭秀仪在武汉合影。

武汉市委员会，黄琪翔兼任主任委员。[1] 不过，他的工作侧重于北京，所以大多数时间仍然身在北京，只有不到一半的时间在武汉办公。

1951 年间，武汉发生了一起震动中南海的大案。这个案件就是著名的“纪凯夫案件”。其实，说它是大案有点勉强，因为纪

1　见《黄琪翔传》，p154。中国农工民主党湖北省工作委员会改组成立中国农工民主党武汉市委员会，时在 1953 年。

凯夫不过是武汉市一家医院里的一名普通工作人员，被诬告偷窃了人民币1200万元。[1] 问题是诬告他的人是中共党员，而且是中共的领导干部！

1951年4月的一天，武汉市第二人民医院职工纪凯夫从食堂吃饭后回办公室的途中，看见走廊过道上散落着一些钞票，急忙回到办公室，发现医院总务科的保险柜被打开，钱被盗了。他和医院的另外一个职工追寻到办公室外面的晾台，看到一个装着钞票的布包挂在电线上，医院党支部书记王清（转业军人、团级干部）在晾台的一边站着。纪凯夫感到王清形迹可疑。

事后证实，王清就是盗贼。他做贼心虚，企图逃脱罪责，便与武汉市卫生局副局长、第二人民医院院长宋瑛串通一气，向武汉市公安局诬告纪凯夫政治历史问题和偷窃嫌疑，要求公安局拘留纪凯夫。医院党支部组织委员、医务科科长孙麦龄反对将纪凯夫拘留，向市公安局和中南局反映情况，随即纪凯夫被保释。

宋瑛不同意释放纪凯夫，便直接去找武汉市分管政法工作的副书记周季方单独汇报。宋瑛不谈王清的可疑和医院群众反映的情况，只说纪凯夫社会关系复杂，保释后不好控制等等。周季方听信宋瑛片面之词，立即下令将纪凯夫逮捕。后经有关部门组成联合调查组，经过半个多月的密查暗访，查遍整个武汉市修配钥匙的锁匠，最后查到一个人，该人证实王清在一个多月前让他配过这样一把钥匙（指医院保险柜的钥匙）。这样，人证、物证证实盗款人是王清，而且“纪凯夫案件”就是王清与市卫生局副局长、医院院长宋瑛合谋制造的假案。

“纪凯夫案件”发生后，正是中央决定开展“三反”运动时期，毛泽东主席视其为“一个典型事例”。1952年元旦，毛泽东又打电报正式指示中南局。电报原文如下：“中南局：周季方压制民主，打击报复，侵犯人权，立即逮捕法办。毛泽东。”随后，中南局对武汉市委和市政府的主要负责人进行追责，以犯严重官僚主义，

1 旧币，即现在1200元。下同

分别作出如下处分决定：

市委书记张平化，给予当面警告处分，降为副书记；

市委第一副书记、市长吴德峰，给予撤销工作的处分；

市委第二副书记、纪委书记谢邦治，给予撤销工作的处分；

王清、宋瑛开除党籍，移交司法机关法办。[1]

1952 年 7 月 2 日，最高人民法院中南分局刑事审判庭判决如下：王清偷盗公款，隐瞒罪责，捏词诬告陷害他人，处有期徒刑6年。宋瑛压制民主，蓄意诬陷，藉端报复，侵犯人权，处有期徒刑 2 年。周季方压制民主，侵犯人权，处有期徒刑 9 个月。彭其光制造伪证，违反政策，侵犯人权，处有期徒刑 1 年。

所谓“三反”“五反”运动，是指 1951 年底到 1952 年 10 月期间，新中国在党政机关工作人员中开展的“反贪污、反浪费、反官僚主义”和在私营工商业者中开展“反行贿、反偷税漏税、反盗骗国家财产、反偷工减料、反盗窃国家经济情报”斗争的统称。1952 年 2 月上旬，“五反”运动首先在各大城市开始，很快形成高潮。1952 年 3 月 5 日，中共中央规定对违法资本主义工商户处理的基本原则：过去从宽，今后从严；多数从宽，少数从严；坦白从宽，抗拒从严；工业从宽，商业从严；普通商业从宽，投机商业从严。

“纪凯夫案件”的审判属于中南局司法条线上的事，中南局驻地就在武汉，而黄琪翔是中南局委员会的委员，又是司法部长，还是知名民主人士，因此黄琪翔对“纪凯夫案件”的详情是了解的。他说“1952 年，三反五反期间，我正在武汉。”[2] 这个案件也就成为黄琪翔在新中国经历的第一场运动。他对共产党政府做事有理有节的政策以及雷厉风行的办事作风，都有了深刻的印象，表示完全拥护。为此，黄琪翔在当年的《长江日报》上发表题为《武汉市立第二医院盗窃案的处理给了我们哪些教训》的文章。武汉

1　见中国青年出版社 2010 年 8 月版，彭树华著《潘汉年审判前后》，p8。

2　黄琪翔《我的自述》。

市立第二医院盗窃案，所指的就是“纪凯夫案件”。这些文章的观点与党中央的精神完全一致。

黄琪翔在武汉亲身参加了“三反”“五反”运动。为此，他还撰写了《斥资产阶级的各种谬论》和《贺衡夫大盗窃案的破获告诉了我们些什么》等文章，也都发表在湖北的《长江日报》上。《长江日报》1949 年 5 月 23 日创刊，报头由毛泽东题写，由武汉市军事管制委员会主办，也是中南局的机关报。

“贺衡夫大盗窃案”，也是“三反”“五反”运动中一个名闻全国的重要案件。贺衡夫（1888—1968）[1]时任武汉市工商联主任，还是中南军政委员会委员、中南财经委员会委员兼武汉市人民政府委员。1952 年 4 月，政务院第 131 次会议通过命令，撤销大盗窃犯贺衡夫在政府中的一切职务，并逮捕法办。他一夜之间成为了阶下囚。据 1952 年 4 月 9 日《群众日报》登载的政务院命令指出，贺衡夫的罪名是“组织并领导大规模的盗窃集团，进行隐匿大宗敌产；派遣坐探深入政府机关，勾结和贿赂政府工作人员，盗窃经济情报，盗窃大量国家财产；贩卖大宗毒品；盗窃巨额黄金出口；并在反贪污、反盗窃运动中拒不坦白，又阻止该盗窃集团中其他犯罪分子坦白。”

全国上下正在轰轰烈烈开展“三反”“五反”运动初期，黄琪翔于 1951 年参加了中央组织的革命老区慰问团，任副团长，[2]前往革命老区去慰问那里的人民群众。在湖南湘潭期间，黄琪翔第一次参观了毛泽东主席的故居。为了革命事业，毛泽东的六位亲人先后牺牲了生命，[3]使他深受感动。

这一时期，黄琪翔站在国家利益的立场上，利用自身的社会

1　贺衡夫原名良铨，汉阳黄陵人。早年在汉口创办衡昌油盐店、衡昌油行。1931 年任汉口总商会主席，后历任中华大学校董，重庆庆华颜料公司董事长，国大代表。解放后，贺衡夫任武汉市工商联主任，还是中南军政委员会委员、中南财经委员会委员兼武汉市人民政府委员。

2　《黄琪翔传》，p154。

3　为革命而牺牲的毛主席六位亲人是：妻子杨开慧、大弟毛泽民、小弟毛泽覃、堂妹毛泽健、侄儿毛楚雄和长子毛岸英。最晚牺牲的是长子毛岸英。1950 年 10 月参加中国人民志愿军，任志愿军总部秘书。1950 年 11 月 25 日，在朝鲜平安北道遭美机轰炸，不幸牺牲，年仅 28 岁。

影响，撰写文章，宣传党和国家的新政策。1951 年 5 月 7 日《长江日报》发表了黄琪翔题为《为贯彻婚姻法而斗争》的文章。1951 年 11 月 7 日《长江日报》发表黄琪翔《加强学习，提高思想水平》的文章。1952 年 3 月 3 日《长江日报》发表黄琪翔《声讨美国侵略者进行细菌战争的滔天罪行》的文章。

到了 1952 年的春末夏初之交，湖北省开始实施一项举国瞩目的水利大工程，即“荆江分洪工程”。毛泽东主席亲自审阅并批准长江水利委员会向中央报送的《荆江分洪工程计划》，任命荆江分洪委员会李先念任主任委员，唐天际、刘斐任副主任委员。中南军政委员会组织 30 万军民参加了工程建设，以 75 天的惊人速度建成荆江分洪第一期主体工程，包括右岸沙市对面上游 15 公里处的虎渡河太平口进洪闸、黄山头东麓节制闸和分洪区南线大堤等主体工程。荆江河道安全泄洪能力由此得到显著提高，缓解了与上游巨大而频繁的洪水来量不相适应的矛盾。前苏联水利专家布可夫，也于 1952 年 3 月、5 月先后两次到工地勘察，并对工程设计与施工提出了许多宝贵的建设性意见。

工程完成后，政府组织大规模的验收工作，黄琪翔被任命为验收团的副团长。黄琪翔与验收团的其他成员一起，抱着对国家和人民高度负责的态度，对工程进行全面而认真的检验和验收。事实证明，荆江分洪工程是一项功德无量的伟大工程。[1]

尽管中南区公务繁忙，黄琪翔心中仍然念念不忘中国农工民主党中央的工作。他说：当时“我的时间在北京为多。我的活动以在上层为多。当时的民主党派工作，转到农工民主党（内），主要是安排人事等工作。农工（民主）党内部经常为着人事问题争吵不休，我从中做些调解工作。郭则沉曾经告诉我，要我在农工(民主)党发生‘甘草’作用，我觉得这也近似。”[2] 郭则沉(1906—1973）是 1926 年加入中国共产党的老党员，时任中国农工民主

1　2006 年 5 月 25 日，荆江分洪闸（北闸）被国务院批准列入第六批全国重点文物保护单位名单。

2　黄琪翔《我的自述》。

党第五届中央工作委员会委员。建国初期，他运用自己的影响，在工商界开展统战活动，曾将工商界爱国人士郭增凯及“万金油大王”胡文虎、胡文豹引见给周恩来。

黄琪翔认为，作为民主人士，既然大家已经加入到新中国民主统一战线，就应该团结合力，和共产党一起建设新中国，不应再搞内耗，窝里斗，所以他处处以团结为重，凝聚力量，即发挥着所谓的“甘草”作用。在中国农工民主党中央的内部，黄琪翔大胆任用新人，放手让农工民主党中央副秘书长李伯球（1904—1986）去真抓实干。[1]

新中国成立初期，中国农工民主党中央主席章伯钧、副主席彭泽民均担任中央人民政府委员，且俱身兼多个重要职务，因此作为农工民主党中央执监联席会议秘书长（1951 年 12 月后为农工党中央执行局秘书长）的黄琪翔责无旁贷地承担起不少党务工作，特别是事务性工作。

黄琪翔回忆说：“1953 年，李伯球调任农工（民主党）中央付（副）秘书长以后，我对党部内部工作完全依靠着他。对日常工作，几于没有过问。我对李伯球是没有认识的……但总以为他还有一点能力和干劲，党部少不得要有这样一个人，因此遇事多顺从他……我对他的支持是分不开的。”[2]

为了工作，黄琪翔逼迫自己改变生活习惯。因为他明白自己再也不是叱咤风云的昔日将军，不需要他像在战场上那样果断地指挥战斗，声嘶力竭与人喊话，于是他变成了一位耐心、和善和忍让的人，处处关心他人，与人为善。

在中国农工民主党中央内部，黄琪翔以“人和”著称。“他与人无争，遇事谦让，与同志们相处，心怀坦荡，乐于助人。凡

1　李伯球为著名民主人士，广东梅州人。李伯球与黄琪翔、叶剑英等均是同乡，历史上多有交结。1949 年李伯球参加第一届全国政协会议后，应叶剑英省长的电召，由北京返回广州，任广东省人民政府委员、省农林厅副厅长。1952 年调来北京，先后任中央财经委员会委员、北京市人民政府委员、北京市工商局局长、农工民主党中央委员、执行局委员兼副秘书长。

2　黄琪翔《我的自述》。

有事找到他的，他总是尽力帮助。很自然，他的家成了议事的场所。农工党中央和地方的负责同志常常聚集在他家里，谈论各种问题。他的夫人郭秀仪是他的贤内助，无论是在艰苦困难中，还是和平环境里，一直是毫无保留地支持他的工作。对有困难的同志，同样是慷慨相助。黄琪翔从建党以来，解决和缓和了党内许多矛盾，增进了党的团结。”[1]

黄琪翔的所作所为，处处流露出他内心善良的本质，这让人感到他与许多一心想当高官的政客截然不同。黄琪翔“对干部的生活和健康，给予无微不至的关怀和帮助。一次，他到办公室，看到有些办公桌比较矮，他就让总务部门的同志找木工将桌腿接高一些，以免影响干部的身体健康。有的从地方上调到中央来工作的同志，安家有困难，他亲自把卧具、衣物送去。干部生孩子，他同他的夫人前往看望，并送去婴儿需要的东西。逢年过节，他都要到干部的家里，询问有什么困难。同志们患病，不论是住在医院里或是家里，他都要探视，并送去慰问品。在他因工作忙脱不开身时，也要派工作人员代表他去探视。每年在气候宜人的春、秋季节，他们夫妇约请中国农工民主党中央和中国农工民主党北京市委的全体同志到公园或他们的家，设便宴或自助餐招待，使干部们在繁忙的工作中有一次轻松的聚会。大家在一起无拘无束，敞开心扉，增进了相互了解，加强了团结。农工民主党地方组织的负责同志无论因工作或个人私事来京，黄琪翔也都在家里招待，了解地方组织的情况并听取他们的意见。”“所有这一切活动、招待的费用，都是他自费，从来不从公款中开支。黄琪翔能够亲密无间地和同志们在一起，他受到同志们的衷心的尊敬和爱戴。”[2]

章伯钧与黄琪翔的关系有点特殊，因为黄琪翔是资历极高的老同志，系农工民主党的创始人之一，尤其是在邓演达牺牲之后，他力挽狂澜成为农工民主党的负责人，曾是章伯钧的领导。眼下

1 《黄琪翔传》p159。

2 《黄琪翔传》p160。

黄琪翔居章伯钧之下，他依然开朗面对，从不摆出老资格的样子，而是真诚待人，无怨无悔地工作。这是他赢得党内“同志们的衷心的尊敬和爱戴”的主要原因。

“黄琪翔和其他兄弟党派的领导人接触也较多。他总想为中国农工民主党的工作，为巩固和发展统一战线，尽到自己的力量。”[1]他们夫妻与党和国家的领导人，例如贺龙、陈毅、习仲勋等经常见面，并约他们到家中聚会，议论国际形势、国家大事和统一战线的工作。[2]

1950年6月25日，中国近邻朝鲜爆发内战。中共中央、毛泽东应朝鲜劳动党和政府的请求，作出了抗美援朝、保家卫国的决定，派遣中国人民志愿军入朝作战，并得到了以苏联为首的社会主义阵营的支持。

1951年6月1日，中国人民抗美援朝总会发出号召，动员全国人民捐献飞机大炮运动。当时提出的口号是：“前方子弟兵奋勇杀敌，后方努力捐款捐物，发动群众抓生产。”中国文联捐献一架名为“鲁迅号”的飞机，徐悲鸿画马20幅，所得款项全部捐赠“鲁迅号”。梅兰芳也于6月在汉口举行两场京剧义演，捐出演出的全部所得1亿元（旧币）。著名豫剧演员常香玉，带领香玉剧社义演170余场，捐献“香玉剧社号”飞机一架。至1952年5月，全国人民共捐献人民币55650亿元（旧币），以每架飞机15亿元计算，共折合3710架飞机，尚余人民币6230万余元，各种作战物资达560万吨。

国家的强盛，全民的富裕，这是人民追求的目标。为了响应国家的号召，黄琪翔郭秀仪夫妇在抗美援朝战争期间，竭尽己力向国家捐款捐物，其中包括向国家捐赠两套房产等财物：

其一，1951年，黄琪翔夫妇出售位于南京上海路上的一栋花

1 《黄琪翔传》p158。

2 《黄琪翔传》p158。

园洋房，随后将售房款项捐赠国家，支援抗美援朝。[1]原农工民主党中央宣传部副部长孟庆厚此时在南京工作。他回忆说："1951年抗美援朝时，人民捐款捐物。黄老把在南京的花园洋房卖掉，款项捐献给政府。此事是黄老委托给农工民主党南京负责人邓昊明，是我经手办理的。"[2]；

其二，1953年，抗美援朝战争还没有结束之际，黄琪翔夫妇又将位于广西桂林桃花江边甲山脚下的整套别墅捐赠给了国家，包括20多亩土地。这是1938年由著名建筑大师林乐义营建，毗邻李宗仁公馆，人们现在把它编号为5号公馆。

黄琪翔郭秀仪夫妇捐赠房产的时候，连同家里收藏的古董一齐捐赠给了国家。其中，郭秀仪平时所喜爱的一对花瓶，有半人高，上面是手工绘制的五彩人物画，据说是清朝康熙年间的官窑作品。此时，国家严重匮乏外汇，于是通过文物商店往海外销售中国古董，以换回国家急需的外汇。当时全国最有名的是上海文物商店，国家就把各处收集的古董调拨给上海，供文物商店和友谊商店出售。此间，郭秀仪曾去上海，在友谊商店里邂逅自家捐赠的那对康熙五彩人物大花瓶，上面连黄琪翔捐赠的标签编号还没有撕掉。标价是每只花瓶25万元旧币，二只花瓶即50万旧币。而它旁边悬挂出售的中央美术学院院长徐悲鸿的大幅《奔马》，标价是20万元旧币。[3]

1953年7月27日，美国被迫在板门店同中、朝两国代表签订《关于朝鲜军事停战的协定》。至此，中国人民抗美援朝运动胜利结束。

1953年10月4日，贺龙率领的中国人民第三届赴朝慰问团前往朝鲜，黄琪翔以副总团长身份随同前往。这个慰问团共有5448人组成，下辖40个分团。

---

1 据黄琪翔郭秀仪外孙于峰先生介绍：该房产系1948年以郭秀仪的名字购买的。

2 张新荣手书《黄琪翔郭秀仪在文革中》。此材料共23页，由张新荣女士亲笔撰写，现存黄琪翔后人处。作者据原稿摘录。后同。

3 中国文史出版社1994年11月版《黄琪翔传》，p151。

1953年10月黄琪翔赴朝慰问志愿军。前排（左二）为慰问团总团长贺龙，（右一）为黄琪翔。

10月13日，慰问团总团首先到达平壤，参加了朝鲜举行的隆重欢迎宴会，金日成与慰问团贺龙总团长参加宴会。

10月25日是中国志愿军出国参战的纪念日，慰问团总团在贺龙团长率领下，到达志愿军总部。贺龙与其他副团长一起，检阅了志愿军的仪仗队，并接受志愿军文工团同志的献花，同时接受手举鲜花的志愿军干部战士的夹道欢迎。

12月18日，赴朝慰问团圆满完成任务，黄琪翔随团回到北京。

第二年，《中央人民政府关于撤销大区一级行政机构和合并若干省市建制的决定》公布。这个《决定》是在1954年6月19日中央政府第三十二次会议上通过的。决定指出：国家计划经济的建设，要求进一步加强中央集中统一的领导，减少组织层次，增加工作效率，克服官僚主义，决定撤销了华北、东北、华东、中南、西南、西北6个大行政区。大区一级行政机构便结束了它们的历史使命。

中南局撤销之后，黄琪翔告别武汉，回到了北京。

1954年9月，黄琪翔当选广东省的全国人民代表，参加了新中国第一届全国人民代表大会。会议于1954年9月15日至9月28日在北京召开。参加第一届全国人民代表大会的广东省代表一共有46名，包括叶剑英、蔡廷锴、蒋光鼐、周扬、廖仲恺之女廖梦醒、谭平山、曾生、雷洁琼、陈其尤、李伯球等知名人物外，还有教育家陈垣、红色版画家古元、文艺理论家黄药眠、中国现实主义电影的奠基人蔡楚生、舞蹈家戴爱莲、著名报人徐铸成等。

会议选举毛泽东为中华人民共和国主席、朱德为副主席，刘少奇为第一届全国人民代表大会常务委员会委员长，董必武为最高人民法院院长，张鼎丞为最高人民检察院检察长。大会根据毛泽东主席的提名，决定周恩来为国务院总理。政务院即在此时改称国务院。

大会决定，国家不设立中央军委，而是设立国防委员会。根据国家《宪法》规定：中华人民共和国主席统帅全国武装力量，担任国防委员会主席。国防委员会是咨询和统一战线性质的机构，不是全国武装力量的领导机关。会议选出的第一届国防委员会主席是毛泽东，副主席有朱德、彭德怀、林彪、刘伯承、贺龙、陈毅、邓小平、罗荣桓、徐向前、聂荣臻、叶剑英、程潜、张治中、傅作义、龙云。委员共102人，主要是共产党的高级军事将领，以及部分起义的国民党将领。在这次会议上，作为著名爱国将领黄琪翔也被选为国防委员会委员。第一届国防委员会的任期是1954年至1959年。

同时，黄琪翔还当选第一届全国人大的法案委员会委员。

1954年11月，黄琪翔被任命为国家体育运动委员会副主任。与黄琪翔一起被任命为国家体委副主任的民主人士，还有前国民党高级将领蔡廷锴（1892—1968）和卢汉先生（1895—1974）。主任是贺龙。贺龙时任国务院副总理，不仅兼任国家体委主任，还兼任着国防委员会的副主席。

1954 年 10 月 18 日，国防委员会主席毛泽东与出席第一届国防委员会委员们合影，第三排（右四）为黄琪翔。

黄琪翔心情愉悦。他对祖国的发展信心满怀。他说："在报纸上接触到的关于新民主主义的经济方针是'发展生产、繁荣经济、公私兼顾、劳资两利'，则十分欣赏，认为十分正确，认为按照这个方针做下去，中国便可以成为现代化的富裕繁荣的国家了。假如说，我当时对共产党有信仰、有信心的话，也就止于这点。我这种思想，直到 1956 年全行业公私合营的时候，基本上没有什么改变。因为自从建国以后，在共产党的领导下，国家通过恢复经济阶段进入第一个五年计划以来，各方面事业都大有进步，国际地位亦大大提高。我感觉到十分满足。"[1]

1955 年 6 月，卫立煌夫妇响应中共的号召，回到北京定居。卫立煌在同年 9 月出版的《人民画报》上发表了"回到祖国大陆以后"的文章。卫立煌说：此时"许多旧友如李济深、张治中、

1　黄琪翔《我的自述》。

翁文灏、何香凝、傅作义、龙云、黄琪翔等都纷纷来访，并邀我等游宴。”

1955年的年中，国家推行等级工资制，黄琪翔时任国家体委副主任，被评定为行政五级，属于副部级中最高的级别。

这种等级工资制的改革背景，源自于1955年全国经济形势的全面好转，国家于是决定实行新一轮的工资改革方案。1955年8月31日，国务院正式颁布国家机关工作人员实行全部工资制和改行工资制的命令。其中，党政机关实行等级工资制，把干部分为30个行政级；企业工人分为8个技术等级；专业人员例如工程技术人员、文艺工作者、教师、医务工作者等也建立相应的等级系列。

党政机关实行的30个行政级中，“当时国家副主席宋庆龄是行政一级，她的工资是579.5元。毛泽东、刘少奇、周恩来、朱德等中共最高领导人是行政二级，工资都是404.8元。”“各级别都有相应的工资，最高工资与最低工资之比大约是21:1。”[1]

在部级领导干部中，黄琪翔被评定为行政五级，属于不高不低，介乎正部与副部之间的交叉点上。正部级别是由三级到五级，而副部则为五级到八级。以著名人士论，茅盾当时是文化部长，他的级别是四级，比黄琪翔高一级；而周扬是中宣部副部长兼文化部副部长，是六级，又比黄琪翔低一级。套用上将、大军区、省、部级别的工资是400元，而每一级别工资之差最大是50元，最小是5元，由此我们可以推测出黄琪翔当时的工资水平应该接近于400元。

1 《中国那些年（1949—1978）》团结出版社2014年第一版，p126。

四、黄琪翔夫妇与齐白石的交往

黄琪翔投奔新中国怀抱之后，他的夫人郭秀仪来到北京，再没有参加工作，成为全职的家庭主妇，照顾一家老小的生活。期间，郭秀仪曾向齐白石拜师学画，被赞誉为艺术大师齐白石晚年最喜爱的入室弟子。

1950 年春，黄琪翔和老舍家成为乃兹府大街的邻居。本是旧友如今又是近邻，两家的交往自然频繁起来。黄琪翔当时在中南区任职，要隔三差五往武汉跑，但他们夫人之间几乎天天都要过往，闲聊家长里短。黄琪翔家、老舍家和罗隆基家，都是在 1950 年初先后搬入乃兹府大街的。

老舍夫人胡絜青（1905—2001）是个文人，知书达理，性格比较内向，属于传统知识女性。而郭秀仪热情奔放，性格开朗，乐于接受新鲜事物，属于新时代的女性。她俩在性格上存在着明显的差异，正好构成互补。闲暇时，郭秀仪经常去老舍家做客。胡絜青当年 45 岁，郭秀仪 39 岁。

老舍家是一座北京常见的四合院，一进门是一个玲珑小院。小院里种植了两棵柿子树，每到金秋时节，橘红色的柿子挂满枝头，漂亮极了。胡絜青为这个小院取名“丹柿小院”。西向是一座三合院，东西各有三间厢房。北房三间，左右又各有一间耳房。明间和西边的次间为客厅，在这不大的客厅里，周恩来总理曾三次到访，就坐在靠西边的沙发上，与老舍倾心交谈。西耳房是老舍的书房兼办公室。老舍的书房不大，却十分素雅。从1950年至1966年的十六年时间里，老舍在这里写下许多名篇，如人艺的保留节目《龙须沟》、《茶馆》。还写下大量小说、戏曲、杂文、诗歌和散文等作品。

老舍出门之后，胡絜青有时也会使用老舍的书房，在那里画画。胡絜青自幼嗜好绘画，曾受著名画家汪采白（1887—1940）、杨仲子（1885—1962）、孙诵昭（1878—1968）诸先生的教益，于1938年结识了北平大画家齐白石，倾心于齐氏艺术。只是直到1950年以前，她仍然没有拜师齐白石。[1]

郭秀仪第一次看见齐白石的画，就是在老舍家里。老舍有个习惯，喜欢把自己收藏的书画挂在书房和客厅里，每隔一段时间再换一遍，然后利用闲暇时间细细品味，算是放松大脑的一种休息方式。郭秀仪去老舍家串门的时候，看过齐白石作品，非常喜欢。[2]此时，新中国政府对齐白石礼敬有加，使之成为中国画坛上的不二大师，拥有崇高的社会地位，其艺术影响如日中天。

1950年4月，中央美术学院成立，院长徐悲鸿特聘齐白石为名誉教授。

能够收藏到齐白石老人的作品，是一件相当荣耀的事。在建国初期，黄琪翔郭秀仪夫妇的朋友圈主要是民主人士，而这些人也大多是齐白石艺术的拥趸，收藏了齐白石许多重要作品。这些人中包括章伯钧夫妇、老舍夫妇、罗隆基、杨虎、吴祖光夫妇等。受此影响，黄琪翔、郭秀仪夫妇也开始陆续收藏一些齐白石的作品。

最初，黄琪翔夫妇是跟着老舍夫妇一起去过齐白石家几次，开始购买齐白石的画。齐白石作品被选为新中国邮票《牡丹图》，

1 胡絜青在北师大学习期间，上过杨仲子、孙诵昭的书画课。杨仲子是齐白石的好友，而孙诵昭则是齐白石早期的著名女弟子。

2 黄琪翔郭秀仪夫妇之子黄向明先生证实，当初母亲郭秀仪第一次在老舍家看见齐白石的作品，是一幅名曰《水趣》的群虾图。

就是黄琪翔夫妇于1950年购买的。这幅《牡丹图》的上款是："秀仪夫人清属，庚寅九十岁白石。"不过，在当初设计邮票时，邮票设计师把上款挖掉了。

1950年底的一天，郭秀仪陪同胡絜青去拜见齐白石，或许是胡絜青她们事前已向老人"汇报"过郭秀仪有画画天分的事儿，齐白石老人突然问郭秀仪，说："听说你也想学画？"

这冷不丁儿的提问，着实让郭秀仪措手不及，但机智的郭秀仪马上回应道："您看，我今年都快40岁了，还来得及学画吗？"

齐白石说："学画哪有什么来得及来不及的，只要你心有此念，什么时候都可以学。我30岁以前是木匠，30岁以后才开始学画。你今年还不到40，假如人能够活到100岁的话，你还能够画60年哩。"其实，齐白石学画时的岁数不是30岁，而是27岁。齐白石于1889年在老家湖南时拜胡沁园先生为师学画。27岁以前，齐白石的确是个木匠。

在老师的鼓励下，郭秀仪终于决定向齐白石拜师学画。郭秀仪至此成为齐白石入门的女弟子。

中国传统画家纳徒，有一定之规。一般来说，学徒需要交纳一定的礼金，曰"拜师费"，也称之为束脩，然后还要举行拜师礼仪，即师傅和师娘端坐高堂，徒弟行跪拜之礼。最后的程序是宴请，即请师傅及同门人一起吃饭。齐白石这次纳徒，全是女弟子，一共是四位。除了胡絜青、郭秀仪之外，另外两位女弟子是高尚谦和陶圣安。拜师的地点在北京西城区跨车胡同齐白石家里。此处是齐白石早年自购的平房，老人家自称"铁屋"。

年轻貌美的高尚谦女士是一位花鸟画家，湖社会员，解放后一度是北京画院的画家。在1950年至1953年间，她正在与罗隆基谈恋爱，俩人的感情不错。也正是缘于罗隆基的介绍，高尚谦才与胡絜青、郭秀仪和陶圣安成为好朋友。陶圣安女士则是国民党中将杨虎的夫人。

胡絜青、郭秀仪、高尚谦和陶圣安这四位女弟子，正式拜师齐白石的时间是在1951年的1、2月间，是1951年的春节之前。

郭秀仪为此准备了一份很重的拜师礼。她的孩子回忆说："1951年春节，我爸爸从武汉回北京。妈妈就立即告诉爸爸说，我给齐白石磕头了。爸爸问为什么要磕头？妈妈说，我拜齐白石为师学画啦，现在是齐白石的入室女弟子。爸爸就笑，说，拜师磕头是应该的。爸爸还鼓励妈妈说，女人学学琴棋书画，可以修身养性，陶冶情操，是件好事。妈妈还说，我从小到大是在上海读书，读的是洋学堂，除了家里的长辈以外，还从来没有给别人磕过头。妈妈当时对她们说自己出拜师礼金好了，头就不磕了。胡絜青她们不同意，说哪有拜师不磕头的？妈妈就给齐白石磕了头。妈妈说，胡絜青磕头的姿势最标准，像拜菩萨似的。还说，地道的北京人真的是很讲究礼数，指的就是老舍夫妇，他们都是北京人。爸爸随即表示说，找个时间，咱们请你的老师吃饭吧。"[1]

郭秀仪自述："1951年，我在北京拜齐白石为师，学习国画。平时我在家里练习，每星期和老舍夫人胡絜青大姐同去向老师请教一次。我们两人是白石老人的关门弟子，也是他最宠爱的学生。"[2]

齐白石老人习惯上午作画，下午休息。郭秀仪与胡絜青、高尚谦等人就在下午去老师家作画。画完了，老师午睡醒了，就来看她们的画，在她们画上题字，加以批点。这些由学生作画老师题款的作品，现在一概被视为齐白石与弟子的合作画，其实，这些画就相当于学生交给老师的作业。老师看了，觉得满意的，才写上表扬之语，或者记事之类的话。出乎意料的是，郭秀仪刚开始学画，就受到齐白石的高度表扬，说明她确有绘画天分。

郭秀仪正式拜师齐白石以后，承担了一项重要使命，就是应齐白石的请求，去替齐白石卖画。因为齐白石非常清楚，以黄琪翔将军的经历、影响和高位，再加上郭秀仪的机智、善良和交际圈，一定能够帮齐白石的作品卖个好价钱。90岁以后的齐白石老人，头脑一点也不糊涂。

---

1 《清风见兰——郭秀仪的艺术生涯》，p25。

2 《流金岁月》，p69。郭秀仪文章"往事拾遗"。

齐白石在家中教授女弟子绘画。左起：高尚谦、胡絜青、郭秀仪。

新中国成立初期，黄琪翔夫妇的许多亲友避居香港，没有回内地，但一直与他们保持着联系。而当时民众往来香港仍然很自由，郭秀仪便利用这种广泛的社会关系，帮老师齐白石卖画。这些朋友也都乐意帮忙，其卖画的价格之好，大大超过了齐白石的期望，令老人喜出望外。

1951 年 4、5 月间，郭秀仪去武汉与丈夫团聚，并在那里生活了一段时间。齐白石托人带来了 13 张没有裱的画，请郭秀仪代卖。郭秀仪先是在武汉把 13 张画裱好，然后自己还亲自跑去香港一趟，把这些画全部卖掉。齐白石当时的润格每平方尺 2.5 元，这 13 张画的市场价值总共能卖一二百块钱，而郭秀仪却帮他卖了 5000 多元。她回到武汉写信给齐白石，汇报自己完成卖画“任务”的情况。齐白石给郭秀仪写了回信。齐白石的这封回信侥幸

白石老人和郭秀仪合影。

地被保留了下来。

信封上的收件地址，是黄琪翔在武汉的住址：汉口，六合路军委会新建房子第一间；受件人：郭秀仪女士启；寄件地址：北京跨车胡同十号；寄件人：齐白石。

信札的内容如下：

秀仪夫人女弟子鉴：老身无恙，勿劳悬悬。得汝函，知琪翔弟吉祥。汝来函三两次未答，甚谦。每由高尚谦处得见汝函，无不问及老翁也。汝五月一日与函，收到，为卖画之事，日后汝来京时带来奉上云云，甚感。老人旧有少年时所作工笔虫子册页，及大小诸幅，颇精，多，数幅，亦候汝来京时交赠吾女弟也，赠琪翔弟并有画。承汝代裱画十三幅，裱钱不用琪翔弟管理，老人自宜。劳神足矣。老人家穷，忌言多钱，愿弟慎之慎之。

这封信除问候酬酢之外，齐白石说，收到你 5 月 1 日武汉寄来的信，内容谈到替我卖画的事，非常感激。我准备把自己年轻时画的工笔虫子册页和大小不一的作品赠你，这些都是精品，还要赠送给黄琪翔几幅画。关于裱画的钱，由我自己出，别再麻烦琪翔管理，你们为我劳神就足够了。齐白石最后说，你老师家里贫穷，很忌讳说有钱，所以希望你以后说话要特别谨慎。

1951 年 6 月，黄琪翔回京办事，携夫人郭秀仪回到北京。她做的第一件事就是赶紧把卖画的钱给老师送去。齐白石也把赠送他们的画，交给了郭秀仪。

1952 年，黄琪翔、郭秀仪又搬了家，就是从乃兹府大街 16 号院搬到了宽街 2 号院，也是租来的房子。宽街 2 号院是个大宅门，是五四运动时被全国人民痛骂为“卖国贼”陆宗舆（1876—1941）的家。

陆宗舆的家，原是四进四出的四个完整的四合院，靠北的第一进院住的是许德珩（1890—1990）家，[1] 南向就是黄琪翔、郭秀仪的家，再后面是陆宗舆儿子住的院子，第四个院子住的是吴奇伟将军。

吴奇伟将军与黄琪翔是老哥俩，在陆军小学就是同班同学。1926 年北伐战争开始，他在国民革命军第四军十二师张发奎部下

1 许德珩是我国著名的政治活动家、教育家和学者。他早年参加毛泽东发起组织的新民学会。1919 年赴法留学，毕业于巴黎大学，曾从师居里夫人研究放射性物理学，1925 年与劳君展结婚。新中国成立以后，许德珩参加了中央人民政府工作。他先后担任了政务院法制委员会副主任委员、水产部长。

任36团中校参谋长，团长就是黄琪翔，所以黄琪翔是吴奇伟的顶头上司。在汀泗桥战役中，吴奇伟在团长黄琪翔的率领下猛攻军阀吴佩孚部主力扼守的汀泗桥而立功。吴奇伟后来当过湖南省主席。1949年5月，在黄琪翔的影响下，吴奇伟与李洁之、曾天节等人参与和策划了粤东起义，通电与蒋介石政权决裂，随后至北京参加第一届全国政协会议。[1]

郭秀仪搬到宽街2号院不久，迎来了一位管她叫“仪姐”的香港客人，这个人就是香港著名摄影家、画家和教育家陈海鹰先生。陈海鹰曾是老画家李铁夫的学生，现在是香港美术专科学校校长，也是这个学校的创始人。

1952年陈海鹰的北京之行为郭秀仪带来了快乐。当陈海鹰得知郭秀仪已是齐白石的入室弟子，便希望去拜访齐白石，仪姐一口答应。陈海鹰认为当时的香港，是个“荒芜落后”的地方，普通人很少知道国画大师齐白石的艺术成就。

在北京，陈海鹰随同郭秀仪去拜访齐白石，为齐白石拍摄了许多照片，还采访了齐白石的好友、画家胡佩衡，听胡佩衡讲解齐白石的生活和艺术。齐白石还为香港美术专科学校题写了校名。最后，陈海鹰还翻拍了郭秀仪收藏的齐白石作品多幅。

1953年12月26日是毛主席的60岁生日。郭秀仪拿起画笔，画了《寿桃和万年青图》。那鲜红的桃子，碧翠的绿叶，令人赏心悦目，远远一看，就知道是齐门风采。随后，她将此画赠予毛泽东主席。

这幅《寿桃和万年青图》，尺寸不大，30cm×30cm，只有0.81平方尺。画中的寿桃和万年青用色非常鲜艳，使用的洋红鲜嫩欲滴，视觉效果上佳。这里需要说明一点，郭秀仪在50年代创作的寿桃，其视觉效果与老师齐白石的寿桃非常相似，一方面说明郭秀仪继承了齐门的绘画技法，还有一个秘诀是，郭秀仪所使用的洋红颜料，是老师齐白石赠送的，也就是说，她与老师所使用

1　吴奇伟将军1953年7月病逝于北京，终年63岁。他的遗体安葬在八宝山革命公墓。

黄琪翔夫妇在北京大羊宜宾胡同3号家中与香港美术专科学校校长、著名画家陈海鹰、雷耐梅夫妇合影。摄于1957年。

的洋红颜料是一样的。[1] 郭秀仪说："因为老师齐白石看我喜欢画寿桃，就偷偷送了我一包洋红，我画了好几年。其他人（师兄妹）都不知道。"[2]

郭秀仪于1953年为毛主席绘画祝寿的事，一直不为外人所闻。直到20世纪90年代，大型画册《毛泽东珍藏名家画集》第一集出版，其中赫然刊载着郭秀仪的作品《寿桃和万年青图》。如今，这幅作品已经成为国家的文化财富，收藏在中南海里。

在1954年6月至9月间，由于国内撤销了行政大区，黄琪翔告别武汉，赋闲在北京的家里。此间，黄琪翔、郭秀仪又搬了

1 郭秀仪生前将这一趣闻告诉过本书作者。查各种资料，似乎齐白石的其他门人并没有过这样的"待遇"。

2 《清风见兰——郭秀仪的艺术生涯》，p61。

1952年郭秀仪赠送毛主席的《寿桃和万年青图》。

一次家，就是从宽街搬到了北京站附近的大羊宜宾新居。这次他们不再租借别人家的房子，而是住进了属于自己的家。这是黄琪翔、郭秀仪于解放初期购买的私产房，占地有三亩多。它的位置在今天东长安街附近，地理位置非常优越，是一个闹中取静的地方。

这所房子不是老北京四合院，而是由十几间平房组成，仅对外开的门就多达四五个。大门内是一个大花园，黄琪翔的书房正对着这个大花园，挨着书房是一个大会客厅，然后是黄琪翔、郭秀仪的卧室等依次排开。在花园的左方，是门卫和车库。但是，车库内不停放汽车，因为司机不住在黄琪翔家，而是每天上午开车来接黄琪翔上班，所以车库里堆放的是杂物。国家当时给黄琪翔配备的是苏联产华沙牌小轿车。

在1954年之前，房子一直是租借给新中国的友好国家保加利亚的驻华大使馆使用。黄琪翔被调回北京后，他们就收回了房子，供自己使用。

北师大的蔡彻女士，是黄药眠先生的夫人，经常陪伴黄药眠到黄琪翔家里来做客。多年后，蔡彻回忆说："他们的宅院前耸立着两扇高大的红漆大门。我们进门后，琪哥和郭大姐已在客厅前伫立迎迓。这时，客厅中传来一阵阵笑声和谈话声。走进客厅，一幅盛开的牡丹画卷迎面映入眼帘。厅堂中已有十多位客人在座。对如此众多的亲朋好友，郭大姐盛情款待，笑容可掬，风度翩翩，侃侃而谈。大家谈笑风生，友好温馨的气氛盈溢整个厅堂。我走近红牡丹画卷前一看，上面题款：'秀仪弟子属画，九十二白石'，原来郭大姐还是名画家齐白石的高足呢。无怪乎他们家高朋满座，谈诗论画，风雅多趣。"[1]

黄琪翔回到北京后，心情非常舒畅。他和朋友们来往更加频繁，而且每周都要约上朋友们去跳舞。其中，与好友黄绍竑将军（1895—1966）来往最为密切。黄绍竑家，在北京的小雅宝胡同，离黄琪翔家很近。

黄琪翔是出了名的美男子。章伯钧之女章诒和女士在她的文章《两片落叶，偶尔吹在一起——储安平与父亲的往来》中，记录了章伯钧曾说过："共产党里面有三个美男子，如周恩来。国民党里有三个美男子，如汪精卫。民主党派也有三个美男子，如黄琪翔。储安平也是其中之一。"[2]

在解放初期，全北京城跳舞最出名的地方有两处，一是北京饭店的舞厅，毛主席去过，周恩来总理也经常去；一是西郊民巷的国际俱乐部。这两处地方都不对普通民众开放。

张新荣女士回忆说："1954年我在北京读大学期间，我和我丈夫（当时尚未结婚）经常到黄绍竑伯伯家度周末和假日，我和

1 《流金岁月》，p225。蔡彻文章《一代名将黄琪翔的夫人——全国政协常委郭秀仪》。

2 人民文学出版社《往事并不如烟》2004年1月版，p52。

1951年，齐白石在黄琪翔、郭秀仪夫妇的家中合影。

齐白石在照片上题字："后左者女弟子秀仪，右者友弟琪翔。九十一岁白石自题"。

振文姐（黄绍竑伯伯的女儿）也常到黄琪翔伯伯家去玩。我们很喜欢黄伯母的古雅的书房，知道她还是国画大师齐白石的女弟子。有时，我们还一起到西交民巷的国际俱乐部看电影、跳舞。有一次，我喊黄伯伯时，两位黄伯伯同时答应了。这时黄绍竑伯伯说：'你做我的干女儿吧，以后叫我干爹。叫他（指黄琪翔）黄伯伯。'黄琪翔不同意，说：'我看还是让她做我的干女儿，叫你黄伯伯好啦。'而后也常以此为说笑之话题。"[1] 郭秀仪也回忆说，"在50年代，周总理多次邀请我和黄琪翔去北京饭店跳舞。"周恩来总理请她跳舞后，总夸她说："黄夫人，你的舞姿很专业哩。"可见，黄琪翔夫妇当时的心情非常之好。

郭秀仪拜师齐白石之后，学习绘画的热情高涨。白天，她经常邀请大师兄、画家王雪涛和黄养辉先生来家吃饭，请教绘画方面的问题。她从学王雪涛先生，主要是学习画花卉的技法，而跟

1 《流金岁月》，p262。张新荣文章《缅怀往事》。

齐白石的弟子、郭秀仪的师弟娄师白夫妇（前排中间）的婚礼合影。齐白石（第二排左起三）、郭秀仪、黄琪翔（第三排四、五）等。

黄养辉先生学习素描。因为老师齐白石说过“学我者死”，她希望自己的作品有所变化，要画出自己的特点来，所以，她要跟随不同的老师学画。如果闲来无事，郭秀仪就抱着她的素描本去花园，去画写生。同时，郭秀仪还跟着溥雪斋先生学习书法。

每到休息天，黄琪翔夫妇会提前给老师齐白石打电话，邀请老人家出来玩。玩，其实就是请齐白石吃饭。他们吃饭的地点除了翠华楼饭店、北海仿膳和北京饭店以外，就是在自己的家里设宴款待。

黄琪翔夫妇宴请齐白石，总会邀请那些喜欢齐白石艺术的朋友、弟子等，这其中包括老舍、杨虎、章伯钧、罗隆基、吴祖光等人，还有 50 年代一起随白石学画的师姐胡絜青、师弟娄师白等。

有一次，齐白石到黄琪翔、郭秀仪家里来吃饭，非常开心。黄琪翔、郭秀仪就请老师画画。老师不推辞，取来弟子郭秀仪平时用的笔墨纸砚，对着黄琪翔家里的一尊瓷塑老寿星立像，画了一幅《寿星图》，非常精彩，是齐白石晚年的名作。

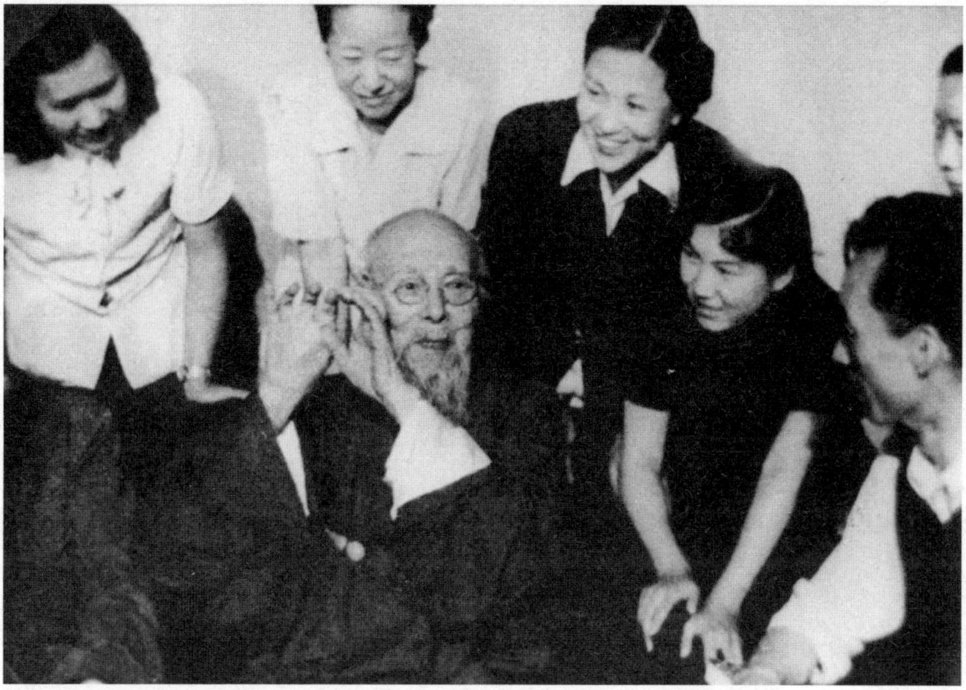

齐白石与女弟子郭秀仪（后排左三）、胡絜青（后排左二）、新凤霞（后排左四）在一起。

师弟娄师白先生后来回忆说：“尝忆齐师于秀仪家中作客，见一瓷制老寿星，鼓额长眉，一手执龙杖，一手托仙桃，造型颇为生动。秀仪夫妇遂请齐师为之造像。老人欣然应若，寥寥数笔，寿星神貌毕肖，跃然纸上。老人兴起，又于人物衣服上勾勒云形饰纹，更笔笔不苟以藤黄填实云纹以外之空白。此幅画堪称白石老人晚年难得之人物精品，于今想起，竟恍如昨日也！”

人物画是齐白石重要的艺术成就之一，越是到了晚年他的人物画就画得越是洗练、越是写意，往往只需要几笔衣线，面目也不作细致刻画，造型稚拙凝练，颇见生动、幽默与智慧，而他给黄琪翔郭秀仪夫妇画的这幅《寿星图》，就是齐白石晚年的代表作之一。

可是，这幅《寿星图》后来不知怎么从黄琪翔、郭秀仪家流失了。黄向明先生回忆说：“瓷器老寿星送人了，白石老人画的老寿星请裱画大师刘金涛装裱后镶入镜框，在家中客厅挂了十多年，直到‘文革’中不知去向”。

五、慰问西藏

1956年初，黄琪翔被任命为中央代表团的副团长。

新中国成立之后，西藏问题始终是中央高度关注的民族问题，受到万众瞩目。众所周知，西藏长期实行“政教合一”的封建领主专政制度，地方政府的权力，实际上由达赖喇嘛等宗教上层人士掌握。这种封建农奴制度，已经在雪域高原上延续了上千年。在这历史转折关头，1951年4月，以阿沛·阿旺晋美为首的西藏地方政府代表团抵京谈判，并于5月23日签署了《中央人民政府和西藏地方政府关于和平解放西藏办法的协议》，即著名的《十七条协议》。西藏和平解放，但尚未进行政治改革。

三年之后，1954年11月西藏地方政府、班禅堪布会议厅、昌都地区人民解放委员会、中央人民政府四方代表汇聚一堂，召开第一次会议，正式成立西藏自治区筹备委员会筹备小组。1955年3月9日国务院举行第七次会议，通过了《关于成立西藏自治区筹备委员会的决定》。西藏自治区筹备委员会的成立，这不仅是西藏的地方大事，也是国家的大事，它预示着西藏自治区诞生在即。

1956年1月3日，国家民委向中央请示报告：西藏自治区筹备委员会将于4月在西藏拉萨成立，建议中央组织代表团前往祝贺和访问。1月24日，中共中央、国务院对民委的报告作了批复：

确定西藏自治区筹备委员会将在1956年4月22日正式成立，并派出以陈毅为团长的中央代表团专程前往祝贺。1月25日，中央正式对外宣布：命名陈毅担任中央代表团团长。

西藏自1951年和平解放以来，这是中央向西藏派出的规格最高、规模最大的代表团。陈毅元帅时任国务院副总理、中央军事委员会副主席等高职。中央批复中明确指出："拟请陈毅同志担任中央代表团团长，代表团组成名单和各项准备工作由陈毅主持和指导。"因此，中央代表团副团长张经武、汪锋、黄琪翔、天宝、王再天、栗再温、巩天民等人选，是陈毅与各单位协商之后，经深思熟虑才由其本人拍案确定。

挑选黄琪翔担任中央代表团副团长，并且在副团长中位列第三，显然是中共中央对他的信任。我们先来看看其他几位副团长的资历和背景：

排名第一位的副团长是张经武将军（1906—1971）。他在新中国成立后长期负责处理西藏事务，历任西南军区副参谋长、中央军委武装部部长、中央军委办公厅主任、中央人民政府驻西藏代表、中共西藏工作委员会书记、国家主席办公厅主任、西藏军区第一政治委员、中共西藏工作委员会委第一书记、中共中央统战部副部长。1955年被授予中将军衔。

排名第二位的是汪锋（1910—1998），时任中共中央统战部副部长，协助陈毅处理西藏事务，并为此做了大量深入细致的工作，特别是针对西藏上层人士的统战工作。

其他副团长的背景也都很特殊，如天宝（1917—2008）是藏族人，藏族名为桑吉悦希。1935年春加入中国共产主义青年团，同年秋转为中共党员并参加中国工农红军。1950年随中国人民解放军第二野战军入川，继而随第二野战军十八军先遣支队进藏，任中共西藏工委委员，西藏工作团团长，西康省政府委员，西康省藏族自治区主席，康定、阿坝藏族自治区主席。1955年11月起任中共四川省委委员。

王再天（1907—2006）是蒙古族人，蒙族名为那木吉乐色楞，又名王星三。他12岁进达尔罕王府当奴隶，1926年逃出王府加入旧东北军，后毕业于东北军讲武堂炮兵科。1936年7月加入中国共产党。新中国成立后，王再天任内蒙古军区副司令员（主持日常工作），内蒙古自治区政府委员、政法委主任兼公安部长，内蒙古人民检察署检察长，内蒙古公安部队司令员、政委。1954年至1967年任内蒙古自治区政府副主席。

栗再温（1908—1967），1927年加入中国共产党，新中国后任全国总工会组织部长、书记处书记，中共中央直属党委副书记，全国总工会党委书记。

巩天民（1900—1978）的公开身份是银行家、著名民主人士，这个身份一直延续到他去世。其实，巩天民早年留学英国，是中共早期在东北地区建立秘密情报组织的创始人之一。

中央代表团的任务是：庆祝西藏自治区筹备委员会成立，宣传中央的民族政策，扩大中国共产党和政府在西藏的政治影响，进一步密切中央和西藏地方的联系，增进国内各民族相互间的关系，加强汉藏和其他民族及藏族内部的团结，帮助西藏工委解决一些工作中的重要问题，保卫西藏疆域。总的方针是：广泛接触、谦虚谨慎、加强团结、促进进步、建设和保卫西藏边疆。

代表团成员主要由中央统战部、国家民委、全国总工会、共青团中央、全国妇联、总政治部等干部组成，他们分属17个民族。“代表团正式代表57人，加上工作人员及文艺工作者，共800多人，带有90多个精彩的文艺节目和70多部电影。随行汽车300余辆，携带足够的生活用品和所需物品，还有准备赠送给达赖喇嘛、班禅额尔德尼及各级僧俗官员的礼物，这是西藏和平解放以来，中央向西藏派出的第一个代表团。”[1]随团工作的还有翻译组、新闻记者组、电影摄制组、电影放映队和一个包括歌舞团、京剧团、杂技团在内的文艺工作队。礼物中，还包括一本《伟大的祖国》（藏文版）画册，其内容系介绍新中国在最初几年间所取得的最新成

1　据首批进军西藏的女兵之一李国柱回忆文章《陈毅副总理到西藏》，载2015年09月11日《人民政协报》。

中央慰问团赴藏途中，副团长张经武（中）、汪锋（右）、黄琪翔在帐篷中共进晚餐。

就。画册扉页钤印“中央代表团赠”红色印章，附有毛主席、朱德以及文物古迹、京剧武术、民族团结等摄影图片，共精印700册。

就在中央代表团启程之前，1956年2月5日，在拉萨祈祷大法会期间，西藏分裂主义分子散发大量传单，叫嚣“西藏独立”，反对改革，诬蔑进藏的人民解放军，意在迎合美、英等反华势力，破坏中央代表团进藏的政治气氛。

1956年3月15日，中央代表团按照预定的时间启程。由于内地至西藏的飞机尚未通航[1]，代表团只能乘火车离京，先到兰州，然后换乘汽车到青海省西宁市，再从西宁经新近建成的青藏公路入藏。途中要翻越平均海拔高度在4500米以上的昆仑山、唐古拉山，穿越荒漠雪山、风沙雪雨，路途十分困难。1956年3月，陈毅在兰州临洮作诗《过临洮》，说明此时中央代表团还没

1 西藏当雄机场是于1955年始建、1956年投入使用。

有进入藏区。[1]临洮县位于甘肃省中部，是省会兰州的南大门。4月，中央代表团沿着青藏公路入藏，陈毅作诗《昆仑山颂》中云："我车日行三百里，七天驰骋不曾停。昆仑魄力何伟大，不以丘壑博盛名。"[2]写的正是中央代表团过昆仑山的情景。55岁的团长陈毅元帅，身患高血压症，中央特别安排其夫人张茜（1922—1974）陪同前往。

陈毅团长（右二）与代表团领导黄琪翔（右一）等合影。

黄琪翔自述："从兰州西行，全团二百多辆大大小小、形形色色的汽车组成了一支'机械化部队'，行军长径足有四十余里，走起来浩浩荡荡，就和万马奔腾一样。我们飞驰在青海境内，跃过了西宁，走上了当年文成公主出关的日月山，访问了解放前班禅活佛曾经住过的香日德，在海拔三千公尺的高山上欣赏了青海的风光，一望无边的草原里，千百个牛羊群在蠕动着，江山如画，一片太平景象，足令人心旷神怡！特别值得感动的，是穿着盛装的藏族同胞，沿着路旁，天真的和我们招手，表示欢迎，从他们笑逐颜开的表情来看，汉藏一家，今天是真正成为事实了！"[3]

4月14日，陈毅率中央代表团抵达藏北重镇黑河。第十四世达赖喇嘛·丹增嘉措（1935—）派遣噶伦朵噶·彭措饶杰、第十世班禅·额尔德尼（1938—1989）的代表罗桑楚尼以及黑河藏族群众二千余人，列队夹道欢迎，随后，随同中央代表团前往的文艺团体与当地群众一起举行联欢大会。陈毅在欢迎大会上接

1　陈毅1956年3月作诗《过临洮》："陇头无复呜咽水，汉藏自由过临洮。煮豆燃萁伤往昔，而今团结乐淘淘。"载人民文学出版社1977年北京版《陈毅诗词选集》。P172。

2　人民文学出版社1977年北京版《陈毅诗词选集》，P174。

3　原载1956年10月1日香港《大公报》，黄琪翔文章《我从西藏归来》。

1955年4月14日，中央代表团副团长黄琪翔（右二）陪同陈毅团长检阅部队。

受了藏族男女青年赠献的切玛盒——这个精制的斗型木盒中，分别盛入炒麦粒和糌粑，并插上青稞穗、红穗花和酥油花，象征着人寿年丰、吉祥如意。在藏族人民的传统礼仪中，切玛盒是举行重大的庆典仪式或者欢度藏历新年之时所必不可少的吉祥物。

一路上，黄琪翔十分兴奋。他说："作为一个生长在南方的人，我过去对于这个西北名城，思想上不知不觉地容易把它和落后、贫困、偏僻等形容字眼连系起来，甚至以为它快要接近祖国的边疆了。事实上情况不是这样。我初次从地图上注意到，兰州原是整个中国的中心，假如你坐飞机从兰州起飞，到新疆、到上海、到东北、到西南，航程大约是不相上下。这里的气候温和，土壤肥沃，农业生产情形良好，特别是瓜果类如苹果、梨、白瓜等等很有盛名，因此兰州有水果城之称。在工业上，这里正在进行大规模建设，其中包括二、三是个大工程。成千上万的从东南、西南各省来的青年男女和大批工程师、技术人员、教师、医生等，热情地愉快地在这里劳动着，看来他们已经把这里当做是自己的家乡。苏联专家们也在忘我地工作着，到处洋溢着一种青春的新生气象。兰州正在发挥作为祖国西北的经济中心的作用，我看见他光芒万丈的前途，不仅虔诚地为它祝福！”[1]

4 月 17 日，中央代表团抵达拉萨，受到西藏党政军领导和拉萨市 3 万多人民群众的热烈欢迎，达赖喇嘛、班禅 · 额尔德尼离城十华里，亲往“接官亭”迎接，并举行了隆重的欢迎仪式。

在“接官亭”院内，搭设了绣着彩色凤凰和八仙的大帐篷，挂着象征吉祥的佛像和锦幡。通向这座帐篷的道路上，按照藏族最隆重的礼节，用白粉撒成各种图案。下午 13 时，中央代表团的车队在藏胞一片欢呼声中到达“接官亭”。达赖喇嘛、班禅 · 额尔德尼向陈毅副总理敬献哈达，陈毅副总理也向达赖和班禅回赠哈达。在接着举行的欢迎仪式上，陈毅副总理还接受了西藏地方政府官员敬献的酥油茶和人参果米饭。

黄琪翔说：“当我们到达拉萨的时候，达赖喇嘛和班禅率领当地僧俗官员和民众，万人空巷，郊迎数十里，仪仗之盛，充分表现出藏族领袖和人民对于中国共产党和中央人民政府的感激和拥护的心情。在过去很长久的历史时期中，少数民族是处于被压迫地位的，再加上外来力量的挑拨离间，汉藏民族的关系是有缺憾的。只有解放以后，人民政府正确执行了民族平等、友爱、互助和团结的政策，这种不幸的情形才改变了过来。在这次空前盛大热烈的欢迎会中，我体会到：汉藏兄弟民族是真正冲破了互相猜忌、互不信任的障碍而亲密地团结起来了。任何帝国主义者和反动派假如还不死心，想要在西藏内部来制造阴谋企图破坏的话，命运注定它们是一定会失败的。”[2]

4 月 18 日，黄琪翔等各位副团长，在陈毅团长的率领下来到罗布林卡和大昭寺，分别拜会了达赖喇嘛和班禅 · 额尔德尼，还观看了大昭寺前唐朝文成公主亲手栽植的柳树。文成公主

1　原载 1956 年 10 月 1 日香港《大公报》，黄琪翔文章《我从西藏归来》。

2　原载 1956 年 10 月 1 日香港《大公报》，黄琪翔文章《我从西藏归来》。

中央代表团到达拉萨后，达赖喇嘛（左一）和班禅额尔德尼（左二）欢迎中央代表团副团长黄琪翔（右一）、汪锋等。图为黄琪翔与达赖握手。

（625—680）是唐室远支宗室女，汉族，吐蕃尊称她甲木萨。藏语中“甲”的意思是“汉”，“木”的意思是“女”，“萨”的意思为神仙。唐贞观 14 年 (640 年)，唐太宗李世民封李氏为文成公主，唐贞观 15 年（641 年）远嫁吐蕃，成为吐蕃赞普松赞干布的王后。唐蕃自此结为姻亲之好，两百年间，凡新赞普即位，必请唐天子“册命”。

4 月 19 日下午，中央代表团全体代表出席了中共西藏工委及西藏军区联合举办的盛大欢迎宴会和欢迎晚会。

4 月 20 日下午，黄琪翔和中央代表团的全体团员一起来到罗布林卡，拜会了达赖喇嘛和班禅。

4 月 21 日下午，达赖喇嘛在罗布林卡金色大殿 (正直普照殿) 举行盛大宴会，欢迎中央代表团全体团员，班禅亲临作陪。当天下午，陈毅副总理带领张经武、汪峰、黄琪翔等副团长在拉萨接见西藏地方政府、班禅堪布会议厅和昌都地区人民解放委员会四品以上的僧俗官员。同一天，达赖喇嘛的母亲和姐姐卓玛热情接待了中央代表团中蒙古族、布依族、汉族女团员以及随队前来的维吾尔族、朝鲜族、汉族女演员。

4 月 22 日，古城拉萨风和日丽，艳阳高照。庆祝西藏自治区筹备委员会成立大会在拉萨布达拉宫前面新建的大礼堂隆重举行。

主席台中央悬挂着国旗和毛泽东主席的画像。毛主席像两旁是达赖喇嘛和班禅的画像。会场两侧挂着毛泽东主席、朱德副主席、刘少奇委员长、周恩来总理的题词。

成立大会上，出现了西藏历史上从未有过的团结盛况。那些把头发分成两股辫子缠在头顶、发结上戴着金质“格乌”、穿着滚龙大袍和红云绣靴的，是噶厦官员；身穿黄缎绣龙马褂、头戴圆顶金丝帽的，是班禅堪布会议厅的官员；身穿用氆氇织成的宽袖大领“楚巴”的，是昌都地区人民解放委员会的藏族领导人。而中央代表团的成员们，则身穿中山装。在西藏的历史上，来自西藏各地区、各方面、各教派和各社会阶层的代表，济济一堂，这还是第一次。

大会开始。达赖喇嘛首先致开幕词，然后陈毅副总理宣读国务院命令：任命第十四世达赖喇嘛为筹委会主任，第十世班禅 · 额尔德尼任第一副主任，张国华（1914—1972）任第二副主任，阿沛 · 阿旺晋美（1910—2009）为秘书长。陈毅并代表国务院把西藏自治区筹备委员会的印鉴授予达赖喇嘛。授印后，陈毅副总理作了大会讲话。

陈毅指出：“西藏和平解放以来……中央和西藏地方的关系密切了，汉藏民族间的团结和西藏内部的团结加强了。在短短的时间内，能够结束长时期以来为帝国主义者和汉族反动统治阶级蓄意制造的汉藏两大民族的对立和西藏内部分裂的状态，这就是我们几年来最根本的最大的成就。”陈毅还指出：“西藏自治区筹备委员会的正式成立，是西藏民族团结进步道路上的一个新的里程碑，也是中国共产党民族政策的又一次光辉胜利。筹委会成立以后，西藏工作进入了一个新的阶段。”

西藏自治区筹备委员会至此宣告正式成立。

黄琪翔回忆说：“中央代表团，是以陈毅副总理为首，有十七个兄弟民族和各民主党派各人民团体的代表组成，真诚地表示了中央和各族人民对西藏的关怀和重视。中央代表团所到之地，藏族同胞都夹道欢迎，进一步改善了汉藏关系，在祖国民族团结史上揭开了崭新的一页。”[1]

他还说：“过去由于帝国主义的挑拨离间，和反动统治的欺骗压迫，汉藏两大民族曾长期发生过严重的隔阂，即西藏内部也因此不能很好地团结。西藏和平解放以后，中央人民政府和西藏地方政府订立了和平解放西藏办法的协议，贯彻了民族平等和宗教信仰自由的方针。入藏的人民解放军和在西藏的工作人员，不但正确地执行了中央的政策，而且保持了艰苦朴素、谨慎耐劳的优良作风，并以具体行动尊重西藏民族和为西藏民族服务，取得了西藏地方政府和西藏僧俗人民衷心的信任，从而增加了汉藏人民和西藏人民内部更好地团结。”[2]

早在西藏自治区筹备委员会成立前夕，毛泽东主席、刘少奇委员长、周恩来总理分别发来贺电，祝贺西藏自治区筹备委员会的成立。毛泽东在贺电中说：“我愉快地祝贺西藏自治区筹备委员会的成立，热忱地希望西藏各阶层人民在你们的指导之下更加团结和进步，在发展西藏政治、经济和文化事业上获得更大的成就”。另外，全国人民代表大会常务委员会，全国人民代表大会民族委员会、中华人民共和国民族事务委员会也都发来了贺电。

筹委会的成立，标志着西藏人民从此有了统一的带有政权性

1　黄琪翔代表巩天民、孙云铸、吴觉民、何思源在第二届全国政协第三次全体会议上的发言。

2　黄琪翔代表巩天民、孙云铸、吴觉民、何思源在第二届全国政协第三次全体会议上的发言。

质的领导机关。筹委会成立的当天，拉萨市民像过节一样，门上挂出了中华人民共和国国旗；地上、墙上用白粉画上吉祥图案。大昭寺、小昭寺点起成千上万盏神灯，僧人们在神灯下诵念经文，祈祷吉祥。中央代表团向刚刚获得翻身解放的西藏百万农奴赠送毛泽东主席像章等纪念品。这些纪念品至今仍珍藏在藏族人民的家中。

5月1日，陈毅元帅检阅了驻拉萨的人民解放军部队和藏军。

5月2日，拉萨市的工人、农牧民、市民、学生、各阶层人士、各群众团体成员、筹委会机关工作人员共三万多人举行盛大集会，热烈庆祝西藏自治区筹委会成立。群众身着节日盛装，载歌载舞。中央还特派飞机飞临拉萨上空，撒下印有藏汉文字的彩色传单，祝福西藏人民。这是一种新奇的景象，市民们欢呼跳跃，争相传阅传单。

5月12日，陈毅率中央代表团第一分团抵西藏第二大城市日喀则访问，受到班禅和日喀则军民万余人的热烈欢迎。

成立大会闭幕后，中央代表团分成三个分团，分赴西藏各地进行访问和慰问。第一分团到了江孜、帕里、亚东，第二分团到了昌都，第三分团到了阿里。代表团向西藏农牧区赠送了大批农作物优良品种和农牧生产工具，向西藏各界赠送了大量礼品、纪念品，向寺庙僧众发放了布施。随团的各文艺团体在西藏各地演出了精采的文艺节目。代表团各分团所到之处，受到西藏各族各界人民的热烈欢迎。

受陈毅团长的委托，黄琪翔副团长带领代表团的部分成员前往哲蚌寺，看望僧众。哲蚌寺位于拉萨西郊更丕乌孜山下。哲蚌，藏语意为“米聚”，象征繁荣，藏文全称意为“吉祥积米十方尊胜洲”，它是格鲁派中地位最高的寺院。整个寺院规模宏大，鳞次栉比的白色建筑群依山铺满山坡，远望好似巨大的米堆，故名哲蚌。由黄教创始人宗喀巴之弟子降央曲吉 · 扎西班丹于公元1416年创建。解放前该寺僧众超过一万人，是藏传佛教最大的寺庙，拥有141个庄园与540多个牧场。

5 月 31 日，中央代表团圆满完成使命，大部分成员在团长陈毅的率领下驱车前往西藏当雄机场，乘坐专机返回首都。当雄机场是当时世界上海拔最高的机场，那时刚刚建成，而代表团所乘坐的这一航班也成为了拉萨至北京的首航。

黄琪翔随同代表团的专机离开西藏。他对乘坐首航飞机飞越冰雪群峰感到十分欢欣，说："我怀着十分满意的心情离开了拉萨，搭乘试航成功以后第一次的飞机，回到了西宁。七千尺的高空，四个钟头的飞行，安稳地飞过了万里冰山。从飞过空中禁区这件事，不仅使人想到，新鲜事物出现之快、之多，有时真令人难于相信啊！"[1]

中央代表团出色地完成了中央交付的各项任务。

1　原载 1956 年 10 月 1 日香港《大公报》。

六、国家体委副主任

1954年11月，黄琪翔被任命为国家体育运动委员会的副主任。在这个岗位上，黄琪翔干了不到三年的时间，即1954年至1956年，实足有两年多。

人民体育事业是新中国的一项新事业，尚处于初创时期。中共中央对体育运动非常重视，指出："改善人们健康状况，增强人民体质，是党的一项重要政治任务。"在国家进入有计划的经济建设时期，需要人民有健康的身体，而人民健康还远不能适应各项工作的需要。为了改变这种状况，除了加强卫生工作和逐步改善劳动、学习等条件外，开展体育运动确实是一种最为积极有效的方法。

黄琪翔出任国家体委的领导后，从不摆虚架子，很快就进入角色，带头钻研业务，成为一个体育专家。

在国家体委工作的张彩珍女士，几乎与黄琪翔前后脚进入体委工作。她是上海同济大学毕业的德语系高材生。1948年3月，由乔石同志（1924—2015）等人介绍加入中国共产党。1954年，国家体委主任贺龙亲点"女秀才"张彩珍到体委工作，说她是"文人进武庙"。张彩珍历任国家体委政策研究室副主任、主任，国家体委办公厅副主任，国家体委副主任，所以她十分了解黄琪翔在国家体委的工作情况。张彩珍回忆说："党中央、国务院把体

1956年2月6日，毛泽东主席接见南斯拉夫青年足球队，时任国家体委副主任的黄琪翔（第二排右四）陪同接见。

育这项强国强民的大事委托这几位先生，也反映了党和国家对他们的高度信任和殷切期望，体现了中国共产党与民主人士的精诚合作。”[1]

张彩珍说：“黄琪翔先生在国家体育运动委员会担任领导职务虽然只有两个春秋，但他对新中国体育事业的开拓和发展贡献了自己的力量。两年中，黄先生出席了1955年、1956年全国体育工作会议，参与总结工作经验，商讨制定了发展体育事业的‘六项方针’。这‘六项方针’，经过中共中央批准，迅速得到贯彻执行。基层体育协会相继建立，群众性体育活动蓬勃开展，各项竞赛活动相当活跃，促进了运动技术水平的提高；加强了体育干部培训，国际体育交往也日益增加；中华民族传统体育的瑰宝——武术，亦开始挖掘整理和推行。”

张彩珍还举例说：“黄先生对我国体育教育事业也倍加关心，

1　《黄琪翔传》，p188。张彩珍文章《铭记黄先生对体育事业的历史性贡献》。张彩珍是我国第一位在国家体委担任副主任的女性。她的体委副主任任期是1985年5月至1991年9月，而且，她还是中国历史上第一位获得奥林匹克勋章的女性。

亲自听取了六所体育学院院长座谈会的情况汇报，在此基础上形成的向国务院、中宣部的报告中，提出了加强学院工作的各项措施，都得到了批准实施。”[1]

1955年10月2日至9日，全国首届工人体育运动大会在北京举行。这是中国历史上第一次工人体育运动大会。毛泽东主席同党和国家领导人出席了开幕式。刘少奇、周恩来、朱德分别为运动会题词。运动会设有田径、举重、自行车、篮球、排球、足球等比赛项目，来自全国各产业工会的1700多名运动员参赛，并在田径、举重和自行车项目中创造了三项全国最好成绩。

1956年1月11日，国家体委公布1955年的102项全国纪录。这是我国第一次正式公布全国纪录。其中，78项是在1955年创造的，18项是在解放以后其他年份创造的，只有6项是在解放前创造的。1月16日至26日，国家体委在北京召开全国体育工作会议。会议着重讨论了多快好省地发展体育运动问题，确定1956年加速开展群众性的体育运动、在广泛的群众运动的基础上努力提高运动技术的方针，争取两三年内在若干项目上分别接近或赶上世界水平。6月7日，在上海举行的中国人民解放军和上海市联队同来访的前苏联队举重比赛中，陈镜开以133公斤的成绩，打破最轻量级挺举世界纪录，成为新中国打破世界纪录的第一人。第二年的11月17日，在北京田径赛场上，郑凤荣用剪式技术以1.77米的成绩，打破由美国运动员M·麦克丹尼尔保持的1.76米的女子跳高世界纪录，成为我国第一位打破世界纪录的巾帼英雄，也是自1936年以来亚洲第一位打破田径世界纪录的运动员。美联社惊呼：“一位20岁的中国姑娘在北京以有力的一跳警告世界田径界，六亿中国人不会永远是落后选手了。”国内评论称她是“宣布中国体育运动春天降临的一只燕子”。

黄琪翔为此感到欢欣鼓舞，心情畅快。

1956年2月，南斯拉夫青年足球队来华访问。2月6日，黄

1 《黄琪翔传》，p189。张彩珍文章《铭记黄先生对体育事业的历史性贡献》。

1955年，时任国家体委副主任的黄琪翔在给举重运动员颁奖。

琪翔陪同毛主席接见了南斯拉夫青年足球队。中国国家足球队访问印度、缅甸，中国田径队访问苏联回国后，黄琪翔不仅亲自听取他们的汇报，还帮助分析问题，寻找解决问题的方法。他还曾经作为中国体育代表团的副团长，出访过捷克斯洛伐克，进行国际业务交流访问。

那时候，与黄琪翔交往的领导人很多，如贺龙、陈毅、叶剑英、习仲勋、李维汉、郭沫若、徐冰、张执一、傅作义、章伯钧、李四光等，经常来黄琪翔家中做客。他们在一起畅谈中国体育的发展前景，对新中国的未来充满憧憬和自豪。席间，大家都知道黄琪翔夫人郭秀仪是齐白石的学生，非常关心郭秀仪的艺术创作情况，而郭秀仪也十分高兴地把新作展示给大家看，于是主客一起欣赏、品评，其乐融融。

黄琪翔与友人交往时，和颜悦色，举止得体，非常注重礼仪。农工民主党中央机关的尹明孝回忆说：“五十年代中，黄琪老要在家里宴客，宴请的来宾有叶剑英、贺龙、陈毅三位元帅，还有习仲勋等领导。让机关食堂的厨师李师傅去掌勺，让我去帮忙采购。当我来到黄琪老家时，他注视着我，说：‘你怎么连胡子也没刮？’然后就转身取出剃须刀，说：‘先把胡子刮干净，再忙工作。’我深受感动和教育。黄琪老待人从不高声厉色，可他的举动让我认识到，作为一名国家干部一定要注意自己的仪表，尤其是在这种场合，仪表代表了对客人的尊敬。”[1]

黄琪翔曾经笑谈自己家像个小展览室，常年为夫人郭秀仪举办美术展。而受到各方鼓励和支持的郭秀仪，学习绘画的热情更加高涨，天天笔不离手。北京城里举办的每一次美术展览，都少不了她的身影，她把看画展当作自己学习观摩的机会。冯玉祥的遗孀李德全是黄琪翔家的近邻，也常来走动，对郭秀仪的新作总是啧啧称赞。

这期间，“黄琪翔、郭秀仪和周恩来总理、邓大姐见面的机会多了，周总理有时约黄琪翔夫妇到北京饭店跳舞。当周总理和郭秀仪跳舞时，常问到黄琪翔的工作和生活情况，也问到中国农工民主党的情况。”[2] 郭秀仪回忆说：“在 50 年代，周总理多次邀请我和黄琪翔去北京饭店跳舞。”[3] 周恩来总理处事周全，知道黄琪翔是位旧式军人，不爱闲谈自己的工作和生活，所以通过其妻子郭秀仪之口来了解黄琪翔的近况，以示关心。

1956 年初春的一天，郭秀仪在家中习画，突然，门卫跑进来说客人有急事在门外等她。郭秀仪来到大门口，看见一辆挂着中南海车牌的汽车。穿着军装的司机说：“黄夫人，周恩来总理请

---

1 张新荣手书《黄琪翔郭秀仪在文革中》。

2 《流金岁月》，p26。

3 《清风见兰——郭秀仪的艺术生涯》，p65。

您去一下，特意派我来接您。”

郭秀仪很紧张，因为周总理从来没有亲自派车接她或者接丈夫黄琪翔，也不知道究竟发生了什么要紧的事，更不方便去向司机打听，于是她立即上了车，跟着司机去中南海。郭秀仪平时非常注重自己的仪表，每次出门，都要精心打扮一番。但是这一次去中南海，郭秀仪没有时间再为自己梳妆打扮一番。[1]

汽车直接去了中南海的西花厅，就是周总理办公和休息的地方。郭秀仪没有看见总理夫人邓颖超大姐，却见到总理端着饭碗在吃面，再往里面看，呦，自己的老师齐白石老人和他的儿子齐良迟也在里面吃面！

郭秀仪回忆说：“当初齐白石住在西城跨车胡同，他称为‘铁屋’的居所。房子比较小，前来访问他的外宾却很多。政府为了照顾这位誉满全球的老艺术家，特地为他购置了新居，并安排了护士、门房等服务人员。习惯于无拘无束生活的老人入住后，感到很不自在，而且还误以为是将他变相软禁起来，便和四子齐良迟一起到国务院求见周总理。当天中午总理派了一辆汽车把我接到中南海。我进去时，总理正端着碗站着吃面。他笑着对我说：‘黄夫人，你的老师来了，他不喜欢他的新居，吃完饭后我们一起把他送回旧居去吧。’总理匆匆吃完，便和我陪着齐白石父子同坐一辆车，回到了老人小别的‘铁屋’。接着他又和老师全家亲切倾谈了一个多小时，使老人深为感动。总理因要参加外事活动，向老人告辞。临行前，他嘱咐我说：‘黄夫人，你多陪一会儿，等他的东西都运回来以后再走。我给你留下一辆车和一名警卫送你回家。以后你每天都要来看老师，并且向我汇报情况。’自此我天天都去探望老师，并向总理汇报，直到一切安顿妥当，老人

1　郭秀仪女士一辈子都是很讲究的女人，每当她要外出，一定要精心梳妆打扮一番，这个习惯一直保持到她晚年。当她到了 80 多岁后，本书作者去访问她，时间约好是下午 3 点，我怕北京马路塞车，总要提前到她家。比如我是 2 点 30 分到，也要等到 3 点整她才会从里屋出来。有时我会问她家的保姆阿姨：“奶奶人呢？”保姆阿姨就会冲里屋（她的卧室）努努嘴，悄声说：“在里屋梳头哪！”

心情也平静下来为止。”[1]

原来，文化部为了照顾齐白石的生活，把地安门外南锣鼓巷地区雨儿胡同5号的一所四合院整修一新后，于1955年秋天分配给他居住。这套四合院连同它两边的大院子，本属于一个大宅门，都是皇太极第四子叶布舒（康熙年间的辅国公）的官邸，后来成为民国时期北海公园董事长董叔平的家，再后来它又被一分为三，各自成为一个独立的院落。政府把中间的那套四合院买下后，进行修缮，分配给“人民艺术家”齐白石，还为他配备了饮食起居的服务人员。

可老人偏偏住不惯雨儿胡同的新屋，想搬回旧居，而其家属又认为跨车胡同的“铁屋”条件不如新屋好，起码新屋光线明亮，暖气也比“铁屋”舒适。因齐白石与家人的意见不统一，而文化部一时又不好表态。齐白石老人急了，亲自跑到中南海去请求共和国总理替他解决这个搬家问题。《20世纪书法经典·齐白石卷》收录了齐白石的一张“示儿书札”，写作时间为1956年初，内容为：“予愿搬回跨车胡同老屋，数十年生活计等计习惯，儿辈宜善体老人心意。乃翁示。”就是说的这件事。

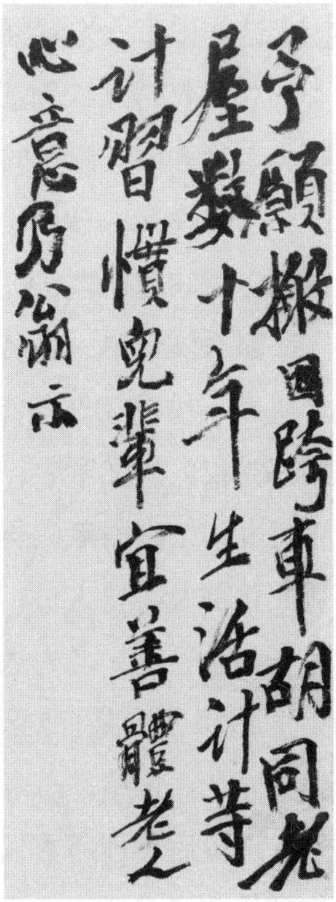

齐白石《示儿书札》，作于1956年，尺寸为34.5×16.5cm，收录在《20世纪书法经典·齐白石卷》。

周恩来总理离开后，郭秀仪就开始为老师搬家的事而忙碌。一方面，她要为老师搬家而忙前忙后，一方面，她还要分别找老师齐白石和他的子女们做安抚工作，同时，如果发现老师家里缺少什么生活用品时，她就亲自去商店里购

1 《流金岁月》，p70。郭秀仪“往事拾遗”。

买。

新中国成立以后，郭秀仪从来没有出门工作过，也没有上下班的概念，可自从总理交代这项任务后，她每天像上班一样准时。上午，丈夫黄琪翔坐车去上班时，总理派来的车也在门口等她了；下午，黄琪翔下班回家时，又能碰到郭秀仪坐着车回来。有时，她比黄琪翔回家得还要晚。

晚年的郭秀仪曾在开玩笑时说："解放后我也上过班，只上了一个星期，是周总理亲自给我安排的工作，让我负责给齐白石搬家！"说这话时，她总感觉特别自豪。

这样忙了一个星期后，老师齐白石总算安居了。老人家很开心。郭秀仪这才辞别了中南海司机，随后给总理办公室去电话，报告老师齐白石搬家的情况，是总理秘书接的电话。

当天晚上，总理秘书给郭秀仪打来电话，大意是：黄夫人，总理已经知道此事，并指示，让我们转达总理对你的问候和谢意。[1]

郭秀仪师弟、著名国画家娄师白先生对于齐白石这次搬家记忆犹新。他在《丹青皆为本色酒，画笔常鉴墨痕新——忆画坛巾帼郭秀仪》的文章中，也有详述："1955 年秋，周恩来总理为使年过九旬之白石老人得一舒适宁静之生活环境以颐养天年，特委托文化部及美协人员，于地安门雨儿胡同购置一所旧时王府，作为齐师之新寓。老人入住时日未久，多觉不便，终因思念旧宅，竟于 1956 年春某日，亲往中南海见总理，将欲搬回旧宅之意告之。为安慰老人情绪，总理先陪老人用餐闲谈，并当即派车将秀仪接来，待饭后总理与秀仪一道陪同老人返回旧宅。总理离开前，并特交代秀仪定要待老人搬家诸事完毕后再行离开，且嘱她随时汇报老人今后之生活情况。秀仪遂按总理指示一一妥当安排，使齐师生活很快恢复正常。当总理获知老人情绪终归好转时，对秀仪工作深表满意赞赏。于此，秀仪于齐师晚年生活中之重要位置可

1　那套齐白石的四合院，位于北京东城区南锣鼓巷雨儿胡同 5 号，如今已经成了"齐白石纪念馆"，门牌号码改为 13 号，供中外游人参观游览。其实，国画大师齐白石在那里只住过 3 个月的光景。

见一斑。”娄先生文章记错了时间，不是1955年秋，而是1956年的春天。

1956年，齐白石荣获“国际和平奖”。时任文化部部长沈雁冰（即作家茅盾）代表世界和平理事会将证书、金质奖章和500万法郎的奖金颁发给了齐白石。500万法郎折合人民币3.5万元新币，是一笔相当大的钱数。9月1日，在北京台基厂9号“中国人民保卫世界和平理事会”礼堂，举行了隆重的颁奖典礼。

中央新闻电影制片厂拍摄的纪录片《齐白石荣获“国际和平奖”》，要在全国美协礼堂举行首映式，邀请了郭秀仪参加。在电影尚未开演之前，忽然，现场想起了热烈掌声，人们纷纷站立起来。郭秀仪也随着大家起身鼓掌，这才看见是周恩来总理也来观看影片。

“周恩来看见了郭秀仪，相隔很远，当着很多人的面，大声对郭秀仪说：‘琪翔好哇？替我问候他！’使郭秀仪感到特别温暖和欣慰！觉得周恩来在那样繁忙中，仍然时刻关心着他们。”[1]许多美协的人都不认识郭秀仪，于是侧过脸来看她，听了周总理喊了黄琪翔的名字，才知道她就是黄琪翔将军夫人郭秀仪。

新中国成立之后，拥有了安定的社会环境，人民安居乐业了，经济发展形势也蒸蒸日上，于是解放台湾的问题再次成为全中国人民关注的热点。

1954年12月，黄琪翔发表告台湾旧友公开信：《不忍心老友走上没落死亡的道路》。他说：“国民党陆海空军将士们：自从大陆解放，你们逃到台湾以后，我们彼此生活在不同的环境中，思想感情的距离是越来越远了。我偶然想起你们，心里就有说不出来的难过，因为我眼看着多年的老朋友、老同学竟不得不违背了自己的良心跟着卖国贼蒋介石走上没落死亡的道路。古人说得好，‘人非木石，孰能无情’，这道理是容易了解的。我深恨蒋

1 《黄琪翔传》p158。

1956年9月，第八次全国代表大会召开，在大会来宾休息室陈毅与（左起）郭沫若、李济深、黄琪翔、史良、董必武合影。

介石为害中国，也深恨蒋介石误了你们！”[1]

黄琪翔在这封公开信里分析说：“我们自从出了学校大门以后，三十年来，初而做了北洋军阀的工具，革命把我们从火坑里救了出来。后来参加过大革命，参加过内战，也参加过抗日战争。时代是伟大的，我们每一个人都会有过救国救民的抱负，立志要把国家搞好。可是，无情的历史告诉我们：在蒋介石统治之下，不管你做的什么好梦，总是做不成的。相反的，共产党毛主席领导的中国革命，确是无往而不胜利。就是因为这样，我们不能不分道扬镳，各行其是，终于，你们变成了人民的敌人。对于这点，我是深为你们可惜的。”[2]

最后，黄琪翔呼吁：“现在，解放台湾的号召发出来了，历

1　原载1954年12月23日香港《大公报》。

2　原载1954年12月23日香港《大公报》。

史重新给了你们一个选择和考验的机会：作殖民地的奴隶呢，还是做顶天立地的中国人？糊涂到底死，还是及早回头？为蒋介石和美国而死呢，还是自寻生路？是非成败，是清楚的。流芳遗臭，也是清楚的。何去何从？你们必须认真严肃考虑这个问题……希望你们和我采取各种可能的方法取得联系，我们愿意等待最后的一分钟。祖国在向你们招手，你们赶快举起义旗归来吧！”[1]

1956年2月4日，在第二届全国政协第二次会议上，黄琪翔作了如是发言。黄琪翔说：“对于和平解放台湾问题，我也想谈一下。我认为在目前国际国内形势之下，周恩来主席[2]提出和平解放台湾的号召适时的，实事求是的。如果有人以为这只是一句话，值不得重视，那就只能说明这个人在中国历史面前是一个瞎子。在这里，我要对在台湾的那些对祖国还抱着善良愿望的旧朋友们讲几句话：我们伟大的祖国，正以巨人般的姿态，勇敢地、大踏步地走向社会主义社会的大道，这是中国历史上从来未曾有过的景象，也是任何拿旧眼光来看中国问题的人所永远不能了解的。根据六年来的建设成绩，我们完全有理由相信，社会主义建设必然会得到完全的胜利，任何力量都阻扰不了，不出十年，中国必然以繁荣富强的大国出现于世界舞台。而你们呢？请问还有什么前途？难道还真能打回来吗？这简直等于痴人说梦！作为一个叛徒老死台湾吗？那是可悲的，也是不可能的。我奉劝你们，头脑冷静下来，想一下；想一想过去，想一想现在，也想一想将来，何去何从，道理就很明白了。在台湾的旧朋友们，台湾是中国的领土，迟早是一定要解放的，祖国人民正在努力争取和平解放台湾，周恩来主席又宣布了十分宽大的条件，这是你们脱离绝境回到祖国的最好机会了。希望你们下定决心，莫再迟疑，在争取和平解放台湾和完成祖国的完全统一的斗争中立下最后的功勋。”[3]

1956年9月，应中央人民广播电台之邀，黄琪翔作了对台录

1 原载1954年12月23日香港《大公报》。

2 自1954年起，周恩来连任第二、三、四届全国政协主席。

3 1956年2月5日《人民日报》第5版，黄琪翔第二届全国政协第二次会议上的发言。

音讲话。他呼吁身在台湾的老同事、老部下以及亲朋好友们，能够认清现实，顺乎历史潮流，为祖国的和平统一大业，贡献自己的力量。这是大陆对台湾进行政治宣传的一部分。

当初，蒋介石于1949年败退台湾后，令美国甚为失望，美国总统杜鲁门声称“不予蒋保护”。蒋介石惶恐不安，非常担心解放军渡海作战，解放台湾。但在朝鲜战争爆发以后，台湾岛的地理位置就显得极为重要，美国人视之为永不沉没的航空母舰，便将第7舰队和第13航空队进驻台湾，为台湾壮胆，于是蒋介石进攻大陆的想法忽然膨胀了起来，他开始整编国民党军队，在福建、浙江沿海的二十多个岛屿上部署了7万多的兵力，其中金门、马祖两座岛上就驻有正规军6万余人。随后，两岸的军事斗争持续了二十多年。

为了配合对台湾的军事打击，中央人民广播电台专门开设了对台湾广播的电台频道，还设立了福建前线广播站。中央统战部、解放军总政联络部、中央人民广播电台邀请相关人士作对台的宣传工作。他们的讲话录音，以及文章、书信通过无线电波，飞越海峡。

黄琪翔曾是国民党军队的著名将领，也应邀参与了这一工作。

黄琪翔夫人郭秀仪曾说：晚年的黄琪翔十分惦念身在台湾的旧友，而且随着年龄的增大，这种思念越发强烈。黄琪翔真心希望大陆与台湾能够和平统一，并期待旧友重逢的那一天。他惦念的台湾旧友中肯定包括陈诚。陈诚当时已经是台湾的“副总统”，权利仅次于蒋介石的第二号人物。可是他不知道的是，陈诚那时的身体已经很不好。有一天，白崇禧在台湾遇到“副总统”陈诚，见他红光满面，就客套地赞誉他的身体好。陈诚说白崇禧在医学上是外行，并坦诚自己的“肝有毛病。”

台湾方面也十分关注身在北京的黄琪翔的一举一动。1957年3月，北京召开“两会”期间，黄琪翔作为政协委员，谈到了西藏问题。黄琪翔说：“帝国主义和反动分子，即使在现在他们仍在千方百计地进行挑拨离间，破坏各民族间的团结。”这次谈话，台湾媒体立即予以转载，并据此推断说：黄琪翔“虽没有说明所谓帝国主义和‘反动分子’在西藏如何从事破坏，但已承认了这一事实的严重存在。”[1]许多身在台湾的旧友，就是通过这样的新闻报道，了解了黄琪翔的近况。

1963年12月，陈诚因病辞去台湾一切职务。1964年3月，他再度当选“副总统”，于1965年3月5日，因肝癌在台北去世，终年67岁。

陈诚去世，黄琪翔没有发去唁电寄托哀思。因为那时他已是摘帽“右派分子”，还在接受革命群众的监督与改造。

1　1957年3月31日台湾《大华新闻》第一版。

七、整风运动

黄琪翔真诚敬仰共产党，期望自己能够与其肝胆相照，思想上当然要紧跟形势，因而他认真学习中共中央的各种文件，对中央的各项政治部署，都积极响应，迅速配合。但社会在发展，随之而来的问题层出不穷。

1955年5月31日，黄琪翔在《人民日报》上公开发表《必须严肃处理反革命分子胡风》的文章。

客观地说，黄琪翔不熟悉文化战线，即使与郭沫若、老舍等文人有交往，也仅限于私交而已，并不了解所谓"胡风反党集团"的真实情况。他之所以发表这样的文章，只是为了表达自己的一种政治态度。这篇文章最先发表在《光明日报》，随后即被《人民日报》转载。但在不久之后，黄琪翔针对胡风案件进行反思，曾私下与他人说："粉碎胡风反革命集团是小题大做。"[1]

1956年2月5日，黄琪翔在公开的场合里谈到中国知识分子的思想解放问题。他在全国政协第二届二次会议上发言中说："中国要走社会主义的路，这在今天，对于绝大多数知识分子来说，问题是已经解决了。但是，也无庸讳言，能认识这条路，能走上这条路，不是不需要经过斗争的。我们知识分子中间有很多人，

1　1957年12月25日《人民日报》第4版。

过去是曾经想替国家做点事的。但是，由于没有能够掌握着真理，凭主观愿望出发，自以为是，这就使得行动常常走弯路，碰钉子，甚至迷失了方向，走到山穷水尽的绝路上去，结果许多善良的愿望，终于不免成为幻想，这是没有什么奇怪的。只有通过斗争，只有在真理指导下的行动，才能使善良的愿望变为现实。”接着，他又谈自己的切身体会，讲到了1927年大革命失败，以及邓演达牺牲等往事，说明：“血的教训使我们清醒了过来”，那就是“只有在接受了共产党的领导后，才能在人民的革命事业中发挥有益的作用。”最后，黄琪翔说：“毛主席号召我们要为迅速赶上世界科学先进水平而奋斗，这是全国人民首先是知识分子的一项光荣的任务。”[1]

黄琪翔的这篇讲话，语气是在帮助、鼓舞知识分子，因为他已经感受到当前的政治形势正在悄悄发生着变化。

事实上，1956年1月14日，在中共中央召开的关于知识分子问题的座谈会上，周恩来作了《关于知识分子问题的报告》，明确宣布我国知识分子“已经是工人阶级的一部分”，他们当中的绝大部分都成为了国家工作人员，在为社会主义服务。因此，1956年也是中国知识分子和民主党派成员最为心花怒放的一年。中国各级民主党派集中了众多高级知识分子。据统计，当年全国的高级知识分子大约10万人，其中四万二千人在高校。这种状况显然与6亿人口的大国不相称。[2]国家决定要调动知识分子投身于社会主义建设的积极性。

不能忘记新中国建立的最初几年，知识分子常常被作为改造的对象，他们头上戴着“资产阶级”的帽子，抬不起头来。中共中央对待知识分子这一政策在这一年里得到了改变，所有知识分子，尤其是那些高级知识分子，一下子便从被改造的对象变成了国家的宝贝，开始受到重点照顾。“知识分子无不惊喜交集，奔

1　1956年2月5日《人民日报》第五版。

2　团结出版社2014年第一版《中国那些年（1949—1978）》，p149。

走相告，以为从此就可以告别这顶不光彩的帽子，真的和工人阶级平起平坐了。”[1]

1956年4月28日，毛泽东在中共中央政治局扩大会议上说，艺术问题上的“百花齐放”，学术问题上的“百家争鸣”，应该成为我国发展科学，繁荣文学艺术的方针。由毛泽东提出的这一方针，经中共中央确定后，便成为科学和文化领域的重要方针。5月26日，中共中央宣传部部长陆定一举行报告会，代表中共中央向知识界作了题为《百花齐放，百家争鸣》的讲话，对这个方针进行全面的阐述。

这是中国知识界的一声春雷，所有人都为之精神振奋，欢欣鼓舞，历史上著名的“大鸣大放”由此拉开序幕。

同年11月15日，毛泽东又在中共八届二中全会上的讲话中郑重宣布：“我们准备在明年开展整风运动。整顿三风：一整主观主义，二整宗派主义，三整官僚主义。中央决定后，先发通知，把项目开出来。”毛泽东还指出：“以后凡是人民内部的事情，党内的事情，都要用整风的方法，用批评和自我批评的方法来解决，而不是用武力来解决。”

知识分子对毛泽东的崇拜由来已久。著名翻译家、文艺评论家傅雷先生（1908—1966）亲耳聆听了毛主席的讲话，他在1957年3月18日是这样给儿子写信的：“毛主席的讲话，那种口吻，音调，特别亲切平易，极富于幽默感；而且没有教训口气，速度恰当，间以适当的pause(停顿)，笔记无法传达。他的马克思主义是到了化境的，随手拈来，都成妙谛，出之以极自然的态度，无形中渗透听众的心。讲话的逻辑都是隐而不露，真是艺术高手。”“他的胸襟博大，思想自由，当然国家大事掌握得好了。毛主席是真正把古今中外的哲理融会贯通了的人。”

黄琪翔为提升自己思想修养，花过大力研读《毛泽东选集》。原全国人大副委员长程思远在《深切怀念黄琪翔同志》一文说：“黄

1　团结出版社2014年第一版《中国那些年（1949—1978）》，p149。

琪翔同志勤奋读书，对马列经典著作作了系统的研究，并运用毛泽东思想的观点、方法来观察事物和分析形势。对此，黄绍竑对我说，实为吾人之所不能。”

1957年4月间，中国农工民主党召开全国工作会议和第六届中央委员会全体会议。黄琪翔被选举为中国农工民主党中央副主席兼秘书长，至此他不再兼任国家体委副主任一职，而是专职主持农工民主党中央的工作。

在黄琪翔专职从事民主党派工作还不到一个月，就赶上了“大鸣大放”。黄琪翔作为农工民主党中央的主要领导之一，他认真学习中共中央的文件，并与其他领导人一起讨论了当时的局势，感到了时代的召唤。

农工民主党中央主席章伯钧认为：眼下正是壮大民主党派的历史机遇，主张要大力发展组织，动员医药卫生、工程技术、文教、农业、文艺方面的高级知识分子加入他们的组织，为新中国的建设贡献自己的才华。副主席黄琪翔赞成这一观点。副秘书长李伯球积极行动起来。

1957年5月1日，《人民日报》刊载了中共中央在4月27日发出的《关于整风运动的指示》，号召党外人士“鸣放”，鼓励群众提出自己的想法、意见，也可以给共产党和政府提意见，帮助共产党整风。当时共产党内的一些干部对此怀有抵触情绪，毛泽东还在党内做思想工作。他对干部们表示，知识分子既可以为资产阶级服务，也可以为无产阶级服务，他们给我们提意见，我们不要太紧张，与知识分子的关系也不要太紧张，太紧了，知识分子就会疏远我们，松一点，知识分子就会向我们靠拢，有利于改造。他认为，过去和知识分子关系的太紧了，现在要松一点。

沈沛霖回忆说：“毛泽东号召党外各界人士帮助共产党整风，提出所谓‘内外夹攻’之策。一语既出，使各界人士，尤其是高级知识分子，精神为之一振，誉之为‘知识分子的早春天气’（费孝通语）。在随后召开的各级各类座谈会中，各界人士本‘天下兴亡，匹夫有责’之心，对执政党之党政、党群关系，及经建、法制，建国后历次运动中的偏差与失误，提出了大量切中时弊的意见。”[1]

1957年5月21日下午，章伯钧在中央统战部座谈会上有如下发言，在政协、人大、民主党派、人民团体应该是政治上的四个设计院。应该多发挥这些设计院的作用。

为响应中央的“鸣放”号召，民主党派立即行动起来。

1957年6月12日，黄琪翔以中国农工民主党中央副主席的名义，在《人民日报》上发表《在整风运动中学习》的文章。

他写道：“整风运动是在中国人民革命取得了决定性胜利以后提出来的。作为民主党派的成员，我怀着兄弟般的热情和敬意来参加这一运动。我过去不是对共产党没有意见的，也曾或多或少地提出过。现在，当共产党虚心地正式要求我们批评的时候，我反复地考虑过应如何认真严肃地来对待这一问题。”

“到现在为止，在大鸣大放中，揭露的问题和提出的意见是不少了。例如涉及到制度的如何加强、党的领导和如何协调党政关系问题、党与非党关系问题、人事问题等等。大多数的意见，是在和巩固共产党的领导不矛盾、不迷失社会主义建设方向，不损害人民利益的原则之下提出来的，我乐意地加以分析研究，得到了不少知识。”

他在最后写道：“以前不敢鸣的现在鸣了，以前不敢争的现在争了，这是一种好现象。为着阐发真理，明辨是非，越是好朋友，越要争辩，越争越进步，越争越团结，面红耳赤，也不要紧。只有能把面子问题摆在一边，才有真正的社会主义的民主生活。我衷心希望整风运动继续健康发展下去。”[2]

然而在这个百花齐放、大鸣大放的年代里，国画大师齐白石已经走到了他生命的终点。

1957年1月，齐白石受了点凉，医生为他做了诊治。老人食

1　沈沛霖《沈沛霖回忆录》，p324。

2　1957年年6月12日《人民日报》第2版。

欲不振，记忆力急剧衰退，走路很困难，睡眠也开始多起来。

5月，毛主席派秘书田家英和陈伯达到家中探望齐白石，他头脑还清楚，希望自己身体恢复后，能够与毛主席合影留念。当客人走后，齐白石老人激动地说：“毛主席太看得起我了！”

5月15日，北京画院成立，聘请齐白石担任荣誉院长。

黄琪翔郭秀仪夫妇闻知齐白石身体欠安，常常来看望老人。

初夏的一天早晨，白石老人没用别人搀扶就从卧室走到画室，像往常一样，挽起袖子，先看了看准备好的工具，又仔细挑选了一支大笔，接着用手摸了摸纸，分辨出纸的正反面，然后提起笔，对着纸想了许久，小心翼翼地蘸了洋红。站在旁边的人看到老人用大笔沾着洋红，马上明白他要画花中之王牡丹了。这幅《牡丹》是白石老人一生中最后一幅作品。[1]

白石老人一生中最后的作品《牡丹图》是为谁画的？作品上题款的内容是什么？

其实，白石老人绘制的这幅《牡丹图》，就是为他晚年最得意的女弟子郭秀仪画的，但是，白石老人还没有来得及题款就去世了。

黄琪翔的诗作里清楚地记录了这件事。他的原诗如下：

《忆齐白石老人》

七绝四首，七律一首，为题白石未完牡丹画稿而作。

黄琪翔

一

何幸逢君一代奇，声名金石画书诗；
天香百岁留遗爱，一片红心待接移。

二

曾是尊前学画时，几篇珍稿带温词；
淋漓点滴涓涓汗，难忘当年老画师。

三

1　北京出版集团公司2010年1月版吕立新《齐白石从木匠到巨匠》，p208。

黄琪翔夫妇陪同齐白石看画展。

未完画稿待临池，怕忆阶前话别时；
再见叮咛犹在耳，乱真不复命名题。

四

岁末寻师惜已迟，不题红叶画红旗；
星塘弟子多能手，大胆知我郭秀仪。
（白石号星塘后人，又号寄萍堂老人。白石老人曾以“好大的胆子”题秀仪画上）

五

寄萍堂上有书诗，金石铿锵画更奇。

绿菜蓬蓬舒正气，红花朵朵待扶持。

百年海内声名远，一别庭门色相离。

最是华章惆怅对，斯人如在早题词。（何故不题词）

黄琪翔《忆齐白石老人》这一组诗，写于1957年的年底，因为诗中说明是在“岁末”去“寻师惜已迟”。后来，黄琪翔在另外一纸上重新抄录“何幸逢君一代奇”诗中，把“一片红心待接移”的“红”字改为“丹”。并加注道：“齐白石为秀仪画牡丹，未成而溘然长逝。检读遗稿，不禁怆然，因占上绝。”

1957年9月16日下午4时，齐白石被送进北京医院，6时40分与世长辞。17日，齐白石老人的遗体入殓，按照老人的遗愿，把两方印着齐白石籍贯、姓名的印章和一根他用了30年的红漆手杖一同装进杉木棺材里。

9月22日，周恩来总理及首都400多人在北京参加了齐白石的公祭，随后，中国近现代史上最伟大的国画家之一齐白石先生下葬在北京湖南公墓，与他的继室胡宝珠女士永久为伴。

八、著名的“右派分子”

1957年5月，包括中国农工民主党中央领导在内的许多民主党派知名人士，正当他们兴高采烈“鸣放”的时候，国内的政治形势已经发生一百八十度的大逆转，但是，他们仿佛患上了夜盲症，根本没有察觉出苗头来。

5月15日，毛泽东写了一篇名为《事情正在起变化》的文章。[1]毛泽东指出：“右派的企图是先争局部后争全局，先争新闻界、教育界、文艺界、科学界的领导权。他们知道共产党在这方面不如他们，情况也正是如此……新闻界的右派还有号召工农群众反对政府的迹象，他们反对扣帽，这是反对共产党扣他们的帽子。他们扣共产党的帽子，扣民主党派中的左派、中派和社会各界左派和中派的帽子则是可以的。”“大量的反动的乌烟瘴气的言论，为什么允许登在报纸上？这是为了让人民见识这些毒草、毒气，以便除掉它，灭掉它。”“我们还要让他们猖狂一个时期，让他们走到顶点。”这就是人们所说毛泽东所谓“引蛇出洞”、“阳谋”

1　这是毛泽东写的一篇文章，原标题为《走向反面（未定稿）》，署名为“本报评论员”。在审阅第一次清样稿时，毛泽东将题目改为《事情正在起变化》，署名改为“中央政治研究室”。6月12日，此文印发党内。毛泽东在看已经印发的这篇文章时，又将署名改为“毛泽东”，时间为1957年5月15日。此文于1977年4月第一次公开发表，编入《毛泽东选集》第五卷。

的由来。[1]

5 月 25 日，毛泽东《事情正在起变化》尚未在党内下发之际，上海一个笔杆子姚文元（1931—2005），就已经从新华社发布的一条很短文稿中嗅出了“反右”的味道。这一文稿只引用了毛泽东的一句话，即：“同志们，团结起来，坚决地勇敢地为社会主义的伟大事业而奋斗。一切离开社会主义之言论都是错误的。”6 月 10 日，姚文元写就呼应文章《录以备考》，发表在上海《文汇报》第三版小角落里。毛泽东敏锐地发现了姚文元，并替他壮胆，写了《“文汇报”在一个时间内的资产阶级方向》，发表在 6 月 14 日《人民日报》上。于是乎，姚文元废寝忘食，在半年之内接连发表了五十余篇反右文章，成为天下闻名的“反右英雄”。毛泽东在 1957 年曾经两次夸奖姚文元，因为他的文笔和思路令自己满意。[2]

1957 年 6 月 8 日，《人民日报》发表了毛泽东撰写的社论《这是为什么？》，提示人们：“少数的右派分子在‘帮助共产党整风’的名义之下，企图乘机把共产党和工人阶级打翻，把社会主义的伟大事业打翻”，但是社论在最后还指出“共产党仍然要整风，仍然要倾听党外人士的一切善意批评”。同日，6 月 8 日，毛泽东为中共中央起草了《关于组织力量准备反击右派分子进攻的指示》。6 月 14 日，《人民日报》发表的《文汇报一个时期的资产阶级方向》，点名批评《文汇报》和《光明日报》，提出“让大家鸣放，有人说是阴谋，我们说，这是阳谋。因为事先告诉了敌人：牛鬼蛇神只有让它们出笼，才好歼灭他们，毒草只有让它们出土，才便于锄掉。”

兼任《光明日报》社长的章伯钧、总编辑储安平，《文汇报》的罗隆基、浦熙修开始被批判。章伯钧成为了中国“头号”右派分子。

---

1 沈沛霖《沈沛霖回忆录》，p326。

2 团结出版社 2014 年第一版《中国那些年（1949—1978）》，p177。

至此，反右派斗争正式开始，很快成为风卷全国的政治运动。

6月13日，章伯钧已经感觉到自己摊上事了，准备发表公开的检讨书，于是悄悄把黄琪翔接到他自己的家中，与他商量，并请他帮助自己来写检讨书。在数十年血雨腥风的交往中，章伯钧认为黄琪翔为人正直，值得信赖。

黄琪翔没有拒绝章伯钧的请求，他决定向这个“头号”右派分子施以援手。黄琪翔回忆说：六月“十三日夜里他（章伯钧）把我接到家里去，说有人告诉他形势紧张，应该赶快做检讨，以免农工民主党受影响，并且要我帮助他。当时我知道他思想上还不通，没法检讨，但又认为他表示承认错误是好的，‘堡垒’投降（章伯钧自己说的）也是好的，因此我没有拒绝帮助他。”[1] 章伯钧的这篇文章《我在政治上犯了严重的错误》，发表在1957年6月14日的《人民日报》上。

到了第十天，6月23日的《光明日报》上发表黄琪翔署名文章《勇往直前，义无反顾》。从口气上看，这是一篇代表中国农工民主党，企图划清与其主席章伯钧关系的文章。

该文写道：“读了毛主席的《关于正确处理人民内部矛盾的问题》，农工民主党的同志们感到格外兴奋。因为，我们正在与反对党的领导、反社会主义的章伯钧等右派分子进行斗争，而这篇讲演正是我们向右派分子进行斗争的有力武器。章伯钧的言行是毒草。在过去，许多同志都不能识别，有些人还甚至认为是香花。因为识别不出是毒草，章伯钧就在农工民主党内散布了不少毒素，留下了许多错误的影响。这对农工民主党来说固然是一个损失，而更值得注意的是给社会主义事业带来了严重的损害。”他还说：“这场斗争是复杂的，艰巨的，因为农工民主党有过章伯钧的中间路线的影响。今天还不能说这种影响在某些同志的脑袋里已经不存在。不要‘讳疾忌医’。和右派分子作斗争的过程，也就是我们自我改造和自我提高的过程。既要承认我们的弱点，也要有

1 1957年7月14日《人民日报》第2版。

克服弱点的信心和决心，在不断克服弱点、不断进步的基础上与共产党长期共存，对社会主义作出贡献。同志们，永远跟着共产党走，勇往直前，义无反顾，克服任何社会主义建设前进中可能碰到的困难。”

在严峻形势下，这篇文章的基调显然不能令人满意。因为章伯钧已经被点名成为了中国“头号”大右派分子，黄琪翔只是说他“留下了许多错误的影响”，而非是不可饶恕的罪行，而且也只“承认我们的弱点”。

7月1日，《人民日报》发表了毛泽东亲自撰写的社论：《文汇报的资产阶级方向应当批判》。这篇名为“7 · 1社论”说：“党的报纸在一个时期内，不登或少登正面意见，对资产阶级右派的猖狂进攻不予回击，是‘阳谋’”。右派分子“是有罪的，言者无罪对他们不适用”，将反右运动推向高潮。7月，毛泽东又作了《打退资产阶级右派进攻》的讲话，写了《一九五七年夏季的形势》一文，进一步推动全党全民全社会的整风和反右派斗争。毛泽东说的“阳谋”，至此进入攻城拔寨的阶段。

《人民日报》“7 · 1社论”发表时，罗隆基当时还是以郭沫若为首的中国代表团成员，正在科伦坡参加世界和平理事会会议。[1]会议结束后，回到国内昆明第一站，罗隆基就看到了“7 · 1社论”以及章伯钧在中国农工民主党中央扩大会议上作的检讨。

章伯钧已经承认了“章罗联盟”，这令罗隆基无比气愤，他立即愤慨地给章打来长途电话，对章大声叫嚷：“报纸说你我联盟了，你居然也承认了。现在你跟我说清楚，你什么时候和我联盟的，又是怎样联的？”章听罗的质问，一时说不出话来，最后

---

1 世界和平理事会是于1948年在法国、德国、意大利、波兰所建立的保卫和平组织。1949年4月在巴黎和布拉格召开了第一届世界保卫和平大会，有72国的代表参加，选出了常设委员会，大大推动了世界和平运动的发展。1951年2月，世界和平理事会在德国的柏林召开会议，会议通过了《要求五大国（美、苏、中、英、法）缔结和平公约的宣言》，掀起了世界范围内的和平签名运动，签名人数达6亿多人，其中中国有3亿多人签名。本次会议上，李时珍被推选为世界文化名人。1953年，屈原被世界和平理事会推选为世界文化名人。1958年，关汉卿被世界和平理事会被推选为世界文化名人。1962年，杜甫被世界和平理事会推选为世界文化名人。1963年，齐白石先生被世界和平理事会推举为世界文化名人。

说了一句："电话里说不清楚，等你回来再谈。"罗隆基回北京后，去了章伯钧家，大闹一场。罗隆基并把自己的手杖当场折断，表示决裂。[1]

最初，对章伯钧的批判会在农工民主党内举行。黄琪翔回忆说：反右"运动开始后，在农工党内对章伯钧进行批判的时候，我对他的反党反社会主义性质，也不能理解。我错误地认为他的问题是属于人民内部矛盾的问题，对他恨不起来，相反的，对他还有同情。因此我强调对章伯钧的批判，要采取和风细雨的方法，要治病救人。这充分表现出我的反动资产阶级的立场，和章伯钧共穿一条裤子。"[2]章伯钧之所以"当选"中国"头号"右派分子，与他 1957 年 5 月 21 日下午在中央统战部座谈会上发言中所说的"政治设计院"有直接关系。

关于政治设计院，章伯钧是这样说的：现在工业方面有许多设计院，可是政治上的许多设施，就没有一个设计院。我看政协、人大、民主党派、人民团体，应该是政治上的四个设计院。应该多发挥这些设计院的作用。一些政治上的基本建设，要事先交他们讨论，三个臭皮匠，合成一个诸葛亮……这样搞，民主生活的内容就会丰富起来。[3]

黄琪翔坚决否认听说过章伯钧的所谓"政治设计院"，以及自己参加了这个组织。他说：章伯钧"什么'政治设计院''两院制'的反动主张，我是不与闻的，但他主张民主党派的'恶性'大发展，我是赞成的，并且也为此做了些罪恶工作。李伯球在北京市委会搞大发展，并且大点其火……我也是亲自参加过他召集的黑会的。"[4]

黄琪翔是位诚实的人，善良的人，做不出落井下石事。他虽然对政治抱有浓厚的兴趣，可是他毕竟不是能顺应形势发展的政

1　2012 年第 8 期《炎黄春秋》杂志王健文章：《我所知道的"章罗同盟"》。

2　黄琪翔《我的自述》。

3　1957 年 5 月 22 日《人民日报》以及章诒和《赵是崎岖越平坦——回忆我的父亲章伯钧》。

4　黄琪翔《我的自述》。

治家，也不懂得明哲保身。

首都民主党派等单位在北京和平宾馆举行了公开批判章伯钧的大会。这个大会本来是由黄琪翔主持的，可是，革命群众对黄琪翔对待章伯钧的温和态度十分不满，引起了愤怒，结果把主持人黄琪翔也轰下了主席台。黄琪翔说：“在和平宾馆的一次批判会上，最初是由我主持的，后来因为群众对我包庇章伯钧的态度表示不满，终于使我不能不从主席台上退了下来。”[1]

7 月 14 日，《人民日报》头版刊发新华社的长篇通讯，其标题是：

> 肩题：人民代表谈反右派斗争的教训
>
> 主题：**接受党的领导是知识分子改造的关键**
>
> 副题：费孝通储安平向人民请罪，毕鸣岐黄琪翔龙云作自我检查

文中报道：“第一届全国人民代表大会第四次会议今天（7 月 13 日）分上午下午继续进行大会讨论……黄琪翔交代和批判了他同章伯钧的关系。”

在同一天的《人民日报》的第二版，刊登了黄琪翔在第一届全国人大第四次会议上的发言，标题是《请求人民的宽恕——黄琪翔的发言》。黄琪翔被迫做了检查。

黄琪翔在发言中说：“我在农工民主党的职务是副主席兼秘书长，和章伯钧有组织关系和工作关系，并且在思想上和行动上做了章伯钧的俘虏，我对此愿意彻底交代和批判。以民主同盟为活动中心的章罗联盟，在农工民主党内是得到我的支持的。整风期间，我参加了农工民主党北京市委会所组织的所谓座谈会，到处起点火作用，造成了共产党威信上重大的损失；章伯钧的反共、反社会主义罪行被揭露以后，他要做假检讨，我又盲目的地帮助了他。我在章伯钧的问题上所犯的错误是严重的，是无可置辩的。”

1　黄琪翔《我的自述》。

他说："章伯钧罪行在全国人民面前揭露出来并且受到了严正的谴责以后，在相当长的时间内，我一直以为只是思想问题；大家批判，我也批判，实际上是不愿以认真严肃的态度来看待这一个关系到国家生死存亡的思想上的阶级斗争问题。不但如此，我因为立场不稳，认识模糊，对人民没有真爱，对敌人也就没有真恨，所以就想替章伯钧解脱，以为这样才算个帮助'朋友'；因此揭发也好，批判也好，根本上软弱无力，令人不能忍耐。在这种思想指导下，我在农工民主党内负有了领导检查章伯钧罪行小组的工作，显然是不相称的，工作方法也不可能不是错误的，因此受到了群众的指责和怀疑，是完全应该的，我在此表示接受群众对我有益的教训。"

他说："如果说我思想上还有问题的话，那就是我的地位过高，生活过优，而对人民的贡献太少。我有善良的愿望，而绝无反共之心；我有爱国的热情，而绝无反社会主义，自搞一套的'雄才大略'。我爱共产党，我爱社会主义；我愿意永远为祖国的富强繁荣事业而奋斗；我更愿意永远生活在美丽温暖的社会主义祖国的可爱的怀抱里。"

通读了黄琪翔在第一届全国人大第四次会议上的检查，可以深刻地感受到，黄琪翔在反右运动中把矛头对准了自己，始终在检查自己，而非是揭发他人。比如，在整风期间，农工民主党北京市委会组织的座谈会，是到处点火"大鸣大放"的罪行，"造成了共产党威信上重大的损失"。黄琪翔是被邀参加的，而这一活动的组织者则是农工民主党北京市委会负责人。黄琪翔在揭发的材料上没有提及。

两天之后，李伯球同样是在第一届全国人大第四次会议上，发表了题为《我痛恨自己给章伯钧利用作点火工具，支持了黄琪翔在农工民主党执行章伯钧的道路》的讲话。[1]

此后，黄琪翔不再是泥菩萨过河自身难保的问题，而是他也

1　1957年7月17日《人民日报》第10版。

跌落进深渊。还是在公开批判章伯钧的北京和平宾馆，黄琪翔重新站上了主席台。这次再也不用他来主持会议了，因为他本人也成为被批判斗争的对象。

1957年7月29日，《人民日报》刊发了新华社的文章，标题是：

农工民主党又揭露出一个首要的右派分子

黄琪翔是章伯钧的“副帅”

该报道说：“在26日下午举行的中国农工民主党中央执行局整风扩大会议，撕破了右派分子黄琪翔两面派的假面具，揭穿了他的反共反社会主义的真面目，以及章伯钧、黄琪翔、李伯球在农工民主党内组织右派小集团的阴谋活动。”

黄琪翔的罪名已定：他是中国农工民主党内首要的右派分子，是中国头号大右派分子章伯钧的“副帅”，与章伯钧、李伯球在农工民主党内组织了右派小集团。

黄琪翔加冕“右派”的罪行还有：他根本上否认社会主义改造在所有制方面基本完成以后，还存在着资产阶级和无产阶级之间在意识形态方面的斗争。这是“反毛泽东思想的明证”。[1]再则，他热心于农工民主党的“恶性”大发展，[2]以及对章伯钧的同情。[3]

除此之外，黄琪翔成为右派的罪名还有他公开批评社会主义

1 毛泽东指出，在所有制的社会主义改造基本完成后，各派政治力量之间的阶级斗争，无产阶级和资产阶级在意识形态方面的阶级斗争，还是长期的、曲折的，有时甚至是很激烈的。

2 黄琪翔《我的自述》。

3 2012年第8期《炎黄春秋》杂志王健文章《我所知道的“章罗同盟”》中写道：1980年6月27日，民盟举行中常会，传达《中共中央批准中央统战部〈关于爱国人士中右派复查问题的请示报告〉的通知》，文件中说，民盟所谓“六教授”等右派问题均予改正，恢复名誉。对章伯钧、罗隆基未予改正。文件中说明：“章罗联盟”在组织上并不存在；民盟中央在1957年提出的《对于我国科学体制问题的几点意见》和《我们对于高等学校领导制的建议》的基本内容是可取的，不是所谓“章罗联盟”的反动纲领。1981年7月1日，《人民日报》发表了《关于建国以来的若干历史问题的决议》全文，对反右派问题认为是“必要的”而且“正确的”，问题就是“扩大化”了。1982年11月15日，全国政协、民盟中央、农工民主党中央联合举行了章伯钧的骨灰移放八宝山革命公墓的仪式。1985年11月11日，民盟中央和农工民主党中央在政协礼堂举行章伯钧诞辰90周年纪念座谈会。中央统战部部长杨静仁出席并讲了话，肯定了章伯钧一生是爱国的、进步的，做了有益于人民，有益于国家的好事，对民主革命、新中国的建设和社会主义，做出了力所能及的贡献。

的“老大哥”苏联。而在五十年代，苏联“老大哥”是批评不得的。还记得当年家喻户晓的一句口号吗？“苏联的今天就是我们的明天！”新中国无论在政治经济体制建设还是文化社会生活，方方面面都在克隆着苏联人。甚至，“做套列宁装，留着结婚穿”都成为了年轻人的理想。

8月12日，中国农工民主党中央执行局举行第30次会议，通过了“中央整风领导委员会名单”。至此，章伯钧、黄琪翔被彻底排除出领导班子。

1957年10月15日，中共中央发出《关于划分右派分子标准的通知》，其标准是：“（1）反对社会主义制度。（2）反对无产阶级专政，反对民主集中制。（3）反对共产党在国家政治生活中的领导地位。(4) 阴谋分裂人民的团结。(5) 反革命小集团。(6)为犯有上述罪行的右派分子提供帮助，泄露革命组织的机密。”[1]

黄琪翔就这样被戴上了右派分子的帽子，遭遇到大会的批判，同时，他还要时不时地经历软硬兼施的折磨。可是，黄琪翔的内心是倔强的，他一直在抵制反右运动，具体的表现就是他采取了消极的不合作态度。他说：“1957年的反右斗争给予我的教训是惨痛的，但我思想上没有接受教训。1958年我进社会主义学院学习，是迫于形势不能不去，我对于自己的思想改造没有信心。我小心谨慎，念念不忘于当时的所谓三不得，即共产党反不得，社会主义反不得，右派当不得。我对思想改造，不是采取积极的态度，而是采取应付的态度。我唯一的目的，就是希望今后不要再犯错误，至于要怎样才能不犯错误，我就不求甚解。我情绪低落，到了极点，甚至对于当时已经开始的轰轰烈烈的大跃进，亦觉得无动于衷，认为国家大事，与我无关。”[2]

1957年7月，黄琪翔因为自己的所谓错误言论，在第一届全国人大第四次全体会议上被迫检讨。[3]可是他依然想不通，为什么

---

1 《中国那些年（1949—1978）》，p268。

2 黄琪翔《我的自述》。

3 完颜绍元文章《暮境坎坷的黄琪翔》，p216。

“社会主义愈前进，阶级斗争愈激烈”？而他认为当时的“阶级斗争并不激烈，重要的还是发展生产”。他认为从党的长期共存互相监督的政策来看，人们在鸣放中是根据党的百花齐放百家争鸣的口号提出来的意见，是善意的。黄琪翔的精神很苦闷，身体一下子消瘦了许多。

显然，黄琪翔是一个比较“顽固”的右派分子，从新闻报道中看，他直到1957年的年底，才无奈地承认了自己的反党反社会主义的“阴谋活动”。

1957年12月25日《人民日报》第4版刊发了新华社的文章，标题是：

顽抗四个多月仍然混不过关

黄琪翔终于承认章黄李右派集团阴谋活动

报道说：“中国农工民主党中央整风领导委员会在12月中旬连续举行整风扩大会议，进一步揭发和批判右派分子黄琪翔的反共反社会主义罪行。右派分子黄琪翔自从他的反共反社会主义真面目在今年7月被揭露以后，四个多月来一直负隅顽抗，拒不交代他的反共反社会主义的罪行和章（伯钧）黄（琪翔）李（伯球）右派集团的阴谋活动，企图蒙混过关。经过扩大会议的连续斗争，黄琪翔在他的两面派手法被彻底揭破以后，终于不得不承认被揭露的一些罪行和章黄李右派集团的阴谋活动，表示愿意重新做人。”

报道说：“会议揭露出来的许多事实说明，黄琪翔是一个极端狡猾的善于使用两面手法的右派头子。他极为敌视社会主义制度，并且对社会主义制度进行了恶毒的攻击。他捏造出所谓‘民主人士难以在政府工作’的谰言，并说这‘是制度问题’。他假惺惺地说‘社会主义是好的’，但是接着却说：‘也要给人民实际的东西，目前活不下去，就会有问题’。他还说：‘现在是有些不愉快，包括政治工作文化生活方面……工作好像是被迫似的，非这样生活不可’。他经常宣扬资本主义生活方式。黄琪翔反对苏联在匈牙利反革命暴乱后出兵，并且硬说揭露美帝国主义在匈牙利进行颠覆活动‘是不公平的’。黄琪翔反对我国的人民民主专政，他污蔑中国现在不民主，并攻击人民对敌人的专政。他认为粉碎胡风反革命集团是小题大做，‘肃反运动造成了人与人之间的不信任，为了一点事就到处了解没有必要’。”还说：“黄琪翔在那次检讨中恬不知耻地说是他‘二十年间，思想上没有一时一刻离开共产党，即令在最艰苦的日子里，我也从来不忍离开共产党……’但事实却完全相反：黄琪翔是一个军阀。长期依附陈诚。”

报道最后说：“黄琪翔在这次扩大会议开始的时候，态度表现得甚为恶劣。他虽然不得不承认自己的反共反社会主义言行是无法掩饰的，承认章黄李右派集团是存在的，但却不交代具体事实，还采取了狡辩抵赖的态度，这些都引起了与会群众极大的愤慨。”

黄琪翔终于无路可走，他和大多数右派分子一样，只能低头认罪。这一年，黄琪翔正好60岁。

他的好友李以劻将军总结说：“在国内（50年代初）进行三反五反斗争中，黄老（黄琪翔）安渡难关，未及树立改造自己的观念，世界观未变，警惕性较差。一九五七年，中共在整顿工商界、反革命分子肃清和改造社会后，继续改造知识分子，党内外、军政界、文化界人士的反右斗争中罗列几十万个右派，黄老被列为右派，接受作为右派分子的斗争，备尝社会主义的艰难与批斗之苦。”[1]

黄琪翔在思想上的痛苦是可以想见的。他想为自己辩白，那是徒劳的，因为没人允许他辩白；即使能辩白，也绝不会有人相信他的肺腑之言。个人是渺小的，组织何其强大。大概直到这个时候，黄琪翔必须明白该来的灾难你是逃脱不掉的。

---

1 《传记文学》第74卷第一期，p54。李以劻文章《怀念黄琪翔将军及简述闽变经过》。

他说：在针对自己的批判大会后，“我思想上更是（想）不通。当时，某某人是农工中央的整风办公室主任，他对我表示关怀。他一方面要某某人和我通声气，多方安慰，并表示可以送资料给我看，引起了我的思想混乱；另一方面，他又派某某人到我的家里来，说是‘帮助我’，要我交代反社会主义罪行，这更引起我的反感。我以为我既没有通敌行为，也没有参加反动组织，即令我有错误的思想和言论也不属于敌我矛盾范围。”[1]

郭秀仪回忆说：“1957 年，‘反右’斗争中，琪翔被错划为‘右派’，思想上困惑，精神上苦闷。在这种情况下，他写信给周恩来同志，倾诉内心的痛苦。周恩来同志复信给他，要他相信中国共产党，要经受住考验，鼓励琪翔要坚强地生活下去。”[2]

1958 年 2 月 1 日，第一届全国人民代表大会第五次会议同意全国人大常委会提出的建议，决定罢免黄琪翔国防委员会委员的职务，撤销全国人大的代表资格、法案委员会委员的职务。黄琪翔的行政级别由五级降为九级。

1 见黄琪翔《我的自述》。

2 《流金岁月》，p89。郭秀仪文章《党的统一战线工作的典范——周恩来、邓颖超同志同黄琪翔和我的交往》。

九、天安门观礼

被“反右”巨浪打倒在地的国内知名人士，远不止章伯钧、黄琪翔、李伯球这几位。

周恩来的入党介绍人、中国农工民主党人张申府，“云南王”龙云，当年“七君子”之一的章乃器，以及中国近代卫生事业奠基者之一金宝善、中国现代著名土木工程学家程士范、中国现代化学奠基人之一曾昭抡、中国电机工程学会发起人之一王国松、中国现代力学奠基人之一钱伟长、中国现代机床工业奠基人之一雷天觉等，纷纷落马成为著名的右派分子。黄琪翔也许不知道，和他一样被打成右派的人，全国一共有552973人。[1]除此之外，在1957年反右运动中遭遇冲击的人还有，如“中右分子”216000人、“反社会主义分子”19万人。各地还有名目不同的“地方主义分子”、“民族主义分子”、“孬分子”……[2]

黄琪翔在北伐时期的老部下、周恩来在法国介绍其加入共产党的老共产党员、时在北京工业大学担任教授的沈沛霖先生，幸免被封为右派冠冕，结果他的二个儿子均被打成右派。沈沛霖回

1　2012年4月12日《快乐老人报》：据中共中央公布的资料，1957年和1958年共划右派552973人，1978年后“改正”552877人，不予改正96人，其中中央级5人，分别为章伯钧、罗隆基、彭文应、储安平、陈仁炳。

2　胡治安《回忆“摘帽办”：解决55万人 问题》原载2009年12月《中国新闻周刊》。

忆说："经过反'右'运动之深挖后，至一九五八年初，（北京工业大学）全院共有四百余教职工划为'右派'，几占全院教职工总数的四分之一。当时京工对这些所谓的'右派'的处理办法分为六类：一、开除公职，并送劳动教养；二、监督劳动；三、留用察看；四、撤销原职，另行分配；五、降职降薪；六、免予处分。"[1]这是中央制定的处理'右派'方法。对照黄琪翔被处理的结果，黄琪翔符合第三、第四、第五条，即撤销原职、留用察看、降职降薪。相对于那些因被打成右派而妻离子散、家破人亡的人来说，黄琪翔显然还算是幸运者。

黄琪翔至此戴上"右派分子"帽子，看似只有四个字，确实重有千斤。在这样一个标榜燃情岁月里，人人都在口口声声大谈理想和精神，很少有人会用自己的大脑去独立思考，去明辨是非。迎接那些"右派分子"的目光，绝大多数是鄙视，是愤怒，是仇恨。从科学的角度说，毒舌是毒不死人的，再凶悍的眼神也压不死人，但是在特定的条件之下，它们可以摧毁人们生活的意志，使之心理不堪重负。许多人就是在这种情况下选择了自尽。因为他们认为这个世界已经不值得留恋。

黄琪翔冤屈难申，当然会苦闷不堪。好在他拥有一个幸福的家庭，有一位坚强而体贴的妻子郭秀仪，于是家庭就成为他躲避政治风暴的避风港湾。

被戴了帽的"右派分子"黄琪翔，依然相信共产党，从未说一句对共产党不满的话。[2]甚至，当他看到一些自己不能理解的现象时，仍然还是管不住自己的嘴巴，要讲真话。

大跃进期间，黄琪翔去徐水、安国两县参观。看到人民公社在大搞"小、土、群"炼钢铁时，他又忍不住了，提问说："按照列宁电气化建设社会主义的设想，与我们有所不同。用小、土、群火炼钢铁，和新型钢厂的生产，也大不相同。这两者之间，究

1 沈沛霖《沈沛霖回忆录》，p328。

2 完颜绍元文章《暮境坎坷的黄琪翔》。

应如何区别？”弄得接待方很尴尬。

在河北香河县参观人民公社时，当地书记郑重其事地介绍养猪女饲养员用自己的乳汁喂猪，并十分自豪地称赞这位饲养员的革命觉悟之高。唯独黄琪翔当面提出异议。他说：“此事不宜宣扬。外国人正污蔑我们人畜不分，我们何必授人以柄！”[1]

他的许多朋友听到黄琪翔这番言论，都在暗地里替他捏一把汗。

黄琪翔被打成右派后，海外媒体立即进行了报道。1958 年 1 月 2 日《天文台》刊登特稿《黄琪翔被翻旧账》，报道说：“共党于（1957 年）12 月中旬在北平连续举行三次大会，对靠拢分子黄琪翔进行围剿。黄琪翔现在是‘农工民主党副主席’，他和这个中共尾巴党的‘主席’章伯钧和秘书长李伯球同被共党称为‘章黄李右派阴谋集团’。”《天文台》的政治倾向台湾国民党，因此对大陆持攻击态度。该报道还说：“在 12 月 18 日斗争黄琪翔的会议上，共党找出一张 1938 年 6 月 18 日的汉口《大公报》，上面有黄琪翔的一篇论文《战斗与中国》。文中攻击共产党及其根据地……并称赞蒋委员长是全世界人士共同崇敬的一位东方巨人。共党根据这篇 20 年前的文章，断定黄琪翔是‘一贯反共反人民反革命的反动分子’。这种入人以罪的手段显然是蛮不讲理的，如果这种逻辑是合理的话，那么首先应当封闭《大公报》，甚至清算毛泽东，他在重庆也喊过蒋主席万岁。”可见，反右运动对新中国的统一战线事业造成了极大的伤害。

郭秀仪亲口告诉干女儿张新荣说：“你干爹被错划右派后，精神非常苦闷，极少出门，是为了免遭冷遇，所以断绝了与同事、亲友的一切联系。在那段艰难的日子里，反而是中共的一些老朋友，如贺龙、陈毅和习仲勋等人，时常来电话问候。尤其是习仲勋同志，还数次来家里看望，让我们非常感动。”[2]

此间，黄琪翔很少出门，时常在家铺纸研墨，练习书法，以

1 《纪念黄琪翔》中国文史出版社 1988 年 6 月第一版，p41-42，章师明文章《敬佩与怀念》。

2 张新荣手书《黄琪翔郭秀仪在文革中》。

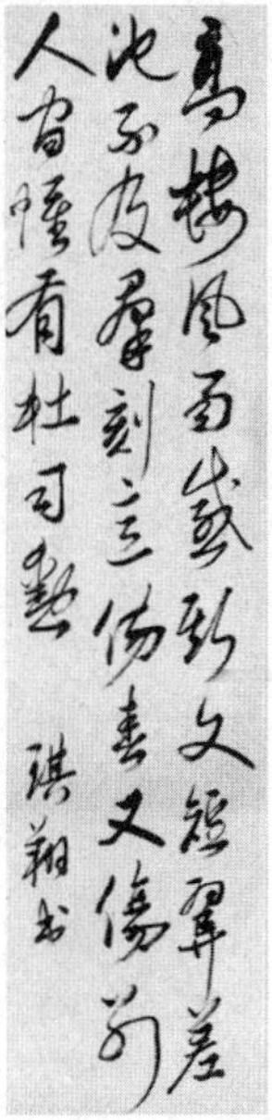

黄琪翔行草作品：李商隐《杜司勋》诗。

排解内心的苦闷。他曾对郭秀仪说，我们今后就以你的绘画和我的书法共度余生吧。黄琪翔留存至今的行草作品《书李商隐“杜司勋”诗》，印证了他对这个时代的深沉感慨。《杜司勋》诗，本是李商隐怀念杜牧的，抒发了诗人对昏暗时局的忧伤与不满。

> 高楼风雨感斯文，短翼差池不及群。
> 刻意伤春复伤别，人间唯有杜司勋。

黄琪翔书写此诗，显然有借古喻今之意，伤春怀旧之情，以及表达了自己跟不上时代发展脚步的落寞与无奈。

命运有时像个神秘的魔坊，在不经意间，黄琪翔经历了一次人生的黑色幽默。

1957 年黄琪翔被打成“右派分子”，罪名有几条。他的秘书王大鲁说：“我记得他曾认为：‘社会主义就是要发展生产力，逐步提高人民的生活水平。’这个观点在他的思想上是明确的。孰料这竟成了他以为被错划为‘右派’的一条‘罪状’。”[1] 另一

1 《纪念黄琪翔》中国文史出版社 1988 年 6 月第一版，p65，王大鲁文章《感激与怀念》。

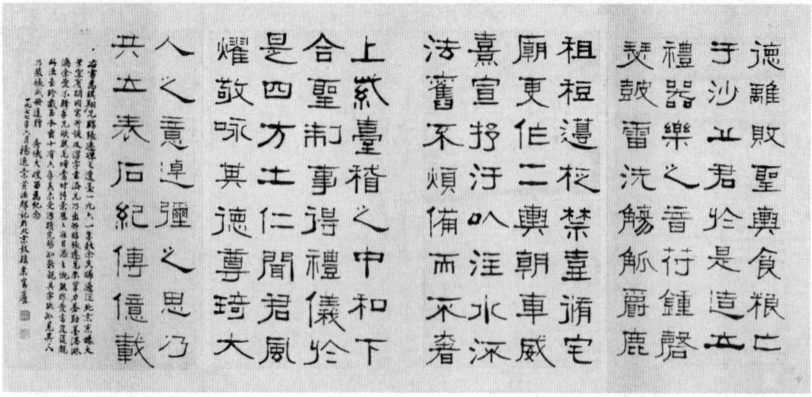

黄琪翔晚年的书法作品。

项罪证就是他批判过苏联“老大哥”。那时候，中国人最喜欢唱的是那首浪漫的《莫斯科郊外的晚上》，暗喻着中苏两国和人民的“爱情”天长地久。

可谁又会料想到呢？一年之后的1959年，中苏之间的关系忽然发生了转变。就在新中国成立10周年之际，中苏两国领导人第一次面对面地在北京发生了激烈的争吵。分歧主要围绕着如何看待中印边境冲突，以及中国是否为了缓和与美国的关系，主动释放在押的美国犯人等问题。[1] 赫鲁晓夫还抱怨中国，1958年中国炮轰金门，事前没有通知苏联；同年，中国军方在“台海危机”的空战中，缴获美国的“响尾蛇”导弹之后，一直拖延着不提供给苏联，等等。虽然在争吵的最后，赫鲁晓夫提议，双方各自销毁会议记录，以抹去这段不愉快的记忆，但是，中苏关系的恶化趋势已经暴露了出来。

“1959年，黄琪翔被摘掉‘右派分子’的帽子，并在《人民日报》第一版发表了消息，黄琪翔的名字排在第一位。这一年的国庆，他又被邀请到天安门城楼观礼。他接到通知后，兴奋得连连说：‘真没想到’，‘中央的政策真英明’。”[2] 此后，黄琪翔又连续当选

1 《中国那些年（1949—1978）》，p225。

2 《黄琪翔传》，p225。

第三和第四届全国政协常委，并任中国农工民主党中央副主席。

黄琪翔原先的秘书刘清云、韦佩云夫妇看到了《人民日报》，获悉黄琪翔被摘帽，于是写信来向他表示祝贺。12月11日，黄琪翔给他们复信说："感谢你们对我们的良好祝愿。两年多来，我在学习、改造方面获得了点滴的成就，终于最先回到光荣的人民队伍里来，这的确是一件难以形容的大喜事！通过这次教训，使我基本上改变了资产阶级的政治立场和思想方法，在生活上也经受了一番严峻的考验。这是永远值得纪念的，是十分有益的。我决心在这个基础上继续学习、改造，争取做些对人民有益的事，以报答党对我的无限恩情。"黄琪翔在这封信中介绍说："我患失眠症近两年，半年来逐渐见愈，体重亦完全恢复过来了，（比）过去体重减轻三十磅，问候你们好！"[1]

虽然黄琪翔被摘掉"右派分子"帽子，但是，他其实并没有能够回到人民群众中来。因为他的问题仍然还属于"敌我性质"的矛盾，只是把他们当作内部问题来处理而已。"右派分子"被摘帽，与"右派分子"被平反是两回事。被摘帽后的"右派分子"，简称为"摘帽右派"，说明你曾经犯了中共中央《关于划分右派分子标准的通知》中的六项"罪行"，只是因为党和毛主席的宽大政策，才使你摘帽。你还是必须老老实实地做人，接受革命的劳动人民群众的监督和再教育。

中共中央在《关于全国改造右派分子工作会议的报告》中说得很清楚："关于资产阶级右派分子的管理、教育改造和处理问题，过去因为没有专门部门负责，有些问题，没有及时得到适当解决。中共决定，今后由统战部门主管，此事前已通知你们。现在，中央再作如下指示：（1）资产阶级右派分子，是反共、反人民、反社会主义分子，虽然我们把他们当做内部问题处理，但实质上，他们同劳动人民的矛盾是一种敌我性质的矛盾，这点，必须明确，必须清醒，不要因为现在给他们大批摘帽子，和一部分上层民主

1　刘清云、黄浩明编著《黄琪翔》，p236。

人士的嚷嚷，有所含混。这点是干部在处理右派分子时掌握的方针，不必又普遍展开一次宣传。（2）现在对资产阶级右派分子的改造工作，已经进行了三年多，他们中的不小一部分，确实已经表现悔改，或有相当悔改，应该再给一批右派摘掉帽子。摘帽子的标准，中央已于1959年做了规定。处理的原则仍然是够条件的就摘，不够条件的就不摘，所谓处理从宽，是指基本够条件的也可以摘一批。不是把资产阶级右派分子，看做没有什么要紧，宽大无边地乱摘一气。”[1]

在这样的情况之下，黄琪翔以戴罪之身，还能被邀请到天安门城楼观礼新中国的十周年大庆。这是黄琪翔“兴奋得连连说：‘真没想到’，‘中央的政策真英明’”的主要原因。

尽管黄琪翔于1959年摘掉了“右派分子”帽子，可是他的内心依旧不能平静。

事实上，农工民主党当时的成员大约有7000人，其中有1266名党员被划为右派，最后改正了1265名，唯有一人不得改正，此人就是章伯钧先生。直到黄琪翔去世十周年之后，国家又对黄琪翔所谓右派分子的罪名进行审查。这一次，是给他进行了彻底的平反，还以历史清白。按照唯物论世界观的说法，没有天堂和地狱，人死如灯灭。死去的黄琪翔，不可能知道自己经受的冤屈已经在他身后得到彻底雪洗。长期从事统一战线领导工作的老资格革命家李维汉（1896—1984）后来反思说：“反右派斗争严重扩大化造成不幸的后果。一大批知识分子、爱国人士和党内干部错划为右派分子，使他们和家属长期遭受委曲和打击，不能为国家的社会主义建设事业发挥他们的聪明才智。全国55万余被划为右派分子的人半数以上失去了公职，相当多数被送劳动教养或监督劳动，有些人流离失所，家破人亡。少数在原单位留用的，也大多用非所长。这不仅是他们本人的不幸，也是国家、民族的

1　1961年10月28日中共中央下发的《关于全国改造右派分子工作会议的报告》文件。见《中国那些年（1949—1978）》团结出版社2014年第一版，p268。

不幸。”[1]

到了1962年初，毛泽东强调指出：“千万不要忘记阶级斗争”，又指出阶级斗争必须“年年讲，月月讲，天天讲”。黄琪翔为了响应毛主席的号召，跟上时代的步伐，从1962年至1964年，都在刻苦学习。

黄琪翔“对于那时提倡社会主义愈前进，阶级斗争越烈，以及阶级斗争是促进经济建设的要素，这类问题老搞不通。他认为思想问题，并不单纯先靠领导的提示所能解决，主要的还是靠自己能够从客观实际结合理论来证明事物发展真相，即所谓理论与事实结合来说明问题，才能使人信服。”[2]

他越是真诚地想解开自己的思想疙瘩，越是纠结，终究也没有解开自己的思想疙瘩。他内心陷入痛苦是在所难免的。

黄琪翔在自己的自我检查中说：“由于自己的阶级属性，害怕阶级斗争，认为‘无情打击’，不容置辩。”同时他又觉得“这些作风对一般知识分子是残酷的，不必要的。”承认自己“当严重阶级斗争到来的时候，就幻想赶快结束，抱着厌恶和逃避的情绪。尽管明知道是上天无路、入地无门的残酷情势下，无可逃避的。”[3]

摘帽之后，黄琪翔的生活恢复了自由，但仍然受到社会的歧视。人家总会在他和他的家人背后指指戳戳，他自己也总觉得低人一等。当黄琪翔夫妇听说，老战友连瑞琦的女儿连德枝快要结婚时，夫妇俩决定悄悄前去探望。

连瑞琦也是著名的民主人士[4]，曾留学德国。杨虎城将军的儿

---

1 参见李维汉：《回忆与研究》（下），中共党史资料出版社1986年版，第839页。

2 刘清云、黄浩明编著《黄琪翔》，p239。

3 刘清云、黄浩明编著《黄琪翔》，p239。

4 连瑞琦(1898—1984)，字仲玉，陕西人。他是我国现代的实业家也是著名的民主人士。早年追随邓演达先生是创建中国农工民主党的早期积极参与者和领导人之一，与农工民主党的创始人之一的黄琪翔将军感情深厚。1949年上海解放后，连瑞琦历任华东军政委员会参事、上海医药工业公司副经理、上海市人民政府参事。曾任第二届全国政协委员、上海市人民代表、保卫世界和平委员会上海分会委员、中国农工民主党中央委员会委员等职。连德枝说她的父亲是“在上个世纪的二三十年代，中国人在德国获得了药学博士的，只有我父亲一个！”

子、曾任全国政协副秘书长的杨拯民先生在《我的父亲杨虎城》中说：杨虎城热心教育事业，资助优秀知识分子出国留学深造。“早在靖国军时期，1921年他还曾资助过屈武、连瑞琦去德国留学。他（杨虎城）认为这是自己应该做的。他曾说过当国民党的官，难免要刮地皮，我把刮地皮的钱，用于供给穷学生上学，绝不会错。”说明连瑞琦去德国留学，是由杨虎城将军资助的。连瑞琦回国以后，一度成为杨虎城的助手，积极帮助和参与了杨虎城的许多政治工作。

连瑞琦在德国获得了药学博士学位，他的妻子胡佩芬是一位医生。早在连瑞琦与妻子胡佩芬在德国结婚之后，黄琪翔夫妇当面与连瑞琦、胡佩芬夫妇指腹认亲。郭秀仪说：“佩芬，你要生的是儿子，就是我们的干儿子；你要是生的是女儿，就是我们的干女儿！”果然，生的是女儿。她就是以后成长为新中国少年儿童十分喜爱的儿童剧表演艺术家连德枝女士。

连德枝于1938年出生在德国的维斯伯尔，回国后在上海读书。1953年连德枝中学毕业后考入中国儿艺。她在上海读中学时，有个同学叫雷有余，考取了清华大学，专攻工程化学。这个叫雷有余的同学，后来就是连德枝的丈夫。

连德枝结婚那一年，年纪25岁，时在1963年。那时黄琪翔家的经济状况已经不佳，所以郭秀仪精心挑选了一幅书画作品《荷花鸳鸯》，作为赠送给干女儿连德枝、雷有余夫妇的新婚礼物。这是一幅立轴，系郭秀仪与其老师溥雪斋合作的作品，尺幅约为3平尺，画面是一对戏水鸳鸯，背后是盛开的并蒂莲花。题款为：“德枝、有余婚礼志喜，秀仪作画、雪斋题。”

连德枝回忆说：“1963年我结婚前几天，突然接到干妈来电话，说她和干爹要来剧院看我，因干爹要出差，决定提前来祝贺。二老在百忙中还惦着我的婚事，令我又惊又喜。干妈还特意画了一幅画送给我们，竹帘上画着一对鸳鸯在戏水，一旁是盛开的并蒂莲……这幅画我一直保存了36年，‘文革’中，我把它藏在箱底，免遭劫难。如今这幅珍贵的画卷，依旧挂在我卧室的床头。每当夜晚入睡前，或清晨起床时，我都要凝视片刻，仿佛它会给我带来好运，使我一生平安。我将在心里永远铭记两位老人对我们的祝福。这珍贵的结婚礼物，将伴随我们度过幸福的晚年。”[1]

黄琪翔、郭秀仪夫妇来到北京中国儿童艺术剧院看望连德枝，干女儿当时正在宿舍里。她的宿舍在剧院后面一幢小楼里，一个狭小而整洁的房间。

郭秀仪说：“德枝，你干爹过两天要外出，不能参加你们的婚礼了。今天特意来赠送一幅画，祝贺你的新婚之喜，希望你们能够相敬相爱、白头到老！”

连德枝是新中国第一代儿童剧表演艺术家，成就卓著。1956年她在著名童话剧《马兰花》中成功扮演小猴一角，荣获首届全国话剧汇演表演奖；1960年获全国先进儿童工作者称号；1981年获文化部表演一等奖；1986年被评为国家一级演员；1991年获政府特殊津贴；2001年荣获“全国巾帼建功标兵”称号及金质奖章。

不过，共产党的高级干部习仲勋并没有忘记他的民主党派老朋友，他还邀请了黄琪翔夫妇去欧美同学会的文化俱乐部吃饭、跳舞。张新荣后来对郭秀仪说：“那天是黄绍竑伯伯打电话给我，让我晚上到文化俱乐部吃饭。当时我没有想到您们也去了，原来是习仲勋邀请的您们。”[2]张新荣当时也是“右派分子”，受到习仲勋同志的款待之后，非常高兴。她后来感叹道：“这对于被整肃过的人来说，是多大的安慰呀！”

1　《流金岁月》，p279。连德枝文章《伟大女性心中伟大的爱——记郭秀仪女士》。

2　张新荣手书《黄琪翔郭秀仪在文革中》。

十、李宗仁归来

1965年7月12日，已经极少参加公开活动的黄琪翔突然接到中共中央办公厅的紧急通知，要他于当日上午11时参加一个由周恩来总理亲自主持的重要会议。

黄琪翔急忙赶到人民大会堂，看见了张治中、邵力子、章士钊、傅作义、黄绍竑、朱蕴山、刘斐、覃异之等十几位国民党时期的著名将领和知名人士。中共方面，除了周恩来总理之外，还有中共中央统战部部长徐冰，以及国务院办公厅副秘书长、总理办公室副主任罗青长。那时，张治中将军是全国人大常委会副委员长。在当时，这次会议是保密的。

周恩来开门见山地说："李德邻先生要回来了，今天把大家请来，就是要和诸位通报这个情况。"

大家一听李德邻要回国，一下子瞠目结舌，面面相觑。李德邻就是1949年国民党政府代总统李宗仁先生。1949年共产党打败国民党，解放了大陆全境。蒋介石退守台湾孤岛之前，李宗仁就已经出走美国。如今，蒋介石在联合国仍然占据着中国的席位，并打着中国"合法代表身份"的旗号，在国际舞台上保留了最后的一点颜面，而身为民国政府代总统李宗仁此次回归大陆，不啻又给国民党扇了一记耳光。

在周恩来主持的通报会上，黄琪翔看看周围在座的人，大都是与李宗仁有历史渊源的人。比如张治中将军（1890—1969），在1949年4月，他是代总统李宗仁派出的国民政府和谈代表团的首席代表。当“和平协定”被国民党拒绝后，张治中留在了北京。6月，张治中发表《对时局的声明》，宣布脱离国民党阵营，投向共产党阵营；再如覃异之，也是桂系的将领，在1949年8月与黄绍竑等一起通电反蒋后来到北京；刘斐虽然是湖南醴陵人，但也属于国民党桂系的高级将领，曾任国防部参谋次长、军令部厅长、军政部次长，抗战期间曾协助李宗仁指挥台儿庄战役。

黄琪翔再联想到自己，当然也算李宗仁的旧属。在抗战时，李宗仁是第五战区的司令长官，而黄琪翔是第十一集团军总司令，归属第五战区指挥，李宗仁是自己顶头上司。而且，李宗仁与黄琪翔的私交也不错，曾经表示愿意在战火熄灭之后，与白崇禧、黄琪翔等人一起归隐，住在一处，相伴到老。为此，在李宗仁夫人郭德洁的帮助下，黄琪翔夫妇购买了桂林房产。

李宗仁原是桂系的核心人物，与多谋善战、有着“小诸葛”之称的白崇禧合称为“李白”。除了李宗仁、白崇禧之外，还有另外一个巨头，就是在坐的黄绍竑将军。他们三人即所谓桂系的“三巨头”。李宗仁在军中发家，与黄绍竑将军有着直接的关系。1924年，李宗仁任北京政府“定桂军”总指挥时，黄绍竑率领部下千余人加入该部，使其实力大增。随后李宗仁、黄绍竑和白崇禧联合，消灭了陆荣廷、沈鸿英等旧桂系势力，击退唐继尧东侵之师，统一了广西。“新桂系”至此成为中国政治舞台上一支活跃的力量。[1]

李宗仁与蒋介石是一对老冤家。在北伐战争中，蒋介石是国民革命军的总司令，李宗仁是右纵队指挥官。俩人是拜把子兄弟，曾经互换金兰谱。可是为了各自的利益，俩人见面笑嘻嘻，背后动干戈，彼此都是对方的定时炸弹。

1948年4月国民党行宪以后，蒋介石与李宗仁的暗斗再起，

1　湖北长江出版集团湖北人民出版社2008年1月版《43位战犯的后半生》，p25。

最后李宗仁成功逼迫蒋介石于1949年1月21日下野，总统宝座也被李宗仁取而代之。他们的矛盾一度达到你死我活的地步。据军统大特务沈醉回忆：蒋介石曾经安排特务在李宗仁的身边，准备暗杀他。

李宗仁虽然当上了代总统，依然处处受到蒋介石的钳制。身在溪口老家的蒋介石设立七部电台，直接指挥国民党军队，架空了李宗仁。代总统李宗仁当时还幻想通过与中共“和谈”，来阻止解放军渡过长江，以期保住国民党统治的半壁江山。李宗仁派邵力子、张治中、黄绍竑、彭昭贤、钟天心为和谈代表，前来北平谈判，但最后又拒绝在“国内和平协定”上签字。[1]1949年4月23日解放军攻占南京，国民党统治自此寿终正寝。此后，李宗仁先后退到桂林、广州，继续组织国民党军队进行顽抗。11月白崇禧指挥的桂系部队大部被歼灭，李宗仁在政治上赖以生存的条件已被彻底摧毁。中国共产党于1949年12月宣布的43位战犯中，蒋介石第一，李宗仁排老二，并且指出他们“罪大恶极，国人皆曰可杀者。”

1949年11月20日上午，李宗仁以胃病复发为由，从南宁乘专机飞赴香港，当天住进太和医院。12月5日，他携其夫人郭德洁、长子李幼邻、次子李志圣及下属十余人由香港逃亡美国。蒋介石数次派人要李宗仁去台湾，被其拒绝，原因是他害怕成为张学良第二!

身在美国的“代总统”李宗仁，仍然在与蒋介石较劲，不肯罢休。“李宗仁赴美不归，还占据着‘代总统’的名位，这让急需名正言顺复职重当‘总统’的蒋介石非常不满。台湾‘监察院’、国民党中央非常委员会一次次地致电李宗仁，促其返台，都被李宗仁一一借口回绝。1950年2月21日，国民党中央非常委员会

1　中国共产党代表团与中华民国政府代表团于1949年4月在北平进行的停火谈判。该年4月1日，国民政府代表团自南京飞抵北平。13日至15日，双方代表团进行了实质性磋商，拟定《国内和平协定（最后修正案）》，并商定于20日签字。20日，政府电告南京代表团拒绝签字。21日，中国共产党领导人毛泽东、朱德发布《向全国进军的命令》，中国人民解放军随即发起渡江战役，谈判终告失败。

再电李宗仁，限其三日内返台，否则放弃‘总统’职务，如不照办，则由蒋复职。3月1日，蒋介石在台湾宣布‘复职’。李宗仁立即在纽约举行记者会公开指责蒋复职是违宪之举。其实李与蒋打交道数十年，明知斥责无济于事，但他偏要做出‘总统’的样子，不过是想保持一点尊严罢了。”[1]李宗仁被剥夺了“代总统”名位之后，在美国当寓公，经常和当地华侨老头老太打麻将度日。他的邻居中有一位华侨画家汪亚尘，应邀教授郭德洁学习中国画。汪亚尘夫人荣君立是荣毅仁的姐姐。汪亚尘还教过美国总统肯尼迪夫人杰奎琳学习中国画。

李宗仁这次回国，中间有位神秘的牵线人，就是李宗仁当年的机要秘书程思远。1956年，李宗仁通过程思远与中共建立了联系。

1956年1月31日，周恩来派香港《大公报》副总编辑金尧如第一次去程思远在香港的家中，建立联系。程思远当时生活在香港，随后他应邀五次来北京，直接向周恩来汇报、商谈有关李宗仁的回国事宜。1963年5月，李宗仁按照周恩来的指示，去了欧洲旅游四个月，目的是麻痹美方特务的监视。直到1965年3月，毛泽东根据国内外形势，认为时机已经成熟，周恩来于是开始筹备迎接李宗仁回国。[2]6月13日，李宗仁离美赴欧。6月28日在苏黎世与程思远会合。台湾此时已经侦察出李宗仁回国的意图，于是紧急派人给李宗仁送来白崇禧劝其“保全晚节”的电报。中共的情报部门也获悉，国民党见白崇禧的电报不能阻止李宗仁回国“投共”，准备在回国途径巴基斯坦卡拉奇时实施暗杀。蒋介石命令台湾保密局长张炎元说：“在两天内迅速侦知李宗仁的住处，如确定在大陆驻巴使馆，务须弄清他们所乘飞机之机型、班次、时间和航线，尽一切可能在他去机场途中狙击解决；不行则在飞机上做文章，再来一次‘克什米尔公主号事件’也在所不惜！”[3]

1 《43位战犯的后半生》，p32。

2 《43位战犯的后半生》，p35。

3 《中国那些年（1949—1978）》，p297。

中国驻巴基斯坦大使馆立即与该国官方联系，并得到巴基斯坦总统的特别关照。7月14日凌晨3时，当李宗仁所乘坐的瑞航客机刚刚降落卡拉奇机场，巴基斯坦保安部的军警就登机，将李宗仁等三人领出机舱，并用警车立即把李宗仁送进中国大使馆保护起来。蒋介石暗杀李宗仁的阴谋至此流产。

1965年7月12日的北京，在周恩来主持的关于李宗仁回国通报会上，章士钊先生提出了这样的问题。他说："这个事情定了吗？德邻会不会转去台湾？"

章士钊的弦外之意是：李宗仁会不会以共产党的邀请为名，转去台湾，以此向蒋介石邀功，博取政治资本。

周恩来回答说："李先生不会去台湾！但台湾已经发觉了李的行动，我倒担心台湾的特务会整李的。美国放李回来，说明美国有很多的胡思乱想。美国对一些旧人总是胡思乱想的。我们是历史唯物主义者，我们看人，关键是看本人的表现和转变。"还说，"李德邻先生这次回来是自觉的。"

周恩来还向与会者介绍了这几年来，中共与之商谈过程中对李宗仁提出的期望和要求，即"四可"、"四不"和"五关"。这就是中共对李宗仁回国的方针和政策。

周恩来说，"四可"是：在1963年就与李宗仁讲清楚了，第一，他到欧洲后，可先回美国料理些事情；第二，李宗仁回国看看，也可以回去；第三，李宗仁可以留在欧洲为祖国做些事情，经济上困难时我们可以帮助；第四，他如决心回来，我们欢迎。周恩来讲的"四不"是：请李宗仁（一）不要对美国抱有幻想，要摆脱美国；（二）不插手台湾问题。周恩来说，"李说他没有做对不起台湾的事，这是真的。美国曾要把他送回台湾，他不去"；（三）在国共两党之外，不搞第三势力；（四）不负中美谈判使命，不作中美间桥梁。"五关"是：如果李宗仁要回来长住，还要过五关，即政治关、家族关、社会关、生活关和思想关。[1]

1　见中央统战部编辑、华文出版社1999年1月版《李宗仁归来》。

李宗仁全部答应了。因为他日夜思念自己的祖国，思念故土。

在这次会议上，周恩来还笑着和副委员长张治中打招呼，说：张治中将军回来时，我周恩来没有能亲自去机场迎接，而李宗仁回来自己要亲自去机场迎接，希望张治中不要有意见。张治中笑着说，没有意见！

会议上，中共中央统战部部长徐冰还介绍了李宗仁回国过程的一些情况。

1965 年 7 月 17 日夜，在巴基斯坦的密切配合下，中国已将巴基斯坦航空公司的一架飞往广州的波音 707 客机头等舱全部包下。中国驻巴基斯坦大使丁国钰陪同李宗仁夫妇和程思远登上飞机，零时 30 分，这架飞机从卡拉奇机场起飞，向夜色中的中国领空飞去。李宗仁夫妇一行从广州降落后，再转机飞上海虹桥机场，周恩来总理已经在上海等着他了……

7 月 20 日上午 11 时，李宗仁的飞机降落在北京机场。机场上举行了热烈的欢迎仪式。周恩来亲自率领 100 多人的庞大队伍去机场迎接，其中有彭真、贺龙、陈毅、罗瑞卿、郭沫若、叶剑英、傅作义，还有李宗仁的老友和旧属，如卢汉、邵力子、黄琪翔、黄绍竑、刘仲容、杜聿明、宋希濂、范汉杰、廖耀湘，还有“末代皇帝”溥仪等。

李宗仁下了飞机，百感交集，禁不住热泪盈眶。在机场大厅举行的欢迎仪式上，李宗仁宣读了《归国声明》。他说：“我以海外戴罪之身，感于全国人民在中国共产党和毛主席英明领导之下，高举着社会主义建设总路线的红旗，坚决奋斗，使国家蒸蒸日上，并且在最近已经连续成功爆炸了原子弹和氢弹。这都是我全国人民自力更生、艰苦奋斗的成果。凡是在海外的中国人，除少数顽固派外，都深深为此感到荣幸。我本人尤为兴奋，毅然从海外回到国内，期望追随我全国人民之后，参加社会主义建设，并欲对一切有关爱国反帝事业有所贡献。今后自誓有生之日，即是报效祖国之年，耿耿此心，天日可表。”[1]

李宗仁夫妇回国后，先是住在北京饭店，后来又给安排了一个宽敞的院落，即西总布胡同5号。

7月26日，毛泽东接见李宗仁。他俩的这次握手，极具历史意义。一位是已经下台的国民党代总统，一位是新中国的缔造者。李宗仁谈到身居海外的许多人都怀念伟大的祖国，都渴望回家。毛泽东说：“跑到海外的，凡是愿意回来的，我们都欢迎，他们回来，我们都以礼相待。”毛泽东还说：“你的声明中没有骂蒋介石，这很好。将来蒋如果愿意回来，我们更高兴，更欢迎。”[2]毛泽东知道李宗仁在流亡海外期间，写了回忆录，提出想看一看。这本书就是《李宗仁回忆录》，由李宗仁口述，哥伦比亚大学唐德刚教授撰写，但最初是英文版的，也还没有出版，所以李宗仁无法奉献。最后，毛泽东建议李宗仁到全国各地去走走看看。

毛泽东说欢迎蒋介石回来，不是随口说说的，事实上，早在十年前中共就已经与台湾的蒋介石有了联络。当时美国希望把台湾从中国分裂出去，而蒋介石虽然有求于美国，但他仍深明大义，坚决反对台独，反对两个中国。有鉴于此，周恩来在1955年5月13日的全国人大常委会15次会议上明确表示，中国人民解决台湾问题的方式有两种，一是战争，二是和平方式。同时，中共中央专门给蒋介石写了信，委托时任中央文史馆馆长章士钊通过台湾驻香港的许孝炎带给了蒋介石。随后，蒋经国派其密友曹聚仁（1900—1972）访问大陆，多次与周恩来、毛泽东秘密会见。1957年，大陆开始反右，蒋介石认为这是一个“反共复国的大好时机”，同时，台湾社会不稳，蒋介石决定加紧军事反攻，以转移岛内民众的注意力。美国见状大喜，中共为促使“国共第三次合作”的努力失败。[3]

李宗仁回国后，那些身在北京的旧友、旧属们纷纷邀请李宗

1 《李宗仁回忆录》（下），p795。

2 《43位战犯的后半生》，p36。

3 《中国那些年（1949—1978）》，p168。

仁吃饭。傅作义在家宴请时，周恩来、彭真、陈毅、罗瑞卿、徐冰夫妇、卫立煌夫妇、黄琪翔夫妇、蔡廷锴夫妇、罗青长、平杰三、李金德、王克俊和董其武等参加。那天下午，北京下了三十分钟的倾盆大雨，可是大家都按时来了。董其武、王克俊都是追随傅作义于1949年起义的国民党将军。部队被改编后董其武没脱军装，参加了解放军，1955年被授予上将军衔。

董其武给李宗仁敬酒。李宗仁说："我已老朽，自知回国也为统一大业做不了什么大事，解放台湾还要拜托董将军和克俊你们啦！"董其武答："李先生回国之壮举本身就是一颗重磅炸弹，是对解放台湾、祖国统一的最大贡献。台湾军政要员们难道不想一想，当年的代总统都回国了，这说明了什么？难道这是偶然的吗？"周恩来接着对李宗仁说："其武说得对，你回国这一行动的本身就是对祖国统一的最大贡献。"[1]

按照中共中央的安排，李宗仁先后三次去国内各地参观访问，了解新中国的发展情况，熟悉一下新中国的国情。第一次是1965年8月27日至9月19日，李宗仁夫妇去了东北参观访问。12月2日，李宗仁以个人名义在北京饭店举办回国答谢宴会。

1966年1月7日，李宗仁夫妇第二次参观访问启程，去了故乡广西以及广东等地。李宗仁夫人郭德洁患乳腺癌发作，病情恶化，于是终止访问，于3月16日回到北京，进行紧急抢救。

3月21日，郭德洁（1906—1966）不治去世。1922年李宗仁部队驻防桂平时，经浔州水上警察厅厅长郭凤岗介绍，李宗仁认识了年方十六岁的郭德洁，并开始恋爱，至此走过44年的坎坷人生路。

李宗仁因爱妻郭德洁逝世而极度伤心，一时不能自理，因此在1966年5月上旬，中央又安排李宗仁去华东、江浙地区参观访问，让饱受丧妻之痛的李宗仁出去散散心，排遣情怀。陪同他第三次出访的人主要是李宗仁的故旧，其中包括黄绍竑、黄琪翔、

1　中国文史出版社2009年8月版《董其武传》（下），p900。

黄琪翔、郭秀仪夫妇陪同李宗仁在上海参观。左起：金仲华、车间技术工人、黄琪翔、李宗仁和郭秀仪。

刘斐、陈此生、程思远等，黄琪翔夫人郭秀仪也陪同参观，她是这个参访团里唯一的女士。

黄琪翔郭秀仪陪同李宗仁出访，是周恩来总理点名安排的。程思远回忆说："李夫人郭德洁女士逝世后，周恩来总理特嘱琪翔同志和夫人郭秀仪女士以及其他友好陪同德邻先生前往华东一游。那时回顾当年北伐、抗战，琪翔与李宗仁并肩奋斗，往事历历，如在眼前。"[1]

参观团访问的地方有南京、上海和杭州等地。抵达第一站南京时，就住在当年蒋介石和宋美龄在中山陵的行宫"美龄宫"。李宗仁这时才知道黄琪翔的夫人是齐白石的入室弟子，是个画家。

晚饭后，大家闲坐聊天，李宗仁告诉郭秀仪说自己也是艺术爱好者，收藏过许多历史文物。1959 年他自愿托程思远捐赠给新中国一批文物，总共 12 箱。想不到毛主席、周总理很客气，一下子给他汇来了 12 万美金。

这次参访活动，留下了许多历史照片，其中的一张是李宗仁

1 《纪念黄琪翔》中国文史出版社 1988 年 6 月第一版，p17，程思远文章《深切怀念黄琪翔同志》。

1966 年，黄琪翔夫妇等与李宗仁先生在南京廖仲恺墓前合影。前排（右二）黄绍竑、（右三）郭秀仪、（右四）李宗仁、（左一）程思远；后排右起：刘斐、黄琪翔等。

在上海市副市长金仲华（1907—1968）的陪同下参观某工厂的精密仪器车间，照片上共五人，依次是金仲华、车间技术工人、黄琪翔、李宗仁和郭秀仪。

李宗仁的回国，最受打击的是身在台湾的昔日铁杆盟友白崇禧将军。1949 年，白崇禧为力挺李宗仁出任总统，逼宫蒋介石，要求蒋"总统毅然下野"，令蒋介石恨之切齿。可是在与中共交战中，白崇禧输得精光，最后被迫退守海口。就在此时，蒋介石在台湾来信邀请，并许诺"自有重用"。1949年12月30日白崇禧飞赴台湾，从此再也没能离开这个孤岛。蒋介石一生二次（1927年、1949年）被迫下野，均与白崇禧在背后"捣鬼"有关，所以白崇禧逃到台湾，等于进了蒋介石的铁笼。白崇禧在台湾怎能舒心？台湾"国大代表"的弹劾案，弄得他整天一惊一乍，可是，白崇禧手里也有根救命稻草，那就是出走在美国的前"代总统"李宗仁。只要李宗仁不"投共回国"，白崇禧就是蒋介石与李宗仁之间的秤砣。如今，李宗仁已经"投共回国"，白崇禧在蒋介石的眼里毫无价值，惟有旧恨。在李宗仁回国的第二年，1966年12月2日，白崇禧死在自家的床上。

1966年6月，李宗仁参访团突然接到中共中央统战部的通知，要求李宗仁等人马上回北京参加党外人士座谈会。这个会议，传达所谓"彭、罗、陆、杨"的问题，即彭真、罗瑞卿、陆定一、杨尚昆组建的所谓"阴谋反党集团"的事件。这时"文化大革命"已经在全国范围内轰轰烈烈地开展起来，而揭批彭、罗、陆、杨"阴谋反党集团"，是"文化大革命"期间制造的陷害、打倒党和国家及军队高级领导人的第一个事件，由中共中央政治局扩大会议于1966年5月立案。[1]

参访团回京后，李宗仁曾邀请黄琪翔、郭秀仪夫妇吃过两次饭。夫妻俩在李宗仁位于北京西总布胡同5号院的家里，认识了当时在北京积水潭医院当护士的胡友松女士。胡友松的母亲就是著名影星胡蝶。[2]

年轻貌美的胡友松因为家庭背景原因，生活坎坷，恋爱一直

1　粉碎"四人帮"后，中共中央于1979年2月、6月，1980年5月、10月分别为彭真、陆定一、罗瑞卿、杨尚昆作出了彻底平反的决定。

2　胡友松（1939—2008），原名若梅，其生母为著名影星胡蝶，中学毕业后相继在北京积水潭医院、复兴医院担任护士；1966年7月26日，时年27岁的胡友松于与75岁的李宗仁在北京正式结婚。1985年从中国第一历史档案馆退休后学习中国画。1995年在北京广济寺皈依佛门，法号妙惠居士。2008年在山东德州庆云县海岛金山寺去世，终年69岁。

不顺利，于是在程思远和民革中央秘书尹冰彦的撮合下，75 岁的李宗仁与时年 27 岁的胡友松于 1966 年 7 月 26 日在北京正式结婚。胡友松成为李秀文（1891—1992）、郭德洁之后的李宗仁第三任妻子。

黄琪翔郭秀仪夫妇早就认识胡友松的母亲胡蝶。郭秀仪曾告诉胡友松，说："胡蝶和我是好朋友。"1966 年 7 月 25 日，李宗仁与胡友松办理了结婚手续。第二天，在西总布胡同 5 号院的李宗仁家里，他俩举办了简单的婚礼。参加婚礼的来宾人数不多，包括黄绍竑、黄琪翔郭秀仪夫妇、刘斐、余心清、刘仲容、程思远夫妇等，都是与李宗仁关系比较亲近的人。

据胡友松回忆，婚礼事务均由国务院机关事务管理局派人操办，厨师请的是北京华侨饭店的名厨，做了一席正宗的粤菜。黄琪翔夫妇订制了一个大花篮，提前送到，摆在大客厅里，整个屋子顿时绚丽夺目。

黄琪翔闻知像彭真这样的共产党人，居然也被打成了"阴谋反党集团"人物后，自然感到惊诧莫名，百思不得其解。黄琪翔不明白"文化大革命"到底要"革"谁的"命"？但他有过前车之鉴——就是 1957 年被打成右派的痛苦经历，肯定再不敢乱说乱动。眼下，共产党领导人都成为了无产阶级专政的对象，那么自己还能逃过这一劫吗？他感到自己像是坐在一叶扁舟上，周围是惊涛骇浪，完全不知道前方会出现什么样的礁石和漩涡。

彭真与黄琪翔有一点亲戚关系，即彭真夫人张洁清的弟弟、曾任教育部副部长的张文松（1919—2011）是黄琪翔堂妹黄甘英的丈夫。

果然，在紧随其后的日子里，厄运又降临到黄琪翔的头上。

第九章　文革中含冤辞世

一、文革风暴

参加完李宗仁与胡友松的婚礼，黄琪翔在静观事态的变化。

1966 年 4 月，“当时报章已在连篇累牍地批判吴晗的历史剧《海瑞罢官》，大多数知识分子，包括我在内，对此等‘批判’俱习以为常，认为与前几年在思想文化领域内进行的学术批判相仿，主要是提高思想认识。”“然，事与善良人们所愿违，‘文革’之火，经人煽动，愈烧愈烈。六月一日及其后，《人民日报》用特大号字体发表《扫除一切牛鬼蛇神》等一系列社论，号召破除四旧（旧思想、旧文化、旧风俗、旧习惯）。通篇杀气腾腾。又广播和发表了北大聂元梓等七人大字报，将北大党委指为邓拓一样的‘黑帮’，刹那间，全国批判运动哄然而起。”[1] 黄琪翔也明白这个道理，枪打的一定是先飞出树林的鸟儿。他吸取了“反右”时的教训，自己再也不啃声、不表态，静静地观察时局的变化。

忽然间，红卫兵运动狂飙突起。北京每个学校里都有几支或十几支分别取不同名称的红卫兵组织。如：“全无敌”战斗队、“丛中笑”战斗队等，名称多来自毛泽东诗词或当地当时的重大事件、日期等。而“所谓红卫兵，是文革初期，‘大树特树毛泽东思想的绝对权威’思想指导下的产物。其发起者最初为北京中学中的

1 沈沛霖《沈沛霖回忆录》，p384。

一批高级干部子弟，长期以来，自命不凡，以接班人自居，将封建时代之‘血统论’，奉为至宝，鼓吹对所谓‘阶级敌人’的‘造反有理’。凡所谓‘红五类’子弟，皆可参加，其狂热而又幼稚的做法却得到毛泽东的支持。一九六六年八月十八日，毛泽东在天安门广场首次接见红卫兵。林彪在讲话中，号召红卫兵打破‘四旧’。于是，首先从北京开始，‘除四旧’及抄家的狂风，刮遍全国各城市。”[1]

许多学校的红卫兵组织因观点一致而联合，又称为“红卫兵兵团”。红卫兵的宗旨包括打倒“走资本主义道路的当权派”、“资产阶级反动权威”和“资产阶级保皇派”，“革命无罪，造反有理”等。手段有大字报、大批斗、“破四旧”、“抄家”等。“打砸抢”行为时有发生。他们的造反行动，冲垮了各级党政机关的运行体系，予国家和社会以极大的破坏。

在文化大革命爆发之初，黄琪翔已预感到事态的严重性，悄悄跑去找程思远商量如何应对？“程谓，不如意事常八九，总要挺立不拔，坚持下去。黄也表示有思想准备，但绝对相信共产党。果然，共产党还没动黄一根毫毛。”[2]这里所指的共产党，是指共产党的党中央，可是在文革爆发之后，党中央已经名存实亡，许多共产党的高级干部自身难保，也被打倒在地，于是天下大乱。

邓颖超的秘书赵炜回忆说：“进入8月，红卫兵闹得更厉害了，全国各地的红卫兵铺天盖地地来到北京搞串联，8月18日，毛主席穿着绿军装在天安门广场接见了第一批红卫兵，从此红卫兵来京的潮流就愈发不可收拾。”“没办法，周总理批准红卫兵住进了中南海北区的紫光阁、武承殿和小礼堂等地方，机关的几个工作人员食堂也改为专为红卫兵供饭。”显然，周恩来总理也不能分辨当时形势的发展，看不清斗争的方向，所以他的夫人邓颖超给秘书赵炜“订下了三条原则：一不和人随便来往；二不

1　沈沛霖《沈沛霖回忆录》，p387。

2　完颜绍元文章《暮境坎坷的黄琪翔》。

和人通信；三是有人来找不见。"[1]

黄琪翔身在乱世之中，无处可以躲避。1966年8月，大约三四十名洋溢着革命激情的红卫兵小将，呼喊着"惊天地泣鬼神"的革命口号，闯进黄琪翔家。他们把黄琪翔、郭秀仪夫妇从房间里揪出来，围在中央，进行声讨批斗。

这批红卫兵小将其实是一些北京中学里的高中生，年纪在十七八岁左右，身体还没有发育好，嗓子还在变音，胡子尽是些稀松的细毛。他们穿着绿色军装，戴着军帽，衣袖高高挽起，臂膀上套着红袖标，上面是毛泽东手书的"红卫兵"三个黄色大字。他们把黄琪翔包围起来，情绪疯狂地用手指着黄琪翔的鼻子，厉声痛斥他是国民党军阀、反革命分子和蒋介石的走狗！

这些红卫兵小将绝大多数根本不知道黄琪翔的历史背景，也不知道黄琪翔将军一生对国家和历史的贡献，而他们对黄琪翔的指责，全是无中生有。他们只知道黄琪翔曾经是国民党将军，是"摘帽右派"，这就足够了！国民党将军，就是"人民公敌蒋介石"的走狗。"右派"的性质，是属于"敌我矛盾"。对待敌人，绝不手下留情！

黄琪翔想辩驳，但一个人的声音根本抗不过数十人的齐声怒吼，就像是一滴水掉进大水缸里，毫无作用。他看着这些比自己孩子年纪还要小的孩子们，内心真是又急又气又心痛又悲愤。可是他已经没有别的选择，只能倾听着他们的怒吼。

红卫兵小将把黄琪翔骂够了，自己也骂累了的时候，两个小时已经过去，他们又作鸟兽散，纷纷离开了黄琪翔家。

这是"文革"开始后红卫兵小将第一次"光临"黄琪翔家，也是最"客气"的一次，也就是说，他们还没有进行抄家，没有动手打人，也没有把他们全家人扫地出门。但是，这已经给黄琪翔和他的家人带来极大的心理摧残。

大约又过了一周，另一批造反派再次"光临"黄琪翔家。这

1　中央文献出版社2004年版赵炜《西花厅岁月》，p193—194。

是一群真正的无耻暴徒。他们翻箱倒柜，四处查找所谓“反革命”和“四旧”的证据，把生活必需品翻得满地皆是，一片狼藉。他们对金银首饰的搜查兴趣，显然超过其他东西，且态度之恶劣。只要主人家对他们的暴行稍有质疑，就要遭遇暴力的回应，不分青红皂白。

家里，除了黄琪翔郭秀仪夫妇外，当时还有两个小孩。一个是他们的小女儿黄平，一个是他们的外孙于峰。黄平 12 岁，于峰 11 岁，被反锁在屋里。孩子们听见造反派在外屋殴打黄琪翔，也听见砸花瓶的声音，还有就是郭秀仪痛苦而凄厉的哀叫声。

黄琪翔被殴打时，他一声不吭，是个铮铮铁汉。那年，黄琪翔已经是 68 岁的老人。

郭秀仪后来回忆说：“他们不光用拳头打，脚踢，还用木棍打。黄琪翔在被毒打时，一声不吭，也不还手。我就去抱着黄琪翔，并告诉造反派说：‘黄琪翔不是反革命，他是毛主席、周总理请回来的’。他们还是用木棍打，打到了我的手上，我疼得一下子倒在地上。后来去医院检查，我的手骨折了，是粉碎性骨折，而且是打在我右手上，正好是我画画的那只手！”[1] 黄琪翔见妻子被打成骨折非常心疼，叫她以后不要再保护自己，还宽慰说，“我是军人，被打没什么。”郭秀仪也宽慰黄琪翔说：“琪哥，你不是说粉身碎骨也要跟着共产党吗？现在咱们做到了。”

动乱中，没人知道造反派拉走了黄琪翔家多少东西，多少珍贵的历史资料和艺术品。据说造反派留下一张抄家清单，却是很不完整。关于黄琪翔夫妇收藏的齐白石作品，红卫兵在抄家时没有装走。他们的女儿黄莺回忆说：“红卫兵说这些画是‘四旧’，在箱子上贴了封条，不许动。”

郭秀仪后来回忆说，她最心疼的是一张周恩来于 1938 年送给他们夫妻的照片，是周恩来与妻子邓颖超的合影，上面周恩来用毛笔写着：“赠琪翔兄，秀仪妹留念，周恩来、邓颖超。”

1　《流金岁月》，p107。又，关于黄琪翔被造反派殴打的细节，是在本书作者的追问之下，郭秀仪亲自说的，时在 1992 年。

郭秀仪说，被抄走的照片就多达三四千张，而且从此一去无回。造反派在搬走影集的时候，不小心掉了一张底片在地上，郭秀仪趁没人的时候悄悄拣了起来，塞进了口袋——这张照片后来成为著名的历史照片，在70年代末被广泛采用，成为国共合作时期的历史见证。[1]

造反派"义正词严"地告诉黄琪翔，你们住的这所房子是劳动人民建造的，凝聚着劳动人民的心血和汗水，"你们这些牛鬼蛇神没有资格住，不配。"所以，必须滚蛋！

"1966年8月底，红卫兵抄了他们的家，两人都遭到毒打，然后被赶出了家门。"[2] 黄琪翔郭秀仪夫妇一大家子共十几口人，只得四散。黄琪翔郭秀仪夫妇以及郭秀仪二姐郭秀华夫妇四位老人被迫搬去北京辛安里农工民主党的职工宿舍。

这里没有单独的厨房，也没有室内卫生间。他们干女儿张新荣曾悄悄去探望，回忆说："农工民主党中央机关位于辛安里一个院内，是一个三层小楼。院外还有一个门，通向职工宿舍。""那是前后两个大杂院。干妈（郭秀仪）他们住在最后一个院内。这里一明两暗的屋子，干妈夫妇住一间，二姨妈夫妇住一间。屋内除了简单的几样厨具外，可以说是家徒四壁。没有厨房，更没有卫生间，做饭只能在屋外不宽敞的屋檐下。这个院子挺大，院子里只有一个公用厕所。我猜想早上起床后，难免会有不少人要排队等候。"[3]

抄家行动是打着"破四旧"的旗号，其实是一场席卷全国的暴行。"据不完全统计，从6月至10月初，全国红卫兵收缴的现金、存折和公债券就达428亿元，黄金118.8万余两、古董1000多

1 这张照片拍摄地点是在南京黄琪翔家花园。在抗日战争初期，国共两党在南京谈判合作抗日时，中共领导人周恩来、朱德、叶剑英和国民党高官张群来黄琪翔家做客谈事，随后在黄琪翔家花园合影留念。黄琪翔将军当时是中华民族解放行动委员会的总书记。20世纪70年代后期，郭秀仪将它拿出来公开发表后，这张照片立即被中国革命历史博物馆、中国人民抗日战争纪念馆等十几家单位制作成大幅照片向社会展示。此照片见本书P215。

2 《流金岁月》，p30。

3 张新荣手书《黄琪翔郭秀仪在文革中》。

万件，挖出所谓的‘阶级敌人’1.66万余人，破获‘反革命’案犯1700余宗，从城区赶走的‘牛鬼蛇神’3900多万人。红卫兵在抄家过程中，还私自批斗、抓人。”[1]“仅1966年8月18日后的一个月，北京市被抄家的达11.4万多户，被赶回原籍的有85198人。”1967年春末，“造反”当局还在北京展览馆主办了“首都红卫兵无产阶级文化大革命抄家战果展览会”，分为4个展馆展出。中央文革领导小组成员江青、张春桥、康生、姚文元、王力、关锋、戚本禹以及闻名全国的首都红卫兵领军人物聂元梓、蒯大富、谭厚兰等率领首都红卫兵代表参观了展览。

被“扫地出门”后，黄琪翔的家院随后被北京市的两家单位强行占用。前院一度被北京市的新市委占用，后来成为北京市公安局外事处的办公地；后院则成为北京市东城区房管局的办公地。

黄琪翔被赶到机关宿舍居住的第二天，被宣布隔离审查。与黄琪翔同时接受隔离审查的老同志李乃曾回忆说：“1966年8月下旬，黄琪老和他夫人搬到农工党机关宿舍第二天，造反派刘某某就宣布黄琪翔被隔离审查，不许回家。他被关在三楼顶西头的一间小屋里，规定他每天清晨七点接受劳动改造，清扫机关大院。白天不是大会批就是小会斗，被斗者和陪斗者都要‘坐飞机’，然后回到小屋里写交代罪行材料，晚上12点前，造反派……分别到各个小屋检查交代材料。我们接受他们的审讯和拷问，稍有不满就遭受声嘶力竭般训斥和痛打。”[2]

李乃曾还说：“在批斗黄琪翔的大会上，我们是陪斗。造反派辱骂黄老是蒋介石的走狗，罪大恶极的国民党反动军阀，让他老实交代与蒋介石的关系，还有哪些勾结和反党言论。在另一次批斗黄琪翔的会上，造反派说黄琪翔不老实，在交代罪行材料上说‘章黄李右派集团’根本不存在，说他翻案，遭到批斗，并鼓励大家揭发检举黄琪翔。当时黄琪翔的部下……都有揭发材料。

1　2008年第一期《文史精华》丁大华文章“世所罕见的红卫兵抄家战果展览会”。

2　张新荣于1983年调到农工民主党中央工作，后来担任了总务处长。这些内容是李乃曾亲口告诉张新荣的，张新荣写入《黄琪翔郭秀仪在文革中》。

当时的负责人某某在大会上说：‘黄琪翔你至今执迷不悟，不承认自己的罪行，拒不交代与章伯钧的勾结，不揭发章伯钧。你知道我每次见到周总理时他都在问：黄琪翔怎么样？我说你思想抵触很深。’”

中国农工民主党成员蒋中光先生也被审查。他不堪折磨和凌辱，“有一天他终于从三楼窗户跳下去自杀，但没被摔死，却成了残疾人。听说蒋中光就因为与蒋介石‘三同’而遭受横祸。这三同是：同姓、同乡、同是日本士官军校毕业。其实他们彼此不认识。”[1]

农工民主党中央机关的老同志感慨说：“无论是反右还是文革期间，民主党派都是重灾区。在中国八个民主党派中，尤其是农工民主党中央机关的造反派，论批斗人最凶、打人最狠者，他们是首屈一指的。”[2]面对不时遭遇造反派悍将的殴打，黄琪翔都是在默默忍受。为了不让妻子看见自己被殴打时衣服上留下的血迹，从来不会做家务的黄琪翔，自己悄悄在单位里把衣服洗净，然后等衣服晾干后才回家。因为他知道，妻子郭秀仪也不例外，作为“反革命”的家属，郭秀仪处处受到歧视，终日小心翼翼、忍气吞声地过着胆战心惊的日子，身心备受煎熬。[3]

就在此间，不堪受辱的黄琪翔将军，决心要以自戕的形式来抗拒这个黑暗的年代。

在当时，黄琪翔的许多好友已经选择自杀的方法来与这个时代抗衡，甚至连共产党内的高级干部也纷纷走上这条黄泉路。

1966 年 8 月，黄绍竑将军遭到红卫兵的抽打罚跪后，不堪凌辱，两次服毒不死，终于在 8 月 31 日用剃刀刎颈，自杀而死，终年 71 岁；

老舍先生于1966年8月24日，不堪迫害投了北京太平湖自杀，终年67岁；

---

1 张新荣手书《黄琪翔郭秀仪在文革中》。

2 张新荣手书《黄琪翔郭秀仪在文革中》。

3 《流金岁月》，p30。

民主人士储安平先生于1966年8月31日投湖自杀未遂，被造反派押回九三学社看管，9月上旬失踪。他死于何地？至今不明；

道光皇帝的曾孙、黄琪翔夫人郭秀仪的老师溥雪斋先生已经73岁，1966年8月30日不堪迫害离家出走，死于何时何地至今不明……

曾任中共北京市委宣传部部长、《人民日报》总编辑和社长等职的著名文人邓拓先生，1966年5月16日，在戚本禹发表文章公开点名批判邓拓是“一个叛徒”后的第二天，邓写下《致北京市委的一封信》和《与妻诀别书》后，于5月18日自缢身亡；

甚至连毛泽东本人的秘书田家英也不例外。1966年5月22日下午，“文革”干将王力等到中南海住地，令田家英停职反省，交清全部文件，搬出中南海。第二天，绝望的田家英即自缢而死……

“文革”爆发后，黄琪翔再也没看到他的堂妹黄甘英。这位当年在白色恐怖下的北平城从事地下工作的革命女战士，在秦城监狱里被关了8年大牢。

李以劻撰文说：“一九六六年夏，国内又开展文化大革命，黄老（黄琪翔）从摘帽的右派分子又列入牛鬼蛇神五类分子之一，接受专政长达四年。十年动乱期间，黄老遭到林彪、江青集团的残酷迫害，身心备受摧残。一九六六年八月底，红卫兵几十人汹涌而来，冲入黄宅，对他进行迫害，并把他赶出家门。他百般无奈，只得迁住农工民主党宿舍，并接受批斗。从此，黄老便开始非人生活。他经过了非法扣押、严刑审问、强迫劳动、残酷殴打、大会斗争、小会批判、检讨交代、查抄籍没等折磨虐待。”[1]

这天晚上，黄琪翔躺在自己的小床上，冷静地对妻子郭秀仪说：“秀仪，我考虑了许多天，与其让我这么活着被人凌辱，还

---

1 《传记文学》第74卷第一期，p54。李以劻文章《怀念黄琪翔将军及简述闽变经过》。

不如就此了却残生，也是个痛快。”[1]

一向温婉贤惠的郭秀仪，突然站到黄琪翔面前，严肃地说：“你是一个军人，出生入死几十年，的确不怕死。可是，你要想想，死并不难，活下去才需要勇气！你一向拥护共产党，别人不知道，可我知道啊，周总理也知道。我相信你的问题最后一定能够解决，我们就是要坚强地活下去。因为我们心中无愧！”

郭秀仪还说：“如果你仅仅是为了解脱自己的痛苦而一死了之，那么请你想想，我们的孩子怎么办？我怎么办？活着的人怎么办？我可以现在就向你保证：如果你自杀的话，我一定在你的遗体旁宣布和你离婚；如果你真的被迫害死了，我就会像一个战士那样，一定替你鸣冤。”

郭秀仪心里明白，黄琪翔产生了厌世情绪。他的心理越是低落，越是需要鼓励，越需要斗志。

刚直不阿的将军终于被妻子感动了。黄琪翔最终向妻子保证，说：“我一定要坚持活下去，我要相信漫漫黑夜终将过去。”[2]

黄琪翔后来对至爱亲朋说过：“要不是为了秀仪，在 1966 年我一定会像季宽兄（黄绍竑）那样选择自尽。我是不能忍受那样的屈辱。”

自从这次谈话以后，郭秀仪对丈夫更加细心呵护。干女儿张新荣女士回忆说：在那以后，“黄伯伯（黄琪翔）到机关去接受隔离审查，离家前黄伯母对黄伯伯说‘我了解你的为人，相信你到机关会实事求是地写交代材料的。我在家认认真真地绘画，等你回来向你交作业。’”[3] 这似乎是在用哄孩子的口气说话，却能给予身心俱疲的丈夫以无限温暖。其实，那时候郭秀仪因为右手

1 《清风见兰——郭秀仪的艺术生涯》，p104。

2 《流金岁月》，p132。

3 1995 年，郭秀仪与本书作者谈话中说过，因为在 1966 年 8 月右手被造反派打成了骨折，治疗后手指的关节依然不能活动自如，所以就封笔了，不再绘画。为此我写过一篇文章《齐白石女弟子郭秀仪封笔始末》。其实不然，郭秀仪自 1966 年以后并没有真正封笔，而是不再奢望成为国画家，只是把绘画视为自己的休闲爱好而已。从她内心来说，1966 年以后，自己想成为真正国画家的念头已被彻底打碎，所以等同于封笔。

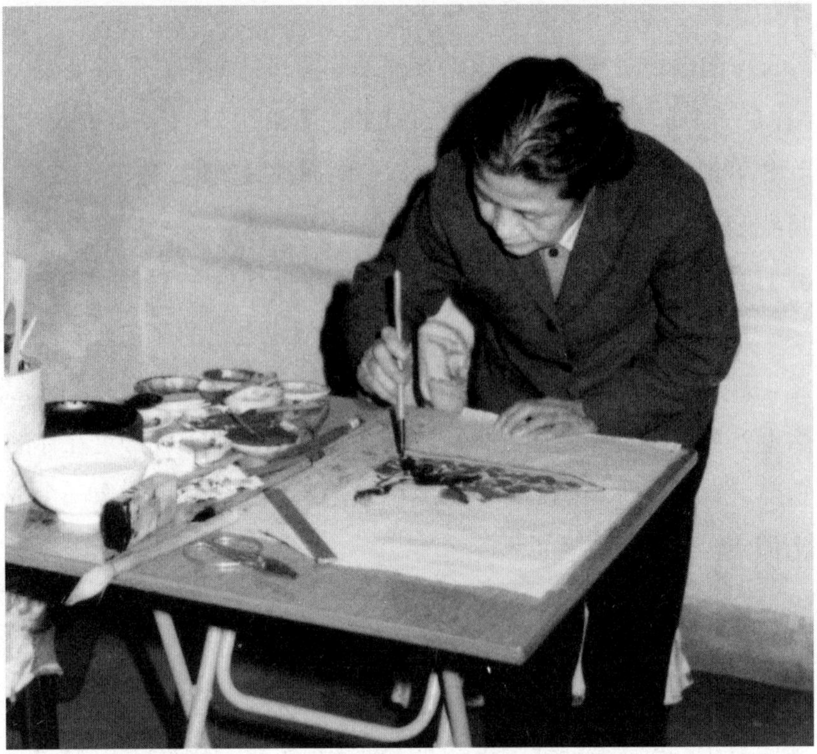

“文革”期间，郭秀仪在北京建国门外简陋的家中作画，摄于70年代。

被造反派打成骨折，作画起来非常困难。

黄琪翔夫妇顽强地生活着，与外界断绝了一切联系。季方回忆说：“当时，在林彪、江青反革命集团的压制下，政治紊乱，社会窒息，同志之间来往断绝，死生疾病不相知，真有隔世之感。”[1]

突然，周恩来总理派人来到中国农工民主党中央机关，指名要见黄琪翔。可是，人们不知道黄琪翔被造反派弄到哪里去了，结果没有找到。于是来人找到他的夫人郭秀仪。他问郭秀仪有什么困难？

郭秀仪后来回忆说，“当时考虑到总理日理万机，不愿意让他再为自己的事操心，于是咬了咬牙，说：‘请转告总理，我们没有什么困难。’”工作人员看出郭秀仪内心的苦楚，没多说什么，

1 《纪念黄琪翔》中国文史出版社1988年6月第一版，p1，季方文章《热爱祖国的黄琪翔同志》。

就留下一句话，说：“总理要你好好照顾黄先生，可以经常陪他去散散步。有什么困难再告诉总理。”

实际上，周恩来在“文革”期间的日子过得也很艰难，正被一些别有用心的人“瞄准”，开始翻旧账，揪辫子，意图很明显，就是想借机打倒他。周恩来被控的最主要罪状，就是在苏区第四次反围剿的斗争中，他夺了毛泽东的领导权和军事指挥权，让毛泽东靠边站。

事实并非如此。当时王明获得了共产国际、斯大林和共产国际驻中国代表的支持，推翻李立三路线后并掌握了中国共产党的领导权，实行一系列左倾残酷政策。王明在党内不仅打击毛泽东、邓小平等人，甚至还要求各个根据地开展肃反运动，以无中生有的罪名杀害了一批革命干部，包括那些与他意见不同的革命同志。

1931 年 1 月，中共六届四中全会后，新的中央班子决定改组中央局，任命周恩来为书记，但周恩来在上海的工作没有结束，所以由项英代理中央局书记职务。4 月 17 日，代表中央的王稼祥来到赣南，以项英贯彻中央精神不力为由，决定毛泽东担任中央局书记。11 月 1 日至 5 日，中央局召开中共苏区第一次党代表大会，即著名的“赣南会议”。会议由项英和任弼时主持，却继续贯彻王明的极左路线，撤消了毛泽东的中央局书记职务，调任毛泽东为中华苏维埃政府主席。周恩来当时没有参加“赣南会议”，而且，他是在一个月后的 12 月间才来到赣南，与毛泽东被撤职的事毫无关系，[1] 也不存在所谓抢夺毛泽东领导权和军事指挥权的问题。

造反派开始胡作非为，混淆历史事实，让周恩来背负极大的心里包袱。在这种情况之下，周恩来依然派人来看望黄琪翔，关心这位老朋友的安危。

刚回国不久的李宗仁，不知从什么渠道听到关于黄绍竑、黄琪翔、刘斐等将军受到凌辱和迫害的消息，他想拉着章士钊一起去问问毛泽东，为什么要发动文化大革命？章士钊说：“万万不

1　团结出版社 2001 年 2 月版《蒋介石大传》，p645。

可！我们已是泥菩萨过河，自身难保，还是谨慎为好。”果然，李宗仁的新婚妻子胡友松去医院买药，差点被红卫兵从车里拖出来，随后还有六个红卫兵冲进了西总布胡同5号院的李宗仁家里……[1]

周恩来总理闻讯后，立即指示对党外民主人士采取特别保护措施。1966年9月19日，李宗仁和胡友松住进了解放军301医院被保护起来，同时被送进301医院的还有张治中、章士钊、程潜、傅作义、何香凝等人。周恩来关照他们不要相互走动，还为他们使用化名，李宗仁叫李敬之，胡友松叫唐伟。

1966年8月30日，周恩来亲笔写下一份《应予保护的干部名单》，这是他对党外民主人士采取的特别保护措施之一。保护对象为：

宋庆龄、郭沫若、章士钊、程潜、何香凝、傅作义、张治中、邵力子、蒋光鼐、蔡廷锴、沙千里、张奚若。

（1）副委员长、人大常委、副主席；

（2）部长、副部长；

（3）政副；

（4）国副；

（5）各民主党派负责人；

（6）两高；

（李宗仁）。

其中，“副主席”指共和国的副主席，“政副”指全国政协副主席，“国副”指国务院副总理，“两高”指最高人法院院长和最高人民检察院检察长。据说，这份名单是周恩来根据毛泽东指示拟定的。[2]按照周恩来的这份保护名单要求，黄琪翔符合保护对象之第二条、第五条。

“文革”期间的周恩来，一方面，他必须坚定忠于毛泽东主席，

1　《43位战犯的后半生》，p37。

2　全国政协办公厅编《人民政协五十年》，中国文史出版社1999年版，p136。

坚决按照毛泽东的指示和思路办事。因为毛泽东的威望此时已经到了无人能够企及的地步，走上了神坛，毛泽东思想成为绝对权威。如果周恩来稍有疏忽的话，后果将不堪设想。毛泽东在接见蒙哥马利的时候，曾亲口说自己的接班人是刘少奇。但在“文革”初期，毛泽东的一张大字报，就把已经是国家主席的刘少奇逮捕入狱，以致含冤而死。另一方面，周恩来又在竭尽所能地帮助那些被打倒的人，给那些在水火中挣扎的人施以援手。

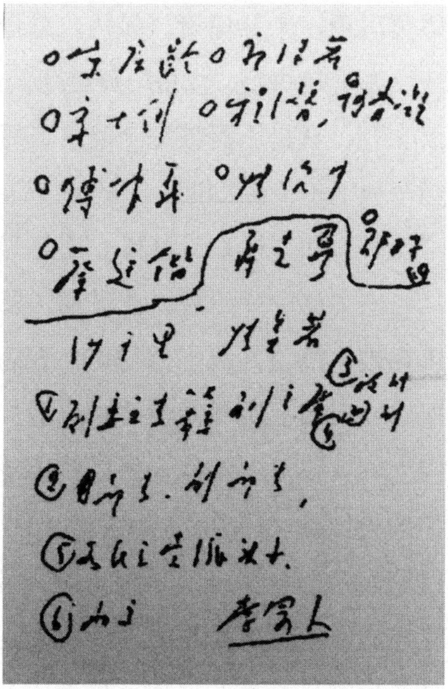

周恩来手写的这份保护名单。

1977年12月文物出版社出版《纪念周恩来总理文物选编》，书中真实介绍了周恩来当时的状况：“在斗争十分尖锐复杂的时刻，日理万机的周总理肩上的担子更重了。他呕心沥血，夜以继日不知疲倦地工作和斗争，处理党政军民学、东西南北中各个方面的大事。本来就很少的睡眠时间更少了，一般每天只有二、三小时；有时甚至一连几昼夜不停地工作，连续地批阅文件、找人谈话、开会、接见……没有时间吃饭，工作人员只好在玉米面粥里放一点菜泥和肉末，倒在茶缸里送去，让总理一边工作、一边吃点东西。有时给总理蒸几个包子送去，可是总理没有时间吃，凉了再热，热了再凉。几次回笼，包子都碎了，当总理乘车到别的地方去时，赶紧送到车上，让总理利用乘车的时间吃几口。在艰巨的斗争中，在繁重的工作中，敬爱的周总理一天天消瘦了，健康不如以前了。”

中国农工民主党中央机关的造反派得知周总理特意派人来看

望黄琪翔，十分惊讶。显然，总理的这一措施起到了威慑作用。造反派于是决定“优待”黄琪翔，叫他当个“走读生”。所谓“走读生”，就是不再被完全隔离，每天可以回家睡觉。这样，黄琪翔每天上午7点去机关，一个人呆在小屋里，被勒令写所谓“交代”、“反省”和“检举”材料。晚上11点后才被允许回家。

“文革”开始后，黄琪翔、郭秀仪的生活待遇一落千丈。黄琪翔被取消了高级干部待遇，看病必须排队取号；华沙牌汽车被取消；保姆、厨师等一律被辞退；工资也只剩几十块钱一个月，因为郭秀仪没有工作，所以黄琪翔的工资要四个人花——除了黄琪翔夫妇外，郭秀仪的二姐夫妇也需要他们供养。黄琪翔、郭秀仪家人的伙食第一天是窝头加咸菜，第二天仍然是窝头加咸菜，这样的生活过了好几年。郭秀仪后来说过：“伙食差点没有关系，最要命的是心情的焦虑，整天让人惶恐不安，不知道造反派会把黄琪翔怎么样？时刻提心吊胆。”

在迁往机关职工宿舍时，黄琪翔领了工资，家里总共还剩下200元，却要安置一家老小十几口人到各处去生活，然而，黄琪翔还是拿出其中的100元，给了厨师，算是遣散费。这张收据在老人们去世后才被子女找到。大家看到收据，心里顿时很酸楚，也很敬佩——当时家里已经困难到这等地步，可老人首先考虑的是他人！

事也凑巧，1966年冬天，郭秀仪去地安门菜市场买菜，在市场门前邂逅了干女儿张新荣。张新荣的父辈是黄绍竑的好友。多年前，张新荣和黄绍竑女儿也常去黄琪翔家，所以她们都很熟悉。那时的张新荣还是一个美丽的少女，情窦初开处于恋爱阶段，正在北京的大学读书。

张新荣回忆说：“1966年底的那次重逢，激动得我们俩情不自禁流下了泪水。”原来，1957年张新荣与动物学家林永烈结婚后，因丈夫被调动去青海工作，她自己也于1958年被打成右派，不得已离开北京回到故乡天津，小夫妻俩于1964年才调回北京。1966年10月，张新荣曾经让丈夫穿上“护身符”——即“四清”

运动时发的绿军装，骑自行车去黄绍竑家和黄琪翔家探听情况，结果发现两处大门紧闭。林永烈也不敢久留，就匆匆回来了。

郭秀仪再次见到干女儿时，张新荣已是三个男孩的妈妈。张新荣也很不容易，回北京后，她的丈夫林永烈是中科院动物研究所的科研人员，从每年初春至入冬前，都要去边疆的野外工作，所以她必须以一个柔弱的肩膀挑起家庭所有的重担。可是，她依然在挂念着黄琪翔夫妇。

张新荣回忆说："我们俩约好每天上午10点来菜市场买菜、碰头。之后，有三个星期没见干妈来，我很不放心。有一天菜市场有虾卖，这可是难得的事。我买了一斤虾，给干妈送去，顺便看看有什么情况。就这样我找到辛安里的农工民主党机关。我的到来，干妈很惊讶又很激动地问我：'你怎么敢来看我们？'我说：'这么多天没见您来菜市场，我不放心，今天很难得碰上菜市场卖虾，所以就买了点送过来。'她接过虾后，又不时向屋外张望。看到干妈这样紧张的样子，我也不敢久留。干妈说：'我也就不送你出去了。'这时她又看看屋外说：'没人！'我就急匆匆地走出屋外。"[1]

郭秀仪自己的遭遇，不敢声张，只在没人之际悄悄告诉了干女儿张新荣。张新荣写道："在黄琪翔被隔离审查期间，他的妻子在家里也过着战战兢兢、如履薄冰的日子。来自造反派女干将某某的监督、辱骂、讽刺，给她在精神上带来巨大的压力。这位造反派女干将住在前院，每天过来（后院）查东查西。由于郭秀仪从来没用过蜂窝煤炉子，不知该如何点火？弄得她烟熏火燎也生不着炉子。好心的赵家婉（他是机关干部周涤凡的妻子）住在斜对屋，就过来帮忙，并告诉她要买点炭煤就容易多了。不料，这位造反派女干将看到此景，就大声疾呼：'赵家婉你不许帮她！你知道她是什么人吗？她是国民党反动军官的官太太。'然后又对郭秀仪说：'郭秀仪，你过去一直过着资产阶级官太太的生活，

1 张新荣手书《黄琪翔郭秀仪在文革中》。

家里有保姆有厨师，现在也该让你尝尝劳动人民的生活，这是在改造你！’郭秀仪不语，任凭乱吼。过几天，工人师傅来送煤，这位造反派女干将也跟在后面一起走进后院。平时，工人师傅都会给各家把蜂窝煤码好在指定的地方，可女干将却跟送煤师傅说：‘她是反革命军官家属，不要给她卸煤，让她自己搬！’郭秀仪只能忍气吞声，自己一块一块地把蜂窝煤搬到自家的屋檐下。”[1]

关于中国农工民主党中央机关的这位造反派女干将，张新荣是这样描述的：“在文革中，她身穿褪色的绿军装，腰扎皮带，头戴军帽，臂上套着红袖箍，一副‘不爱红装爱武装’的装束，整天耀武扬威地在机关以及宿舍前后院到处乱窜，大小事全管。她是机关里臭名昭彰的……可是这样的人在运动中成了造反派的骨干，又因告发（同事）的大小事而受到重用。”[2]

黄琪翔做“走读生”后，晚上可以回家睡觉。但是，年近古稀的他遇到了大麻烦。一是晚间去公用厕所的路上没灯，二是下雨下雪天路滑，三是晚上受寒伤风了怎么办？郭秀仪“立即想到不如买个带盖的搪瓷盆当作尿盆，次日清早再倒到公厕里去。没料到，有一天清早，当郭秀仪端着尿盆走向公厕时，这个女瘟神大声喊叫道：‘郭秀仪你站住！不许你往公厕里倒屎尿。怎么就你特殊，不愿上公用厕所？还是忘不了你官太太的专用厕所吗？’郭秀仪刚想解释，就听女瘟神大喊‘端回去！’郭秀仪只好端回屋去，另找时间再倒掉。类似这样的遭遇不胜枚举。”[3]

在周恩来总理的直接干预、帮助和妻子郭秀仪的激励、搀扶下，黄琪翔终于熬过了1966年至1968年那些被残酷斗争的日子。此时国内的政治形势已经发生深刻变化，造反派内部也开始残酷斗争，大字报漫天飞舞，大标语随处可见，各地不断发生规模大小不同的武斗，死伤无数，全国陷入一片混乱。

当时流行的口号是要“揪出党内一小撮”，实际上针对的是

1 张新荣手书《黄琪翔郭秀仪在文革中》。

2 张新荣手书《黄琪翔郭秀仪在文革中》。

3 张新荣手书《黄琪翔郭秀仪在文革中》。

中共党内领导层。赵炜回忆说：1966年“到了12月，许多令人意想不到的事件发生了。12月4日，原北京市委第一书记彭真被红卫兵绑架后不知去向。彭真是在1966年5月被免除北京市委第一书记职务的，当时由于毛主席不点名批评了他，说北京市委针插不进，水泼不进，是独立王国，所以彭真就挨了批判。”到了1967年“先是刚刚过完元旦，陈伯达、康生、江青1月4日在接见广东一拨红卫兵时突然宣布陶铸是‘中国最大的保皇派’，第二天，大街上就铺天盖地贴满了揪斗陶铸的大字报；1月8日深夜，造反派为了揪斗谭震林又冲进了中南海西门；余秋里、贺龙紧接着也受到了冲击，很多人被搞得有家难归。”[1]1967年5月，江青还拿着1932年刊登“伍豪等脱离共党启事”的旧报纸，企图打倒周恩来。事实上，这是当年国民党特务炮制、伪造的假新闻，“党中央早就很清楚”。[2]中共党内斗争的残酷性，可见一斑。

而像黄琪翔这样的民主人士，客观上已经被彻底地批倒批臭，在公开场合里他们也表示了“低头认罪”，所以针对他们的斗争已经降低了力度。

郭秀仪遵从周恩来的指示，每天简单地吃完晚饭后，就陪同丈夫黄琪翔出门散步。他们住在辛安里机关宿舍，位于北京地安门附近，离北京著名景区什刹海相距不远。什刹海是燕京的胜景之一，也写作“十刹海”，原因是它的四周原有十座佛寺，故有此称。什刹海是内陆湖泊，有“西海”、“后海”、“前海”三个水面，其间以水道相通。因地邻闹市，沿堤尽植垂柳，是北京人休闲的好去处。他俩经常去那里散步，这给饱受迫害之苦的黄琪翔郭秀仪夫妇以极大的心理抚慰。

干女儿张新荣的家，位于地安门西大街一个有着前后门的大杂院里，就在什刹海的边上。大杂院的前门斜对着北海公园后门，而大杂院的后门正对着什刹海。黄琪翔郭秀仪夫妇去什刹海散步，

1 赵炜《西花厅岁月》，p200。

2 赵炜《西花厅岁月》，p208。

必定要去张新荣家坐坐。看见昔日的大小姐张新荣也会用扁担挑水，黄琪翔就笑说："真不错，蛮像个样子的。"黄琪翔郭秀仪夫妇尤其喜欢张新荣那三个活泼天真的孩子，看着他们跳"忠字舞"，听他们背诵毛主席语录和诗词、唱样板戏，总是很开心地给他们鼓掌，喝彩。

每年的7月16日，什刹海里都要举行庆祝毛主席畅游长江的大型游泳活动。张新荣的三个男孩水性都好，被选中参加庆祝活动。特别是最小的儿子季骋，才六七岁，是游泳队伍里最末的一名小兵。黄琪翔、郭秀仪获悉后很高兴。一个周日的上午，黄琪翔看见游泳归来的小季骋，湿淋淋地穿着用旧衣服缝补的三杈裤，上面已经有了两个破洞，就笑着说："你这么小就听毛主席的话，学会了在大风大浪中游泳，有志气，我们去买一条尼龙游泳裤奖励你吧。"

小季骋兴奋得手舞足蹈，可张新荣却坚决不答应。张新荣知道，当时他家是靠着黄琪翔一个人微薄的工资生活，一条尼龙游泳裤要卖七块多钱，而黄琪翔家每人每月只有15元生活费！再说，孩子穿尼龙游泳裤实在太奢侈，也太扎眼。[1]

郭秀仪就打圆场，拉着张新荣，叫上小季骋，他们四个人去和平饭店吃了顿午餐。结束时，郭秀仪还特地带回三份肉饼给家里的另外三个男人，即张新荣的丈夫和两个孩子，说是要给他们增加营养。在当时，能够吃上肉腥就算是补身体了。

在政治高压下，曾经叱咤风云几十年的黄琪翔将军不得不处世慎微，言辞谨慎。而性格豪爽的张新荣对造反派所谓"踢开党委闹革命"，打倒老干部、老将军的做法很不满，甚至抱不平。她对黄琪翔夫妇说："共产党人出生入死革命了几十年，一夜之间就全都成了反革命，连党和国家领导人刘少奇、邓小平也都被打倒了，现在又攻击周总理，'中央文革'说这是为了保卫毛主席，实际上这不是把毛主席架空吗？我怀疑有人在搞阴谋。"

---

1 《流金岁月》，p266。张新荣文章《缅怀往事》。

郭秀仪赶紧说："不要乱讲话啊，没有根据的事说了是很危险的。"其实，在那样特殊的年代里，即使你说了有根据的事也是很危险的。

经历"反右"和"文革"两大政治运动之后，黄琪翔显然体会到政治的严肃性，附会妻子说："是啊，我们还是要多读毛主席的书，提高认识，任何时候都要相信党的力量和政策。"这些话，既是对张新荣的忠告，也是一种爱护。

不久，在周恩来总理的关怀下，黄琪翔终于"解放"了。邓颖超的秘书赵炜说，邓大姐曾亲口跟她讲过，"1938年，我同恩来一起到武汉时与黄琪翔、郭秀仪两位朋友相识。当时，郭沫若、黄琪翔我们三家是芳邻。我同郭秀仪、宋庆龄、李德全、史良等一起进行妇女的抗日救亡运动和儿童保育工作。"赵炜女士还证实说：解放后，黄琪翔在政府任职，被错划为"右派"，"文革"又受到冲击、迫害和折磨，在周总理的亲自过问下，才得到了"解放"。

经历过历次政治运动的黄琪翔，饱受各种煎熬之后，他已经认识到政治斗争的实质，也对人性的自私和盲从有了深刻的认识，变得非常豁达和超越。他曾经对妻子郭秀仪说："运动中有些家人、朋友、同志和部下，曾无中生有地对我进行污蔑和批斗，你不要恨他们。这些人将来有困难，如果咱有能力，仍要帮助他们。"[1] 这段简单的话语，确实非常深刻，需用心体会。对极其复杂的历史问题，反映到个人在运动中的表现，就不仅仅是政治问题、社会问题，还凸显人性的善恶。在特殊的政治高压下，一些人表现了人性恶的方面，其实他们大多不是坏人，事情过后灵魂深处多有自责。黄琪翔的这句话体现了他对政治的透悟，对历史的透悟，更是对人性的悲悯。

1 《流金岁月》，p150。郭秀仪文章《追求光明，不断进步》。实际上，黄琪翔所说的"有些家人、朋友、同志和部下"都是有名有姓的，郭秀仪了然在心。"文革"结束后，郭秀仪遵照黄琪翔的遗言，放弃怀恨，她没有去揭发、控诉任何具体个人在"文革"期间的恶行。

二、魂兮归去

黄琪翔经受长时期精神折磨之后，再加上年近古稀，身体健康开始明显走下坡路。他患了严重的高血压和心脏病。

由于黄琪翔在 1957 年被打成“右派分子”之后，被取消了高干医疗待遇。尽管在 1959 年被摘了“右派分子”帽子，可是待遇并没有得到恢复。他若要去医院挂号、看病，就非常困难。

清晨 4 点，郭秀仪就要起床梳洗，然后赶到公共汽车站等公交，再去北京人民医院排队挂号。等领到医院挂号单后，她还要回家来接黄琪翔，再陪同去医院。这对于郭秀仪来说，身体不堪重负。特别是，那时兴起一股打“鸡血针”之风，排队等挂号的人特别多。

他们的干女儿张新荣体谅老人的困境，主动替他们去北京人民医院排队挂号。黄琪翔、郭秀仪随后赶到张新荣家集合，再一起去医院瞧病。张新荣为什么挂到号后，还要再次陪同老人去看病呢？因为坐公共汽车的人太多，又加上各地红卫兵来京大串联，经常发生拥挤，甚至发生过把老年人挤坏、踩死的事。张新荣说自己不放心。

张新荣回忆说：“清晨四点半，我骑车到人民医院挂号。挂完号后我骑车赶回家，见干爹干妈已在等我，然后我接上他们一起挤上公共汽车到人民医院。医生诊断干爹为高血压、心律不齐。

就这样，从 1967 年至 1970 年间，我们就用这种办法让干妈陪着干爹一步不离地去医院看病或拿药。”[1]

“有一次，干妈问我：‘你明天去医院挂号时，能不能帮李伯球也挂个号？’我说可以。我当时不知道在反右运动中，李伯球曾在大会上声嘶力竭地叫喊让黄琪翔彻底交代与章伯钧‘密契’的事。这是无中生有。干妈他们并没有因此记恨，而且还在帮助他。这是以德报怨，多么高尚的人格！”[2]

黄琪翔的心情仍然非常压抑，不仅是因为身体的原因，还有一个重要因素，就是在他们的住处，经常看见那些趾高气扬的“造反派”。这些人凶狠地批斗过他，在“检举”中造谣中伤他，甚至还残酷殴打他，特别是造反派女干将这种人还在整天盯着他，叫他们夫妇“不许乱说乱动”。黄琪翔希望换个居住的环境。考虑再三，他决定给老朋友、共和国总理周恩来写封信。

信写好了，却不知道该怎么送达？

郭秀仪听说在天安门附近有个专门的“首长信箱”，可以将信直接送达中央领导人的手里。她早晨悄悄出门，从地安门步行到天安门，然后围绕着天安门转了半天，可怎么也找不到那个所谓的“首长信箱”。她最后只能就近找个邮局，用挂号信寄出。信封上写“国务院办公厅邓颖超转”，还在信里加了个便条，上写：“邓大姐，我有封信请您转交给总理。”

这一招果真灵验。很快，周恩来派人找到了黄琪翔，询问有什么要求？黄琪翔的要求很简单，就一个，想麻烦总理帮他换个居住环境。

周恩来随后指示国务院机关事务管理局分配给黄琪翔一套新的居所，它位于北京建国门外的灵通观。这里是当时北京居住条件最好的楼房，有暖气、电梯，还有直接进入每个家庭的煤气，里面住的绝大多数是著名民主人士和共产党高干的家属。

1 张新荣手书《黄琪翔郭秀仪在文革中》。

2 张新荣手书《黄琪翔郭秀仪在文革中》。

1970年5月，黄琪翔从国管局领取了房门钥匙。他的新家是坐北朝南的一套三居室，进门后是一间门厅，不大，约有8平方米的样子，左边分别是卫生间和厨房；再往里的东向是一间卧室，面积约14平方米；西向是一个套间，外屋是客厅，里面是主人的卧室；卧室里还有个小储藏室。全部建筑面积正好是100平方米。从此，黄琪翔、郭秀仪夫妇告别了什刹海的黄昏。

黄琪翔郭秀仪夫妇看了这套新房子后高兴极了。虽然，这新居与他们在“文革”前的房子，以及上海、南京、香港、桂林和老家梅县的房子相比，无疑是最小的，甚至可以说是蜗居，但今非昔比啊，经历了风雷激荡的“文化大革命”运动，黄琪翔能够住进自己的这个新家，可以逃避那些总像是监视着你背影的目光，能够逃离那些在批斗会上振臂怒吼的人们，可以让自己心灵得以喘息，并开始享受生命的安宁。这里，简直成了他们的避风港湾，是一个闹市里的武陵源。

这里的新邻居，其实是老朋友。如蒋光鼐夫人黄晚霞，蔡廷锴夫人罗西欧，陈铭德邓季惺夫妇，李觉何玫（国民党将领何健的大女儿）夫妇，章伯钧夫人李健生，钟惠澜，中医大家施今墨夫人张培英，国家劳动部副部长施复亮钟复光夫妇等。大家见面很热情，也很贴心，因为彼此的出生都不好，不属于光荣的劳动人民家庭，所以同病相怜。施复亮是民建成员，他的儿子就是我国当代著名作曲家施光南（1940—1990）。

黄琪翔郭秀仪夫妇随即行动起来，雇了六辆平板三轮车，还动员自己的亲友们一起来搬家。张新荣带着她的儿子们也来当起了义工。可是，刚要开始搬家时，农工民主党机关造反派女干将又似幽灵般出现了。张新荣回忆说：“郭秀仪在家收拾东西，准备搬出宿舍时，某某又出现了。她对郭秀仪酸溜溜地讽刺说：‘这回好了，你又可以去过你资产阶级官太太的生活啦！你不就是盼着这一天吗？别忘了黄琪翔的罪行还没有交代完，以后他每天还要到机关检查、交代罪行。’”[1]黄琪翔郭秀仪夫妇就这样逃出了机关职工宿舍。

张新荣说：“我和孩子们帮他们搬到了新居。当晚，我们一起动手在煤气炉上烧了一顿丰盛的晚餐。从此，他们结束了使用蜂窝煤炉子烧饭的生活。”

晚饭后，黄琪翔坐在椅子上，看着快乐地来回奔跑、收拾屋子的妻子郭秀仪，心里非常愉快。他眼神里流露出对妻子的感激之情。他对张新荣说：“这几年真苦了你黄伯母，如果没有她，我早就活不到今天了。”黄琪翔深情地看着妻子郭秀仪，那情形深深地感动了张新荣。她说，这一幕成为她今世难以忘怀的记忆。

黄琪翔郭秀仪夫妇非常喜欢张新荣的孩子们，而这些孩子也非常懂事，时常在什刹海里用手摸鱼捉虾，一旦收获到“战利品”后立即拉着母亲给黄爷爷、奶奶家送去。

西向客厅的窗台旁，有一张五柜的写字台，成为黄琪翔、郭秀仪两人公用的书桌。窗外，摆着两盆花草，黄琪翔平时就坐在这里读书看报。

年届七旬，黄琪翔对人生意义的理解已经很透彻。人性之丑恶，在于愚氓和自私。在某种环境和条件下，人性之恶一旦被激发开来，就如同打开了潘多拉盒子，人间所有美好的情感都将被残酷撕碎。生逢此时，无处躲避。要么为抗拒潮流做出你自己的牺牲，要么纵身激流为虎作伥，第三条道路在当时的确很难寻觅。郭秀仪说：“宽宏大量、不计前嫌是琪翔做人的一贯准则。”黄琪翔希望能在自己的晚年，平静地度过。

可是，为了住上这套房子，黄琪翔仍然受到了一些人的攻击和批判。

张新荣说：“黄琪翔搬家后仍要回到机关参加学习会和批判会，造反派找不出他的其他任何问题，就开始斗争他的资产阶级生活方式。说他是公子哥习气，贪图享受、到处买房、吃喝玩乐，

1 张新荣手书《黄琪翔郭秀仪在文革中》。

1965年，黄琪翔夫妇摄于北京。

还让他自己批判自己。”[1]

黄琪翔的老友李以劻熟悉此间情况，他也回忆说：“一九七〇年五月，周恩来得知此情特予照顾，通知黄老迁往灵通观西大楼居住，‘造反派’们仍不甘心，通知学习组负责人借题发挥，批判黄老贪图享受，是资产阶级复辟先锋。在长期迫害下，黄老身心被害殊甚。”[2] 黄琪翔总是忍气吞声，把愤恨消化在心里，没有告诉自己的任何亲人。实际上，黄琪翔将军在新居里仅仅住了只有半年的时间。

天有不测风云，人有旦夕祸福。本以为，黄琪翔住进新居后，可以放松心情，缓解精神压力，从而修身养性、颐养天年，不料在当年的冬天，黄琪翔因为一次寻常的感冒而住进了北京医院，

1　张新荣手书《黄琪翔郭秀仪在文革中》。

2　《传记文学》第74卷第一期，p54。李以劻文章《怀念黄琪翔将军及简述闽变经过》。

1969 年冬，黄琪翔夫妇摄于北京。这是黄琪翔夫妇一生中的最后一张合影。对比这两张照片，不难感受到“文革”运动对他们内心的摧残。

一周后病情好转，医生已经通知他出院了。

1970 年 12 月 9 日下午，他高高兴兴刮了胡子，做好了明天回家的准备，可是到了当天晚上，医院又给他打了一针，黄琪翔感觉非常难受，于是在大喊一声之后，竟然意外地去世了。

黄琪翔将军辞世的时间是 1970 年 12 月 10 日的凌晨，终年 72 岁。医院诊断为黄琪翔死于心肌梗塞。

医生给黄琪翔打的是什么针？现在已无人知晓，也无法核实，而奇怪的是，与黄琪翔同住在一个病区的另一位著名爱国民主人士、中国致公党主席陈其尤先生，与黄琪翔一样，也是在打了一针后，几乎是与黄琪翔同时去世的。陈其尤终年 78 岁。

黄琪翔的猝然离世，极大地打击了郭秀仪。但郭秀仪内心极坚强，她把丈夫送进冰库“安睡”以后，自己就回到了家里，开始独自料理丈夫的后事。

邻居们闻此噩耗，纷纷前来安慰。郭秀仪强忍着泪水，没有痛哭。

邻居李觉将军[1]是个好心人，见郭秀仪身边缺少帮手，就悄悄给张新荣打电话。当时百姓家里都没有电话，人们相互间沟通，全靠胡同里的公用电话。

张新荣说："10日清晨，公用电话的刘大爷跑来叫我去接电话，说是有急事。原来是李觉伯伯打来的。他说'琪翔因心肌梗塞，在北京医院抢救无效，今天凌晨故去了，郭大姐极为悲痛，你快点过来！'"[2]

张新荣一边流泪一边骑着自行车赶到黄琪翔家，推开门一看，李觉何玫夫妇、陈铭德邓季惺夫妇、章伯钧夫人李健生、李以劻将军、钟惠澜等都在家里安慰着郭秀仪。

上午11点，郭秀仪写好了一封信，把张新荣拉到一旁，说："你黄伯伯去世的事，咱一定要报告周总理，你快把这封信送去！"并交代了送信的地点，是中南海附近的一个办公小楼。

1970年的12月，正是北京天寒地冻的季节。张新荣二话没说，立即穿起大衣，骑着自行车，顶着逆风，把信送到了指定的地方。

才过了两个小时，周恩来总理就派军代表来到家里，告诉郭秀仪说："黄夫人，总理请您节哀顺变。总理已经指示有关部门：一、黄琪翔先生的骨灰可以安放在八宝山革命公墓；二、由全国政协出面，举办先生遗体的告别仪式。"

果然，全国政协主办了黄琪翔先生的遗体告别仪式。在显目位置上，赫然摆放着共和国总理和夫人敬献的花圈。随后，《人民日报》也发表了"黄琪翔先生逝世"的哀讯。

在"文化大革命"这个特殊的历史期间，像黄琪翔先生这样

1　李觉将军（1900—1987）是个国民党军队里的传奇人物。1924年毕业于保定军校第9期，而黄琪翔也是保定军校的毕业生，比李觉大几届，是校友。李觉将军善战，打过许多有名的战役。1949年，李觉任第一兵团副司令，积极奔走在湘系和桂系军阀之间，协同程潜、唐生智、陈明仁等湘籍高级将领一起，举行湖南和平起义。新中国成立后，李觉历任解放军第二十一兵团副司令员、中南军区高参、全国政协常委、民革中央委员等职。李觉夫人何玫，就是何健的大女儿。李觉与何玫结婚时，他已经是湖南军阀唐生智干将，而何健又是湖南省主席。何健嫁女，男的骑马，女的坐"生花轿"；另外，男家送了很多聘礼，女家也打发了很多嫁妆，在省城长沙，轰动一时。

2　《流金岁月》，p269。张新荣文章《缅怀往事》。

既被打成右派、又被残酷迫害的民主人士，能够享受到如此的哀荣，的确不容易，也属罕见，显然是得到了周恩来总理的特别关照。

后来，陈铭德和李觉先生再次来到家里，安慰郭秀仪说："郭大姐，琪翔兄去了，您别太过悲伤。其实他在私底下对我们说过，如果不是为了你，他早在1966年就不想活了，而在您的安慰和支持下，他才又多活了四年啊！"

陈铭德（1897—1989）是民国报业巨子，抗战胜利后，他成为拥有"五报八刊"的报业系统大老板。陈铭德任总经理，夫人邓季惺（1907—1995）任协理，而现在我国著名的经济学家吴敬琏先生，就是邓季惺之子。

第十章　百年余辉

一、为黄琪翔平反昭雪

在黄琪翔去世的第六个年头，即1976年，中国迎来了巨大的政治和社会变革。

新中国的缔造者、中国共产党三位杰出领袖同在这一年里辞世：1月8日，国务院总理周恩来（1898—1976）在北京逝世，享年78岁；7月6日，全国人大常委会委员长、中国人民解放军总司令朱德（1886—1976）在北京逝世，享年90岁；9月9日，中共中央主席、中央军委主席、全国政协名誉主席毛泽东（1893—1976）在北京逝世，享年83岁。而最具历史意义的事件是，遭遇世人唾骂的“四人帮”反革命集团覆灭。

其实，早在1976年4月5日清明节这一天，为悼念全国人民真诚爱戴的周恩来总理，拥护邓小平执政，首都人民群众掀起波澜壮阔的“四·五运动”，向毛泽东夫人江青等“四人帮”集团发出怒吼。

在毛泽东死去的半个多月之后，10月5日，中共中央领导人华国锋、叶剑英、汪东兴等人召开秘密会议，决定逮捕“四人帮”，而“四人帮”的重要人物就是毛泽东的妻子江青（1915—1991）。10月6日，“四人帮”被逮捕并接受隔离审查，标志着延续十年之久的“文化大革命”呜呼哀哉。

当“四人帮”被逮捕的消息公布之后，好似晴空一声春雷，

1986年3月，在第六届全国政协会议上，郭秀仪与全国政协主席邓颖超在亲切交谈。右一为赵炜。

使得全中国绝大多数人欣喜万分，积郁于心的愤懑终于得以畅怀。10月21日，北京150万军民自发地举行了声势浩大的庆祝游行，热烈庆祝粉碎“四人帮”。

郭秀仪说过：她一生最为艰难的岁月，不是在抗日战争与敌人面对面的战斗时期，也不是二战结束后，她前往废墟一片的德国柏林时期，而是在1966年至1976年的十年“文革”时期。这十年中，她不仅生活落魄，身体被造反派殴打，更在于她的精神承受的折磨，而最大的悲痛是在“文革”中，她失去了亲爱的丈夫黄琪翔。失去了自己的生活伴侣黄琪翔，郭秀仪感觉就像失去了生命支柱。

1977年5月24日，饱经政治风霜和足具政治智慧的邓小平，与中央有关负责人谈话时指出：“两个凡是”[1]不符合马克思主义；一定要在共产党内造成一种空气，尊重知识，尊重人才。7月，中共十届三中全会召开，大会恢复了邓小平原任的党政军领导职

1 “两个凡是”即“凡是毛主席作出的决策，我们都坚决维护，凡是毛主席的指示，我们都始终不渝地遵循。”这个观点是时任中共中央主席、中央军委主席、国务院总理等职务华国锋提出的。

1998年3月，全国政协九届一次会议召开，郭秀仪在委员驻地中国妇女活动中心受到儿童们的热烈欢迎。

务，中国从此进入了“拨乱反正”时期。

1978年12月，中共十一届三中全会在北京召开，形成了以邓小平为核心的中国共产党第二代领导集体。1981年6月，中共十一届六中全会通过邓小平主持起草的《关于建国以来党的若干历史问题的决议》。决议彻底否定“文化大革命”，全面评价毛泽东的历史地位。会议选举邓小平为中央军委主席。

粉碎“四人帮”后，黄琪翔遗孀郭秀仪开始活跃在中国政治舞台上。

1978年2月24日，第五届全国政协第一次会议于北京召开，会议的一项重要内容就是选举出“中国改革开放的总设计师”邓小平（1904—1997）为全国政协主席。也就是在这次会议上，郭秀仪第一次当选全国政协委员，即第五届全国政协委员。随后，1983年郭秀仪继续当选为第六届全国政协委员。1985年增补为全国政协常委，并且在以后第七届、第八届继续当选全国政协常委。

郭秀仪是这样解释她政治热情的来源。她说："我丈夫在1949年回北京参加开国大典时就说过，'即使粉身碎骨也要跟着共产党！'我现在是继承他的遗志。"

1980年，鉴于黄琪翔在反右运动中的遗留问题，[1]郭秀仪给邓小平写信，说明情况，要求党和政府为其丈夫彻底平反昭雪。我们还记得，在1966年黄琪翔不堪造反派的侮辱，准备以死抗争时，郭秀仪坚决反对，并表示，如果你黄琪翔被迫害致死的话，作为妻子她将会像一个战士那样为丈夫鸣冤。郭秀仪给邓小平写信的本身，就是在履行她对丈夫黄琪翔的当年诺言。

邓小平接到郭秀仪的来信，立即作了亲笔批示，要求有关部门为黄琪翔先生平反。中国农工民主党中央下发文件，为黄琪翔先生彻底平反，推翻历史上强加给黄琪翔的一切不实之词。黄琪翔所谓的历史问题得以彻底解决。随后，中共中央机关报《人民日报》发表了题为"热爱祖国的黄琪翔"文章，重新肯定黄琪翔将军的一生，并礼赞他为祖国为人民所作的贡献。

1988年9月2日，中国农工民主党中央在人民大会堂隆重集会，纪念黄琪翔诞辰90周年。郭秀仪非常高兴，在大家准备出发前往人民大会堂时，她交给张新荣一个包袱，里面是100张郭秀仪亲笔画的国画《寿桃》，极具齐白石艺术神采。郭秀仪嘱咐："要给每位来宾赠送一幅。"这些画作非常珍贵，那是1966年黄琪翔被迫害时，郭秀仪用她那被红卫兵打伤的右手画的。

会议上，时任全国政协副主席、中共统战部部长阎明复先生代表中共中央，向黄琪翔表示深切的怀念和崇高的敬意。阎明复的讲话极为重要，因为他是代表了中共中央致辞，也就成为党和政府对黄琪翔一生做出的历史性评价。从史学角度看，这叫作盖棺论定。

阎明复在致辞中说：

1 1959年，虽然中央摘除了黄琪翔的"右派"帽子，但是并不彻底，还是"摘帽右派"分子。

今天，农工民主党在这里隆重集会，纪念黄琪翔先生诞辰九十周年。我谨代表中国共产党中央委员会向黄琪翔先生表示深切的怀念和崇高的敬意，向黄琪翔先生在海内外的亲属和生前友好表示诚挚的问候！

黄琪翔先生是中国农工民主党的创始人和领导人之一，是一位著名的爱国主义者和政治活动家，是中国共产党的挚友。黄琪翔先生的一生，对中国的民主革命和社会主义建设事业作出了重要贡献。我们隆重纪念他，缅怀他对人民事业作出的业绩，对启迪后人发扬爱国主义思想，坚持推进社会主义事业，是有重要意义的。

……

他积极拥护中国共产党，拥护社会主义，为新中国的司法、体育事业，为发展爱国统一战线作出了积极的贡献。黄琪翔先生的一生是坚持民族独立、反帝爱国的一生，是追求真理，追求进步的一生。他为人豁达大度、温文尔雅，识大体、顾大局，他的思想品德和革命精神，永远值得我们学习纪念。[1]

参加纪念黄琪翔诞辰90周年纪念大会的还有许多国家领导人，他们也发表了讲话。

时任全国政协副主席方毅（1916—1997）在会议上发表了《爱国主义精神流芳百世》的讲话。他在讲话中指出：

黄琪翔同志是孙中山先生的三大政策的拥护者，他经历了从旧中国到新中国的伟大变革时期，同中国共产党有长期合作的历史，参与过我国现代史上的许多重大战争，在北伐战争和抗日战争中建立了赫赫战功，是著名的爱国将领。

……

黄琪翔同志献身民主革命和社会主义事业的崇高爱国

1 中国文史出版社1994年版《黄琪翔》，p180。阎明复的讲话《反帝爱国的一生，追求真理的一生》。

1988年9月2日，“黄琪翔同志诞辰90周年纪念会”在北京人民大会堂隆重举行。全国政协主席邓颖超在黄琪翔夫人郭秀仪的陪同下，步入会场。

主义精神，将永远留在人民的记忆中。[1]

时任全国人大常委会副委员长、中国国民党革命委员会中央主席朱学范（1905—1996）在这次会议上，发表了《孙中山先生

1 中国文史出版社1994年版《黄琪翔》，p182。

的忠实追随者》的讲话。他说道：

> 黄琪翔同志是著名的爱国民主人士，中国农工民主党的卓越领导人之一。他与我们民革有着深厚的历史关系，深受全体民革同志的尊敬……他以实际行动继承孙中山先生的爱国思想和不断进步的精神，老而弥坚，晚节可风，值得我们学习。[1]

习仲勋同志也参加了这次纪念大会。据张新荣回忆，当她将国画《寿桃》交给他时，习老问“这是什么？”张新荣就把这幅画背后的故事告诉了他。习老连说：“好好！难得难得！”散会后，习老又去跟郭秀仪打招呼，他握着郭秀仪的手，大声说：“郭大姐，您太了不起了。我听说您把自己的房子都捐给了全国政协，要向您致敬！”[2]

---

1 中国文史出版社 1994 年版《黄琪翔》，p186。

2 张新荣手书《黄琪翔郭秀仪在文革中》。

二、郭秀仪为两岸和平大业奔波

郭秀仪此后长期担任全国政协委员，受到了国家和人民的尊敬。她从 1978 年当选第五届全国政协委员算起，到 2003 年第九届全国政协委员任期结束，担任全国政协委员和常委的时间长达 25 年，这在全国政协委员中是极罕见的现象。2003 年，郭秀仪卸任全国政协委员的时候，已是 92 岁的老人。同时，她在中国农工民主党中央以及其他单位也担任了一些重要职务。1987 年，她担任中国农工民主党第一届中央咨监委员会副主席，并连任第二、三届副主席，以及中国农工民主党名誉副主席、全国妇联执委、中国和平统一促进会常务理事等职务。

期间，郭秀仪多次奔波海外，宣传爱国主义思想，为两岸和平统一大业竭尽自己所能。

1998 年 3 月 4 日，郭秀仪在北京举行的“两会”小组发言中，汇报了自己在美国所作的统战联谊工作。时任中共中央总书记、国家主席江泽民在听取了郭秀仪讲话后，当场予以赞赏。[1] 会后，江泽民主席与郭秀仪合影留念。

郭秀仪一生中，与新中国第一代领导人如周恩来、朱德，第二代领导人邓小平，都有过交往。这一次，是她与江泽民主席的

1 《流金岁月》，p59。

第一次接触。

郭秀仪晚年一直有个愿望，就是希望与台湾的蒋夫人宋美龄见面，想亲口告诉她大陆所发生的巨变，籍以推动两岸和平关系，促进祖国的统一大业。在粉碎“四人帮”之后，她的小女儿黄平已经到美国留学并定居，郭秀仪因此能够经常前往美国探亲。而宋美龄此时也已经定居美国。

为谋求与宋美龄相聚，郭秀仪进行着不懈的努力。

1985 年，郭秀仪第一次到美国之际，就非常希望与宋美龄相见。她曾与家在纽约的原国民党将领李汉魂夫人吴菊芳约定，俩人偕伴去拜望蒋夫人宋美龄，却被告知，蒋夫人因患病，不便见客。郭秀仪不气馁，又联系到故人、孔祥熙的儿子孔令侃，希望能够帮忙传话给宋美龄。恰巧那时候正是“江南事件”发生不久，孔令侃一听说郭秀仪来自祖国大陆，立即说“不方便”，退避三舍。

转眼到了 1997 年，郭秀仪再次来到美国，欣闻 3 月 20 日是蒋夫人的百龄大寿，这是一个大喜的日子。她暗自揣测，也许这是一个相见的最佳时机。

为了再见蒋夫人一面，郭秀仪又找到了老朋友的女儿陈素贞女士。

陈素贞的父亲陈劲节将军，是黄琪翔的战友、部下。[1] 陈素贞女士与宋美龄身边的宋武官相熟，郭秀仪便通过陈素贞请宋武官转交给宋美龄一封问候信，然后开始等待蒋夫人的回音。

事实上，蒋经国于 1988 年 1 月 13 日去世后，李登辉上台，大搞台独活动，大陆和台湾的关系骤然紧张起来，宋美龄处事因此格外谨慎。特别是，郭秀仪当时的确有着政治身份，她是大陆的全国政协常务委员。

回话终于等来了。

宋副官说：蒋夫人年事已高，不便见大陆来客。宋武官又通

---

1 陈劲节将军为广东顺德人，曾在北伐军第四军任职，黄琪翔于 1927 年任第四军军长。陈劲节在叶挺部担任军需处处长。抗日战争爆发后，陈劲节曾任国民党江南兵站统监部的统监，中将军衔。1942 年陈劲节任中国远征军的后勤部副部长。

知说，如有寿礼，可在3月18日上午送到宋副官的办公室。

郭秀仪委托陈素贞女士扎了一百朵红玫瑰的花篮，赠送给宋美龄，同时，她知道曾经是国民党“外交部长”沈昌焕也来到纽约，为宋美龄祝寿。郭秀仪就给沈昌焕写了封问候信。过去，沈昌焕曾在中国远征军工作过，与黄琪翔很熟。

她很希望能够与宋美龄再见一面。大家可以不谈政治，只是叙叙旧，或者谈谈她们共同喜爱的书画艺术。因为她俩已经数十年没见面了，而且已都到了风烛残年的岁数，今日不知明日事。

事隔不久，宋美龄赠给郭秀仪一本画册《蒋夫人》，由陈素贞转交。

郭秀仪问：“蒋夫人带话了吗？”

陈素贞女士摇了摇头。

晚上，郭秀仪仔细翻看画册《蒋夫人》。画册里刊登的是两方面的内容：一是宋美龄历年所画的国画作品；二是宋美龄参加妇女运动的历史照片。

郭秀仪忽然记起，在写给宋美龄的问候信中，曾谈到自己在1951年开始跟随齐白石学习国画的事，也回忆起1938年在宋美龄领导下从事的“战时儿童保育会”工作——这当然也属于妇女运动历史的一部分。不久后，郭秀仪带上宋美龄赠送的那本《蒋夫人》画册，独自回到北京。那本画册成为她与宋美龄友情的见证。郭秀仪将它珍藏在一个牛皮纸信封内，在信封上端端正正用毛笔写了“蒋夫人百年嵩庆”几个大字。[1]

郭秀仪至此确信：此生无缘再见蒋夫人了。2003年10月24日5时17分，宋美龄在美国逝世，享年106岁。

1 2003年7月11日，郭秀仪将这本《蒋夫人》画册转赠给了本书作者，并在扉页上写道：“赠孙炜小孙子留存”。

三、郭秀仪的晚年

1987年12月24日，“黄琪翔将军纪念馆”在将军的家乡广东梅县梅江中学举行落成剪彩仪式。郭秀仪和中国农工民主党中央副主席方荣欣、章师明，以及黄琪翔的堂妹黄甘英等人应邀专程从北京赶去参加这一盛事。

这次梅县之行，对于郭秀仪而言五味杂陈。时在抗日战争胜利的1945年，黄琪翔携夫人郭秀仪回到梅县，那时他们的新家“仪园”刚刚落成。从此之后的42年时间里，他们再也没能回来过，如今物是人非。当初是夫妻结伴而来，眼下她已孑然一身；“仪园”依旧在，已成了废墟一座。不过，晚年的郭秀仪依旧保持着乐观开朗的个性，这次重返梅县，她表现得热情洋溢。

郭秀仪对家乡人民说：“如果说黄琪翔的一生中做过有益的贡献，首先应该归功于家乡父老们对他的培育。”[1] 怀着这种感恩之情，郭秀仪给“黄琪翔将军纪念馆”捐赠了一批展品，其中包括黄琪翔各个时期的历史照片、遗物、墨迹、书籍以及海外华侨赠送的纪念品等。她还和来宾们一起在纪念馆门前栽下两棵青翠的柏树。

1 《流金岁月》p45。

2003年5月2日，郭秀仪93岁生日，自己动手切生日蛋糕。

郭秀仪在地方领导的陪同下，参观了黄琪翔将军家乡水车镇的许多地方，对家乡的变化赞不绝口。借此机会，郭秀仪还专程去梅县雁洋镇雁上村，参观叶剑英元帅的故居，敬献了花篮，以示不忘旧情。

1994年11月，王大鲁、刘清云著《黄琪翔传》由中国文史出版社出版。

1995年9月，郭秀仪应邀参加了纪念抗日战争胜利50周年大型文艺晚会“光明赞”。时任中共中央总书记江泽民、国务院总理朱镕基等党和国家领导人带领全体观众起立，向100位抗日老战士致敬。在这些抗日英雄中，郭秀仪是仅有的三位女战士之一，也是唯一获得过国民政府“抗日战争胜利勋章”的女士。

2004年11月，郭秀仪因患肾衰竭住进了医院。

住院期间，郭秀仪乐观开朗的心态感染了每一个人。她住的是高干单间，每天见到的人是医生、护士和两个请来的护工，以及她的家人。她经常与众人开玩笑，一起唱歌。大家打心底里喜爱这位可亲可敬的慈祥老人。

2005年，郭秀仪荣获“抗日战争胜利60周年纪念章”。她在北京协和医院的病房里，高兴地戴着纪念章拍照留念。她兴奋地回忆起抗日战争的那些峥嵘岁月，并回忆起国家和人民给予她的荣誉。

郭秀仪晚年最开心的事，是她在抗日战争中救助的难童们时常来看望她，亲热地叫她“郭妈妈”。她常骄傲地说：我有3万多位子女(她参与领导的儿童保育会在抗战中救助过3万多难童)，现在他们都是国家的栋梁。

2006年11月16日凌晨1时，郭秀仪女士以96岁高龄在北京辞世。

2006年11月27日《人民日报》刊文载：郭秀仪是“知名爱国民主人士、社会活动家，妇女运动的先行者之一，中国共产党的亲密朋友，中国人民政治协商会议第六、七、八届全国委员会常务委员，农工民主党中央名誉副主席。是著名爱国将领和政治活动家、中国农工民主党的创始人之一黄琪翔先生的夫人。”这是党和国家对郭秀仪女士一生的高度总结，也是客观的历史评价，包含了后人对她的景仰之情。

四、百年余辉

1998年8月31日，中国农工民主党中央在北京举行“纪念黄琪翔先生诞辰100周年座谈会”，全国人大常委会副委员长、中国农工民主党主席蒋正华、全国政协副主席、农工党名誉主席卢嘉锡等参加了座谈会。

2007年黄琪翔郭秀仪夫妇的后人成立“翔仪基金会”。同年，基金会与人民美术出版社合作出版了《郭秀仪画册》，并在全国政协礼堂举办“郭秀仪画展”，中共中央政治局委员、全国政协副主席王刚等参加了画展开幕式。

2008年适逢黄琪翔将军诞辰一百周年，保定军校纪念馆马永祥馆长提议与“翔仪基金会”合作，在军校纪念馆院内特辟一室作为“黄琪翔将军纪念室”，5月该纪念室落成，展出由其家属捐赠的近百件图片、实物、雕塑、书法字幅等史料。揭幕那天，中国农工民主党中央副主席何维为展览揭幕并致辞。原全国妇联副主席、黄琪翔的堂妹黄甘英女士专程赶赴保定参观展览。黄琪翔的后人也从香港专程赶来。据悉，该展览在保定军校纪念馆内作永久展出。

9月2日，由“翔仪基金会”捐助的新教学大楼，以及“黄琪翔、郭秀仪纪念馆”在梅州市梅县水车镇梅江中学内落成。全国人大常委会副委员长、中国农工民主党中央主席桑国卫为新教学楼题名“黄琪翔、郭秀仪纪念大楼”；全国人大常委会副委员长、中国国民党革命委员会主席何鲁丽为黄琪翔、郭秀仪纪念馆题名“翔仪堂”。全国政协副主席、中国农工民主党中央常务副主席陈宗兴，全国人大常委、中国农工民主党中央副主席王宁生，黄琪翔将军的堂妹黄甘英及梅州市领导共同为新建的教学大楼、纪念馆“翔仪堂”落成剪彩。从海外及国内赶来的黄琪翔郭秀仪夫妇亲属、黄琪翔在梅县的亲友一同参加剪彩仪式并参观纪念馆。下午，中国农工民主党中央在梅州市举行纪念黄琪翔先生诞辰一百一十周年座谈会，陈宗兴、黄甘英、黄向明等在座谈会上先后发言，共同缅怀黄琪翔先生为国为民所做的贡献。

2010 年，梅州市将黄琪翔、郭秀仪纪念馆“翔仪堂”公布为梅州市爱国主义教育基地。

9 月，由翔仪基金会支持，孙炜著《清风见兰——郭秀仪的艺术生涯》由中国文史出版社出版。

2010 年至 2011 年，翔仪基金会两度联手保利拍卖公司在北京新保利大厦举办“郭秀仪画展”、“流金岁月——黄琪翔、郭秀仪影像展”、“黄琪翔、郭秀仪收藏展”等活动。

2014 年 6 月，中国农工民主党中央批准黄琪翔故居“仪园”为中国农工民主党党史教育基地。同年 10 月 20 日，由翔仪基金会出资，岭南著名雕塑家廖慧兰女士创作的黄琪翔郭秀仪夫妇大型石雕像在“仪园”广场落成，全国人大常委会副委员长、中国农工民主党中央主席陈竺为雕像题词“流金岁月”。全国政协副主席、中国农工民主党中央常务副主席刘晓峰代表中国农工民主党中央致辞，并与梅州市有关领导、中国农工民主党广东省委会、梅州市委会领导马光瑜、邹浩元等及黄琪翔、郭秀仪家属代表共同为雕塑揭幕，并参观“翔

黄琪翔郭秀仪故居“仪园”的原貌。

“仪园”广场前矗立的黄琪翔郭秀仪夫妇雕像。

仪堂”。刘晓峰副主席为纪念馆广场上的黄琪翔郭秀仪夫妇雕像题词“风范长存”。

2015 年 12 月 10 日，黄琪翔、郭秀仪故居“仪园”被广东省公布为第八批文物保护单位；2016 年 8 月 24 日梅州市人民政府立牌。

……

如今，黄琪翔、郭秀仪故居“仪园”已经成为梅州市一处著名景点。各地来此瞻仰、参观和游览的人数逐年在攀升。

人们自发地来到“仪园”，可以在“仪园”的残垣断壁、黄琪翔郭秀仪雕像、“仪园碑”等纪念物前拍照留念，徘徊流连，更重要的是，人们得以缅怀黄琪翔夫妇坎坷、辉煌的一生，感念其爱国为民的伟大情怀。

黄琪翔郭秀仪夫妇精神不朽的最根本原因，就是他们这种爱国为民的伟大思想和矢志不渝的一生追求！

后 记

今年是先严黄琪翔将军诞辰120周年。作为纪念他的重要活动之一，我们重新编撰并出版了这部《北伐名将、抗日功臣——黄琪翔将军传》。

第一部《黄琪翔传》于1994年问世，2008年再版。这部12万字的传记对父亲献身革命的一生仅只作了简要的叙述。而且作为久远的历史人物，“黄琪翔”之名现已鲜为人知，故此难以引起各界人士特别是年轻一代的关注与重视。

新版的“传记”则增添了大量重要史料及珍贵图片，全书洋洋40万言、照片、图表100余帧，而且画龙点睛，冠以“北伐名将、抗日功臣”之题名。如此方可较为全面、详尽而且一目了然地突出父亲作为一位卓越的革命者，为祖国的兴盛和人民的福祉抛头颅，洒热血，奋斗终身的壮丽人生。

父亲刚从保定军校毕业，就在孙中山先生伟大革命思想的感召与鼓励下，毅然决然投身正义战争。北伐时期，他任第四军36团团长，与独立团团长叶挺并肩战斗，下醴陵，克平江，智夺汀泗桥，直取武昌。战绩辉煌，勋劳卓著。不久，年仅29岁的父亲就升任闻名全国的北伐军第四军（铁军）军长（叶剑英时任参谋长)。

他是当之无愧的“北伐名将”。

抗战八年，他从未离开过枪林弹雨的前线，一直率军与日寇浴血奋战，参与并指挥了“淞沪抗战”、“襄东阻击战役”、“宜(昌)枣(阳)会战”等重大战役。歼敌无数，屡建奇勋。1943年，中国远征军建立。卫立煌与父亲分别担任正副司令长官统帅滇西远征军。在盟军的配合下，经过长达六个月的艰苦战斗，终于取得了“滇西缅北战役”的伟大胜利。这次先发制人、敲山震虎，一举歼灭五万日寇精锐部队的大决战，在抗日战争中，史无前例、绝无仅有。(蜚声中外的“平型关战役”消灭日寇一千余人，林彪将军因此一夜之间成为家喻户晓的当代名将。举国欢庆的“台儿庄战役”歼敌一万二千余人。)

是次战役全体将士的丰功伟绩，在抗日战争史中谱写了光辉的一页，他们的英名将永垂青史。而父亲也显示出他威武虎将手擎国旗，足踏倭寇，摧枯拉朽，横扫千军的浩然正气!

他是实至名归的“抗战功臣”。

本文仅对传记新定的“书名”作出简扼的诠释。至于父亲在北伐与抗战的各个战役和战斗中如何运筹帷幄，英勇歼敌的详情以及他对我国民主革命和社会主义建设作出的重大贡献，“传记”都有详尽的描摹，本文不复赘述。

父亲的一生是追求革命与进步的一生，是一个爱国者不懈奋进的一生。他为人刚正不阿、襟怀坦荡、乐善好施、古道热肠，深受人们的爱戴和尊敬。

“传记”忠实记载了父亲的革命人生，秉笔直书，自出机杼，使读者真实而形象地看到一个革命者英勇奋斗的艰苦历程，从而更加激励人们振兴中华的崇高热情，从而矢志将我们伟大的祖国建设成为国富民强、光耀全球的东方明珠。

父亲的忠贞、勇武、谋略与刚强，他的高洁、磊落、宽厚与豪爽，他的豁达、谦逊、诚恳与善良使他由一个平凡的农家子弟，成长为不平凡的一代英杰、国之栋梁。

这种不平凡源于他对真理，对正义的执着追求；源于他对祖国、对人民的无限热爱。正是这种“追求”与“热爱”使他视死如归，永不言败。

父亲谆谆教导我们：“‘人谁不死？死国，忠义之大者。’我们的生命不属于自己，它属于中华民族的亿万民众。生命的价值和意义全在于此！”言犹在耳，刻骨铭心。

这不朽的格言将永远鞭策着他的子孙后代赤胆忠心，为国为民，励精图治，奋勇前进！

这部《传记》能够以翔实而丰富的内容问世，我们的外甥于峰居功至伟。为了查找有关先严的生平事迹，十年来他不辞劳苦，辛勤奔波于中、港、台三地近百余次，搜集了大量的报刊、杂志、文件、信函、图片等各种极为宝贵的文献资料、机密档案乃至罕见孤本整整三大箱，为《传记》得以顺利与圆满编写打下了坚实的基础。

最后，我们诚挚地向所有为本书的编辑与出版作出过贡献的前辈、朋友以及有关人士和单位表示衷心的感谢，并致以崇高的敬意。

特此鸣谢：

(1) 驾鹤西游的尊长：陈卓凡先生、杨逸棠先生、王大鲁先生、黄景香先生

(2) 原全国政协副主席、原农工中央常务副主席刘晓峰先生为本书作序

(3) 农工中央：游宏炳先生、姜天麟先生、张意愿先生

(4) 南京第二历史档案馆：王晓华先生、林宇梅女士

(5) 重庆中国民主党派陈列馆：厉华先生、林勇先生、王石庆先生

(6) 香港：丘浩章先生、晏欢先生

(7) 台湾：中央通讯社温鸿恩先生、台北文化局曾德宜先生、台北时英出版社刘松福先生以及陈东明先生

(8) 大连：马睿古旧书局马睿先生

(9) 北京：张新荣女士、卫智先生、余戈先生

(10) 协助本书作者孙炜先生排版、编辑工作的：付裕女士、刘践先生

黄琪翔之子

黄向明

2018.6.15

图书在版编目（CIP）数据

黄琪翔将军传 / 孙炜著 . -- 北京 : 中国文史出版社 , 2020.6

（百年中国记忆）

ISBN 978-7-5205-2048-5

Ⅰ . ①黄… Ⅱ . ①孙… Ⅲ . ①黄琪翔（1898–1970）—传记 Ⅳ . ① K825.2

中国版本图书馆 CIP 数据核字 (2020) 第 094657 号

责任编辑：窦忠如

出版发行：**中国文史出版社**

社　　址：北京市海淀区西八里庄路69 号院　邮编：100142

电　　话：010- 81136606　81136602　81136603（发行部）

传　　真：010-81136655

印　　装：廊坊市海涛印刷有限公司

经　　销：全国新华书店

开　　本：700×1000　1/16

印　　张：37.75

字　　数：450 千字

版　　次：2020 年 8 月北京第 1 版

印　　次：2020 年 8 月第 2 次印刷

定　　价：98 .00 元
